エドワード・W・サイード

文化と帝国主義

改訳新版

大橋洋一訳

みすず書房

CULTURE AND IMPERIALISM

by

Edward W. Said

First published by Alfred A. Knopf, New York, 1993

大地の征服、それがおおむね意味するのは、異なる皮膚をもつか、われわれ自身よりもすこしばかり鼻の低い者たちから土地を奪い取ることを意味するのだが、それをよくよく調べてみればおよそほめられたものではない。それを贖《あがな》えるものは、理念だけである。その背後にある理念、感傷的な言い訳ではなく理念、そしてその理念に対する自己滅私の信仰――この理念に対してなら、お膳立てをし、その前にひれ伏し、そして貢ぎ物をささげることができる……

ジョウゼフ・コンラッド『闇の奥』*

イクバール・アフマドに

文化と帝国主義　改訳新版

目次

はじめに……1

第一章　重なりあう領土、からまりあう歴史

1　帝国、地理、文化……34
2　過去のイメージ、純粋なものと混淆的なもの……53
3　ふたつのヴィジョン――『闇の奥』における……61
4　相反する経験……84
5　帝国を世俗的解釈とむすびつける……106

第二章　強化されたヴィジョン

1 物語と社会空間……140
2 ジェイン・オースティンと帝国……173
3 帝国の文化的統合……204
4 帝国の影——ヴェルディの《アイーダ》……228
5 帝国主義の楽しみ……266
6 統御される原住民……321
7 カミュとフランス帝国体験……333
8 モダニズムについての覚書……362

第三章　抵抗と対立

1 ふたつの側がある……372
2 抵抗文化の諸テーマ……406

3 イェイツと脱植民地化……426
4 遡航そして抵抗の台頭……459
5 協力、独立、解放……499

第四章 支配から自由な未来

1 アメリカの優勢——公共空間の闘争……536
2 正統思想と権威に挑戦する……572
3 移動と移住……613

訳注 633
訳者あとがき 646
改訳新版への訳者あとがき 667
原注 75
人名解説 17
索引 1

凡例

一、本書は Edward W. Said, *Culture and Imperialism*, Alfred A. Knopf, New York 1993 の全訳であり、小社より二分冊で刊行した日本語版（『文化と帝国主義 1』一九九八、『文化と帝国主義 2』二〇〇二、共に大橋洋一訳）の新版である。

一、新版刊行にあたり、旧版のA５判二分冊を四六判一冊本に組み替え、訳者により訳文の全面的な見直しをおこなった。また巻末の「人名解説」を大幅に増補するなどさまざまな変更を加えた。詳しくは「改訳新版への訳者あとがき」末尾をご参照ください。

はじめに

一九七八年に『オリエンタリズム』が出版されてからおよそ五年後、わたしが着手したのは、文化と帝国主義との一般的な関係について考えをまとめることだった。アイディアのいくつかは『オリエンタリズム』を書いていた時点ですでに明確なものとなっていた。最初の成果が、一九八五年と一九八六年に合衆国とカナダとイギリスの大学でおこなった一連の講義である。この講演が、本書の核となる議論をかたちづくるのだが、以後、本書はわたしにとって懸案事項となった。すでに人類学や歴史学や地域研究などの諸分野では多くの研究が、わたしが『オリエンタリズム』で提起した議論をさらに発展させている。『オリエンタリズム』は対象を中東地域に限定していた。そこで、今回は、『オリエンタリズム』における議論をふくらませ、近代の植民地宗主国側の西洋と、その海外領土とのもっと一般的な関係パターンを記述するようにつとめたのである。

中東以外の地域にかかわる材料にはどんなものがあるのか。アジアや、インドや、極東の一部や、オーストラリアや、カリブ海諸地域に関してヨーロッパ人が記した著述。なかでもアフリカニストやインディアニスト――と彼らの一部は形容されてきた――の言説は遠くの土地や民族を支配しようとする西洋全般のいとなみに属し、また、そうであるがゆえに、カリブ海諸島やアイルランドや極東を対象とする西洋の特殊な表象法はいうまでもなく、イスラム世界を表象せんとするオリエンタリストの記述ともかかわるとわたしはみている。こうした言説に特徴的なのは、「神秘的な東洋」に関する記述のみならず「アフリカ的［あるいはインド的、アイルランド的、ジャマイカ的、中国的］精神」に関するステレオタイプ的記述のなかで絶えずおめにかかる修辞的文飾であり、原始的とか野蛮な民族に文明をもたらすという発想であり、「彼ら」が恩知らずになったり、反抗的になるときには、「彼ら」は力とか暴力ならば身にしみてこたえるだろうから、笞打ちとか死刑とか長期の刑罰が必要であって、「彼ら」は「われら」とはちがう、まさにそれゆえに支配されて当然という、いやになるほどおなじみの思想である。

けれども、白人の到来がなんらかの抵抗を招いたことは、非西洋世界のほとんど全域についていえることだった。わたしは『オリエンタリズム』のなかでは、西洋の支配に対する反応をはぶいてしまった。それが、やがて第三世界全体をまきこむ大きな脱植民地運動へと盛りあがりをみせたにかかわらず。また、十九世紀のアルジェリア、アイルランド、インドネシアといったさまざまな地域における武力抵抗とならんで、いたるところで文化的抵抗というかたちの反抗努力が、民族的アイデンティティの主張が、また政治の分野では、民族自決と民族独立を共通の目標にかかげる団体や政党の登場が、みられたのである。帝国主義的遭遇において、行動的な西洋の侵入者が、怠惰で活力のない非ヨーロッパの原住民をただ屈服させたということはついぞなかった。つねになんらかのかたちの活発な抵抗がみられた。そして圧倒的多数の事例において、抵抗は最終的に勝利したのである。

こうしたふたつの要素――世界規模の帝国文化の全般的パターンと、帝国への抵抗という歴史的経験――を基底にもつことによって、本書は、『オリエンタリズム』の続編のみならず、それ以外のこともねらったものになった。『オリエンタリズム』と本書のどちらにおいても、わたしが強調したのは、一般的に「文化」と呼びならわしてきたものである。わたしは「文化」という言葉で、とくにふたつのことを意味しようとしている。まず最初に、それは、記述法とかコミュニケーションとか表象のような慣習実践を意味する。この慣習実践は、経済的・社会的・政治的領域から相対的に自律しており、快楽をあたえるのを主要な目的のひとつとする美的形式というかたちでしばしば存在する。もちろんここには、遠い世界にまつわる民族的な伝承のみならず、民族学とか歴史記述とか文献学とか社会学とか文学史といった学問をとおして入手できる専門的な知もふくまれる。わたしは本書においてもっぱら、十九世紀と二十世紀における西洋近代の帝国に焦点をしぼるため、いきおい、小説という文化形式を子細に検討せねばならなくなった。帝国主義的な姿勢とか言及とか経験の形成において、小説のはたした役割は、とてつもなく大きいとわたしは考えている。もちろん、小説だけが重要であるといいたいのではない。ただ、イギリスやフランスの拡大膨張する社会と関係づけられる文化形式を考える場合、小説は、とりわけ興味深い研究対象になりうる唯一の美的対象であるといいたいのだ。近代のリアリズム小説の原型は、『ロビンソン・クルーソー』だが、それが、遠隔の非ヨーロッパの島に、みずからの領土を築こうとするヨーロッパ人の物語であることは、あながち偶然ではないのである。

　最近の批評の多くは、物語的小説《ナラティヴ・フィクション》を集中してとりあげるくせに、それが、帝国の歴史と帝国主義世界のなかでどのような位置にあるかについては、ほとんど注意をはらっていない。本書の読者は、これからすぐに気づかれると思うが、物語《ナラティヴ》こそ、わたしの議論のかなめであり、わたしの基本的な観点とは、探検家や小説家が世界の未知な領域について語ることの核心には、物語《ストーリー》があること、また物語は、植民地化された人びとが、みずからのアイデンティティとみずからの歴史の存在を主張するときに使う手段ともなるということである。帝国主義における主要な戦いは、土地をめぐるものであることはいうまでもない。しかし、誰がその土地を所有し、誰がそこに定住し耕作するのか、誰が土地を存続させるのか、誰が土地を奪い返すのか、誰がいま土地の未来を計画するのかが問題になるとき、こうした問題に考察をくわえ、異議をとなえ、また一時的であれ結論をもたらすのは物語なのである。ある批評家が示唆したように、国民《ネーション》そのものが物語《ナレーション》である。物語る力、あるいは他者の物語の形成や出現をはばむ力は、文化にとっても帝国主義にとってもきわめて重要であり、文化と帝国主義とをむすびつける要因のひとつともなっている。きわめつけに重要なこと。それは、植民地世界では、解放と啓蒙という大きな物語が、人びとを動員して、帝国主義的隷属に対してたちあがらせ、帝国主義を打破せしめたことであり、その過程において、多くの欧米人もまた、そうした物語や、物語の主人公たちに心うごかされ、彼ら欧米人もまた平等と人間の共同体のあらたな物語のために戦ったことである。

ほとんど関心を呼んでいない、文化のいまひとつの意味、それは、文化が、洗練化と高尚化をうながす要素をふくむ概念であるということ、つまり文化とは、おのおのの社会にある――マシュー・アーノルドが一八六〇年代に述べた言葉を使わせてもらうなら――これまで知られ思考されてきたもののうち最良のもの、それの保管庫であるということである。アーノルドの信ずるところでは、近代的で攻撃的で功利的で暴力的な都市生活のひずみを、文化は、たとえ解消できなくとも緩和できる。あなたは、これまで思考され知られてきた最良のものに触れ、そうしてそこから得られる最良の光でもって、あなた自身や、あなたの民族や社会や伝統をみなおすことができるのだ、ダンテやシェイクスピアを読むことによって。やがて、この文化は、国民とか国家と、しばしば強引にむすびつけられるようになる。このような文化が、「われわれ」と「彼ら」を区別する。そしてそこにはいつもなんらかの外国人恐怖《ゼノフォビア》がふくまれる。この意味でいう文化とは、アイデンティティの源泉であり、また、そうであるがゆえにかなり攻撃的な源泉である。この攻撃的排除性を理解するには、最近、とみに叫ばれるようになった文化と伝統への「回帰」を思いうかべるだけでよい。この「回帰」には知的・道徳的行動に関する厳格な規範がともない、多元主義文化とか異種混淆性《ハイブリッド》*を重視する比較的リベラルな哲学とむすびつけられる鷹揚な姿勢に対抗するものとなっている。またかつて植民地であった地域では、このような文化と伝統への「回帰」は、さまざまな宗教的・民族主義的原理主義を生みだしている。

この二番目の意味でいう文化は、ある種の劇場である。この劇場のなかでは、さまざまな政治的・イデオロギー的主義主張が、われがちにみずからを主張しあう。文化は、アポロン的貴族性をおびた静謐な領域であるどころか、主義主張が脚光をあびようとしゃしゃりでて、相手をおしのけるような戦場ともなりうる。このような文化においては、たとえば他国の古典をひもとくまえに自分自身の国の古典を読むように教えられるアメリカ人やフランス人やインド人の学生は、そうすることで、自分自身の民族や伝統をあじわい、それらに対して、しばしば無批判のまま、忠誠を誓い、他の民族や伝統をおとしめるか、それらと戦うことが期待されるのだ。

このような文化概念が困るのは、いまや、それが自国の文化の崇拝をともなうだけでなく、自国の文化を、日常世界を超越するがゆえに、日常世界から隔離されたものと考えてしまうことだ。その結果、専門的知識をもった人文科学の研究者たちのほとんどが、奴隷制度や植民地主義的・人種差別的抑圧や帝国主義的隷属化といった長期にわたる愚劣で残酷な慣習実践と、このような慣習実践にかかわってきた社会のなかで生みだされてきた詩や小説や哲学を、むすびあわせて考えることができないでいる。本書執筆中に、わたしが発見したやっかいな真実のひとつは、わたしが尊敬するイギリスやフランスの芸術家のほとんどが、「従属」

民族とか「劣等」民族という考えかたに対し抵抗を示していないことである。「従属」民族とか「劣等」民族という概念は、植民地官僚のあいだでひろまり、彼らは、統治下のインドやアルジェリアで、まさにこの概念を当然のこととして実行に移していたのである。この概念は幅ひろく受け入れられた。そして十九世紀全般をとおして、アフリカにおける帝国領土獲得競争に火をつけた。カーライルやラスキン、さらにはディケンズやサッカレーを考えるとき、批評家たちは、わたしのみるところ、こうした作家たちがいだいていた、植民地膨張に関する理念とか、従属民族とか「黒んぼ《ニガー》」に関する理念を、文化の領域と異なる領域へと追いやってしまうように思われる。批評家たちにとって、こうした作家たちが、「真に」属し、また彼らが「現実に」重要な作品をものした文化とは、〔植民地問題とは関係のない〕どこまでも高尚な活動領域なのである。

　文化をこのように考えてしまうと、文化は、防衛のための砦となりうる。この砦のなかに入るときには、危険な政治学をもちこもうとしていないか身体検査を受けなければならない。文学を教えるという専門職につき、第二次世界大戦前の植民地世界で成長してきたわたしとしては、文化をこのように――つまり世俗的世界との所属関係《アフィリエーション》*からは隔離された無菌状態にあると――考えないことのほうが、つまり文化をさまざまな領域にかかわるいとなみとしてみることのほうが、はるかにやりがいのあることなのである。わたしが本書でとりあげる小説なりその他の文献は、なによりもまず、それらが高く評価でき称賛にあたいする芸術作品なり学問的著述であるがゆえに――つまりわたしなり、多くの読者なりが、よろこびを感じ、裨益されるところ大なるがゆえに――、わたしは分析をする。そして次におこなうことは、これはわたしにとってはチャレンジなのだが、そうした芸術作品なり学問的著述を、よろこびや知識とむすびつけるだけでなく、それらが明白なかたちで、あるいは隠れたかたちで所属している帝国主義的過程とむすびつけることである。それらが所属していた社会において、疑問視されることのなかった帝国主義的過程に、それらが参加し関与しであろう。だが彼らは、言葉の現実的な意味において、戻ってくることはない。専門的、法的見地からは、彼らは、犯した罪を贖うことができるものの、その地で刑を受けたことにより、彼らは終身アウトサイダーにおとしめられてしまう。とはいえ彼らには救済の余地がある——すくなくとも彼らがオーストラリアにとどまっているかぎりは[1]。

こうしたことについて、カーターは、彼がオーストラリアの空間史と呼ぶものの研究をとおして、またべつのヴァージョンをわたしたちに提示してくれる。このヴァージョンでは、探検家や囚人や民族学者や不当利得者や軍人たちが、オーストラリアという広大で、そのほとんどが人跡未踏の大陸を記述するとき、それぞれの言説がたがいに衝突したり排除したり吸収したりするのだ。たとえばボタニー湾とは、最初は、旅行と発見にまつわる啓蒙主義的言説そのものであり、次にそれは、一連の旅行記作者たち（キャプテン・クックもふくむ）の言語表現や地図やさまざまな意図が、この異質の領土を同化吸収して、しだいにそれを「英国《ホーム》」にかえたのである。ベンサム的空間組織（これはメルボルンという都市を生むのだが）が、オーストラリアの未開地の無秩序状態と隣接することによって、カーターによれば、社会空間の楽観的な変容がおこる。この変容が一八四〇年代において、紳士階級にとっての理想郷《エリジウム》、労働者階級にとってのエデンの園を生む[2]。ディケンズがピップについて思い描いたこと——彼がマグウィッチによってつくられる「ロンドンの紳士」であること——は、善意のイギリス人がオーストラリアについて思い描いたこととほぼ一致する。つまりオーストラリアとは、もうひとつの社会空間を権威づける社会空間なのである。

だが『大いなる遺産』は、オーストラリアに生きる人びとをどうとらえるかという関心——ヒューズやカーターがいだいているような関心——にもとづいて書かれたのではなかったし、やがてデイヴィッド・マルーフ、ピーター・ケアリー、パトリック・ホワイトらの文学作品を生むことになるオーストラリア人の書きものの伝統を前提としているのでもなければ予測しているのでもない。マグウィッチに対する帰国禁止命令は、それをやぶると死刑になる命令であると同時に、帝国主義的な命令でもある。囚人はオーストラリアのような場所に移送されるが、彼らには植民地宗主国の空間への「帰還」はゆるされないのだ。宗主国の空間は、ディケンズの小説が示しているように、階級差のある宗主国の人間関係によって、厳密に組織され、代表され、独占されているのである。そのため、いっぽうでは、ヒューズやカーターのような解釈者が、十九世紀イギリスの書きもののなかにかなり水増しされうすめられたかたちであらわれるオーストラリアの存在をふくらませ、二十世紀にイギリスから独立するにいたるオーストラリアの歴史を完全に遺漏なく表出するとすれば、そのいっぽうで『大いなる遺産』の正確な読解は、マグウィッチという敵愾心をかこち復讐に燃える年老いた男に恩があることをピップが認めたあと、つまりいうなればマグウィッチの罪障が滅却したあと、ピップ自身が人格崩壊を起こし、そのあと、ふたつの明確に肯定的な方向に新たに舵を切ることに着目するはずである。生まれかわったピップは、それ以前のピップと異なり過去の束縛に苦しむことはない――このことは、ピップと名づけられた赤ん坊によって暗示的に示される。また以前のピップは、少年時代からの友人ハーバート・ポケットとともに新しい仕事に乗り出す。今度は、悠々自適の有閑紳士としてではなく、東洋貿易に従事する仕事熱心な貿易商として。東洋というイギリスのいまひとつの植民地が、ある種の健全さの源となるいっぽうで、オーストラリアには、それが許されないのである。

かくしてディケンズがオーストラリアとのやっかいな関係に決着をつけるまさにそのとき、いまひとつの姿勢と言及の構造があらわれて、オリエントとの貿易とオリエント旅行をとおしてイギリスがあらたな帝国主義的交渉をしていることが暗示される。植民地事業にたずさわる実業家という、ピップの新しい人生において、彼は、それ以前の彼とくらべて、さほど珍しい生きかたをしているわけではない。なにしろディケンズの小説に登場する実業家、放蕩的親戚、異様な余所者はおしなべて植民地事業とかなり正常で安定した関係を保っているからである。けれども、こうした関係が解釈のなかで重要視されるようになったのは、ごく最近のことにすぎない。新しい世代の学者や批評家たち——ときには脱植民地化運動の申し子たち、本国における人間の自由の促進に寄与する者たち（性的・宗教的・人種的少数派の人びと）——が認めるのは、西洋文学の多くの古典のなかに、劣等世界に対する変わらぬ関心が存在していることである。この劣等世界は、有色人種という劣等人種を住まわせ、多くのロビンソン・クルーソーたちの介入をうけてしかるべきと描かれるのだ。

十九世紀も終わりになると、帝国は、もはやぼんやりと感知される存在ではなくなり、また、逃亡囚人のような不意にあらわれるはた迷惑な存在でもなくなる。コンラッド、キプリング、ロチといった作家たちの作品では帝国は中心的な関心領域となる。なかでもコンラッドの『ノストローモ』（一九〇四）——これがわたしのとりあげる二番目の例だ——の舞台となるのは、（コンラッドの初期の小説の舞台となるアフリカや東南アジアの植民地とは異なり）独立したと同時に膨大な銀鉱山ゆえに諸外国の権益争奪競争の犠牲となる中央アメリカの共和国である。現代のアメリカ人にとって、この作品でもっともひかれるところは、コンラッドの先見の明であろう。彼はラテン・アメリカ諸国における止めようのない政情不安定と「混迷」を予言している（ボリバルを引用しながら、コンラッドは、そこでは統治することは海を耕すようなものと述べる）。またコンラッドは北アメリカが、決定的だが姑息なかたちで、ラテン・アメリカ諸国の政治状況に独特の影響をあたえていることを強調している。サンフランシスコの金融家ホルロイドは、サン・トメ鉱山のイギリス人所有者チャールズ・グールドを支援するのだが、その際、投資家として「いかなる大きなトラブ

ルにも巻き込まれてはいけない」と警告をあたえる。ただ、

われわれは座って眺めていればよい。もちろん、いつの日か、われわれは介入するでしょう。いずれそうせざるをえないのです。だが、急いではいけない。時は、神が統べる全宇宙のなかで、もっとも偉大な国にかしずくことでしょう。われわれはすべてのものを——南はホーン岬から北はスリス海峡まで、また、もし握っておくにあたいするものが北極にあらわれたなら、スリス海峡のその先まで、そこにあるすべての産業、貿易、法律、ジャーナリズム、芸術、政治、宗教を——支配するでしょう。そうすればいずれ遠い島々や大陸を管理する時間的余裕もでてきます。われわれが、世界のビジネスを動かすのです。世界がそれを好むか好まないかは、知ったこっちゃない。世界はそれをどうすることもできない——われわれだって、どうすることもできないと思いますよ。[3]

冷戦の終結以後、アメリカ政府によって提唱された「新世界秩序《ニュー・ワールド・オーダー》」、そのレトリックの多くが——そのふんぷんたる自己賛美、そのこれみよがしの勝利宣言、その大仰な責任観念とともに——、すでにコンラッドの描くホルロイドの言葉に先取りされていたといえるのかもしれない。われわれはナンバー・ワン、われわれが指導する立場にある、われわれは自由と秩序を代表する、云々。いかなるアメリカ人も、この感情の構造*からまぬがれてはいないし、しかも権力のレトリックは、帝国主義的状況でつかわれると、恩恵をもたらすというイリュージョンをいともやすやすと生み出してしまうため、コンラッドの描くホルロイドやグールドの肖像のなかにふくまれている暗黙の警告を、アメリカ人が真剣にうけとめることはない。しかもさらに、その種のレトリックの、もっともいまわしい特徴とは、それが過去にも使われてきたということだ。か

つてスペインやポルトガルが使っただけではない。近代において、まさに耳にたこができるほど、何度も、このレトリックがくりかえし使われてきた。イギリス人によって、フランス人によって、ベルギー人によって、日本人によって、ロシア人によって、そしていまアメリカ人によって。

けれども、コンラッドのこの偉大な小説を、そこに描かれるユナイテッド・フルーツ・カンパニーと軍閥と解放勢力とアメリカが資金援助する傭兵などのつながりをたどりながら、二十世紀のラテン・アメリカ諸国に起こっていることの初期の予言として読み解くだけでは、不充分のそしりをまぬがれないだろう。コンラッドは、第三世界に関する西欧の観点を代弁した初期の先駆者である。やがてそのような観点は、欧米の読者の分析と判断の材料として、あるいは欧米の読者の異国趣味を満足させるために、非西洋世界の消息を提供するのを目的とした、たとえばグレアム・グリーンとかV・S・ナイポールとかロバート・ストーンといった小説家たちの作品のなかに、あるいはハンナ・アーレントといった帝国主義の理論家たちの著作のなかに、またさらに旅行記作家や映画作家や論客たちの著作のなかにみいだせることだろう。というのも、コンラッドは、いっぽうで、サン・トメ銀鉱山を所有するイギリス人やアメリカ人の帝国主義者たちが、そのうぬぼれと癒しがたい野望によって破滅することをアイロニカルにみているとしたら、いまいっぽうでコンラッドは、非西洋世界に関する西洋の観点が、骨の髄までしみこんでいて、他者の歴史や他者の文化や他者の野望をみることができないのだから。コンラッドがみているのは、大西洋両岸の欧米諸国によって完全に支配されている世界だけであり、この世界観によれば西洋への抵抗はいかなるものも、西洋の悪辣な力を強める結果にしかならない。コンラッドにはみえなかったこと、それはこの西洋の自己完結という残酷な事実に対して別の選択肢《オルターナティヴ》があるということだ。コンラッドには、インドやアフリカや南アメリカには、外国人帝国主義者たちや世界改良主義者たちによって牛耳られることのない、独自の文化と生活があることなど理解できなかっただろうし、反帝国主義運動が、ロンドンやワシントンの黒幕たちによって、帝国主義強化のためにつくりだされ、資金援助を受けた腐敗した運動であると信じているだけで、そうではない可能性を夢想だにできなかっただろう。

こうした重大な欠陥のあるヴィジョンは、『ノストローモ』という小説中の人物やプロットにかぎらず、小説そのものの一部ともなっている。コンラッドのこの小説は、グールドやホルロイドといった人物にみられる帝国主義のパターナリズムを笑いのめしているくせに、みずから同じ傲慢なパターナリズムを体現してしまう。コンラッドは「われわれ西洋人が、良い原住民と悪い原住民を決めるのだ、なぜなら、あらゆる原住民は、われわれが認知してやったおかげで、まっとうに暮らせるのである。われわれが彼らを創造した。われわれが彼らに話したり考えたりする方法を教えてやった。そして彼らが反抗的になっても、われわれの考えかたはゆるがぬどころか、その確証を得たも同然だ、なにしろ彼らは西洋人の主人によって操られる愚かな子どもにすぎないのだ」と語っているようにみえてしまう。これは、実質的に、アメリカ人が中南米の隣人に対していだいている考えかたそのものである。彼らの独立は、それが、われわれによって承認された種類の独立であるかぎり、望ましいという考えかた。それ以外のことは、認められないし、悪辣なもので、考えることすらできないというわけだ。

したがって、これはすこしも逆説的なことではないのだが、コンラッドは反帝国主義者であるとともに帝国主義者であり、また、西洋人の自己満足と自己欺瞞によって腐敗する海外領土をあからさまに悲観的に描くときには進歩的であっても、アフリカや南アメリカが独立した歴史や文化をもちうるということ――この事実を帝国主義者は暴力的に抑圧しようとして、最後には敗退するのだが――を認めざるをえないときには、とことん反動的になるのである。だが、コンラッドを時代の申し子であると決めつけ優越感にひたらないためにも、わたしたちは、ワシントンや、西洋の政策決定者や知識人たちのほとんどにみられる姿勢が、コンラッドの思想からすこしも前進していないことを確認しておいたほうがいい。帝国主義の博愛主義的姿勢――それは「世界を民主主義のために安全なものにする」といった意図を内包するものだが――のなかにひそむ虚妄としてコンラッドが見抜いたものを、アメリカ合衆国政府はいまもなおお認識していないし、認識していないどころか、その身勝手な願望を、地球上のすべての地、なかでもとりわけ中東において実現しようとしているくらいなのだ。すくなくともコンラッドには次のことを見抜く勇気というものがあった。すなわちそのような計画はうまくいくはずがないということ――そうした計画は計画立案者たちに（ヴェトナムにおいてそうであったように）みずからの全能を過信させ、あやまった自己満足にひたらせるばかりで、彼らはいくら反対の証拠をつきつけられても、その本質からして、証拠をでっち上げたといいつのるのだから。

もし『ノストローモ』を、威風堂々たる力強さのみならず内在的な限界にも着目して読み解こうとするなら、こうしたことすべてを念頭におく必要がある。小説の終幕に出現する新独立国家スラコは、それが以前所属していた国――スラコはいまや富と重要性においてこのもとの国を凌ぐようになったのだが――のたんなる縮小版であり、小さくなったぶん統治支配がきつくなり寛容さを失った国となる。コンラッドは帝国主義がシステムであることを読者にみせようとしている。従属的立場における生活経験は、支配的立場の国々の虚妄と愚行によって左右される。しかし、システムであるからには、その反対もまた真実である。支配的立場にある国々における経験は、〈文明化の使命〉を達成すべきとされる原住民や領土に、知らず知らずのうちに依存するようになるからである。

『ノストローモ』は、それをどのように読もうとも、西洋を容赦することなく弾劾する観点を示し、グレアム・グリーンの『おとなしいアメリカ人』とかV・S・ナイポールの『暗い河』といった、方向性こそさまざまに異なる小説が共通してうちだしている、西洋の帝国主義者たちの幻想に対する厳しい批判の、まさに先駆けともなっている。今日、ヴェトナム、イラン、フィリピン、アルジェリア、キューバ、ニカラグア、イラクの紛争を経由してきた読者は、教育すれば原住民を「われら」の文明に導くことができるというような、たとえばグリーンの描くパイル、あるいはナイポールの描くユイスマンス牧師らがいだく熱心かつ罪のなさそうにみえる啓蒙主義こそが、まさに「未開」社会における殺人や内乱や終わりなき政情不安を生み出していることを認めるのにやぶさかではない。こうした事態に対する怒りは、たとえばオリヴァー・ストーンの『サルバドル』、フランシス・コッポラの『地獄の黙示録』、コンスタンティン・コスタ＝ガヴラスの『ミッシング』といった映画にも浸透している。このような映画では、ＣＩＡの無責任な秘密工作員や権力亡者の官僚どもが、原住民のみならず善意のアメリカ人をも苦境におとしいれる。

　けれども、こうした作品は、たしかに、コンラッドが『ノストローモ』で示したような反帝国主義的アイロニーから多くを学んではいるが、しかし、世界の重要な運動とか生活の源はすべて西洋にあり、西洋の代弁者たちが、おのが幻想や博愛主義を、精神の枯渇した第三世界に勝手気ままにおしつけていると考えている。こうした観点によれば、世界の周辺地域には、語るにたる、いかなる生活も、いかなる歴史も、いかなる文化も存在しないのであり、西洋なくして表象するにたるいかなる独立も統一もないということになる。もし記述にあたいするなにかがあるなら、それは、コンラッドによれば、たえがたいほど腐敗し堕落し救いのない状況ということになる。けれどもヨーロッパがほぼ無競争の状態で帝国主義的野望を実現しようとしていた時期にコンラッドが『ノストローモ』を書いたのに対して、現代の小説家や映画監督は、コンラッドのアイロニーをたっぷり学びつつ、脱植民地化運動以後に、西洋による非西洋世界の表象に関する大掛かりな知的・道徳的・想像的点検《オーヴァーホール》と脱構築《ディコンストラクション》以後に、フランツ・ファノン、アミルカル・カブラル、

C・L・R・ジェイムズ、ウォルター・ロドニーの著作以後に、チヌア・アチェベ、グギ・ワ・ジオンゴ、ウォレ・ショインカ、サルマン・ラシュディ、ガブリエル・ガルシア・マルケスその他の小説や戯曲以後に、仕事をしているのである。

　したがってコンラッドは、彼のなかにある帝国主義的傾向の残滓を払拭できなくともむりからぬところもあったのだが、しかし、彼の後継者たちは、みずからの作品のなかにあるしばしば微妙で不注意な見落としとでもいうべき偏向性について言い逃れはできない。これは、西洋人の外国の文化に対する共感あるいは理解が不十分だということではない——なにしろ西洋人であっても、実質的に、文化の壁を突き抜けて彼方へと行った芸術家や知識人はいるからである。たとえばジャン・ジュネ、バジル・デイヴィッドソン、アルベール・メンミ、ファン・ゴイティソーロなど。おそらくここで重要な意味をもつのは、帝国主義にとってかわるオルターナティヴを、またとりわけ西洋以外の文化や社会の存在を、真摯に考えようとする政治姿勢である。コンラッドの瞠目すべき小説がラテン・アメリカやアフリカやアジアに対する西洋の慢性的な猜疑心にお墨つきをあたえているととらえるにせよ、あるいは『ノストローモ』や『大いなる遺産』といった小説のなかに、読者のみならず作者の認識をもひとしくゆがめてしまうような、驚くほど息のながい帝国主義的世界観の特徴を認めるにせよ、どちらのみかたも、現実にあるオルターナティヴを読み解く方法としては、時代遅れの観がある。今日の世界は、わたしたちがそれについてペシミスティックになったり、オプティミスティックになったりできるような、それをめぐって書かれたわたしたちの「テクスト」が卓越したものになったり、退屈なものになったりするような、そうしたスペクタクルとして存在しているのではない。わたしたちのとりうる姿勢は、世界と無関係にあるどころか、権力と利害＝関心《インタレスツ》と骨がらみになっている。コンラッドがその時代の帝国主義的イデオロギーを批判しながら再生産しているとわたしたちがとらえるとすれば、そのとらえかたそのものが、わたしたちの現在の姿勢――他者の社会や伝統や歴史を、支配せんとする願望や、おとしめんとする可能性や、理解し積極的にかかわろうとするエネルギー、そのような願望や可能性やエネルギーを、わたしたちは生み出しつつまた拒絶する姿勢――の特徴をあきらかにするのだ。

コンラッドやディケンズの時代から多くの点で世界は変わった。植民地宗主国の欧米人を驚かせ、ときには警戒させるほどに。欧米人がいま、その中心地において遭遇しているのは、多くの非白人の移民たちであり、彼らは新たな勢力をもつ一団となって、自分たちの物語を聞きとどけてもらうための声を獲得しつつある。本書が指摘したいのは、そのような人びと、そのような声がすでに存在して久しいこと、しかも、それは、近代の帝国主義によってはじめられた地球規模の変貌のおかげであるということだ。西洋人と東洋人の重なりあう経験、そして植民者と被植民者とが、将来像のちがいのみならず地理と物語と歴史のちがいをもとおして共存したり角突き合わせているという文化領域における相互依存関係、これを無視したり、さもなくば過小評価することは、過去一世紀において、この世界で本質的であったことを見すごすに等しいのだ。

おそらくはじめてといっていいのだが、帝国主義とその文化の歴史は、いまようやく、一枚岩的なものでもなければ、単純に区画化したり分離したり区分できないものとして、研究できるようになった。なるほど、単純な、分離主義的言説や排他的言説は、インドであれ、レバノンであれ、ユーゴスラヴィアであれ、あるいはアフリカ中心的な立場、イスラム中心的な立場、ヨーロッパ中心的な立場の宣言においてであれ、破壊的なかたちで噴出して久しい。こうした文化的言説における単純化は、帝国から自由になろうとする闘争を無効にするどころか、解放をめざす根源的なエネルギー、それも独立せんとする願いや言論の自由を求め、不当な支配のくびきを逃れんとする願いを活性化するエネルギーの有効性を現実に立証することになった。しかしながら、このエネルギーを理解する唯一の方法は、歴史的な方法でしかない。またかだらこそ本書では、広範囲におよぶ地理的・歴史的な視野を失わないようつとめたのである。自分自身の声を聞いてもらいたいという願望をいだくあまり、わたしたちが忘れがちなのは、世界とは混み合った場所であり、もし誰もが自分の声の根源的な純粋性や優越性を主張しようものなら、わたしたちの前にひろがるのは、終わりなき闘争のおそるべき喧騒であり、いまわしい政治的混乱でしかないことだ。たしかに、その真の恐怖は、いま、いたるところに感知されはじめた。たとえばヨーロッパにおける人種差別主義政治の再興において。あるいはアメリカ合衆国における政治的正しさ《ポリティカル・コレクトネス》とアイデンティティ・ポリティクスをめぐる論争の不協和音において。そして——わたし自身と関わりのある世界の地域についていえば——サダム・フセインや、その数知れぬアラブのエピゴーネンや後継者たちを源流とする、不寛容な宗教的差別や、ビスマルク的独裁国家に対する幻覚的な待望論において。

それゆえ、冷静かつ真剣になすべきは、いうなれば自分の側を読むだけではなく、たとえば、次のようなことを把握することなのだ。すなわち、たとえばキプリングのような偉大な芸術家（それにしても彼ほど帝国主義者にして反動的な人間はめったにお目にかかれないのだが）が、いかにしてインドをかくも優れた技倆でもって描いたかということだけでなく、インドを描くなかで、いかにして彼の小説『キム』が、長い歴史をもつアングロ＝インド関係に依存したばかりか、さらに、インドの現実は多かれ少なかれイギリスの指導を必要としている、いや請うているという信念だけではアングロ＝インド関係は維持できないことを、みずからの意に反して、いかにして予見したかを把握すべきなのだ。わたしが論じたいのは、文化的記録の保管庫とは、海外領土に対する知的・芸術的投資がおこなわれた場であるということだ。もしあなたが一八六〇年代のイギリス人であったり、フランス人であったら、親密さと距離感がないまぜになった心境で、インドや北アフリカをながめ、また感ずるだろうが、その地に、独立した主権があるという意識をもつことはないだろう。イギリス人であるあなた、フランス人であるあなたが親しんできた物語や歴史や旅行記や探検記において、あなたの意識だけが、主たる権威であり、あなたの意識だけが植民地活動のみならず異国の地誌や民族を意味づけるエネルギーの活動拠点であるというふうに表象されてきた。とりわけ、あなたの権力意識にしたがえば、「原住民たち」、つまりおとなしくなんでもいうことをきくか、さもなければ陰険で非協力的であるかのどちらかでしかない彼らが、あなたに最終的にインドなりアルジェリアを放棄させるほどの力をこれから先もつにいたるなどとは、とても信じられないだろう。彼ら原住民が、支配的な言説を矛盾においこんだり、それに挑戦したり、さもなければそれを攪乱するかもしれないようなにかを口にできるなどとは夢想だにできないだろう。

帝国主義の文化は、眼にみえないわけでもないし、またその世俗における類縁関係《アフィリエーション》や関心《インタレスツ》＝利害を隠していたわけではない。文化の主要な領域では、わたしたちが、そこに残されている、しばしば瑣末な記録に留意したり、そのような記録にこれまで関心があまり払われてこなかったことにも留意できるほどの明晰さが生まれている。そのような瑣末で関心をもたれなかった記録がいまさかんに興味がもたれ、あれやこれやの本を出版させるきっかけとなっているのは、過去に抑圧されたものをいまによみがえらせて復讐をさせようというよりも、むしろさまざまな連繋や結合が切実に求められているからである。帝国主義の業績のひとつは、世界を小さくしたことであり、たしかに小さくする過程で、ヨーロッパ人と原住民との距離は深刻かつ根源的に不当なまでに広がったのだが、しかし、にもかかわらず、いまやわたしたちの、ほぼ誰もが、帝国主義という歴史的体験を共通のものとしてみなすべきなのである。そのためなすべきは、帝国というものを、たとえ帝国によって恐怖と流血と復讐がひきおこされたにもかかわらず、インド人とイギリス人の双方にかかわるものとして、またアルジェリア人とフランス人の双方にかかわるものとして、またさらに西洋人い、とアフリカ人やアジア人やラテン・アメリカ人やオーストラリア人にかかわるものとして記述することである。

わたしの方法をいえば、個々の作品にできるかぎり焦点をしぼり、それらをまず独創的想像力あるいは独創的解釈の偉大な産物として読み、次に、そのような作品を、文化と帝国の一般的な関係の一部として示すことである。作者の存在がイデオロギーや階級や経済史によって機械的に規定されるなどと、わたしは信じていないが、しかし作者はまた、みずから属する社会にどっぷりとつかり、さまざまなかたちで、歴史と社会的経験を形成しつつ、またそれらによって形成されるのだと信じている。文化と、その文化が包含する美的形式は、歴史的経験から派生する。つまるところ、このことが、本書の主題のひとつとなる。すでに『オリエンタリズム』執筆中に発見していたことでもあったが、歴史的経験は、網羅的リストとかカタログのみでは把握できないのであって、たとえどれほど広範囲に取材しようとも、省略せざるをえない文献なり論文なり作家なり思想は存在するものである。そこで、わたしは、重要かつ本質的事象とみなしたもののみに焦点をしぼり、題材のかたよりや恣意的選択をなくすことができなかったことを、最初から認めることにした。望むらくは、本書を読まれた読者や批評家が、本書を足掛かりとして、そこに開示される帝国主義の歴史的経験をめぐり、さらに研究なり議論をつづけられんことを。実際、全地球規模ともいえるものを論じかつ分析するにあたって、わたしは、時に応じて、一般論と要約だけにとどまらざるをえなかった。けれども、思うに、本書のページをこれ以上増やせとは誰も望むまい。

さらにいえば、わたしが論じていないいくつかの帝国が存在する。オーストリア－ハンガリー帝国、ロシア帝国、オスマントルコ、スペインとポルトガルの帝国。しかしながら、こうした省略によって、中央アジアならびに東欧におけるロシア帝国の支配や、アラブ世界に対するイスタンブールの支配、現在のアンゴラやモザンビークにおけるポルトガルの支配、太平洋地域やラテン・アメリカにおけるスペインの支配が、良性のものであった（それゆえ称賛にあたいした）とか、帝国主義的色彩が少ないなどといわんとしているのではない。ただ、わたしがイギリスやフランスやアメリカの帝国主義について語ることを選んだのは、それらがユニークな一貫性と典型ともいえる文化的特質をもっているからである。なかでももちろんイギリスは、帝国主義の本拠地であった。どの帝国よりも大きく、壮大で、抑圧的であった。またフランスはほぼ二世紀にわたって、この大英帝国とつばぜりあいを演じてきた。帝国形成において物語はめざましい役割をはたすのであるから、フランスそして（とりわけ）イギリスに、他に類をみない、小説創造のとぎれることのない伝統があってもなんら驚くにあたらない。アメリカは十九世紀において帝国主義を開始したが、アメリカがなりふりかまわず、みずからの先輩筋にあたるイギリスとフランスの帝国主義を模倣しはじめるのは、二十世紀の後半、イギリスとフランスの帝国植民地に脱植民地化運動が起こってのちのことだった。

イギリスとフランスとアメリカ、この三つの帝国に焦点をしぼった理由は、さらにふたつある。ひとつは、この三つの文化圏において海外領土支配という思想——近隣諸国を飛び越えて遠くの地に触手をのばすこと——が特権的地位を享受していることである。この思想は、小説、地理、芸術のいずれの分野にもあてはまる投射・計画という概念と、密接なかかわりがあり、現実の領土拡大と統治と投機と介入のなかにつねに存在する要素となってきた。どのような帝国主義文化においても確かにシステマティックなものが存在しているのだが、このことは他のどの帝国よりも、イギリスとフランス、そしてかたちはやや異なるがアメリカにおいて顕著である。わたしが「姿勢と言及の構造」という用語をつかうとき、念頭においているのも、このことである。そしていまひとつの理由。それはこの三つの国は、わたしが生まれ、成長し、現在にいたるまでの三つの活動圏でもあるということ。わたしは、こうした国々にいると安堵感をおぼえるのだが、しかし、アラブ・イスラム世界出身の人間として、わたしはつねに、むこう側にも所属していた。そのため、わたしは、ある意味で両側に住んでいることになった。だからわたしはふたつの側を媒介できたのである。

まとめると、本書は、過去と未来について、また、これまでさまざまな、たいていは敵対関係にある別個の陣営から「われわれ」と「彼ら」として区別されてきたものについて考えようとしている。本書が属する歴史的段階は、アメリカ合衆国が最後の超大国としてその姿を確実なものとした、いうなれば冷戦以後の歴史的一時期である。このような時期に、アメリカで暮らすことは、アラブ世界に出自をもつ教育者にして知識人であるわたしのような者にとって、いくつもの個別的な思い入れをともなう。そのすべてが、『オリエンタリズム』執筆以後にわたしが書いてきたものに影響をあたえたと同時に本書に影を落とすことになった。

まず最初に、最近のアメリカの政策を目撃し、それを読み解くときにいだいた絶望感というものがある。これまで全世界を支配する野望をいだいた個々の植民地宗主国はどれも、現在のアメリカと同じようなことを語ってきたし、嘆かわしいことに、実行してきた。従属民族を管理するときには、つねに力による支配と国民の利益が最優先される。これと同じ破壊的姿勢が生まれるのは統治がきしみはじめるとき、つまり帝国権力にからめとられ地位を保全されている傀儡的で人気のない支配者に原住民が蜂起し引導を渡すときである。いまわしいことに、十年一日のごとくくりかえされる主張がある。いわく「われわれ」は例外的であり、帝国主義的ではなく、過去の大国の過ちをくりかえす気遣いはない。だがこうした主張のあとには、定期的に、過ちがくりかえされてきたことは、ヴェトナム戦争や湾岸戦争が立証済みである。またもっとたちが悪いのは、こうした政策実行者たちに対して、知識人や芸術家やジャーナリストたちの側が、たとえ積極的ではないことが多くとも、共犯者になってしまうことである。彼らは国内では進歩的であり、注目にあたいする所見をつねに満載していても、こと国外でアメリカの名のもとにおこなわれていることが問題になると体制支持の側にまわるのである。

わたしの（おそらくは妄想にすぎないかもしれない）希望をいわせてもらえば、文化を中心にして帝国主義運動の歴史をとらえると、帝国主義に光をあてるだけではなく、帝国主義を抑止するという目標も達成できないかということだ。そもそも、帝国主義は十九世紀と二十世紀をとおして破竹の勢いで進展したものの、帝国主義に対する抵抗もまた大きくなっていたのだ。したがってわたしが採用すべき方法は、このふたつの力をいっしょに示すことだろう。これは、植民地化に苦しんできた民族に対しては、批判の矛先を向けないということではない。ポストｰコロニアル国家を概観すればわかるように、ナショナリズムの、分離主義と土着主義と呼べるものの幸運と不運をみるにつけ、手放しでそれらを褒めるだけではすませられなくなる。たとえ示唆するだけでも、イディ・アミンやサダム・フセインとは別の選択肢があることを語っておかねばならない。西洋の帝国主義と第三世界のナショナリズムは、たがいに、相手から養分を得てきたが、その最悪の事例においても、それらは一枚岩的なものでもなければ、確定的なものでもなかった。そのうえ、文化も一枚岩的ではない。文化は東洋とか西洋の独占財産でもなければ、少数民族の男女の独占財産でもない。

とはいうものの帝国主義とそれに対する抵抗の物語は、陰鬱で、しかもしばしば気の滅入るものとなるだろう。今日、これを多少なりとも和らげてくれるのは、そこかしこで、新たな思想的政治的良心が芽生えていることである。これが、本書を執筆するにあたって念頭においていた第二の関心事である。古くからの人文学研究が政治的圧力に対し、不服申し立ての文化と呼びならわされてきたものに対し、「西洋的」「フェミニズム的」「アフリカ中心的」「イスラム中心的」な価値の名のもとになされるありとあらゆる種類の誇大主張に対し、屈してきたことへの嘆きがあるとしても、それだけが今日あるすべてではない。たとえば中東研究におけるおどろくべき変化を例にとってもいい。わたしが『オリエンタリズム』を書いた頃には、中東研究は、攻撃的で男性的で恩きせがましいエートスにまだ支配されていた。ところが、ここ三、四年に登場した著作――たとえばライラ・アブ＝ルゴドの『ヴェールをかけられた意見』、ライラ・アフメドの『イスラムにおける女性とジェンダー』、フェドゥワ・マルティ＝ダグラスの『女性の肉体、女性の世界』[4]――を列挙するだけでも、イスラムとアラブと中東に関して、これまでとは異なる思想が生まれ、古い独裁体制に挑戦し、かなりの程度まで、それを崩したことが理解できるだろう。この種の著作はフェミニストたちによるものだが、けっして排他的なものではない。それらは、オリエンタリズムの、中東の（圧倒的に男性中心的な）ナショナリズムの全体主義的な言説に押しつぶされそうになってもなお、多様かつ複雑な女性の経験が息づいていることを立証している。それらは思想的にも政治的にも洗練されたものであり、最良の理論的・歴史的研究と波調をあわせ、社会関与的だがデマゴーグとはならず、女性の経験に敏感だがけっして感傷的ではない。そして最後に、それらはさまざまな出自と教育をもつ学者によって書かれたものだが、いずれも中東の女性をめぐる政治的状況と対話しつつ、またその改善に貢献するような著作となっている。

　これに、サラ・スレーリの『修辞の政治学』やリサ・ロウの『批評領域』[5]を加えるならば、この種の修正主義的研究の多様性がよくわかる。もちろん、このような仕事は、中東とか、インドといった――等質的かつ還元的に理解された――領土の地理概念をまったく打ち破るものではない。しかしナショナリストの運動や帝国主義者の企図にとってはあれほど貴重だった二項対立は、もう消え去ったのだ。そのかわり、いまわたしたちが、うすうす感じはじめているのは、古い権威を新しい権威と交代させるのではなく、国境を越え、紋切り型を越え、民族を越え、本質を越えて形成されるあらたな連携関係が、急速に生まれつつあることだ。そして、このような新しい連携関係の出現によって、かつて帝国主義時代には文化的思考の中心をなしていた、アイデンティティという、根源的に静的な概念が喚起されつつ、また挑戦されているのだ。ほぼ五百年まえにシステマティックにはじまったヨーロッパ人とその「他者」との交流をとおして、ひとつの考えかただけが変化せずに存在してきた。すなわち「われわれ」と「彼ら」が、たがいにきわめて安定した、明白かつ、侵犯不可能な自明的なかたちで、存在しているという考えかただ。『オリエンタリズム』で論じたように、この区分は遠くギリシアの昔にさかのぼる。そこではギリシア人と野蛮人とが区分されていた。けれどもこの種の「アイデンティティ」思考を誰がはじめたにせよ、十九世紀の終わりまでに、それは、帝国主義文化の要《かなめ》のみならず、ヨーロッパの進出に対し抵抗しようとする文化の側の要ともなったのである。

わたしたちはいまもなお、民族によってみずからを規定するという思考様式を受け継いでいるが、では民族はというと、途切れることのないと想定されている伝統からその権威を獲得している。いうまでもなく、合衆国において、文化的アイデンティティをめぐるこうした関心は、いかなる書物や権威が「われわれの」伝統をかたちづくっているかをめぐる論争へと発展した。概して、この本あるいはあの本が「われわれの」伝統の一部である（あるいは一部ではない）と語りたがるのは、想像しうるかぎりもっとも脆弱な精神のなせるわざのひとつであろう。そのうえ、その判断は、歴史的な知識に貢献するどころか、あまりにもしばしば歴史をゆがめるものとなる。したがって記録として残すために、わたしとしては次のことを明言しておこう。すなわち「われわれ」は「われわれのもの」だけにもっぱら関心をよせるべきであるという立場をわたしは断固として却下するし、同じく、アラブ人はアラブの本を読み、アラブ的方法を使うべきだという考えかたを許すこともできない。かつてC・L・R・ジェイムズが語ったように、ベートーヴェンは、ドイツ人のみならず西インド諸島の人間のものでもある。なぜならベートーヴェンの音楽は、人類の遺産の一部となっているからである。

ただ、にもかかわらず、アイデンティティに対するイデオロギー的思惑が、さまざまな集団の利害や将来計画とからみあっていることは理解できる。ここでいう集団は、みずからの利害関係を考慮することを最優先させたいと願う集団であって、抑圧された少数派だけをさすのではない。ちなみに本書の大部分が、近年の歴史のなかから何を読みとり、またいかに読むべきかということに集中するので、ここでは、わたしの考えをごくかいつまんで述べておくにとどめよう。アメリカ的アイデンティティは何から形成されるかについて共通の理解に達するには、その前に、アメリカ的アイデンティティというものが、おびただしい数の原住民の屍《しかばね》のうえに打ち建てられた移民社会のそれであって、統一的かつ同質的なものへと還元できないほど多様であることを、まず認めないといけない。じっさいのところアメリカ的アイデンティティを求める戦いは、統一的アイデンティティを提唱する者たちと、全体を複雑なもの、それも統一的な何かに還元できないものとみる者たちとの間で展開している。この対立は、ふたつの異なるパースペクティヴ、ふたつの歴史観――かたや線的で包括的なものか、かたや対位法的でしばしば遊牧民的なもの――を含意している。

このうち二番目のパースペクティヴだけが、歴史的経験に裏付けられた現実をそこなうことがない――これがわたしの立論となる。なかば帝国の存在のおかげともいえるのだが、あらゆる文化がたがいに関係するようになっている。いかなる文化も単一で純粋ではない。すべての文化は雑種的《ハイブリッド》かつ異種混淆的《ヘテロジーニアス》で、驚くほど差異化され、一枚岩的ではないのだ。思うに、このことは現代のアラブ世界のみならず、現代の合衆国にもあてはまる。いずれの場合も、それぞれ、「非アメリカニズム」の危険性や、「アラブ主義」への脅威をもちだすことによって多くのことが決められている。自己防衛的で反動的でパラノイア的ですらあるナショナリズムが、嘆かわしいかな、しばしば教育のすみずみにまで浸透し、子どもたちは、彼らよりも年配の学生たちと同じく、自分たちの伝統を（ふつう、不快なまでに、他者の伝統を犠牲にして）崇拝し祝福するよう教えこまれている。このような批評精神を欠如させた受動的な教育形態や思想形態に対して本書は訴えかける——これを矯正するような、粘り強くオルターナティヴをもとめてゆくような、自由な探究をおこなう可能性はないものか、と。本書を執筆しながら、わたしは、いまもなお大学によって提供されるユートピア的空間を活用することができた。大学こそ、重要な本質的問題が研究され討議され考察される場とならねばならないと、わたしはつねづね感じている。ところが、もし大学が、社会的・政治的問題の圧力に屈したり、あるいはその解消をもとめられたりしたら、大学はその機能を失い、いま政権を握っている政党のたんなる付属物になりさがってしまうだろう。

誤解のないよう付け加えたい。合衆国は、その特異な文化的多様性にもかかわらず、いまもなお、そしてこれからもかならず首尾一貫した国家であるだろう。同じことは、他の英語圏の国々（イギリス、ニュージーランド、オーストラリア、カナダ）にもあてはまる。また、いまや数多くの移民をかかえているフランスについてもあてはまる。アーサー・シュレージンガーが『アメリカの分裂』のなかで歴史研究をそこなうと述べた論争対立や両極論争は、もちろん、アメリカに存在するが、しかし、わたしが思うに、だからといってそれが共和国崩壊のしるしにはならないだろう。(6) 概して、歴史というものは、それを否定したり抑圧するよりも、探究するほうがよいものだ。合衆国が、数多くの民族の歴史をふくみ、その多くの歴史が注目をもとめて競い合っていること、この事実を初めてのことであるかのように恐れるべきではないのである。なぜなら、多くの民族の歴史はつねにアメリカに存在していたし、そこからひとつのアメリカ社会がアメリカの政治（さらには歴史記述のスタイル）が実際に創造されたからである。いいかえるなら多元文化主義をめぐる現在の論争の帰結は、けっして、アメリカの「レバノン化」ではないはずであり、もしこうした論争が、政治的変化のみならず、女性や少数派や最近の移民たちが自己規定する方法の変化をも示すものであるなら、それは恐れるべきではないし、それを排除し防衛しようとすべきでもない。記憶すべきは、もっとも強力なかたちの解放と啓蒙の物語は、分離ではなく統合の物語であり、主流集団から排除された人びとが、その主流集団のなかに場所を確保しようと戦う物語なのである。もし、主流集団のいだく考えかたが古臭く因襲的で、新集団を受け入れるような融通性に欠け、寛大なものではないとするならば、いまや考えかた自体を変えるべきであって、そのほうが勃興集団を拒絶するよりは、実り多いことなのである。

最後に述べておきたいのは、本書が故国喪失者《エグザイル》の本であるということだ。わたしにはどうしようもないさまざまな理由で、わたしは西洋の教育を受けたアラブ人として成長した。物心ついて以来ずっと、わたしはふたつの世界に属している、ただしそのふたつの世界のどちらにも、完璧に属しているわけではないと感じている。けれども、わたしの人生のなかで、わたしがもっとも愛着を感じているアラブ世界の多くの部分は、内乱や戦争によって様変わりするか、存在するのをやめてしまった。しかも長い間、わたしは合衆国のなかでアウトサイダーでありつづけている。とりわけ合衆国が、アラブ世界の文化や社会（たとえ完全無欠な文化とか社会ではないとしても）に対して、戦争をしかけたり、激しい敵対関係に入ったときには。けれどもわたしが「故国喪失者《エグザイル》」というとき、わたしは悲痛なもの、あるいは喪失感というものを意味していない。それどころか、帝国主義によってふたつに分断された両側に、いわば所属することによって、両側をよりよく理解できるようになったのだ。しかも本書全体が執筆された場所であるニューヨークは、多くの点で、きわめつきの故国喪失者たちの都市である。そこにはファノンが記述したような植民地都市のマニ教的構造も存在している。おそらくこうしたことすべてが刺激となって、本書において披露し試みたような関心事や解釈が生まれたと思うのだが、しかし確かなのはこうした環境が、複数の歴史に、また複数の集団に所属しているかのようにわたしに感じさせてくれたことだ。そのような状態が、ひとつの文化だけに対して通常抱くところの所属感覚や、ひとつの国家だけに対して通常抱く忠誠心というものに対抗する真に有益なオルターナティヴとみなせるか否かは、読者の判断にまかせたい。

本書の議論は、一九八五年から一九八八年にかけて、イギリスや合衆国やカナダの大学でおこなったさまざまな連続講義のなかで最初披露したものである。こうして長期にわたって貴重な機会を提供していただいたことに対し、わたしは、ケント大学、コーネル大学、ウェスタン・オンタリオ大学、トロント大学、エセックス大学の教員諸氏ならびに学生諸君に深く感謝したい。また、まだかなり初期の段階の議論を披露する機会をあたえていただいたことに対して、シカゴ大学に感謝したい。本書を構成する個々の章の完成版に近いものを講義として披露する機会をあたえていただいたのは、イェイツ・インターナショナル・スクール（スライゴー）、オックスフォード大学（セント・アントニー・コレッジにおけるジョージ・アントニウス講義）、ミネソタ大学、ケンブリッジ大学キングズ・コレッジ、プリンストン大学デイヴィス・センター、ロンドン大学バークベック・コレッジ、プエルトリコ大学である。わたしを招待し、また心あたたまる真摯なもてなしを受けたことに対し、心よりの感謝をささげたいのは、Declan Kiberd, Seamus Deane, Derek Hopwood, Peter Nesselroth, Tony Tanner, Natalie Davis ならびに Gayan Prakash, A. Walton Litz, Peter Hulme, Deirdre David, Ken Bates, Tessa Blackstone, Bernard Sharrett, Lyn Innis, Peter Mulford, Gervasio Luis Garcia, Maria de los Angeles Castro である。一九八九年、わたしはロンドンにおいてレイモンド・ウィリアムズ記念講演の第一回講演を依頼されるという栄誉を得た。その際、わたしはカミュについて語ったのだが、Graham Martin や故 Joy Williams のおかげで、それはわたしには長く記憶に残る経験となった。またあえていうまでもないと思うのだが、本書の多くの部分は、レイモンド・ウィリアムズ――わたしの友人であり、偉大な批評家であった――の思想と人間性ならびにモラルに貫かれているのである。

本書を執筆中にわたしは、さまざまな知的・政治的・文化的つながりを、なにはばかることなく利用できた。こうした方々のなかには、わたしの親友であるとともに、本書のいくつかのページが最初に掲載された雑誌の編集者Tom Mitchell（*Critical Inquiry*誌）、Richard Poirier（*Raritan Review*誌）、Ben Sonnenberg（*Grand Street*誌）、A. Sivanandan（*Race and Class*誌）、Joanne Wypejewski（*The Nation*誌）、Karl Miller（*The London Review of Books*紙）もふくまれる。わたしはまた『ガーディアン』紙（ロンドン）の編集者ならびにペンギン出版社のPaul Keeganにも感謝したい。こうした方々の後援により、わたしは本書のアイディアのいくつかを最初に披露できたのである。またその寛容さ、厚遇、批判にわたしが依存した他の友人たちは、Donald Mitchell, Ibrahim Abu-Lughod, Masao Miyoshi, Jean Franco, Marianne McDonald, Anwar Abdel-Malek, Eqbal Ahmad, Jonathan Culler, Gayatri Spivak, Homi Bhabha, Benita Parry, Barbara Harlowである。コロンビア大学のわたしの学生たちの何人かの明敏さと洞察力の恩恵を得たことに感謝の言葉をささげるのは、わたしにとって、このうえないよろこびである。彼らには、いかなる教師といえども同じ感謝の気持ちをいだくだろう。すでに出版されたり、よく知られたその刺激的な仕事の恩恵を、私に存分に分けていただいた若き研究者や批評家たちは、Ann McClintock, Rob Nixon, Suvendi Perera, Gauri Viswanathan, Tim Brennanである。

原稿を準備する段階で私はさまざまなかたちでYumna Siddiqi, Aamir Mufti, Susan Lhota, David Beams, Paola di Robilant, Deborah Poole, Ana Dopico, Pierre Gagnier, Kieran Kennedyから惜しみない援助を受けた。Zaineb Istrabadiは、私の驚愕すべき悪筆の原稿を解読し、それを一連の完成原稿へと清書するという困難な仕事を、称賛にあたいする忍耐と技倆によっておこなった。彼女の惜しみない支援と優しさと知性に、わたしは多くのものを負っている。編集のさまざまな段階で、Frances CodyとCarmen Callilは、わたしが本書で示そうとしたことを懇切丁寧に読みといてくれた友人たちでもあった。またわたしはElisabeth Siftonに、深い感謝の念と心よりの称賛をここに記しておかねばならない。彼女は、わたしの長年の友人であり、卓越した編集者であり、いつも好意的な批評家でもあった。George Andreou は、本書が印刷出版段階に入ったときに、すべてがとどこおりなくすすむよう不断の努力を惜しまなかった。本書の著者と、しばしば厳しい環境のなかで、いまもなおいっしょに暮らしている Mariam Said, Wadie Said ならびに Najla Said に対して、その変わらぬ愛と支援に対して心から感謝したい。

ニューヨーク州、ニューヨーク　一九九二年七月

第一章　重なりあう領土、からまりあう歴史

この主題に端を発する沈黙、ならびにこの主題についての沈黙が、当時のならいであった。沈黙のいくつかは破られたが、また沈黙のいくつかは、規制戦略に連座するか、規制戦略の枠内に生きていた作家たちによって維持された。わたしに興味があるのは、沈黙を破る戦略である。

トニ・モリスン『暗闇に戯れて』*

いいかえると歴史は、演算機械ではない。それは精神と想像力のなかで展開する。それは人びとの多種多様な反応のなかで血肉化する。それは物質的現実と、土台となる経済的事実と、確固たる目的との無限の精密なすり合わせそのものである。

バジル・デイヴィッドソン『近代史におけるアフリカ』

1　帝国、地理、文化

過去に訴えることは、現在を解釈するときのもっともありふれた戦略のひとつである。過去に訴えたくなる気持ちにかられるのは、過去に起こったことや過去のありように対して意見が分かれているだけではなく、過去がほんとうに過ぎ去り、終わり、決着がついたかについて、あるいは過去が、さまざまに変容をとげながら、おそらくいまも続いているか否かについて、確信がもてなくなっているからである。この問題は、ありとあらゆる種類の議論を触発する――影響についての議論、非難と判断に関する議論、現在の現実と未来の正当性に関する議論を。

T・S・エリオットは、初期のもっとも名高い評論のなかで、同様の問題群をとりあげている。その評論の動機ならびに意図は、純粋に審美的といえるものだが、しかし、エリオットの所説を利用して、他の領域の経験を考察することはできる。エリオットによれば詩人とは、個人の才能の問題だが、詩人は、伝統の枠内で思考する。この伝統は、ただたんに継承されるというものではなく、「たいへんな労力」をはらってはじめて薬籠中の物とすることができる。伝統は、とエリオットはつづける――

第一章　重なりあう領土、からまりあう歴史

この主題に端を発する沈黙、ならびにこの主題についての沈黙が、当時のならいであった。沈黙のいくつかは破られたが、また沈黙のいくつかは、規制戦略に連座するか、規制戦略の枠内に生きていた作家たちによって維持された。わたしに興味があるのは、沈黙を破る戦略である。

トニ・モリスン『暗闇に戯れて』*

いいかえると歴史は、演算機械ではない。それは精神と想像力のなかで展開する。それは人びとの多種多様な反応のなかで血肉化する。それは物質的現実と、土台となる経済的事実と、確固たる目的との無限の精密なすり合わせそのものである。

バジル・デイヴィッドソン『近代史におけるアフリカ』

1　帝国、地理、文化

過去に訴えることは、現在を解釈するときのもっともありふれた戦略のひとつである。過去に訴えたくなる気持ちにかられるのは、過去に起こったことや過去のありように対して意見が分かれているだけではなく、過去がほんとうに過ぎ去り、終わり、決着がついたかについて、あるいは過去が、さまざまに変容をとげながら、おそらくいまも続いているか否かについて、確信がもてなくなっているからである。この問題は、ありとあらゆる種類の議論を触発する――影響についての議論、非難と判断に関する議論、現在の現実と未来の正当性に関する議論を。

T・S・エリオットは、初期のもっとも名高い評論のなかで、同様の問題群をとりあげている。その評論の動機ならびに意図は、純粋に審美的といえるものだが、しかし、エリオットの所説を利用して、他の領域の経験を考察することはできる。エリオットによれば詩人とは、個人の才能の問題だが、詩人は、伝統の枠内で思考する。この伝統は、ただたんに継承されるというものではなく、「たいへんな労力」をはらってはじめて薬籠中の物とすることができる。伝統は、とエリオットはつづける――

ーフ、ピーター・ケアリー、パトリック・ホワイトらの文学作品を生むことになるオーストラリア人の書きものの伝統を前提としているのでもなければ予測しているのでもない。マグウィッチに対する帰国禁止命令は、それをやぶると死刑になる命令であると同時に、帝国主義的な命令でもある。囚人はオーストラリアのような場所に移送されるが、彼らには植民地宗主国の空間への「帰還」はゆるされないのだ。宗主国の空間は、ディケンズの小説が示しているように、階級差のある宗主国の人間関係によって、厳密に組織され、代表され、独占されているのである。そのため、いっぽうでは、ヒューズやカーターのような解釈者が、十九世紀イギリスの書きもののなかにかなり水増しされうすめられたかたちであらわれるオーストラリアの存在をふくらませ、二十世紀にイギリスから独立するにいたるオーストラリアの歴史を完全に遺漏なく表出するとすれば、そのいっぽうで『大いなる遺産』の正確な読解は、マグウィッチという敵愾心をかこち復讐に燃える年老いた男に恩があることをピップが認めたあと、つまりいうなればマグウィッチの罪障が滅却したあと、ピップ自身が人格崩壊を起こし、そのあと、ふたつの明確に肯定的な方向に新たに舵を切ることに着目するはずである。生まれかわったピップは、それ以前のピップと異なり過去の束縛に苦しむことはない――このことは、ピップと名づけられた赤ん坊によって暗示的に示される。また以前のピップは、少年時代からの友人ハーバート・ポケットとともに新しい仕事に乗り出す。今度は、悠々自適の有閑紳士としてではなく、東洋貿易に従事する仕事熱心な貿易商として。東洋というイギリスのいまひとつの植民地が、ある種の健全さの源となるいっぽうで、オーストラリアには、それが許されないのである。

かくしてディケンズがオーストラリアとのやっかいな関係に決着をつけるまさにそのとき、いまひとつの姿勢と言及の構造があらわれて、オリエントとの貿易とオリエント旅行をとおしてイギリスがあらたな帝国主義的交渉をしていることが暗示される。植民地事業にたずさわる実業家という、ピップの新しい人生にお

げることもあろう。だが彼らは、言葉の現実的な意味において、戻ってくることはない。専門的、法的見地からは、彼らは、犯した罪を贖うことができるものの、その地で刑を受けたことにより、彼らは終身アウトサイダーにおとしめられてしまう。とはいえ彼らには救済の余地がある――すくなくとも彼らがオーストラリアにとどまっているかぎりは(1)。

こうしたことについて、カーターは、彼がオーストラリアの空間史と呼ぶものの研究をとおして、またべつのヴァージョンをわたしたちに提示してくれる。このヴァージョンでは、探検家や囚人や民族学者や不当利得者や軍人たちが、オーストラリアという広大で、そのほとんどが人跡未踏の大陸を記述するとき、それぞれの言説がたがいに衝突したり排除したり吸収したりするのだ。たとえばボタニー湾とは、最初は、旅行と発見にまつわる啓蒙主義的言説そのものであり、次にそれは、一連の旅行記作者たち（キャプテン・クックもふくむ）の言語表現や地図やさまざまな意図が、この異質の領土を同化吸収して、しだいにそれを「英国《ホーム》」にかえたのである。ベンサム的空間組織（これはメルボルンという都市を生むのだが）が、オーストラリアの未開地の無秩序状態と隣接することによって、カーターによれば、社会空間の楽観的な変容がおこる。この変容が一八四〇年代において、紳士階級にとっての理想郷《エリジウム》、労働者階級にとってのエデンの園を生む(2)。ディケンズがピップについて思い描いたこと――彼がマグウィッチによってつくられる「ロンドンの紳士」であること――は、善意のイギリス人がオーストラリアについて思い描いたこととほぼ一致する。つまりオーストラリアとは、もうひとつの社会空間を権威づける社会空間なのである。

だが『大いなる遺産』は、オーストラリアに生きる人びとをどうとらえるかという関心――ヒューズやカーターがいだいているような関心――にもとづいて書かれたのではなかったし、やがてデイヴィッド・マルリスの小説史のなかにしっかりと位置づけているが、わたしのみるところ、この小説は、そのような解釈ではとらえきれない包括的かつダイナミックな歴史に属している。オーストラリアについての思弁と見聞の広範な歴史をときあかすには、ディケンズに関する本よりも最近書かれた次の二冊――ロバート・ヒューズの堂々たる著作『運命の岸辺』と、卓越した考察を展開するポール・カーターの著作『ボタニー湾への道』――を待たねばならなかった。こうした本によれば、アイルランドと同じく「白人《ホワイト》・植民地《コロニー》」であるオーストラリアのなかに、わたしたちはマグウィッチやディケンズを、たまたま顔をのぞかせた人物としてではなく、小説をとおして、またイギリスと海外領土とのもっと古くからの、幅広い経験をとおして、その土地の歴史に関与する人物として位置づけることができるのである。

オーストラリアは十八世紀後半に流刑植民地として制度化される。その用途は主に、イングランド本国から、過剰に増加し更生の見込みのない不要な重罪人を受け入れることであった。もともとキャプテン・クックが発見したというこの地は、イギリスにとって、アメリカ大陸で失った植民地の代償としても機能した。利潤の追求、帝国の建設、そしてヒューズのいう社会的アパルトヘイトなどがあいまって近代オーストラリアがつくられるのだが、ディケンズが一八四〇年代にその地にはじめて関心をよせる頃には（ちなみに『デイヴィッド・コパーフィールド』においてウィルキンズ・ミコーバーは喜び勇んでその地に移民するのだが）、オーストラリアはもっぱら高利潤と「自由の地《フリー・システム》」の代名詞ともなり、労働者は、もしやる気があるなら、自分の手でひと身代かせげるまでになっていた。だが、マグウィッチという人物をとおして、

ディケンズは、強制移送の終着地であるオーストラリアにおける囚人について、イギリス側がどう認識しているか、そのさまざまな相をひとつにまとめあげている。囚人たちはオーストラリアの地で一旗揚

ていたことを弾劾するか黙認して終わるのではなく、わたしはこう示唆したいのだ。これまで無視されてきた側面について学ぶことで、わたしたちは、そうした作品に対するわたしたちの理解を現実に、また真に、高めることになるのだ、と。

ここで、わたしが念頭においていることを、ふたつの著名なきわめて偉大な小説を例にあげて、すこし語らせていただきたい。ディケンズの『大いなる遺産』（一八六一）は、まず第一に自己欺瞞についての小説である。なにしろ主人公のピップは、紳士の身分を維持するために労働するわけでもなく、またかといって有閑階級生活をつづけるに足る収入源もないのに紳士になろうとして失敗するのだから。ピップは子どもの頃、有罪を宣告された犯罪者エイベル・マグウィッチを助ける。マグウィッチは、その後、逮捕されオーストラリアに流刑の身となるのだが、かつて自分を助けてくれた子どもに恩返しをしようと巨額のお金を送りつづける。ところがピップは、管財人の弁護士からその金を渡されるとき事情をなにも説明してもらえなかったため、老資産家のミス・ハヴィシャムが後見人であろうと勝手に判断してしまう。やがてマグウィッチは官憲の眼を盗んでロンドンにやってくるが、ピップにはけむたがられる。というのもピップにとって、マグウィッチにまつわるすべてのものが犯罪と邪悪さにまみれていたからだ。けれども最後にはピップはマグウィッチと和解し、彼の善良な本質を理解する。彼はマグウィッチを――官憲に追われ、逮捕され、致命的な重傷を負ったこの男を――、たとえ実際にはオーストラリアから不法入国した犯罪者であろうとも、拒絶すべき忌むべき人間としてではなく、自分を陰ながら育ててくれた父親として認めるのである。ちなみに当時のオーストラリアは、イギリスから強制移送された犯罪者たちが更生するための流刑地であって、彼らはイギリス本国へ帰ることは許されていなかった。

この瞠目すべき作品をめぐる、すべてではないにせよ、ほとんどの解釈が、この作品を植民地宗主国イギまず第一に、歴史感覚と関係する。この歴史感覚は、二十五歳をこえても詩人たらんとする者にとって、ほぼ必要不可欠なものといえよう。また歴史感覚は、過去の過去たるゆえんのみならず、過去の現在性の認識ともかかわってくる。この歴史感覚があればこそ、人は、自分自身の世代を骨の髄に感ずるだけでなく、ホメロス以後のヨーロッパ文学の総体ならびにそのなかに位置する自国の文学の総体が、同時共存し、共時的な秩序をかたちづくっていると感じつつ、ものを書かざるをえないのである。この歴史感覚とは、時間的であるとともに無時間的であるもの、無時間的なものと時間的なものの両者をともに感ずる感覚なのだが、それが書き手を伝統的な存在たらしめるのである。と同時に、それが、書き手に、時間のなかの自分の位置や、自分自身の現代性を、もっとも鋭敏に意識させるのである。

いかなる詩人も、いかなる芸術の芸術家も、単独で自己完結した意味をもつことはありえない。(1)

この論評は、批評意識をもつ詩人のみならず、詩的過程を正確に把握しようとする批評家に対しても、ひとしく効力をもつものと、わたしは考える。いわんとしていることはこうだ。わたしたちは過去の過去たるゆえんを完璧に認識しなければいけないときですら、いかなる手立てをもってしても過去を現在から隔離することはできないのである。過去と現在は、たがいに他を支えあう。たがいに他を含意する。そしてエリオットが意図したどこまでも観念的な意味でいえば、過去と現在はたがいに共存している。要するにエリオットが提示したのは、いっぽうで時間的連続を尊重しながら、またいっぽうで時間的連続には完全に支配されないという、文学伝統のヴィジョンである。過去も現在も、詩人や芸術家と同様、単独で自己完結した意味をもつことはありえない。

けれども過去と現在と未来のエリオット流の統合は、観念的であって、重要な点において彼自身の特異な歴史〔経歴〕の産物である。[2] またその時間概念は、個人と制度とが角突きあわせながら、何が伝統で、何が伝統ではないかを、また何が伝統と関連するか、何が伝統とは無関係なのかを決定するという競争的要素をみすごしている。けれどもその中心をなす考えかたは有効だろう。わたしたちが過去をどのように定式化し表象するかによって、わたしたちが現在をどう理解し、どうみるかが決まる。一例をあげよう。一九九〇－九一年の湾岸戦争において、イラクと合衆国との衝突は、ふたつの根源的に対立する歴史の衝突であり、それぞれの国の公式機関が、優位にたとうと、それぞれの歴史を利用した。イラクのバース党の歴史解釈によれば、現代のアラブ世界の歴史は、アラブの独立という約束を、「西洋」ならびにもっと最近の敵――アラブの反動勢力ならびにシオニズム――の妨害によって反古にされてきた。したがってイラクによる忌まわしいクウェート占領も、ビスマルク的政治観から正当化されただけでなく、アラブ世界はみずからに対してなされた悪をただし、帝国主義からそのもっとも大きな報償をもぎとる権利があるという信念によっても、正当化されたのである。いっぽう、アメリカによる過去解釈によれば、アメリカは古典的な帝国主義大国ではなく、世界中の悪をただす警察であり、いかなる場所であろうと、いかなる犠牲をはらおうとも、専制政治を激しく追撃し、自由を守るというわけである。湾岸戦争では期せずして、このふたつの過去解釈が正面衝突することになった。

過去と現在とのひと筋縄ではいかない関係についてのエリオットの考えかたは、「帝国主義」の意味をめぐる論争においては、とりわけ示唆するものが多い。なにしろ、この「帝国主義」という言葉は、ほとんど使うのがはばかられるほど、今日ではさまざまな論議の対象となり、ありとあらゆる種類の問いかけや疑惑や論争やイデオロギー的前提であふれかえっているからだ。もちろん、その論争は、ある程度まで、定義にかかわることだし、帝国主義の概念そのものをきちんと狭めて考えようとしている。帝国主義は主に経済的なものか、それが及ぶ範囲とはいかなるものか、その原因とは何か、それはシステマティックなものか、それはいつ終わったのか（あるいは終わったかどうか）。欧米でこの論争に貢献した人びとはその名前をみるだけで錚々たる面々である。カウツキー、ヒルファーディング、ホブスン、レーニン、シュンペーター、アーレント、マグドフ、ポール・ケネディ。また最近、合衆国では、ポール・ケネディの『大国の興亡』といった書物、ウィリアム・アプルマン・ウィリアムズ、ガブリエル・コルコ、ノアム・チョムスキー、ハワード・ジン、ウォルター・ルフィーバーらによる歴史修正主義的著作、そしてアメリカの政策を、非帝国主義的であると飽きもせず擁護し弁明するような、さまざまな戦略家や理論家や学識経験者たちによる著作――これらすべてが、帝国主義の問題、ならびに帝国主義を、現代の主要大国である合衆国に対して適用できるか（あるいはできないか）という問題を取りあげている。

いま列挙した権威者たちが議論しているのは、概して政治的・経済的問題といえるものである。けれども、近代の帝国主義経験において特権的役割をはたすとわたしが信じている文化について着目した者たちは、ほとんどいないし、おどろくほど広範囲にわたって地球を支配した十九世紀と二十世紀初頭の西洋の古典的帝国主義がいまもなお、わたしたちの時代に大きな影を落としていることもまた注目されないでいる。今日生きている北米人、アフリカ人、ヨーロッパ人、ラテン・アメリカ人、インド人、カリブ人、オーストラリア人――すべてをあげるときりがなくなる――のうち、かつて存在した帝国の影響をこうむらなかった国民はほとんどいないのだ。イギリスとフランスは、両国間で、おどろくほど広大な領域を支配した。カナダ、オーストラリア、ニュージーランド、北米と南米の植民地、カリブ海地域、アフリカの広大な領域、中東、極東（ちなみにイギリスは一九九七年まで香港を領有する）、そしてインド亜大陸全域――こうした地域全部が、イギリスとフランスの支配下にあり、やがてそこから独立したのである。またこれに加えて、合衆国、ロシア、ヨーロッパのいくつかの小国、そしていうまでもなく日本とトルコ、これらの国々もまた十九世紀全体を通じて、または十九世紀のある時点から、帝国主義列強であった。統治と所有というこのパタンが、現在の完全にグローバル化した世界の礎《いしずえ》を築いたのである。電子通信、地球規模の貿易、地球規模の資源活用、地球規模の旅行、地球規模の天候型と環境の変化が、世界のもっとも遠隔の一画すら巻き込むことになった。このパタンを最初に確立し、可能にしたものこそ、わたしが思うに、近代の帝国だったのである。

ところで、わたしは気質的にも、また哲学的にも、大がかりなシステム構築とか、人類史の全体的理論というものには反対している。けれども、近代の帝国を研究し、じっさいにそのなかに暮らした者として、わたしは帝国がいかに休みなく拡大するものか、いかに仮借なき統合を推進するかについて、衝撃をうけたことを告白せねばならない。マルクスの著作、J・R・シーリーによる保守的な著作、D・K・フィールドハウスとかC・C・エルドリッジによる著作（なかでもエルドリッジの『イングランドの使命』は、その中心をなす著作だが）[3]における現代的分析、そのいずれに目をとおしても認識せざるをえないのは、大英帝国がいかに多くのものを統合し、そのなかに溶かしこみ、他の帝国といっしょになって、世界帝国を築いたかである。にもかかわらず、いかなる個人も、そして私自身も、この帝国世界の全体を眺め、正しく把握することができないのだ。

現代の歴史家であるパトリック・オブライエンと[4]、デイヴィスとハッテンバック（その共著『マモンと帝国の追求』は、帝国主義活動の実際の利益を計量化することを試みた重要な文献である）[5]とのあいだでくり広げられた論争を読むとき、あるいはロビンソン－ギャラガー論争といった初期の論争とか[6]、アンドレ・グンダー・フランクやサミール・アミンといった従属と世界蓄積論を展開する経済学者たちの著作をみるとき[7]、文学史家であり文化史家としてのわたしたちは、これらすべてのことが、たとえばヴィクトリア朝小説を解釈したり、同時期のフランスの歴史学や、イタリアのグランド・オペラや、ドイツ形而上学を考察するとき、どのような意味をもちうるのかと真剣に考えないではいられない。わたしたちは帝国の存在や、帝国というコンテクストをもはや無視できない研究段階にきている。オブライエンのように、「国境を越えたところに投資する者には高配当がもたらされるという経済的保証の幻影と偽りの期待を創造した〔ところの〕帝国拡張のプロパガンダ」(8)について論ずることは、帝国と小説が、人種理論と地理的思考が、民族のアイデンティティ概念と都会的（あるいは地方的）日常が創造した風潮について論ずることにひとしい。「偽りの期待」というのは『大いなる遺産』〔ディケンズのこの小説の原題 Great Expectations は「遺産相続の期待」という意味〕を連想させるし、「国境を越えたところに投資する」はジョウゼフ・セドリーやベッキー・シャープ〔ともにサッカレーの小説『虚栄の市』の登場人物〕の行動を連想させるし、「幻影を創造した」は『幻滅』〔バルザックの小説、タイトルは「失われた幻影」とも訳せる〕を連想させるではないか――文化と帝国主義との相互交流はもはやゆるがぬものとなる。

むつかしいのはこのような異なる領域のものをつなぐこと、文化と膨張する帝国との関係を証明すること、芸術独自の特性をそこなわぬようにしながら同時に芸術と帝国との類縁関係《アフィリエーション》を調べることである。むつかしいが、わたしたちはこれを試みなければならないと思う。芸術を地球的で地上的なコンテクストにおかなければならないと思う。領土と領有が問題となる。地理と権力が問題となる。人間の歴史にまつわるすべてのことが、地上に根ざしている。これはつまり、わたしたちは居住について考えなければならないということだ。だがしかし、これはまた、人びとがより多くの領土をもちたいと計画したこと、それゆえにその土地にもとから住んでいた人びとについて何かをしなければならなかったことを意味している。きわめて基本的なレヴェルにおいて帝国主義は、あなたが領有していなくて、遠くにあり、他者が住み、他者が所有している土地について考え、そのような土地に定住し、そのような土地を管理することを意味している。ありとあらゆる理由によって、帝国主義はある種の人びとをひきつけ、またしばしば、他者に対しては、筆舌に尽しがたい悲惨をもたらしてきた。にもかかわらず、一般的にこういえるのだ。たとえば十六世紀の大詩人エドマンド・スペンサーを研究する文学史家は、スペンサーがいだくアイルランド統制計画——なにしろスペンサーはイギリス軍がアイルランドの原住民を実質的に根こそぎ撲滅することを想像しているのだが——と、スペンサーの詩的業績あるいは今日までつづくイギリスによるアイルランド支配の歴史をむすびつけては考えない、と。

本書の目的からして、わたしは土地と土地の民族をめぐる現実のコンテクストにずっと焦点をあてている。わたしが試みたのは、歴史的経験に関する一種の地理的研究であり、わたしはつねに地球が実際にはひとつの世界であり、この世界に誰もいない空虚な空間は実質的に存在しないことを念頭においている。わたしたちの誰もが地理的世界の外あるいは彼方には存在しないのと同じように、わたしたちの誰も、地理をめぐる闘争から完全に自由になっているわけではない。地理をめぐる闘争が複雑かつ興味ぶかいのは、それが兵士や大砲だけでなく、思想と形式とイメージとイメージ創造をともなうからである。

いわゆる西洋世界あるいは植民地宗主国世界にいる人びとのほとんどは、第三世界あるいはかつて植民地であった世界に住む人びとと同じように、盛期帝国主義あるいは古典的帝国主義の時代——それはまた歴史家のエリック・ホブズボウムが「帝国の時代」と意義ぶかいかたちで呼んだ時代にクライマックスをむかえ、また多かれ少なかれ第二次世界大戦後の植民地構造の瓦壊によって形式的に終わりをつげた時代——が、なんらかのかたちで、いまもなお文化的影響力を行使しつづけていると考えている。あらゆる理由によって、人びとは、過去の過去たるゆえんあるいは過去の過去でないことについて理解することを緊急の課題であると感じているし、この緊急性は、現在ならびに未来についての認識にまで影をなげかけている。

こうした認識の中心に位置するのが、十九世紀をとおして、前例なき権力——それはローマやスペインやバグダッドやコンスタンティノープルがその時代に行使した権力を顔色なからしめる——がイギリスとフランスに集中し、その後、他の西洋諸国（とりわけ合衆国）に集中したという、誰もが認める事実である。十九世紀は「西洋の勃興」のクライマックスをむかえ、西洋の権力によって、宗主国は領土と臣民を驚くべきスケールで獲得し蓄積することになった。たとえば一八〇〇年、西洋列強は、地球表面の五十五パーセントの領有権を主張したが、実際に領有していたのはおよそ三十五パーセントであった。ところが一八七八年までに、占有比は六十七パーセントにはねあがる。これは一年で八万三千平方マイルの増加率であった。そして一九一四年までに、年増加率は、驚くべきことに二十四万平方マイルに達し、ヨーロッパは地球のほぼ八十五パーセントを植民地、保護領、属領、自治領、連邦として維持することになった[9]。歴史上のいかなる植民地群といえども、その大きさ、その支配力、その権力において、西洋の植民地帝国に匹敵するものはなかった。その結果、ウィリアム・マクニールが『戦争の世界史』で述べているように、「世界は、これまでにないほど、単一の相互に連関した全体へと統合された[10]」のである。そして十九世紀末のヨーロッパにおいてでさえ、帝国という事実と無関係に存在する一画というのはなくなった。経済組織は海外市場や原材料や安価な労働力や膨大な収益のあがる土地をもとめてやまなかったし、防衛および外交機関は、遠隔地にある広大な領土と莫大な数の従属民族をいかに維持するかの問題に腐心するようになる。西洋の列強は、より多くの植民地をもとめて、たがいに熾烈で、ときとして軍事力を動員する競争をおこなった——V・G・カーナンが述べているように、あらゆる帝国はたがいに模倣しあった[11]——が、そうでないときには、管轄下にある領土を維持し監視し研究調査をおこない、もちろん統治するのに余念がなかったのである。

アメリカの経験は、リチャード・ヴァン・アルスタインが『アメリカ帝国の興隆』のなかで明確にしているように、当初から、〈インペリウム〉imperium の思想にもとづくものだった――〈インペリウム〉すなわち「人口と領土を拡大し、能力と権力を増大させるであろう自治領、国家、あるいは主権[12]」のことである。まず北米大陸についての領有権が主張され、それをめぐる戦争があった（その結果、大勝利をおさめるのだが）。支配下におかれた原住民は、さまざまな手段で絶滅あるいは離散へと追いこまれた。そして共和国が齢を重ね西半球における地位を増大させるにつれて、国境の外に、アメリカの権益に重要とみなされる土地を見いだし、その領有をめぐって戦争が起こった――たとえばフィリピン、カリブ海諸島、中央アメリカ、「バーバリ海岸」〔北アフリカの地中海沿岸地域で、モロッコ、アルジェリア、チュニジア、トリポリをふくむ地域の旧称〕、ヨーロッパの一部、中東、ヴェトナム、朝鮮など。けれども奇妙なことに、アメリカの特殊性とか博愛主義とか可能性を力説する言説がじつに大きな影響力を発揮しているのに反して、言葉あるいはイデオロギーとしての「帝国主義」は、合衆国の文化や政治や歴史を語るときには、ごくまれにか、ようやく最近になってあらわれたにすぎない。だが帝国主義政策と文化との関係はおどろくほどあからさまである。しかるにアメリカ的「偉大さ」とか、人種のヒエラルキーとか、他の革命の脅威（ちなみにアメリカ革命はユニークで、他の地域ではこれを模倣することはできないとみなされた[13]）に対するアメリカ的な姿勢は、判でおしたように一定で、帝国の現実を認定したかと思うと曖昧にぼかしてきたし、いっぽう海外領土のアメリカの権益を擁護する者たちは、アメリカがいかに無垢で、善をなし、自由のために戦っているかを強調する。グレアム・グリーンが『おとなしいアメリカ人』で描くところのパイルは、まさにこうした文化編成を赤裸々に体現しているといえよう。

けれども十九世紀のイギリスやフランスの市民にとって、帝国は、語るのをはばかられるどころか、なにはばかることなくとりあげられる主要な話題となっていた。英領インドや仏領北アフリカはそれだけで、イギリス社会やフランス社会の想像力や経済や政治や社会組織においてはかりしれぬほど重要な役割をはたしていた。そこでもしわたしたちが、ドラクロワ、エドマンド・バーク、ラスキン、カーライル、ジェイムズ・ミルとジョン・スチュアート・ミル、キプリング、バルザック、ネルヴァル、フローベール、コンラッドの名前を列挙すれば、彼らの豊かな才能ですら汲みつくせなかった広大な現実のささやかな一端を知ることになろう。学者たち、監督官、旅行者、通商貿易関係者、国会議員、商人、小説家、理論家、投資家、冒険家、予言者、詩人、あらゆる種類の追放者たちや不適合者たちが、二大帝国の辺境領土へとおもむいていた。そしてこうした人びとの誰もがそれぞれ、宗主国の中枢に植民地の現実を存在させるのに貢献したのだ。

これからの本書での使用法をみていただければわかるように、「帝国主義」という言葉は、遠隔の領土を支配するところの宗主国中枢における実践と理論、またそれがかかえるさまざまな姿勢を意味している。いっぽう「植民地主義」というのは、ほとんどいつも帝国主義の帰結であり、遠隔の地に居留地を定着させることである。マイケル・ドイルはこう述べる――「帝国とは、ある国家がべつの政治的社会の実質的な政治主権を牛耳るような、公式あるいは非公式の関係のことである。それは強制、政治的協力、経済的・社会的・文化的依存によって達成されうる。帝国主義とは、帝国を確立し、維持する過程あるいは政策にすぎない」(14)。わたしたちの時代において、あからさまな植民地主義はおおむね終わりを告げている。いっぽう帝国主義は、これからみてゆくように、それがこれまであったところに、特定の政治的・イデオロギー的・経済的・社会的慣習実践のみならず文化全般に、消えずにとどまっている。

帝国主義も植民地主義も、たんなる蓄積行為でもなければ獲得行為でもない。帝国主義と植民地主義、両者はともに支えあい、そして、両者は、堅固なイデオロギー編成――このなかには、ある種の領土ならびに民族は、支配されることを求め懇願しているという考えかたもふくまれる——のみならず、支配そのものと結託《アフィリエイト》した知の形式によっても推進される。古典的十九世紀の帝国文化の語彙は、「劣等」もしくは「下位人種」「従属民族」「依存」「拡張」「権威」といったことばや概念であふれかえっている。帝国の経験を基準にして、文化に関する概念が分類され強化され批判され拒絶される。一世紀前J・R・シーリーによって奇妙だが、しかしおそらく定説となった考えかたが提唱された。それはヨーロッパの海外領土のいくつかは、もともと、後先のことを考えずに、ただぼんやりと手に入れたものにすぎないという考えかただが、しかし、これだけでは、どう想像をたくましくしても、海外領土の強力な支配とそのゆるぎなき存在はいうにおよばず、さまざまな矛盾、持続性、システム化された獲得と統治を説明しきれまい。デイヴィッド・ランディスが『解縛されたプロメテウス』で語ったことだが、「ヨーロッパ列強のいくつかが、「プランテーション」設立を決定したこと、つまり植民地を継続事業としてあつかうと決定したことは、その道義的責任をどう考えるにせよ、前例なき重大事だった[15]」。これがわたしを悩ませる問題である。ヨーロッパからそれ以外の世界にむけての、最初の、おそらくは曖昧模糊としたかたちで発生し、また不十分な動機しかない帝国形成の歩みを考えてみると、その理論と実践が、十九世紀後半までに、いかにして植民地事業の首尾一貫性と強度を獲得するにいたったのか。

ただし、イギリスとフランスの帝国を優先的に扱うからといって、スペインやポルトガルやオランダやベルギーやドイツやイタリア、そして、ちがったかたちではあれ、ロシアや合衆国のじつに瞠目すべき近代的膨張について、うやむやにしてしまうわけではない。ただロシアは、帝国領土を、もっぱら近隣諸国の統合によって、拡大していった。イギリスやフランスのように、国境を何千マイルもとびこえて、他の大陸まで触手をのばすことなく、ロシアはみずからの国境に接している土地や民族をかたっぱしからのみこんでゆき、その過程で、たえず東と南に拡大していったにすぎない。ところがイギリスやフランスの場合、領土が遠くにあるというそのことだけで領土の魅力が生まれ、遠方へとひろがる利害関係が発生したのであって、本書でのわたしの関心もまさにそこにある。それは、わたしが、遠方の帝国領土が生む一連の文化形式や感情の構造をしらべることに関心があるからだが、またひとつには、わたしが成長し、そしていまも暮らしているのが、海外領土であるからだ。ロシアとアメリカという二大超大国は、その地位を、たかだか半世紀、享受しているにすぎず、イギリスやフランスとはまったく異なる歴史から発生し、まったく異なる帝国の軌跡を描いている。さまざまな統治とそれに対するさまざまな抵抗の形式が存在しているが、本書では、「西洋」の統治、ならびにそれがひきおこした抵抗が主題となる。

西洋の巨大帝国の膨張のなかで、利潤とさらなる利潤の期待は、あきらかに、途方もなく重要なものだった。これは香料とか砂糖とか奴隷とかゴムとか綿とか阿片とか錫とか金とか銀が、何世紀にもわたって、魅力を発散しつづけたことからもわかる。また、すでに進展している事業や、伝統や、事業を促進させる市場あるいは制度的諸力に対する投資も慢性的につづけられた。けれども帝国主義と植民地主義には、それ以上のものがある。利益をめぐり、あるいは利益をこえる、なんらかの思い入れがある。たえず循環し反復された思い入れがあった。それはいっぽうでは、身分卑しからぬ男女に、遠隔の領土や原住民は支配されなければならないという考えかたを当然のこととして認めさせるとともに、またいっぽうでは、植民地宗主国のエネルギーを活性化させ、いきおいそうした身分卑しからぬ男女に、従属的で劣等で未開の民族を支配するという永続的でほとんど形而上的な使命として、〈インペリウム〉を考えるようにさせたのである。忘れてならないのは、こうした帝国に対して、それがきわめてしばしば劣悪な状態や不利益な状況下で確立され維持されていたにもかかわらず、国内ではほとんど抗議の声があがらなかったことだ。また植民地でも植民者は、はかり知れぬ苦難を背負っただけでなく、植民者の周囲にはつねに肉体的な危機が存在していた。なにしろ故国から遠く離れたところに進出した少数のヨーロッパ人は、その海外領土で、彼らよりも圧倒的に数の多い原住民と相《あい》対していたのだから。たとえばインドでは、一九三〇年までに「たった四千人のイギリス人官僚が、六万の軍人と九万の民間人（その大部分が実業家と聖職者であった）に助けられつつ、人口三億の国に、身をおいていたのである」[16]。このような事業を維持するのにいかなる意志と、いかなる自信と、さらにはいかなる傲慢さが必要であったかは、ただ、ぼんやりと想像することしかできないが、これから先、『インドへの道』とか『キム』といった小説を読みながらみてゆくように、とにかく植民地本国の国民の姿勢というものは、すくなくとも、動員された軍人や民間人の数あるいは、インドからかすめ取られた何百万ポンドの金額に劣らず無視できないものがある。

というのも帝国事業は、コンラッドの慧眼が見抜いていたように、帝国をもつという理念に依存しているのであり、ありとあらゆる種類の下準備が、文化の枠内でもおこなわれたのであり、その結果、今度は帝国主義が、ある種の首尾一貫性をそなえるようになり、その文化内に、一連の経験をとりこみ、支配者たちと被支配者たちとの共存も可能にしたのである。現代のなかなか辛辣な帝国主義研究者は、こう述べている

> 近代の帝国主義を成立させる構成要素は、かならずしも、みな同じ比重をもち、特定の時代のそれぞれに跡付けることができるわけではない。帝国主義の最終的な原因は、戦争の原因ともども、明確なかたちをもつ物資的欠乏に見いだすべきではなく、階級分裂によって歪んだ社会の不安定な緊張、ならびに歪んだ理念というかたちで国民の精神に反映された社会の緊張のなかに見いだすべきなのである[17]。

故国つまり植民地宗主国の社会的緊張と不平等と不正とが、帝国の文化に、いかにして屈折して入りこみ錬磨《エラボレイト》されたかを示す鋭い見解は、保守派に属する著名な帝国主義の歴史家D・K・フィールドハウスに見いだすことができる。「帝国の権威の基礎は」と彼はいう、「植民者の精神的姿勢であった。植民者が従属を受け入れること――母国と共通の利害関係にあるのだという積極的な意識によってであれ、ほかに選択肢を思いつかないという無力感によってであれ――によって、帝国は継続したのである」。[18] フィールドハウスはここでアメリカ大陸の白人植民者について論じているのだが、その見解はそれを越えた広がりをもっている。帝国の継続は、両側から、つまり支配者と、遠隔の地の被支配者によって支えられてきた。そして今度は、それぞれの側が、共通の歴史について、独自のパースペクティヴなり歴史感覚なり情緒なり伝統から解釈するというわけである。たとえばアルジェリアの知識人が今日、植民地時代の自国の過去を回顧するとき厳しく焦点をしぼるのは、フランス軍による村落の急襲や、解放戦争中にフランス軍によっておこなわれた捕虜の拷問といった事件であり、そしてまた一九六二年の独立達成時の精神的高揚であろう。いっぽう、アルジェリア紛争に参加したか、もしくは家族がアルジェリアに住んでいたフランスの知識人にとっては、アルジェリアを「失った」ことへの痛恨の念や、フランスの植民地事業――学校や計画のゆきとどいた都市や快適な生活をともなった――への肯定的な姿勢や、さらには「われわれ」と「彼ら」の牧歌的関係を攪乱した「トラブルメーカー」とか共産主義者に対する憎悪すらおそらく存在することだろう。

十九世紀の盛期帝国主義の時代は、もうかなりの程度まで、終わりを告げたといってよい。フランスとイギリスは、第二次世界大戦後、そのもっとも壮麗な帝国領土を失ったし、両国よりも小さな国々もまた遠隔の統治領を手放した。けれども、ここでふたたびT・S・エリオットの言葉を思い浮かべれば、帝国主義の時代には、その時代かぎりで消滅した特徴があったとはいえ、帝国主義時代という過去の意味は、その時代とともに完全に消滅したわけではなく、何億という人びとの現実に入り込み、共有された記憶というかたちで、また文化とイデオロギーと政策をまきこむ意見衝突の場として、いまもなおかぎりなく大きな影響力をもっている。フランツ・ファノンが語ったように、「西洋人がわれわれをおとしめようと望んだ状況は断固拒否すべきである。植民地主義と帝国主義が、われわれの領土から、その旗と政治権力をひっこめたからといって、われわれの積年の恨みは消えるものではない。数世紀にもわたる「外国の」資本家たちの、未開世界における行動は、まったく犯罪者のそれと寸分もたがわなかったのである[19]」。わたしたちが考慮すべきは、帝国へのノスタルジアであり、支配された人びとが帝国に対していだいた怒りと憤りである。わたしたちは、帝国支持論や帝国の理由付けや帝国の想像力をはぐくんだ文化について慎重かつ包括的にみなければならない。またわたしたちは帝国主義イデオロギーのヘゲモニーをも把握するようつとめなければならない。帝国主義イデオロギーは十九世紀末までには、文化的事象に完璧に埋め込まれていたのであり、わたしたちがいまなお祝福している文化というのは、毒気を抜かれた帝国主義文化にほかならないからだ。

思うに、今日のわたしたちの批評意識には、深刻な分裂があり、この分裂ゆえに、わたしたちは、多くの時間をついやして、たとえばカーライルやラスキンの美学理論を研究していながら、彼らの思想が同時に、劣等民族の支配や植民地領土の存在を肯定するような権威を付与したことを考えずにすんでいられるのだ。べつの例をあげよう。ヨーロッパの偉大なリアリズム小説が、いかにしてその主要な目的のひとつを――つまり、海外領土膨張を肯定する社会の合意や、J・A・ホブスンいうところの、「帝国主義を衝き動かす利己的な力が」博愛主義とか宗教とか科学とか芸術といった「……公正無私な運動を保護色として利用すべし[20]」という合意を、こっそりと支持することを――いかに遂行していたのか、このことをわたしたちが把握できないなら、帝国における文化の重要性とその意義とを、今も昔も誤読することになろう。

では把握したからといって、ヨーロッパの、あるいはもっと一般的に西洋の芸術と文化に、それを頭ごなしに否定するような批判的言辞をぶつけることにはならない。いや、まったくちがう。わたしが調べたいのは、いかにして帝国主義のプロセスが経済法則や政治的決定のレヴェルを超えて生起したか、そして――その性質によって、その容認された文化編成が帯びる権威によって、教育や文学や視覚芸術や聴覚芸術において絶えず強化されることによって――いかにしてべつの重要なレヴェル、つまり国民文化において顕在化したかである。この国民文化を、わたしたちはこれまで、不易の知的業績の領域として、世俗的な諸関係から自由なものとして殺菌消毒する傾向にあった。この点に関してウィリアム・ブレイクは歯に衣きせずに語っている。レイノルズの『講話集』についてコメントしながら、ブレイクはこう書いている――「帝国の基礎は、芸術と科学である。それらを取り去ってみるか、おとしめてみるといい。そうすれば帝国はもはやなくなる。帝国が芸術の後を追う。英国人が考えているように、その逆ではないのだ[21]」。

となると、国民の帝国主義的目的を遂行することと、国民文化一般とのあいだにどのようなつながりがあるのか。最近の知的・アカデミックな言説によくみられるのは、このふたつを切り離して、区分することである。ほとんどの研究者が専門家である。したがって専門家としての関心のほとんどが、もっぱらかなり匿名的な主題へとむけられる。すなわちヴィクトリア時代の産業小説とか、北アフリカにおけるフランスの植民地政策とかいうように。専門分化した領域においてみられる細分化傾向は、わたしがずっと論じてきたように、全体像の把握と齟齬をきたすものである。とりわけ文化的経験の性格なり解釈なり方向性が問題になるときには。たとえばヴィクトリア時代の実業家をディケンズがどのように表象したかについての国民的コンテクストと国際的コンテクストを見失うか無視して、もっぱらディケンズの小説における登場人物の内的首尾一貫性だけに集中することは、ディケンズの小説と、その歴史的世界との本質的なつながりをみないことになる。このつながりを理解したからといって、小説の芸術作品としての価値が減ったり消滅することはない。それどころか、小説の世界内存在性ゆえに、また現実の設定との複雑な類縁関係ゆえに、小説は芸術作品としてより興味ぶかいものに、より価値のあるものになる。

『ドンビー父子』の冒頭でディケンズは、ドンビーに息子の誕生がいかに重要なことであったかを強調したくて、こう書いている――

地球はドンビーとその息子が商売するためにつくられた。太陽と月は、ふたりに光をあたえるためにつくられた。川や海は、ふたりの船を浮かべるためにできあがった。虹はふたりに良好な天気を約束するためにあった。風はふたりの事業のために、あるいはふたりの事業をさまたげるために吹いた。恒星や惑星は、ふたりが中心となる星系を侵さぬよう気をつかって、その周囲の軌道をまわった。ごくありふれた略号すら、彼の眼にはあたらしい意味をおびた。ふたりのことだけを示しているように思われた。A・Dとは西暦 anno Domini とは関係がなかった。それは anno Dombi つまりドンビー――そしてその息子――の元年だった。(22)

ドンビーの傲慢不埒な自己尊大化、彼のナルシスティックな自己陶酔、生まれたばかりの子どもに対する威圧的な姿勢、これを描写するのに、この一節がよくそのつとめをはたしていることは、あきらかだ。だがそれにしても、こう問わねばならない。いかにしてドンビーは、宇宙が、時間全体が、貿易するために彼の所有物となると考えることができたのか、と。わたしたちはまたこの一節のなかに――それはけっして小説の中心的な話題ではないのだが――一八四〇年代のイギリスの小説家に特有の前提事項を見いだすはずである。一八四〇年代、それはレイモンド・ウィリアムズが述べているように、「文明が新段階に入ったという意識が形成され表明されつつあった決定的一時期」であった。だが、そうなると、なぜウィリアムズは、「この変容と解放と脅威をもたらす時期[23]」を記述するにあたり、インドやアフリカや中東やアジアにまったく言及することなく終わったのか。なにしろ、これらの地こそ、ディケンズが抜け目なく匂わせているように、変容をとげたイギリスの生活が拡大し、また満たされてゆく場でもあったのだから。

ウィリアムズは偉大な批評家であり、その仕事を、わたしは尊敬し、またそこから多くのことを学んだ。しかし、にもかかわらず、イギリス文学は主にイングランドについて書かれたものだという前提のなかに、ある種の限界を感じとってしまうのだ。この前提を、ウィリアムズは、他のほとんどの研究者や批評家と共有している。またさらに小説について論ずる研究者は、多かれ少なかれ、イングランドについて書かれたものだけをあつかう（ただしウィリアムズは、そうした研究者のひとりではない）。この習慣を生み出したのは、どうやら、文学作品は自律的であるという、不正確きわまりないくせに強い影響力を発揮している考えかたらしい。しかしながら、以後、本書で一貫して示そうと思っていることでもあるが、文学そのものは、みずからが、ヨーロッパの海外拡張になんらかのかたちで参加していることをたえず自己言及し、帝国の実践を支援し精妙化し《エラボレイト》強化するような、まさにウィリアムズのいう「感情の構造」がつくりだされたのだ。なるほどドンビーはディケンズ自身ではないし、イギリス文学全体でもない。だがディケンズがドンビーのエゴイズムを表現するその仕方は、帝国の自由貿易や、イギリスの商業的エートスや、海外での商業的冒険のほとんど無限の可能性の予感などに関しすでに真実であるとまかりとおっている言説を彷彿とさせ、それを嘲笑しながらも、究極的にはそれに依存しているのである。

こうしたことと、十九世紀小説の理解とは切り離して考えるべきではない。文学そのものは歴史や社会から切断することができないのだから。芸術作品の自律性と思われているものは、ある種の分離を要求し、この分離によって、思うに、文学作品そのものが断固として避けるであろうような面白みのない制約を、文学作品に課してしまうのだ。またさらにいえば、いっぽうで文学と文化とのつながり、もういっぽうで文学と帝国主義とのつながりを説明するために、完璧にゆきとどいた理論をつくることを、わたしはみずからに禁じている。そのかわり、さまざまなテクストのなかの明白な箇所からいろいろなつながりが生まれ、それとあわせて、テクストをとりまくもの——帝国——が、つながりをつけ、発展し、精密化し、膨脹し、批判の対象となるべく生まれると信じている。文化も帝国主義も不活性ではない。そのため両者の関係も、歴史的経験をかたちづくるからには、ダイナミックで複雑である。わたしの主要な目的は、切り離すこと《セパレイト》ではなく、つなげること《コネクト》である。このことにわたしが興味をいだくのは、おもに哲学的かつ方法論的理由からである。つまり文化形式はつねに雑種的《ハイブリッド》であり、混淆し、不純であるが、文化分析によって、文化が失ったアクチュアリティをとりもどす時がやってきたのである。

2　過去のイメージ、純粋なものと混淆的なもの

二十世紀も終わりに近づくにつれ、ほとんどいたるところで、文化間の境界についての意識が高まりをみせている。文化区分とか文化的差異によって、わたしたちは、ひとつの文化をべつの文化から弁別できるようになるだけでなく、文化がどれくらい権威と社会参加によって構成された人間的な構築物であるかも理解できるようになった。なにしろ文化は、みずから吸収したり同化したり高く評価するものに対しては寛容で、みずから排除したり軽んじたりするものに対しては不寛容であるのだから。

国民国家的として規定される文化すべてに、主権と支配と統治を求める野望が存在すると、わたしは信じている。この点において、フランス文化もイギリス文化も、インド文化も日本文化も同じといえよう。と同時に、逆説的なことだが、歴史的・文化的経験は、じつに奇妙なことに、つねに雑種《ハイブリッド》的で、国家的境界を横断し、単純なドグマや声高な愛国主義といった政治的行動などを無視してかかる。このことを、いまわたしたちは気づきつつあるが、昔はみえていなかった。文化は、統一的で一枚岩的で自律的などころか、現実には、多くの「外国的」要素や、他者性や、差異を、意識的に排除している以上に実際にはとりこんでいるのだ。今日、インドやアルジェリアにおいて、現在の現実の姿から、過去のイギリス的・フランス的要素だけ

を確信をもって分離できる者がいるだろうか。そしてまた今日のイギリスやフランスにおいていったい誰が、イギリスのロンドンやフランスのパリを囲い込んで、このふたつの帝国首都に対するインドやアルジェリアの影響を排除できるというのだろうか。

　これは、帝国主義時代をなつかしむアカデミックな問いでもなければ、理論的な問いでもない。というのも、二、三の短い例をみるだけでも納得できることだが、この問題は社会的にも政治的にも重要な帰結をもたらしているからである。いまロンドンもパリも、かつての植民地からの移民であふれかえっている。そしてかつての植民地も、イギリス文化やフランス文化の残滓が日常生活にしみついている。だが、このことはいわずもがなのことかもしれない。では、もっと複雑な事例を考えてみよう。民族＝国民《ナショナル》のアイデンティティを決定するものとして、古代ギリシアのイメージがいかなる役割をはたしたのか、あるいは創造された伝統がいかなる役割をはたしたのかという、いまではよく知られるようになった問題がある。マーティン・バナールの『ブラック・アテナ』とか、エリック・ホブズボウムとテレンス・レンジャー共編著の『創られた伝統』といった研究が力説しているのは、特権化され系譜上利用できる過去、不都合な要素や痕跡や物語を取り除いた過去からわたしたちがこしらえる純粋な（浄化すらされた）イメージのなかに、いかに驚くほど現在のわたしたちの不安とか希望が投影されているかということである。したがって、たとえばバナールによれば、ギリシア文明は、もともと、エジプトとかセム族とか、その他さまざまな南方ならびに東方の諸文化にそのルーツをもっていると知られていたのだが、十九世紀全体をとおして、「アーリア的」なものと規定しなおされ、セム族的・アフリカ的起源は、きれいさっぱり拭い去られてしまうか、隠されてしまったのである。ギリシアの著述家たちは、彼らの文化的過去が雑種的なものであることをいろいろなところでおおっぴらに認めていたのだが、ヨーロッパの文献学者《フィロロジスト》たちは、そうした厄介な言明を黙ってやりすごし、あくまでもアッティカ文化の純粋性にのみ関心をよせるというイデオロギー的習慣を身につけてしまったのだ(24)(ここで思い出されるのが、十九世紀になってから、十字軍の歴史を研究するヨーロッパの歴史家たちが、フランク族の騎士たちのあいだで慣習化していた人肉食について触れないようになったことである。人肉食は、同時代の十字軍の年代誌のなかでは、なにはばかることなく言及されていたのに)。

ギリシアのイメージに負けず劣らず、ヨーロッパの権威を高めるイメージもまた、十九世紀全般をとおして強化され形成されたのだが、これをなしうるに、儀式や祝祭や伝統の大量生産以外に、ふさわしいものがあろうか。これが『創られた伝統』という論文集に寄稿したホブズボウムやレンジャーをはじめとする研究者たちがすすめる議論である。近代以前の社会をひとつにまとめていた古い束縛や組織がゆるみはじめ、無数の海外領土と増加した国内人口の双方を管理するという社会的責務によって、ヨーロッパのエリート支配層は、自分たちの権威を過去に投影し、伝統と継続性のみが伝えることのできる歴史と正当的根拠を、その権威に付与せねばと考えたようだ。その結果、一八七六年、ヴィクトリア女王は、インド皇帝として宣言されると、副王リットン卿が派遣され、各地の「伝統的な」民族音楽会や公式謁見の場のみならず、デリーでの大集会においても、歓迎され祝福を受けた。あたかもヴィクトリア女王の支配は、権力や一方的な布告などの問題とは異なり、あくまでも昔からの習慣であるかのように(25)。

同じような伝統捏造は、反対陣営においても、植民地以前の過去の復権をもとめて蜂起した「原住民」によっておこなわれた。たとえばアルジェリアの場合、独立戦争期間（一九五四－一九六二年）、脱植民地化運動によって鼓舞されたアルジェリア人やムスリムは、フランスの植民地化に先立って存在したと彼らが想定した過去のイメージを創造している。この戦略は、他の植民地世界においても独立闘争とか解放闘争期間中、多くの民族派の詩人や文人たちが語り、また書いたもののなかにも見いだせる。ここで強調したいのは、提起されたイメージなり伝統のもつ動員力であり、そしてまた、そうしたイメージや伝統の虚構的な、あるいはすくなくともロマンティックな彩りをあたえられた空想的な性格である。アイルランドの過去を復権すべくイェイツがおこなったことを思い出してもいい。アイルランドの神話的英雄クフーリンとか、その眷属をもちだすことによって、民族闘争に、復権し崇拝すべき対象をもちこんだのである。ポストコロニアル民族国家において、ケルト的精神、〈ネグリチュード〉、イスラムといった本質をもちだすことの有効性は立証ずみである。それらは、ときには、現状の矛盾や堕落や専制政治を糊塗して原住民懐柔のために使われることもあるが、難問をかかえた帝国主義的状況との対比からなぜ解放闘争が生まれ、なぜ解放闘争が必要なのかを実感させるはたらきがある。

世界のほとんどの地域で、植民地は独立を達成したが、植民地征服を背後でささえた帝国主義的姿勢の多くはいまもなおつづいている。一九一〇年、フランスの植民地主義の推進者ジュール・アルマンはこう語っていた——

したがって、原則として、また起点として、人種と文明にはヒエラルキーがあること、われわれは優等人種と優等文明に属している事実を認め、さらに、優等性によって権利が生じるとともに、優等性はその見返りに大きな義務を課されることを認めなければならない。原住民の征服を合法化する基本的な要素は、われわれが、機械技術的・経済的・軍事的な優位のみならず、精神的にも優位にたっているという確信である。われわれの威厳は、まさにこの点にある。この点にこそ、残りの人類を指導するわれわれの権利が依存する。物質的な力は、この目的を達成する手段にすぎない。(26)

西洋文明が他の文明よりも優位にあること。アラン・ブルームといった保守的哲学者によって称賛されている純粋に西洋的な人文学の至高の価値。ジャパン叩きの論客やイデオロギー的オリエンタリストやアジア・アフリカ「原住民の」退行性の批評家などが主張しているような非西洋人の本質的劣等性（ならびに脅威）。今日のこうした論争の先駆者ともいえる、このアルマンの宣言には、驚くべき先見性があるといわねばならない。

それゆえ過去以上に重要なのは、過去が現在の文化的姿勢にいまもなお影響をもって生きているということなのだ。帝国主義経験のなかになかば骨がらみになっているさまざまな理由から、植民者と被植民者との古くからある分裂は、いまもなお南北問題としてしばしば語られるもののなかに顔をのぞかせているのであって、それにともない、自己防衛とか、さまざまな種類の修辞的・イデオロギー的闘争とか、いつ何どき破壊的戦争に発展してもおかしくないような――実際、いくつかの事例では、すでに戦争へと移行した――くすぶりつづける敵対関係とかが存在する。過去と現在、そして未来に対するわたしたちの姿勢に関するわたしたちの理解をがらりと変えてくれるような、しかも、敵対的な観点とは異なる観点から、帝国主義の経験をとらえなおせる方法はあるだろうか。

わたしたちはまず、さまざまな人びとが帝国主義のもつれあった多面的な遺産をあつかうときのもっとも共通した方法とは何かを考えることからはじめるべきである。ここでいう人びととは、植民地を去った人びとのみならず、最初から植民地にいて、いまもなおそこにとどまっている人びとつまり原住民もふくまれる。イングランドにおいては、おそらく多くの人たちが、インド支配という国民的経験に対して、なんらかの自責と悔恨の念をいだいていることだろう。しかしまた、植民地時代のインドという、過去の黄金時代をなつかしんでいる人たちも多いだろう。もちろん黄金時代といっても、その評価はまちまちで、それを終わらせた理由や、原住民の民族主義に対する姿勢についても意見がわかれ、未決の、いまもなお微妙なあつかいを必要とする問題となっていることはいうまでもない。このことは、人種関係がからむときに、たとえばサルマン・ラシュディの『悪魔の詩』が出版され、ラシュディの死刑を求めるアヤトラ・ホメイニの〈ファトワ〉が布告された危機的な時期において、とくに表面化することとなった。

だが、同じく、第三世界の国々でも、植民地主義の実践と、その実践をささえた帝国主義イデオロギーをどうとらえるかをめぐって、論争が熾烈に錯綜したかたちで展開している。多くの人たちは、彼らを実質的に奴隷状態におとしめた苦くまた屈辱的な経験が、それでもなお、自分たちに恩恵を――つまり自由主義的な理念、民族的自己意識、テクノロジーの産物などを――もたらしてくれたと信じているし、そうした人たちは、いつの日か帝国主義がいまほど不快なものでなくなると信じている。また、ポストコロニアル時代において、植民地主義を回顧し考察することで、新興独立国家が現在かかえているさまざまな困難をもっとよく理解しようとする人たちも多い。さまざまな困難、それはまた民主主義、開発、民族の運命にかかわる切実な問題であり、それがゆるがせにできないことは、この問題をめぐってみずからの思想をおおやけに表明し、勇気をもって実践した知識人たちが、国家によって迫害をうけていることからも立証される。パキスタンのイクバール・アフマドとファイズ・アフマド・ファイズ、ケニアのグギ・ワ・ジオンゴ、アラブ世界におけるアブドゥルラフマン・エル・ムニフ。彼らは、その苦難にもかかわらず、妥協することなく批判の舌鋒をにぶらせず、また厳罰をものともしなかった思想家や芸術家たちである。

ムニフ、グギ、ファイズのみならず、彼らに似た境遇にある者たちはみな、移植された植民地主義あるいは植民地主義を永続させる帝国主義に対して、その憎悪の念を、すこしもゆるめなかったのだ。ただ皮肉なことに、彼らの声は、西洋においても、自国の支配当局においても、部分的にしか聞き届けられなかった。

彼らは、いっぽうでは過去の植民地主義の悪を容赦なく暴き告発することで、西洋の多くの知識人たちによって、回顧するエレミアとみなされていたであろうし、また、いっぽうで、サウジアラビアやケニアやパキスタンの政府によって、外部列強の手先——投獄もしくは国外追放にあたいする者——とみなされることになった。この経験の悲劇、いや、かくも多くのポストコロニアル経験の悲劇を生むのは、根底に、対極化され、根源的に不均衡で、回顧のされかたもまちまちな諸関係があり、これをうまく処理しきれていないからである。宗主国と前植民地国は、勢力範囲、力点をおく場、将来像、社会構成において、部分的にしか重ならないように思われる。すくなくとも現時点では、両者に共通するささやかな領域は、〈非難のレトリック〉と呼ばれるもの以上のものを供給していない。

わたしが最初に考えたいのは、ポスト帝国主義の公的言説において、共通するとともに分岐する知的領域の現実のありようであり、その際、この公的言説において何が、非難のレトリックと政治を生み、また促進するのかについて考えてみたい。次に、帝国主義の比較文学とも呼べそうなものから生まれるパースペクティヴと方法を駆使して、ポスト帝国主義時代の知識人の姿勢が、どのようにしたら、宗主国と前植民地国家の社会とが重なりあう領域を拡大できるかについて、見直し、とらえ直してみたい。さまざまな経験を対位法的*にながめ、そこに、からまりあい重なりあう歴史——と、わたしが呼ぶもの——を見いだしながら、わたしは非難の政治のみならず、それよりももっと破壊的な対決と敵対の政治にとってかわるオルターナティヴを考案してみたい。より興味をひくようなタイプの世俗的＝世界内的解釈もありうると思う。そしてそれは、過去の全き弾劾よりも、過去が終わったことに対する後悔の念の表明よりも、あるいは——暴力的であり、はるかにお手軽で魅力的であるがゆえに不毛な——西洋文化と非西洋文化との、危機的状態にまでゆきつくであろう敵対関係よりも、はるかに有益なものとなろう。世界は、狭く、また相互に依存しているがゆえに、一方的な過去の断罪と東西の敵対関係の激化を放置しておける余地などないのである。

3　ふたつのヴィジョン——『闇の奥』における

支配・被支配関係、そして権力と富の不均衡は人間社会に宿痾のごとくとりついている事実である。けれども今日のグローバルな状況のなかでは、こうした事実もまた、帝国主義やその歴史ならびにその新種の形態と関係があるものと解釈できる。現在のアジアやラテン・アメリカやアフリカの諸国家は、政治的には独立しているものの、多くの点で、かつてヨーロッパによって直接支配されていた時代と同じように、いまもなお欧米に支配され欧米に依存しつづけている。いっぽうで、これを、身から出た錆のごとく考える者たちもある。V・S・ナイポールのような批評家たちはつねづねこう語っている。彼ら（ここでいう「彼ら」が、有色人種やアラブ人や黒人を指すことは、いわずもがなのことだが）は、「彼ら」のありようそのものによって非難されるべきであり、帝国主義の遺産について、うだうだと不平を述べてもはじまらないのだ、と。反対に、現在の悲惨の責任すべてをヨーロッパ人になすりつけるのも選択肢としてはいただけないだろう。わたしたちがなすべきは、こうしたことがらを、相互に依存する歴史のネットワークとしてみることである。このネットワークを抑圧することは、誤りであり無意味であるといえる。このネットワークを理解することこそ有益であり、また興味のつきないことなのである。

ここでの要点は、複雑なものではない。もしオックスフォードやパリやニューヨークで、アラブ人やアフリカ人にむかって、あなたがたの文化は基本的に病んでいるか、さもなくば神から見放されている文化だと語り、それを相手に認めさせることはむつかしい。よしんば、あなたが彼らを言い負かしたとしても、彼らが、あなたに譲歩して、あなたたちの本質的な優越性や権利を認めることはあるまい。あなたの側に、まぎれもなく富や権力があるというのにである。このにらみあいは、植民地の歴史をとおして顕在化している。植民地においては、かつて白人の主人たちに挑みかかる者はいなかったのだが、にもかかわらず白人たちは最後には放逐されたのだから。ところがひとたび勝利をおさめた原住民たちは、早晩、西洋人たちを必要としている自分に気づく。全面的な独立というのは、かつてファノンが「ナショナリスト・ブルジョワジー」と呼んだ者たちのためにのみこしらえられたナショナリストの虚構にすぎないとわかるのだ。またナショナリスト・ブルジョワジーがひとたび権力をにぎるとすぐさまこしらえにかかる残忍で搾取的な専制体制は、植民地を去った白人の主人たちを彷彿とさせるのである。

かくして二十世紀後半において、前世紀の帝国主義のサイクルは、なんらかの方法で、複製される。今日ではもはや、広大な人跡未踏の領域もなければ、膨張するフロンティアもなく、設立すべき新たな活気にみちた居留区などどこにもないというのに。わたしたちが暮らしているのは、ひとつのグローバルな環境のなかであり、まだぼんやりとしかわからず基本的に未解明で未詳の表面を、おびただしい数の環境的・経済的・社会的・政治的圧力が蹂躙している状態なのだ。こうしたことすべてについて、うすうす気づいている者ならだれでも危惧の念をいだいているのだが、いまやひたすら自己中心的で狭小な利害意識——愛国主義、排外主義、民族的・宗教的・人種的憎悪——によって、じっさいに大量破壊すら起こりかねない。世界は、大量破壊に、そう何度も耐えきれるものではないというのに。

調和にみちた世界秩序のモデルは、すぐそこにあるなどと主張すべきではないのはもちろんだが、かといって、次のように考えるのも同じく許されざる不誠実なものであろう。すなわち権力が「基本的な国家利害」や無制限の統治権を肯定する攻撃的な認識にもとづいて行使されてしまうときこそ社会の安寧秩序にとって好機到来と考えること。この権力の行使についていえば、石油をめぐる、イラクと合衆国との衝突、ならびにイラクのクウェート侵攻が、あきらかな実例となろう。驚くべきは、そのように相対的に狭小な思想なり行為をよしとする教育が、何世代にもわたって教育機関のなかで生きのび、待ったをかけられることもなく、無批判のまま受け入れられ、くりかえし複製されつづけていることである。わたしたちはみな、みずからの国家を敬い、みずからの伝統を称賛すべきであると教えられる。わたしたちは、自己の利益を不屈の精神で、他の社会のことなどおかまいなしに追求すべきであると教えられている。いまや新たな、そしてわたしの見るところ危険きわまりない民族意識が、社会をずたずたに引き裂き、民族を反目させ、血なまぐさい抗争を生み、またマイノリティのエスニックな特異性なり集団の特異性だけをむやみに主張する傾向を生んでいる。これに対して、「他者の文化について学ぶこと」――この言い方自体、空虚な曖昧さをぬぐい去れないのだが――には時間がついやされても、相互作用の実態を研究すること、つまり、日ごと、いや一分ごとに起こっている国家間や社会間や集団間やアイデンティティ間の現実のしばしば生産的な交流について研究することには、ほとんど時間がついやされないのである。

こうした交流の地図の全体像を脳裏に描くことができる者はいない。であるからこそ、帝国の地理と、その基底にある肌理《テクスチャー》を生みだした多様な帝国体験を、いくつかの顕著な形態に着目して最初に考察すべきなのである。十九世紀をふりかえってみると、まずはじめに気づくのは、帝国へとむかう運動が、その結果、地上のほとんどを、ひとにぎりの列強の支配下におくという事態をつくりだしたということだ。これが意味するところを一部なりとも理解するのに、わたしがお勧めしたいのは、一連の文化記録、それも欧米と、帝国主義支配下に置かれた世界との相互作用が、両方の側にとって遭遇といえる経験をとおして、活性化され、強化され、明確化されているような文化記録をのぞいてみることである。けれどもこれを歴史的かつ体系的におこなう前に、その準備作業として一瞥しておいても無駄ではないのは、最近の文化論争において、いまもなお残る帝国主義的なものである。これは、かつてグローバルなものであると同時に逆説的にローカルなものでもあった濃密で興味ぶかい歴史があとに残したものでもあるし、また、過去の帝国時代がいかにして残存し、驚くほどの強度で、議論と反論とをひきおこしているかの証左でもある。現在に残る過去のこうした痕跡は、わたしたちの時代に、そこかしこにころがっているため、まさに、帝国によってこしらえられた諸歴史——諸というところがミソなのだが——の研究への道を指し示してくれるといえよう。研究されるのは、白人の男女の物語だけではなく非白人の物語でもある。彼らの土地や存在そのものが問題となる。なにしろ彼らの主張は白人によって棄却されたり無視されてきたのだから。

帝国主義の残滓をめぐる意義ぶかい論争——西洋のメディアで「原住民」がいかにして表象されているかという問題——が、消えることのない相互依存と重なりあいに光をあててくれる。ことは論争の内容のみならず形式にも、つまり何が語られているかのみならず、いかにして、誰によって、どこで、誰のために語られているかにもかかわってくる。このことは研究にあたいする。もちろん、対決をあおりたてるだけの戦略は、けっこう洗練されていて、それにはまってしまう誘惑は大きく、また、いつでもどこにでも遭遇するがゆえに、それにからめとられないような自己抑制、それも得難い自己抑制が必要なのはいうまでもない。『悪魔の詩』が登場するよりもはるか前の一九八四年、サルマン・ラシュディは、イギリスのインド統治についての映画や記事の氾濫に対し診断をくだしたことがある。とりあげられたもののなかにはテレビの連続ドラマ『王冠の宝石』や、デヴィッド・リーン監督の映画『インドへの道』などもふくまれていた。ラシュディは、イギリスのインド統治を思い入れたっぷりにノスタルジックに描くことが、フォークランド戦争と軌を一にしていることをとりあげ、「こうした虚構作品のはなばなしい成功に典型的にみられるような、インド統治にまつわる歴史の修正作業の台頭は、現代のイギリスにおける保守的イデオロギーの台頭の芸術上の相関物である」と述べる。評論家たちは、ラシュディの嘆き節と泣き落としと彼らが考えたものには公の場で反応したが、ラシュディのいわんとしたことの要点を無視してかかったように思われた。ラシュディはもっと大がかりな議論を試みていた。それはおそらく知識人のありように関する議論であって、ジョージ・オーウェルがかつて示した名高い譬え、つまり社会における知識人の場所は鯨の内側にあると同時に外側にもあるという譬えは、現代の知識人にあてはめて考えることはもはやできないということだった。ラシュディの観点では現代の社会は実際のところ「非鯨《くじら》的であって、歴史や、喧々囂々の論争や、恐るべき喧騒に満ちた混乱状態からかんたんに逃れられるような、静謐な一角など、どこにもない世界である」(27)。しかしラシュディの論点は、とりあげるにあたいし、論争するにあたいするとはみなされなかったのだ。むしろ論争の主眼は、第三世界の事象が、植民地解放以後、実際には悪化したのではないかということであり、また、第三世界の現在の野蛮状態や専制体制や堕落の原因を、第三世界の住人たちの歴史にあると、つまり、植民地化以前においてもかなりひどい状態だったし、植民地解放以後も、もとのひどい状態へとあともどりした歴史にあると語る、勇敢で雄々しく、みずからの責任を回避しない、数少ない――きわめて数が少ないのが救いなのだが――第三世界知識人の声に、耳をかたむけたほうがいいのではないかということになった。かくしてこの種の議論はこうつづいた。くだらない挑戦的姿勢をとるラシュディよりも、第三世界の責任を徹底して追及する誠実なV・S・ナイポールのほうがいい、と。

当時の、またその後のラシュディ自身の主張がひきおこした感情的反応から、こう結論づけることができよう。西洋における多くの人びとは、もううんざりだと感ずるようになったのだ、と。ヴェトナムとイラン以後――ここで留意すべきは、こうしたレッテルがふつう、国際紛争とか、あるいはヴェトナムとイランがラディカルなナショナリズムに「敗北」し失われたことはいうにおよばず、アメリカ国内のトラウマ（一九六〇年代の学生運動や、一九七〇年代のイラン人質問題をめぐる世論の憤慨）を喚起するのにも使われることだが――ヴェトナムとイラン以後、戦線は守り抜かねばならないという風潮が一般化した。西洋の民主主義は手痛い打撃をこうむった。たとえその物理的打撃は国外でこうむったにせよ、ジミー・カーターがかつて使った奇妙ないいまわしによれば、「相互破壊」の感覚は存在したのである。この感情が今度は、西洋人に、脱植民地化運動全体を再考させることになった。あらたな再考派によれば、「われわれ」が「彼ら」に進歩と近代化をあたえたというのは正しいことだったのかということになった。われわれは、彼らに秩序と安定を供給してやったのだが、彼らのほうは、それ以後、秩序と安定を自分たちのために用立てることができないのではないか。彼らの独立能力に対して信頼を寄せたのは、はなはだしい過誤ではなかったのか。なにしろその結果生まれたのが、ボカッサとアミンであり、彼らと同類の知識人に、ラシュディのような輩《やから》がいるというわけだ。われわれが植民地を維持していたら、従属人種や劣等人種を管理下においていたら、われわれの文明化の責任をまっとうできたのではなかったか。

いまここに再現したことは、ことの真相というよりも、おそらく戯画に近いものであることをわたしは承知している。けれども、これは、西洋を代弁して語っていると勝手に思い込んでいる多くの人たちが実際に口にしていることについての嫌味な類似物になっている。「西洋」が実際に一枚岩かどうかについての懐疑はほとんどないし、かつての複数の植民地世界を一般化によってひとからげにしてしまうことへの懐疑もないようにみえる。本質と一般化への飛躍が、想像上の歴史観と手をたずさえている。つまり西洋がまず恩恵と施し物をあたえたのだが、その後、恩知らずな者どもが、施し物を鷹揚にあたえてくれた「西洋の」手に噛みつくという不埒な結果に終わったのだ。「なぜ彼らは、わたしたちが彼らにしてやったことをありがたく思わないのか[28]」というわけだ。

恩を仇で返されたという単純な公式のなかに、いかに多くのことが、圧縮されていることか。略奪された植民地の原住民たち、何世紀ものあいだ即決裁判に耐え、出口なき経済圧迫にあえぎ、社会的生活や家族生活を損なわれ、無条件の一方的従属に屈しつつ、変わらざる西洋の優位のまえに苦悶してきた彼らのことは排除されるか忘れさられてしまうのだ。奴隷貿易において供給された何百万ものアフリカ人のことを念頭におくだけでも、西洋の優位を維持するために支払われた代償がいかに想像を絶するものであったかが思い知れようというものだ。だが、にもかかわらず、植民地主義国と被植民地国の両側において、個人と集団の生活に対する植民地主義的介入が、一分ごとに、一時間ごとにくりかえされたという歴史、その徹底的に細部にわたる暴力的な歴史の、まさに無数の痕跡が、しばしば棄却されてしまうのである。

西洋の第一義性と、西洋の完璧なる中心性を前提とするような現代の言説のなかで留意すべきは、その形式がいかに全体化をめざしているか、その姿勢と態度がいかにすべてを包みこもうとしているか、それがすべてを包括し圧縮し固めるかにみえるまさにそのときに、いかに多くのものを排除してしまうかである。わたしたちは、突如、十九世紀後期に逆もどりさせられたかのようだ。

このような帝国主義的姿勢をみごとにとらえて、複雑で濃密な物語形式をこしらえたのが、一八九八年から一八九九年にかけて書かれたコンラッドのすぐれた中編小説『闇の奥』である。いっぽうで語り手のマーロウは、あらゆる言語表現の悲劇的苦境を認めている——「ある存在の、特定の時代の、生々しい感覚を、その真実をかたちづくるものを、その意味を、その精妙で奥底にある本質を言葉でつたえることはできない……。わたしたちの生は、夢と同じく、孤独のうちにいとなまれる」[29]——が、にもかかわらず、クルツのアフリカ体験のもつ途方もない力を、みずからクルツをもとめてアフリカの奥地へと赴いたときの圧倒的な体験談をとおしてマーロウはつたえようとしている。そしてこの体験談は、さらに、暗黒世界へと分け入るヨーロッパ的伝道のもつ救済的な力に——またあわせてそのむなしさと恐怖にも——直接むすびつけられる。マーロウの聞く者をとらえてはなさない圧倒的に強靭な語りのなかで、失われたもの、あるいは回避されたもの、あるいはただでっち上げられたものは、語りのどこまでも歴史的な運動、まさにその時間的前進運動のなかで埋め合わされてゆく——逸脱的な回想、描写、冒険にみちた遭遇などによって。マーロウがいかにしてクルツの駐屯地（いまやクルツはそこで資源をひとり占めし権威者としてふるまっている）に到達したかを語る物語のなかで、マーロウ自身、大小さまざまな螺旋を描く蛇行運動をくりひろげるのだが、それはまさに川をさかのぼる旅における複数のエピソードが、全体としてみるとマーロウのいう「アフリカの心臓」へとむかう前進運動に収斂してゆくのと軌を一にしている。

かくしてジャングルのまんなかで白いスーツという信じがたい服装をした事務員と出会うときのマーロウにはいくつかの脱線的な語りが付与されるのであり、このことはまた、クルツの恩恵にあずかっているなかば気のふれた道化師じみたロシア人とマーロウが出会うときにもくりかえされる。けれどもマーロウのとりとめもない脱線や韜晦癖やその感情や理念をめぐる奇想の背後にあるのは、旅そのもののどこまでも前進的な運動であって、この旅は、あまたの障害にもかかわらず、すべての心臓部、クルツの象牙通商帝国の中心部へと、ジャングルをこえ、時をこえ、逆境にもめげずつづけられるのである。コンラッドがわたしたちにみせようとしているのは、クルツの大いなる略奪の冒険、マーロウの川をさかのぼる旅、そして物語そのものからなる三者が、すべて共通のテーマをもっていることだ。すなわちヨーロッパ人が、アフリカにおいて（あるいはアフリカに対して）、帝国主義的な支配と意志の行為を遂行するということ。

ただ、コンラッドが同時代の他の植民地主義作家たちとちがうのは、彼がポーランド出身の祖国喪失者として帝国主義機構にやとわれたということともなかば関係するのだが、彼が自分のしていることをきちんと意識していたということである。したがって、『闇の奥』は、コンラッドの他の物語のほとんどと同じく、マーロウの冒険のストレートな語りとはなっていない。それはマーロウ自身をも作中人物として示すのだ。植民地領土を転々としたあとマーロウは、イギリス人のグループにむかって、特定の時間に特定の場所で、みずからの体験談を語るという設定になっている。マーロウの体験談の聞き役にまわる人びとは、おおむね実業界の人間なのだが、これは、一八九〇年代をとおして、かつては冒険にみちた個人ベースのいとなみであった帝国のビジネスが、ビジネスの帝国となっていた事実をコンラッドが強調したからである（留意すべきは、偶然の一致というべきか、『闇の奥』が書かれたのとほぼ同じ時期、探検家にして地理学者でありリベラルな帝国主義者であったハルフォード・マッキンダーがロンドンの銀行家協会で帝国主義について一連の講演をおこなっていたことである。[30] おそらくコンラッドはこのことを知っていた）。たとえマーロウの語りのほとんど威圧的ともいえる強靭さによって、帝国主義の絶大な歴史的な力から逃れるすべはなく、帝国主義は、権力機構として、その支配下にあるすべてのものを代弁しまた表象するのだという印象がわたしたちに植えつけられるとしても、コンラッドはまた、わたしたちに、マーロウがおこなっていることは、状況依存的なものであり、同じような精神構造のイギリス人をまえにしてのパフォーマンスであり、あくまでもその状況のなかでしか意味をもたない限定的なものであるということを示しているのである。

とはいえコンラッドもマーロウも、世界支配的な姿勢――この姿勢はクルツやマーロウ、それにテムズ川に浮かぶネリー号上の聞き手たちやコンラッド自身が体現するのだが——の外にあるものの全景をみせてくれるわけではない。わたしがいいたいのは、『闇の奥』の小説としての力は、その政治学と美学が、いうなれば帝国主義的であるというところからきているということだ。十九世紀も終わろうかという時期に、帝国主義的であるということは、美学であり政治学であり、また必然的で認識論的にみて不可避であったように思われる。というのも、もしわたしたちが、ほかの誰かの経験についてほんとうに理解することはできず、また、それゆえに、わたしたちはクルツがジャングルのなかで白人として行使したような、あるいはいまひとりの白人であるマーロウが語り手として行使したような独断的な権威に頼るほかないのなら、非帝国主義的なべつの可能性をさがすことはできない。なにしろ帝国主義というシステムは、べつの可能性をにべもなく消し去り、それを思考できないものにしているからだ。この堂々巡り、この完璧な閉域は、美的にのみならず、精神的にも、難攻不落なのである。

　コンラッドは、きわめて意識的に、マーロウの語りがおこなわれる状況を設定したため、そのおかげでわたしたちは、帝国主義といえども、みずからの歴史をつつみこんで完璧なものになるどころか、もっと大きな歴史の流れのなかで起こっている一事例としてやがてそこに吸収されるだろうという思いをいだくことになる。そのもっと大きな歴史とは、ネリー号の甲板につどうきわめて閉鎖的なヨーロッパ人のサークルをほんの一歩外にでたところにあるはずなのだ。ただあいにく、誰も、まだ、そこに足を踏み入れてはいないように思われる。だからコンラッドは、それを語らずにすませるほかなかった。

　もしコンラッドが帝国主義の世界観以外のものを示そうとしたなら、おそらくマーロウを使うことはなかっただろう。コンラッドやマーロウも、当時非ヨーロッパ人をさほど多くは眼にしなかったはずなので。独立は、白人とヨーロッパ人のためのものであって、劣等もしくは従属民族は支配される側にあった。科学や学問や歴史はすべて西洋に端を発していた。なるほどコンラッドは、ベルギーやイギリスの欠陥のある植民地的姿勢について、そのちがいを事細かに区別し記録しているのだが、しかし、コンラッドにとって、西洋諸国の植民地支配によって分割されない世界など想像することはできなかったのだ。けれどもコンラッドにはまた、祖国を喪失した周辺者感覚が、驚くほど根深く残っていたのであって、そうであるがゆえに、きわめて慎重に（あるいは常軌を逸してと語る者もいるだろうが）、マーロウの語りをあくまでも暫定的なものとして留保したのである。この世界と、この世界とはべつの、特定はできないがちがっていることはまちがいのない世界とが交錯するまさにその地点に語りが生起するという暫定性。たしかにコンラッドは、セシル・ローズとかフレデリック・ルガードといった大物の帝国運営のプロたちとはちがっていた。とはいえコンラッドは、彼らのそれぞれが、ハンナ・アーレントの言葉を引けば、「終わりなき膨張プロセスの大渦にのみこまれることを」完璧に理解していた。「彼らは、いうなれば、自分であることをやめ、このプロセスの法則に従い、匿名の諸勢力にみずからを同化させ、全プロセスを動かしつづけるためにその諸勢力に奉仕し、自分自身をたんなる構成要素と考え、その結果、そのような構成要素であること、つまりダイナミックな傾向を体現していることを、みずからの考えうるもっとも崇高な達成とみなすことになろう」[31]。コンラッドの認識は、もし、帝国主義が物語と同じように表象の全システムを独占支配したとしても――『闇の奥』ではこの独占ゆえに、帝国主義は、クルツについて、またマーロウや彼の物語の聞き手たちをふくむ他の冒険家たちについて代弁するだけでなく、アフリカ人についても代弁することができたのだが――、たとえそうだとしても、あなたがアウトサイダーであり、アウトサイダーであることを自覚していれば、帝国主義の機構のはたらきを把握できる。なにしろあなたと帝国主義の機構は、完璧に同調あるいは一致していないのだから。完璧に同化されておらず、また完全に文化変容をこうむっていないイギリス人としてのコンラッドは、それゆえ、彼の作品のそれぞれにおいて、アイロニックな距離をたもっていられたのである。

したがってコンラッドの物語の形式から、ポストコロニアル世界がいま彼から受け継いでいるところの、ふたつの論点、ふたつのヴィジョンが生まれるのである。ひとつの論点によれば、古い帝国主義事業は慣行の力によってその可能性を全面的に開花させ、世界を、ヨーロッパあるいは西洋の帝国主義の公式見解にそってつくりかえ、第二次世界大戦後、その支配をいよいよ確実にしたということになる。いや、西洋人は、アフリカやアジアにおける昔からの植民地からすでに物理的に撤退したといえるかもしれないが、西洋人は、かつての植民地を、市場として維持しているだけでなく、イデオロギー地図のなかで彼らが道徳的かつ知的に支配しつづけられる場としても維持しているといえるのだ。「ズールー族のトルストイをみせてみろ」とは、あるアメリカの知識人が最近語った言葉である。この議論にみられるような独断的にすべてを西洋的観点に包括する性格は、西洋と、西洋がおこなったことを擁護して語る者たちの言葉をとおしてだけでなく、西洋以外の世界が何であるか、何であったか、また何になるかもしれないかについても語る者たちの言葉をとおしてもにじみでる。こうした言説の威圧的主張は、「失われたもの」として表象されてきているものを排除してしまう。それも、植民地世界が、まず最初に、存在論的にみて、なんらかのかたちで失われたものであり、救いがたく、度しがたいほど劣等であると論ずることによって。しかも、こうした言説は、植民地経験というかたちで共有されたものに焦点をしぼるのではなく、共有されてはいけないもの、権威と規範に、つまり強大な権力をもち発展をつかさどる側にこそふさわしい権威と規範に、焦点をしぼるのである。レトリックとしてみると、その観点は、現代の知識人を批判したジュリアン・バンダにならっていうなら、政治的情念を組織化するものであるが、その観点は、バンダが鋭敏に見抜いていたように、いきおい大量虐殺へとつながるものであるし、よしんば文字どおりの大量虐殺にはつながらないとしても、レトリック的虐殺にはまちがいなくつながるのである。

二番めの論点は、これにくらべると、比較的、反論の余地がないように思われる。この種の論点は、みずからの主張そのものに対して、ちょうどコンラッドが自分の物語に対してとったのと同じ態度で接している。つまりその主張は特定の時間と空間だけにあてはまるもので、無条件に真実でもなければ、無制限に確実というわけではないとみずから認めているのだ。すでに述べたように、コンラッドは、帝国主義にとってかわるものの姿を完璧に把握し想像できなかったし、そのことはわたしたちにもよくわかる。コンラッドが書いたところの、アフリカやアジアやアメリカの原住民は、独立する能力を欠いていた。それもそのはずで、コンラッドはヨーロッパ人による保護・監督を既定のものと想像していたようなので、それが終わりを告げたときにいかなることが起こるのか予測できなかったのだ。しかし、ヨーロッパ人による保護・監督は終わるほかなかっただろう。もしそれが――あらゆる人間のいとなみがそうであるように、また発話そのものがそうであるように――それ自身の一定の持続時間をもつならば、いずれは消滅する運命にあるからだ。コンラッドが帝国主義を時代区分し、その偶発性を示し、その幻影と、はてしない暴力と浪費（ちょうど『ノストローモ』に示されたような）を記録してくれたおかげで、のちの読者は、何十ものヨーロッパの植民地に分割されたアフリカではなく、それとはべつの姿のアフリカのなにがしかを想像できたのである。とはいえコンラッドは、べつの姿のアフリカがいかなるものであるかについて明確な考えをいだいていたわけではなかった。

コンラッドに端を発する最初の方向へともどろう。そこにみられる帝国復活の言説が証明しているのは、十九世紀における帝国主義的邂逅の痕跡は今日においても残り、境界づくりと境界を守ることに汲々としていることだ。奇妙なことに、こうしたことはまた、かつての植民地主義時代のパートナーたちのあいだに、たとえばイギリスとインドとか、フランスとアフリカのフランス系植民地国とのあいだのとびぬけて複雑できわめて興味ぶかい相互交流のなかにも残存している。しかし、こうした交流は、帝国主義賛成論者と反対論者たちの喧々囂々たる二極対立化した論争のなかで見過ごされがちである。彼らは国民のアイデンティティについて、海外権益について、新帝国主義について声高に語ることで、同じ精神構造の持ち主たち——つまり攻撃的な西洋人と、皮肉なことだが、新たなナショナリストや台頭するアヤトラ派が代表している非西洋人たち——を、他者との進行しつつある交流からひきはなしているのだ。この嘆かわしくも狭小な陣営の内部に、無辜の人びと、正義感の強い人びと、また信仰心のあつい人びとがとらわれ、全知全能の者たちに、つまり彼ら自身と他者についての真実を知っていると称する人びとにひきずりまわされている。いっぽうその陣営の外側では、拘泥する知識人たちや泣き言をならべる懐疑論者たちの無数の群れがおり、彼らは無益に過去をただ嘆いているのである。

一九七〇年代から一九八〇年代にかけて、重要なイデオロギー的転換が起こり、これが、『闇の奥』に端を発するふたつの方向のうちの、最初の方向におけるいま述べたような狭小な地平のさらなる縮小に、拍車をかけることになった。その転換は、たとえば、これまでラディカルな姿勢でならしていた思想家たちのあいだに生じた、強調のおきかたと、文字通りに、その方向性、劇的変化のなかに見いだすことができる。一九六〇年代にラディカリズムと知的反乱の伝道師として頭角をあらわしたフランスのすぐれた哲学者、後期のジャン＝フランソワ・リオタールとミシェル・フーコーは、のちに、解放と啓蒙という大きな正当化物語（とリオタールの呼ぶもの）に対して、徹底して不信の念を表明して衝撃をあたえることになる。一九八〇年代にリオタールが語ったことによれば、わたしたちの時代は、ポストモダニズムの時代であり、それが関心をいだくのは、もっぱらローカルな問題であり、歴史ではなく解決可能な問題であり、堅固な現実ではなくゲームなのである。[32] いっぽうフーコーもまた、それまでは、排除と監禁への止むに止まれぬ抵抗ゆえに近代社会の反対勢力と目されてきた人びと――犯罪者、詩人、追放者たち――について研究していたくせに、反体制的なものへの関心を捨て、権力はいたるところに存在するのである以上、個人をとりまく権力のローカルなミクロ物理学に集中したほうがよいとまで言いだすしまつである。この主張によれば、自己は、研究され、涵養され、必要とあらば、造型しなおされ、構成されることになる。[33] リオタールにおいてもフーコーにおいても、わたしたちが見いだすのは、解放の政治学への幻滅を説明するときにもちだされるのとまったく同じ比喩である。すなわち足掛かりとなる重要な点をまず定め、また正当なる目標をも定める物語は、社会における人間の軌跡をあとづけるにはもはや用をなさないということ。未来に期待すべきものはなにもない。わたしたちは、自分のサークルのなかにとらわれている。そしていまや線は円となって閉じられた。アルジェリア、キューバ、ヴェトナム、パレスチナ、イランにおける反植民地闘争は、西洋の多くの知識人にとって、帝国主義打破をめざす脱植民地化闘争の政治と哲学への意味ぶかい参加を意味していたのだが、闘争を支援する時代のあとに、徒労と幻滅の段階が到来したというわけである。[34] かくして、革命を支援することがいかにむなしいか、権力をにぎったあらたな体制がいかに野蛮であるか、そして――これは極端な意見なのだが――いかに脱植民地化が「世界共産主義」に貢献してきたかについて、意見が語られ、書かれはじめたのである。

かくしてテロリズムと野蛮行為登場。さらにまた、かつての植民地問題専門家登場。いたるところにみられる彼らの意見とはこうだ。植民地の諸民族は、植民地化するしかない。あるいは「われわれ」が、アデン、アルジェリア、インド、インドネシア、あるいはその他いたるところから撤退したことはなんと愚かであったことよ。さすれば、彼らの領土をもう一度侵略することのほうが得策かもしれないというわけだ。またここに、解放運動とテロリズムとKGBとの関係を説く専門家ならびに理論家たちも登場する。ジーン・カークパトリックのいう権威主義的体制（これは全体主義体制とは異なり、それと対立するもの）への共感がたかまってゆく。わたしたちの同盟国は、すべて権威主義的体制となってゆく。レーガン主義、サッチャー主義、ならびにその亜流の到来とともに、新たな歴史の段階がはじまったのである。

ほかにも、こうした趨勢は歴史的にみて理解できないわけではないとしても、「西洋」を「周辺世界」における経験から敢然と切り離してしまうのは、今日、知識人にとっては、およそいただけないし、やりがいのある活動でもないだろう。それは鯨の外側を知り発見する可能性を摘んでしまうものだ。この点についてラシュディから教えを乞おう――

誰もが働いたり食べたり憎んだり愛したり眠ったりしなくていい宇宙を創造するのはまちがっているのと同じように、政治的なものから自由な宇宙を創造することもまちがいかもしれないことを、わたしたちは知っている。鯨の外では政治的材料をとりこむことで生まれる特殊な問題と格闘するのは必要なことなるし、またわくわくすることともなる。なにしろ政治は、茶番と悲劇を交互にくりかえすのであり、ときには（ジア＝ウル＝ハク大統領下のパキスタンのように）そのどちらでもあるからだ。鯨の外では、作家は、彼（もしくは彼女）が群衆の一部であること、大洋の一部であること、嵐の一部であることを認めざるをえなくなり、いきおい客観性は、大いなる夢物語ということになるだろう。それは完璧な状態と同じく、成功の見込みはないのに、それをめざして奮闘努力せねばならない到達不可能なゴールとなる。鯨の外は、サミュエル・ベケットの有名な格言どおりの世界である。〈わたしはつづけられない。わたしはつづけるだろう〉(35)

ラシュディの記述の言葉遣いは、オーウェルから借りてこられたものだが、オーウェル以上に興味深いかたちで、コンラッドと共鳴するように思われる。というのも、ここにはコンラッドの物語形式から発する第二の帰結、第二の方向線があるからだ。外部についてまぎれもないかたちで触れることによって、ラシュディの議論は、マーロウや彼の話の聞き手たちによってあたえられる基本的に帝国主義的な表象の外部に、べつのパースペクティヴがひらけることを指し示している。それはあくまでも世俗的なパースペクティヴであり、それは歴史的運命についての概念にも、また運命というときまってかかわってくる本質主義にも、歴史的無関心や諦念のいずれにも影響されてはいない。鯨の内側に閉じこもってしまうことは、帝国主義のゆるがせにできない経験をすべてシャット・アウトし、帝国主義の経験を、ヨーロッパ中心にすべてをまとめあげる観点に従属させてしまうことである。これに対し、このようなべつのパースペクティヴによって、いずれの側の歴史をも特権化しない領域が示唆されるのである。

わたしはラシュディを買いかぶるつもりはないし、彼の文章のなかに、彼が意図しなかった考えを見いだそうとするつもりもない。彼はただ、ローカルなイギリスのメディアとの論争のなかで（『悪魔の詩』事件によって姿を隠さざるをえなかった以前のことだ）、大衆メディアにおけるインドの表象と、自分自身の体験の真実をつきあわせてみると、とても同じものとは思えないと主張しているのだ。これを受けて、わたしはさらにこう言いたい。政治を文化や美学と接合することの効用のひとつは、それによって、共通の基盤《コモン・グラウンド》というものが、たとえラシュディへの反論がいくら曖昧にぼかそうとしても、浮びあがってくることである。ただし、この共通の基盤というものを、論争の当事者たちがみるのはむつかしいだろう。なにしろ彼らは、思索するよりも論争することに忙しいのだから。もちろん、わたしにはラシュディの議論の背後にある怒りの何たるかがよくわかる。第三世界をなにか邪悪なニュアンスでとらえ、文化的にも政治的にも劣った場所とみくだすという西洋を支配するコンセンサス、これを前にすると、わたしもラシュディと同じように無力感と徒労感におそわれるからだ。みずからの主張が周辺的なものへとおとしめられるマイノリティ集団の一員としてわたしたちは書き、話すのだが、いっぽうジャーナリストやアカデミックな批評家たちが属しているのは、情報とアカデミックな資源を、新聞やテレビ・ネットワークやオピニオン誌や諸制度と連動させる裕福な体制である。こうしたシステムはいまや、右翼的な傾向をおびる非難を連呼しつつ、西洋のエートスとして容認されたものから、非白人的で非西洋的で非ユダヤ‐キリスト教的なものを切り離し、そのうえで、それらを十把ひとからげにして、軽蔑的なレッテル、たとえばテロリスト的だとか周辺的だとか二流であるとか重要性を欠くとかいったレッテルを貼ってしまうのである。こうした悪しきカテゴリーにふくまれているものを攻撃すること、それは、とりもなおさず、西洋の精神を守ることであるというわけだ。

コンラッドに、それも、『闇の奥』で提示された二番めの可能性、つまり帝国主義色の希薄な主張のほうにもどろう。もう一度思い出していただきたいのだが、コンラッドは、物語がテムズ川に繋留された船の甲板のうえで語られるようにした。マーロウが物語を語るにつれ、太陽は西に傾きはじめる。そして物語が終わる頃には、イングランドにふたたび闇の奥があらわれる。マーロウの物語を聞いている人たちの外には、定義できず曖昧なままにとどまる世界が存在した。この世界を、コンラッドは、マーロウによって代弁される帝国首都の帝国主義的言説のなかに封じこめようとしているふしが随所にみられるものの、しかし、コンラッドは、自身の祖国喪失者としての主体のありかたのせいで、この封じこめの戦略に抵抗し、事実、抵抗しおおせる。そしてわたしの持論では、この抵抗は、おおむね小説の形式的な仕掛けをとおしてもたらされる。コンラッドの自意識的で循環的な語りの形式は、語りそのものに注意をひきつけ、語りが人為的な構築物であることをみせつけるのだが、それによってわたしたちは、帝国主義には触れることができないような現実、帝国主義のコントロールをすりぬけてしまうような現実の、潜在的可能性を感じとれるのである。そしてこの潜在的可能性としての現実は、やがて、一九二四年のコンラッドの死後、全世界において、実体としてかたちをとることになったのである。

これだけではわかりにくいかもしれないので、さらに説明しておこう。コンラッドの語り手たちは、そのいかにもヨーロッパ人的な名前とか常套的な語り口にもかかわらず、ヨーロッパの帝国主義を無批判のうちに受け入れる平均的な目撃者ではない。彼らは、帝国主義的観点からおこなわれることを容認したりはしない。彼らは帝国主義について何度も考え、帝国主義の現在と行く末について思い悩み、帝国主義をありきたりな日常的なものとしてみせかけることに実際のところあまり自信をもてないでいる。事実、帝国主義は日常的でありきたりなものではない。正統的な帝国主義観とコンラッド自身の帝国主義観とがずれていることを知らせるコンラッドの方法は、観念や価値観が、語り手の言葉のゆらぎによって、いかに構築されるか（また脱構築されるか）について、たえず読者の注意を喚起する。おまけに、物語の語られかたについて、じつに綿密な設定がなされる。語り手の話に耳をかたむける人びと、彼らが一堂にあつまった理由、語り手の声の質、語り手の語る内容がもたらす効果――これらすべてのことが、彼の語る物語の重要であり、目につく側面となっている。たとえば、マーロウは、けっしてストレートな語り手ではない。彼は、だらだらと無駄口をたたくかと思うと、圧倒的に雄弁な語り手になったりして、両極端を揺れ動くし、異様なものについて述べるときも、それについて、おどろくほど見当違いのことを述べたり、それを曖昧で矛盾にみちたままにしておくため、異様なものがますます異様なものにみえてくるのだが、このことについてマーロウはなんら痛痒の念も感じてはいないのだ。かくしてマーロウは、フランスの軍艦が「大陸にむけて」発砲したと語るし、クルツの雄弁な語り口は、啓発的であると同時に詐欺的である、などなど。語り口には、こうした奇妙なむらがあり（イアン・ワットはこれを「遅延させられる解明」と、うがった論じかたをしているのだが[36]）、いきおい、その全体的な効果たるや、語り手がじかに接しているはずの聴衆のみならず読者にも、するどい疑念をかきたてるものとなる。つまりマーロウが語った内容は、その内容の本来のすがた、あるいはみかけとは、異なるかもしれないのだ。

とはいえクルツとマーロウが語ること全体の要《かなめ》となっているのは、実際のところ、帝国支配であり、白人のヨーロッパ人による黒人のアフリカ人と彼らの象牙に対する支配、文明による原始的暗黒大陸に対する支配である。だがマーロウは、帝国の公式「理念」と、アフリカのまぎれもない混沌とした現実とのずれを大きくみせることで、読者に、帝国の理念そのものに疑いの眼をむけさせるだけでなく、帝国よりももっと根源的なもの、すなわち現実そのものをも感じとらせている。というのも、コンラッドが示そうとしたように、人間のあらゆる活動は、根源的に不安定な現実をコントロールすることによって保たれ、言葉はこの不安定な現実に対して、意志の力と慣習によってしか対処できないのなら、同じことは帝国と、帝国に関する神聖な理念そのものにもあてはまるからだ。したがってコンラッドとともに、わたしたちは、つねに多かれ少なかれ作られたり解体されたりする世界のなかに投げこまれることになる。安定し安全なものとみえるもの――たとえば街角に立つ警官――は、安全面ではジャングルに分け入っている白人と五十歩百歩であって、周囲をとりまく暗黒を、つねに制圧し勝利する（だがきわどい勝利なのだが）必要がある。そしてこの暗黒は、物語の最後には、アフリカでもロンドンでも同じであることが示されるのだ。

コンラッドはその天才ゆえに、このつねに存在する暗黒を植民地化し照らしだす可能性について考えてはいたが――たしかに『闇の奥』には、〈文明化の使命〉に対する言及がたくさんあるが、この使命たるや、この世界の暗黒の場所と暗黒の民族に、自覚的行為と断固たる権力行使によって光をもたらそうというありがたくも残酷きわまりない計略のことなのだが——、そう考えるいっぽうで、この世界の暗黒は、独立した存在であると認めなければいけないとも理解していた。クルツとマーロウは暗黒を認知する。前者すなわちクルツはその臨終の床で。後者マーロウは、クルツの死に際の言葉の意味について回顧し考えるときに。このふたり（そしてむろんコンラッドも）は、彼らが「暗黒」と呼ぶものに、それ独自の自律性があること、この「暗黒」は帝国主義がみずからのものとして領有したものを逆侵犯し所有権を奪還することもあること、これを理解していた点において、時代に先駆けていた。けれどもマーロウもクルツも時代の子であって、次の一歩を踏み出すことはできなかった。次の一歩、それは、彼らが非ヨーロッパ的な「暗黒」として差別的にみくびっていたものが、実際には、帝国主義に抵抗する非ヨーロッパ世界のことだと認知し、それはいつの日か、コンラッドが一方的に決めつけたように暗黒によってヨーロッパを支配するのではなく、そうではなくいつの日か主権と独立を獲得するであろうと認知することだった。コンラッドの悲劇的限界とは、たとえ、彼があるレヴェルでは帝国主義を本質的に見栄もへったくれもない支配と領土のぶんどりであると明確に見抜いていたとしても、そこから「原住民」がヨーロッパの支配から自由な生活をおくることができるよう、帝国主義は終わらなければならないと結論づけられなかったことである。時代の子としてのコンラッドは、原住民を奴隷化する帝国主義を手厳しく非難してはいても、原住民に自由をあたえることまでは思いいたらなかったのである。

コンラッドがそのヨーロッパ中心主義的な思考においてあやまっていたという文化的・イデオロギー的事実には、反省すべきところ学ぶべきところは多い。ところでいま、帝国への抵抗と応答をかかげる運動や文学や理論の総体が存在している——これはまた本書の第三章の主題ともなる。そして驚くほど多岐にわたるポストコロニアル領域において見いだせるのは、宗主国の世界と対等の立場で論争し、非ヨーロッパ世界の多様性と差異を、非ヨーロッパ世界独自の未来像や優先事項や歴史を立証しようとするすさまじくエネルギッシュないとなみである。この論争の目的は、ヨーロッパと競いあって、領土のみならず相互交渉の領域をも、定義し、解釈しなおし、拡張することである。この活動のいくつか——たとえば、言論や文献やパンフレットをとおしてイラン革命への地ならしをしたふたりの重要なイランの知識人活動家、アリ・シャリーアティーとジャラール・アーレ・アフマドの仕事——は、土着文化からの批判、すなわち西洋は敵であり病であり悪であるという批判にもとづいて植民地主義を解釈するのである。またべつの事例をあげるなら、ケニヤのグギやスーダンのタヒブ・サーレフといった小説家たちは、未知への探究の旅といった植民地文化の大いなるトポスを自分たち自身の小説のために横領し、自分たち自身のポストコロニアル的用途のために利用している。サーレフの『北へ遷りゆく時』の主人公は、ちょうどクルツがしたこと（ならびにクルツの存在）とは逆のことをおこなう（逆の存在となる）。黒人の男性が、白人の領土の奥深くへと分け入るのである。

したがって、十九世紀の古典的帝国主義と、それが原住民文化にもたらした抵抗運動とのあいだには、一歩もゆずらぬ対決姿勢だけでなく、議論や相互交渉や論争において境界の横断もみられるのである。もっとも興味ぶかいポストコロニアル作家たちの多くは、彼らの過去の遺産をひきうけようとしている——屈辱的な傷痕として、非ヨーロッパ的実践への刺激として、潜在的に異なる過去の姿を模索してあらたな未来へとむかう契機として、緊急に解釈しなおし活性化しなおすべき経験として。こうした趨勢のなかで、これまで物言わぬ原住民であった人びとが、帝国からとりかえした領域において発言し行動している。こうした側面は、ラシュディ、デレク・ウォルコット、エメ・セゼール、チヌア・アチェベ、パブロ・ネルーダ、ブライアン・フリールらのなかに見いだすことができよう。いまやこうした作家たちは、彼らのことをまちがったかたちで表象しただけでなく、彼らのことを読み書きのできぬ者たちとして決めてかかっていた植民地時代の西洋の傑作群をきちんと理解して読むことができるし、彼ら自身について書かれたことに対して、つまり原住民は原住民について書かれた学術的言説に介入する能力はないと決めつけていたヨーロッパの民族誌に対して、それと真正面から対決するかたちで反応しているのである。そこで、わたしたちとしても、このあらたな状況をもっと詳しくみてみよう。

4　相反する経験

まず、以下の考えかたを前提とすることからはじめよう。たとえ人間の経験には、なにごとにもたとえがたい主観的な核のようなものがあるとしても、人間の経験はまた歴史性と世俗性をおびているため、分析や解釈の対象になるのだが、かといって——これはまちがいなく重要なことだが——人間の経験は全体化する理論によって汲みつくせるものではないし、教条的あるいは民族主義的な方向に色付けされたり限定されるものでもないし、分析による構成物として永久に固定されるものではないということ。そこでもしグラムシにならって、知識人の使命は、社会によって可能となり、また社会から望まれもすると信ずれば、知識人が排他的姿勢を根幹にもつ歴史的経験を分析対象とすることは容認しがたい矛盾といわねばならない。排他的姿勢とは、たとえば、女性だけが女性の経験を理解できるとか、ユダヤ人だけがユダヤ人の苦難を理解できるとか、かつて植民地であった国の国民だけが植民地経験を理解できるといった決めつけの姿勢のことである。

わたしは、よくいわれるような、どのような問題にもふたつの面があると言わんとしているのではない。本質主義と排他性をめぐる理論、あるいは排斥と加担が、やっかいなのは、そこから両極化が生じ、この両極化によって、物事がくっきりと色分けされてしまい知識がふえると思いきや、無知やデマが免責され容認されてしまうことである。人種や近代国家や現代のナショナリズムそのものをざっとみわたすだけでも、この悲しい真実がいかに正しいかがわかろうというものだ。もしアフリカ人やイラン人や中国人やユダヤ人やドイツ人の経験が基本的に、まとまりと首尾一貫性があり、個別的に独自性をもっており、それゆえ、それぞれアフリカ人やイラン人や中国人やユダヤ人やドイツ人にしかわからないと決めてかかろうものなら、それはまず第一に、歴史的に創造され、また解釈によって生み出されたもの――つまりアフリカ性とかユダヤ性とかドイツ性、あるいはこれに関していえばオリエンタリズムやオクシデンタリズム――を、本質的なものとして措定することになる。そして次に、その本質なり経験なりを守ることだけにかまけて、それをもっとよく認識しようとか、他者の側からの認識に、それがどうからまりあい、また依存するかを認識しようとする姿勢が消えてしまう。その結果、他者の異なる経験が、低い地位へと格下げされてしまうのである。

もし、個別的だが同時に重なりあい、からまりあう経験――女性の、西洋人の、黒人の、国民国家や文化の経験――の巨大なからまりあう複雑な歴史を、最初からきちんと認めるならば、そうした歴史のそれぞれに、また全体に、理想的な、あるいは本質主義的に独立した地位をあたえる特段の知的理由などなくなるはずである。けれどもまた、わたしたちは、そうした個々の歴史のもつ独自性ともいえるものも温存したいとも思う。とりわけ、人間の共同体と、その共同体の成立に貢献し、またいまもなお共同体と密接な関係にある現実の競合関係について、なんらかの意識をもっているかぎり。さて、こうしたことをふまえた議論のすぐれた例としては、すでに言及した論文集『創られた伝統』をあげることができる。この論文集は、創られた伝統というものを、きわめて特殊でローカルなもの（たとえばインドの公式接見、ヨーロッパのサッカー試合など）でありながら、しかもきわめて異なるものであっても、似かよった性格を共有するものと考えている。この論文集の要点とは、伝統というかたちで捏造されたきわめて多様な実践は、ひとつにまとめて読み解き、理解することができるということだ。なぜなら、それらが一様にかかわっているのは、「ふさわしい過去との連続性を樹立する」ことを試みるとホブズボウムが記述する類似の人間的経験領域なのだから(37)。

比較参照的、あるいはもっと適切な表現を使えば、対位法的なパースペクティヴを駆使することによって、十九世紀におけるイングランドでの戴冠式とインドでの公式接見とのつながりをみることができる。つまり、かけはなれているようにみえる経験が、それぞれ、それ独自の将来計画なり発展速度をもち、それ独自の内的構造をもち、それ独自の内的首尾一貫性と外的関係システムをもちながらも、同時に、それらすべてがたがいに共存し作用しあっていることを、わたしたちは見抜き、解釈できるようになるにちがいない。たとえばキプリングの小説『キム』は、イギリス小説の発展ならびにヴィクトリア時代後期の社会のなかできわめて特異な地位をしめているが、しかし、それが描くところのインドは、インド独立運動の展開とは、深いところで、相いれないものとなっている。小説にせよ、独立運動にせよ、両者を、たがいに他をぬきにして表象したり解釈しようものなら、現実の帝国の経験によって両者が重要な点で相反することを見失うかもしれないのである。

この点を、もうすこし明確にしておこう。「相反する経験」という概念は、経験をもちだすことで、イデオロギーの問題を避けてとおるものでは断じてない。それどころか、解釈とか考察の対象となる経験は、いかなるものであれ、直接的で無媒介的なものとしてとらえることはできないのだ。もし批評家なり解釈者が、アルキメデス的な宇宙のかなたからの展望、つまり歴史とか社会状況に左右されない直接的なパースペクティヴを主張しようものなら、誰からも信じてもらえないのと同じである。異なる経験をたがいにつきあわせ、すりあわせることによって、ふつうならイデオロギー的あるいは文化的な制約によって、たがいに無関係なまま終わってしまうか、たがいに距離をとったり抑圧しあうだけの、見解なり経験を、同時に共存させるというのが、わたしの解釈の政治的目的（広い意味での）である。相反するものをあばき、それを劇的に強調することは、イデオロギーの意味を矮小化するどころか、その文化的重要性に脚光を浴びせることになる。これによってわたしたちは相反するものの力を認識し、その継続的な影響力を理解できるのである。

では、十九世紀初期の、ふたつのほぼ同時代的といえるテクストを比較対照してみよう（どちらも一八二〇年代に書かれた）。ひとつは、膨大だが比類なき一貫性をほこる『エジプト誌』、いまひとつは、これにくらべると分量的に少ない、アブド・アル＝ラーマン・アル＝ジャバルティの『伝記と歴史における事蹟の驚くべきこと』。『エジプト誌』は、ナポレオンのエジプト遠征を二十四巻にわたって記録したもので、ナポレオンに同行したフランス人学者チームによって書かれた。いっぽうアブド・アル＝ラーマン・アル＝ジャバルティは、エジプトの名士で、アリム——宗教的指導者——であり、フランス軍のエジプト遠征を目撃し体験している。以下にまずとりあげるのは、『エジプト誌』の総序のなかの一節である。執筆者はジャン＝バティスト＝ジョゼフ・フーリエ。

アフリカとアジアの中間に位置し、ヨーロッパとは、呼べば応える距離にあるエジプトは、旧大陸の中心部を占めている。この国が提供する過去の記憶はただただ壮大なるものばかりである。この国は諸芸の発祥の地であり、数えきれぬ遺跡を保存している。その主要な神殿ならびに諸王の住居であった宮殿はいまなお存在し、そのなかで、もっとも新しい建造物ですら、トロイ戦争の時代にすでにあったものである。ホメロス、リュクルゴス、ソロン、ピタゴラス、プラトン、彼らは皆、科学や宗教や法律を学ぶべくエジプトに赴いた。アレクサンドロスは、そこに壮麗なる都市を築き、その都市は久しく商業の中心地として君臨し、ポンペイウスとカエサルとマルクス・アントニウスとアウグストゥスとが覇を争いローマと世界全体の運命を決するのを見守ってきた。それゆえ、この国が、民族の運命を掌中におさめた歴代の輝ける君主たちの注目をあつめたのも、ゆえなきことではない。

西洋であれアジアであれ、強力な軍隊を動員できる民族で、エジプトへと向かわなかった民族はかつて存在しなかった。エジプト征服は、そのような民族によって、当然の運命と、ある程度、みなされてきたのである(38)。

フーリエは一七九八年のナポレオンのエジプト侵略を意味づける代弁者として語っている。彼が挙げる偉大な先人の名前の響き、位置づけ、根拠、ヨーロッパ的存在の文化圏のなかで海外征服を正当化する行為——これらすべてのことが、征服行為を、征服軍と被征服軍との軍事衝突ではなく、長期のゆるやかなプロセスにみせている。そのため征服に屈したエジプト人にとっては耐えがたい経験であったであろう征服行為が、ヨーロッパ自体の文化的前提にどっぷりとつかったヨーロッパ的感性にとっては、あきらかに受け入れやすいものとなったのである。

これとほぼ同時期に、ジャバルティは、征服について、苦渋と洞察にみちた一連の考察を書物のなかに記している。彼は論争をいどむ宗教界の重鎮として、故国が被った侵略と、それにともなう社会の崩壊を記録している。

この年が、大いなる戦争によってしるしづけられた時期のはじまりである。重大な被害が、驚愕すべきかたちで突如生じた。悲惨は終わることなくつづき、ものごとのなりわいは攪乱され、生活のもつ社会的意味は汚され、破壊がそれにとってかわり、惨禍が蔓延した。［次に、良きムスリムとして彼は、自分自身と自分の民についての省察にむかう。］コーランによれば（第十一巻第九章）、「神はその住民が正しき都市を不正なかたちで破壊したもうことはない[39]」。

フランスのエジプト遠征には、科学者チームが同行し、彼らの仕事は、これまで一度もなされたことのなかったエジプトの現地調査だった——それが膨大な『エジプト誌』として結実する。だがジャバルティは、そこに権力にかかわる諸事実をみる眼をもっていたし、またそれを正しく把握していた。彼は権力の行使が、エジプトへの罰であると感得していたのだ。フランス軍の力は、征服されたエジプト人としての彼の存在に重くのしかかった。彼の存在は、征服に屈した民族の一員へと矮小化され、あとはただフランス軍の到来と撤収を、その専制的な命令を、その圧倒的に残酷な政策を、その恐るべき、また押し止めようもない力——なにしろ、フランス軍は、ジャバルティと同じ愛国者たちにはとても受け入れがたい命令を発して、やりたい放題だったのだから——を、ただ記録することしかできなかったのである。かたや『エジプト誌』を生み、かたやジャバルティの時をおかぬ反応を生みだした政治、この相反性は、歴然としているが、それによって両者が不均衡なかたちで対峙する領域というのが脚光をあびるのである。

ジャバルティの姿勢からどのような帰結が生まれたかをたどることはむつかしくないし、本書の後半である程度示そうとも思うのだが、何世代にもわたる歴史家たちが、実際に、それを跡付けている。ジャバルティの経験は、根深い反西洋主義を生みだし、以後、それがエジプト史、アラブ史、イスラム史、第三世界史において執拗にくりかえされるテーマとなる。またジャバルティのなかに、イスラム復興主義の種子を見いだすことができる。イスラム復興主義とは、のちに、アズハル［イスラムの最高学府］の聖職者で改革者のムハンマド・アブドゥフと彼の瞠目すべき同時代人ジャマル・アル＝ディン・アル＝アフガーニーによって力説されもしたのだが、イスラムは西洋との競争に勝利するには近代化するか、さもなくば西洋との戦いを有利にすすめるため聖地メッカが代表する根源へと回帰しなければいけないという主張のことである。またさらにジャバルティが声をあげたのは、民族的自意識が巨大な波となってひろがる歴史の初期の段階であった。この民族的自意識の歴史は、やがてエジプトの独立と、ナセルの理論と実践において頂点をきわめ、さらに現代の、いわゆるイスラム原理主義の運動へとつらなるのである。

だが、にもかかわらず、歴史家たちは、フランスの文化と歴史の発展を、ナポレオンのエジプト遠征という観点から進んで読みとこうとはしない（同じことはイギリスのインド支配についてもいえる。広大な領土と莫大な富をほこる植民地のインドは、帝国主義文化のなかに生きるイギリス人にとっては自然な事実となったというのに）。しかも、のちの研究者や批評家が、『エジプト誌』にみられるようなオリエント征服の基盤固めによって文字どおり成立したヨーロッパの諸テクストについて語ることは、興味ぶかいことに、『エジプト誌』とジャバルティの本との初期の競合関係を少し薄められたかたちで暗黙のうちに反復することになる。たとえば今日、その作品がオリエントにかぎりなく依存しているネルヴァルやフローベールについて書くことは、もともとフランスの帝国主義的勝利によって区画化されたオリエントという地域を対象にして、その変遷をたどり、そこからさらに一五〇年にもおよんだフランス人居住の意味を考えることにもつながるが、そうすることで、ジャバルティとフーリエとの象徴的な相反性に、いま一度、光をあてることになる。帝国主義的征服は、たった一度の国土略奪ではなく、たえずくりかえされ制度化されてフランス人の生活のなかにはいりこむ。そしてそこにおいて、フランス文化と従属した民族文化との、無言の吸収された相反性に対する反応が、さまざまなかたちをとることになる。

関係の非対称性は、歴然としている。たとえば、植民地領土における歴史の比較的まっとうな部分は、帝国主義的干渉の産物であるなどと想定することがある。しかし、またいっぽうで、これと同じく偏った想定ながら、植民地事業は、宗主国の文化において周辺的活動であり中心的なものではなく、おそらくは例外的なものであると想定することがある。そのあげくが、ヨーロッパや合衆国における人類学や歴史学や文化研究にみられる、世界史の総体を、西洋の大国の国民がながめるようなかたちで処理する傾向である。つまりこれらの学問は、歴史化の手続きとか学問としての手続きにおいては厳密性をもとめるくせに、民族から歴史をかすめとるかと思うと、ポストコロニアル時代においては、民族に歴史を回復させつつ民族の文化を歴史の「外」においたりするのである。はたせるかな、いまのところ、西洋近代の帝国主義と、その文化との関係に焦点をあてた本格的な批評研究はでていない。そもそも帝国主義と文化との根深い共生関係を排除することそのものが、帝国主義と文化との癒着の結果といえよう。またもうすこし話題をしぼるなら、フランスやイギリスの偉大なリアリズム小説が帝国という事実に、形式面においてもイデオロギー面においても驚くほど依存していることもまた、全般的理論的見地から研究の対象とされたことはない。このような省略なり否定は、わたしのみるところ、脱植民地化に反対するあくどいジャーナリスティックな論争のなかに、ことごとく再生産されている。その種の論争では、帝国主義を擁護する側は、おおむね次のようなことを十年一日のごとく蒸し返している。すなわち、あなたがたが現在あるのは、わたしたちのおかげであるとか、わたしたちが去ったあと、あなたがたは、現在の嘆かわしい状態に陥ったのだとか、このことを知っておけ、さもなくば何も知らないに等しいことになる、なんとなれば帝国主義については、それが現在においてあなたがたを助けているか、わたしたちを助けているかということ以外に、知るべきことは、ほかにあまりないとか。

もし帝国主義に関する知の価値をめぐる議論が、ただたんに、文化史研究における方法もしくはアカデミックなパースペクティヴをめぐる論争にすぎないのなら、わたしたちは帝国主義を、たとえ注目にあたいするとしても、さほど重要なものではないとみなしてさしつかえあるまい。ところが、わたしたちが論議しているのは、パワー〔権力・強国〕とネイション〔民族・諸国家〕からなる世界における、ゆるがせにできぬ重要性をおび、注目せずにはいられない独特な構成形態なのだ。たとえば、過去十年間において、世界中で、部族的かつ宗教的な心情への異様に強烈な逆行がみられるのだが、その淵源には、国家間の、ヨーロッパにおける盛期帝国主義時代からつづいている多くの相反的矛盾――たとえそれが帝国主義時代にじっさいに創られなかったとはいえ――が存在し、また深化していることは、もはやいわずもがなのことであろう。またさらに、国家間の統治をめぐる闘争、ナショナリズム闘争、エスニック・グループ闘争、宗教闘争、文化闘争が、こぞって世論と言論の誘導と増幅を画策するなかで、メディアによるイデオロギー的表象が生産され消費され、スケールの大きな錯綜した議論が単純化と還元化をこうむって口当たりのよいものにかえられ、そのぶん国家政策に迎合するように使いこなされ利用されている。こうしたことすべてにおいて、知識人は重要な役割をはたすのだが、その際、経験と文化とが重なりあう領域――この領域は、まさに植民地主義の遺産であり、そのなかでは世俗的解釈をめぐる政治に、きわめて大きな期待がよせられる――においてほど、知識人の発言が大きくものをいうと同時に危険なほど妥協的となるところはないと、わたしは信じている。ちなみに、この場合、優位にある権力は、当然、自己完結的な「西洋」社会の側と、その社会の擁護者にしてイデオローグとして奉仕する公的知識人の側を支援してきた。

　しかし、この不均衡に対して、かつて植民地であった多くの国々では、興味ぶかい反応がみられる。とくにインドとパキスタンに関する最近の研究（たとえば〈サバルタン・スタディーズ〉グループ）は、ポストコロニアル時代の軍事国家とナショナリストの知識人エリートとの共犯関係に光をあてている。アラブやアフリカやラテン・アメリカにおける反体制派知識人もまた同じような批評研究をおこなっている。しかし、わたしがここでじっくりとみておきたいのは、西洋列強に、かつての植民地だった国に対して無批判に武力を行使させる不幸な現象のことである。わたしが本書を執筆しているとき、イラクのクウェート侵攻とクウェート併合によってひきおこされた緊張関係が、そのクライマックスに達していた。総勢何十万ともいえる合衆国の師団・航空機・艦船・戦車・ミサイルがサウジアラビアに配備された。いっぽうイラクはアラブ世界に援助を求めた（とはいえアラブ世界は、ムバラクのエジプト、王室支配のサウジアラビア、湾岸の首長国連邦、モロッコといったアメリカ合衆国支持派と、リビアとかスーダンのような公然と反アメリカを標榜する国々、あるいは両者のあいだにはさまれたヨルダンやパレスチナといったように、根深い分裂にさらされていたのだが）。国連も、容認派と合衆国による制裁封鎖派に分裂した。そのなかで合衆国が最終的に支持をとりつけ、破壊的戦争が遂行されたのだ。ふたつの中心的な思想が過去から受け継がれ、いまもなお力をもっている。すなわち超大国は、海外のみずからの権益を守る権利を保有し、そのためには侵略戦争すら辞さないという考えかた。そしていまひとつは、劣等国は、それにみあった劣等な権利とモラルと主張しかもたない、まさに劣等民族の国にすぎないという考えかたである。

この場合、マスコミによって鋳型にはめられ操作された認識や政治姿勢のはたす役割も大きかった。西洋では、一九六七年の紛争以来、アラブ世界の表象が、粗悪で、還元主義的で、あられもなく人種差別的であったことは、ヨーロッパやアメリカでの多くの批評文献が立証し裏付けをあたえているとおりである。しかもアラブ人を自堕落な「駱駝乗り」として、テロリストとして、忌まわしくも裕福な「首長」として示す映画やテレビ番組がとにかく垂れ流し状態にある。アメリカの生活様式を温存し、イラクの撤退をもとめるブッシュ大統領の決意表明に、メディアが雷同したとき、アラブ世界の政治的・社会的・文化的実情（その多くは合衆国の影響を色濃くとどめているのだが）を語ったり示したりする報道はほとんどなかった。アラブ世界の実情とは、かたやサダム・フセインのような恐るべき存在を生みだしながら、同時に、それとは別個の、根源的に異なる一連の錯綜した構成体――アラブの小説（その卓越した実践者であるナギブ・マハフーズは一九八八年ノーベル賞を受賞している）や、市民社会にふさわしい多くの制度――をも生みだしているのである。なるほど、メディアはカリカチュアやセンセーショナルな煽り立ては得意でも、ゆるやかな文化的・社会的変化には対応できないのでメディアの視野の狭さを一概には責められないとしても、アラブ世界に対する誤認のみなもととなっているのが、帝国主義力学であり、またとりわけ帝国主義に端を発する分離主義的で、本質主義的で、統治重視の反動的傾向であることはまちがいないのだ。

自己定義というのは、あらゆる文化が実践する活動のひとつである。レトリック、一連の行事や権威付け（たとえば国民行事や、数々の非常事態、建国の父たち、基本的文献など）、古くからのなれあい関係そのものなども、そうした活動のひとつであろう。けれども、まれにみるスピードでひろがりをみせる電子通信や貿易や旅行や環境・地域問題などの圧力によって歴史上かつてないかたちで緊密にむすびつけられた世界のなかにあって、アイデンティティを主張することは、けっして、たんなる儀礼的処理だけではすまない問題となっている。わたしがとりわけ危険に思うのは、アイデンティティの主張が、さまざまな情念を動員して先祖返りを起こしてしまうことである。つまり、西洋とその敵対者とが両雄として対峙し、それぞれが美徳を、それもいうなれば戦争のために必要とされる美徳を体現するといった、まさに初期帝国主義時代へと、人びとを先祖返りさせてしまうことである。

この先祖返りの、おそらく些細な一例が、一九八九年、『ウォール・ストリート・ジャーナル』五月二日号に、合衆国の古参のオリエンタリストのひとりバーナード・ルイスによって書かれたコラム記事である。ルイスが参入しようとしたのは、「西洋の正典《ウエスタン・キャノン》」を変革しようとする論争である。カリキュラムを改革して、非ヨーロッパ人や女性などによって書かれたテクストをもっと多くとりいれることに賛成決議したスタンフォード大学の学生や教員にくってかかるルイスは――イスラム学の権威として語りながら――極論を吐く。いわく「もし西洋の文化がほんとうに消滅するなら、多くのものがそれとともに滅び、その他のものが後釜にすわるだろう」と。「西洋の文化は消滅しなければならない」などという馬鹿げたことを誰もいってはいないのに、ルイスは、議論の正確さなどおかまいなしに、ただ大みえをきることだけに専念して、驚くべき議論をつみ重ねる。すなわち必須文献リストを改革することは、西洋文化の死にもひとしいわけだから、たとえば（と彼はここで具体例をあげながら）、奴隷制の復活が、一夫多妻制が、幼児婚などが踵《くびす》を接して起こるであろう、と。この唖然とするようなテーゼに加えてルイスはさらに、みずから西洋に特有のものと考える「他者の文化に対する好奇心」も終わりを告げるであろうとたたみかける。

この議論、徴候的であると同時にいくぶん滑稽でもあるこの議論の背後には、自画自賛のインフレ状態に達している、文化業績における西洋の卓越性感覚のみならず、西洋以外の国々に対する、はなはだしく狭小で、ほとんどヒステリー的ともいえる敵愾心がうかがわれるのだ。西洋が存在しなくなれば、奴隷制と重婚が復活するだろうと語ることは、専制政治とか野蛮状態を克服して進歩する可能性を、西洋以外の国々に対して閉ざすことになる。ルイスの議論の効果といえば、非西洋の人びとを激しく憤慨させるか、さもなくば、非西洋の人びとに、非西洋の文化業績を自画自賛させるだけであり、いずれにしてもそこから得られるものは少ない。どのような民族の歴史も、たがいに依存しあっていること、現代のさまざまな社会は必然的にたがいに作用しあっていること、このことを認識せずして、ただひたすら西洋文化だけを他から分離するレトリックは、帝国主義時代の破滅的な競争関係を再燃させるだけである――嘆かわしい物語が、こうして幾度となくくりかえされるのだ。

もうひとつの例は一九八六年後半、『アフリカ人』と題されたテレビのドキュメンタリー番組の放送と、そのあとに起こった論争である。このドキュメンタリー・シリーズは、もともとBBCによって委嘱され、BBCから資金援助を受け、全体の構成とナレーションは、ミシガン大学の著名な政治学者にして教授で、ケニヤ出身のムスリム、アリ・マズルイだった。ちなみにマズルイのアカデミックな権威としての第一級の能力と信用はゆるぎないものであった。このシリーズはふたつの前提にたっていた。第一の前提。西洋によるアフリカ表象（なおクリストファー・ミラーの『空虚な暗黒』から言葉を借りれば、あらゆる典型例ならびに逸脱例において、とことんアフリカニスト的である言説[40]）によって支配されてきた歴史のなかではじめて、アフリカ人が、西洋の視聴者の前で、自分自身とアフリカを表象するのだが、この西洋人の視聴者が属する社会は、何百年にわたって、アフリカを略奪し、植民地化し、奴隷化してきたということ。第二の前提。アフリカの歴史は三つの要素から組み立てられてきたこと。マズルイは三つの要素を三つの同心円として表現している。すなわちアフリカの原住民の経験、イスラムの経験、そして帝国主義の経験である。

のっけから国家人文基金が、このドキュメンタリー放送に予定していた資金援助を撤回したが、とにかく番組は公共放送網にのった。するとアメリカの大手新聞『ニューヨーク・タイムズ』に、テレビ担当記者（当時）ジョン・コリー執筆による非難記事が、連続掲載された（一九八六年九月十四日、十月九日、十月二十六日）。コリーの記事を正気の沙汰ではないとか、なかばヒステリー的であると形容しても、けっして誇張にはなるまい。コリーがマズルイに寄せた人格攻撃的な非難はもっぱら、マズルイの「イデオロギー的」排他性と強調点にむけられた。たとえばマズルイはイスラエルについてどこでも触れていないというのだ（しかしアフリカの歴史に関する番組で、イスラエルのことをあつかう必要はないとマズルイは考えてもおかしくないではないか）。またマズルイは西洋の植民地主義の悪を誇大に宣伝しすぎているとも。コリーの攻撃はまた、マズルイの「モラル的・政治的座標軸」をやり玉にあげている。この婉曲表現が意味するのは、マズルイは恥知らずのプロパガンディスト以外のなにものでもなく、だからマズルイのかかげる数字、たとえばスエズ運河建設の際の死亡者数、アルジェリア解放闘争における死亡者数などは疑えということなのだ。毀誉褒貶にみち支離滅裂なコリーの文章には、マズルイのパフォーマンスという（コリーにとっては）心穏やかならぬ受け入れがたい現実への憎悪がひそんでいる。ここに、西洋において、ついに、テレビのプライム・タイムにアフリカ人が登場した。しかも西洋が過去になしたことについて、大胆にも西洋を非難し、すでに決着のついた訴訟を蒸し返すとは。マズルイがまたイスラムについて好意的に語り、「西洋の」歴史学の方法と政治的レトリックを駆使する能力をきちんと身につけていたこと、つまり彼が一個の現実の人間の説得力あるモデルとして登場したこと——こうしたことすべてが、模様替えした帝国主義イデオロギー、コリーがおそらくはみずから気づくことなく代弁者をかってでた帝国主義イデオロギーを、さかなでするものであった。この帝国主義イデオロギーの核心には、公理がある。非ヨーロッパ人は、欧米の歴史について、それが植民地侵略の歴史であるという見解を表明してはいけない。もしそんなことをしようものなら、かならず頑強な抵抗に遭うはずだ。

比喩的にいうなら、キプリングとファノンの緊張関係、つまり最終的に帝国政治しかみなかった者と、古典的帝国主義を継承するナショナリズム的主張の先をみようとする者との対立、そこから生まれる遺産全体は、これまで実りあるものとはいえなかった。ヨーロッパの植民地勢力と、植民地化された社会勢力との相反性を考慮すれば、植民地支配の圧力が反植民地運動を創造したという歴史的必然めいたものが存在することは認めてよいだろう。わたしにとって気がかりなのは、この葛藤が、何世代ののちになっても、実りのないかたちで、またそれゆえになおさら危険なかたちで、継続していることであり、これに、初期帝国主義の歴史を再生産するような権力制度と知識人との無批判なれあいが貢献しているということである。すでに着目したように、ここから知識人による非難の政治が生まれる。いやそればかりか、公的知識人や文化史家によって引き合いにだされたり、論争の対象となる材料が、眼をおおわんばかりに矮小化されるという現象が起こるのである。

過去と現在における帝国主義的遭遇が、相互作用的であったことについて、わたしたちの関心の幅を広げたり、大きくしたり、深めたりするときに使えるような戦略として、どのようなものが蓄えられているのだろうか。このことは、わたしにとっては緊急の重要性をおびる問いのように思われるし、現に、それが本書をささえる思想がいかなるものかを説明してくれる。そこで、ここではわたしの考えかたを、ふたつの例にそくして手短に述べてみたい。そのような例は、よくあるように、逸話的なかたちをとるだろう。そして、もっと後のページでは、この問題について、またそれにひきつづいて生ずる文化的解釈や政治の問題について、もっと本格的な、方法論的にも根拠のある記述をおこなうことになるだろう。

数年前、わたしはアラブ人でキリスト教徒の聖職者に会う機会を得た。その聖職者は、わたしに語ったところによると、とびぬけて緊急の、そして不快な用件で、合衆国へやってきたということだった。わたし自身、彼が所属している規模は小さいが確固たる存在を主張してきた少数派教団――アラブ・プロテスタント系キリスト教団――の家庭にたまたま生まれついたこともあって、彼の話は、わたしにとってひとごとではなかった。一八六〇年代よりこのかた、レヴァント地方に散在するいくつかの宗派からなるプロテスタント共同体が存在する。これらはおおむね、オスマントルコ帝国内、とりわけシリアやレバノンやパレスチナにおいて、キリスト教改宗者やキリスト教支持基盤を獲得するという帝国主義時代の競争の結果生まれたものだった。もちろんプロテスタント系のキリスト教――なかでも、長老教会派、福音教会派、監督教会派、バプティスト派――は、やがて、みずからのアイデンティティと伝統と制度――これらはすべて例外なく、アラブ・ルネサンス時代〔十九世紀後半から二十世紀初期〕には、名誉ある役割をはたした――を獲得するまでになった。

ところが、それからおよそ百十年後、初期の伝道のいとなみを正当化しまた支援すらしてきた、欧米にあるその同じキリスト教宗教会議や教会が、まったくなんの予告もなしに、このことを再考しはじめたようなのだ。すでにあきらかになっていたのは、東方キリスト教が元来ギリシア正教によって形成されたそぶりをみせはじめたことだ（留意すべきは、レヴァント地方の圧倒的多数のプロテスタント改宗者が、ギリシア正教に属していたということである。十九世紀におけるキリスト教の伝道は、ムスリムもユダヤ人も改宗させることがまったくできなかった）。そして一九八〇年代、アラブのプロテスタント共同体を管轄する西洋の指導層は、信者に、ギリシア正教に戻るようにと運動しはじめたのだ。財政支援を削減するというような話もあった。教会や学校を解散させるという話もあった。ある意味で、すべてのものを御破算にしようというのだ。伝道当局は、百年前に過ちをおかし、東方キリスト教徒を、ギリシア正教からきりはなしてしまった。いまや彼らはもとの古巣へともどるべきだということになったのだ。

わたしの友人の聖職者にとって、これは天地がひっくりかえるような大事件であった。ほんとうに困り果てているという気配がみえなかったら、これはすべてがたちの悪いジョークに思えてもしかたがなかっただろう。けれども、もっとも強く私の胸を衝いたのは、わたしの友人の言いぶんであった。彼はアメリカで、伝道管轄者に対して、こんなことを訴えようとしていた。すなわち、今回、提起された新たな教義上の主張はじゅうぶん理解できるし、現代の世界教会主義の立場からすれば、小さな宗派を解体して、支配的宗派を残したほうがよいこと、小さな宗派が母体となった教会から独立して存在しつづけないほうがよいことは理解できる。まずこのことをはっきりさせる。しかるにと、彼がわたしに語ったところによれば、とんでもなく帝国主義的で、まったくパワー・ポリティクスの領域にしか属さないがゆえに釈然としないのは、一世紀以上にもおよぶアラブ系プロテスタントの経験を、あたかもなきがごとくに根こそぎ消してしまう、そのあられもない無神経ぶりである。連中が理解していないように思えることは、と、ひどく落胆した友人がわたしに語ったことによれば、かつて、わたしたちは彼らからみればたんなる改宗者であり信奉者であったのだが、そのいっぽうでわたしたちは一世紀以上にもわたって彼らのパートナーでもあった。わたしたちは彼らを信じるとともに、自分たちの経験も信じてきた。わたしたちは、集団としてのまとまりをさらに発展させ、わたしたちの領域のなかで、また彼らの領域のなかで精神的に、アラブ系プロテスタントというアイデンティティを生きてきた。それなのに彼らは、わたしたちの、それ自体、自律的な近代史を、わたしたちが抹消することを本気で期待しているのだろうか。彼らが一世紀前におかしたあやまちは、今日、ニューヨークやロンドンで作成された一枚の勧告書で帳消しになるというのだろうか。

ここで留意すべきは、この痛ましい物語が、帝国主義の経験と関係するということである。帝国主義の経験といっても、敵対行為とか憤怒とか抵抗というのではなく、本質的に共感と調和の経験である。当事者のうちいっぽうが訴えているのは、相互経験の価値である。なるほど、両者はかつて指導層と従属集団に二分されていた。しかし、両者のあいだには対話とコミュニケーションもあったのだ。この物語のなかに見いだせると思うのは、関心をよせたり、関心を撤回したりする力、まさに解釈とか政治の場において決定的に重要なはたらきをする力である。西側の伝道師派遣団による暗黙の議論とは、アラブ人は、彼らにあたえられたものから価値のあるものを手に入れたが、この歴史的な依存と従属の関係において、あたえる行為は一方的であり、その価値は、もっぱらあたえる側にしか属していないといったことだろう。相互関係は基本的に不可能だと思われているのである。

これは、ポスト帝国主義の状況を解釈するときに、どのような規模において、またその価値と属性においてかたよりのないどのような関心をよせるべきかについての寓話である。

わたしが指摘したい第二の点も、また、実例によって示すことができる。近代思想史において正典ともなっている話題のひとつは、これまでずっと、科学的・社会的・文化的研究の主領域において、支配的な言説や学問の伝統がどのように発展してきたかということだった。わたしの知るかぎり、この話題を研究するにあたって規範となるものは例外なく、西洋に端を発するとみなされているものから引かれてきた。フーコーの仕事などは、その一例であり、べつの領域では、レイモンド・ウィリアムズの仕事なども、その典型となっている。このふたりの大学者が系譜学的に発見したことについて、わたしは、大筋において賛成するし、それどころか、その発見にこれまでおおいに助けられてきた。けれども、このふたりにとって、帝国主義の経験は、まったく無関係である。そして理論面でのこの見落としは、実のところ、西洋の文化的・科学的研究において、毎度のお約束とまでなっている。もちろん例外もある。人類学の歴史に関する散発的にあらわれる研究——たとえばヨハネス・フェイビアンの『時間と他者』やタラル・アサド編『人類学と植民地的遭遇』——とか、社会学の発展に関する研究、たとえばブライアン・ターナーの『イスラム社会学とマルクス主義』などである。(41) わたしが『オリエンタリズム』で試みたことの背後にあった衝動の一部とは、超然として非政治的であるかのように思われている人文学が、じつのところ、いかに、帝国主義イデオロギーと植民地実践からなる悲惨な歴史に依存しているかを立証することであった。

しかし、同時にまた、わたしが意識的に不満の意を表明しようとしたものがあったことを、ここで告白したい。それは、論争の余地なき、本質的に現実的な学問的いとなみとして大手をふってまかりとおっている政策研究、そのまわりを固める拒絶の壁のことである。西洋ならびにかつての植民地世界の双方において、若い世代の学者たちの側に、壁を越えて、たがいの交流の歴史をあらたな眼でみようとする機運がなかったら、わたしの本がねらいどおりの反響を引き起こしえたかどうかわからない。若い世代の仕事には、辛辣な批判や喧嘩腰の非難がわきおこったが、にもかかわらず、従来の西洋中心の観点に修正を迫る重要な仕事が相次いだ（実際のところ、そのような修正作業は、百年も前、非西洋諸国全域において帝国への抵抗が起こった頃からはじまったのであるが）。そのような仕事のなかでも、本書のべつのところで論ずることになる、最近の仕事の多くがなぜ価値があるかというと、それは、西・対・東という硬直化した二極構造を越えようとしているからであり、また異種混淆的でしばしば特異な発展をとげた歴史を、知的かつ具体的に理解しようとしているからである。それらが解明をこころみていることは、これまで、いわゆる世界史家や植民地主義者のオリエンタリストたちの視界に入らなかったことばかりであった。なにしろ彼らオリエンタリストたちは、膨大な量の材料を、単純な十把ひとからげ的な見出しのもとに一括する傾向にあったからである。そうした傾向から脱しているがゆえに言及する価値があるのは、たとえばエジプトにおける近代資本主義がイスラムに起源をもつことを研究したピーター・グランの仕事、帝国主義の影響下におけるエジプトの家族構造や村落構造を対象にしたジュディス・タッカーの研究、アラブ世界における近代国家制度の形成をめぐるハンナ・バタトゥの記念碑的な著作、S・H・アラタスによる卓越した研究書『怠惰な原住民の神話』などである。(42)

けれども現代の文化やイデオロギーのさらに錯綜した系譜をあつかった著作はほとんど存在していない。

そのなかでも注目にあたいするのは、インド出身で、専門的訓練をつんだ研究者であり英文学を教えている、コロンビア大学の博士課程学生が最近出版した著書である。その著書は、歴史調査と文化研究をとおして、現代の英語英米文学科目《イングリッシュ・スタディーズ》の政治的起源をあらわにし、その科目を、十九世紀インドにおいて原住民に課せられた植民地教育の体制のなかにきわめて有意義なかたちで位置づけている。このゴウリ・ヴィシュワナータン著『征服の仮面』は並々ならぬ関心を呼ぶ書だが、彼女の本の中心をなす主張だけでもその重要性はゆるぎない。すなわち、イギリス人の青年層によって、彼らのために創造されたと慣習的にみなされてきた英語英米文学科目は、十九世紀初期のインドにおいて、潜在的に反乱へとむかいやすいインド人原住民の怒りをイデオロギーによってしずめ、彼らを再編成するために、植民地監督官たちによって最初に創造されたのであって、それがイギリスに輸入され、インドにおけるのとはかなり異なるものの、じつは関連した用途に使われたということ(43)。この主張の裏付けとして彼女が提示するものに異論の余地はないし、ほとんどのポストコロニアル的著作にとって、とりわけ足かせとなっている「原住民至上主義《ネイティヴィズム》」からもまぬがれていると思う。けれども、もっとも重要なのは、この種の研究によって、多様かつ相互にからまりあう知とテクスト性の考古学のあるべき姿のおおまかな輪郭が垣間見えたことである。知の考古学でいう知の現実のありかは、これまでその本拠地と想定されてきた表層よりもはるかに深いところに見いだせるものであり、またテクスト性の考古学によって、これまでの文学や歴史や文化や哲学の研究をひとつにくくることができる。ここから得られる示唆は大きいし、なによりもまずこうした議論は、わたしたちを、非西洋に対する西洋の優位といった十年一日のごとく蒸し返される論争から外へとつれだしてくれる点でありがたい。

現代のイデオロギー的・政治的段階は、本書でわたしが提案しているところの、これまでの知的いとなみにとってかわる規範的いとなみを模索したり実現したりするのをさまたげているという事実は避けてとおれない。また抵抗の大義名分や闘争の現場から発せられ、わたしたちの多くがそれに答えなければいけない切迫した緊急の呼びかけを無視することもできない。アラブ人としてのわたしにかかわりのあるそうした呼びかけは、悲しいかな、最適例といってよく、またアメリカ人としてのわたしへの圧力となることで激化の一途をたどるのだ。けれどもまた、対抗的エネルギーを生む反抗的そしておそらくは主観的な要因が、知的あるいは批評的活動そのもののなかに存在していることもたしかである。となるとわたしとしては、この要因を活性化することにたよるほかはないだろう。とりわけ、人文主義的であることを主張する科目や研究のなかにおいても、集団的情熱愛国主義的統治と民族主義的強圧支配へと、ほぼいやおうなしにくくりつけられているように思えるときには。このような愛国主義的・民族主義的な力に挑戦するなかで、わたしたちは他者の文化と他者の時代について真に把握しうるかぎりのものを、対抗してぶつけるようにしなければならない。

　比較文学というのは、島国根性とか地方性を超えて、複数の文化や文学を、一度に、対位法的にみるために生まれ、また、それを目的とする分野だが、この分野で専門的訓練をつんだ研究者にいわせれば、単純化し還元化するナショナリズムや無批判的な教条主義に対する、まさに解毒剤ともなりうる研究は、すでに、かなりの程度、すすんでいるということになろう。なるほど、比較文学という学問の成立と、成立当初の目的というのは、自国中心のもののみかたにしばられることなく、また自国の文化や文学や歴史によってあたえられる自己防衛的ななわばりを超えて、なんらかの全体をみわたすということだった。わたしの提案とは、まず比較文学が、ヴィジョンとして、また実践として、もともとどんなものであったかをみきわめてはどうかということである。ただ、その過程で皮肉なことに、「比較文学」研究が、ヨーロッパの帝国主義最盛期に生まれ、それと救いがたくむすびついていることがみえてくる。そこでわたしたちにできることは、比較文学が誕生以後にたどった軌跡をたどりながら、そこから比較文学が、現代の文化と政治において、いかなることをなしうるかについてのすぐれた認識をひきだすことである。もとより帝国主義は現代の文化と政治にいまもなお影響をあたえつづけているのだから。

5　帝国を世俗的解釈とむすびつける

第二次世界大戦よりはるか以前から、一九七〇年代初期にいたるまで、欧米の比較文学研究の主流をなす伝統は、いまではほとんど消えてしまった学術スタイルに強く支配されていた。この旧スタイルの特徴はというと、まずそれが主に学術研究であって、わたしたちが近年、批評と呼ぶようになったものではないということである。今日では、誰も、エーリッヒ・アウエルバッハやレオ・スピッツァーのような学識と訓練を身につけてはいない。このふたりはドイツの偉大な比較文学者であって、ヨーロッパをファシズムが席巻していた時期、合衆国に亡命する。ここからうかがえるのは、ただたんに亡命者が多かったという数量的事実だけでなく、亡命者のなかにはすぐれた人材が豊富であったという質的事実でもある。現在の比較文学者は自分の専門分野として、たとえば一七九五年から一八三〇年にかけてのフランスとイギリスとドイツのロマン主義を看板にかかげるだろう。ところが一昔前の比較文学者は、まず第一に、それよりももっと古い時代を研究することが多かった。第二に彼らは、さまざまな大学で、さまざまな分野において、文献学*をはじめとするさまざまな学術研究の専門家のもとで長い徒弟生活をおくるのがつねだった。第三に、古典言語、初期ヨーロッパの近代語や文学の、すべてか、そのほとんどについて、確固たる基礎知識を身につけていた。

二十世紀初期の比較文学者は、アウエルバッハの『ミメーシス』を書評したフランシス・ファーガソンの表現を借りると、驚異的な学識とスタミナの持ち主で、「われわれが知るもっとも非妥協的な「学者」さえも――つまり学問的厳密さと徹底性を謹厳実直に主張するような者たちさえも――顔色なからしめ、鷹揚に［みせてしまう］」[44]〈文献学者《フィロローグ》〉であった。

比較文学者たちの背後には、比較文学よりももっと長い伝統をもつ人文学が存在していた。この人文学の伝統をはぐくんだのは、世俗的人類学と呼べるもの――それは文献学的学問の革命をもふくんでいたのだが――であり、わたしたちはその誕生を、十八世紀後期と、またヴィーコとかヘルダーとかルソーとかシュレーゲル兄弟といった哲学者たちとむすびつけて考えている。彼らの仕事の背後にあった信念というのはこうだ。人類は、みごとな、ほぼ調和のとれた全体をかたちづくり、その進歩と形成は、再度全体としてみると、神聖なものの現実における具現化ではなく、もっぱら共鳴しあう世俗的経験としてのみ研究できる。「人間」が歴史をつくる以上、歴史を研究するときには、意図と方法の両面で自然科学とは異なる独自の解釈方法が存在してしかるべきである。まさにこうした偉大なる啓蒙主義の洞察が一世を風靡し、ドイツ、フランス、イタリア、ロシア、スイス、そしてひきつづいてイギリスで受け入れられるようになった。

人間の文化に関するこのような思想が、一七四五年から一九四五年にいたる二世紀のあいだに、いくつかの異なるかたちであれ、欧米にひろまっていった主な理由のひとつとは、同じ時期に、ナショナリズムの驚くべき勃興をみたことにあると語っても、あながち歴史を矮小化することにはなるまい。学問研究（あるいは、この件に関しては文学も同じだが）と、ナショナリズムの諸制度との相互関係は、ほんらい真剣に研究されてしかるべきなのに、いまだ、着手されていないが、しかし、にもかかわらず誰の眼にもあきらかなのは、ほとんどのヨーロッパの思想家たちが人類や文化を言祝《ことほ》ぐとき、彼らはもっぱら、自分たち自身の国民文化に帰属するもの、あるいはオリエントやアフリカさらにはアメリカにではなくヨーロッパに帰属するところの思想なり価値観なりを言祝いでいるということだ。わたしのオリエンタリズム研究を部分的に衝き動かしたのは、古典学（歴史学や人類学や社会学はいうまでもなく）といった普遍性を標榜している学問分野が極端にヨーロッパ中心的であって、ヨーロッパ以外の文学や社会を、劣等なものか、さもなくば省みられることのない古い価値しか体現していないと決めてかかることへの批判であった（クルティウスやアウエルバッハなどを生んだ高貴な伝統のなかで訓練をつんだ比較文学者ですら、アジアやアフリカやラテン・アメリカの文献には興味を示していないのだ）。十九世紀においてヨーロッパ諸国の国家的《ナショナル》かつ国際《インターナショナル》的競争が激化するにつれ、国家の学問伝統と、競争相手とのつばぜりあいも激しさをましてゆく。ドイツとユダヤ的伝統に関するエルネスト・ルナンの論難は、よく知られた一例である。

　けれども、この狭小で、しばしば耳障りなナショナリズムには、その実、もっと寛容な文化観という対抗馬があらわれていた。この文化観を代表したのが、クルティウスやアウエルバッハの思想的先祖ともいえる学者たち――その思想は（ドイツが苦しんだ政治的統一の遅れを贖うかのようにして）帝国主義以前のドイツに生まれ、それよりもすこし遅れてフランスにも生まれた――であった。こうした思想家たちはナショナリズムを、一時的なもの、最終的には副次的現象とみなしていた。ナショナリズムよりはるかに重要なのは、民族と精神の調和的一致であって、この一致こそが、官僚と軍人と関税障壁と外国人嫌悪からなるあさましい政治的領域を超えると考えられた。ヨーロッパの思想家たちは、過酷な国家対立の時代において（ナショナリズムに抵抗すべく）この寛容な伝統に訴えたのだが、ここから、文学の比較研究をとおして、文学の業績に関する超国家的、さらには超人間的認識が手に入るとも考えたのだ。このようにして誕生した比較文学の理念は、普遍性を体現したり、文献学者による語族研究の成果を支持するだけでなく、危機とは無縁な、ほとんど理想的ともいえる静穏な領域を象徴していた。けちくさい政治事情をみくだすようなかたちで、一種の人類学的エデンの園――ここでは男女が文学と呼ばれるものを喜々として生みだしている――と、マシュー・アーノルドとその弟子たちが「教養＝文化」の世界と命名した世界――そこでは「これまで思考され知られた最良のもの」が尊重されていた――とが誕生したのである。

ゲーテの〈世界文学〉の概念――「世界的名著」という考えかたと、世界のあらゆる文学を曖昧模糊としたかたちで統一したものという定義のあいだをゆれ動いている概念――は、二十世紀初期の比較文学の専門家たちには、かぎりなく貴重なものであった。だが、すでに示唆したように、世界文学の実践的な意味と、それを支配するイデオロギーは、文学と文化に関するかぎり、ヨーロッパが世界を先導しヨーロッパが主要な関心対象であるというものであった。カール・フォスラーとかデ・サンクティスといった偉大な学者たちの世界では、世界的規模で生産された文学の膨大な集積を意味づけ、またその中心となるのは、ヨーロッパどころか、もっと狭く、ローマ文化圏であった。このローマ文化圏がヨーロッパの要《かなめ》となる。それと軌を一にして（奇妙に退行的観点だが）ローマ・カトリック教会と神聖ローマ帝国が、ヨーロッパの核となる文学作品の完璧さを保証することになった。またもっと深いレヴェルでは、わたしたちが知るかぎりの西洋のリアルな文学は、キリストの顕現から生まれたものとされた。このテーゼは執拗に提起された。それはアウエルバッハ、クルティウス、フォスラー、スピッツァーらにとってダンテが最高の価値を体現していたことからもうかがえるのだ。

したがって比較文学について語ることは、世界のさまざまな文学の相互作用について語ることではあっても、比較文学の分野そのものが、文学を認識するときに、一種の階層秩序を前提としていて、そのなかではヨーロッパと、ヨーロッパのキリスト教的・ラテン文化圏が最高位におさまっているのである。アウエルバッハは、第二次大戦後に書かれた、その名もまさに「世界文学の文献学」と題された著名な論文のなかで、多くの「他の＝他者の」文学言語や文学が突如あらわれてきたことに注目し（ただし、それがどこからあらわれてきたのかは明示されていない。アウエルバッハは植民地主義についても脱植民地主義運動についてもなにも語っていない）、将来の見とおしについて喜びよりも、不快と不安の念を表明している。彼には認めたくないようなことがあった。それはローマ文化圏が脅かされているということであった(45)。

アメリカの比較文学者や大学の比較文学学科が、このヨーロッパ的パターンを、見習うべき恰好の同類としてみたことはまちがいない。アメリカで最初の比較文学学科が、最初の比較文学研究誌とともに設立されたのは、一八九一年、コロンビア大学においてである。学科の最初の主任教授ジョージ・エドワード・ウッドベリーは、自分の専門領域についてどう語っていたのか――

世界の諸地域をひとつの視野におさめ、それとともに断片化した知識をひとつに集め、そうしてゆっくりとひとつの知的領域をこしらえる、それも政治圏を超越し、また判事が集う裁判所とか紳士の集う議会といった制度機構に束縛されることのない領域をこしらえる、それが達成されたあかつきには、全世界は真実の絆でむすばれる。この拡張と相互伝達。膨脹の時代とも収斂の時代ともいえるこの時代。国家のこの無限の拡大と相互の絡みつき、ならびに過去との親密な絡みつき。こうしたものの恩恵に、学者は市民以上に浴している。学者の通常の精神的経験は、人種的記憶とか、人種的想像力を、彼らの前任者たち以上にふくみこみ、学者の過去と未来についての考えかたは、前任者たちよりもはるかに広大な地平に立っている。学者は大きく広がる世界に住んでいる。そもそも学者は、たとえそれがどれほど高貴なことであろうとも、都市の名誉市民に、生まれることはもはやなく、ただ、新たな市民として、それも、国境も人種も軍隊もなく、あるのはただ至高の理性のみという新興国家――プラトンからゲーテにいたるまで偉大な学徒が、ぼんやりと、もしくははっきりと夢みていたもの――における新たな市民として生まれるのである。〈比較文学〉として知られる新たな学問の誕生と成長は、この拡大する世界の到来と、その世界への学者の参与に付随して起こっている。この学問は、軌道に乗り、他の要因ともいっしょになりながら、学問、芸術、愛の精神的統一というかたちで見いだされる人類の統一のゴールをめざすことになるだろう。(46)

このようなレトリックは、クローチェとデ・サンクティスの影響をもろにナイーヴにうけているし、初期のヴィルヘルム・フォン・フンボルトの思想とも響きあうものをもっている。しかし、ウッドベリーのいう「判事が集う裁判所とか紳士の集う議会」という表現には、ある種の異様さがあるし、この異様さは、彼が口にする「拡大する世界」がわずかに垣間みせる現実のありようとも、つながっている。歴史上はじめての西洋の帝国主義的覇権の時代に、ウッドベリーは政治的統一といった支配形式には知らぬ存ぜぬを決めこんで、より高次の、厳密に理想的な統一を祝福しようとするのだ。「学問、芸術、愛の精神的統一」が、それよりもずっと愚にもつかない現実をどう克服するかについて、ウッドベリーに明確な見解はない。ましてや「精神的統一」に、物質追求、権力、政治的分裂という現実を、どのように克服してほしいのかについても定見はない。

大学における比較文学研究は、ヨーロッパや合衆国を、ただたんに政治的地位のおかげというだけでなく、その文学がもっとも研究にあたいするという意味から、世界の中心とみる理念をたずさえてきた。ヨーロッパがファシズムに屈しても、合衆国はヨーロッパから移住してきた多くの学者たちの恩恵をふんだんに受けたために、さもありなんというべきか危機意識が根づくことはなかった。たとえばアウエルバッハがナチスのヨーロッパを逃れイスタンブールで書きあげた『ミメーシス』は、たんなるテクスト解釈の実践ではなく――すでに言及したばかりの一九五二年の論文のなかでアウエルバッハが語っていることによれば――、文明の存続をかけた行為そのものであった。アウエルバッハによれば、ヨーロッパ文学の複雑な進化を、ホメロスからヴァージニア・ウルフにいたる多種多様性をそこなうことなく、いま、おそらくこれを最後に提示しておくことが、比較文学者としての自分の使命であるように思われたのだ。ヨーロッパのラテン中世に関するクルティウスの本も、同じような逼迫した恐怖によって書かれたものだった。けれどもこうした精神が、このふたつの本に影響を受けた何千という大学の文学研究者のなかに、どれほど生き延びているかとなると、はなはだあやしいのだ。『ミメーシス』は、その綿密な分析によって瞠目すべき著作として称賛されているが、この本が、そうした点のみに瑣末なかたちで注目をあび利用されるなかで、この本を支えていた使命感は消え失せてしまった。(47) やがて一九五〇年代後半になると、スプートニック・ショック*がおとずれる。これによって外国語研究――ならびに比較文学研究――は変貌を余儀なくされ、国家の安全保障に直接影響するものへと様変わりする。国家防衛教育法(48)が、この変化を促した。そしてそれとともに、嘆かわしいかな、ウッドベリーが想像だにしなかったほどの自信たっぷりの自民族中心主義とあからさまな冷戦体制が幅をきかすようになったのだ。

　けれども『ミメーシス』がまぎれもないかたちであきらかにしているように、比較文学研究の核にある西洋文学という考えかたはもっぱら、ある種の歴史概念に光をあて、それを劇的に示し、祝福もしているのだが、同時に、その歴史概念を強化しているところの、もっと根源的な地理的かつ政治的現実のほうを曖昧にぼかすことになった。この歴史概念ならびに比較文学研究のなかにふくまれているヨーロッパ文学あるいは西洋文学という考えかたは、本質的に観念論的であり、体系的ではないがそれなりにヘーゲル的である。なにしろローマ文化圏が覇権を握る際によすがとなった発展原則は、同化吸収し、統合することなのだから。いきおい、次から次へと、多くの現実が文学のなかに包含されてゆくことになる。そしてこの文学は、中世の年代誌から、十九世紀の物語フィクション――スタンダール、バルザック、ゾラ、ディケンズ、プルーストの諸作品を典型とする――をふくむまで膨脹し洗練されてゆく。この進歩の過程のなかでそれぞれの作品が表象するのは、統合行為そのものなのだが、ここで統合されるのは、ダンテの『神曲』のなかで印象深く提示されたキリスト教世界の基本的秩序に対してゆさぶりをかける問題ぶくみの諸要素である。階級、政治闘争、経済体制や組織の変化、戦争。こうした主題のすべてが、セルバンテスやシェイクスピアやモンテーニュはいうにおよばず、一群の弱小作家たちのために、頻出しつつ刷新される構造やヴィジョンや安定要素のなかに包摂されてしまった。そしてその結果生み出された構造やヴィジョンや要素のほうが、ヨーロッパそのものによって表象される永続的な弁証法的秩序の存在を証しだてることになった。

二十世紀において救済的な役割をも獲得した「世界文学」という有益なヴィジョンは、植民地地理の理論家たちが語っていたこととも照応している。ハルフォード・マッキンダー、ジョージ・チザム、ジョルジュ・アルディ、ルロワ＝ボーリュー、リュシアン・フェーヴルらの著作のなかに、世界システムに対する手放しの称賛があらわれる。いずれも宗主国中心主義的で帝国主義的だった。だが、ことはもはや歴史そのものにとどまらず、帝国ならびに現実の地理空間そのものが結託して、ヨーロッパが統禦する「世界帝国」をつくるまでになる。だが、この地理的に分節化されたヴィジョン（その多くは、ポール・カーターが『ボタニー湾への道』で示したように、実際の地理上の探検と征服の結果生まれた新地図にもとづくものであったのだが）においては、ヨーロッパの優越は自然なものであるという信念がことさら強く信奉されたのである。

つまり、ヨーロッパが管理するところの資源豊かで肥沃な利用価値の高い地域の「自然の優位」を、ヨーロッパはいまや凌駕するにいたったのだが、これは、ヨーロッパが、チザムがいうところのさまざまな「歴史的優位」の頂点にあるということになった[49]。フェーヴルの精力的で百科全書的統合を誇る著作『地球と人類の進化』(一九二二)は、その規模とユートピア願望において、ウッドベリーといい勝負だった。

　こうした地理的大統合を言祝ぐ著作は、十九世紀後半から二十世紀初頭における読者には、緊急の政治的現実に対し、専門的立場からの説明をあたえてくれるものだった。ヨーロッパが世界を支配してきた。帝国地図が文化的ヴィジョンにお墨付きをあたえるというのだから。とはいえ、それから一世紀後のわたしたちにとって、世界システムをめぐるふたつのヴィジョンのまぎれもない照応もしくは類似性、つまり地理と文学史とのあいだの照応もしくは類似性は、興味ぶかいと同時に問題ぶくみのもののように思われる。この類似性に、わたしたちはどう対処すべきなのか。

　まず最初に必要なのは、現状の〈明晰な認識《アーティキュレイション》〉と〈活性化《アクティヴェイション》〉であると思う。この認識と活性化が実現するのは、わたしたちが現在の状況を、とりわけ古典的帝国の崩壊と、かつて植民地化された数十の民族や地域が新たに独立したという状況を考慮にいれるときにかぎられる。わたしたちがみなければいけないのは、現代の地球規模の状況《グローバル・セッティング》——重なりあう領土、からまりあう歴史——が、地理と文化と歴史との照応と収斂化という、比較文学のパイオニアたちにとってこのうえなく重要だった現象のなかに、すでに予知され刷り込まれていたということである。したがって、この新たなダイナミックな視座にたつことによって、わたしたちは、比較文学者の「世界文学」を支えていた観念論的歴史主義と、同じ時期の具体的な帝国地図とが連動していることがわかるのだ。

　ただし、これをみるためには、比較文学と帝国地図の双方に共通したものとして権力の盤石化《エラボレーション》があることを認識しておかなければならない。〈世界文学〉の存在を信じ、また〈世界文学〉研究を実践してきた、この厳格な学問のなかに、いわずもがなのこととして前提とされているのは、西洋に位置する観察者だけが、一種超然たる客観的姿勢で、世界の文学的産物をつぶさに一望できるという、西洋人のもつ異常なまでの特権である。そのような権力を、オリエンタリストや、非西洋世界に関する専門家たち――人類学者、歴史家、文献学者――はもっていた。そして、わたしがべつのところでも示そうとしたことでもあるが、そのような権力は、意識的に遂行される帝国主義事業と往々にして手を携えていた。わたしたちは、権力のこの支配的傾向と、そこに共通してみられる方法を明晰に把握しておかねばならない。

明確に地理的なモデルは、グラムシの論文『南部問題についての覚え書き』のなかに見いだすことができる。この、あまり読まれることもなければ、綿密に検討されたり分析されることもない論文は、グラムシが書いた唯一まとまった政治分析であり文化分析である（とはいえそれは未完のままにとどまったが）。このなかでとりあげられるのは、グラムシの同志たちがイタリア南部について考え、イタリア南部にむけて行動を起こし、イタリア南部について研究するとき逢着するであろう地理的難問である。なにしろ南部の社会的崩壊は、その研究をほとんど不可能なものにみせているが、逆説的に、だからこそ、北部の理解のためにも重要な鍵をにぎっているかに思われたのだ。グラムシのブリリアントな分析は、一九二六年におけるイタリアの政治にかかわる戦術的有用性にとどまらぬものをもっていた。というのも、その論文は、また、一九二六年以前のグラムシのジャーナリズム活動の総決算でもあり、また『獄中ノート』へのプレリュードともなっているのだが、そのなかでグラムシは、社会生活の地域的・空間的・地理的基盤に対し、彼と双璧をなすマルクス主義者であったルカーチがなしえなかったかたちで、もののみごとに照明をあてたからである。

ルカーチは、ヘーゲル的マルクス主義の伝統に属している。いっぽうグラムシは同じ伝統から派生した、ヴィーコ的、クローチェ的な支脈に属している。ルカーチにとって、その主著『歴史と階級意識』（一九二三）において中心をなす問題は、時間性だった。いっぽうグラムシにとって、社会史や現実のありようは、地理的観点から把握されるものであって、これはグラムシが議論を展開するときの用語をざっと調べてみるだけでただちにあきらかになる――「地盤」「領域」「ブロック」「地域」といった語が支配的である。この『南部問題』でグラムシは、イタリアにおける北部と南部の分裂こそ、停滞にあえぐ国民的労働運動をめぐって何をなすべきかという課題にとって根本問題であることをねばりづよく証明するいっぽう、南部の特異なトポグラフィー――グラムシの言葉によれば、かたや大多数の未分化な農民大衆、かたや「大所領」地主と著名な出版社と最高度の文化事業といった、両者のいちじるしいコントラストによって際立っているトポグラフィー――を執拗に記述せんとしている。重要かつ著名な哲学者であるクローチェも、グラムシからみれば南部知識人特有の巧知をそなえた哲学者となる。なにしろクローチェは、みずからの崩壊しつつある南欧の環境には知らぬ存ぜぬをきめこんで、ヨーロッパやプラトンにつらなることのほうを選ぶからである。

したがって問題は、その貧困と膨大な労働人口が、北部の経済政策や政権の食いものにされている南部を、いかにして、対等なかたちで北部とむすびつけるかということになる。ここでグラムシは、のちに彼が『クアデルニ』誌でおこなったあの著名な知識人批判を多くの点で予告するような回答を提示する。グラムシはピエロ・ゴベッティに着目する。知識人としてのゴベッティは北部プロレタリアートと南部農民との連携を構想したのだが、これはクローチェやジュスティーノ・フォルトゥナートの活動とはまさに一線を画す、まさにゴベッティならではの戦略であり、ゴベッティは、文化の組織化によって北部と南部とをむすびつけたのである。ゴベッティの仕事は「南部問題を、そこに北部プロレタリアートを導入することによって、伝統的な領域［つまり南部はイタリアの未開地域とのみみなされた］とは異なるべつの領域へとうつしかえたのである」[50]。しかし、とグラムシはさらにこうつづける。このプロレタリアートの導入は、知識人の仕事がゆっくりとしたものであること、知識人の仕事はいかなる社会集団のカレンダーよりも、もっとゆったりとしたカレンダーにしたがっておこなわれるものであることを肝に命じておかないと、実現はしないだろう、と。文化に対して、それを直接的な事実というふうにみることはできない。文化は（グラムシが『クアデルニ』誌で使うことになった表現を借りるならば）永遠の相の下にみなければならない。新しい文化編成が誕生するまでには多くの時間が費やされる。知識人もまた、長期的な準備と行動と伝統の習得に依存し、この長いプロセスに必要不可欠なのである。

　グラムシはまた、文化を珊瑚のようにじっくりと育む長期的タイム・スパンにおいては、「有機的な種類の断絶」が必要なことも理解している。ゴベッティは、まさにそのような断絶を表象する。イタリアの歴史において長いあいだ南北の乖離を容認したか無視してきた文化構造のなかに、彼はぽっかり穴を開けたのだから。グラムシは一個人としてのゴベッティにも着目し、その人間的な温かみや理解力や友好的な性格を評価しているが、南北問題に関するグラムシの分析にとって、ゴベッティの政治的・社会的意義――なお、グラムシのこの未完の論文が、ゴベッティについての考察で突然終わっていることも意味ありげだが――は、なによりも、ゴベッティが力説したことにある。それは、ゴベッティの仕事によって、またその主張によって――つまり知識人のいとなみは、人間の歴史において分離し自律しているかにみえる地域相互をむすびあわせるものであるという主張によって――切り拓かれた方向は、今後もこれを発展させ錬成《エラボレイト》し育成するような社会編成が必要なのだということである。

　ここでゴベッティ要因と呼んでもいいものが、比較文学の発達と、帝国地理の勃興とのあいだの関係を表現し表象する重要な連結物として機能している、それもきわめてダイナミックに、また組織的・有機的に機能している。とはいえこのふたつの言説について、それらが帝国主義的だというだけのことであれば、それらがどこで、どのようにして誕生したのかについてなにも語らないに等しい。むしろなすべきことは、両者をともに分節化すること、両者をアンサンブルとして分節化すること、両者を偶然の一致による関係とか、状況による関係とか、たんなる機械的な関係以上の関係にあるものとして分節化することなのである。このためにも、わたしたちは非ヨーロッパ世界に対する支配については、非ヨーロッパ世界がヨーロッパ世界にいかに抵抗したか、また新たな選択肢を模索する試みがいかに日増しに強まったかという観点からもながめないといけないだろう。

近代ヨーロッパと合衆国の言説のなかでもとりわけすべてを普遍化する言説は、非ヨーロッパ世界の、意図的な、もしくは無意図的な沈黙を前提としている。同化は存在する。包摂がある。直接支配がある。強制も存在する。しかし、植民地化された人びとの声に耳をかたむけるべきであるとか、その考えかたを知るべきであるという主張は、ほんとうにごく稀にしかみられないのである。

西洋文化の生産と、その西洋文化に対する解釈が継続されてゆくなかで、「周辺的」世界において西洋の権力に対する政治的抵抗が大きくなっていった二十世紀に入ってもなお、まったく同じ前提が消えることなく残っているといえるのである。そのため、またその行く末ゆえに、西洋文化の総体を、あたかもそれが活発化した帝国領土分割によって地理的にゆがめられてきたものであるかのように解釈しなおすこと、これまでとはかなり異なる種類の読解や解釈をおこなうことが、いまや可能になる。まず第一に、比較文学や英文学や文化分析や人類学といった学問分野の歴史が、帝国に所属《アフィリエイト》しているとみなせること、また、それらが、非西洋世界の原住民に対して西洋の優位を維持するための方法に、いうなれば貢献すらしているとみなせること。それもこれも、わたしたちが、グラムシのいう「南部問題」に典型的にあらわれているような空問意識に気づきはじめたからである。そして第二に、解釈に対するわたしたちのものの見方が変化したことによって、これまで厳正中立と思われてきた西洋の観察者の支配権と神聖不可侵な権威に対して異議申し立てをおこなえるようになったこと。

　西洋の文化形態は、これまでそれを守ってきた自律的閉域から外に引きずりだされ、帝国主義によって創造されたダイナミックでグローバルな環境へとおかれることになる。帝国主義そのものは、北と南、宗主国と周辺地域、白人と原住民とのあいだでくりひろげられる葛藤によってたえず修正されてきた。したがってわたしたちは帝国主義を、宗主国文化内で生じているプロセスで、帝国事業の持続を、ときに認知したり、またときに曖昧にぼかしてしまうプロセスとして考えてよいかもしれない。重要なこと――きわめてグラムシ的な留意点――とは、イギリスやフランスやアメリカの国民文化が、周辺に対するヘゲモニーをいかに維持してきたかということである。そのような文化のなかで、原住民とその領土の遠隔支配のために、いかにして同意がとりつけられたか、またいかにしてその同意は絶えず支持強化されてきたのか。

　文化遺産の収蔵庫をふりかえりながら、わたしたちはそれを画一的に読みなおすのではなく、対位法的に読みなおしはじめる。つまり、物語られる宗主国の歴史のみならず、支配される他者の歴史――支配的言説がそれに対して（またそれとともに）はたらきかける歴史――の双方を同時に認識するということである。西洋のクラシック音楽における対位法では、多様な主題が、次々と他をおしのけてしゃしゃりでるものの、個々の主題に対する特権的なあつかいは、束の間のものにすぎず、すぐに次の主題が後釜にすわる。けれどもこのポリフォニーから調和と秩序が生まれでる。これは複数の主題の相互のせめぎあいを組織化したことからくる効果であって、作品の外部のなんらかの厳密な旋律の規則とか形式的規則にのっとって生ずる効果ではない。これと同じようにして、たとえばイギリス小説における西インド諸島とかインドとのかかわり

（このかかわりは、通常、ほとんど表面化しないまま終わるのだが）を、植民地化と抵抗運動と最終的な原住民の民族主義にいたる特定の歴史によって造型され、おそらくは決定づけられているものとして、読み、そして解釈することもできるのだ。めでたくこれを達成したあかつきには、オルターナティヴな、あるいは新しい物語が生まれ、やがてこの物語が制度化されるか、もしくは言説として安定した地位を獲得するのである。

はっきりさせるべきは、帝国主義の総体を支配するような、単一の包括的な理論的原則はないということであり、また同じくはっきりさせるべきは、西洋とそれ以外の世界の諸地域との分断によって生ずる支配と抵抗の原理は――アフリカの批評家チンウェイズの言葉を敷衍すれば――全世界に亀裂のごとく走っているということである。アフリカやインドやその他の周辺地域における多くの地域的活動や重複現象や相互依存状態のすべてが、この亀裂の影響を受けている。影響を受けるおのおのの事象は、千差万別であり、独自の強いつながりや形態をもち、独自のモチーフや作品や制度、そして――再読者としての観点からすれば、これがもっとも重要なのだが――独自の知の可能性と条件をそなえている。交流が生まれ、帝国主義のモデルが解体され、その同化吸収しつつ普遍化しつつ全体化する諸規範が無効を宣告され用済みになるそれぞれの地域において、独自の研究と認識の様式が確立されはじめている。

新しい知の一例としては、オリエンタリズムやアフリカニズムに関する研究があらわれるし、それとの関連でいえば、英国性やフランス性の研究もここにふくめることができる。国民性といったアイデンティティは、今日では、神によって与えられた本質としてではなく、アフリカの歴史とイギリスにおけるアフリカ研究との協同作業の結果生みだされるものとして、あるいはフランスの歴史の研究と第一帝政下における知の組織替えとの協同作業の結果生みだされるものとして、分析されるのである。わたしたちが扱うのは、ある重要な意味において、文化的アイデンティティの形成なのだが、この文化的アイデンティティは、これこれが本質であるというようなかたちではなく（とはいえ、文化的アイデンティティがもつ魅力の一部は、それが本質としてみられていたり考察されているからなのだが）、そうではなく対位法的に全体との関わりのなかで見いだされてゆくものである。なにしろ、いかなるアイデンティティといえども、孤立しては存在できず、敵対項や否定項や反対項の一群なくして存在しえないことは自明の理であるからだ。ギリシア人はみずからのアイデンティティの引き立て役に野蛮人をしょっちゅう必要としていたし、ヨーロッパ人もまた、アフリカ人やオリエント人を必要としていた。同じことは逆の立場であってもいえる。しかもわたしたちの時代における、「イスラム」とか「西洋」とか「オリエント」とか「日本」とか「ヨーロッパ」の本質をめぐる大がかりな考察においても、他者の文化に関する、独自の知識、ならびに姿勢と言及の構造への配慮は欠かせないし、それらには、慎重な分析と研究調査を要する。

もし主要な宗主国文化のいくつか――たとえばイギリスやフランスや合衆国の文化――を、帝国を求める（そして帝国をめぐる）闘争という地理的コンテクストのなかで研究するなら、そこに明確な文化《カルチュラル・》地形学《トポグラフィー》を認めることができるだろう。「姿勢と言及の構造」という一句をつかうときにはこの地形学をわたしは念頭においている。このときはまたレイモンド・ウィリアムズのいう「感情の構造」をも念頭においている。つまり、わたしが語ろうとしているのは、位置づけと地理的な言及の構造が、文学とか歴史とか民族誌の文化言語のなかに、いかにしてあらわれるかということである。ふつうなら相互に関係づけられることのない、あるいは「帝国」の公式のイデオロギーとも関係づけられることのない複数の作品を横断するかたちで、そのような構造があらわれるのだが、これはときには相互言及の網の目をとおして、またときには慎重な調査の結果、特定できるのである。

たとえばイギリス文化《ブリティッシュ・カルチャー》において、わたしたちは発見するかもしれない——スペンサー、シェイクスピア、デフォー、オースティンにみられる執拗な関心事を。それは、宗主国としてのイングランドやヨーロッパのなかに社会的に望ましい権威的空間を固定し、その空間を、計画的に、なんらかの動機によって、なんらかの発展を期待して、遠隔あるいは周辺的世界（アイルランド、ヴェネチア、アフリカ、ジャマイカ）とむすびつけることである。しかも、その遠隔あるいは周辺世界は、望ましいがしかし従属的地位にあるとみなされるのだ。そしてこうしたことに倦むことなく触れる文章が登場するたびに、そこに、支配・管理・利益そして向上と適合についての姿勢があらわれるのだが、この姿勢が、十七世紀から十九世紀終わりにかけて、驚くほど力強く発展するのである。こうした構造体は、当時の著述家たちが操作した前もって存在するなんらかの（なかば陰謀的な）企画から誕生したのではなく、イギリスの文化的アイデンティティの発展と密接につながっていた。そのときその文化的アイデンティティは地理的に構想された世界のなかに自己のイメージを造型しつつあったのだ。同様の構造体はフランスやアメリカの文化のなかに認められるかもしれない。たとえ理由は異なり、またあきらかに形態も異なるものの。わたしたちは、まだ明言できる段階にはないのだ、つまり、こうしたグローバルに統合された構造体が、帝国による支配と征服を準備したものなのか、あるいは冒険的な計画を伴うことになったのか、あるいは周到な考慮のうえか、もしくは思いもよらぬかたちで、帝国の所産となったのかどうかについて。遠隔の領土を統治支配した西洋の三つの文化に驚くべき頻度で地理的な世界観が登場することについて、いまのところわたしたちは、しっかりと見きわめるという段階にあるにすぎない。本書の第二章では、この問題について考え、さらに議論を発展させることになるだろう。

わたしの能力の範囲で、こうした「姿勢と言及の構造」を読み、理解したかぎりでは、帝国主義の時代に、この構造に対する反論や離反や異議申し立ての類いはほとんどなかった。従属人種は支配されるべきであるとか、われらが主体となる人種であるとか、われらの人種は、みずからの領土を越えて膨脹してゆくことを、その主たる使命とする人種とみなされて当然で、しかも永続的に、そのようにみなされる権利を有しているといった主張がまさに異口同音にくりかえされていた（シーリーが一八八三年に述べていたように、ことイギリスにかぎれば——フランスと合衆国は独自の理論をたてていた——、イギリス国民についての理解は、いま述べたような主張に沿うものでしかなかった）。また宗主国文化において、やがてわたしたちの時代の社会闘争の先駆けともなる一翼をになう人びとが、同時に、こうした帝国主義的コンセンサスを疑いもせずに受け入れていたことに対しては困惑するしかない。ほとんど例外なく、女性解放運動も労働運動も、帝国支持にまわった。また、たしかに、多種多様な想像力や感性や理念や哲学がせめぎあっていること、そして文学作品とか芸術作品は特別なものであること、このことを証明しようとつねに腐心せねばならないのだが、こと帝国問題にかぎると、意見はどこでも実質的に一致していたのだ。帝国は維持されなければならないというわけで、帝国は実際に維持されたのである。

　こうしたあらたに活性化され、あらたな情報をえたかたちで、宗主国の主要な文化テクストを読み解釈することができるのも、周辺地域のいたるところで起こった帝国への抵抗運動のおかげといえよう。本書の第三章で、わたしは、新しいグローバルな意識が、さまざまな地域の反帝国主義闘争と連結することを主張することになる。今日、かつての植民地世界出身の作家や学者たちは、ヨーロッパという中軸地域の正典的テクストに対し、彼ら自身の多様な歴史を刷り込み、彼ら自身の地域の地理をマッピングしている。こうした相互に重なりあいながらも、なお相反する相互作用から、あらたな読解や、あらたな知が生まれはじめている。たとえば、一九八〇年代の終わりに一挙に噴出した驚異的で強力な騒乱状態を思い起こしてもいい。国境の崩壊、人民蜂起、越境行為、拡大する移民・難民問題、西洋における少数民族の権利問題。古いカテゴリー、厳格な区分け、充足的な自律が、いかに時代遅れとなったかが、これでわかろうというものだ。けれども、古いカテゴリーを見捨ててしまうのではなく、それがいかにして構築されたかを測定すること、また、たとえば独立不羈のイギリス文化という理念が、いかにして、海の彼方にまで浸透するほどの権威と力とを獲得したかについて理解することは、きわめて重要である。これはいかなる個人にとっても荷がかちすぎる課題であるが、いま第三世界出身の新たな世代の学者や知識人たちが、まさにそうした試みに着手しているのである。

と、ここで、警戒と慎重さをうながす言葉が必要となる。わたしがとりあげるテーマのひとつに次のような不安定な関係がある。すなわちナショナリズムと解放という帝国主義に抵抗する人びとにとってのふたつの理想あるいはゴールが、不安定な関係にあるのだ。ポストコロニアル世界において、きわめて多くの新興独立国民国家が誕生し、想像の共同体と呼ばれてきたものが、なおも最優先されるべきものであるとあらためて認識されたと、いってよいだろう。たとえV・S・ナイポールやコナー・クルーズ・オブライエンといった作家たちにどんなに馬鹿にされ、また一群の独裁者や小専制君主らに利用され、さまざまな国家的ナショナリズムのなかで祭り上げられようとも。けれども、一般的にいって、第三世界の多くの学者や知識人たちの意識とは対立する性格の意識というものも存在する。とりわけそれは、西洋で暮らす亡命者、故国喪失者、難民、移民のあいだに顕著である（ただし、これらの人びとだけの意識ではないが）。彼らの多くは、ジョージ・アントニウスとかC・L・R・ジェイムズといった二十世紀初期の故国喪失者たちによってなされた仕事の後継者たちである。彼らが受け継いだ仕事は、帝国による分断を超える諸経験をまとめあげ、正典的著作を再検討し、批評文学とも呼べるものを生みだす試みであって、この試みは、勃興するナショナリズムや独裁体制や排他的なイデオロギー――これらは現実における民族独立を優先させるあまり解放の理念を裏切ってきた――によって、収奪されることはないし、一般的にみて、収奪されなかったのである。

またさらに、このような故国喪失者たちの仕事が、帝国首都における少数民族や、その他の「抑圧された」声――フェミニズム、アフリカ系アメリカ人作家、知識人、芸術家など――とも共闘していることをみすごしてはならない。ただ、ここでも警戒と自己批判はこのうえなく重要である。なぜなら対抗勢力のいとなみには、制度化されるという危険が、周辺性が分離主義へと転化する危険が、そして抵抗がドグマへと硬直化するという危険がいつもついてまわるからである。なるほど知的生活において政治的闘争の方法をつねに設定しなおし公式化しなおすような活動であれば、正統性の束縛を受けないですむ。だが、やはり、強制よりも自発性を、またたんなる連帯よりも批評を、また同意よりも警戒を優先させる必要はつねに存在しているのである。

わたしの諸テーマは、『オリエンタリズム』の続編のようなものである。本書と同様、『オリエンタリズム』も、合衆国において書かれた。したがって、アメリカの文化的・政治的環境についてのなんらかの考察はあってしかるべきだ。アメリカ合衆国というのは、たんに、ふつうの大国というにとどまらない。合衆国は最後の超大国であり、世界のほぼいたるところで、莫大な影響力を行使し、しばしば内政干渉すらいとわない強国である。合衆国の市民であり知識人であるからには、合衆国とそれ以外の世界の国々とのあいだに生ずることに責任を負っている。この責任を放棄し、うやむやにすべく、こんなことが語られる。いわく、合衆国はだめかもしれないが、ソ連やイギリスやフランスや中国のほうがもっとひどかった、あるいは現にひどい、と。だが、実際のところ、わたしたちは、ゴルバチョフ以前のソ連、あるいはその他の国々に住んでいるわけではないのであって、そうであればこそ、わたしたちは、この国に対して責任があるし、またこの国に影響をあたえることができるのである。そのためにも、まず最初に、もっとも眼につきやすいものをあげるなら中南米において、だが、それ以外にも、中東やアフリカやアジアにおいて、合衆国が、いかにして、過去の帝国の後釜にすわり、いかにして唯一の支配的外部勢力となりおおせているかを正確に見極めねばならないだろう。

　こうして出てきた記録は、忌憚なくいわせてもらえば、かんばしいものではない。第二次世界大戦以後、合衆国の軍事介入は、ほとんどすべての大陸でおこなわれたし、現に、おこなわれつつある。それも、いま、ようやくわたしたちが理解しはじめたところによれば、その多くは、莫大な国家的投資をともない、混沌とした大規模な軍事介入となっている。こうしたことすべては、ウィリアム・アップルマン・ウィリアムズの言いまわしを借りれば、生活様式としての帝国のありようなのである。ヴェトナムにおける戦争に関して、ニカラグアにおける「反政府組織《コントラ》」に対する合衆国の援助に関して、ペルシア湾危機における対応に関して、次々と暴露される新事実にしても、こうした複雑な軍事介入をめぐる物語の一部にすぎない。しかも、合衆国の中東政策や中米政策は、それがイランのいわゆる穏健派のあいだに生じた地政学的性格の亀裂をとことん利用するものであろうと、正当な手続きをふんで選挙されたニカラグア政府を転覆するために、反共産勢力のコントラを支援するものであろうと、サウジやクウェートの王室を援助するものであろうと、いずれの場合も、まぎれもなく帝国主義的であると形容できるのに、この事実に対しては、ほとんど注意がはらわれないのである。

　たとえここで百歩譲って、合衆国の海外政策は、基本的に、他国の利益を考えてのことであり、自由と民主主義という神聖なる目標達成に全面的に奉仕するものであるという通説にしたがったとしても、にもかかわらず、これに対して疑問の余地はある、それもじゅうぶんにありすぎるのだ。「伝統と個人の才能」のなかでT・S・エリオットが歴史的感覚について語ったことが、ここにあてはまることは火をみるよりあきらかである。わたしたちは、かつてフランスやイギリスやスペインやポルトガルやオランダやドイツがおこなってきたことを反復している国民ではないのか。反復しているにもかかわらず、わたしたちは、先行者たちのあさましい帝国主義的冒険と、わたしたちがしていることとは切れているとみなしがちではないのか。そのうえさらに、わたしたちの運命とは、世界を支配し導くことであるという考えかたが、批判されることなく当然の前提と化し、この運命を、わたしたちの荒野への使命〔自然を開拓し文明化すること〕の一部に割りあてていないだろうか。

要するに、わたしたちは、他者――つまり、他者の文化、国家、歴史、経験、民族、運命――との関係において、自他の根源をゆさぶるような深刻な問題に直面しているのだ。この問題に答えるときに、頼みとなるようなアルキメデス的な梃子《てこ》の支点というのは存在しない。さまざまな文化間の関係、帝国主義国家と非帝国主義国家との不均等な力関係、また、われらと彼らの関係、そうした関係の生々しい現実とは無縁の特権的な外部というものは存在しないのである。たとえば、世界を判定し評価し解釈するとき、世界をとりまく現在進行中の諸関係の錯綜した利害関係や葛藤などからまったく自由に世界を認識できる特権的視座をもつ者など存在しない。わたしたちは、関係の彼方にも関係の外部にも存在しない。わたしたちは、いうなればつながりのなかに属している。それゆえ、国家と権力からなる世界のなかに合衆国を位置づけ、その現実的ありようの内部から、それも、超然と世俗から身を引き離し――イェイツがオリヴァー・ゴールドスミスについて語った言葉をかりれば――精神の蜜つぼを用心深くなめる外部の観察者としてではなく、そこに参加して生きる者の立場から理解することこそ、知識人や人文主義者や世俗的批評家としてのわたしたちの責務なのである。

近年の欧米の人類学におけるいとなみは、こうした難問や混迷を、興味ぶかい徴候的なかたちで反映している。人類学という文化実践かつ知的活動が、その主要な構成要素としてたずさえているのは、西洋人という外部の民族学者／観察者と、原住民つまり、すくなくとも異質な、だがまちがいなく劣等で未開の非ヨーロッパ・非西洋人との、不均衡な力関係である。たとえば『キム』といった、おどろくほど豊かなテクストにおいて、作者のキプリングは、こうした不均衡な力関係の政治的な意味を、さらにふくらませるとともに、その政治的意味を体現する人物として、クライトン大佐を登場させている。大佐は、インド全域の調査をまかされた民族学者であるとともに、主人公のキムが属することになる「闇戦争《グレート・ゲーム》」という名の、インドにおけるイギリスの諜報組織の頂点にたつ人物なのだ。西洋における現代の人類学もまた、こうした問題ある関係をあらためるどころか、しょっちゅうくりかえしている。かたや、力をたのみとする政治的現実、かたや力によって影響されないかたちで〈他者〉を解釈し共感をこめて理解せんとする科学的かつ人文主義的な欲望、この両者のあいだのほとんどのりこえられない矛盾を主題に選ぶ人類学の理論書も最近めだって多くなっている。

矛盾を克服する試みが成功するか否かよりも、むしろ、こうした試みを際立たせているもの、こうした試みを可能にしているもののほうが興味ぶかい。つまりこのようなことは、帝国主義的環境が、いまやあまねく浸透し、逃れることのできないものであることに対する鋭敏かつ困惑的な認識なくして問題にならなかったからだ。じっさいのところ、わたしの知るかぎり、アメリカ文化の内側から（とはつまり、異民族絶滅と異民族吸収というアメリカの歴史の総体のなかから）世界を把握しようとすれば、帝国主義的闘争そのものの把握は欠かすことができない。これは、とびぬけて政治的であるとともに、解釈上の問題もからむ文化的事実であると、いいたいのだが、にもかかわらず、文化理論や文学理論のなかで、この点は認識されなかった、いや認識されなかったどころか、文化的言説のなかでは、きまって回避されるか排除されたのである。

文化の脱構築をめざす者たちの文献を読むこと、あるいはマルクス主義者の文献や新歴史主義者の文献を読むことは、とりもなおさず、その政治的地平や歴史的な立ち位置が、帝国主義的支配と深くかかわりのある社会や文化にからめとられている著者たちの文献を読むことである。ただ、あいにく、こうした地平に対する認識はほとんどないし、帝国主義的環境に対する認知は、ほとんどおこなわれていないし、帝国という自己完結した閉鎖的存在に対する理解はほとんどすすんでいない。すすんでいないどころか他の文化やテクストや民族——これらは、あらゆる解釈が究極的に対象とするものだが——に関する解釈は、無時間的な真空状態のなかでおこなわれているという印象をうける。そのような前提のもとでおこなわれる解釈は、おどろくほど寛容かつ寛大であり、解釈そのものを、係累とか禁止命令とか利害関係に束縛されない普遍的なものへと、祭り上げてしまう。

いうまでもないことだが、わたしたちが暮らしている世界というのは商品のみならず表象によってもかたちづくられている。表象——および表象の生産、表象の循環、表象の歴史、表象の解釈——こそ、文化の要素そのものである。最近の理論の多くが、表象の問題を中心的に据えているように思われるが、表象の問題が、その政治的なコンテクスト、つまり明白な帝国主義的コンテクストのなかに置かれることはまれである。そのため、わたしたちはいまもなお、いっぽうに文化領域という独立した領域、つまり世俗的束縛をのがれた理論的思弁や探究に無制限かつ無条件に開かれている領域を維持しつづけるとともに、またいっぽうで政治的領域、つまり利害関係をめぐる現実の対立の場としての卑しい政治的領域を維持している。文化研究を専門とする研究者たち——人文主義者、批評家、学者たち——が関心をよせるのは、前者の領域だけである。いや、もっと正確にいえば、このふたつの領域を、分離する考えかただけが容認されている。じっさいにはこのふたつの領域は関係づけられるばかりか、究極的には、同じであるにもかかわらず。

ふたつの領域のこうした分離によって根源的な虚偽が確立される。文化は権力とのいかなるしがらみからも免除され、表象は、非政治的イメージとしてのみみなされ、多くの変換規則を参照して解析され解読され、かくして過去と現在の分離は完璧なものとされるのだ。けれどもふたつの領域のこうした分離は中立的なものでもなければ偶然のなりゆきでもない。この分離の真の意味をみるには、これが共犯行為であることを知らねばならない。偽装され、糊塗され、組織的に浄化されたテクスト・モデルを人文主義者は選択し、もっと葛藤にみちたモデルのほうを排除する。後者のモデルの主たる特徴はいずれも、帝国の問題そのものをめぐるいまもなおつづく葛藤にいやがうえにも収斂するのだから。

この点を、ちがったかたちで、誰もがよく知っている例をひいて説明させていただこう。すくなくともここ十年のあいだ、合衆国において、教養教育の意味や内容や目標をめぐって、かなり熱い論争がつづいている。この論争のすべてではないにせよ多くは、一九六〇年代の騒乱によって大学のなかで活性化されたものだった。一九六〇年代に今世紀はじめて、アメリカ教育の構造と権威と伝統とが、はげしい攻撃にさらされた。その攻撃のエネルギーは、社会的・知的な基盤をもつ挑戦的思想によって解き放たれたものだ。大学における新しい潮流、ならびに理論と呼ばれているものの力（ちなみに理論というくくりによって、ひとまとめにされた新しい学問とは、文献学、道徳哲学、自然科学という伝統的な分野になじまない、精神分析、言語学、ニーチェ哲学であった）が、特権的地位を獲得し、関心をひいた。それらは確立された正典とか、資金援助された研究分野とか、確立されて久しい認定手続きとか、研究調査、知的労働の分業といったものの権威と安定をつきくずすかのように思われた。こうしたことすべてが、文化的アカデミックな実践の場というつつましくまた隔離された世界のなかで、反戦運動や反帝国主義運動の大きな潮流と連動するかのように起こったことは、偶然などころか、むしろ、真正の政治的・知的複合状況そのものだったのである。

ただし、ここにははなはだしいアイロニーがあった。宗主国のなかで活性化され新たに資格認定された伝統をもとめるわたしたちの研究は、モダニズムの消滅のあとに生まれ、いろいろな場で、ポスト－モダニズムとして語られているし、また、すでに述べたように、リオタールを引きながら、西洋の解放と啓蒙の物語がもつ正当化の喪失としても語られているのだが、そのいっぽうで、かつて植民地化された周辺世界においては逆に、モダニズムが再発見され、抵抗と、果敢な行動の論理、古い伝統（イスラム世界ではアル－トゥラースと呼ばれている）を対象としたさまざまな探究が主流となったのである。

こうした新たな複合状況に対する西洋の反応のひとつは、とことん反動的なものであった。古い権威と正典をあらためて強調するいとなみ、西洋人を教育するのに不可欠とされる二十か三十の西洋の古典的文献の再設定のいとなみ――こうしたいとなみが、好戦的な愛国主義のレトリックにくるまれて生まれているのである。

だがこれとはべつの、ここで立ち返るにあたいする反応もありうる。というのも、これは重要な理論的契機を提供してくれるからなのだが。文化的経験、あるいはあらゆる文化的形態といってよいものは、根源的かつ本質的に混淆的《ハイブリッド》であり、もしイマヌエル・カント以来の西洋の方式が、文化的・美的領域を、世俗的領域から隔離することであったならば、分離され隔離された領域をふたたび一体化する時がきたのである。これはけっして単純なことではない。なぜなら、私見によれば、西洋では、遠隔支配の確立とヘゲモニーの強化のみならず、文化と経験の領域を分断して、それらをみかけたところなんのつながりのない別個のふたつの領域にしてしまうことが、すくなくとも十八世紀後期以後の西洋の経験の本質と化しているからである。人種とか民族といった存在、英国性とかオリエンタリズムといった本質、アジア的とか西洋的とかいわれる生産様式、これらすべてがわたしの見解では、あるイデオロギーに、その文化的相関物が世界規模の帝国領土獲得という現実よりもはるかに先を行くようになったイデオロギーに、加担しているのである。

帝国主義の歴史家たちのほとんどが、「帝国の時代」の開始年を一八七八年としてみている。この年、「アフリカ争奪戦*」が起こったからだ。しかし実際の文化現象をつぶさに観察すると、海外におけるヨーロッパのヘゲモニーを当然視する思想が、もっと早い時期に、もっと根深くまた頑強に形成されていたことがわかる。わたしたちは、首尾一貫し、ひろく流布する観念体系の出現を十八世紀の終わり近くにつきとめることができる。そしてそれにつづいて、ナポレオンによる最初の組織的征服、ナショナリズムの勃興、ヨーロッパの国民国家の誕生、大規模な産業化の到来、ブルジョワジーにおける権力強化といった緊密な関係をたもった一連の出来事の展開をみることができる。この時期はまた、小説形式と新たな歴史物語が台頭した時期であり、歴史的時間との関係のなかで開花する主観性の重要性が広く認知されるようになった時期でもあった。

けれども多くの文化史家、ならびにおそらくすべての文学研究者たちは、この時期の西洋の小説や歴史記述や哲学的言説をささえる海外領土の地理的記載や理論的見取り図や地図形成について着目していない。最初に存在したのはヨーロッパ人の観察者――旅行者、商人、学者、歴史家、小説家――の権威である。次に、空間の階層秩序化がおこなわれ、宗主国中枢、そして徐々に宗主国経済が、上にたち、領土支配や経済的搾取や社会・文化的ヴィジョンを組み込む海外領土システムがそれを下から支えるというようにみられてくる。こうした海外領土なくして、故国の安定と繁栄――「故国《ホーム》」という語には、じつにさまざまな意味がこめられているのだが――はありえないというわけだ。わたしがいわんとすることの意味を完璧に体現する例は、ジェイン・オースティンの小説『マンスフィールド・パーク』のなかに見いだせる。このなかでトマス・バートラムがアンティグアにおいて経営する奴隷プランテーションが、マンスフィールド・パークの静謐と美に神秘的なかたちで不可欠なものとされている。このイギリス本国の貴族の屋敷が、このように道徳的・美的観点から語られるのは、アフリカ争奪戦よりもはるか以前のことであり、帝国の時代が正式にはじまるよりもはるか以前のことだ。ジョン・スチュアート・ミルが『政治経済学原理』のなかで述べているように

［わたしたちの所有になるこうした海外領土は］……別個の国々とみなされるべきではなく、より大きな共同体に属する海外の農業地や産業地としてみるほうがもっと適切である。たとえば、わたしたちの西インド諸島植民地は、それ自身の生産資本を有する国とみることはできない……［むしろ、それらは］イングランドが砂糖やコーヒーやその他いくつかの熱帯商品の生産を遂行するのに便利な土地というにすぎない。(51)

このおどろくべき一節を、ジェイン・オースティンの小説とならべて読むと、帝国主義時代以前における文化編成に関してごくふつうに提出される見取り図よりも、あまり好ましくないそれがたちあがってくる。ミルにおいてわたしたちが遭遇するのは、白人の農園主の情け容赦のない所有権主張である。この主張のなかでは、何百万の奴隷たちの現実、その労働と苦しみは抹消されている。中間航路によってアフリカから移送され、「領地所有者の恩恵のために」働かされるという奴隷たちの立場についてなにも伝わってこない。西インド諸島植民地は、ミルのいいぶんでは、便宜的な存在以外のなにものでもない。そしてこの姿勢に、オースティンがお墨つきをあたえる。その小説『マンスフィールド・パーク』は、カリブ諸島人の苦難を、アンティグアに関するたかだか半ダースほどの表面的な言及によって昇華しているのである。そしてこれと

同じプロセスが、イギリスやフランスの他の正典的作家たちのなかでも起こっている。手短にいえば、宗主国は、海外に所有する植民地の搾取のみならず蔑視によって、その権威を、かなりの程度、獲得しているということである（したがって、脱植民地化運動をあつかったウォルター・ロドニーの一九七二年の論文のタイトルが『いかにしてヨーロッパは、アフリカを低開発状態においたか』になっていることは、けっしてゆえなきことではない）。

かくして最後に、観察者の権威ならびにヨーロッパの地理的中心的地位の権威が、非ヨーロッパ人を二等人種とか二等文化といった存在へとおとしめ囲い込む文化的言説によって強化される。しかも、この二等性は、逆説的なことに、ヨーロッパ人の一等性にとって不可欠なものとなる。まさに、この逆説こそ、セゼール、ファノン、メンミによって探究されたものにほかならず、またこの逆説が、やれ読解のアポリアだの不可能性だのといろめきたって問題にする批評家たちにとって、ほとんど研究されないのは、現代の批評理論のかかえる多くのアイロニーのひとつである。おそらくこうしたことは、いかに読むべきかということだけが強調され、何を読むべきか、それがどこで書かれ表象されているかについて無頓着であるから起こるのである。これはコンラッドの貢献に帰するところ大なのだが、彼はその複雑で錯綜した散文のなかにまさに真正の帝国主義者の話しぶりを再現してくれた――つまり、いっぽうでいかにして全世界規模の蓄積と統治を可能にする諸勢力に、いかにして自己正当化するイデオロギー的動力を供給するかを問題にしながら（ちなみに、このイデオロギーを、『闇の奥』のなかでマーロウは、それの背後にある理念であると熱烈かつ効果的に呼んでいるが、この「それ」とは皮膚の黒い人種と鼻のひらべったい人種を地球から一掃することなのである）、またいっぽうで同時に、このプロセスをふたつに区切るスクリーンを設け、芸術とか文化は、「それ」とはいっさい関係がないとぬけぬけと語るのである。

何を読むべきか、そしてその読みを何と関係づけるべきか、これが問題の全容といえるだろう。批評理論に膨大なエネルギーをそそぎこみながら、それも小説とか脱神秘化の実践――新歴史主義や脱構築やマルクス主義批評など――に膨大なエネルギーをそそぎこみながら、近代の西洋文化の主要な――わたしにいわせれば決定的な――政治的地平であるところの帝国主義だけは、避けてとおってしまうのだ。この大がかりな回避によって、正典における包摂と排除が継承され維持される。すなわちルソーとかニーチェとかワーズワスとかディケンズとかフローベールなどを正典にとりこむいっぽうで、彼らの著作と平行関係にあるところの帝国という長くまた複雑な営為と、彼らの著作との関係はきれいさっぱり排除されてしまうのだ。けれども、これが、なぜ、何を読むか、またどの場所に着目するかという問題となるのか。簡単である。過去二十年において、ヨーロッパと合衆国の帝国主義的膨脹に対する抵抗のなかで生み出されたおびただしくまた多種多様なかたちで存在するポスト－コロニアル文学について、批評的言説は、一考だにしていないからである。ファノンやカブラルを読むことなくオースティンだけを読むこと――これに類すること――は、近代文化を、その現実との関係やしがらみから切り離すことである。これは、なんとしても方向転換せねばならないプロセスなのだ。

だが、なすべきことはまだある。批評理論や、文学の歴史研究は、西洋の文学や芸術や哲学の主要な作物を再解釈し再評価してきた。その多くは、刺激的かつ力強い仕事となっている。たとえ、そのいとなみは、わたしのいう世俗的で類縁関係《アフィリエーション》重視の批評への積極的な参加にはエネルギーをそそがずに、純化と洗練化のほうにエネルギーをまわしてしまうことが多いとはいえ。このような批評をおこなうには、意識的に選びとられた歴史モデルが、社会的・知的変化にいかに関係するかをするどく嗅ぎとる勘のようなものが必要となる。ただ、もしあなたが近代の欧米の文化を、帝国主義と関係があるものとして読み、解釈するならば、正典を解釈しなおすこともあなたの課題になろう。その際、それらが占める場がこれまでヨーロッパの膨脹へと不充分なかたちで結びつけられたり不充分なかたちで寄りそわされたりしてきたテクスト群に照らして正典を解釈しなおすことになろう。ちがった角度からいうと、この手続きは、正典を、ヨーロッパの膨脹に対するポリフォニックな伴奏として読み、コンラッドやキプリングのような作家たちにこれまでにない方向性と結合性とをあたえることになろう。彼らは、いつも変わり種とのみみられてきた。彼らが示すあからさまに帝国主義的な主題は、たとえばオースティンやシャトーブリアンの初期の作品のなかにすら、隠れたかたちで、あるいは未来を予言するかたちで存在しているくらい息が長いものであるにもかかわらず、まったくかえりみられなかったのだ。

第二に、理論作業は、帝国と文化との関係を公式化することに着手せねばならない。いくつかの里程標となる仕事はある――たとえばカーナンの著作やマーティン・グリーンの著作など。しかし、この問題への関心は、これまで、それほど高くはなかった。しかしながら、すでに述べたように、事態は変化しはじめている。他の学問分野における研究の総体、しばしば若い世代に属する学者や批評家たちの新しい集団――合衆国や第三世界やヨーロッパにおける――は、いま、理論的・歴史的な研究にのりだそうとしている。多様な関心をみせる彼らのいとなみは、その多くが、最終的になんらかのかたちで、帝国主義的言説や植民地主義的実践の問題に収斂するように思われる。理論面において、わたしたちは、帝国主義が文化に呼びかける、呼びかけかたの目録づくりにようやくはいった段階にすぎない。けれどもこれまでのいとなみは、初歩的な段階からは、わずかではあるが抜けでている。また文化の研究が、マス・メディアや大衆文化やミクロ政治学などに触手をのばしつつあるので、権力やヘゲモニー様式への関心もますます鋭利なものになりつつある。

第三に、わたしたちは、過去の研究のための指標なりパラダイムとして、現在の優先事項を、つねに念頭においていなければならない。わたしがこれまで執拗に説いてきたのは、過去と現在との、帝国主義者と帝国主義化をこうむった人びととの、文化と帝国主義との統合性やつながりについてであったが、わたしは、そのとき差異を水平化したり還元したりすることなく、さまざまな事象の相互依存性をできるだけ生々しく伝えるようにつとめてきたつもりだ。ゆるがせにできぬ文化的次元をもつ経験としての帝国主義は、おどろくほど規模が大きく、またおどろくほど詳細にわたるものである。いきおい、わたしたちは、男女双方にかかわるところの、白人と非白人の双方にかかわるところの、宗主国の住民と周辺地域の住民双方にかかわるところの、過去のみならず現在や未来にもかかわるところの、重なりあう領土やからまりあう歴史について語らざるをえなくなる。そしてこの重なりあう領土やからまりあう歴史を理解できるのは、人間の世俗的な歴史のパースペクティヴに立つときなのである。

第二章　強化されたヴィジョン

わたしたちは、集団としての自分たちのことを「侵略的」と呼んだ。なにしろイギリスの外交政策の容認された殿堂に押し入って、先人が、わたしたちのために敷いたレールをはずれて、東方にあたらしい民族をこしらえようとしていたのだから。

T・E・ロレンス『知恵の七柱』*

1　物語と社会空間

十九世紀と二十世紀初期におけるイギリスやフランスの文化において、帝国という事実への言及は、ほぼいたるところに見いだせるのだが、それがもっとも規則的で頻繁にあらわれるところとなると、おそらくイギリス小説にとどめをさすだろう。そこに見いだせる帝国への言及は、わたしがすでに、姿勢と言及の構造と呼んだものを構成する。ジェイン・オースティンが彼女の小説を支えている道徳的・社会的価値観を慎重に規定したともいえる小説『マンスフィールド・パーク』において、全体をつらぬいて言及されるのは、登場人物のひとりサー・トマス・バートラムの海外所有地である。この海外所有地は、バートラム卿の資産の基盤であり、卿の不在の原因であり、国内外における卿の社会的地位の土台であり、卿の価値観の具現化なのだが、その価値観にファニー・プライス（『マンスフィールド・パーク』の主人公）（ならびにオースティン自身）は最後にはひれ伏してしまう。もしこの小説がオースティンのいうところの「社会の定め」に関するものであるなら、植民地所有の権益が、国内の社会秩序と道徳観の形成に、直接、貢献していることになる。あるいはさらに『ジェイン・エア』におけるロチェスターの発狂した妻バーサ・メイソンは、西インド諸島出身であり、その存在が社会的に脅威となったために屋根裏部屋に閉じこめられる。サッカレーの『虚栄の市』におけるジョウゼフ・セドリーはインドでひと山あてた富豪だが、その傍若無人なふるまいと過剰な（おそらく当人には似つかわしくない）資産は、ベッキーの最終的に容認しがたい悪女的行動と対になるように仕組まれ、これに対して、品行方正なアメリアが最後には彼女にふさわしいかたちでむくわれることになる。ちなみにこの小説の最後でジョウゼフ・ドビンはパンジャブに関する歴史書の執筆に着手していた。チャールズ・キングズレーの『西行き』において栄えあるローズ号は、カリブ海や南アメリカ諸地域を航行する。ディケンズの『大いなる遺産』では、エイベル・マグウィッチはオーストラリアに流刑になった囚人だが、彼のオーストラリアでの資産――ロンドンでの紳士気取りの豪遊にふける田舎出の少年ピップには、幸いなことに、この資産の出所は秘密にされるのだが――こそ、皮肉なことに、主人公のピップがいだく大いなる期待《グレート・エクスペクテーションズ》＝遺産をもたらしたものであった。ディケンズの他の小説の多くにも、実業家たちは帝国とつながりがある。ドンビーとクィルプ〔ディケンズの小説『骨董屋』に登場する人物〕など、その最たる例だろう。ディズレーリの『タンクレッド』やエリオットの『ダニエル・デロンダ』では、東洋は、なかば、原住民（あるいはヨーロッパからの移民）の居住地でありながら、なかば、帝国傘下に組みこまれている。ヘンリー・ジェイムズの『ある婦人の肖像』ではラルフ・トゥチェットはアルジェリアやエジプトを旅行する。そしてさらにキプリング、コンラッド、アーサー・コナン・ドイル、ライダー・ハガード、R・L・スティーヴンソン、ジョージ・オーウェル、ジョイス・ケアリー、E・M・フォースター、T・E・ロレンスなどの作品を加えると、帝国は、いたるところで、必要不可欠な背景を提供しているとわかるのである。

　フランスでは事情がちがっていた。十九世紀初頭のフランスにおける帝国意識は、すくなくともイギリスの帝国意識とは異なっていた。イギリスの場合、イギリスの政策そのものによって継続と安定を保証されていた。いっぽうフランスはというと、フランス革命期からナポレオン時代へと転換するなかで、度重なる政策の変更、植民地の喪失、領土の不安定、哲学の変化などを経たため、帝国意識は、フランスの文化のなかに、確固たるアイデンティティと存在感をともなって根づくことはなかった。いや、たしかにシャトーブリアンやラマルティーヌの作品のなかに、帝国をめぐる荘厳なレトリックを聞きとどけることはできるし、絵画や、歴史書や文献学関連書のなかに、さらには音楽や演劇のなかに、フランスの海外領土が活写されることもあった。しかし文化全体をみると——十九世紀の中頃を過ぎるまで——イギリスにみられるような荘重で、ほとんど哲学的ともいえるような、帝国に対する使命感に、出会うことはまずないのである。

この時期、イギリスやフランスとならんでアメリカにも、逆説的に旧世界の植民地政策に対するはげしい反植民地主義感情を中心とした、鋭い帝国意識をのぞかせる著述が、まとまって存在していた。たとえばピューリタン的な「荒野への使命」を思いうかべてもいいし、またそれよりもあとのクーパーとかトウェインとかメルヴィルといった作家たちにみられる合衆国の西部への膨張、ならびに、それにともなうアメリカ原住民の全面的植民地化と原住民の生活破壊に対する、異常なまでの根強い関心などを思いうかべてもいいだろう（この点は、リチャード・スロトキン、パトリシア・リメリック、マイケル・ポール・ロギンらのすぐれた研究がみごとに解きあかしている）[1]。ヨーロッパの帝国主義と競い合うような帝国のモチーフがたしかにあらわれていた（本書の第四章では、これ以外の、もっと新しい合衆国の姿を、二十世紀後期の帝国主義というかたちで扱うことになるだろう）。

言及の対象として、定義の支点として、旅行と富と奉仕が容易に占有できる場所として、帝国は、十九世紀の大半において、ヨーロッパの小説のなかで、整備化された存在——たとえほのかにかいま見える程度であっても——となって機能していた。帝国のこうしたありようは、豪邸の召使、あるいは小説に登場する召使のように、そのはたらきは当然のこととされ、名づけられることもなければ、研究されることもなく（とはいえブルース・ロビンズは最近、召使の存在について研究をしているが(2)、耳目をあつめることもなかった。これに関連してべつのアナロジーをひきあいにだすと、たとえば帝国領土は、出稼ぎ労働者や臨時雇いや流れ職人といった流動人口（これについてはガレス・ステッドマン・ジョーンズが分析している(3)）のごとく、ただ便利にそこにいてくれるという、匿名の集団的なありようを誇るとでもいえようか。そこにいることは、いつも気にとめられてはいるが、その名前や身元はどうでもよく、そのくせ、そこにきちんといてくれないと困るという存在。これはエリック・ウォルフがやや自画自賛がかった物言いで「歴史をもたぬ人びと(4)」と呼んだ人びとを、まさに文字どおりの地でゆくようなものである。帝国により維持される経済や政策はこうした人びとに依存しながら、彼らの現実の姿は、歴史的にも文化的にも関心を引かないのである。

こうした事例すべてにおいて、帝国の諸事実から連想されるのは、持続的な植民地領有であったり、遠隔の、ときには未知の空間であったり、異様な嫌悪感をもよおす人種であったり、運を切り開く夢ばかり追う活動、たとえば移民や一攫千金の賭や性的冒険であったりする。勘当された息子たちは、植民地に追いやられ、うらぶれて老いた者たちは植民地で失った財産をとりもどそうとする（ちょうどバルザックの小説『従妹ベット』のように）。進取の気性にとむ若い旅行者たちは植民地で女をあさり、異国の美術品を収集する。植民地領土は、無限の可能性にとむ場所であり、それらはつねにリアリズム小説とむすびつけられてきた。ロビンソン・クルーソーの存在は、植民地化の使命――手つかずのアフリカや太平洋や大西洋といった遠隔地域にみずからの新世界を築こうという気にさせるもの――なくして実質的に考えられない。だが、植民地支配と植民地領有の主張に関していえば、十九世紀リアリズムの大作家たちのほとんどを顔色なからしめるのが、デフォーあるいは、コンラッドやキプリングといったのちの作家たちであった。彼らの時代において普通選挙運動や大衆の政治参加が活発化するにつれ、帝国拡張競争は耳目を集める国内問題化するようになった。十九世紀も終わりになると、アフリカ争奪戦がはじまり、フランスの帝国領土が確定し、アメリカがフィリピンを併合し、イギリスによるインド亜大陸支配が絶頂期をむかえるにおよんで、いよいよ帝国が普遍的な関心事となったのである。

わたしが注目したいのは、ふつうなら論ずべきテーマをみつけることにかけては異様なこだわりを示し、アイディアの宝庫であるはずの批評において、こうした植民地や帝国の現実が、もののみごとに無視されてきたことである。ただそれでも、少数の作家たちや批評家たち――なかでもマーティン・グリーン、モリー・マフッド、ジョン・マクルアー、またとりわけパトリック・ブラントリンガーら――は、文化と帝国の関係を論じることで、貴重な貢献をしたわけだが、彼らの方式は、本質的に、物語と記述であり――彼らは帝国主義に関するテーマの存在や、ある種の歴史的なつながりの重要性や、帝国主義についての理念の影響なり、継続性について指摘している――、またそうするなかで膨大な量の資料を渉猟している(5)。そのほとんどすべての場合、彼らは帝国主義について批判的に書き、またウィリアム・アプルマン・ウィリアムズによれば、他のあらゆる種類のイデオロギー的な主張や二律背反的な主張とも肩をならべる帝国主義的生活様式について書いている。この生活様式が浸透するにつれ、ついには十九世紀をとおして、「帝国の拡大は、みずからにふさわしいイデオロギーを」軍事的・経済的・政治的方法を駆使して「発展させる必要が生じたのである」。なにしろこうした手法によって、「帝国の心的・文化的・経済的資源を無駄に使いつくすことなく、帝国を温存し拡張することができた」。こうした学者たちの仕事には、みるべきものがつまっている。たとえば、帝国主義は、やっかいな自己イメージを生産する。帝国主義は、ウィリアムズの言葉をふたたびひけば、「恩恵をあたえる進歩的な警察官(6)」というイメージをこしらえているのである。

しかし、いま述べた批評家たちは、おおむね記述的で実証的な著述をものしているのだが、彼らと対照的に、あくまでも理論的でイデオロギー的な考察においておおいに貢献した著作もわずかながら存在している――そのような著作としては、とりわけジョナ・ラスキンの『帝国主義の神話』、ゴードン・K・ルイスの『奴隷制、帝国主義、自由』、V・G・カーナンの『マルクス主義と帝国主義』ならびにとりわけ重要な『人類の主人』があげられる。(7) こうした著作はどれもマルクス主義的分析や前提に多くを負いつつ、近代の西洋文化における帝国主義思想の重要性を指摘している。

けれどもこうした著作は、十九世紀や二十世紀のヨーロッパ文化における正典的作品についてのわたしたちの見方を大きく変えてしかるべきなのに、残念ながらその影響は広くおよんでいない。批評の大家たちは、いまもって帝国主義をただ無視するだけなのだ。E・M・フォースターについて短いながらも優れた批評を書いたライオネル・トリリングの本を最近読みなおしてみて、わたしが驚いたのは、『ハワーズ・エンド』についての、トリリングの他の点では実に鋭敏な考察が、帝国主義についてはは一度も言及していないことである。フォースターの小説『ハワーズ・エンド』を読むかぎり、帝国主義について見すごすことはむつかしいし、無視することなど、なおのことむつかしい。ヘンリー・ウィルコックスとその家族は結局のところ植民地で天然ゴムの生産に従事している。「彼らは植民地精神をもっていた。そして白人がその責務をひそかにまっとうできる場所をいつも捜してばかりいた(8)」のである。またフォースターはしばしばこの事実と対比させたり結びつけたりしながら、イギリスにおけるさまざまな変化、つまりレナードやジャッキー・バスト、シュレーゲル家の人びと、そしてハワーズ・エンドそのものを見舞う変化を描いている。あるいはもっと驚くべきこととして、その著『文化と社会』で帝国主義の経験をまったくあつかっていないレイモンド・ウィリアムズの例もある（このどうしても目につく無視について、ウィリアムズは、あるインタヴューのなかで問い詰められたことがあった。帝国主義は「二次的でも外的なものでもなく――イギリスの政治的・社会的秩序の性格全体を決定的に構成している……明白な事実」[9]ではないかと問い詰められたとき、ウィリアムズは自分のウェールズ出身という経験が、本来なら帝国主義の経験について考えるようすがになっていたはずのところ、『文化と社会』執筆時には「まったく作用しなかった」と答えている[10]。『文化と社会』のなかで文化と帝国主義について触れたページは、じれったくなるほど少ないばかりか、その本全体の主要な思想にとって周辺的な扱いしかうけていない。

このような無視はなぜ起こったのか。また帝国主義のヴィジョンの重要性が、帝国主義を生み出した文化によって、いかにして登録され支持されたのだろうか。またその後いかにしてある程度まで偽装されたのか、またさらにいかにして変容させられたのか。もしあなたが、過去に植民地であった地域の出身者であるなら、帝国主義というテーマは、あなたの精神形成において決定的に重要な役割をはたすであろうし、しかもあなたがヨーロッパ文学に入れ込んでいる熱心な批評家でもあるなら、かならずや帝国主義のテーマにひきつけられるだろう。インドやアフリカの英文学者が『キム』とか『闇の奥』を読むときには、アメリカやイギリスの英文学者とはまったくちがった切実さをともなって読むことになろう。けれども、文化と帝国主義との関係を、たんなる個人的な経験からくる主張の枠を超えて、形式化するにはいかなる方法があるのだろう。かつて植民地であった地域の出身者たちが、帝国主義ならびに帝国主義時代の偉大な文化的作品を解釈する者として登場するに及んで、帝国主義は、研究課題や強力な読みなおしの課題として、目立ちすぎるとまではいかなくとも、ともかく認知された課題となったのである。けれども、これまでずっと文化的言説の周辺におかれてきたところの、帝国主義に関する経験なり研究が、いかにして、近年の理論的関心事と活発な接触をもつようになるのだろうか。

帝国への関心を、近代の西洋文化の重要な構成要素とみなすことは、すでに示唆したように、植民地維持派の擁護論の観点のみならず反植民地主義闘争の観点から近代の西洋文化を考えることになる。これはいかなることか。まず、ディケンズでもオースティンでも、あるいはフローベールでもカミュでも、誰でもよいのだが、二十世紀中頃までの西洋の作家たちが、ヨーロッパ人によって維持されている海外領土とつながってゆくような、また海外領土から恩恵をこうむったりしているような人物なり場所なり状況なりを書くとき、もっぱらヨーロッパの読者しか念頭になかったということに留意すべきである。しかし、オースティンが『マンスフィールド・パーク』においてアンティグア諸島に言及したり、『説きふせられて』でイギリス海軍が訪れる地域について言及しても、カリブ諸島の人びとが、あるいはインドの原住民が、どのようにそれを受けとめるかについては一考だにしていないからといって、わたしたちもそうした作家たちと同じことをしてよいという理由にはならない。わたしたちはいまや、非ヨーロッパ系の民族が、彼らに押しつけられた権威を従容と受け入れたりはしないこと、また彼らの存在に課せられた沈黙――たとえその強制力がどのようなかたちで希釈されようとも――を受け入れたりもしないことを、知っている。それゆえ、わたしたちは、近代と前近代の欧米の文化における偉大な正典的テクストのみならず、望むらくはテクスト群全体を読み、そのような作品のなかで沈黙させられ周辺に追いやられイデオロギー的にゆがんで表象されているもの（わたしはキプリングの小説におけるインド人の登場人物を考えているが）を、明るみにだし敷衍し強調し、それに声をあたえるようつとめなければならないのだ。

わたしが「対位法的読解」と呼んだものは、実践的見地からいうと、テクストを読むときに、そのテクストの作者が、たとえば、植民地の砂糖プランテーションを、イギリスでの生活様式を維持するプロセスにとって重要であると示しているとき、そこに何が関係してくるかを理解しながら読むことである。またさらに、あらゆる文学テクストにいえることだが、文学テクストは、その形式上のはじまりと終わりによって永遠に閉じられ拘束されることはない。『デイヴィッド・コパーフィールド』におけるオーストラリアに対する言及、あるいは『ジェイン・エア』におけるインドに対する言及は、それらが言及可能であるがゆえになされるのである。つまり大がかりな植民地収奪について、小説家がことのついでに言及することを可能にしているのは、イギリスという国家権力そのものである（それは小説家のたんなる気まぐれではないのだ）。しかし次のさらなる教訓も、これにおとらず真実をついているかもしれない。つまり海外植民地は、やがて、直接支配からも間接支配からも解放されるのだが、このプロセスは、イギリス（あるいはフランスやポルトガルやドイツなど）がまだそこにいたときからすでにはじまっていたのである。たとえ、このプロセスが、原住民のナショナリズムを抑圧するいとなみのひとつとからまりあっていても、その点については、おざなりな注目のされかたしかされてこなかったとしても。要は、対位法的読解は、両方のプロセス、つまり帝国主義のプロセスと、帝国主義への抵抗のプロセスの両方を考慮すべきであるということだ。テクストを読むときに、視野をひろげ、テクストから強制的に排除されているものをふくむようにすればいいのである。たとえばカミュの『異邦人』から排除されているのは、フランスの植民地主義の歴史全体であり、アルジェリア人国家の破壊であり、その後の独立アルジェリアの台頭（カミュはこれに反対した）である。

それぞれのテクストに、それ独自の特質《ジーニアス》というものがある。ちょうど世界のそれぞれの地域で気風《ジーニアス》がちがうように。そしてそれぞれのテクストは、せめぎあい重なりあう経験と相互に依存しあう諸々の歴史をひきずっている。文化的作品に関するかぎり、個別性と高度な抽象性（つまり秘儀的な超越性）とのあいだに有益なかたちで区分をもうけることができる。いわずもがなのことだが、どのような読解も、個々のテクストや個々の作者や個々の物語の展開の独自性を消し去るところまで抽象的になったり一般的になったりすることはさけるべきだ。これは裏をかえすと、特定の作品なり作者をめぐって、たとえどれほどこれは確実である、あるいはこれこそ確実であると思われたことでも、議論の余地をのこすようなものがあることを認めるべきであるということだ。キプリングのインド（『キム』における）には、過去から未来永劫にわたってつづくという存在感のようなもの、また偶然に左右されない必然的な存在感のようなものが濃厚にただよっているが、この存在感は、この瞠目すべき小説に固有の特質というにとどまらず、イギリス支配下のインドの歴史とその行政官ならびに植民地擁護者たちも共有しているのだが、それにおとらず重要なこととして、インドを奪い返すべき国として戦ったインドの民族主義者たちにとってのインドも共有している。キプリングのインドから感じ取られる植民地支配強化の圧力と、それに反対する圧力について考察することで、わたしたちは、芸術作品が加工したかたちの帝国主義のプロセスそのもののみならず、のちの反帝国主義運動のプロセスもいっしょに理解する。テクストを読むときに、わたしたちはテクストを、テクストに流れ込んでいるものと、作者がテクストから排除したものの両方に関連づけて読まなければならない。個々の文化的作品は、ある一瞬のヴィジョンであり、わたしたちがなすべきは、この一瞬のヴィジョンを、そのヴィジョンが喚起しうるさまざまな修正《リヴィジョン》＝再ヴィジョン――キプリングの場合、独立後のインドにおける民族主義者の経験――と対置することである。

つけ加えるなら、物語の構造を、物語が頼みの綱とした思想なり概念なり経験なりとむすびつけるべきなのだ。たとえばコンラッドの描くところのアフリカ人は、コンラッド自身の個人的経験の所産であるとともに、いうなれば〈アフリカニズム〉の巨大な図書館から生まれたものでもある。テクストの言語のなかには、直接的経験とか、世界の直接的反映というようなものは存在しないのだ。コンラッドがいだくアフリカの印象は、アフリカに関する通説なり文章――コンラッドが『個人的記録』で言及しているような――の影響からまぬがれてはいない。コンラッドが『闇の奥』に投入したのは、アフリカに関する文章から作者が得たさまざまな印象が創造的にまじりあったものだ。そこに、物語上やむをえぬ変形と約束事、コンラッド自身の特質《ジーニアス》なり経歴が付け加わる。この途方もなく豊かな混淆をまえにして、それを、アフリカの「反映」であるとか、さらにはアフリカ経験の反映にすぎないと語るのは、どことなく臆病で、だいいち事実ともかけはなれている。『闇の奥』という、影響力の大きな作品、多くの解釈やイメージを生んだこの作品のなかでわたしたちが手にするのは、特定の意図と目的から帝国化されたこの地域をめぐってはげしくぶつかりあう多くの利害と思想によって、とことん政治化されイデオロギー化されたアフリカであって、アフリカの真にせまる文学的「反映」などではないのだ。

いやそれは事態をおおげさにとらえすぎているといわれるかもしれないが、わたしが主張したいのは、『闇の奥』と、そこに描かれるアフリカのイメージは「たんなる」文学であるどころか、コンラッドがこの作品を創作中に猖獗をきわめた「アフリカ争奪戦」現象に、とことんからめとられ、まさにその有機的な一部となっているということなのだ。コンラッドの読者層が当時限られていたのはたしかである。またコンラッドがベルギーの植民地政策にあくまで批判的だったのもたしかである。しかし、ほとんどのヨーロッパ人にとって、『闇の奥』のような、当時としては珍しいテクストを読むことは、アフリカにもっとも接近する方法であったし、この意味でいうかぎり、この小説は、アフリカに触手を延ばし、アフリカについて考え、アフリカについて計画を練るというヨーロッパ人のいとなみの一部であった。アフリカを表象することは、アフリカをめぐる戦いに参入することであり、またこの戦いと避けられぬかたちでむすびつく後の時代の抵抗と脱植民地化運動などに参入することだった。

文学作品、とりわけ帝国を明確に主題とする作品は、政治性がきわめて濃厚で、なおかつ、政治性がすみずみにまで浸透した背景のなかに、本質的に未整理の、さらには処理しにくい要素をかかえているものである。けれども、その手なずけがたい錯綜性にもかかわらず、『闇の奥』のような作品は、洗練化あるいは単純化の産物であり、つまり作者によっておこなわれた一連の選択の産物であり、この選択は、現実の混沌と錯綜性を捨象したものである。もちろんそうした作品を抽象的と考えるのは正しくないだろう。けれども『闇の奥』のような小説は、物語の要請に沿うよう、作者によって綿密に造型され、また読者を戸惑わせてきた作品であって、その結果、わたしはこう付け加えたいのだ——物語そのものが、アフリカのイメージをめぐる闘争に対し独特なかたちで参入しているのである、と。

かくも異種混淆的で、かくも不純で、かくも錯綜としたテクストは、それを解釈するときには、とりわけ絶えず怠らぬ注意を必要とする。近代の帝国主義は地球全体をまきこむ包括的なものであるため、実質的に、なにものもそれを逃れることはできなかった。そのうえ、すでに述べたように、十九世紀における帝国競争は現在もまだつづいている。それゆえ文化テクストと帝国主義との関連をみるみないが、既定の事実のなかで立場をとることにつながる——その関連を批判し、べつの選択肢を考えるために研究するのか、その関連を放置し検討しないでおき、おそらくは変えたくないため研究しないのか。わたしが本書を執筆する理由のひとつは、海外領土を求め、海外領土に関心をよせ、海外領土を意識することがどのくらい広範囲におこなわれていたかを証明すること——コンラッドばかりではなく、ふつう海外領土問題とはむすびつけて考えられていない作家たち、サッカレーとかオースティンなどについてもそれを証明すること——であり、またさらに批評家にとってもこうした題材に着目することが、いかに作品を豊かなものにし、またいかに重要であるかを証明することである。これは明白な政治的理由ばかりではない。すでに論じてきたように、この種のことに注目することで、読者は、十九世紀や二十世紀の正典的作品を、これまでにない新鮮な角度から解釈できるのである。

『闇の奥』にもどろう。この作品のなかでコンラッドは、こうした問題に肉薄するために無気味なまでに示唆的な出発点を提供している。思い出していただきたい。語り手のマーロウが、ローマの植民者と現代の植民地主義者との、うがった対比をおこない、ヨーロッパの帝国主義を特徴づけるところの、権力、イデオロギー的エネルギー、そして現実的姿勢との特殊な混淆について解明していたこと、を。古代ローマ人は、マーロウによれば「植民者ではない。彼らの管理とは、ただ搾り取ることだけであり、それ以外のなにものでもない」。このような人びとは征服はするが、それ以外のことをなにもしない。これとは対照的に、「われわれを隷属化しているのは、効率である——ひたすら効率を求めることにわれわれは献身している」。ローマ人は、暴力に依存してはいたが、暴力は「他民族の弱みにつけこんだ偶然の産物」にすぎない。しかしながら今日、

大地の征服、それがおおむね意味するのは、異なる皮膚をもつか、われわれ自身よりもすこしばかり鼻の低い者たちから土地を奪い取ることを意味するのだが、それをよくよく調べてみればおよそほめられたものではない。それを贖《あがな》えるものは、理念だけである。その背後にある理念、感傷的な言い訳ではなく理念、そしてその理念に対する自己滅私の信仰——この理念に対してなら、お膳立てをし、その前にひれ伏し、そして貢ぎ物をささげることができる……。(11)

川伝いにアフリカの奥地にすすむ旅を記述するなかで、マーロウは、この主張を敷衍し、帝国主義の実践における、ベルギーのやらずぶったくりの植民地経営と、(それと暗黙のうちに対比される)イギリスの合理的経営とを峻別するのである。(12)

　このコンテクストでは救済という考えかたがおもしろい。ローマ人やベルギー人は、貪欲なだけで、彼ら自身の良心にも、彼らが支配する原住民の土地や肉体にも、なにも恩恵をもたらさないが、彼らとはちがって「われら」は断罪からまぬがれている。「われら」は救われる。なぜなら、第一に、自分たちのしていることをわれわれは直視しなくともよいからだ。つまりこうである。われらが囲い込まれまたどっぷりとつかっているのは効率重視の実践であり、これによって土地と人間は完璧に利用される。領土とその住民は、われらの支配体制に編入される。そしてそれによって今度は、われらがみずからを編成し、緊急の事態に効率的に対処できるようになる。またさらにコンラッドはマーロウをとおして、贖いについて語っている。贖いは、救済の一歩先をゆくものだ。もし救済によってわれらが救われ、時間と金銭が救われ〔＝節約され〕、たんなる短期的征服の破壊をしなくてすむのなら、贖いは救済をさらにもっと押し広げる。贖いとは、時間を超越した理念あるいは使命をもちだして自己正当化する実践のなかに見いだせる。皮肉なことに、あなたが最初に祭り上げたものによってあなたは完璧に囲い込まれ、おまけにあなた自身その前にひれ伏してしまうのだ。そしてこのことは当然のものとしてなんら問われることのない不可視なものとなるため、わざわざ研究するにはおよばないということになる。

　したがってコンラッドは帝国主義の、ふたつのまったく異なるが緊密に関係づけられる側面を要約しているといえよう。まず領土を奪取する権力の上に築き上げられた理念がある。その力の行使と、その見紛うことなき帰結によってむきだしになるところの理念だ。そしていまいっぽうには、このことを偽装したり隠蔽するのを本質とする実践がある。この偽装と隠蔽が可能になるのは帝国主義の犠牲者と帝国主義の推進者とのあいだに割って入る自己正当化する体制――自己尊大化に走り、自己捏造する権威に支えられている――を整備したからである。

もしわたしたちが、コンラッドの議論を、瓶に入ったメッセージのごとく『闇の奥』からただ拾い上げるだけなら、その途方もない可能性を見失うことだろう。コンラッドの議論は、コンラッドが受け継ぎ実践した物語形式そのものに刷り込まれている。わたしは力説したいのだが、帝国なくして、わたしたちが現在知っているところのヨーロッパ小説は存在しないし、ヨーロッパ小説を生みだした衝動を研究すれば、かならずや、小説の構成要素となる物語的権威のパターンと、帝国主義へとむかう姿勢の土台となる錯綜したイデオロギー的複合との、偶然ではない収斂を見いだすことだろう。

ヨーロッパ小説の作家たち、また批評家や理論家たちは誰もみな、ヨーロッパ小説の制度的性格に気づいている。小説はその根底においてブルジョワ社会とむすびつけられる。シャルル・モラゼの言葉を借りるなら、小説とは、彼が〈征服するブルジョワ〉と呼ぶ者たちによっておこなわれた西洋社会の征服に随伴する、いや、実質的に、その一部なのである。また、これにおとらず意味あることとして、小説がイギリスにおいて『ロビンソン・クルーソー』によってはじまったこともあげられる。小説の開祖となったこの作品の主人公は、新しい世界を確立し、キリスト教とイギリスのためにその世界を支配し領有しようとするのだ。クルーソーが海外拡張のイデオロギーによって影響を受けていることは明白である――その小説は、広大な植民地帝国の基盤となった十六世紀と十七世紀の探検航海の物語の延長線上に、形式ならびに様式の点で位置づけられる――が、しかし、デフォー以後の主要な小説、ならびにデフォー自身の後期の小説が、胸おどる海外拡張の未来像に単純に突き動かされているようにはとてもみえない。『キャプテン・シングルトン』〔一七二〇年出版のデフォーの小説〕はインドとアフリカをまたにかける海賊の物語であり、『モル・フランダーズ』〔一七二二年出版のデフォーの小説〕において、主人公が犯罪生活からめでたく縁を切れるクライマックスは、新世界においてはじめて可能であったともいえるのだが、しかしフィールディングやリチャードソンやスモレットやスターンは、彼らの物語を、富の蓄積や海外領土の拡張と直接むすびつけてはいない。けれども、こうした小説家たちは、慎重に調査されたイギリスの領土全体に作品を位置づけ、またそこから作品を引き出しているので、デフォーが先見の明によってはじめたことと無関係ではない。ところが十八世紀イギリスの小説に関する著名な研究——イアン・ウォット、レナード・デイヴィス、ジョン・リケッティ、マイケル・マキオンらによる——は小説と社会空間との関係にかなり注意をはらっているが、帝国主義的な展望についてはは無視するばかりである。[13] これは、たとえばブルジョワの誘惑行為や貪欲さを綿密に構築するリチャードソンの小説が、それが書かれていた時期にイギリスがインドで起こした対フランスの軍事行動と直接むすびついているかどうかはっきりしないというような問題ではない。リチャードソンの小説がイギリスのインドでの軍事行動と関係していないのは明らかである。しかし、わたしたちは植民地活動と小説の両分野において共通の価値観を見いだすのだ。たとえば、競争について、困難と障害を乗り越えることについて、時間をかけて原則と収益とをむすびつけることによって権威を確立するという忍耐づよさについて。いいかえると、わたしたちは、『クラリッサ』と『トム・ジョーンズ』の大いなる空間が、こうしたふたつのものを合体させていることについて批評的意識をもたねばならないのだ。海外に進出し支配するという帝国のプロジェクトを支援する国内の状況がいっぽうにあり、また、まず積極的に進出して居住しそこでの生活を満喫したあと、規律なり境界なりが確定されてゆく空間のなかで、いかにして羽をひろげ動きまわるかについての実用的な物語がもういっぽうにある。

わたしはここで小説——あるいは広い意味でいう文化——が帝国主義の「原因」となったといわんとしているのではない。そうではなくて、ブルジョワ社会の文化的産物としての小説と、帝国主義そのものは、おたがいに相手なくして考えることができないということである。主要な文学形式のうち、小説は、もっとも新しく、その登場は、もっとも正確に日時を特定できるものであり、その生起はもっとも西洋的であり、その社会的権威樹立の通常のパターンはもっとも綿密に構造化されている。帝国主義と小説は、たがいに他を強化し、そのあげく、わたしが言いたいのは、どちらかいっぽうを読みとくには、かならずなんらかのかたちでもういっぽうも扱わないと先に進めないということなのだ。

もちろんこれですべてではない。小説は、同化吸収型の、疑似百科全書的な文化形式である。小説には、高度に規則化されたプロット・メカニズムが、そしてまたブルジョワ社会の既存の制度ならびに権威や権力に依存する社会的関係の総体が、つまっている。小説のヒーローやヒロインたちは、投機的なブルジョワジーに特有の落ちつきのなさとエネルギーを示している。彼らは冒険することが許され、冒険の経験をとおして彼らは、できることとの限界、行けるところの限界、成りうるものの限界を知ることになる。それゆえ小説は、ヒーローもしくはヒロインの死によって終わる（ジュリアン・ソレル、エマ・ボヴァリー、バザーロフ、日陰者ジュード〔順にスタンダール『赤と黒』の、フローベール『ボヴァリー夫人』の、ツルゲーネフの『父と子』の、ハーディの『日陰者ジュード』の主人公〕）か、つまり彼らのあふれんばかりのエネルギーが、秩序ある社会の規範にうまく適合できなかったために死ぬか、さもなくば主人公が安定した地位を得て終わる（通常それは結婚なり、身分の確定をもって終わる――オースティンやディケンズやサッカレーやジョージ・エリオットの小説の場合）かの、いずれかである。

ただ、なぜ小説に重きをおくのか、なぜイギリスだけに重きをおくのかという疑問をもたれるかもしれない。またさらに、小説という狭い分野の美的形式と、「文化」とか「帝国主義」といった大きな話題や事業との間に、どのように橋渡しができるのかと問われるかもしれない。これに対して、まず、第一次世界大戦の終結以前に、大英帝国は、疑問の余地なき支配的大帝国にのしあがっていたことがあげられよう。これは十六世紀後期にはじまったプロセスの結果である。帝国獲得のプロセスは、きわめて強力であり、その帰結は、きわめて明確であったため、シーリーやホブスンによれば、十九世紀の終わり頃に、帝国は、英国史において中心を占める事実となり、そこにさまざまな活動を吸収することになった[14]。イギリスが、ヨーロッパのなかで競争相手もなく一人勝ちの状態で、小説という制度を創出し維持したことは、まったくの偶然ではない。フランスはすくなくとも十九世紀前半においては、小説よりももっと高度に発達した知的制度――アカデミー、大学、研究所、定期刊行物など――を誇り、アーノルド、カーライル、ミル、ジョージ・エリオットといった一群のイギリス人知識人をうらやましがらせることしきりであった。しかし、イギリス側のこの立ち遅れを補償するものとして、驚くべきことに、イギリス小説が、着実に発展し、しだいにゆるぎなき支配的地位を確保するにいたったのである（なおフランス文化においても一八七〇年以後、北アフリカの存在が帝国首都であるパリにおいてもゆるがせにできない存在と化してゆくと、イギリスに匹敵する美的・文化的編成が生まれることになる。この時期は、ロチが、初期のジッドが、ドーデが、モーパッサンが、ピエール・ミルが、プシカリが、マルローが、またセガレンのような異国趣味作家たちが、そしてもちろんカミュが、国内状況と帝国状況とのあいだのグローバルな調和をめざすプロジェクトに着手していた）。

一八四〇年代までに、イギリス小説は、イギリス社会のなかで、確固たる芸術形式にして、また、いうなれば主要な知的な声としても、卓越した地位を確立するにいたる。小説が、たとえば「イギリスの状況」問題において、途方もなく重要な場所を占めるにいたったがゆえに、わたしたちは小説が大英帝国にも参加しているとみることができる。イギリス人の男女からなる、レイモンド・ウィリアムズのいう「顔見知りの共同体」を実現するかたちで、ジェイン・オースティン、ジョージ・エリオット、ギャスケル夫人はイギリスという理念を形成し、それに確固たるアイデンティティや存在感をもたせ、なおかつ、その理念を語る方法が、以後も再利用できるようにしたのだ。(15) そのような理念の一部となったのが、「故国《ホーム》」と「海外《アブロード》」との関係である。かくしてイギリスは綿密に調査され価値評価され馴染みぶかいものにされるいっぽう、「海外」のほうはおざなりに言及されるか、簡潔に示されるだけで、そこには、ロンドンや田園地帯、マンチェスターやバーミンガムといった北部の産業都市について語られるときの、あふれんばかりの存在感なり親密感なりは微塵もみられなかったのである。

小説によってなされたこの着実で、ほぼ完璧な支援作業は、イギリスに特有のものであり、国内における重要な文化的連携行為《アフィリエーション》とみなさねばならないのだが、このことは、インドやアフリカやアイルランドやカリブ海地域で起こった出来事にくらべると、ほとんど記録されていないし、まだ研究もされていない。ただ、イギリスの海外政策と、イギリスの財政・貿易との関係にみられるアナロジーのほうはすでに研究されている。この関係がいかに緊密でまた錯綜しているかについては、D・C・M・プラットの古典的（だがいまもなお議論されている）研究書『イギリスの海外政策における財政、貿易、政治、一八一五－一九一四年』から、かなり生々しく知ることができるし、イギリスの貿易と帝国拡張との類をみない双子化現象が、教育とかジャーナリズムとか異人種結婚とか階級といった文化的・社会的要因といかにむすびついているかについても知ることができる。プラットは「社会的・知的契約関係［友情、慈善、相互扶助、共通の社会的・教育的背景］が、イギリスの海外政策の原動力に現実になった」と語りながらも「［こうした一連の契約関係の実際の成果についての］具体的証拠はおそらく存在していない」としている。けれども、もし「海外貸付とか……公債保有者保護とか海外における契約と譲歩の奨励」といった問題に対して政府の姿勢がどのように変化していったかを調べてみれば、わかるのだが、そこにはプラットのいう「分業観」が成立していた。これは、帝国が、あらゆる階層や領域の国民によって支えられるものであるという、一種のコンセンサスである。これは「官僚や政治家の行動のパターンのようなものを示唆[16]」することになろう。

この観点の特徴を示す最良の方法は何であろう。一八七〇年頃までイギリスの政策は（たとえば初期のディズレーリ政権によれば）帝国を膨張せず、「帝国を維持し管理し、崩壊から防ぐ[17]」ものであったことについては、学者間で合意をみているようである。この課題にとって中心的な位置を占めたのはインドであった。インドは「分業」観において、安定した継続性をほこる成功例としての地位を得ていた。けれども一八七〇年以降（シュンペーターは一八七二年の水晶宮におけるディズレーリの演説を、「国内政策のうたい文句」ともなった攻撃的帝国主義への転換の指標として引用しているのだが[18]）、インドを保護すること（ただし最終的にはインドだけでなく帝国全体が問題になるのだが）と、他の大国、すなわちロシアとの競争に負けないこと、この使命をかかげることで、イギリスはアフリカや中東や極東への帝国膨張を正当化したのである。以後、地球上のいたるところで、「イギリスは、すでに獲得したものを維持することに汲々とした」とプラットはいう、「そしてイギリスが獲得したものはなんであれ、それ以外の地域を維持するのに役立つという理由から必要とされた。イギリスは満ち足りた側に属していたが、持てるものを保つためにこれまで以上に戦わなければならなかったし、また失うものも格段に多かった[19]」。イギリス政策の「分業観」は基本的に慎重なものであった。ロナルド・ロビンソンとジョン・ギャラガーがプラットのテーゼを定義しなおして述べたように、「イギリスは、可能ならば、貿易と影響力によって膨張するだろう、しかし、やむなくば帝国支配によって膨張するであろう[20]」と。ロビンソンとギャラガーが注意をうながしているように、わたしたちは次のことを矮小化したり、忘れてはならない。インド人の軍隊は一八二九年と一八五六年のあいだに三度中国に派遣されたし、そして以下の地域ですくなくとも一度は派遣されたのである――ペルシア（一八五六年）、エチオピアとシンガポール（一八六七年）、香港（一八六八年）、アフガニスタン（一八七八年）、エジプト（一八八二年)、ビルマ(一八八五年)、ガセ(一八九三年)、スーダンとウガンダ(一八九六年)。イギリスの政策は、インドを帝国商業の防塁としただけでなく、いわゆる白人植民地(オーストラリア、ニュージーランド、カナダ、南アフリカ、さらにはアメリカにおけるイギリス領)はいうにおよばず、イギリス本土(また植民地問題に絶えずゆれつづけていたアイルランド)をも、帝国商業の防塁とするにいたる。イギリスは他のヨーロッパ諸国やアメリカといった大国において類例をみないかたちで、海外領土と国内領土に継続的に投機をおこない、管理維持を強化し、そのあげくこれらの地域では、契約破棄、一攫千金か破産、場当たり的な事業がこれまでになく横行することとなった。

要するに、イギリスの権力は、耐久性があり、たえず維持強化されたのだ。そしてこれに関連し、しばしば政治に隣接する文化領域において小説が、イギリスの帝国権力を綿密に錬磨《エラボレイト》しまた明確化し、小説は、他の国々にはみられぬかたちで文化領域の中心に位置してその存在を誇示しつづけた。けれどもわたしたちはまた、できるかぎり、速断を下さず慎重でなければならない。小説は軍艦でもなければ銀行手形でもない。小説はまず、小説家の努力のたまものであり、また読者によって読まれる対象として存在する。小説はやがて増殖蓄積され、ハリー・レヴィンがよく文学制度と呼んでいたものと化すが、しかし、だからといって、小説が、読者や他の小説家によって小説として認知され受容される出来事なり継続的ないとなみとしての地位を、あるいは小説独自の強度のようなものを失うことはない。小説は、その社会的存在にもかかわらず、社会的潮流に還元されることはないし、小説を、階級とかイデオロギーとか利害を表象する副次的な形式として扱うのは、美的にも文化的にも政治的にみても、小説の独自性をくみとっていないことになる。

けれども、小説は、(現代の解釈派のひとり、たとえばヘレン・ヴェンドラーが示唆しようとしているように)孤独な天才の手になる産物で、無条件の創造性の表出としてのみみなせばそれでよいというものでもないだろう。もっともエキサイティングな現代の批評のいくつか――フレドリック・ジェイムソンの『政治的無意識』とデイヴィッド・ミラーの『小説と警察』は、なかでもふたつの優れた実例である[21]――が示しているのは、小説全般、そして個々の物語行為は、西洋社会において、一種の社会調整機能をもつ存在であるということだ。ただこうした記述、他の点では申しぶんなく価値のある記述から漏れているのは、小説や物語行為が起こる現実の世界についての輪郭である。イギリスの作家であることの意味は、たとえばフランスやポルトガルの作家の場合とはまったくちがう特殊な性格をもっている。イギリスの作家にとって、「海外」というのは、海の彼方にあることが、ぼんやりと、それとなく感じとられるような、エキゾチックで奇異な世界であり、なんらかの点で、「われわれのもの」といえる地域で、ふつうは管理し「自由に」貿易をおこなえる地域だが、現地人がエネルギーを結集してまっこうからの軍事的抵抗や政治的抵抗を示すときにはそれを断固弾圧すべき地域でもあるのだ。こうした感情なり姿勢なり言及行為に小説はおおいに貢献していたし、地球全体に関しての確固たるヴィジョンあるいは分業としての文化観のなかの主要な要素となっていた。

そこでわたしが特定すべきは、小説による貢献がいかなるかたちでおこなわれたかであり、またこれとは逆のことだが、一八八〇年以後浮上し蔓延したより攻撃的で帝国主義的な感情を、どうして小説は緩和することも禁ずることもなかったのかということである[22]。小説は、読者の読書体験のなかではつねに一貫して現実の絵姿であり、実際に小説が錬磨し維持しているこの現実像たるものは、小説が他の小説から受け継いできたものであり、それを小説家は自身の置かれた状況なり自身の天分なり偏見に応じて分節化しなおしたり模様替えをしている。プラットは「分業化観」にみられる保全思想を正しく強調しているが、これは小説家にとっても重要である。十九世紀のイギリス小説は、イギリスの存在の継続性を強調している（継続性とは、革命騒ぎによって転覆されたりしないということだ）。またさらに小説は植民地を手放せと喧伝するかわりに、長期的な観点を採用していた。つまり植民地はともかくイギリス統治の傘のなかに入る以上、そのイギリス統治こそ、一種の規範となるのであって、だからこそ植民地とともに維持しなくてはいけないという観点である。

ここにあるのは、中心としてのイギリスにおいて、また周辺部でイギリスとむすびつけられる一連の海外領土において、ゆっくりと時間をかけて構築された現実像――社会的にも政治的にも道徳的にも、きわめて詳細に整理され区分された現実像――である。十九世紀全体におけるイギリスの帝国政策の継続性――実際のところ物語にすぎないのだが――には、これを支援するかたちで小説が寄り添っていた。なにしろ小説の主たる目的とは、問題を提起しないこと、ことをあらだてないこと、攪乱しないこと、さもなければ注意をひかないこと、そうして帝国を多かれ少なかれ今の姿のままにとどめておくことなのだから。たとえば『虚栄の市』とか『ジェイン・エア』に登場するインド、『大いなる遺産』に登場するオーストラリアを例にあげれば、小説家たちは、そうした地に言及したり触れたりする以上のことをすることは夢想だにしていないのだ。つまりここにある考えかたとは、海外領土は（自由貿易の全般的規則をなぞるかのように）自由に使用できる地域、意志のまま動かすことができる地域、小説家の意図に従う地域であり、通例、移民とか一山あてるとか追放されるといった比較的単純な用途にしかむいていないということであろう。たとえば『ハード・タイムズ』〔一八五四年刊行のディケンズの小説〕の最後で、トムは植民地へと追いやられ、それで終わりである。ただようやく十九世紀中頃になってはじめて、帝国は注目にあたいする主要な対象となる。帝国は、ハガード、キプリング、ドイル、コンラッドといった作家たちのなかだけでなく、当時、台頭してきた言説形式――民族誌、植民地経営と植民地理論と植民地経済問題、非ヨーロッパ地域の歴史記述――、ならびに特殊な話題――オリエンタリズムから異国趣味それに大衆心理といった専門的な話題――においても着目されるようになる。

　小説が、こうした姿勢と言及の、ゆるやかかつ堅実な構造を分節化してこしらえたものは、現実においてさまざまに解釈された。わたしはここで四つの帰結を指摘しておきたい。まず最初は、文学の歴史において、帝国を正面きって扱っていないと通常みなされてきた初期の物語と、帝国について語っていることが明白な後期の物語とのあいだにこれまでにない有機的なつながりが見いだされたことである。キプリングやコンラッドの前に、オースティンやサッカレー、デフォー、スコットそしてディケンズが地ならししたことがみえてきた。しかもキプリングやコンラッドらはまた、彼らの同時代人であるハーディやジェイムズらとも興味ぶかいかたちでむすびつけられることになった。それまではハーディやジェイムズらは、彼らよりも帝国にかかわることの多い作家たちによって示された海外事情に、ときおり偶然にからむだけとみられてきたのだ。しかしこの時期のすべての作家たちの作品にみられる形式的特徴や内容は、同じ文化編成に帰属している。みかけのちがいは、屈折のしかた、強調のおきかた、力点のちがいにすぎなかったのである。

　第二にあげられるのは、姿勢と言及の構造によって、権力の問題すべてが提起されることである。現代の批評家が、小説に規制的な権威あるいはもろに政治的な権威を付与すれば唐突の感はまぬがれないし、またそのようなことはしないだろう。しかしわたしたちは忘れてはいけない。小説というのは、きわめてゆるやかに隠微に進む政治に関与し、その一部となり、それに貢献してもいるということ、を。ここでいう政治とは、イギリスと世界とに関する認識や姿勢を、分類したり強化したりあるいはことあるごとに押し進めたりする政治のことである。驚くべきは、小説のなかでは、彼方の世界は、なにかに従属したり支配されたもの以外の姿をとらないことであり、イギリスの海外での存在が調整的かつ標準的なもの以外の何物でもないとみられていることである。『インドへの道』のなかのアジズ裁判のこれまでにない新しさは、作者のフォースターが、「法廷のもろい枠組み」[23]を見限ってしまうのだが、それは、イギリスの権力（現実のもの）が譲歩してインド人に対し公平な審判（現実にはありえない）をおこなうという裁判そのものがありもしない「ファンタジー」だからである。それゆえフォースターは、その場面を（ある種のいらだたしさすら感じられるのだが）さっさときりあげて、インドの「複雑さ」に話題を転換してしまうのである。インドの「複雑さ」は二十四年前にキプリングが『キム』で示して以来、まったく変わっていない。ただしふたつの小説の主たる差異は、抵抗する原住民のゆるがせにできぬ攪乱性がフォースターの意識に深く刻みこまれていることである。キプリングには易々と一蹴できたものをフォースターは無視できなかったのだ（ちなみにキプリングは、一八五七年のかの有名な「大反乱」ですら、それをインド人のイギリス支配への深刻な抵抗ではなくて、たんなる気まぐれ程度にしかみなさなかった）。

小説が権力関係の不均衡を強調したり容認しているかどうかを確認するには、読者が個々の作品からその徴候を実際に拾い上げてみなければならないし、また、小説の歴史を、首尾一貫した継続的な営為とみなければならない。イギリスの海外領土の堅固な存在と、そのおおむね変化することのない「分業観」が、十九世紀全体をとおして維持されたのと軌を一にして、海外領土を美的（またそれゆえ文化的）に把握することもまた、どこまでも文学的な方法で、小説の一部、それもときには偶然の産物として、また時には重要な一部として、維持されたのである。小説のもたらす「強化されたヴィジョン」は、一連のたがいに重なりあう現状肯定行為のひとつとして誕生し、それによってヴィジョンの統一性が維持されたのである。これが、個々に異なる媒体あるいは言説（小説や旅行記や民族誌）から生まれた観点のなかでおこなわれ、けっして外部から押しつけられた観点にうながされたものではなかったため、そこに同調と協調と自発性がそれとなく感得できた。それが、明確にあるいは明白に掲げられた人気の高い将来計画となるのは、帝国のプログラムが、より明白になり、より直接的な大衆プロパガンダとなるすくなくとも十九世紀後期になってからのことである。

第三の点は、ざっといくつかの例をあげ、その例に語らしめるのがもっともよい方法であろう。『虚栄の市』には終始一貫してインドに関する言及がなされるが、いずれもベッキーの運命の変化、あるいはドビンの、ジョウゼフの、アメリアの立場の変化にたまたま付随してあらわれるにすぎない。むしろこの小説で最初からわたしたちが気づかずにいられないのは、ワーテルローの戦いで頂点に達するイギリスとナポレオンとの抗争である。こうした海外事情に関する次元が認められるとはいっても、だからといって『虚栄の市』が、のちにヘンリー・ジェイムズによって「国際的テーマ」と呼ばれるようなものを開拓したとはいえないし、また作者のサッカレーが、ウォルポールやラドクリフやルイスのように、作品の舞台をほとんど架空といえる外国に設定した、いわゆるゴシック作家クラブのメンバーだったとはいえないだろう。だが、にもかかわらずサッカレーは、いや、十九世紀なかばの主要なイギリスの作家たち——とわたしは言いたいのだが——も、地球全体を視野にいれる世界観を受けいれていたし、イギリスが支配する海外の広大な領土を無視できなかった（ほとんどの場合、無視はしていない）のである。前に『ドンビー父子』から引用した一節において確認したように、国内秩序は、海外のとりわけイギリス的秩序とむすびつき、そのようなものとして位置づけられ、さらにはそこを参照することによって逆にいろいろなものが明るみにだされたりしたのだ。アンティグアのサー・トマス・バートラムのプランテーションであれ、それから百年後、ウィルコックスが所有するナイジェリアのゴム園であれ、小説家は海外において権力支配と特権を失わずに維持することと、国内においてそれに匹敵するような活動とを、並列していたのである。

わたしたちが小説を注意ぶかく読むとき、わたしがこれまで記述したかなり露骨な「包括的＝地球的《グローバル》」帝国ヴィジョンよりもはるかに詳細で精密な観点を得るだろう。これによって、わたしがこれまで姿勢と言及の構造と呼んできたものの、第四の帰結へと導かれる。芸術作品の自律的統一性を主張する――そうすべきなのだが――なかで、また個々の作家のさまざまな功績を一般的な図式へと押し込めるのを拒否するなかで、わたしたちが認めねばならないのは、小説をたがいにむすびつける構造体は小説そのものの外部に存在してはいないこと、つまり個別的・具体的な「海外」経験は小説のなかでしか得られないということである。これは逆にいうと、個々の小説だけが、たとえばイギリスとアフリカとの関係を活性化し分節し体現できるということだ。そうなると批評家に課せられるのは、作品のパラフレーズ可能な内容に対して、政治的にも道徳的にも賛成できなくとも、その作品を、ただ要約して判断をくだすのではなく、形式上の可能性を、じっくりと読み解き分析することなのだ。ある有名な論文のなかでチヌア・アチェベは、コンラッドの人種差別について批判したが、このとき、アチェベは、芸術形式としての小説が、コンラッドに課したもろもろの限界については、なにも語らないか、ただ一蹴しただけである。しかし、アチェベが小説形式について無関心かというとそうでもなく、彼自身のいくつかの小説のなかでコンラッドを――それも苦労して、独創的に――書き換えたとき、小説形式のはたらきについて理解していることも身をもって示したのである。(24)

こうしたことすべてがイギリス小説にあてはまる。なぜならイギリスだけが、かくも広大な領土を、かくも長きにわたって、かくも傑出したかたちで維持し防御し海外帝国として所有していたからである。たしかにフランスもイギリスのライヴァルであったが、すでにべつのところで述べたように、フランスの帝国意識は、十九世紀後期まで、まとまりがなかったし、帝国の実態も、イギリスに押されぎみで、制度、収益、ひろがりの点でもイギリスにはるかに立ち遅れていた。ただし、十九世紀全般のヨーロッパ小説は、現状の権威を堅固にするだけでなく、洗練し分節するための文化形式でもあった。たとえばディケンズは、法制度や教育制度や官僚制度に対して仮借なき批判をおこない、読者を、反体制へと煽動しているようにみえるが、彼の小説は最終的には、ある批評家が「解決のフィクション」[25]と呼んだものを実現している。解決のためにもっとも頻繁に登場するのは、家族の再会であり、家族とは、ディケンズの場合、いつも社会のミクロコスモスとして機能している。オースティン、バルザック、ジョージ・エリオット、フローベール――著名な作家を何人か列挙しただけだが――において、権威の強化は、私有財産と結婚の両方をふくみ、またその細部に組み込まれている。ちなみに私有財産と結婚、どちらも、小説のなかで疑問をつきつけられることのない制度であった。

わたしがこれまで小説による権威の強化と呼んできたものにまつわる重要な側面は、権威の強化が社会権力や統治の機能とむすびつくことだけでなく、権威を強化することを、規範的かつ当然のことであるように思わせてしまうこと、つまり物語の過程のなかで自己正当化をおこなうことである。これは逆説的なことかもしれない。しかし、思いだしていただきたい。物語主体の構築は、たとえその物語主体がアブノーマルな主体や類例のない主体であっても、それだけですぐれて社会的な行為であり、そうであるがゆえに、物語主体構築は、背後もしくは内部に、歴史的・社会的権威を宿している。まず最初に、作者の権威というものがある――作者すなわち、社会の諸過程についてあますところなく書きしるす者、それも容認された制度的様式で、約束事を遵守し、パターンに従いつつ書きしるす者。次に語り手の権威というものがある。語り手は、その言説によって物語を、認知可能な、それゆえその実在を指示可能な環境につなぎとめておくことになる。そして最後に、共同体の権威と呼べるものがある。共同体の代表はしばしば家族だが、国家、特定の地域社会、具体的な歴史的運動ということもある。こうした権威が、協同で、もっともエネルギッシュに、もっとも目につくかたちで機能したのが、十九世紀初期、まさに小説が、前例のないかたちで歴史の舞台におどりではじめた時期である。コンラッドのマーロウは、こうしたことすべてを直接受け継いでいる。

ルカーチは、ヨーロッパ小説における歴史の出現を、卓越した手腕で解明してみせた(26)――スタンダール、またとりわけスコットは、物語を、民族の歴史のなかにおき、また民族の歴史の一部にしたてあげ、そしてそうすることで、これまでは国王や貴族にしか明らかにされなかった民族の歴史を、万人に開放したのである。かくして小説は、現実の民族の現実の歴史によってかたちづくられた具体的な歴史物語となる。デフォーはクルーソーを、遠隔地のどこかにある名も知れぬ孤島に放置し、モル・フランダースは、曖昧模糊としたカロリン諸島に送りだされたが、サー・トマス・バートラムやジョウゼフ・セドリーは、特定の資産と特定の利益を歴史的にイギリスに併合された領域――カリブ海諸島とインド――から引きだしている。そしてルカーチが説得力あるかたちで示してくれたように、スコットが構築するイギリス国家は、海外での冒険(27)（たとえば海賊行為）と血なまぐさい内紛（一七四五年の反乱、スコットランド高地の部族衝突）から抜けだし、植民地での革命騒ぎにも他のヨーロッパ国家からの挑発にもゆらぐことなく安定した宗主国となる歴史を歩むものであった。フランスでは歴史は、革命後のブルボン王朝復活により反動化し、スタンダールは、フランスの――彼にとっては――嘆かわしい事件の連続を記録にとどめることになる。のちにフローベールが一八四八年の革命においてほぼ同じことをする。いっぽう小説は、ミシュレやマコーレーの歴史書によっても支援され、彼らの歴史記述が、国民のアイデンティティに、奥行きと深みを付け加えることになった。

歴史の領有、過去の歴史化、社会の物語化――こうしたものすべてが小説に力をあたえたのだが――は、また、社会空間、それも、社会的諸目的に利用される空間の、蓄積と差異化をふくむことになる。十九世紀後半の、まぎれもない植民地小説では、このことがさらにもっと明白になる。たとえばキプリングのインドでは、原住民と植民地統治者は、それぞれ異なる秩序をもつ空間に暮らすのだが、キプリングの類稀なる天才は、両方の空間を、探検し、両方の空間を、植民地的棲み分けを攪乱するかのようにこともなげに横断してみせる驚異的主人公、若さとエネルギーにあふれたキムを発案する。ちなみに社会空間における棲み分けは、コンラッドの小説にも、またハガード、ロチ、ドイル、ジッド、プシカリ、マルロー、カミュ、オーウェルの作品にも存在している。

社会空間の基盤となるのは、領土、土地、地理的領域、帝国の具体的・地理的区画、そしてまた文化的競合である。遠隔地について考えること、そして遠隔地を植民地化すること、そこに植民し人口を増したり減らしたりすること、こうしたことすべてが、土地に関して、土地をめぐって、土地ゆえに生起する。土地を実際に地理的に所有することこそ、最終的に帝国が従事することだ。実際に支配することと権力との、特定の場所が何であるのか（何でありえたのか、何になるうるのか）をめぐる理念と現実の土地そのものとの照応の瞬間——まさにこの瞬間、帝国を建設する闘争がはじまる。この照応が、西洋人にとって、土地を強奪することの理由づけとなり、また抵抗する原住民にとっては土地を奪還することの理由づけともなる。帝国主義と帝国主義に関係づけられる文化は、地理の第一義的重要性ならびに、領土を支配することのイデオロギーを、ともに肯定する。地理的意味が、さまざまな立案——想像的、地図的、軍事的、経済的、歴史的あるいは一般的意味でいう文化的な——の基礎となる。地理的意味は、また、さまざまな種類の知を構築する。そうした知はすべて、なんらかのかたちで、特定の地理の明確な特性ならびに運命に左右される。

ここで、三つの限定的な主張を提示しておくべきであろう。第一に、十九世紀後期に明白になった空間の差異化は、攻撃的な「帝国の時代」の機械的な反映として、ただ突然、あらわれたのではなく、それ以前の歴史小説やリアリズム小説のなかですでに権威づけられていた社会的区分の延長線上にあるということである。

ジェイン・オースティンは、サー・トマス・バートラムの海外所有地の正当性を、マンスフィールド・パークの静謐で秩序だった美しい世界のしかるべき延長線上に位置づけていた。本国という中心に位置する地所が、辺境にあって本国の地所を経済的に支えるいまひとつの地所の有効性を保証したのである。そして、植民地とはもともと無縁のところ、あるいは植民地との関係が明白にみえないところでも、物語は空間の道徳的性格を正当化した。国民的騒乱の時代にあっては、ミドルマーチの町を住民たちの努力で復活させることがとりわけ重要になってくる〔ミドルマーチはジョージ・エリオットの小説『ミドルマーチ』の舞台となる架空の町〕。あるいはディケンズによれば、ロンドンの裏社会は、周辺的な、逸脱的な不確定の空間であり、ブロンテ姉妹は嵐の吹き荒れる丘に道徳的意味を見いだしていた。

第二のポイント。小説の結びが、家族と財産と国家を頂点にいただく潜在的階層秩序にお墨つきをあたえ、それに光をあてるとき、同時に、階層秩序にきわめて強度の空間的〈場所的要素《ヒアネス》〉があたえられることである。『荒涼館』においてレディ・デッドロックが、彼女の死んでから久しい夫の墓ですすり泣くという場面のおどろくべき力は、わたしたちが彼女の過去の秘密についてこれまで感じてきたこと――彼女の冷たく非人間的なありよう、彼女の不安定で不毛な権威――を、すべて、その墓に根拠づけてしまい、彼女の存在を、墓へとひきもどしてしまうのだ。この場面と対照をなすのが、ジェリービー地所の無秩序な乱痴気騒ぎ（これはまたアフリカとの異例のつながりをもつ）であり、またそれのみならず、エスターや彼女の保護者＝夫が住む屋敷である。物語は、こうした場所を探究し、移動し、最後に、それぞれに肯定的そして／あるいは否定的価値を確固たるものとして割りふるのである。

物語と家庭空間との相互作用のなかでおこなわれるこうした道徳的レッテル貼りは、パリやロンドンといった宗主国首都を越えた地方にもひろがり、その地で再生産されたのである。そして今度は、そうしたイギリスやフランスの地域が、ある種の輸出価値をもつようになる。国内の場所にまつわる利点や欠陥が、輸出され、海外に、比較参照のための長所や短所を供給することになる。一八七〇年、オックスフォード大学スレイド記念教授就任講演のなかでラスキンは、イギリスの純潔なる民族について語りながら、聴衆に、イギリスを、「ふたたび国王たちの玉座としての国に、王笏によって統べられる国に〔シェイクスピア『リチャード二世』第二幕第一場からの引用〕、全世界にとっての光源に、平和の中心に」するよう求めている。シェイクスピアへの言及は、イギリスに対する特権的な意識を再び確立し、すえ置こうとするものだ。しかしながら、それだけではおさまらず、ラスキンはイギリスを世界的スケールのなかで形式的に機能するものとみている。シェイクスピアが主として想起し、また必ずしも自国に関することだけに限定されていたわけではない島嶼王国に対する賛辞が、かなり驚くべきことといわねばならないが、帝国的なもの、いや、攻撃的な植民地事業の肯定のために動員されてしまうのだ。植民者になれ。「できるかぎりすみやかに、またできるだけ広く、植民地」を建設せよ。ラスキンはこう言っているように思われる。(28)

わたしの第三のポイントは、物語小説や歴史物語（ここでもまた歴史書の物語的性格を強調しておきたいが）といった国内の文化事業は、中心をなす権威化する主体あるいは自我の、記録し、秩序づけ、観察する力を前提として成立しているということである。このような主体について、やや同語反復的な物言いながら、その主体は、書くことができるものだけ書くと語るとすれば、これは、国内社会だけではなく海外領土に関する書き方について言及することになろうか。表象し、描写し、性格づけ、記述する能力は、どのような社会のいかなるメンバーにも容易に身につけられるというものではない。またさらに、「事象」の解釈における「何」と「いかに」は、かなり個人個人の自由になるものの、限定され、社会的に規制されるものでもある。近年になって、わたしたちは、女性をめぐる文化表象に加えられてきた制限とか、劣等階級や人種の表象を創造するときにはたらく圧力について、きわめて敏感になってきた。こうした領域——すなわちジェンダー、階級、人種の領域——において批評がただしく焦点をしぼってきたのは、西洋の近代社会における制度的な力、それも表象を創造したり制限したりする制度的な力であった。この制度的な力が、これまで本質的に従属的存在とみなされてきたものに関する表象を左右するのである。したがって表象そのものは、従属的なものを従属的な状態にとどめおき、劣等なものを、劣等なままにしておくものとして特徴づけられてきたのである、と。

2　ジェイン・オースティンと帝国

V・G・カーナンによれば「帝国は、すべてのものがそこに流れ込むような、思想の鋳型もしくは条件反射のようなものを保持しているにちがいなく、活力ある国民は、ちょうど若者たちが名声や富を夢にみるのと同じように、世界のなかに広大な場所を夢にみる」(29)ということだが、このような観点は、わたしたちにはなじみのものだ。ただ、そこから、ヨーロッパやアメリカの文化のなかにあるすべてのものが、帝国という壮大な思想を準備し強化したと論ずるのは、わたしが終始述べてきたように、あまりに単純で、わりきりすぎである。けれどもまた、帝国の経験をわがものとし享受するよう西洋を後押しし、勇気づけ、さもなければお墨つきすらあたえるような諸傾向——物語のなかであれ、政治理論のなかであれ、絵画技法のなかであれ——を無視してしまうのも歴史的にみて不正確である。帝国の使命という考えかたには文化的な抵抗があったとしても、文化的思索の主要な部門のなかで、帝国に対する抵抗を積極的に支援してゆこうとする動きがあまりなかったのも事実である。ジョン・スチュアート・ミルを、ここで恰好の事例としてとりあげるとすれば、彼はリベラルな思想の持ち主ではあったが、こうまで言ってしまえた——「文明化された民族は、たがいに相手の独立と民族性を尊重するという神聖な義務を負っているが、この義務は、以下の民族に対しては適用されない。すなわち民族性や独立心が確実に劣等であるか、良質であることが疑わしい民族である」。この種の考えかたはミルのオリジナルではない。十六世紀にすでにアイルランドの隷属をめぐってイギリスにうずまいていたし、ニコラス・カーニーが説得力あるかたちで示したように、イギリスがアメリカ大陸を植民地化するときにも同じく実効性のあるイデオロギーとしてはたらいた。[30] 植民地計画のそのほとんどすべてが、原住民の後進性と、原住民全体の無能さを前提としなければはじまらなかった。つまり原住民は、西洋と「対等」な立場になれるほど独立心と適格性をそなえていないというわけである。

なぜこうなるのか。ある領域では神聖な義務であるものが、なぜ、べつの領域では義務とされないのか。ある領域において認められている権利が、なぜべつの領域においては否定されるのか。こうした疑問に答えるには、文化のなかに道徳的・経済的そしてさらには形而上的規範が組み込まれ、この規範が、特定の厚遇地域であるヨーロッパの体制を肯定し、海外の社会体制には敬意をはらわないようはたらきかけるという観点から考えるしかない。このような規範のはたらきかけに関する議論は、荒唐無稽すぎるか、もしくは極端だと思えるかもしれない。なるほど、これは、いっぽうにヨーロッパの繁栄と文化的アイデンティティをおき、いまいっぽうには帝国領土の従属化をおいたうえで、両者が確実につながっていることを、あまりに厳密に、あまりに用意周到に証明してしまうからである。このようなつながりを認める場合、今日、やっかいな問題となるのは、複雑な事象を、単純すぎるきらいのある因果関係に還元してしまいがちなことだ。その結果、一方的な非難と一方的な防衛のレトリックが生まれる。わたしは、十九世紀初期にヨーロッパ文化を構成した主要な要素が、十九世紀後期の帝国主義を引き起こしたといおうとしているのではない。また、わたしは、被植民地であった地域における問題が、すべてヨーロッパのせいであるとほのめかそうとするのでもない。ただ、わたしが言いたいのは、ヨーロッパ文化が、たとえいつもというわけではないにせよ、みずからの優位性を正当化するために、往々にして海外の帝国支配に関連した問題を引きあいにだすということだ。ミルはたしかにそうしていた。そのミルは、インドに独立をあたえてはならないと、ことあるごとに勧告していた。一八八〇年以後、理由はいろいろあるにせよ、帝国支配がヨーロッパを強力に呪縛するようになると、ヨーロッパと海外領土にべつべつの基準をあてはめる分裂的な思考習慣が便利なものになったのである。

いま最初になすべきは、単純な因果関係に足をすくわれないよう、これを放棄して、ヨーロッパと非ヨーロッパ社会との関係を考察し、わたしたちの思考に対して単純な時間継起の意識がもたらす束縛をゆるめることだろう。たとえば一八五七年以前に活躍したワーズワスやオースティンやコールリッジらが実際に原因となって、一八五七年以後のイギリスによる正式なインド統治が確立したというような考えかたを、わたしたちは認めるべきではない。わたしたちが解読すべきは、むしろ、イギリス本土でイギリスについて書かれたもののなかに見いだせる明確なパターンと、イギリス本土以外の世界に関する表象とのあいだの対位法的関係なのだ。この対位法的関係に内在する様式は、時間的なものではなく空間的なものである。明白で計画的な植民地拡張の大いなる時代以前の――たとえば「アフリカ争奪戦」が生じた時代以前の――文人たちが、広大な世界のなかに自分自身と自分の作品とをどのように位置づけ、自分自身と自分の作品をどのようにみようとしているのか。わたしたちが発見するのは、彼らが強力だが慎重な戦略を駆使するさまである。その戦略の多くがよってきたるものは予想がつく――それは故国を、民族とその言語を、適正な秩序・良い行動・道徳的価値を肯定する数々の思想のことである。

しかしこの種の肯定化思想は、「われわれの」世界に価値をあたえること以上のことをする。それらは他者の世界の価値を低めるだけでなく、回顧的にみるとおそらくいっそうはっきりみえてくるのだが、それらは、帝国主義者のこのうえなくおぞましい実践を抑止することも禁止することも、またそれに抵抗することもしないのだ。小説とかオペラといった文化形式が人びとを海外に赴かせ帝国建設に専念させたということではない——カーライルの文章がセシル・ローズに直接影響をあたえたわけではないので、カーライルを、今日の南アフリカ問題の「元凶」として非難することはできない——、が、しかし、イギリスの偉大な人文主義思想が、制度が、その記念碑的業績が、そのどれもが時代を超えてわたしたちの賞賛をかち得るほどの力をもっていることを、わたしたちはいまなお慶賀しているのだが、そうした思想や制度や記念碑的業績が、帝国膨脹過程の加速化に、ほとんど待ったをかけなかったことがわかると、やはり心穏やかではないのだ。いま、わたしたちは次のように問うてもいいだろう。こうした人文主義的思想の総体が、いかにして、帝国主義と、かくも仲むつまじく肩をならべることができたのか、そして——帝国領土のなかで帝国主義への抵抗がアフリカ人やアジア人やラテン・アメリカ人のなかで育まれるにいたるまで——なぜ、本国で、帝国に対する重要な異議申立てや抑止が、かくも稀であったのか、と。おそらくは「われわれの」故国と体制を、「彼らのもの」と区別する習慣が発展して、冷酷な政治支配にいたり、「彼ら」をできるかぎり掌中におき、支配と研究と隷属化の対象とすべく邁進したのだ。ヨーロッパの主要な文化において喧伝された偉大なる人文主義的思想と価値観のなかに、わたしたちは、カーナンが語っているような、後の帝国事業の総体がそこに流れ込むような「思想の鋳型もしくは条件反射」そのものを見いだすのである。

　こうした人文主義思想が、実際に、どの程度まで、現実の場所の地理的区分に関与したのか、それがレイモンド・ウィリアムズの豊饒な本『田舎と都市』の主題である。イングランドにおける田舎と都市の相互関係をめぐるウィリアムズの議論は、きわめて大規模な変容——ラングランドの牧歌的ポピュリズムから、ベン・ジョンソンのカントリー・ハウス詩やディケンズのロンドン小説をへて、二十世紀の大都市ヴィジョンにいたるまでの変容――を想定する。もちろん、この本が主たる対象にしているのは、イギリス文化が土地とその所有、土地をめぐる想像力と組織化をどのように処理してきたかである。ただし、イングランドから植民地への輸出について触れるとき、すでに前に示唆したが、ウィリアムズの議論には、この問題が現実におよぼした影響を考えればあってしかるべき焦点のあてかたや、あってしかるべき広範囲な領域への配慮がみあたらないのだ。『田舎と都市』の終わりのほうでウィリアムズはこう申し出る――「すくなくとも十九世紀なかばから、重要な先駆的事例とともに、この大きなコンテクストが存在した［ここでいうコンテクストとは、イングランドと植民地との関係であり、この関係がイギリス人の想像力におよぼした影響は「容易にたどれるよりも、はるかに深いところまで達している」という］。このコンテクストの内部ではあらゆる思想、あらゆるイメージが意識的かつ無意識的に影響を受けずにはいられなかった」。そしてすかさずウィリアムズはディケンズやブロンテ姉妹やギャスケルにいたるさまざまな小説に蔓延しているそのようなイメージのひとつとして「植民地への移民というアイディア」を引きあいにだし、「新しい田舎社会」――そのどれもが植民地社会――が、キプリングや初期のオーウェルやモームを経由して英文学における宗主国の想像世界のなかに入り込んできたことを正しく示している。一八八〇年以後「風景と社会関係の劇的拡大」が到来する。この拡大は、多かれ少なかれ、帝国主義の最盛期と正確に一致していた(31)。

ウィリアムズに異を唱《とな》えるのは危険なことである。だが、あえてわたしはいいたい。英文学のなかに帝国主義世界地図のようなものを探るなら、それは十九世紀なかば以前にすでに驚くべき執拗さと頻度でもって登場するだろう、と。その登場のしかたたるや、あたりまえといわんばかりの日常茶飯事的であり、さらに――興味ぶかいことに――言語的・文化的実践の重要な構成部分をつらぬき、またそれを形成しているのだ、と。イギリスでは十六世紀以後、海のかなたの、アイルランド、アメリカ、カリブ海、アジアに対する関心が確固たるものとして存在し、ざっと思い浮かべるだけでも、詩人が、哲学者が、歴史家が、劇作家が、政治家が、小説家が、旅行記作家が、年代誌作者が、兵士が、寓話作家が、こうした対外的関心を讃え、配慮し、たえずつきつめていったのだ（こうしたことの多くについてピーター・ヒュームは『征服の修辞学』のなかで、すぐれた議論を展開している）[32]。似たようなことは、海外に領土をもち、領土拡大においてイギリスのライヴァルでもあったフランスやスペインやポルトガルについてもいえるかもしれない。帝国の時代以前（すなわち一八〇〇年から一八七〇年）の近代イングランドに存在し作用していたこうした対外的関心を、わたしたちはどうやって調べることができるのか。

ウィリアムズの導きにしたがって、まず最初に、十八世紀おわりにイングランドに起こる大規模な土地囲い込みにいたる危機的時期をみるのがいいだろう。この時期、古き有機的田園共同体は解体し、議会活動や産業化や人口移動の衝撃のもとに新たな体制ができあがりつつあった。しかしまたイングランドを（そしてフランスではフランスを）、より広大な世界地図のなかに位置づけようとする新しい運動も起きていた。いきおい北アメリカ、ならびにインドにおける、英仏の競争関係は激化した。また十八世紀後半において、アメリカやカリブ海やレヴァント地方、そしてもちろんヨーロッパにおいても、イギリスとフランスとの激しい衝突は数多くあった。フランスとイングランドにおけるロマン主義以前の主要な文学作品には、海外領土への言及がつねに流れこんでいた。百科全書派、レイナル神父、ド・ブロス、ヴォルネーらのさまざまな著作のみならず、エドマンド・バーク、ベックフォード、ギボン、ジョンソン、ウィリアム・ジョーンズらの著作も思いうかべることができる。

一九〇二年J・A・ホブスンは帝国主義を国民性の膨脹として記述し、このプロセスを理解するには、膨脹のほうを国民性よりも重視したほうがよいと示唆している。なにしろ「国民性」のほうは、一世紀まえまで自国でも外国でもまだ形成途上であったものの、いまでは、じゅうぶんに形成されがっちり固められていたからである。[33]『自然科学と政治』（一八八七）のなかでウォルター・バジョットは「国民形成」がいかに適切であるかを強調している。十八世紀後期には、フランスとイギリスのあいだで、ふたつの競争が存在していた。ひとつは海外で戦略的利益をあげる戦い——インドで、ナイル川三角州地帯で、西半球で——、そしていまひとつは国民的威信を得るための戦い。どちらの戦いも、「英国性」と「フランス性」とが対照された。そして英国的あるいはフランス的と想定された「本質」が、いかに限られた人間にしかわからない親密さをもち、秘密めかしているように思われても、もういっぽうの競争相手に対抗してにわかづくりされた旗印のようなものと、ほとんどいつの場合にもみなされていた。たとえばサッカレーのベッキー・シャープ〔『虚栄の市』の主人公〕が、成り上がり者であることと、彼女が半分フランス人の血を受け継いでいることは、無関係ではなかった。十九世紀初期におけるウィリアム・ウィルバーフォースと彼の盟友たちの、正義感あふれる奴隷廃止主義者の姿勢は、アンティル諸島におけるフランスの覇権をゆるがそうとする願望になかば根ざすものでもあった。[34]

　こうした考察によって、突如として、魅力的な次元がひらけてくるのが、ほかでもない、ジェイン・オースティンの小説のなかで、そのイデオロギー的・道徳的な主張がもっとも明白な小説『マンスフィールド・パーク』（一八一四）である。レイモンド・ウィリアムズは、ここでもまた一般論においてまったく正しい。つまりオースティンの小説は、金銭と財産の獲得、道徳的判断、適切な選択肢、正しい「改善」努力をとおして、また精緻なニュアンスにとみ肯定と分類をおこなう言語によって、「実現可能な良質の人生」を表現することだったのだ。けれどもウィリアムズはつづける——

［コベットが］騎馬の旅の途中、口にするのは階級である。ジェイン・オースティンは、屋敷のなかからでは、いかに彼女の社会描写が精密なものであろうとも、このことをけっしてみることがない。はたせるかな、彼女の判断は、内輪的で排他的である。オースティンに関心があるのは、改善に改善をかさねて、ある階級のなかにもぐりこもうと、こつこつ努力する人間のふるまいでしかない。しかし、ひとつの階級しかみえていないところで、複数の他の階級の存在はみえてこないのである。(35)

オースティンが、「道徳的判断」をいかにして「独立した価値」に高めようとしたかに関する一般的な記述としては、これはみごとである。しかしながら『マンスフィールド・パーク』に関するかぎり、ウィリアムズによる概論に対して、さらにもっと多くのことが語られ、もっと大きな傍証と奥行きとがあたえられるべきである。おそらく、そのあかつきには、オースティンの小説が、そしてまた帝国主義時代以前の小説全般が、最初に想像されていたよりも、はるかに、帝国主義的膨張の思想的根拠に絡んでいるさまがみてとれるであろう。

ルカーチとプルースト以後、わたしたちは小説のプロットと構造を、主に、時間によって構築されていると考えることに慣れっこになってしまい、空間《スペース》や地理《ジオグラフィー》や所在《ロケーション》の機能をみすごしてきた。故郷を中心として同心円的にひろがってゆく世界のなかに自分自身をおいてみていたのは、アイルランドの若き日のスティーヴン・ディーダラス〔アイルランド出身の作家ジェイムズ・ジョイスの小説『若き日の芸術家の肖像』の主人公〕だったが、彼以前の多くの小説の主人公たちも同じことをしていた。多くの他の小説と同様、『マンスフィールド・パーク』も、一連の空間的な転移と再転移を大小とりまぜてくりかえす物語にほかならず、そのあげく最後に、小説の末尾で、姪のファニー・プライスがマンスフィールド・パークの精神的女主人と化してゆく。そしてその場所そのものは、オースティンによって、ひとつの半球と、ふたつの大洋と、四つの大陸にまたがる利害と関心の大きな笠の中心に位置づけられるのである。

オースティンの他の小説と同じく、結婚と財産の「制定」が最終的な目標となる中心的人物たちは、血縁だけにもとづいて構成されているわけではない。オースティンの小説が提示するのは、家族メンバーの一部の脱家族化と、残ったメンバーと選ばれ試されたひとりかふたりの部外者との養子縁組《アフィリエーション》である。いいかえるなら、血縁関係は、家庭《ドメスティック》＝国内と外国との関係双方において、連続性や階層性や権威を保証するものとしてはじゅうぶんではないのだ。だからこそファニー・プライス――貧しい姪、ポーツマスの場末から拾われてきた孤児的存在、無視され慎みぶかく身持ちのよい、壁の花的存在――が、彼女の恵まれた親戚の者たちの地位と、ほとんど同等か、もしくはそれ以上の地位を、しだいに、獲得するのである。このアフィリエーションのパターンと、彼女が権威をおびてゆくパターンにおいて、ファニー・プライスは比較的、受け身である。たしかに彼女は、他人の嫌がらせや懇請に抵抗する。そしてときには自分の判断で行動にでる。けれども、ファニーが、その意に反して小説のなかではしょっちゅう誰からも「なぐさめ」であり「獲得物」であると思われていることが典型なのだが、総体としてみるとオースティンは特定の意図をもっていて、ファニー自身にそれを自覚させていないのである。キプリングのキム・オハラ〔小説『キム』の主人公〕がそうであるように、ファニーもまた、いっぽうで小説中の完成された人物でありながら、またいっぽうでは、大きなパターンのなかの装置にして器具なのだ。

ファニーが、キムと同じように、必要とするのは、方向づけ、庇護者、外部の権威である。これらは彼女自身の貧弱な経験の枠内ではとても望めないものだからだ。彼女は意識的に、幾人かの人たちと、またいくつかの場所と関係をむすぶ。けれども小説は、それとはちがう関係もあらわにする。この関係は、彼女自身ではその意味がすこしもわからないのに、それでいながら彼女の存在と奉仕を必要としている。彼女が、ある状況にはいってゆくと、そこで複雑にからみあった一連の動きが起こる。そしてそれらはこぞって、分類と調整と再配置を必要とする。サー・トマス・バートラム〔マンスフィールド・パークの主人〕は、ウォード家の令嬢のひとりに心を奪われ結婚するが、ウォード家の残りの娘たちは、そのような幸運にめぐまれず、姉妹のあいだに「埋めがたい亀裂」が生ずる。めぐまれぬ姉妹たちの「人間関係は独特のものがあり」、めぐまれた娘と残りの娘たちの距離はひろがり、十一年間没交渉となる。[36] 娘のひとりが嫁いだプライス家は、経済状態がおもわしくなく、バートラム家の援助をあおぐことになる。マンスフィールド・パークにあるバートラム家に送られ、そこで面倒をみてもらうことになるべく選ばれたファニーは、次第に、長女というわけではないものの、関心のまとになる。彼女はそこであらたな生活をはじめる。同じくバートラム家も、ロンドン住まいをやめ（レディ・バートラムの「健康のわずかな悪化と、はなはだしい怠惰」ゆえに）、そして田舎にひきこもることになる。

この暮らしを物質的に支えているのは、アンティグア諸島にあるバートラム家の地所であるが、そこからの収入は停滞ぎみである。オースティンがわたしたちに示そうと腐心するのは、別個にみえながら、その実、ひとつに収斂してゆくふたつのプロセスである。すなわちバートラム家の経済（アンティグアの荘園もふくむ）にとってファニーが重要になってゆくプロセスと、志操堅固なファニーが、かずかずの挑戦や脅しや不意打ちに、めげることなく対処してゆくプロセス。いずれの場合も、オースティンの想像力のはたらきは、一分の狂いもなく厳密に、地理的・空間的解明と呼べるような様式を駆使して展開する。マンスフィールドに到着したてのファニーが、十歳のおどおどした少女で、まだなにもわからない状態でいることは、彼女が地理にうとく「ヨーロッパの地図〔のジグソーパズル〕をつなぎあわせることもできない」[37] エピソードによって暗示される［ここで言及されているのは、ジグソーパズルのように国ごとに地図を切り抜き、ふたたびそれをあわせてヨーロッパをつくる教育的玩具のこと］。そしてまた小説の前半部の大半において登場する一連の問題の共通分母は、悪用されたり誤解されたりする空間である。サー・トマス・バートラムが事態改善にはげむのはアンティグアと自宅である。それだけではない。マンスフィールド・パークではファニーが、エドマンドが、叔母のノリス夫人が、ファニーの暮らす場所、ファニーが読書をし勉強する場所、火をともす場所についてあれこれ算段をめぐらす。友人や親戚の者たちも、地所の改良にかかわり、家族関係における礼拝堂（すなわち宗教的権威）の重要さも強調され議論のまととなる。事態を紛糾させる仕掛けとして登場するクロフォード兄妹が、芝居の上演を提案するとき（ちなみに兄妹の出自に、ややいかがわしげに滲むフランス色は意味深長なのだが）、ファニーの当惑は深刻なものとなる。彼女は上演に参加できないし、生活の場であった部屋が劇場的空間に様変わりすることなど容易に受けいれられない。ともあれ、この芝居のはたす役割と目的は混乱しているにもかかわらず、この芝居、コツェブー原作の『恋人たちの誓い』は、とにもかくにも着々と準備がすすむのだが。

わたしたちは、こう推測してもあながちまちがいではあるまい。サー・トマスが屋敷を留守にして植民地の荘園の管理にかかりっきりのあいだに、まさにその間に避けられぬ不測の事態（あきらかに女性の「無法ぶり」とむすびつけられている）が、いくつか起こるのだ、と。これは三組の若いペアがパークを無邪気にそぞろ歩きして、たがいの姿を思いがけず見失ったり見いだしたりするということだけでなく、親としての真の権威をもつ人物がいないままあとに残された若い男女――なにしろレディ・バートラムは無関心で親とはいえないし、ノリス夫人にはふさわしい権威がそなわっていないのだから――の、さまざまな戯れや恋のさやあてというかたちであらわれる。口論、ほのめかし、危険な役割演技がある。もちろんこうしたことすべては、芝居の上演準備へと収斂してゆくのだが、それにしても放蕩にちかい、危険な香りのするなにかが、まさにおこなわれようとするのだ（実際におこなわれるわけではないが）。ファニーは、もといた家族から口減らしのために追い出されたため、はじめのころは疎外感や距離感や恐怖にとりつかれていたが、それがいまや、なにが正しいか、どこまでなら許容されるかを思い悩むような、ある種の良心の代行者となる。けれども彼女には、その危惧の念から行動をおこす力はない。そのためサー・バートラムが「海外」から忽然と帰国するまで、彼女の舵なき航海はつづくのである。

サー・バートラムがあらわれると、芝居の準備はただちに中止される。そして、実務的処理の手際のよさを強調する次の一節で、オースティンは故国の地所におけるサー・バートラムの支配の再確立をこう語っている――

彼には慌ただしい朝となった。家族とかわした会話は、午前中のごく一部のことにすぎない。彼はマンスフィールド・パークでの生活で平常の些事のなかに再び身をおき、執事と管理人に――調べ計算する仕事の――指図をし、用務のあいまに、散歩がてら厩《うまや》と庭園と近くの植林地に足をはこばねばならなかった。だが、彼はまた、家長として正餐の席につくまえに、こうしたことすべてを要領よくてきぱきとおこなっただけでなく、大工に命じて、最近ビリヤード室に設置されたものを取り払わせたが、書割画家にはすでに暇をやったので、いまごろはノーサンプトンのむこうに行っているだろうと浮き浮きする気分になった。書割画家は去ったが、ひと部屋の床をよごし、馭者の海綿体をすべて台無しにし、下働きの召使のうち五人を怠け者にし、欲求不満にさせた。サー・トマスは、これまでにおこなわれていたことの外見上の痕跡を一掃するのに、一日か二日あればじゅうぶんだとふんでいた。眼に飛び込むものすべてを焼いていたので、屋敷にあった「恋人たちの誓い」の仮綴木も消滅の憂き目をみたのである。[38]

この一節のもつ力は、いやがうえにもあきらかである。ここに描かれるのは、物事を整然と秩序づけるロビンソン・クルーソー的人物であるとともに、愚にもつかないふるまいの痕跡をすべて消し去ろうとする初期のピューリタン的人物である。けれども『マンスフィールド・パーク』のなかには、サー・トマスがアンティグアの「プランテーション」において――規模こそ大きいが――これとまったく同じことをしていたと、わたしたちが仮定しても、さしさわりのあるようなことはなにも書かれていない。アンティグアで問題となること――ウォーレン・ロバーツが集めた内的証拠によれば、問題化したのは経済不況、奴隷制、フランスとの競争などであった[39]――は、ことごとく、サー・トマスの手で改善でき、それによって植民地領土の管理を維持できるのであった。オースティンは、彼女が書いた小説のどれよりも明確に、ここで国内的な権威と国際的な権威とを明確に同期させ、階層秩序や法や礼節といった高次のことがらとむすびつけられる価値は、現実における領土支配と領土獲得にしっかりと根ざしていなければならないことをあからさまに物語ったのだ。オースティンはマンスフィールド・パークを保持し支配することと、帝国領土を保持し支配することは、避けられないつながりがあるとまではいわなくとも、緊密につながっていることを明晰に理解していた。静謐で魅力的な調和にみちた世界を国内に確保するものこそ、海外領土の生産力とその規律《ディシプリン》ある管理なのである。

けれども国内と海外の安全が確保されるまで、ファニーは、物語の展開のなかに、ますますふかくからめとられてゆかねばならない。最初はおずおずと、ときにはいじめられながらも、ファニーは次第にマンスフィールド・パークにおけるバートラム家のなかで、積極的に行動する一員へと変貌をとげる。どうやら、このためにオースティンは作品の後半部を構想したとわたしは思うのだが、はたせるかな、小説の後半では、エドマンドとメアリー・クロフォードのロマンスの破局や、リディアとヘンリー・クロフォードの恥知らずな放蕩だけでなく、ファニー・プライスが彼女のポーツマスの実家を再訪してそこと縁を切ること、バートラム家長男のトム・バートラムの負傷、そしてウィリアム・プライスの海軍での経歴のはじまりなどがふくまれている。人間関係と出来事とのこうした全体にかかわる配置は、最終的に、エドマンドとファニーとの結婚で頂点に達するし、レディ・バートラム家では、ファニーの妹スーザンが後釜にすわることになる。おそらく、次のように解釈してもけっして誇張とは思われないだろうが、『マンスフィールド・パーク』の結末まぎわの部分では、望ましいイギリスの秩序の中心に存する、どうみても不自然な（あるいはすくなくとも反論理的な）原理が玉座につくのだ。オースティンのこうした大胆なヴィジョンも、彼女の語り口の声によって、すこし緩和されてはいる。とにかくオースティンの語り方は、ときおり鋭さにはっとすることはあれ、全般的に、控えめであり、かなり謙虚である。けれども、だからといって、この小説にあらわれる海外世界に対する数少ない言及を、そして目立たぬかたちで強調された、仕事と事業と階級に関するオースティンの言及を、「最終的には社会基盤から分離できる日常的で妥協をゆるさぬモラル」（レイモンド・ウィリアムズの言葉をかりれば）を抽出する彼女のみかけの能力を、見誤ってはならない。じっさいオースティンは、遠慮がちなどころか、けっこうきびしいのだ。

こうした観点にいたる鍵はファニーのなかに見いだせる。あるいは、わたしたちがファニーのことをどれだけ真摯に考えることができるかにかかっている。もとの家族がまだ暮らしているポーツマスのかつての実家をおとずれるときファニーは動転し、彼女がマンスフィールド・パークで慣れ親しむようになった美的・情緒的な平衡感覚が乱れてしまう。またファニーがマンスフィールド・パークの贅沢三昧を当然のこととして、さらには本質的なこととして受けとめるようになるのもたしかだ。こうしたことは、あたらしい環境に慣れてゆくときの、ごくありふれた当然の結果といえるだろう。けれどもオースティンは、さらにふたつのことを語っているのであって、わたしたちはそれを見誤ってはならない。ひとつは、ファニーのなかにある、家にいてくつろぐことに対する感覚があらたに拡大することである。彼女がポーツマスにおもむき、いろいろなものを珍しげに鑑定するとき、拡張された空間以外のことが問題となる――

ファニーは面食らってぼうっとなった。家が狭く、壁が薄いため、ありとあらゆるものがまじかに聞こえてくるのだが、これに、旅の疲れと、最近の心労に加わったものだから、もう、どうがまんしてよいのかわからなかった。部屋の内部ではすべてが静謐だった。スーザンがほかのひとたちと、でかけたあとなので、すぐに彼女と父親とふたりっきりになった。父親は新聞――いつも隣人から借りてくるのだ――をとりあげ読みふけり、彼女がいることなど忘れてしまったようだ。とはいえ彼女のほうでもすることがなかったし、光がさえぎられたことは、痛む頭にとってはありがたいと思いながら、困惑し、心乱れ、悲しい物思いに沈んで座っていた。

彼女は家に帰っている。だが、悲しいかな、こんな家ではなかったし、こんな歓迎とは夢にも思わなかった――こんなと、考えて彼女は自分を制した。たしかに自分は無理なことを考えている（中略）一日か二日すれば、様子がちがってくるかもしれなかった。わるいのは自分のほうなのだ。けれども彼女はマンスフィールド・パークではこんなんじゃないと思った。そう、伯父さんの屋敷では、時期や季節の配慮、話題の慎重な選択、礼儀作法、みなに対する温かい思いやりがあったのだが、それがここにはないのだ。[40]

あまりにせせこましいところだと、ものごとがはっきりみえないし、はっきり考えることもできない。適切な管理も思いやりもあったものではない。オースティンの精密な描写（「たった一本の蠟燭は、新聞を読むために父親に独占された、それが彼女にも役にたつかもしれないことなどいっこうにおかまいなしに」）は、非社交的なもの、孤立した偏屈な精神、思いやりの欠如などがもたらす弊風をあますところなくつたえている。これを矯正するのは、よく管理された広大な空間でしかないというわけだ。

そのような空間はファニーには容易には手に入らない。遺産相続によっても、法的な名義によっても、近親や近隣や隣人によっても（マンスフィールド・パークとポーツマスの行き来には何時間もかかるので）、不可能である。これがまさにオースティンのいわんとしたことなのだ。マンスフィールド・パークの権利を獲得するには、自分の家を、あたかも年季奉公を終えた召使のごとく去らねばならない、あるいはもっと極端なたとえをつかうなら、ある種の輸出品のごとく、家《ホーム》＝故国を去らねばならない――これが、まさにファニーと兄のウィリアムの運命であった――が、しかしそうすることで将来の資産が約束される。ファニーが、家庭《ドメスティック》＝国内の、あるいは小規模の空間移動としておこなうことと、サー・トマス――ファニーが遺産をつぐ地所の地主にして彼女の師でもある――の、もっと大規模な、もっと開けっ広げな植民地移動とが、照応しているとオースティンはみているのではないか。ふたつの移動は、たがいに支えあっている。

オースティンが語っている第二のもっと複雑な話題は、間接的ながら、興味ぶかい理論的問題を提起する。オースティンの帝国主義意識がほかとちがうのは火を見るよりあきらかで、コンラッドやキプリングよりもはるかに気安く帝国を話題にのぼせている。オースティンの時代にイギリスはカリブ海と南アフリカ、またとりわけブラジルとアルゼンチンにおいて活発に活動していた。こうした地域での活動の詳細について、オースティンはぼんやりとではあれ知っていたようだ。とはいえ西インド諸島のプランテーション拡大が重要であるということは、植民地宗主国のイングランドでは、かなり頻繁にとりあげられる話題ではあったのだが。アンティグアとサー・トマスのアンティグア旅行は『マンスフィールド・パーク』のなかで決定的に重要な機能をはたしているのだが、それは、すでに語ってきているように、小説の筋立てにとって、ほんの行きがかり上、触れられるにすぎないのだが同時に、とびきり重要な意味をもっている。ならば、アンティグアに対するオースティンのほんのわずかの言及を、わたしたちはどう評価すべきなのか、そしてそれを、わたしたちは解釈にどう役立てるべきなのか?

わたしは、次のように主張したい。オースティンは、さりげない言及と意図的な強調とを特異なかたちで組み合わせて、帝国の、故国の状況に対する重要性を（ファニーと同様に）想定し、また身をもって体現したのだ、と。そして、さらにもっと先にゆきたい。オースティンが『マンスフィールド・パーク』のなかでアンティグアに言及しアンティグアを利用したからには、その言及における歴史的有意性について具体的に理解することを、彼女の読者の側も求められているはずである。いいかえると、わたしたちは、オースティンが何について言及しているのか、彼女はなぜその言及に意味をもたせたのか、そして、サー・トマスの財産の出所として、ほかにも設定のしようがあったものを、なぜあえてそのような設定を選択したのかを、理解するよう努めるべきなのだ。そこでこれから『マンスフィールド・パーク』におけるアンティグアへの言及にみられる意味作用の力を測定してみよう。それがいかにしてその場所を占めているのか、それがそこで何をしているのか。

オースティンによれば、イングランドにおける土地（たとえばマンスフィールド・パーク）がいかに孤立し隔離されていようとも、海外領土からの支援を必要としていることを、わたしたちは最終的に認めるべきなのだ。カリブ海におけるサー・トマスの財産とは、奴隷労働によって維持される砂糖プランテーションでなければならないはずだ（奴隷制は一八三〇年代にいたってようやく廃止される）。これは、現在とは無縁の過去の歴史的事実ではなく、オースティンが知悉していたように、明白な歴史的現実なのである。英仏の植民地競争参入以前の西洋の諸帝国（ローマ帝国、スペイン帝国、ポルトガル帝国）に特有の主たる性格とは、初期の帝国が、コンラッドのいうように、ひたすら略奪しまくり、植民地の富をヨーロッパに搬入することしか眼中になく、植民地の内部における発展なり組織なりシステムについてはほとんど考慮しなかったことである。イギリス、そして程度こそすくないもののフランスは、ともに、みずからの帝国を、長期間の、利権豊富な、発展事業にせんと争っていたが、カリブ海地域の植民地ほど、英仏の競争が激化したところはほかになく、そこでは奴隷の移送、大規模砂糖プランテーションの機能、砂糖市場の発展といった、保護貿易や独占や価格などの問題にはねかえる問題すべてが、大なり小なり、つねに、競合する問題となっていた。

アンティル諸島とリーワード諸島におけるイギリスの植民地は、「海のかなた」のどうでもよいことどころか、ジェイン・オースティンの時代、英仏の植民地競争の主要な舞台となっていた。フランスから革命思想がそこに入りこんでいたし、イギリスのあげる利益は着実に減少しつつあった。なにしろフランスの砂糖プランテーションのほうが、イギリスよりも低コストで、イギリスよりも多量の砂糖を産出していたからである。けれどもハイチ内外の奴隷反乱はフランスの力を削ぎ、この機に乗じて利益をあげるべくイギリスが以前にもまして直接的介入にふみきり、そこに権力の地歩がきずかれつつあった。またさらに、初期には国内市場むけに拡大しつづけた、カリブ海におけるイギリスの砂糖生産も、十九世紀になると、新規参入してきたブラジルやモーリシャスにおけるサトウキビ栽培、ヨーロッパにおける砂糖大根産業の台頭、そして自由貿易イデオロギーとその実践の着実な伝播といった事態とたたかわざるをえなくなっていた。

こうした潮流の多くは、『マンスフィールド・パーク』のなかで――その形式的特徴と内容面双方において――ひとつに収斂する。なかでももっとも重要なのは、植民地が宗主国に対し完全に従属し吸収されることであった。サー・トマスは、マンスフィールド・パークを留守にしても、海外のアンティグアにいるところは描かれていない。アンティグアは小説のなかで多くて六回ほど言及されるにすぎない。次のジョン・スチュアート・ミル『政治経済学原理』の一節において、アンティグアを利用したオースティンの精神の秘密に触れられると思うのだが、一部はすでに引用した。今回は残りを引いておこう――

［わたしたちの所有になる］こうした海外領土は、他の国々と商品の交換を遂行する別個の国々とみなされるべきではなく、より大きな共同体に属する海外の農業地や産業地とみるほうがもっと適切である。たとえば、わたしたちの西インド諸島植民地は、それ自身の生産資本を有する国とみることはできないどすべてが、イギリスでの用途にむけて履行される。安定した商品以外のいかなるものも生産することはない。生産物はイングランドに送られるが、植民地に輸出され、植民地の住人に消費されるものと交換されるわけではなく、イングランドで、イングランドにおける持ち主の利益をめざして売られるのである。西インド諸島との貿易を、対外貿易と考えるのはむつかしい。むしろそれは都市と田舎の交通に似ている。(41)

（中略）［むしろ、それらは］イングランドが砂糖やコーヒーやその他いくつかの熱帯商品の生産を遂行するのに便利な土地というにすぎない。使われる資本すべては、イギリスの資本である。産業のほとん

アンティグアは、ある程度まで、ロンドンとかポーツマスに似ているのだ。つまりマンスフィールド・パ

ークのような田舎の広大な地所ほど望ましい場所ではないが、しかし誰もが消費する製品（ちなみに十九世紀初期には、イギリス人は誰でも砂糖を使っていた）を生産する場であり、ひと握りの貴族やジェントリー階級によって所有され維持されている場であった。『マンスフィールド・パーク』におけるバートラム家やその他の人物たちは、そうしたひと握りの貴族やジェントリー階級に所属している。彼らにとって、島は富である。そしてこの富を、オースティンは変容させる――礼儀作法と秩序に、そして小説の最後では、安堵という付加された価値に。だがなぜ「付加される」のか。なぜならオースティンが最終章でわたしたちに辛辣に告げるように、彼女は「それほど大きな悪事にくみしなかった、すべての人たちに、容認できる安堵をあたえてやり、残りすべての人たちのけりをつけたいからである」[42]。

これは、まず第一に、この小説が「すべての人たち」の人生をさんざんもてあそんだのだから、もう彼らをそっとしておいてやりたいという意味に解されている。たしかに、オースティンは、すこしばかりメタ・フィクションがかった性急さで、このことをはっきり述べている。自分の作品は、じゅうぶんに長くなったので、もうそろそろおしまいにしてよさそうだ、と。第二の解釈によれば、「すべての人たち」は、家族の一員になってくつろぐことの正しい意味をようやく理解できる境地に達したので、彼らはもう放浪したり、出たり入ったりする必要がなくなったというふうに解される（ただしここには若いウィリアムはふくまれない。彼は、イギリス海軍に入り商業上であれ政治上であれ任務があり次第七つの海をかけめぐりつづけると、考えていいだろう。これはウィリアムの「これからもつづく善行とかけめぐる声望」に関して、オースティンの最後のみじかい意思表示たる、ささいな見解から読み取れることである）。マンスフィールド・パークに最後に落ちつく住人たちに関していうと、家族の利得がもっとも多くあたえられるのは、あらたに首尾よく順応しおおせた者たちであり、サー・トマスにはなにも残らない。サー・トマスはこの期におよんではじめて、子どもたちの教育に欠けていたものに気づくのだが、その気づきかたというのが、名前のない外部の未知の力、いうなればアンティグアの富と、ファニー・プライスという輸入品の存在を逆説的に認識するかたちをとる。ここで注目すべきは、内部と外部との奇妙な交替が、ミルによって示されたパターン、あの、外部が慣習によって、そしてオースティンの用語をつかうと「性向《ディスポジション》」によって、内部になるパターンを、正確になぞっていることである——

> こうしたこと「すなわち教育の失敗、ノリス夫人に大きな権限をもたせすぎたこと、子どもたちが嘘をついたり、ほんとうの気持ちを抑えていうのを、みてみぬふりをしたこと」においては、重大な管理ミスがあった。しかし、まずいことではあったが、自分の教育計画のなかでまだしも最悪のあやまちではなかったと彼は徐々に考えるようになった。内部になにかが欠けていた、さもなければ時がたてば、その悪影響の多くは、洗い流されていたはずである。原則に、それも能動的な原則に欠陥がありはしなかったか、娘たちに、自分の好みや気性なりを、それさえあれば十分な義務感というもので、統べるべきことを正しく教えなかったのではないかと彼は心配になった。娘たちは宗教を理論として教えられるだけで、それを日常生活のなかで生かすことを求められなかった。優雅さと教養によって一目おかれること——これが娘たちの幼いころの公認の目標だったのだが——は、その方面ではなんら有益な影響をもたず、精神に道徳的影響もおよぼさなかった。彼は子どもたちが善良な娘になることを意図していたくせに、配慮は、知力と作法だけにむかい、性向のほうにはついぞむかわなかったのだ。自己犠牲や謙虚さの必要性について、それがやがて身を助けるということを娘たちは誰の口からも、聞いたことがなかったのではないかと、彼は後悔した。(43)

内部に欠けているものを、実際に、満たすのは、西インドのプランテーションからの上がりと、貧しい田舎の親戚の子どもである。サー・トマスとファニー・プライスといってもよいが、どちらもマンスフィールド・パークにはいりこみ、どちらもよく働く。けれども、個別的にみれば、どちらかいっぽうだけでは充分ではない。たがいに他を必要とする。そして、もっと重要なことだが、どちらも必要とするのは管理職的性向《ディスポジション》である。この性向のおかげで、バートラム一族の残りの者たちの改善が可能になる。そしてこうしたことすべては、読者が解釈のなかで補足することを、オースティンからまかせられているのだ。

そしてまさにこれこそ、オースティンを読むときに付随することなのである。とはいえ、侵入する外部に関係するこうしたことすべては、実は、オースティンの暗示的で抽象的な言語が示唆するもののなかに、そこに、見まごうことなく存在しているのである。「内部に欠陥のある」原則は、わたしたちに、サー・トマスがアンティグア滞在で屋敷を不在にしたころの出来事を、あるいはまたウォード家のさまざまに欠陥のある三姉妹たちの側にある感傷的で気まぐれないい加減さ――それによって姪のひとりが、口減らしのために、べつの家にもらわれることになったのだが――を、思い起こさせるべく仕組まれているのではないか。たとえバートラム家の娘たちが、まったくの善人とまではいかなくとも、よりよい人間になったこと、義務感のようなものが彼女たちに伝わったこと、彼女たちが、自分の好みや気性なりを統べることを学び、宗教を日常生活のなかにもちこむようになったこと、彼女たちが「性向を方向づけた」こと、こうしたことすべてが起こったのは外的（あるいは海外的な）要因が、ファニーという信心ぶかい女主人と、その精神的主人である次男のエドマンドとの結婚によって、適切に、内部に置かれ、マンスフィールド・パークになじむようになったからである。

これにともなう利得とは、ノリス夫人が追い払われたことである。これは「サー・トマスの生活に大いなるやすらぎという付録をもたらした」[44]とまで述べられる。ひとたび原則が内部に定着すると訪れるもの、それが、やすらぎである。たとえばファニーは「自身のやすらぎになるよう細心の配慮をして」一時的にソーントン・レイシーのところに身を寄せることになる。彼女の家庭はのちに「愛情とやすらぎの家」へとかわる。スーザンは最初「ファニーにとってやすらぎとして、次には手助けとして、最後には代理として」[45]連れてこられ、この新しい輸入品がレディ・バートラムの側のはからいでファニーの後釜にすわるかっこうになる。小説の最初にうちたてられたパターンは最後までつづく。ただ、そのパターンは最後には、オースティンがずっとあたえようとしてきたものを、いよいよ獲得するにいたる。すなわち内面化され遡及的に保証される原則のようなもの。この原則こそ、レイモンド・ウィリアムズが「最終的には社会基盤から分離でき、またいっぽうで社会基盤には歯向かうこともある、日常的で妥協を許さぬモラル」と語ったものなのだ。

わたしたちが示そうとしたのは、モラルというものは実際のところ社会基盤から分離できないということである。ジェイン・オースティンが小説の最後の一文にいたるまで、肯定し反復してやまなかったのは、貿易や生産や消費をふくむ地理的膨脹のプロセスだが、このプロセスがモラルを規定し強調し保証するのである。そして帝国版図の膨張は、ギャラガーがわたしたちに思い出させてくれるのだが、「植民地支配をとおして好まれようが嫌われようが、いかなる様式においてもそれが望ましいことは、一般にひろく認められていた。そのためつまるところ国内で帝国版図の膨張に歯止めをかけるものはなにもなかったのだ」[46]。こうした事情を、ほとんどの批評家たちは、ジェイン・オースティン自身が考えていたよりもはるかにないがしろにして、ただ忘れるか無視する傾向にある。だがジェイン・オースティンを解釈することは、誰が解釈するか、いつ解釈されるのか、そしてこれらにおとらず重要なのだが、どこで解釈されるかによっても左右される。もし、わたしたちが、フェミニストたちの仕事をふまえ、また歴史と階級に敏感なウィリアムズのような文化批評家たちの仕事をふまえ、またさらに、文化様式に敏感な批評家たちの仕事をふまえて、彼らが提出した問題に敏感に反応するようになるとすれば、次にわたしたちがすすむべきは、世界の地理的分割――結局『マンスフィールド・パーク』で意味をもつのはこれだったのだが――を、（階級とかジェンダーが中立的でないのと同じく）中立的なものではなく、政治的に意味を負荷されたものとしてみなし、そのスケールの大きさにみあう関心と解釈を求めることであろう。かくして問題はオースティンのモラルとその社会基盤をどのようにして理解しまたむすびつけるかということのみならず、そこから何を読み取るかということになる。

　ここでもう一度とりあげてみたい――アンティグアについてのさりげない言及について、そしてイングランドでサー・トマスが必要としているものが、一回のカリブ海地域逗留で満たされてしまう気楽さについて、またさらにアンティグアをひきあいにだすときの屈託のなさと内省のなさについて（ちなみに屈託のない言及は地中海地域に対してもインドに対しても同じである。たとえばレディ・バートラムは、やや取り乱していらいらしながら、ウィリアムにインドへ行ってほしいと口にする――「そうすればショールが手にはいりますもの、ショールは二枚にしようかしら[47]」と）。これらはここ故国における真に重要な行動を枠どる「海のかなたにある」意味ぶかいなにかを代表しているのだが、しかし、意味ぶかすぎるなにかではない。にもかかわらず、こうした「海外」を示す諸記号は、たとえそれが抑圧的なはたらきをするときですら、豊かで複雑な歴史をふくむものとなっている。以後、この歴史は、バートラム家の人びとが、プライス夫妻が、オースティン自身が認めようともしなければ認めることもできなかったであろうある種の地位を獲得することになる。これを「第三世界」と呼ぶことで、現実と向きあうことになるのだが、しかし、それでその政治的かつ文化的歴史をすべてくみとれるわけではない。

まず最初に、『マンスフィールド・パーク』に虚構として登記され、後のイギリス史を予言するかのような形象を検討せねばならない。『マンスフィールド・パーク』でバートラム家に利益をもたらす植民地は、『ノストローモ』におけるチャールズ・グールドのサン・トメ鉱山を、フォースターの『ハワーズ・エンド』におけるウィルコックス家の帝国西アフリカ・ゴム会社を、あるいはディケンズの『大いなる遺産』、ジーン・リースの『サルガッソーの広い海』、コンラッドの『闇の奥』に見いだせる遠隔の地にあるが便利な宝の山のような場所――国内事情、あるいは宗主国の利益のために足をはこび、議論をし、記録し、吟味すべき資源の山――を、予言的に指し示していると読むこともできる。もし、こうした小説を前もって知っていたなら、オースティンも、サー・トマスのアンティグアについて、『マンスフィールド・パーク』のページにみられるように慎重で控えめに言及するのではなく、すすんで、もうすこし濃厚に語っていたことであろう。そして、わたしたちの読解がすでに着手しているのだが、皮肉なことにオースティンの筆がもっとも控えめで、彼女の作品の批評家たちが（あえていわせてもらえば）もっとも無視してかかる部分に、解明の光があてられるだろう。それゆえオースティンの「アンティグア」とは、ウィリアムズが国内における改良と呼んだものの海外進出の境界を、ただ、さりげなくではなく決定的に定めたものか、さもなくば国内地域の繁栄の源泉として海外領土を獲得するという冒険的商業主義にめざとく触れたものか、さらにはまた、作法や礼儀についてかまけているのではなく、思想闘争や、ナポレオン傘下のフランスとの闘争、世界史において革命期として分類される時代の激動する経済的・社会的変革にも敏感な、作者の歴史的感受性を物語る多くの証言例のひとつかのいずれかなのだ。

次に、わたしたちがみるべきは、「アンティグア」がオースティンのモラル地理のなかに、そしてまた彼女の散文のなかに占める正確な位置と、それを支える歴史的変化——大海原の船のように彼女の小説を運んでいった——のありようについてである。バートラム家の人びとは、奴隷貿易と砂糖と植民地の農園主階級の支えなくして存在できなかったであろう。サー・トマスは、社会的タイプとしては、十八世紀や十九世紀の読者にはお馴染みの存在であった。なにしろ彼らの階級としての強い影響力は政治や演劇（たとえばカンバーランドの戯曲『西インド人』のような）、そしてその他の多くの公共行事や機関（大邸宅、祝賀会、社会的儀式、話題になる商業活動、著名人の結婚など）をとおしてよく知られていたからだ。保護貿易下の市場独占という古いシステムが徐々に消え、植民者大農園主という新しい階級が、古い不在地主制度を駆逐しはじめると、西インド諸島の利権にかげりがみえはじめた。綿花業、さらにもっと新しい自由貿易、そして奴隷貿易の廃止などが、バートラム家の人びとと同類の人びとの権力と特権を大幅に制限することとなった。不在農園主がカリブ海地域に赴く回数は激減したのである。

したがってサー・トマスが不在農園主としてごくまれにしかアンティグアに旅行しないのは、彼の階級の力が衰えつつあったことを反映している。この衰退を、ローウェル・ラガッツの古典的名著『イギリス領カリブにおける農園主階級の没落　一七六三－一八三三年』（一九二八）は明確に示している。けれども、オースティンの小説のなかに隠されていること、あるいはそれとなく匂わされていることが、白日のもとにさらされるのは、百年以上のちのラガーツの本のなかでのことではないか。一八一四年に出版されたこの傑作小説のなかでは、鳴りをひそめているか、ほのめかされているものが、本格的な歴史的リサーチによって申しぶんなく解明されるには、ゆうに百年の歳月がかかるということか。解釈のプロセスはもう終わったと考えるべきか、それとも新しい資料の発見とともに、これからもつづくと想定してよいのか。

ラガッツは、その豊かな学識にもかかわらず「黒人種」について語る段になると、次のような特徴を列挙してしまうのだ――「黒人は盗み、嘘をつき、単純で、猜疑心がつよく、不器用で、無責任で、怠惰で、迷信ぶかく、性関係にルーズである」[48]と。幸い、この種の「歴史研究」は、いまやかげをひそめ、エリック・ウィリアムズやC・L・R・ジェイムズといったカリブ海出身の歴史家たちの、もっと最近では『植民地奴隷制の転覆、一七七六－一八四八年』を書いたロビン・ブラックバーンらの革命的な歴史研究に道をゆずることになった。こうした著作が解きあかしたことによれば、奴隷制と帝国は、古いプランテーション独占事業時代ののちも、資本主義の勃興と基礎固めを促したのであり、あわせて、強力なイデオロギー的制度そのものとなって、もともとむすびついていた特定の経済的利害が消えてしまったのちも、その影響は何十年にもわたってつづいたのである。

時代の政治的・道徳的思想は、経済的発展との密接な関係があるものとして調べるべきである……。歴史的な視野からすると、その破綻の腐った匂いが天にまで届くような、すたれた利権でも、妨害工作と破壊という効果をもたらすこともありうるのだが、これは、その利権がかつてあたえていた強力な便宜ならびに、かつてさかんであった権利侵害という点からでないと説明できない……。こうした利権のうえに築かれた思想が、利権そのものがなくなったあともなお、長きにわたってつづいたし、昔からの詐欺をはたらきつづけた。この詐欺は、対応していた利権がもはや存在しなくなったがゆえに、ますます、幅をきかすようになった。[49]

と、このようにエリック・ウィリアムズは『資本主義と奴隷制』（一九六一）のなかで書く。解釈の問題、いや、著述そのものの問題が、利害の問題とむすびついている。利害こそ、わたしたちが今も昔も、そのはたらきぶりを歴史的著述のみならず芸術的著述のなかに見いだすものだ。だから、『マンスフィールド・パーク』を、あくまでも小説であり、あさましい歴史的現実とのつながりは、はなからないか、超越されなくなっているなどとわたしたちは語るべきではないのだ。もし、歴史的つながりなどないと明言すれば、無責任とのそしりはまぬがれない。また、知りすぎたわたしたちには、歴史的つながりを、なにくわぬ顔で無視することなどできなくなっているからだ。『マンスフィールド・パーク』を、膨張する帝国主義的冒険を支える構造の一部として読んでしまったあと、それを「世界の傑作文学」――たしかに、この作品は、まちがいなく、ここに属している――に、復帰させ、前と同じように、そのまま放置することなどとうていできなくなる。それどころか思うにこの小説は、イギリス国内に広がっている帝国主義文化、これなくして、その後のイギリスによる領土獲得はありえなかっただろうといえるほどの帝国主義文化のありかをたとえ目立たなくとも着実に世に知らしめたのである。

主流となっている解釈方法のなかでは、またこれに関連していうのなら、特定の学派の高度な理論に厳密に依拠する読解のなかでは、めったにお目にかかれないタイプの分析をご覧にいれるため、『マンスフィールド・パーク』に時間を割いてきた。そもそも、ジェイン・オースティンと彼女の登場人物たちが示唆しているグローバルなパースペクティヴにおいてはじめて、この小説の驚くべき位置づけの枠組みも解明できるのである。このような読解は、他の読解を完成にみちびくか、他の読解を補うことこそあれ、他の読解をないがしろにしたり排除することはない。またこれは強調しておかねばならない。『マンスフィールド・パーク』そのものが、イギリスの海外領土における現実の権力と、イギリス国内のバートラム邸での家庭的紛糾とをむすびつけているがゆえに、この小説をじっくり読み解くならば、わたしのような読みをするしかなく、わたしがみてきたような「姿勢と言及の構造」にふれることしかできないはずだ。この小説を丁寧に読まずして、こうした構造の力を理解したり、またこの構造が文学のなかでいかにして活性化され維持されるかについて理解することはとうてい不可能である。しかし、この小説を注意ぶかく読み解くなかで、わたしたちは気づくことができるのだ——従属人種や領土に関する思想を支えるのが、外務省の高級官僚や植民地官僚や軍事戦略家だけでなく、小説の知的な読者、それも道徳的価値とか文学的なバランスとか文体の練り上げといったこまかな点に眼が利く読者でもあることに。

ジェイン・オースティンの小説を読むことにはパラドックスがつきまとう。ずっと気にはなっていたが、あえて解こうとは思わなかったパラドックスがある。西インド諸島の砂糖プランテーションにおいて、奴隷所有のきわめてありふれた側面ですら残忍きわまりないものであったということを、ありとあらゆる証言が確認している。ところがジェイン・オースティンと、彼女の価値観について、わたしたちが知っているすべてのことは、残酷な奴隷制とは、相容れないものだ。ファニー・プライスは従兄に対し、こんなことをうちあけている。サー・トマスに奴隷貿易のことをたずねてみたら、「みんなしーんとしてしまった」[50]と。あたかもふたつの世界には、共通する言語が存在しないので、ふたつをむすびつけることなどできないといわんばかりに。たしかに、そうであろう。しかし、生活にこのような尋常ならざる相反性をもちこんだ張本人こそ、ほかでもない、大英帝国そのものの勃興と衰退と没落であり、その余波としての、ポストコロニアル的意識の台頭といった歴史の流れなのだ。『マンスフィールド・パーク』のような作品をもっと正確に読もうと思うなら、そのような作品が概して、他者の場所に抵抗したり、他者の場所を回避したりするものだとみなければいけない。そうした他者の場所は、作品が、みずからの形式的な包括性をもちだしたり、歴史的に忠実であることをいいわけにしたり、予言的ほのめかしに訴えても完全には隠しおおせないものなのだ。いずれは、奴隷制が語られても、主体に関する話題がのぼっても、ヨーロッパとは何かについて新たな認識を得ることが必要といわれても、突如として、誰もがしーんとなるようなことはなくなるだろう。

ジェイン・オースティンが、奴隷廃止論者の情念のようなものをもってして、あるいはあらたに解放された奴隷の立場にたって奴隷制を扱うなどと期待するのは馬鹿げている。とはいえ、わたしが非難のレトリックと呼んだものは、しばしばサバルタンや少数者や権利をもたない者によって駆使され、オースティンやオースティン的作家たちを回顧し、白人であり、特権階級に属し、鈍感で、権力と共犯関係にあるという理由で非難している。たしかにオースティンは奴隷所有社会に属していたが、だからといって、彼女の小説を、美的たわごとのあまたある瑣末な実践として廃棄してしまうのか。いや、そうあってはなるまいと、わたしは主張したい。わたしたちの知的使命と解釈の使命とを真摯に受けとめるなら、必要なのは、廃棄することではなく、つながりをつけること、できるかぎり多くの証拠をあつかい、じゅうぶんかつ実際的に、そこにあるものと、そこにないものとを読み取ること、またなによりも、孤立し崇拝され形式化された経験をありがたがるのではなく――なにしろ、ここから、人間の歴史に異種混淆的なものが入ってくるのを排除したり禁止したりする姿勢が生まれるのだが――、そうではなくて相互補完性と相互依存性とを見抜くことなのだ。『マンスフィールド・パーク』は豊かな作品である。美的かつ知的に複雑であるがゆえに。また、そうであるがゆえに、じっくりと腰をすえた分析を必要とするが、この小説の地理的な次元もまた、じっくり腰をすえた分析を必要とする。地理的な次元とは、この小説が、イングランドがその生活様式を維持するために、カリブ海の島に依存している状況にもとづいていることをいう。サー・トマスが、資産をもっているアンティグアに出たり入ったりすることと、彼の存在と到着と出発とがすくなからぬ波紋をなげかけるマンスフィールド・パークに彼が出たり入ったりすることとは、まったく同じではない。けれども、オースティンがいっぽうの文脈においては、あまりにそっけなく、また、もういっぽうの文脈においては、あまりにも陰影にとみ豊穣であるがゆえに、まさにこの不均衡ゆえに、わたしたちは小説のなかに分け入り、その見事なまでの描写のなかでほとんど触れられないふたつの文脈の相互関係をあきらかにし際立たせることができるのである。オースティンよりも弱小の作品には、歴史的なつながりがもっとはっきりと刻まれているだろう。そのような作品の世俗性は、単純かつ直接的である。ちょうどマフディー蜂起〔一八〇八年インドのグジャラートにおける事件〕あるいは一八五七年インドの大反乱においてつくられた愛国主義的な戯れ歌が、状況と、歌を考案した集団と、じかにむすびついたのと同じように。いっぽう『マンスフィールド・パーク』は、さまざまな経験をただ反復しているのではなく暗号化してとりこんでいるのだ。また、のちの時代に生きるわたしたちの眼からみれば、アンティグアとイギリスとを往復できるサー・トマスの権力は、個々のアイデンティティと行為と「秩序」に関係する暗黙の国家的経験から派生しているとみることができるし、その国家的経験は、マンスフィールド・パークで、あのようなアイロニーと趣向とをもって反復履行されているとみることもできる。なすべきは、いっぽうの側に対してだけ真の歴史的感覚を欠落させることでもなければ、もういっぽうの側だけを享受し鑑賞することでもない。両者をともに見据えることなのである。

3　帝国の文化的統合

マンスフィールド・パーク（小説と場所の両方を意味する）と海外領土とのあいだに、いともたやすく、しかも持続的に成立していた交流関係は、それに相当するものがフランス文化には十九世紀半ばまで存在しなかった。もちろんナポレオン時代以前に、フランスの文献には、非ヨーロッパ世界をめぐる思想や旅行や論争や思弁が豊富に存在していた。たとえばヴォルネーとか、モンテスキュー（こうした著述のいくつかは、ツヴェタン・トドロフの『われわれと他者』[51]のなかで論じられている）。この種の文献は、例外なくほとんど、専門的なものか――たとえば、レイナル神父の名高い植民地報告のような――、さもなければ、道徳や奴隷制度や社会的腐敗といった問題を、人類に関する一般論のなかで具体例として利用するジャンル（たとえば道徳論争）に属するかの、いずれかであった。百科全書派やルソーの著述は、後者のジャンルのすぐれた実例である。シャトーブリアンは、旅行家、回想記作者、雄弁な自己心理分析家にしてロマン派として、その語調と文体において他にならぶものなき個性を発揮していた。たしかにシャトーブリアンが『ルネ』や『アタラ』の作者として、小説といった文学制度に属しているのか、あるいは歴史学や言語学のような学術的言説に属しているのか証明はむつかしいだろう。おまけにアメリカや近東の生活に関する彼の物語は、あまりに特異で、容易になじめるものではなく、また、それと張りあうものをみつけることもできないのである。

かくしてフランスは、いくぶん発作的な、おそらくは散発的な、しかしたしかに限定され専門化され文学的な、あるいは文化的な関心を示していた――商人や学者や宣教師や兵士がおもむく場所に対して、そして、彼らが東洋であれ南北アメリカであれライヴァルのイギリス人と遭遇する場所に対して。一八三〇年にアルジェリアを領有するまでは、フランスにインドはなく、べつのところで論じたように、フランスの束の間の華々しい海外体験は、アクチュアルなかたちで蓄積されるよりは、記憶や文学的文彩のなかに蓄積されることが多かった。そのような例として有名なのはポワレ神父の『野蛮人への手紙』（一七八五）で、そこで語られるのは、フランス人とムスリムのアフリカ人との、しばしばつかみどころがない、それでいて刺激的な遭遇であった。フランス帝国主義に関するもっともすぐれた思想史家ラウル・ジラルデによれば、一八一五年から一八七〇年にかけて、フランスに植民地主義思想は豊富に存在していたが、フランス社会のなかで他に抜きんでたり、目立つかたちで、あるいは重要なかたちで位置づけられることはなかった。彼が特に重視するのは武器商人や経済学者や軍人や宣教師集団で、彼らこそ、フランスの帝国主義的制度を国内において活性化しつづけた張本人たちであった。とはいえ、イギリス帝国主義を研究するプラットやその他の研究者とはちがって、ジラルデは、フランス的な「分業観」のような明白な帝国主義的観点をつきとめることはできないでいる(52)。

フランスの文芸文化については、ともすれば、まちがった結論が引きだされかねないので、ここでイギリスとの一連の対照的な特徴を列挙し確認しておきたい。海外領土の権益に対して、イギリスが示しているような、広範囲におよぶ、専門分化とは無縁の、いかにもとっつきやすい海外領土観は、これに直接対応するようなものがフランス側にはないのだ。オースティンの小説に登場する地方のジェントリー、あるいはディケンズの小説に登場する実業家たちは、みなカリブ海やインドのことを気楽に口にするが、このようなことはフランスには見いだせない。またさらに文化的言説のなかにフランスの海外領土への関心が認められるとしても少数のかなり特殊な様式のものだった。最初の事例は、じつに興味ぶかいことに、ナポレオンという巨大な、ほとんど聖人にちかい人物（たとえばユゴーの詩「ルイ」〔『東方詩集』所収〕にみられるような）を介するものだった。この人物は、すぐに勇躍海外に乗りだすロマン派的フランスの精神の体現者であり、征服者というより（とはいえナポレオンはエジプトではまごうかたなき征服者であったが）、思索的でメロドラマ的な存在であり、その役回りとは、その存在をとおして、さまざまな思考を表明できる仮面たることにあった。ルカーチの慧眼がみぬいたように、ナポレオンの経歴は、フランス文学ならびにロシア文学における小説の主人公のありように絶大なる影響をあたえた。十九世紀のはじめに、コルシカのナポレオンは、エキゾチックなオーラをおびていたのだ。

スタンダール描くところの若者たちは、ナポレオンの存在なくしては理解不可能である。『赤と黒』の主人公ジュリアン・ソレルは、ナポレオンの著作（とりわけセント・ヘレナ島回想録）を読むことで、完全にナポレオンにはまり、発作的な誇大妄想、地中海的はつらつさ、せっかちな〈立身出世主義〉のとりこになっている。ジュリアンの経歴のなかに、このようなナポレオン的状況の複製をつくろうとすれば、あの手この手の工夫を凝らさねばならない。なにしろ凡庸さと姑息な反動が日常化しているフランスにおいては、あらゆるものが、ナポレオン伝説を矮小化するのだから——たとえ、ソレルに対するその力を減じることはないとしても。ナポレオン的状況は『赤と黒』においてかくも力強いがゆえに、この小説のなかでナポレオンの生涯が直接言及されるところは一箇所もないという発見は、なにやら目をひらかれる驚きとなって訪れる。

たしかにそうで、この小説でフランスの外にある世界が言及されるのは、たった一回だけ、マチルドが彼女の愛の宣言をジュリアンに書き送ったときである。このときスタンダールは、マチルドのパリっ子的性格が、アルジェリアへの旅よりも危険なものだと語っている。したがって、これが典型的なのだが、フランスがアルジェリアという主要な帝国領土を確保した一八三〇年と同じ時期に書かれたこの小説のなかで、アルジェリアへの言及は一度しかあらわれない。それも、危険とか驚きの暗示をともない、それじたい計算された無関心というおもむきすらある。これは、アイルランドやインドやアメリカへの言及を抵抗なく受け入れたり、逆に積極的に利用したりするイギリス文学とは著しく異なるといえよう。

フランスの帝国主義的関心を文化の領域にとりこむとき、第二の入れ物となるのは、新しい、かなりきらびやかな学問領域であり、これはナポレオンの海外遠征が契機となった。こうした学問が完璧なかたちで反映しているフランス的知のありようは、イギリスのアマチュア的で、しばしばあっけにとられるほど時代遅れの知のありようとは、劇的に一線を画すものであった。パリに集中した主要学術機関（ナポレオンの奨励により強化された）は、考古学、言語学、歴史学、オリエント学、実験生物学（こうした新学問の多くが『エジプト誌』作成に積極的に協力した）の興隆に圧倒的な影響力をもった。またこれも典型的なことだが、小説家も、東洋やインドやアフリカに関する学術的に整備された言説を引用するとき、わけ知り顔の衒学趣味をひけらかすのだが——たとえば『あら革』とか『従妹ベット』におけるバルザックのように——、これはイギリスとはまったくちがっていた。ウォートリ・モンタギュー夫人からウェッブ夫妻にいたるイギリスの海外滞在者たちの文章に見いだせるのは、肩肘をはらぬ観察者の言語である。植民地の「専門家《エキスパート》」（サー・トマス・バートラムからミル父子のような）には、気取ってはいるが、基本的に型にはまっていない非公式な姿勢が眼につく。行政文書あるいは公文書——マコーレーによる一八三五年のインド教育覚書が有名な例だが——では、尊大ではあるが、どことなく個人的な思い入れのようなものもみてとれる。ただ、いずれの場合も、十九世紀初頭のフランス文化に類例はない。なにしろフランスではアカデミーのもつ公的特権性と文化的中心地たるパリの威光が、すべての言論をかたちづくっていたのだから。

すでに論じたように、植民地宗主国の境界を超えたところにあるものを、たとえ気楽な日常的会話においても、表象できてしまうのは、帝国社会の権力の後ろ楯があるためだが、この帝国社会の権力がとる言説形式は、「生《なま》の」あるいは原始的なデータを再構成し再秩序化して、ヨーロッパだけに限定されるヨーロッパ的な物語と発話形式に変換するものか、そうでなければフランスのように、体系的な学問秩序のなかにとりこんでしまうものであった。そしてこのようにしてできあがるヨーロッパ的物語や学問領域には、「原住民」たるアフリカ人やインド人やムスリムをよろこばせたり説得するような義務は課せられていなかった。それどころか、多くの著名な例では、原住民の沈黙を当然のことと考えている。ヨーロッパの植民地宗主国のなかにあるものが話題になるとき、芸術や学問による表象——いっぽうで小説や歴史書や旅行記や絵画というかたちをとり、いまいっぽうでは社会学や行政文書や公文書や文献学や人種理論というかたちをとるが——を支えるのは、ヨーロッパの権力それも非ヨーロッパ世界を表象し、そうすることで、よりよく観察し、熟知し、そして最終的に強奪してしまうヨーロッパの権力なのだ。こうしたやりかたを、現在のところもっとも包括的に分析したものは、フィリップ・カーティンの二巻本『アフリカのイメージ』とバーナード・スミスの『ヨーロッパのヴィジョンと南太平洋』だろう。紋切り型のイメージの大衆への浸透については、二十世紀なかばまでのアフリカに関する文章を概観したバジル・デイヴィッドソンの研究があきらかにしている——

「アフリカ」探検や遠征に関する文献は、実際の過程そのものと同じくらい茫漠とし多種多様である。けれども、際だった二、三の例外はあれ、記録文書は、ただひたすら単一の支配的姿勢にあわせて構築される。それらはアフリカを外部から超然として眺めているだけの男たちの日誌である。彼らの多くは、もっとほかのことができたはずだとわたしは言いたいのではない。重要な点は、彼らの意見の性格が、ある一定の限界のなかにとらわれていることだ。今日、彼らの書いたものを読むときには、このことを念頭におかなければならない。もし彼らが、知りあいのアフリカ人の精神と行動を理解しようとしたら、それは偶然か、もしくは稀なことである。彼らのほとんどすべてが、いま自分たちが直面しているのは「原始人」であり、先史時代そのままの人間であり、また時間の夜明け前にたゆたっている社会であると納得していた「ブライアン・ストリートの重要な文献『文学における野蛮人』は、アカデミックな場や大衆文学のなかで、こうしたイメージが真実として伝えられる過程を段階を追って詳細に検討している」。こうした視点が維持される過程と、ヨーロッパが権力と富を圧倒的に膨張させ、ヨーロッパが政治的な強靭さと活力と巧妙さを極め、ヨーロッパがみずからを神に選ばれた大陸として信ずる過程とは軌を一にしていた。他の点では誉れ高い探検家たちが考え、おこなったことを知るには、ヘンリー・スタンリーらが書いたものを、あるいはセシル・ローズや彼に依頼された鉱山探検者たちがおこなったことを読むにしくはない。彼らはアフリカ人との条約が守られているかぎり、すすんで、みずからをアフリカ人の誠実な盟友として表象していた——ちなみに、こうした条約をとおして、「効果的な占領」の有効性が政府によって、またこの条約によって形成された個人的利益の存在によって、アフリカ人とイギリス人双方に対し立証されたのである(53)。

すべての文化は、外国文化を表象する傾向にある。外国文化をよりよく支配し、そしてある意味で管理するために。けれどもすべての文化が、外国文化を表象したうえで、なおかつ、外国文化を支配し管理するわけではない。これが、つまり表象し支配してしまったのが、近代のヨーロッパ文化の特質だとわたしは考える。したがって非ヨーロッパ世界を西洋がどのように知り、そして表象したかを研究することは、とりもなおさず、表象と、表象が表現する政治的権力とがつながっていることを研究することとなる。キプリングやコンラッドといった十九世紀後期の作家たち、あるいは同じく文化芸術分野では、十九世紀半ばのジェロームやフローベールらは、ただたんに海外領土を再現したのではない。彼らは、海外領土を徹底操作し、活性化し、物語手法をつかい、歴史的・解説的姿勢をとり、そしてマックス・ミュラーやルナンやチャールズ・テンプルやダーウィンやベンジャミン・キッドやエメリッヒ・ド・ヴァテルら思想家たちの積極的な政治思想を借用していた。こうしたことすべてがヨーロッパ文化における次のような本質主義的立場を発展させ強化したのである、それは、ヨーロッパ人は支配する人、非ヨーロッパ人は支配される人と考える立場だった。そしてじっさいヨーロッパ人たちは支配したのである。

わたしたちは、いまや、こうした題材がいかに濃密で、その影響がいかに広範囲におよんでいるかを、しかるべく意識している。たとえば十九世紀の科学的発見や科学的実践ならびに科学機関における人種思想の力をあつかった、スティーヴン・ジェイ・グールドとナンシー・ステパンによる研究がある。[54] 彼らの研究によれば、黒人種劣等説から、あるいは高等人種や未開（のちには従属）人種を区別する当時の人種ヒエラルキー説から、大きな異議が唱えられることはなかった。こうした人種差別は、ヨーロッパ人が、劣等人種の実例とみなすものにじかに接することができた海外領土からもたらされるか、もしくは、多くの事例では、しばしば暗黙のうちに海外領土において適用された。そして広大な非ヨーロッパ国家地域にくらべて狭いヨーロッパが、その狭さとはうらはらに、権力を伸長させるにつれて、白人に絶対的な権威をあたえる思考の枠組みの力も増したのである。

こうした人種ヒエラルキーの無差別な適用から、どんな経験領域も免れることはできなかった。インドにおける教育制度では、生徒はイギリス文学を教えられるだけでなく、イギリス民族の本質的な優越性をもあわせて教えられたのである。アフリカやアジアやオーストラリアにおける民族誌的観察という新興の学問領域に貢献した研究者たちは、ジョージ・ストッキングが記述しているように、野蛮主義と原始主義と文明とを区別するための、緻密な分析道具だけでなく、一連のイメージなり通念なり疑似科学的な概念をたずさえていた。当時勃興しつつあった人類学という新しい学問には、ダーウィニズム、キリスト教、功利主義、観念論、人種理論、法制史、言語学、勇敢な旅行者による証言などが、まとまりのないかたちで入り交じっていたが、しかし、ことが白人（すなわちイギリス人）文明の優位性となると、どの分野も、それを肯定することで意見は一致していた(55)。

こうしたことを読めば読むほど、そしてそれに関する近代の学者の考察を読めば読むほど、「他者」に関する意見が、どれもこれも根底において判で押したように同じであり、蒸しかえしと繰りかえしであることに啞然とする。たとえば、カーライルの『過去と現在』におけるイギリス人の精神生活に関する大仰な再評価を、その著作や、彼の「黒人《ニガー》問題に関する時事的論説」における黒人観とくらべてみると、驚くほど明白な二つの要因に気づく。ひとつの要因とは、カーライルが、イギリスの再生と覚醒、有機的な統合、産業と資本の無制限な発展の歓迎などについては旺盛な論評を展開するくせに、黒人の代表として選ばれた「カリブ海の黒人《クワシー》」の活性化についてはなにもしていないことだ。黒人は、「醜く、怠惰で、反抗的である」がゆえに、永遠に、下位人間の地位に運命づけられているというのがその理由。この点について『黒人問題』におけるカーライルは、じつにあけすけである――

いや、神々は、カボチャ［カーライルの話のなかでは「黒人《ニガー》」が好むとされている植物］以外にも、香料と高価な産物が西インド諸島で生育することを望み給うたのだ。神々は西インド諸島をそのようなものに造ったと宣言されたのだ――神々はこれをかぎりなく望むのだが、西インド諸島は勤勉な人間だけが住み、怠惰な二本足の家畜は、いくら好きなカボチャが豊富で彼らが「満足して」いようが、追いだすべきなのだ。このふたつのことを不滅の神々は決定し、天上の議会の裁決を求めたと、考えてよいだろう。このふたつのことは、たとえ地上のあらゆる議会やそれに類するものが猛反対しても、おこなうべきであろう。黒人《クワシー》は、もし香料の栽培を望まねば、またもや奴隷の身に逆もどりとなり（奴隷状態は、彼らの現在の状態とくらべれば、まだましなくらいだが）、ありがたい鞭で――なにしろほかに適当な方法がみつからないからだが――たたきのめされて仕事を強制されるのがおちであろう。[56]

劣等種族には、語るに足るなにものも、あたえないが、いっぽうでイギリスはこれまでになく膨脹し、その文化は、本国での産業化と海外での保護自由貿易に支えられる文化へと移行するというわけだ。黒人の地位は「天上の議会での裁決」によって決められる。黒人には自己決定のための機会も、社会階層を上昇する機会も、奴隷状態よりましななにかになる機会も現実には存在しなくなる（ただしカーライル自身は奴隷制度には反対すると意見表明をしていたが）。問題は次の点にある。カーライルの論理と姿勢が、どこまでも彼独自の（とすれば特異な）ものなのか、それともカーライルの姿勢は、数十年前のオースティンの小説にみられる姿勢とも、あるいは十年後のジョン・スチュアート・ミルにみられる姿勢とも、さほど異なるものではない本質的姿勢を、極端な、そして特異なかたちでただ表明しただけなのか。

姿勢の類似性には目を見張る。またこの三人の相違も目を見張るほど大きい。文化全体の圧力のようなものが、三人に同様な姿勢をとらせたのだとしか考えられない。オースティンとミルは、カリブの非白人種に対して、イギリスに永遠に従属する立場にある砂糖生産者という立場以外のものを、想像裡にも、言説においても、美的にも、地理的にも、経済的にもあたえようとしていない。もちろん、これが、支配の具体的な意味である。つまり支配とは生産性と表裏一体の関係にある。カーライルのいう黒人《クワシー》は、サー・トマスが所有するアンティグアの財産と同じである。もっぱら、イギリスのために富を産出するもの。そのためカーライルにとって黒人たちを現地でおさえつけておくことは、とりもなおさず、彼らがおとなしく黙々とはたらいてくれて、イギリスの経済と貿易が順調に発展することを意味したのである。

人種問題に関するカーライルの文章で注目すべき第二の点とは、それが曖昧でもなければ隠しごともなければ秘めごともないということだ。彼は黒人について言わんとすることを、つつみかくさず語っている。彼は黒人にあたえようとしている脅しと罰について、じつにあけすけに語っている。カーライルが語る言語は、人種や民族や文化に関するゆるぎなき確信によって支えられている一般論の言語である。すべてのことは彼の読者にはなじみぶかいものなので、いちいち説明するまでもないというわけだ。カーライルが語っているのは、植民地宗主国であるイギリスにおける共通語である。グローバルで包括的な、そして国民に対して、国民に関して、語ろうとする誰もがまとうことのできる絶大な社会的権威に支えられた共通語。この共通語はイギリスを、ある種の世界の中心にすえるのだが、その世界とは、まさにイギリスの権力によって支配され、イギリスの思想と文化によって啓蒙され、イギリスの道徳教師やら芸術家やら法律家たちの姿勢によって生産活動に従事させられた世界なのだ。

同じ語調は一八三〇年代のマコーレーの発言に聞くことができるし、またそれから四十年後のラスキンの発言のなかにも、ほとんど変わらないまま聞くことができる。一八七〇年オックスフォード大学でおこなわれたスレイド講演においてラスキンは厳粛にイギリスの運命を喚起する。これは、長くなるが引用するにあたいする。最悪のラスキンを示すためだけではない。ラスキンが芸術について論じた膨大な著述のほとんどすべてを支えているのが、じつはこれであることを示さんがためなのだ。ラスキンの著作については決定版であるクックとウェデンバーン編纂の全集には、次に引用する一節について脚注がつき、ラスキンにとってこの一節がいかに重要なものであったかを強調している。ラスキンはこの発言を「自分のこれまでの教えのなかで「もっとも示唆にとみ、もっとも本質的である」と」みなしていたのだ[57]。

いま、わたしたちに起こりうる運命というものがある——受け入れられるにせよ拒絶されるにせよ一国民の前に据えられた最高の運命である。わたしたちは、北方民族の最良の血がまざった種族としてまだ堕落してはいない。わたしたちは気質において放埒ではなく、統治するにふさわしい堅固な意志と範とすべき美質を失っていない。わたしたちは純粋な慈悲にもとづく宗教を教えてきた。いまわたしたちは、それを裏切るか、それを実現することで擁護するかの瀬戸際に立っている。そしてまたわたしたちは、一千年におよぶ高貴な歴史をとおして伝えられてきた名誉の遺産をふんだんにもっている。この遺産を、良き貪欲さで増やすことこそ、わたしたちの日々の欲求とすべきものだ。もし名誉をむやみに欲しがることが罪であるなら、イギリス人は、現存する人間のなかでもっとも罪ぶかい者たちだろう。ここ数年、わたしたちには、自然科学の法則が矢継ぎ早に解きあかされてきた。その光明たるや、まばゆすぎて、目が眩むほどである。またわたしたちに可能となった交通と通信手段により、地球のなかで人の住める地域がひとつの王国となった。ひとつの王国——だが、その王国の王たる者とは誰なのか。そこには王たる者が存在すべきではなく、万人が、王となって、おのが眼で正しいと思うことをなせばよいのか。あるいは恐怖の王だけが存在するのか。マモン〔富の邪神〕とベリアル〔悪魔のひとり〕のいかがわしい帝国が出現するのか。そうともイングランドの若者たちよ、おのが国土を、いまいちど、諸王の玉座と定めようではないか。王権の島としようではないか。全世界にとって光の源、平和の中心、学問と芸術の女王にしようではないか。不遜で脆弱なヴィジョンのただなかにあって、偉大な記憶を守る忠実な番人へと——気まぐれな実験や、放埒な欲望からの誘惑にさらされながらも、いにしえより伝えられた原則に忠実な下僕へと——、しかも、諸国家の残忍で喧騒にみちた妬《ねた》みの嵐の真ったただなかで、人間への善意という特異な勇気によって崇拝されている女王へとこのイングランドを変貌させようではないか。

29.*「王の軍旗を前に進めよ*」。だが、どの王なのか。ふたつの軍旗がある。わたしたちがさいはての島に掲げる軍旗は、天上の炎のなかただよう軍旗なのか、それとも地上のあさましい金糸で織られ重たげに垂れる軍旗なのか。わたしたちに開かれているのは恩寵あふれる栄光の道筋であり、これまでいかなる人間にもいまだあたえられたことのないものであった。けれども、それは——わたしたちとともに、あらねばならないし——あるのだ。「統治するかさもなくば死滅するか」。そして、もしこの国について、「統治のことはいっさいごめんこうむる*」などと語ること、このように王冠を拒むことは、これまで記録された歴史すべてにおいて、もっとも恥ずべき、もっとも時宜を得ぬこととなろう。そうであればこそ、ここでなすべきか、さもなくば滅びるかのいずれかなのだ。この国は、できるかぎり遠くに、できるかぎりすみやかに、植民地の礎《いしずえ》を築き、この国のもっとも活力にあふれ、もっとも価値ある男たちによって植民地をはぐくまねばなるまい——わが民族が足をふみいれるいかなる地からも、その実りを吸収し、植民者に対して、故国に忠実であることがもっともすぐれた徳であり、陸と海においてイングランドの力を世界に知らしめることが第一の目標であり、たとえ異境の地に暮らそうとも、遠隔の海に浮かぶ船団の船乗りたちが、みずからを故国とは無縁と思ったりしないように、植民者は、みずからを故国の地から切り離されたものと思わずともよいと、教えこまねばならない。そのためこうした植民地は、文字どおり、繋がれた船団であり、すべての人間は艦長と士官の権威のもとにあり、その命令は、麾下の艦船ならぬ、平野と街路においておよぶのだ。かくしてイングランドは、その不動の国民（あるいは語の真正のもっとも力強い意味において、不動の教会――世界のなかのガリラヤ湖ともいえる場所の水先案内人たちによって運営される）の名において、「各人が義務をはたすことを期待する」*といいきれるのだ。ここでいう義務とは、戦時のみならず平時においても、履行可能であり、もしイングランドへの愛のために、無償で、砲口の前へ身をさらすのもいとわぬ男たちをみつけたならば、彼らはまた彼女〔＝イングランド〕のために地に鋤をいれ種をまく男たちであり、彼女のために親切かつ卑しからぬふるまいのできうる男たちであり、子どもたちに彼女を愛するよう躾ける男たちであり、彼女の栄光が熱帯の空の輝きよりも燦然と輝くことに至福の喜びを感ずる男たちであることがわかるであろう。男たちがこのようにできるためにも、彼女はみずからの権威を汚れなきものにしなければなるまい。彼女は彼らに故国を誇りに思う考えを植えつけねばならない。イングランド、地球の半球の女王たるべきイングランドは、あさましい陰惨な群衆に踏みにじられる、石炭の燃え殻の山になっている場合ではないのだ。彼女はいまふたたび、かつてのイングランドたらねばならない。しかも、ありとあらゆる麗しき方法によって――いや、いかなる不浄な雲にも汚染されていないその空とおなじく至福にみち静謐で純粋なかたちで――彼女は、天に輝くあらゆる星々に呪文をかけることができるかもしれない。そして、朝露をはこぶあらゆる野草の生い繁る、整然として広大で美しい野において、また彼女の魅惑的な庭園の緑なす並木道において、太陽の娘たる、聖なるキルケーたる彼女は、かなたの民族の、芸術を導き、聖なる知恵を収穫しなければならない。このとき彼らは野蛮から文明へと変貌をとげ、絶望から救済され心の平安をあたえられるのである。(58)

　ラスキンに関する議論は、すべてではないにしろ、ほとんどが、この一節を避けて通っている。けれども、カーライルと同様、ラスキンもここで歯に衣着せぬ話しかたをしている。彼のいわんとすることは、言及や比喩にくるまれていながらも、誤解の余地なく明白である。イングランドは世界を支配すべきである。なぜならイングランドはベストだから。権力は出し惜しみしてはいけない。競争相手となる他の帝国はカス同然である。植民地は増殖し、繁栄し、イングランドとかたくむすびつくべきである。ラスキンのこの帝国主義高揚の口舌のなかでまぎれもなく明らかなのは、彼が喧伝していることを熱烈に信じているだけでなく、英国の世界支配に関するみずからの政治思想を、みずからの芸術哲学や道徳哲学とむすびつけていることである。どちらかいっぽうへの情熱的な信奉が、いまひとつへの情熱的な信奉とむすびついている。政治的帝国主義思想が、芸術的道徳思想をつつみこみ、ある意味で、お墨つきをあたえている。イングランドは地球の「王」「王権の島」「全世界にとって光の源」であるがゆえに、その若者たちは、陸と海においてイングランドの力を世界に知らしめることを第一の目標とする植民者になるべきである。イングランドはそうするか「さもなくば滅びるか」であるがゆえに、その芸術と文化は、ラスキンの観点では、力づくの帝国主義に依存するのである。

　こうした観点を無視すること——とはいえ十九世紀のどのテクストをひもといても、ほとんどかならずといってもいいほどお目にかかる観点なのだが——は、思うに、周囲の風景を語らずに道路だけを語ることに似ている。文化的形式あるいは文化的言説が、全体性なり全体化をもとめたとき、ヨーロッパの著述家や思想家や政治家や重商主義者たちはほとんどすべて、グローバルな観点から考える傾向にあった。しかもこうした傾向は、たんなるレトリック上のはったりではなく、彼らが属する国の現実の地球規模の膨脹過程とかなり正確に対応していたのである。ラスキンと同時代人の詩人テニソンと、テニソンの長編詩『国王の牧歌』における帝国主義に関するきわめて鋭利な論文のなかで、V・G・カーナンが確認したイギリスの海外軍事行動の驚異的な拡大は、そのすべてが、領土的利権の基盤固めか増大をともなったのであり、テニソンはこうした軍事行動の、ときには証人であり、またときには（親戚をとおして）直接むすびついていた。以下のリストはラスキンの生きていた時代の出来事である。カーナンによって掲げているものだが、一瞥しておこう——

一八三九－四二年　アヘン戦争* 中国における
一八四〇年代　カフィル戦争*（南アフリカ）、マオリ戦争*（ニュージーランド）、パンジャブ*地方征服
一八五四－五六年　クリミア戦争*
一八五四年　下ビルマ征服*
一八五六－六〇年　アロー戦争（第二次アヘン戦争）
一八五七年　ペルシア攻撃*
一八五七－五八年　インド大反乱*鎮圧

一八六五年　ジャマイカにおけるエア総督事件*
一八六六年　エチオピア遠征*
一八七〇年　フィニアン団*のカナダ侵入阻止
一八七一年　マオリ戦争終結
一八七四年　西アフリカにおけるアシャンティ族*撃破
一八八二年　エジプト占領*

これに加えて、カーナンはテニソンが「アフガン人の暴動を断固粉砕すべき」と考えていたことを例に上げている。(59) ラスキン、テニソン、メレディス、ディケンズ、アーノルド、サッカレー、ジョージ・エリオット、カーライル、ミル――要するにヴィクトリア朝の主要な作家全員――がみていたことは、全世界に対するイギリスの歯止めのきかない凶暴な国際的権力行使であった。この権力と彼らがなんらかのかたちで一体化することは、彼らがすでに国内においてイギリスとさまざまな手段をとおして一体化していたこともあって、論理的でもあり、またたやすいことでもあった。彼らにとって、文化や思想や趣味や道徳や家族や歴史や芸術や教育について語ること、こうした問題を表象すること、こうした問題に影響をあたえ、それらを知的かつ修辞的な言い回しで粉飾することは、とりもなおさず、それらを世界的規模の観点から認識することであった。イギリスの国際的アイデンティティ、イギリスの商業と貿易政策の規模、イギリス軍の効率と機動力、こうしたものすべてが、見習うべき抗いがたいモデルを、たどるべき地図を、期待されるべき行動を提供することになったのだ。

かくして島国としての、あるいは植民地宗主国としての境界の彼方に関する表象は、そのはじまりからすでに、ヨーロッパの権力を追認するようになっていた。ここには印象的な循環論がある。わたしたちは支配する、なぜならわたしたちには力（それも産業と技術と軍事とモラルの面において）があるがゆえに、また彼らには力がないがゆえに。またそれゆえに彼らは支配しない、彼らは劣等である、わたしたちは優位にある……云々。この同語反復がとりわけ強靭な力をもって維持されるところ、それは、十六世紀からすでにイギリスに定着したアイルランド観ならびにアイルランド人観である。またこの同語反復は、十八世紀全般をつうじて、オーストラリアならびにアメリカでの白人植民地に関する意見のなかでも効果を発揮した（オーストラリア人にいたっては、二十世紀にはいってからも劣等人種としてみられつづけたのだ）。やがてこの同語反復は徐々にその支配を拡大し、イギリスの海岸の彼方にある世界すべてを実質的にふくむまでになる。フランス文化においてもフランス国境をこえた彼方の世界に関して、イギリスにおけるのと同様の、たえずくりかえされる十把ひとからげ的な同語反復の誕生をみる。西洋社会の周辺部においてあらゆる非ヨーロッパ地域――その住民や社会や歴史や存在そのものが非ヨーロッパ的な本質を表象しているとみなされた――は、ヨーロッパに従属させられた。返す刀でヨーロッパは、ヨーロッパの外にあるヨーロッパではない地域を高飛車に支配しつづけた。そしてこの支配を持続できるよう非ヨーロッパ世界を表象するようになったのである。

こうした同一論法や循環論法は、思想や芸術や文学や文化的言説に関するかぎり、禁止したり抑圧的にはたらくことはなかった。この並はずれて重要な真実は、くりかえし強調しておく必要がある。そんななか、あるひとつの関係だけが変化しなかった。その関係とは、一般論としては宗主国と海外領土とのあいだの階層関係であり、特定すれば、ヨーロッパの西洋的白人キリスト教男性たちと、地理的かつ道徳的にヨーロッパの外に生きている民族との階層関係であった（ヨーロッパの外とはイギリスの場合、アフリカ、アジア、そしてアイルランドとオーストラリアであった)[60]。またそうでない場合、この関係を構成する両側に奇矯な錬成変化《エラボレイション》が加わることもあったが、その結果はおおむね、どちらのアイデンティティも、たとえ西洋の側のアイデンティティの変異体のほうが大きく成長するとしても、たがいに強化しあうことになった。帝国主義の基本的な命題が——たとえば、ものごとをあけすけに語るカーライルのような作家によって——主張されるとき、その主張のまわりには、ある種の養子縁組《アフィリエーション》によって、膨大な数の、賛同的主張が、それと同時にさらに興味ぶかい文化版帝国主義の主張が、それぞれ独自の屈折と快楽と形式的特性をそなえて集うのである。

こうして集うものをいかにして意味のある全体にまとめるかが、今日の文化批評家にとっての課題である。たしかに、さまざまな研究者が証明したように、ヨーロッパの作家にとって、帝国主義を、それも攻撃的で自覚的な帝国主義の使命を、積極的に意識することは、十九世紀の後半になるまで、不可避ではなかった——たとえしばしば容認されたり、言及されたり、積極的に同意されたとしても(一八六〇年代のイングランドでは、「帝国主義」という言葉は、ある種の嫌悪感をともなって、皇帝が支配する国としてのフランスについて言及するときに用いられたことは、たしかである)。

けれども、十九世紀末になっても、高級文化あるいは公認文化は、みずからが帝国主義の原動力を形成するのに一役買っていることを気取られまいとまだ必死になっていたし、帝国主義の大義名分や恩恵や悪弊が論じられるときに、文化だけは、どういうわけかお咎めがなく、文化を免責することがほとんど強迫観念化していたのだ。これが、わたしの主題の魅力的な一面である——つまり文化は帝国主義に関与していながら、いかにして、その役割を免責されたのか。たとえばホブスンはギディングズの「遡及的同意」[61]という眉唾物の考えかたをひどく馬鹿にして語っているが(ちなみに「遡及的同意」とは、従属民族を、まず最初に従属させ、次に、彼らが隷属することに同意していたという過去をでっちあげること)、しかしホブスンは、こうした考えが、ギディングズのような連中の頭のなかに、自画自賛的な力をおびた雄弁なる専門用語とともに、いつ、どこで、わいてきたかについては不問に付している。一八八〇年以後、帝国を正当化する論陣をはった偉大な論客たち――フランスにおいてはルロワ＝ボーリュー、イングランドにおいてはシーリー――は、成長とか豊饒とか膨脹のイメージをちりばめた言語を、財産とかアイデンティティのなかに目的論的な構造をみる言語を、「われら」と「彼ら」とをイデオロギー的に差別する言語を、それぞれ駆使したが、しかし、そうした言語は、すでにべつのところで練り上げられ熟成されていたのだ――すなわち小説のなかで、政治学の分野で、人種理論のなかで、旅行記のなかで。コンゴやエジプトのような植民地では、コンラッド、ロジャー・ケースメント、ウィルフリッド・スコーイン・ブラントらが、白人植民者の悪癖とほとんど狂気にひとしい歯止めのきかぬ暴虐とを記録していたが、しかるに、故国でルロワ＝ボーリューは、植民地化の本質を、こんなふうに熱烈に言祝《ことほ》いでいたのだ――

社会秩序は家族秩序と同じで、そこにおいては世代のみならず教育も重要なのである（中略）それは、その内部からの新たな産物を人間にあたえる（中略）人間社会の形成は、人間の形成と同様、偶然にまかせるべきではない（中略）それゆえ植民地化は経験という学校で形成される芸術である（中略）植民地化の目標は、財産と進歩にとって最良の条件のなかに、新しい社会を据えることである。(62)

イングランドでは十九世紀末期までに、帝国主義は、一般論としては豊かなイギリスの繁栄のために、個別的には母親の健康のために欠くべからざるものとみなされていた。(63)そしてベーデン＝パウエルの経歴を子細に検討すればわかることだが、彼のボーイ・スカウト運動は帝国と国民の健康とのあいだに樹立された思想（たとえば自慰行為の恐怖、退化、優生学など）をそのままなぞるものといってよかった。[64]

したがって帝国支配を勧め、しばしばイデオロギー面で履行する、この圧倒的に普及した思想に対しては、いかなる例外もまずありえなかったのだ。ではここで、こうした思想をできるかぎりまとめて整理してみよう。「文化と帝国主義」の研究に属すると、わたしの考える、さまざまな学問分野における現代の一連の研究成果をふまえて。これは以下のように体系的に提示できるかもしれない――

一、西洋と残りの世界との基本的存在区分に関しては、いかなる意見の相違も存在しない。西洋と非西洋的周辺地域との地理的・文化的境界は、ゆるがざるかたちで感得され認知されるので、わたしたちはこの境界を絶対だと考えてしまうかもしれない。この区分の絶対的地位によって、ヨハネス・フェイビアンのいう時間のなかの「同時代性」の存在が否定され、そして人間的空間における根源的断絶が当然のこととしてまかりとおるようになる。[65]かくして「オリエント」、アフリカ、インド、オーストラリアが、そこにさまざまな種族が住んでいながら、いっしょくたにされヨーロッパの支配下におかれる場所となる。

二、民族誌――ストッキングによって記述されたものとしての、そしてまた言語学や人種理論や歴史分類において証明されたものとしての民族誌――の興隆とともに、差異が分類され、さまざまな進化の過程が確定された。進化は原始種族から従属人種をへて、最後には優等もしくは文明化された民族へといたる。ゴビノー、メイン、ルナン、フンボルトなどがこうした思想傾向における中心人物である。原始、野蛮、退化、自然、反自然といった、よく使われるカテゴリーもまた、こうした思想に属している。[66]

三、西洋による非西洋の積極的な支配――この支配のことはいまや歴史研究のなかで公認の一分野となっているが――は、それにふさわしく、その規模が地球全体におよんでいた（K・M・パニッカルの『西洋の支配とアジア』あるいはマイケル・アダスの『人間の尺度としての機械――科学、テクノロジー、西洋支配のイデオロギー』など)[67]。帝国の広大な地理的規模――とりわけ大英帝国の――と、普遍化をめざす文化的言説とは収斂する。もちろん、この収斂を実現するのは権力である。これにともない登場するのが、遠隔の地へおもむく能力、他の民族について学ぶ能力、知を分類し普及させる能力、他者の文化の実例を特徴づけ、転送し、設置し、展示し(博覧会、探検旅行、写真、絵画、調査、学校などをとおして)そしてとりわけ他者の文化を支配する能力である。こうしたものすべてから、今度は、原住民に対する「義務」と呼ばれるものが生まれ、アフリカやその他の地において原住民に「恩恵」をもたらすべく[68]、あるいは母国の「特権」を守るべく、植民地を築かねばならなくなる。〈文明化の使命〉のレトリックが生まれるのだ。

四、支配は静的なものではなく、多くの点で植民地宗主国の文化を支えている。帝国領土そのものにおいて日常生活の細部にまでおよんだ帝国主義の影響のなんたるかが、いまようやく研究されはじめている。最近の一連の研究によれば[69]、帝国主義のモチーフは、大衆文化や小説の諸構造、ならびに歴史や哲学や地理学のレトリックにまで織りこまれている。ゴウリ・ヴィシュワナータンのおかげで、インドにおけるイギリス教育のシステム――そのイデオロギーはマコーレーやベンティンクからとられているのだが――そのものが、人種や文化の優劣に関する思想に汚染され、汚染されたまま教室で伝えられたことがわかった。汚染された思想は、カリキュラムの一部となり、またその教育目的は、このシステムの擁護者であるチャールズ・トレヴェリアンによれば、

プラトン的な意味において、植民地主体を覚醒させ、オリエント社会にみられる封建的な性格をとおして(中略)腐敗してしまう前の内的性格の記憶に触れさせることにある。初期の宣教師たちによって提

供されたシナリオを焼きなおしたこの普遍的な物語において、イギリス政府は、インド人が、自己の自発的表現として当然のことのようにあこがれる理想的な共和国につくりかえられ、この共和国のなかでイギリス人支配者たちはプラトン的番人という比喩的な場所を確保したのである。(70)

わたしが論じているイデオロギー的ヴィジョンは、直接的統治や物理的暴力のみならず、さらにもっと効果的に、説得手段によっても、長期にわたって、実現され持続されるものであるので、ヘゲモニーの日常的なプロセス――じつにしばしば、創造性と創意工夫と興味ぶかさと、そしてとりわけ実効性をかねそなえたプロセス――こそ、意外かもしれないが、分析し解明するにあたいするものなのだ。もっとも目につくレヴェルでは、帝国領土の物理的変容というものがあげられる。これはアルフレッド・クロスビーが「エコロジカル帝国主義」(71)と呼んだところの、物理的環境の造型しなおしや、植民地都市（アルジェ、デリー、サイゴン）の造成といった行政的・建築的・制度的大事業とも関係するし、本国における、新たな帝国エリート、帝国文化、帝国サブカルチャーの台頭（植民地政策に依存する帝国の「専門家」養成学校、帝国の諸機関や部門、それに科学――たとえば地理、人類学のような）とも、また旅行写真、異国趣味的絵画やオリエンタリズム絵画、詩、小説、音楽、記念碑的彫刻、ジャーナリズム（とりわけモーパッサンの小説『ベラミ』で印象的に描かれたジャーナリズム）などをふくむ新しい様式の芸術とも関係していた。(72)

このようなヘゲモニーを支援するものについて、すでに、並外れた洞察力を発揮して解明したのは、たとえばフェイビアンの『言語と植民地支配』であり、ラナジット・グハの『ベンガルに対する所有権の支配』であり、ホブズボウムとレンジャー編集の論集に掲載されたバーナード・コーンの「ヴィクトリア朝インドにおける権威の表象」（ならびに同じ著者によるインド社会のイギリスによる表象と概観を研究した見事な文献『歴史家たちのなかの人類学者』[73]である。こうした著作が解明するのは、権力が日常生活のひだの奥にまで日々分け入るさまであり、原住民と白人と当局との三つ巴の関係のなかに生ずる相互作用であった。ただし、帝国主義のミクロ物理学のなかで重要な要因となるのは、「コミュニケーションから命令へ」という移行において、またその逆の過程において統合的な言説――あるいはもっと正確にいうと、フェイビアンが述べたような「通過の領野、横断と交錯する思想の領野」[74]――が発展したことだが、その出発点にあったのは、文化に組み入れられ順応して変化のはいりこむ余地のほとんどなかった西洋人と原住民との区分であった。植民地システムとそれを打破すべくどうしても暴力が必要というマニ教的二元論について語ったファノンの言葉から、わたしたちは、長期にわたって文化と一体化した言説にむけられた怒りと不満をかぎとることができる。

五、帝国主義的姿勢は、広がりと権威をおびているが、しかし、海外膨張と自国における社会変容の一定期間をへて、おおいなる創造力をおびるにいたる。わたしがここで念頭においているのは「伝統の創造」一般だけでなく、奇妙にも匿名性をおびた知的・芸術的イメージの産出もふくむ。オリエンタリスト的、アフリカニスト的、アメリカニスト的言説が、歴史記述や絵画や小説や大衆文化のひだに分け入り、またそこからはぐくまれて登場する。フーコーのいうディスクール概念もここでは有効だろう。またバナールが述べているように、古代ギリシアからアフリカ的起源をこそぎおとし浄化した、ヨーロッパ中心の古典哲学が発展したのも十九世紀であった。やがて――ロナルド・インデンの『インドを想像して』[75]が示そうとしているように――植民地宗主国において伝統からなかば独立した文化編成が登場し、帝国財産とか帝国の利権とも関係することになる。コンラッド、キプリング、T・E・ロレンス、マルローは、そうした物語の語り手たちであり、彼らの先駆者にして保護者たるべき者として、クライヴ、ヘイスティングズ、デュプレクス、ビュジョー、ブルック、エア、パーマストン、ジュール・フェリー、リヨテ、ローズなどがいる。こうした人物たち、ならびに帝国物語群（『知恵の七柱』『闇の奥』『ロード・ジム』『ノストローモ』『王道』）のなかで、帝国的人物がきわだつようになる。十九世紀後期の帝国主義の言説は、さらに、シーリー、ディルケ、フルード、ルロワ＝ボーリュー、アルマンら論客によって造型された。彼らの多くは今日では忘れ去られ読まれていないが、当時は強力な影響力を発揮したし、当時において予言的ですらあった。

西洋の帝国主義的権威のイメージはいまもなお残っている――消えることなく徘徊し、妙に魅力的で、威圧的なものとして。スーダン人のダルヴィーシュ〔イスラム神秘主義の修行僧〕たちを険しい眼でねめつけ、レヴォルヴァーと抜刀した剣で武装した、G・W・ジョイ描くところのハルツームのゴードン将軍。コンラッド描くアフリカの中心にいる才気煥発で狂気に陥り死すべき運命の勇敢で強欲で雄弁なクルツ。アラブ人戦士の先頭にたち、砂漠のロマンスを生き、ゲリラ戦法を考案し、王侯貴族や政治家たちと気のおけない仲間になって、ホメロスを翻訳し、イギリスの「褐色の領土の統治権」を守ろうとしたアラビアのロレンス。まるで子どもをもうけるように、あるいは新規事業をはじめるかのように、いともやすやすと国と地所と基金をつくりあげたローズ。アブドゥル・カーデルの軍隊を屈伏させ、アルジェリアをフランスに変えたビュジョー将軍。ジェローム描くところの高級娼婦、踊り子、オダリスク。ドラクロワ描くところのサルダナパリス〔伝説のアッシリア帝国最後の王、豪奢な生活と退廃行為で名高い〕。マティスの描く北アフリカ。サン＝サーンスの《サムソンとデリラ》。つづけようと思えばリストはまだつづく。その宝は膨大である。

4　帝国の影――ヴェルディの《アイーダ》

この材料が文化活動のある種の領域、それも貪欲な帝国搾取と今日ではむすびつけられていない領域に、どの程度、またどれほど巧妙に影響をおよぼしているかを、わたしはここで立証したい。さいわい現在では若い世代の学者たちが帝国権力に関する本格的な研究をおこなってくれているおかげで、エジプトやインドの測地や行政管理に浸透している美的要因について、つぶさに検討することが可能となった。たとえば、わたしはいまティモシー・ミッチェルの『エジプトを植民地化する』(76)を思い浮かべるのだが、この本によれば、模範的村落構築とか秘められたハーレム生活の暴露とか新しい軍事行動様式の制定によって、表向きはオスマントルコの植民地であっても内実はヨーロッパの植民地となっていたエジプトにおいて、ヨーロッパの力《パワー》が再確認されるとともに、その地を概観し管理操作することの快楽《プレジャー》が新たに生みだされたのである。帝国支配における権力《パワー》と快楽《プレジャー》のこのむすびつきは、リーラ・キニイとゼイネプ・シェリクによるベリー・ダンス研究において、もののみごとに立証される。この研究によれば、ヨーロッパの博覧会が提供したベリー・ダンスの擬似民族誌的展示が、やがてヨーロッパに根ざした消費文化の快楽とむすびつくようになったのだ。(77)こうしたことに派生したふたつの関連した領域を掘り起こしたのがT・J・クラークによる、マネをはじめとするフランス画家の研究『近代生活絵画』であり──この研究によれば、宗主国フランスにおける風変わりな娯楽とエロティシズムとのあらたなむすびつきに、異国情緒が部分的に関与していた──、またいまひとつの研究がマレク・アルーフの『コロニアル・ハーレム』で、これは、アルジェリア女性の写真を使った二十世紀はじめのフランスの絵はがきに関する脱構築的な読解だった(78)。約束《プロミス》の地にして権力《パワー》の地というイメージで彩られたオリエントが、あきらかに、ここでは重要な意味をになうのである。

とはいえ、本題にはいるまえに、わたしの対位法的読解の試みが奇抜で特異なものとなる理由を示したい。第一の理由。わたしはおおむね時代順に話をすすめ、十九世紀のはじめから終わりへとむかうのだが、かといって出来事なり思潮なり作品群なりの連続した系譜を示しはしないこと。個々の作品それぞれが、それ自身の過去と、その後の解釈の両面から考察されるのである。第二の理由。わたしの興味をひく文化的作品群はどれも、わたしの議論全体のなかで、ジャンルとか時代区分とか国民性とか様式を基盤にした一見して安定しかつ不変なカテゴリーに光をあてつつも、そうしたカテゴリーとは対立すること。なにしろそうしたカテゴリーで前提とされるのは、西洋とその文化がおおむね他の文化とは独立して存在し、権力とか権威とか特権とか支配といった世俗的関心事とは無縁であるということなのだから。このような前提とは縁をきって、わたしが示そうとしたことは、帝国主義に関する「姿勢と言及の構造」が、帝国の時代と公認されている時代よりもはるか以前から、あらゆる種類の様式や形態や場所にあまねく浸透し影響をおよぼしているということである。この構造は、自律的で超越的であるどころか、歴史的世界に棹さしている。また固定され純粋なものであるどころか、異種混淆《ハイブリッド》的であり、芸術的卓越性とともに人種的優越性にも関与し、技術的な権威と政治的権威とをそなえ、複雑な技術を駆使しつつもただひたすら還元的なのである。

ヴェルディの名高い「エジプト」オペラ《アイーダ》を考えてみよう。視覚的・音楽的・劇場的スペクタクルとしての《アイーダ》は、ヨーロッパ文化のなかでヨーロッパ文化のために多くのことをなしとげている。そのうちのひとつは、本質的に異質でかけ離れた古色蒼然たる場、そこにおいてヨーロッパ人がある種の権力を誇示できる場としてのオリエントを確認したことである。《アイーダ》が作曲されつつあった時期、ヨーロッパにおける「万国」博覧会には、たいてい植民地地域の村落や町や宮殿などの模型が展示され、二流文化もしくは劣等文化がいかに御しやすく容易に移送可能かが強調されたのである。従属文化は、西洋人の前に、広大な帝国領土の小宇宙として展示された。こうした枠組みからはずれたかたちで非ヨーロッパ文化が示されることは、たとえあったとしても、ごくごくまれであった。[79]

《アイーダ》は、すぐれて盛期十九世紀的なタイプの「グランド・オペラ」の代名詞である。さほど多くはない同類のオペラのなかで、これは一世紀以上ものあいだ、絶大な人気を博し、音楽家や批評家や音楽学者たちがさかんに敬意をはらってきた作品である。けれども《アイーダ》のもつ壮大さと卓越性は、それを視たり聴いたりした者にとっては自明のことでも、けっこう複雑な問題であり、あらゆる種類の思弁的理論が存在し、そのほとんどが《アイーダ》を西洋の歴史的・文化的段階とむすびつけようと試みている。『オペラ──荘厳な芸術』のなかでハーバート・リンデンバーガーは、《アイーダ》と《ボリス・ゴドノフ》と《神々の黄昏》を、それぞれ考古学、民族史、文献学と密接な関係にある一八七〇年代オペラであるとする想像力にとむ理論を提出している。[80] 一九六二年ベルリンで《アイーダ》を上演したヴィーラント・ワーグナーは、この作品を彼の言葉を借りると「アフリカ的神秘劇」として扱った。彼はこの作品のなかに、彼の祖父の《トリスタンとイゾルデ》を予告するものを見いだし、作品の核に倫理と生の解消しえない葛藤があると考えた（「ヴェルディの《アイーダ》は、エトスとビオスとの、倫理的掟と生の要求との、解消しえない葛藤のドラマである」[81]）。彼の上演構想からすると、アムネリス〔劇中のエジプト王の王女〕こそ中心人物であり、彼女は、巨大なこん棒のようにのしかかる「巨大男根」に威圧されている。『オペラ』誌によれば「アイーダはおおむね背景に追いやられ屈伏もしくは萎縮していた」[82]。

第二幕の名高い大凱旋場面がしばしば陥りやすい通俗性をたとえ無視するとしても、留意すべきは、《アイーダ》が、様式とヴィジョンにおいて、ヴェルディの歩み、すなわち一八四〇年代の《ナブッコ》と《第一回十字軍》から、一八五〇年代の《リゴレット》《イル・トロヴァトーレ》《椿姫》《シモン・ボッカネグラ》《仮面舞踏会》を経て、一八六〇年代の問題劇《運命の力》と《ドン・カルロ》にいたる歩みのなかでクライマックスとなっている点である。この三十年間にヴェルディは当代一のイタリア人作曲家となったのだが、彼の経歴はまた〈イタリア統一運動〉の機運に乗じ、それと同じ運命をたどったようにも思われる。《アイーダ》はヴェルディが、作曲家生活最後の作品となる二作品、強靭だが本質的にイタリア物のオペラ《オテロ》と《ファルスタッフ》にむかうまえに完成した最後の大衆的・政治的オペラであった。主なヴェルディ学者たち——ジュリアン・バッデン、フランク・ウォーカー、ウィリアム・ウィーヴァー、アンドルー・ポーター、ジョウゼフ・ウェクスバーグ——は、みな《アイーダ》が〈カバレッタ〉とか〈コンチェルタント〉といった伝統的な音楽形式を再利用しているだけでなく、そこに新たな半音階様式、緻密な管弦楽法、劇的な簡素化を付加したことに着目しているが、こうした付加はワーグナー以外に当時のいかなる作曲家にも見いだせぬものであった。ジョーゼフ・カーマンが『ドラマとしてのオペラ』のなかでみせた異議申し立ては、《アイーダ》の特異性をきわめてよく認識している点で興味ぶかいものがある——

その結果《アイーダ》は、わたしの意見では、歌詞のとりわけ軽佻浮薄な単純さと、音楽表現の慄然とする複雑さ——もちろんいうまでもなくヴェルディの技巧がかくも豊かであったことはこれまでになかった――とのあいだの、ほとんど絶えまなくつづく齟齬という様相を呈した。アムネリスだけが生気を獲得している。アイーダは徹頭徹尾混乱している。ラダメスはメタスタージオとまではいかなくともすくなくともロッシーニへの回帰にすぎない。いうまでもないことながら、いくつかの歌詞、曲、場面は、どれほど称賛してもしきれないが、その理由はこのオペラの絶大な人気によって証明済である。ただ、にもかかわらず、《アイーダ》には、きわめてヴェルディらしからぬ奇妙に欺瞞的なところがある。それは凱旋と神聖化とブラスバンドなどのグランド・オペラの常套手段もさることながら、気がかりなことに、マイアーベーアを思い起こさせるのだ。(83)

この引用に限定すれば、議論は説得力にとむ。カーマンが指摘する《アイーダ》の欺瞞性は正しい。しかし彼は、その原因がなんであるかを説明できていない。わたしたちがここで最初に思いだすべきは、ヴェルディのこれまでの作品が注目されていたのは、それらがもっぱらイタリア人の観衆を直接巻きこみ惹きずりこむためだった。彼の音楽劇が描くのは、権力と名声と名誉をもとめる荘厳な（しばしば近親相姦的な）葛藤にとらわれていた度し難く情熱的なヒーローやヒロインたちであるが――ポール・ロビンソンが『オペラと思想』のなかで説得力あるかたちで論じているように――、音楽劇はそのほとんどが政治的オペラを意図していて、そこにはどぎついレトリックと勇壮な音楽と抑制のない激情が充満していた。「おそらくヴェルディの誇張の多い様式のなかでもっとも顕著な要素は――ありていにいってしまえば――その純然たる騒々しさなのだ。彼は大作曲家のなかで騒々しさにかけてはベートーヴェンに匹敵する。……政治的煽動家さながらヴェルディは長くじっとしていることにたえられない。ヴェルディのオペラのレコードのどこにでも針を落としてみるがいい、かならずや渦巻く怒号の恩恵に浴するはずだ(84)」。ロビンソンはさらにヴェルディのきらびやかな騒々しさは「パレード、集会、演説」[85]といった状況に効果的につながる面があり、それこそ〈イタリア統一運動〉のなかで生起した現実のパレードや集会や演説のヴェルディ的増幅であると聴き届けることができるとのこと（《アイーダ》とて例外ではなく、たとえば第一幕のはじめのほうの数人のソリストと大人数の合唱団のための「立て、ナイルの河の聖なる岸辺に」を参照）。いまやありふれた知識とは思うが、ヴェルディの初期のオペラ曲（とりわけ《ナブッコ》《第一回十字軍》《アッティラ》）は観衆を刺激して熱狂的な政治参加へと導いた。その衝撃は直接的だった。同時代の政治状況への言及、万人を鼓舞しさしせまったドラマティックなクライマックスへと効果的に追いこむその純然たる技量、どれもがまぎれもなく直接的だった。

ヴェルディの初期のオペラでは、たとえその主題がしばしばエキゾチックなもの、あるいは外国的なものを扱っても、語りかけられているのはイタリアでありイタリア人であった（また《ナブッコ》では、このことが逆説的にもとくべつな効果を発揮した）のに対し、《アイーダ》では語りかけられているのは古代のエジプトとエジプト人であり、これはヴェルディの音楽がこれまで達成したことにくらべると、はるかによそよそしく、また熱狂にまきこむ度合いのすくない設定であった。《アイーダ》がヴェルディお得意の政治的な騒々しさに欠けるということではない。たしかに第二幕第二場（いわゆる凱旋場面）は、ヴェルディがこれまで舞台のために書いた場面のなかでもっとも大がかりなものであり、オペラ劇場が集め展示できるすてのものを大盤振る舞いするお祭り騒ぎと化している。しかし全体としてみると《アイーダ》は自己規制がすぎる、めずらしくも抑制がききすぎ、この作品から政治参加の熱狂が生まれたという記録はない。たとえ、たとえばニューヨークのメトロポリタン・オペラ劇場においてこの作品が、他のどの作品にもまして上演回数が多いとしても。ヴェルディの作品のなかにはほかにも遠隔の、あるいは異質の文化を題材にした作品はあるものの、観客がそのような異国の文化と一体化することを妨げるものはなかった。また《アイーダ》は、テナーとソプラノが愛を成就しようとし、そこにバリトンとメゾソプラノが割ってはいるかたちのドラマになっているが、これはヴェルディの初期のオペラの構成と同じである。ならば《アイーダ》の特異性は何か。ヴェルディのお得意の構成が、巨匠にふさわしい技巧の冴えと、中立的な情念とのこれまでにない混合しか生み出さなかったのは、いったいなぜか。

《アイーダ》の初演の状況ならびにそれが作曲されたときの状況は、ヴェルディの経歴のなかでもユニークな部類に属する。ヴェルディがこの作品の作曲に専念した一八七〇年初めから一八七一年後半にかけての、政治的で、またまぎれもなく文化的な状況はイタリアのみならず帝国主義のヨーロッパと総督《ヘディーウ》統治下のエジプトをまきこむものだった。この時期エジプトは厳密にいえばオスマントルコ帝国領であったが、いまやヨーロッパに依存し付随する地域として確立されようとしていた。《アイーダ》の特異性——その主題と設定、その記念碑的荘厳さ、その奇妙に冷淡な視覚的音楽的効果、その過度に凝った音楽、そのイタリア国内状況との類似性のなさ、ヴェルディの経歴のなかでのその異例の位置——は、わたしがこれまでずっと対位法的解釈と呼んできたものを必要とするようだ。この対位法的解釈は、イタリア・オペラに関する定説にも、またもっと一般的には十九世紀ヨーロッパ文明の偉大な傑作に関する普遍的見解にも回収されることはないだろう。《アイーダ》は、オペラ形式がそうであるように、ハイブリッドであり、文化史にも海外領土の歴史的経験にもひとしく属する根源的に混淆的な作品なのだ。それは複合的な作品であり、これまで無視されたか探究されてこなかった不均衡と相反性、それも呼び起こされマッピングされうる不均衡と相反性とを軸にしてつくられている。この不均衡と相反性は、本来それ自体で興味ぶかいものがあり、《アイーダ》のむらのある性格や不規則性や自主規制や沈黙を、イタリアやヨーロッパ文化のみに焦点をあわせる分析よりもよく意味づけることができる。

さてここでわたしが読者のまえに提示する問題は、けっしてそれから目をそらすことができないにもかかわらず、逆説的ながらこれまでずっとシステマティックに無視されてきた問題である。その理由はほぼ次のようにいえるだろう。《アイーダ》がもたらす困惑は、最終的に、この作品が帝国支配について語っているからではなく、帝国支配そのものであるということに帰せられるのだ、と。ジェイン・オースティンの作品との類似性——ともに帝国に関わる芸術とは思われていなかった——が生まれる。もし《アイーダ》をそのような観点から解釈し、このオペラが、これまでヴェルディがかかわりをもたなかったアフリカの国のために書かれそこで初演されたことを念頭におくと、一連の新たな特徴がうかびあがる。

エジプトとの関係については、ヴェルディ自身が、エジプトのオペラとのつながりがまだ海のものとも山のものともつかない段階で書かれた手紙のなかで次のような趣旨のことを語っている。〈東方旅行〉から帰ったばかりの親友カミーユ・デュ・ロクル宛の一八六八年二月十九日付けの手紙のなかで、ヴェルディは述べる——「こんどお会いしたら、あなたの冒険の一部始終を、あなたが見聞した驚異と、かつては偉大な文明をもっていた国の美しさと醜さとを語ってくれなくてはいけません。もっともその国についてわたしはいまだに称賛する気にはなれないのですが[86]」。

一八六九年十一月一日、カイロ歌劇場のこけら落としが、スエズ運河完成記念式典期間中、華々しく挙行された。こけら落としに選ばれたオペラはヴェルディの《リゴレット》であった。それよりも数週間前、ヴェルディは、記念式典のために賛歌を作曲してほしいという総督《ヘディーウ》イスマーイールの要望を断っていた。そして十二月、ヴェルディはデュ・ロクルに「つぎはぎ」オペラの危険性をうったえる長文の手紙を書いている——「わたしが求めているのは、どのようなかたちであらわれるにせよ芸術なのであって、あなたが好んでいるような編曲でも加工品でも機械的なシステムでもないのです」。と、こう語って、次のように論ずる――自分としては、「統一された」作品を求めている、そうした作品のなかでは「理念が一なるものとなり、すべてのものは収斂して、この一なるものを形成しなければならない[87]」と。もっともこの言明はパリのオペラ座のためにオペラを書いてはどうかというデュ・ロクルの申し出に対してなされたものだが、《アイーダ》作曲中にもさんざん蒸し返され、重要な話題となっていた。一八七一年一月五日、彼はニコラ・ド・ギオサにこう書いていた――「現在、オペラは多くの異なる演劇的かつ音楽的な意図をもって書かれているので、その意図を解釈するのは不可能です。もし作曲家が、自分の作品をはじめて上演する際、作曲家自身の意向をうけてその作品を綿密に検討した者を送ってよこしてくれたら、誰も腹立たしい思いをしなくてすむように思われる[88]」。一八七一年四月十一日、彼はリコルディ宛の手紙で、自分としては自分の作品のなかに「たったひとりの創造者」つまり自分自身しか認めないつもりだと書いている――「「創造する」権利を歌手や指揮者に委譲することはしない。なぜなら、すでに述べたように、そんなことをすれば混沌へとまっしぐらなのですから[89]」。

　では、なぜヴェルディはイスマーイール総督の申し出に応じて、カイロのために特別なオペラを書く気になったのか。お金というのもたしかにひとつの理由ではあろう。彼は金貨で十五万フランという巨額の報酬を受けとったのだから。彼はまたおだてられていた。結局、あなたが第一候補で、だめならワーグナーやグノーに依頼するといわれたのだから。しかし同じく重要なこととわたしが考えるのは、デュ・ロクルが、ヴェルディのところにもちこんだ物語である。フランスの著名なエジプト学者オーギュスト・マリエットがオペラ化を想定して書いた原案をデュ・ロクルは受け取っていた。一八七〇年五月二十六日、ヴェルディはデュ・ロクル宛の手紙のなかで「エジプト物の原案」を読んだこと、よくできていること、「すぐれた舞台効果が期待できる」ことを記している。ヴェルディはまたこの原案が「ものを書くのに慣れ、劇場のことに詳しい、手だれの筆になるものではないか」と感想をもらしている。六月初旬までに彼は《アイーダ》作曲にとりかかるが、すぐに、事態の悠長な進捗ぶりに苛立ちリコルディにこぼすことになる。まさにこのとき彼はアントニオ・ギスランツォーニに援助をもとめ台本作成をいそがせる。「こうしたことは、すみやかにおこなわねばなりません」と彼はこの時点で釘をさしている。[90]

マリエットの手になる簡潔で力強くまたとりわけ時代考証のゆきとどいた「エジプト的」原案のなかにヴェルディは首尾一貫した意図と、研鑽をつんだ専門家の意志の刻印といぅか痕跡をみてとり、これに負けない音楽をと望んだのである。この時期、幻滅と頓挫した計画と興行主や切符販売業者や歌手たちとの思うにまかせぬ連携作業にそうとうくさっていたヴェルディにしてみれば——《ドン・カルロ》のパリ初演時のトラブルはまだいまわしい記憶として残っていたのだ——、これは、原案段階から初日の幕開けまで、どんな細部にも監督の眼をゆきわたらせる作品を創造する絶好のチャンスであった。加えて、この企画には王侯貴族からの支援が見込まれた。げんにデュ・ロクルは総督みずからこの作品を熱望しているのみならず、原案作成段階で総督はマリエットに援助を惜しまなかったとまでほのめかしている。ヴェルディの頭のなかでは、裕福なオリエントの有力者が、まごうことなき聡明で一途な西洋の考古学者と手をたずさえて、自分に働く機会をあたえてくれた、それも芸術家としてすべてを統括し、思うぞんぶん手腕をふるえる機会をあたえてくれたというイメージができあがっていた。提供された物語が、なじみのないエジプトに起源をもちエジプトに設定されていることも、彼の挑戦精神に火をつけたふしがある。

わたしが確認しえたかぎりでは、近代エジプトについてヴェルディはさして関心がなかったようだ。これはイタリアやフランスやドイツについてヴェルディがかなりつっこんだ見解を示していたのと著しい対照をなす。けれどもこのオペラ制作にたずさわった二年間にヴェルディは、自分がエジプトに対して、いうなれば国家レヴェルの貢献をしているのだという思いを強くしていた。カイロの歌劇場の初代総支配人ドラネト・ベイ（本名パヴロス・パヴリディス）も国家レヴェル云々ということを口にしたし、マリエットも、一八七〇年夏に衣装と舞台装置調達のためにパリを訪れたとき（そして普仏戦争勃発のためパリに足止めされたとき）、ヴェルディに、これが、犠牲を惜しむ余地のない真正のスペクタクル上演という国家的大事業であることを何度も強調していた。ヴェルディは歌詞と音楽の調整に専念し、ギスランツォーニに完璧な「劇場的歌詞」(91)をめざすよう指示し、超人的な集中力でもって、上演の細部にいたるまで監督した。初演時のアムネリスをキャスティングする際、気の遠くなるような煩雑な交渉をものともしなかったヴェルディは「オペラ界で最高の献身的なイエズス会士」とまで呼ばれることになる。(92)またエジプトがすべての要求をのんでくれたこと、すくなくともエジプト側が差し出がましいことをしなかったことで、ヴェルディは、妥協なき情熱と思われるものによって、その芸術的意図を実現することができた。

しかし、わたしのみるところヴェルディは致命的な混同をしていて、この異国の寓意的オペラに生命をあたえるという複雑で最後には共同作業となる制作過程を、ロマン主義的な理想の実現であると、つまりたったひとりの創造者の芸術的意図にしたがい有機的に統合された縫い目のない芸術作品をつくることであると思いこんだのだ。この場合、都合のよいことに、ひとりの芸術家が作品を帝国主義的に支配するという観念と、非ヨーロッパ世界を支配するという帝国主義的観念とがむすびついたのだが、これにはエジプトという非ヨーロッパ世界がヨーロッパの作曲家に対して最小限の要求しかしなかった、もしくはまったく要求しなかったという事情も大いにあずかっていた。ヴェルディにとって、この状態はなんとしても手放したくなかったにちがいない。というのもオペラ劇場関係者の目にあまる定見のなさに何年もふりまわされたあげく、いまようやく自分の領分を誰にも邪魔されることなく支配できたのだから。カイロでの初演と、その二か月後のイタリアのスカラ座での初演（一八七二年二月）をひかえて、ヴェルディはリコルディから「あなたはスカラ座のモルトケ元帥だ」（一八七一年九月二日付け書簡）といわれる[93]。制作過程の軍隊式統括に酔ったあげく、リコルディ宛の手紙のなかで、ヴェルディは自分の芸術上のもくろみをワーグナーのそれに比肩するものとはっきりと述べているし、さらに意義ぶかいことに、バイロイトを（あくまでも理論的な提案として）めざすとまで言ってのける。なにしろバイロイトの上演はワーグナー自身の意向がほぼあまねくゆきわたっていたのだから。

> オーケストラの配置は、俗に考えられているよりはるかにたいせつなのです――楽器類の混合や、音響、その効果などの点で。こうした小さな改良がやがて、かならずいつの日にか訪れるべつの改革への道をひらくのです。なかでも重要なのは、栈敷席を舞台から取り払い、幕を前景まで前進させること。いまひとつはオーケストラをみえなくすること。これはわたしのアイディアではなくワーグナーのものだ。みごとなアイディアです。たとえば、むさ苦しい燕尾服や白い蝶ネクタイが、エジプト人やアッシリア人やドルイド教徒の衣装などを身にまとった人物たちのあいだにみえかくれすること、さらには客席のフロアの真ん中に、ハープの先端、コントラバスの首のところ、宙を舞う指揮棒が、みえかくれすることなど、現在のわれわれが耐えられるとは思いません[94]。

ここでヴェルディが語っているのは、オペラ劇場ではおなじみの種々の干渉をすべて排除した劇場的提示である。この排除と隔離を徹底することにより、観客は、芸術家の権威と現実らしさをともなった上演に心を奪われるはずだった。スティーヴン・バンは『クリオの衣装』のなかで、ウォルター・スコットやバイロンのような歴史物の著述家たちがおこなっていることを「場所の歴史的構築」と呼んだが[95]、これとヴェルディの試みは明らかに軌を一にしている。ただ、違いはというと、ヴェルディはエジプト学の歴史的ヴィジョンならびに学術的権威を活用できたことであり、事実、彼はヨーロッパのオペラ史上はじめてそれを活用したのだった。この学問をヴェルディの身近で体現しえた人物がオーギュスト・マリエットである。このマリエットの国籍であるところのフランスならびに彼が受けたフランスのアカデミックな教育は、帝国主義の重要な系譜の一画をしめている。ヴェルディはマリエットについて詳しいことを知るすべをもたなかったようだが、マリエットの原案にいたく感心し、マリエットのことを古代エジプトを確かな時代考証とともに復元できる有能な専門家として認めていた。

　ここでわかりきったことを確認しておこう。エジプト学はあくまでエジプト学であり、エジプトではないということ。マリエットを生んだのはふたつの先駆的仕事である。ともにフランスがらみで、ともに帝国主義的で、ともに再構築的で、そしてノースロップ・フライから用語を借りれば、ともに提示的な仕事。ひとつはナポレオンの『エジプト誌』の考古学の巻、いまひとつはシャンポリオンの『M・ダシエール書簡』（一八二二年）ならびに『エジプト神聖文字提要』（一八二四年）で開陳された神聖文字の解読作業。「提示的」とか「再構築的」という表現で、わたしはヴェルディにおあつらえむきの一連の特徴を示そうとしている。たとえばナポレオンのエジプト遠征はエジプトを占領しイギリスを牽制しフランスの権力を誇示する願望にうながされたものだったが、ナポレオンと彼に随行した学者や専門家たちは、エジプトをヨーロッパに供するためにそこに赴いた。つまりエジプトの古代の姿を、それがおびる豊かな連想の宝庫を、文化的重要性を、そしてユニークなオーラを、ヨーロッパの観衆のために、演出し上演するということだ。けれどもこれを実現するには美的意図のみならず政治的意図も必要だった。なにしろナポレオンと彼の随行団が見いだしたエジプトは、ムスリムやアラブ人やさらにはオスマントルコ人が、侵略するフランス軍と古代エジプトとのあいだのいたるところでたちはだかり、このエジプトに真に古代的な様相などないも同然であった。エジプトのこのべつの面、いにしえの、より価値のあるエジプトへはどうやって到達できるのだろう。

ここにエジプト学のきわめてフランス的な局面が生まれ、シャンポリオンやマリエットの仕事に受けつがれた。エジプトはまず模型ないしイラストによって再構築されなければならないが、その際、その規模や、計画的に構築される壮大さ（「計画的に構築される」と述べたのは、『エジプト誌』をぱらぱらとめくってみればわかることだが、いま見ている、描画なり図解なり絵画が描くファラオの墳墓は、たしかに、ちりにうずもれ、朽ちはて、見捨てられてはいても、ヨーロッパ人が、地元のエジプト人にじゃまされることなく眺めることができれば、ヨーロッパ人の眼のなかで、古代の理想的で華麗な姿をとりもどすにちがいないと思わせるからだが）ならびに異国的な近づきがたさは、まさしく前例のないものとみなされた。それゆえ『エジプト誌』でおこなわれる復元は、客観的な記述ではなく、押しつけ的捏造にちかい。まず神殿なり宮殿なりを、ある一定の方向性にしたがって、つまり帝国主義者の眼のなかに映ったかぎりでの、古代エジプトの生きた姿を上演するような方向性なり理念にしたがって、復元しなければならない。そして次にそれらに——なにしろそうした神殿なり宮殿のいまの姿は空虚で生気を欠いているからだが——、アンペールの言葉を借りれば、語らせねばならない。ここにシャンポリオンによる神聖文字の解読の意義があった。そして最後に、それらはもとのコンテクストから切り離され、ヨーロッパで使用すべく輸出される。この最後の段階に貢献したのが、これからわたしたちがみるように、マリエットであった。

こうしたひとつづきのプロセスが、だいたい一七九八年から一八六〇年代までつづけられるのだが、それはフランス的なものであった。インドを獲得していたイギリスとは異なり、またやや距離をおいて、ペルシアやインドに関する体系的な学問を整備していたドイツとも異なり、フランスは、エジプトというこの想像力と投企精神をかきたてる領域を獲得したのだが、レイモンド・シュワブが『オリエンタル・ルネサンス』で述べているように、活躍した学者たちは「ルージェからマリエットへとつづく系譜［この系譜のはじまりがシャンポリオンの仕事であった］のなかで……みな篤学の士で、経歴もまちまちな、先駆者たちであった」。[96] ナポレオンに随行した学者たちは、すべてを独学で学んだ探究者だったが、それは、エジプトの威光に関して、彼らが利用できるような、組織だった真に近代的で学問的な知識というものがまだ蓄積されていなかったからである。マーティン・バナールがうまく特徴を伝えているのだが、十八世紀全体をつうじてエジプトの威光はたいしたものだったが、しかしエジプトはフリーメイソンのような、秘儀的で神秘的な思潮とも結びついていた。[97] またシャンポリオンやマリエットは風変わりな独学者ではあっても、その仕事は学問的・合理的エネルギーに突き動かされていた。こうしたことの意味をフランス考古学におけるエジプト提示のイデオロギー的側面から考えると、それはエジプトを「オリエントがはじめて西洋へ本格的な影響をおよぼす」立脚点として記述できるということを意味していた。この種のエジプト像の主張が欺瞞であることをシュワブがただしく見抜いたのは、古代世界をめぐって、いろいろな地域でヨーロッパの学者たちが東方学の研究調査をおこなっていたことをまったく無視していたからであった。とまれシュワブがいうように――

一八六八年六月［まさにこの時期、ドラネト、イスマーイール総督、マリエットは、のちに《アイーダ》となるオペラを構想しはじめていたのだが］の『両世界評論』のなかでリュドヴィク・ヴィテは、これに先立つ五十年間におけるオリエンタリストたちの「比類なき発見の数々」に拍手喝采していた。

彼はまた「オリエントを舞台とした考古学上の革命」とまで語りながら、「この運動はシャンポリオンが先鞭をつけ、すべてが彼ゆえにはじまった。彼は、こうした発見すべての出発点である」と冷静に主張している。次にヴィテはすでに通念として確立された道筋をたどりながら、アッシリアの遺跡に話題をうつし、バラモン教の聖典に数語をついやしている。ヴィテはぐずぐずしなかった。いうまでもないことだが、ナポレオンのエジプト遠征以後、エジプトの遺跡ならびに学者による現地調査と復元についてはすでに語りつくされていたからだ。インドは紙のうえでしか復元されなかった。[98]

オーギュスト・マリエットの経歴は、《アイーダ》と、多くの興味ぶかい点で、有意義にからみあっている。マリエットが《アイーダ》の台本に正確にどれほどかかわっていたかについては論争があるものの、彼とこのオペラとの関係をジャン・アンベールは、決定的に重要な先鞭をつけたものと確信をもって擁護している[99]（なお台本作成のすぐあと、マリエットは一八六七年のパリ万国博覧会において、エジプト館での古代展示の主任立案者となる。ちなみにこの博覧会は帝国主義的権力を誇示した最大かつ最初期のものであった）。

考古学、グランド・オペラ、ヨーロッパの万国博覧会、これら、どうみても別個の世界を、マリエットのような人物は示唆的なかたちで連結しえた。三つの世界をマリエットが横断しえた理由のようなものを、するどく洞察した次のような一節がある——

> 十九世紀の万国博覧会は人間の経験の総体——過去と現在、未来への投企——を要約するような小宇宙として企画されていた。すみずみまで配慮された展示構成のなかで、万国博覧会は支配的な権力関係を指示していたのだ。順序づけ、特徴を整理することで、さまざまに異なる社会がランクづけされ合理的

に説明され客観的に提示される。その結果生まれる階層秩序が描く世界とは、人種や性差や民族が、開催国の万博委員会によって割りあてられた場に固定されるような、そんな世界なのだ。非西洋文化が博覧会場で表象される形式は、まえもって、「開催国」の文化であるフランス文化のなかですでに確立された社会布置に従うことになった。したがって、こうした限定要因の記述が重要なのは、それによって、民族表象のパターンを決定し、文化的表現を可能にする回路、つまり万博によって生み出される知を造型する回路がわかるからである。(100)

一八六七年の万国博覧会のカタログに書いた文章のなかでマリエットは、復元的側面をかなりしつこく強調し、彼、マリエットがエジプトをヨーロッパに、いうなればはじめてもちこんだことを、誰の脳裏にも疑問の余地なく焼きつけた。マリエットにこれができたのは、ギーザ、サッカーラ、エドフ、テーベをふくむ、およそ三十五の場所で自身が大々的な発掘調査に成功していたからであり、これらの場所で、ブライアン・フェイガンの適切な言葉をかりるなら、マリエットは「完璧に勝手気ままに発掘した」のである。(101)つけ加えるなら、マリエットは通常、発掘と盗掘を同時におこなったので、ヨーロッパの博物館（とりわけルーヴル博物館）をエジプトの宝物でふくれあがらせておきながら、空になった現地エジプトの墳墓をかなり冷やかな態度で公開し、「落胆したエジプトの官僚たち」(102)には知らぬ存ぜぬをきめこんで内部を案内したという。

マリエットは、総督おかかえの考古学者であった時期に、スエズ運河建設者のフェルディナン・ド・レセップスに会っている。わたしたちはふたりが、さまざまな復元と管理計画において協力しあったことを知っているのだが、わたしは、ふたりが同様なヴィジョン――おそらくサン＝シモン主義やフリーメイソン、さらにはエジプトに関するヨーロッパの神知学的観念にまでさかのぼるであろうヴィジョン――を共有していたと確信している。そのヴィジョンから、ふたりは一種独特の計画をひねりだしたのだが、留意すべきは、ふたりには個人的な意志とか演劇好きとか学術的派遣調査という点で意気投合するものがあり、そのため計画の現実味が増したのである。

《アイーダ》のために台本を提供したマリエットは、そこからさらに舞台装置や衣装のデザインを手がけることになるが、このデザインの源には、『エジプト誌』の目をみはるような予言的で荘厳な情景デザインのページ群があった。『エジプト誌』にみられるいくつかの感銘ぶかいページには、そこに大がかりな行動ないし人物が描かれないとなんともおさまりのつかないような印象をあたえるものがある。スケールの大きい空虚な光景は、登場人物を待つオペラの書割りのようにみえる。また、そこから想定できるヨーロッパ的コンテクストもまた、権力と知の劇場といったところか。こうしたなか十九世紀の現実のエジプトの姿はすっぽりと抜け落ちてしまったのである。

『エジプト誌』に描かれたフィーレの神殿（メンフィスにあるオリジナルとみなされたものとはちがうのだが）は、マリエットが《アイーダ》の最初の場面を構想したとき、ほぼまちがいなくその脳裏に焼きついていたものなのだ。またヴェルディが同じ図版をみていたとは思えないものの、ヨーロッパにひろく流布したその復元版のほうは眼にとめていたはずである。そうした図版をみていたおかげでヴェルディは、《アイーダ》の最初の二幕に頻出する大音響の軍隊風音楽を劇場に響かせることができた。マリエットがこのオペラのために採用した衣装のデザインが、『エジプト誌』の図版からきていることはじゅうぶんに考えられる。とはいえ実質的なちがいがあることもたしかではあるが。思うにマリエットはオリジナルのファラオ時代の風俗を、その心の眼のなかで、同時代のヨーロッパにおける同種の風俗にかえ、先史時代のエジプト人が一八七〇年に流行した姿格好をしたらそうなるであろうような姿に変えたのだ。ヨーロッパ化された顔、口髭、顎髭が、うごかぬ証拠である。

その結果がオリエンタル化されたエジプトとなった。これにヴェルディは、まったく彼独自の音楽によって到達していた。よく知られた例は第二幕に集中している。巫女たちの合唱と、そのすぐあとの儀礼的舞踊。わたしたちはヴェルディがこの場面を歴史的に正確なものにしようと、とりわけ心を砕いたことを知っている。なにしろ本格的な時代考証を必要とするため、歴史に関する詳細きわまりない問いあわせをしているのだ。一八七〇年夏にリコルディがヴェルディに送った古代エジプトに関する資料には、奉献、祭司の儀礼、古代エジプトの宗教に関する事実などが微にいり細にわたって記してあった。この資料をヴェルディは、ほとんど利用しなかったが、資料そのものが準拠していたのは、ヨーロッパにおいてヴォルネーやクロイツァーらによって形成された一般的なオリエント学であり、シャンポリオンの考古学的業績もその形成にあらたに一役かっていた。しかしながら、こうした資料はどれも祭司について語っているだけで、女性については言及していなかった。

この資料からヴェルディは、ふたつのことをおこなった。彼は男性の祭司を女性の祭司に変えるが、これはオリエントの女性を異国趣味の中心に据える伝統的なヨーロッパ的慣習にしたがったものである。彼の考える女祭司の機能を劇中でになったのは、踊る女たちや奴隷の女たち、側室たち、沐浴するハーレムの美女たちだが、こうした女性像は十九世紀中葉の美術に頻出し、また一八七〇年代までには娯楽的ジャンルにまでなっていた。女性的エロティシズムのこのようなオリエンタル風の展示は「権力関係を明確にし、表象をとおして優越感を高めたいとする欲望のありかを露呈していた」[103]。このことをたしかめるのはむつかしくない。たとえば第二幕のアムネリスの居室の内部に設定されている場面では、官能性と残忍さとが必然的に同居していた（あるいはムーア人奴隷の踊りもそうだ）。ヴェルディがおこなうもうひとつのことは、宮殿生活をめぐるオリエンタリズム的紋切り型表現を、男性祭司に対する直接的な非難に使ったことだった。祭司長ラムフィスは、わたしのみるところ、イタリア統一運動においてヴェルディが示した聖職者批判と、オリエントの王侯貴族の東洋的専制に対するヴェルディの観点とが合体して生まれた人物である。なにしろこの祭司長は、みずからの血に飢えた復讐心を、立法主義と聖典の先例遵守の仮面のなかに隠しもっているのだから。

異国的な様式の音楽に関していえば、わたしたちはヴェルディの手紙から彼がベルギーの音楽学者フランソワ＝ジョセフ・フェティスの著作にあたったことを知っている。ヴェルディはフェティスに対して苛立ちと魅力とを半々に抱いていたようだ。フェティスの『音楽史の哲学的概要』（一八三五）は、音楽史全般のなかで非ヨーロッパ的音楽をほかから独立させて研究した最初の試みであった。この試みを、未完の著作『古代から現代までの一般音楽史』（一八六九－七六）はさらにおしすすめ、異国的音楽とその一貫した統一的性格の特殊性を強調する。フェティスは『エジプト誌』におけるエジプト音楽の巻（二巻）のみならず十九世紀エジプトに関するE・W・レインの研究を知っていたと思われる。

ヴェルディにとってフェティスの価値は、「オリエント」音楽に関する著述のなかでいくつもの具体例——たとえばカーニヴァルのクーチ〔女性によるソロ舞踊〕で多く使われる常套的な和声が、主音の半音下げに基づいていることなど——に触れられること、ならびにオリエントの楽器の情報が得られることだった。その情報は、『エジプト誌』における記述と同じではあることもあったが、ヴェルディが読むことができたのは竪琴、横笛、そして、儀礼的なトランペット——彼がイタリアでやや滑稽な努力をして複製しようとしたことでいまや有名になったトランペット——についての記述であった。

最後に、ヴェルディとマリエットが想像力をおおいにはたらかせ——わたしの意見ではもっとも成功をおさめた——共同作業をおこなったのは、第三幕、いわゆるナイルの場面における素晴らしい情景の創造であった。ここでもまた、ナポレオンの『エジプト誌』にみられる理想化された表象が、この場面のマリエットのイメージのモデルとなったふしがある。ヴェルディのほうは、古代オリエントに関する彼の思念を、直截的ではなく暗示的な音楽手段を使って高めたといえよう。その結果生まれたのは、明晰な輪郭をもったみごとなまでの楽音像であり、このなかで静謐な情景描写とともにはじまった幕開けが、アイーダと彼女の父親とラダメスとが激しく対立するクライマックスへとたかまってゆく。この壮大な場面を描くマリエットの原案は、彼のエジプト観の統合的全体像そのものにみえる——「場面が再現するのは宮殿の庭園である。左側にはパヴィリオン——つまり天幕——の傾斜した正面。舞台背景にはナイル川が流れる。地平線には、落日に鮮やかに照れはえたリビア山脈。彫像と棕櫚と南国の木々」[104]。マリエットも、ヴェルディと同じく、自分が創始者であると考えていたのは、けだし当然である。忍耐づよく援助を惜しまなかったドラネトに宛てた手紙（一八七一年七月十九日）のなかでマリエットは書いている——「《アイーダ》は、実質的に、わたしの仕事の産物です。わたしが、副王を説得して上演にこぎつけたのです。《アイーダ》とは、ひとことでいえば、わたしの頭脳の創造物です[105]」と。

　こうして《アイーダ》はエジプト関連の材料を、ヴェルディとマリエットがともに自分のものであると主張してもおかしくない形式にまとめあげたのである。とはいえ、この作品は、作品のなかにふくまれるものと、またそれゆえ、作品から暗に排除されるものに対する強調のおきかたが偏っているため、どこか難がある——すくなくとも特異なところがある——と、わたしはいいたい。ヴェルディは、同時代のエジプト人が自分の作品をどう思うかとか、個々の聴衆が自分の音楽にどう反応するのかとか、初演後、このオペラはどのような運命をたどるのかについて、あれこれ思い悩む機会はあったはずである。しかし、そのことについて記録はほとんど残っていない。せいぜい、初演時のヨーロッパ人批評家たちを批判した不機嫌な手紙が数通残っているだけである。自分には、批評家たちがよい宣伝をおこなうとは思えないと、彼は手紙のなかで毒づいていた。ヴェルディのフィリッピ宛の手紙のなかで、わたしたちは、ヴェルディがこのオペラに対していだいている距離感覚を知ることとなる。《アイーダ》の場面と台本のなかにすでに異化効果が仕組まれているとはいえないだろうか——

……あなたがカイロにいるですって。これは《アイーダ》にとって想像しうる最高の宣伝ですね。ただ、こうなると、芸術は芸術であることをやめビジネスに、娯楽のゲームに、狩猟に、追い求められる何かに、成功せずとも悪評くらいもらわないと気がすまない、そんなものになってしまうようです。こうしたことに対するわたしの反応は嫌悪感と屈辱感です。わたしがなつかしく思い浮かべるのは、オペラを書きはじめた頃のこと、友人はほとんどいなくて、またわたしのことを話題にする人間もいなくて、準備もなく、いかなる種類の影響もうけず、ぼろくそにいわれるのを覚悟して聴衆のまえに自分のオペラをひっさげてあらわれ、もし好意的な反応を引きだせたならば有頂天になっていた、あの頃のことです。ところが、いまのオペラ宣伝のものものしさときたらどうです!!!!　ジャーナリスト、独唱者、合唱団員、指揮者、演奏家たちなどなど。皆が、宣伝という建造物のために石をつみあげ、そしてそのようにして、オペラの価値になにものも付け加えないとるにたらぬ下らぬ屑で、縁取りをつくるとは。事実、こうした宣伝は、真の価値（それがあるとしての話ですが）を曇らせてしまいます。これは嘆かわしいことです、限りなく嘆かわしい!!!!

ご親切にカイロに招待していただき感謝いたします。けれども、《アイーダ》に関することは一昨日ボッテジーニにすべて書き送りました。このオペラに、わたしが望むのは、ただ、よい、またとりわけ知的な、声と楽器演奏と演出だけです。残りは、神意のままに。わたしはこんなふうに経歴をはじめ、こんなふうに経歴を終えたいと願っているのですから……。(106)

神意のままにという、この手紙における断言は、このオペラに単一の意図をヴェルディがもたせようとしたのかどうかという問題ともかかわってくる。《アイーダ》は、自己充足した芸術作品であると、彼はいっているように思われる。だから、あとはほうっておけばいい、とも。けれども、ここにはなにかほかのもの、つまり彼自身が関係をもてない地域のためにつくられたオペラ、それも絶望的な行き詰まりと文字通りの埋葬で終わる筋書きをもつオペラに対して、ヴェルディの側に違和感のようなものが存在するのではないか。《アイーダ》の違和感をヴェルディが意識していたことは、ほかのところからもわかる。ある時点で彼は、エジプト音楽の和声にパレストリーナ〔十六世紀イタリアの教会音楽作曲家〕的なものを加えたことを自嘲気味に語っていた。また彼は古代エジプトが死んだ文明であるだけでなく、死の文化をもっていたことにも、ある程度、気づいていた。古代エジプトの征服のイデオロギーとおぼしきもの（これをヴェルディはヘロドトスとマリエットからもらったのだが）は、死後の生に関するイデオロギーとも密接な関係をもっていたのだ。さらに《アイーダ》を制作していたときのヴェルディと〈イタリア統一運動〉との、かなり冷やかな失意と落胆の関係は、作品のなかでも、個人の破滅をもたらす軍事的勝利というかたちであらわれている。これはまた政治的勝利が、人間にとっての難局をアンビヴァレントな調子で彩られるなか示される。簡単にいえば、〈現実政治《レアルポリティク》〉の勝利ともいえるのだから。ヴェルディはまた、ラダメスの家父長《パトリア》としての望ましい性格が、最後には〈おお大地よさらば《テラ・アディオ》〉の葬送の調子で終わることを想像していたようだ。またたしかに第四幕におけるふたつに分かれた舞台——出所は『エジプト誌』の図版のひとつのようだが——は、アムネリスの報われない愛と、アイーダとラダメスの至福にみちた死を提示するため、ヴェルディに〈不調和の一致〉を強く印象づけたのである。

《アイーダ》の息苦しさと停滞性は、バレエと凱旋行進によってかろうじて救われているが、しかし、こうした見せ物ですら、どこか陰りをおびている。ヴェルディは、あまりに知的で一途なために、見せ物部分にも手を加えずにはいられなかった。第一幕におけるラムフィスの勝利の祝福の踊りは、もちろん、第三幕と第四幕におけるラダメスの破滅につながっていて、そのまますんなりとただ楽しんでよいものではなくなっている。第二幕第一場のムーア人奴隷の踊りは、恋敵である奴隷女アイーダに悪意をいだく王女アムネリスをもてなす奴隷の踊りなのだ。ただし第二幕第二場のきわめて名高い部分に関していえば、これは観客や演出家のどちらにも強く訴えかける《アイーダ》の核ともいえるところで、演出家からは、過度で派手な試みに思う存分ひたれる好機として、受けとめられてきた。演出家の自由な潤色にまかせること、おそらくヴェルディもそのように望んでいたにちがいない。

以下は、そのような演出の現代における三つの例である。まず——

シンシナティにおける《アイーダ》（一九八六年三月）。シンシナティ・オペラ劇場から報道陣むけに配布された資料によれば、《アイーダ》の公演では今シーズン、以下の動物が凱旋場面に登場することになっている。アリクイ、ロバ、象、ボア〔南米産の大蛇〕、クジャク、オオハシ〔南米産の巨嘴鳥〕、アカオノスリ〔猛禽類〕、白虎、オオヤマネコ、バタン〔オーストラリア産オウム類〕、チーター、それぞれひとつずつ——計十一匹。また舞台に登場する人物は総勢二百六十一名を数えるが、そのうち主要俳優が八名、合唱団が百十七名（うち正規メンバー四十名、臨時雇い七十七名）、踊り手二十四名、エキストラ百一名（動物調教師十二名をふくむ）ならびに十一匹の動物[107]。

これが、多かれ少なかれ、豪華さを無節操に、やや滑稽なまでに噴出させた《アイーダ》であった。カラカラ帝の浴場における俗悪な見せ物にも匹敵する大饗宴が再演に再演をくりかえしたのである。

これとは対照的、ヴィーラント・ワーグナー演出による第二幕第二場は、トーテムや仮面やその他儀礼のための道具をもって行進するエチオピア人捕虜の行進であり、観客に人類学的展示をおこなうという要素をもっていた。これは「作品の設定そのものを、ファラオ時代のエジプトから先史時代の暗黒のアフリカへとまるごとうつしかえることだった」。

この場面に関し、わたしが試みたのは、《アイーダ》のなかにある多彩な華麗さとでもいえるものをこの作品そのものに付与することだった――その華麗さを、エジプトの博物館から引き出すのではなく、作品そのものに内在する雰囲気から引き出した。いんちきくさいエジプト風の芸術趣味や大仰で偽物のオペラ的壮大さから、ハリウッド的歴史映画からはなれて、アルカイックな――つまりエジプト学の用語でいうと――先王朝時代へと回帰したかったのだ[108]。

ワーグナーの力点は、「われらの」世界と「彼らの」世界との差異にあった。たしかにこの差異は、ヴェルディも強調していたのだが、そもそも差異性についてヴェルディは、このオペラが最初から、パリとかミラノとかウィーンとは決定的にちがう場所のために作曲され構想されたという事実からもじゅうぶん承知していた。そして興味ぶかいことに、この違和感からさらに、わたしたちは一九五二年のメキシコにおける《アイーダ》上演を思い出す。この公演では主役のマリア・カラスが、高音の変ホ音――ヴェルディが楽譜に書いた音よりも一オクターヴ高い音――で全体を締めくくることで、作品全体のアンサンブルを凌駕したといわれている。

この三例すべてにおいて、ヴェルディが作品のなかに許したこの開口部、つまりふつうなら作品のなかに入ってくるのを禁止される外部世界をとりこんでいる場を、最大限利用しようと演出上の工夫がこらされている。けれどもヴェルディの姿勢は鷹揚なものとはちがう。彼はこう言っているように思われる。エキゾチックな要素として、あるいは人寄せとして、なんでも入れてもいい、そこは自由に使ってよいが、残りの部分でわたしに口をだすな、と。そして自分の領分を補強しようと、彼はこれまでめったに使わなかった音楽上の技法に訴える。観客にむかって、いまやベルカント全盛のこの時期に、嘲笑されてもいる伝統的で衒学的なテクニック、それをしっかり身につけた音楽の巨匠が、仕事をしているのだと念をおしたのだ。一八七一年二月二十日、ジュセッペ・ピローリ宛の手紙のなかでヴェルディは「わたしが若い作曲家たちに望むのは、対位法のあらゆる分野を粘り強く正確に練習することです。……現代の音楽など研究する必要はありません」[109]と書いている。これは彼が書いていたオペラ――厳格なカノン形式で幕をあけるオペラ――の墓場のような性格とどこかで通じている（彼はミイラに歌わせるのだとも、語っていた）。《アイーダ》にみられるヴェルディの対位法とストレット〔フーガの終結部において主題・応答が重なり合うこと〕の技法はこれまで彼が到達したことのない高度な力強さと厳格さをおびている。《アイーダ》の総譜に散見される軍隊音楽（そのうちのいくつかはのちに総督時代のエジプトで国歌になった）とならんで、こうした衒学的なパッセージはオペラの荘厳さを――そしてもっと端的にいうと――オペラの城壁的な構造を強めている。

要は、《アイーダ》が、委嘱《コミッション》され構成《コンポジション》されたときの外部状況をきわめて正確に思いおこさせてくれること、そして《アイーダ》の同時代のコンテクストのさまざまな面は作品がいくら排除しようとしても、かならず、こだまのように帰ってきて存在を主張するということだ。芸術的記憶のかなり特殊な形態としての《アイーダ》は、十九世紀の歴史の一段階において、まさにそのように意図され、エジプトを復元するヨーロッパの権威を体現した。またこの目的からして、一八六九年から一八七一年にかけてのカイロはまさにうってつけの場所であった。《アイーダ》をめぐる十全たる対位法的読解がつまびらかにするのは、姿勢と言及の構造、アフィリエーションとコネ、決意と共同作業などからなる網状体である。こうした要素は、このオペラの視覚面と音楽のテクスト面に、亡霊のごとく一連の痕跡をのこしているのである。

筋立てを考えてみよう。エジプト軍がエチオピア軍を負かすが、エジプト軍の若きヒーローは、裏切者として告発され、死を宣告され、生きながら埋葬されて窒息死する。古代アフリカの内部紛争を描くこの挿話は、東アフリカにおける一八四〇年代から一八六〇年代にかけてのイギリスとエジプトの競争関係を念頭において読むと、現実の歴史とかなり共鳴していることがわかる。イギリスは、イスマーイール総督統治下のエジプトのもくろみ――なにしろこの時期、イスマーイール総督は、南方への進出を画策していたのだ――を、紅海におけるイギリスの権益ならびにインド航路の安全確保に対する脅威としてうけとめていた。けれども、イギリスは、イスマーイールに慎重に政策転換をうながし、東方への進出を奨励し、ソマリアやエチオピアにおけるフランスやイタリアの野望をくじこうとする。一八七〇年代初期までに、この政策転換は完了し、一八八二年にイギリスはエジプトを完全に占領する。フランス側の視点はマリエットによって取り込まれることになったが、その視点からすると、《アイーダ》はエジプトによるエチオピアへの武力侵略成功の危機を演劇化したといえよう。とりわけイスマーイール自身――オスマントルコの総督でありながら――、イスタンブールからの自立を強めるために、そのような侵略行為に関心をよせていたからである。[110]《アイーダ》の簡素と厳粛のなかには、さらにいろいろなものが存在している。とりわけオペラならびにヴェルディ作品を上演すべく建設された歌劇場は、イスマーイール自身ならびに彼の統治（一八六三–一八七九）と関係することが多いのだから。ちなみにヨーロッパがエジプトとどのようにかかわってきたか、ナポレオンの侵略から八十年間にわたるその経済史と政治史をめぐって、最近、かなりの量の研究がなされてきた。こうした研究の多くと軌を一にしているのは、エジプトの民族派の歴史家たち（サブリー、ラフィ、ゴルバル）の観点である。彼らによれば、ムハンマド・アリ王朝＊を形成した総督の子孫たち、それも年をへることに悪化の一途をたどった子孫たち（ただしアバスは妥協を知らぬ筋の通った性格ゆえに例外とみなされた）こそ、「世界経済[111]」と呼ばれてきたもの——もっと正確にいうと、ヨーロッパの投資家と商業金融業者と債券会社や商業的投機との雑多な集合体——に、エジプトを巻きこみ、そこから抜け出せないようにしたのだ。それが不可避的に一八八二年のイギリスによるエジプト占領を招来し、そしてまた同じく不可避的に一九五六年七月のガマル・アブデル・ナセルによるスエズ運河再領有事件を招来したのである。

一八六〇年代と一八七〇年代までエジプト経済のもっとも目につく特徴はといえば、綿ブームであり、これは南北戦争のためアメリカからヨーロッパへの綿供給が止まったために起こったものである。この綿ブームは地元経済におけるさまざまな歪みをひたすら大きくし（ちなみにオーウェンによれば、一八七〇年代まで「ナイル河口地帯は、二、三の農産物の生産と加工と輸出のみに従事する輸出専門地域へと転換してしまった[112]」）、そのあげく規模が拡大し深刻さが増す不況をもたらすことになった。エジプトは、ありとあらゆる開発振興策にさらされた。それらはときに常軌を逸したものもあれば、恩恵をもたらすものもあった（鉄道や道路の建設など）が、総じて莫大な経費をともない、スエズ運河はその最たるものであった。開発費用は国債の発行、紙幣の印刷、赤字財政でまかなわれ、公債の増大が、エジプトの対外負債をふやし、債務返済コストもばかにならず、それがまた外国投資家と代理店のさらなるエジプト進出をまねいた。外国からの貸付金の総額は、その額面価格の三十パーセントから四十パーセントのあいだでしかなかったようだ（デイヴィッド・ランディスの『銀行家とパシャ』は、金融をめぐる、あさましくも時にこっけいな事例についての詳細な歴史を提供してくれる(113)）。

弱体化を深め、ヨーロッパの金融に依存する度合いを高めていることに加えて、イスマーイール統治下のエジプトは重要な一連の反政府運動をも生みだすことになった。当時、人口は自然増加していたが、同時に外国人居住区の規模も大きくなりつつあった——一八八〇年代初期までに外国人は九万人を越えた。富は総督一家とその家臣に集中し、それが実質的に封建時代的な土地所有と都市の特権化をうみ、そのためかえって、民族派の抵抗意識が高まることとなった。イスマーイールに対して、世論は厳しかったが、それは彼がエジプトを外国人に手渡そうとしているとみなされたからであり、また外国人はこうしたエジプトの停滞と弱体化を当然のこととみなしているように思われたからだ。エジプトの歴史家サブリーは憤懣やるかたないかたちでこう記している。ナポレオン三世は、スエズ運河開通式典の演説のなかで、フランスとその運河と述べ、エジプトについてはなにもふれなかった、と(114)。ところがスペクトルのもう一端では、イスマーイールは親オスマントルコのジャーナリストたちから(115)、公けにさまざまな攻撃をうけていた。そのヨーロッパ豪遊の愚行（ジョルジュ・デュアンの『総督イスマーイール統治史』第二巻には、この豪遊が、うんざりするほど詳しく述べられている(116)）、オスマントルコ帝国からの独立のポーズ、人民への重税、運河開通にあたってヨーロッパから高官を招待しての大盤振る舞い。イスマーイール総督が独立しているようにみせればみせるほど、その傲岸不遜がエジプトに犠牲を強い、その独立ポーズがオスマントルコを憤らせ、ヨーロッパの債権者たちからの干渉を増々招いたのである。イスマーイールの「野望と想像力に、聴衆たちは、あっけにとられた。一八六四年の暑い困窮の夏、彼は運河や鉄道の計画だけでなく、カイロをナイル川のパリとし、みずからをアフリカの帝王にすることも考えていた。カイロには〈グラン・ブールヴァール〉が、証券取引所が、劇場が、オペラが生まれるだろう。エジプトには大規模な陸軍と強力な海軍が生まれるだろう。なぜ、とフランス総領事はたずねた。彼はまた、いったい、どうやって、とたずねてもよかったのだ[117]」。「どうやって」となると、それはカイロを刷新するしかなかった。そのためには多くのヨーロッパ人を雇い（そのようなヨーロッパ人のひとりが、ドラネトであった）、新しい都市生活者階級を育成する必要があった。都市生活者の趣向と需要によって地元商品市場は拡大し高価な輸入品を扱うまでになる。オーウェンが述べているように「外国からの輸入品が重要になるところでは……これまでとはまったく異なる消費パターンに迎合する度合いが増していった。この消費パターンをになったのは増えつづける外国人人口ならびに、地元エジプトの地主や高級官僚のなかでも、カイロやアレキサンドリアのヨーロッパ化された地域においてヨーロッパ的様式家屋に暮らしはじめた連中であり、そうした地域では重要なものはすべて海外からの輸入にたよっていた――建築資材までも輸入されたのである[118]」。わたしたちはここで、オペラや作曲家や歌手や指揮者や舞台装置や衣裳までも輸入されたと付け加えてもよいだろう。このような計画から得られた重要な恩恵とは、海外の債権者たちを説得すべく、彼らの資金が有効に利用されていることの眼にみえる証拠を示せたことである[119]。

けれどもアレキサンドリアとちがって、カイロは、イスマーイールの全盛期においてすら、アラブ・イスラムの都市であった。ギーザという考古学的ロマンスをかきたてる場所をのぞくと、カイロの過去はヨーロッパと容易には、あるいはしっくりとは馴染まなかった。ここにはヘレニズム文化あるいはレヴァント文化を連想させるようなものはない。海からの心地よい微風もない。地中海の貿易都市特有の賑わいもない。アフリカやイスラム圏やアラブ的、オスマントルコ的世界における中心という、カイロが保持している大きな存在感は、ヨーロッパの投資家にとってやっかいな障害として立ちはだかったようだ。そこでカイロをもっと近づきやすく魅力的なものにすべく投資家たちがイスマーイールを突っついてカイロの近代化を始めさせたにちがいない。近代化の要諦は、カイロをふたつに分断することであった。それがどのような変化を生んだのかについては、アメリカの都市史研究家ジャネット・アブ゠ルゴドの『カイロ——勝利の都市の一〇〇一年史』にみられる、二十世紀のカイロに関する最良の記述を引用するにしくはない——

こうして十九世紀末までにカイロはふたつの物理的に異なる共同体をもった。両者は、細い道路を隔ててふたつに分かれていたが、それよりももっと大きな文化の壁によって分断されることになった。エジプトの過去と未来とのあいだの不連続は、十九世紀初期においても小さなひび割れに思われたものだが、それが十九世紀末になると、ぱっくりと口をあける断裂へと広がった。都市の物理的な二重性は、文化的亀裂の顕在化以外のなにものでもなかった。

東には原住民の都市が広がっていた。ここはテクノロジー、社会構造、生活様式といった点で、まだ本質的に産業化以前の段階にとどまっていた。西には「コロニアル風」の都市がひろがり、蒸気機関を利用するテクノロジー、スピードアップ化された生活、充実した交通機関、ヨーロッパ的特徴などがみられた。東には、たとえそこの市門が取り壊され、ふたつの新しい大通りが貫通していても、そこに横たわるのはまだ舗装されていないハラットやデゥルブの迷路のように入り組んだ道であった。西には、両側にゆったりとした歩道とセットバックを施した家並みがつづく広いマカダム舗装のまっすぐな街路があり、それらは軍隊式に直角にまじわるか、そこかしこでマイダンと呼ばれる環状交差路でまじわるかのいずれかであった。東地区はまだ水売り人が巡回していたが、西地区の住民はナイル川ぞいの蒸気ポンプと連結した水道管のネットワークによって水を供給されていた。東地区は夜になると真っ暗になったが、西地区ではガス灯が大通りを照らしていた。公園や街路樹があっても、この中世的都市の砂と泥の調子をやわらげることはなかったが、それでも西にひろがる地区は、フランス風庭園や意匠をこらした花壇、人工的に刈り込まれた樹木などで、念入りに飾りたてられていた。旧市街に入ってくる者たちはキャラヴァンを組む者が多く、裸足で、もしくは動物の背にゆられてそこを通りすぎていった。新市街へ入るものは鉄道を使い、二頭だての四輪馬車に乗りこんだ。要するに、あらゆる重要な点において、ふたつの都市は、物理的には連続していても、社会的には何マイルも隔たり、技術的には何世紀も隔たっていたのだ。(120)

イスマーイールがヴェルディのために建てた歌劇場は、南北軸のまさに中心に位置し、広壮な一角のまっただなかにあり、西のほうにナイル川沿いまで広がっていたヨーロッパ風都市に面していた。北には鉄道駅、シェパーズ・ホテル、そしてイズベキーヤ公園。ちなみにこの庭園についてアブ＝ルゴドはこう付け加えている――「イスマーイールはフランスから風景デザイナーを呼び寄せた。彼が崇拝していたその仕事は、ブーローニュの森やシャン・ド・マルス〔パリの旧練兵場〕に見いだすことができる。そして彼が依頼したのは、イズベキーヤ公園を、十九世紀のフランス庭園のまさに定番となっていた不定型のプール、グロット、橋、望楼などを完備した、パリのモンソ公園に仕立てあげることであった」(121)。南にはイスマーイールによって総督邸につくりかえられたアブディーン宮殿。歌劇場の裏手にはムースキ、セイダ・ゼイナブ、アタバ広場といった繁華街がひろがっていたが、いずれも歌劇場の威風堂々とした規模とヨーロッパ的権威に気押される結果になった。

カイロは、この時期、知的改革熱にとらわれはじめていた。そのいくつかはヨーロッパの進出の影響をうけたものだが、すべてがそうというわけでもなかった。そしてその結果、ジャック・ベルクが述べているように、混乱した産物が生まれる。[122]この間の事情をもっともみごとに蘇らせてくれるのは、イスマーイール時代のカイロに関するもっとも緻密な記述を残したアリー・パシャ・ムバラクの『新編地誌』である。彼は、公共事業と教育を担当した、なみはずれてエネルギッシュな大臣であり、技術者にして、民族主義者、近代化論者、精力的な歴史家、地方の貧しい法学者の息子であり、東方のイスラム世界の伝統と宗教を遵守しつつも西洋に魅惑された男であった。この時期、カイロを見舞った変革ゆえに、アリー・ムバラクは都市生活を記録せねばという思いにとらわれたという印象を受ける。カイロのダイナミックな変化ゆえに、その細部に対して新しい近代的な関心をむけるべきとの認識にたって、地元のカイロ市民に対し前例のない詳細な分別と観察をおこなったのだ。アリーは歌劇場について言及はしていないものの、イスマーイールが、宮殿、庭園や動物園、そして外国から招いた政府高官にみせた数々の展示などに、いかにふんだんに金をそそぎこんだかを語っている。のちのエジプトの著述家も、アリーのように、この時代の改革熱にふれるだろうが、そのときにはエジプトの芸術活動とエジプトの帝国主義への従属の双方を示す、矛盾にみちた象徴として、歌劇場や《アイーダ》に着目するだろう（たとえばアンワル・アブデル＝マレクのように）。一九七一年、木造の歌劇場は焼失する。以後、それはその場所に再建されなかった。その場所は最初、駐車場として使われ、次に階層式のガレージになった。一九八八年、あたらしいカルチャー・センターが日本の資金によってゲジーラ島に建設される。このセンターにはオペラ劇場がふくまれていた。

ここで結論とすべきは、カイロが《アイーダ》を、その時代とその場所を祝福するために書かれたオペラとして、ながく維持できなかったということだ。このオペラのほうは、当時のカイロを尻目に生きのび、何十年ものあいだ西洋の舞台で成功をおさめつづけたのだが。《アイーダ》のエジプト的性格は、カイロのヨーロッパ的表玄関の一部であった。その簡素さと厳粛さは、カイロという植民地都市の原住民を、帝国化された地区から分断する想像上の壁に刻印されていた。《アイーダ》は分離の美学を体現している。だからであろう、わたしたちは、《アイーダ》のなかに、それとカイロとの対応をみることはできない。かつて詩人のキーツが、ギリシアの壺の装飾帯と、その装飾帯に対応している現実——「こうした人びとがいたであろう、この神聖な朝がおとずれたであろう」都市や城砦——とのあいだに見いだした対応を、わたしたちはみることはない。《アイーダ》は、ほとんどのエジプト人にとって、限られた顧客のご機嫌とりのために購入された、帝国主義時代の贅沢品であって、その裏にはオペラとは関係のない思惑が蠢いていたのだ。ヴェルディはこの作品を彼の芸術にとって記念碑であると考えた。イスマーイールとマリエットは、目的こそ異なれ、もてる余剰のエネルギーをこの作品につぎこみ、不屈の意志でもってそれを支えた。《アイーダ》は欠陥にもかかわらず、考古学的復元作品の一種として享受され解釈されうるのだ。この作品の厳密さや確固たる枠組みは、ひたすら死と葬送へと向かう運動、明確な歴史的重要性、そして特定の時代の刻印を帯びた芸術形式とあいまって、帝国主義的なスペクタクルを——ほぼ全員がヨーロッパ人である観客に向けて披露され彼らに感銘をあたえるべく意図されたスペクタクルを——想起させるのである。

もちろん、これは、今日、文化財産のなかで《アイーダ》が占める地位とは程遠いものだろう。そう、たしかに、帝国主義時代の多くの偉大な芸術作品が、発想から実現までのプロセスのなかでそれがたずさえていた帝国支配という重荷のことなどなきがごとく扱われ、回顧され称賛されているのも真実だ。けれども帝国の影は残っている。屈折したかたちで、あるいは痕跡として残っている。やがて読まれ、見られ、聴かれるために。そして、《アイーダ》のように、領土獲得闘争とか管理闘争とは無縁にみえるような作品においても、たしかに示唆されている帝国主義の姿勢と言及の構造を考慮にいれなければ、わたしたちは芸術作品を、戯画へと貶めることになる。この戯画は、なるほどよくできているものかもしれないが、にもかかわらず戯画である。

また思い出さなければいけない。もし、あなたが、帝国主義的、植民地的遭遇において権力をもっていた側に属しているのなら、「海のむこう」で起こったことの不快な面を見過ごしたり、忘れたり、無視したりすることはできるだろう。《アイーダ》のようなスペクタクルの、あるいは旅行家や小説家や学者によって書かれたきわめて興味ぶかい文献の、またあるいは魅力的な写真やエキゾチックな絵画の文化装置は、ヨーロッパ人に対して美的効果と情報効果をもっていた。そのような美学化と距離化のための文化的実践がおこなわれるとき、事態は驚くほど変化しなくなる。なにしろそうした文化的実践は、宗主国の人びとの意識を引き裂き、次に美的領域へと誘導するのだから。一八六五年、ジャマイカのイギリス総督E・J・エアは、数人の白人殺害に対する報復として、多数の黒人虐殺を命じた。このニュースは多くのイギリス人にとって、植民地生活の不正と恐怖を暴くものとして受けとめられた。その後、多くの著名人が、エアの戒厳令宣言とジャマイカ黒人の大量虐殺を支持する側（ラスキン、カーライル、アーノルド）と、それを非難する側（ミル、ハクスレー、コックバーン首席判事）に分かれ、論争をくりひろげた。けれども、やがて、論争は忘れ去られ、帝国内では、またべつの「行政的虐殺」が生じた。にもかかわらず、ある歴史家の言葉を引用すれば、「イギリスは躍起になって、国内での自由と海外の帝国での権威［この歴史家はこの権威を「抑圧と恐怖」の権威と記述している］との区分を維持しようとした(123)」のだ。

マシュー・アーノルドの悩める詩人を全面にだした詩を読む現代の読者、あるいはアーノルドの名高い文化称賛理論を読む現代の読者のほとんどが知らないのは、アーノルドが、エア総督の命じた「行政的虐殺」と、エール植民地〔エール Eire はアイルランドのゲール語名だが、綴りはエア Eyre 総督と一字ちがい〕におけるイギリス側の強行姿勢とをむすびつけ、どちらの政治姿勢も高く評価していたことだ。アーノルドの主著『教養と無秩序』は、一八六七年のハイド・パーク暴動の渦中で書かれている。したがってアーノルドが文化教養について述べていることは、文化教養を抑止力として使うことだと当時は信じられていた。それが抑止力として対処すべき猛威をふるう無秩序とは、植民地とアイルランドと国内にいるジャマイカ人・アイルランド人そして女性たちであった。たとえ「場違いな」と非難されても、こうした虐殺事件を引きあいにだそうとした歴史家たちはいた。しかし、ほとんどの英米のアーノルド読者たちは忘却をきめこんでいて、こうした事件を、アーノルドがあらゆる時代にふさわしいものとして奨励しようとしていたもっと重要な文化理論にとっては、不適切なものとみなした――かりにも、そうした読者がみなすことがあればの話だが――のである。

（ここで、ささやかな挿入を。サダム・フセインのクウェート占領という暴挙に反対する法的基盤がいかなるものであるにせよ、砂漠の嵐作戦は「ヴェトナム症候群」の亡霊をなだめるために、つまり合衆国は戦争に勝つ、迅速に勝つことを主張すべく、発動されたという面がある。この動機づけでことをおこなうには、二百万のヴェトナム人が殺され、戦争終結後十六年をへてもなお東南アジアの惨状はつづいていることを、忘れていなければいけない。忘れつづけていたがゆえに、アメリカを強くみせること、ブッシュ大統領の指導者としてのイメージをたかめることが、海の彼方の国を破壊しつくすことよりも優先したのである。おまけに高度なテクノロジーと巧妙な広報活動によって、戦争はエキサイティングでクリーンなもの、美徳というみせかけをまとうことになった。イラクが国家解体の危機に直面し、さらなる反乱弾圧をおこない、国民の多くが困窮にあえいでいるとき、アメリカ人は自国のイメージ・アップのためだけにつかのま盛り上がっていたのである。）

十九世紀後期のヨーロッパ人にとって、国内と国外との区別を維持するために、興味ぶかい幅をもった選択肢が、いくつか存在していた。もちろん、そのすべてが、原住民の従属と犠牲を前提としていたのだが。第一の方法は、われを忘れて欣喜雀躍と権力を使用すること――ここでいう権力とは、観察すること、支配すること、維持すること、遠隔の領土や民族から利益をえることをいう。ここから、発見の旅が、利益のあがる貿易が、行政管理が、併合が、学術的調査と展示が、民族のスペクタクルが、植民地支配者や植民地エキスパートからなる新興階級が生まれる。第二の方法は、イデオロギー的合理化をおこない、原住民を支配され管理されるべき民族へと還元し再構築すること。トマス・ホジキンが『植民地時代のアフリカにおけるナショナリズム』で整理したような支配のスタイル――フランスのデカルト主義、イギリスの経験主義、ベルギーのプラトン主義――が存在した[124]。これらの刻印は、人間主義的な事業そのもののなかに見いだすことができる――アジア・アフリカ地域全般においてさまざまな植民地学校、単科大学、総合大学、原住民エリートたちが創造され活用された。第三の方法は、西洋による〈文明化の使命〉をとおして救出と救済をおこなうこと。思想の専門家たち（宣教師、教師、顧問、学者）ならびに近代化産業とコミュニケーションの専門家たち双方から支援をうけて、後進地域を西洋化するという帝国主義的理念は、世界のいたるところで普遍的地位を獲得したのだが、しかし、マイケル・アダスらが証明したように、こうした理念には決まって植民地支配が付随していた[125]。第四の方法は、征服者が、みずからの暴力行為の真実をみないでもすむような状況を確保すること。アーノルドが磨きをかけた文化思想は、暴力行為の慣習的実践を、理論的レヴェルにひきあげて、擁護するために意図された。つまり反抗的要素——国内外における——に対するイデオロギー的抑圧を、日常的・歴史的な領域から解放して、抽象的で一般的なものにすりかえてしまうこと。「思考され、なされた最良のもの」〔アーノルドの文化の定義のもじり〕は、自国内でも海外でも、神聖不可侵なものとみなされるのだ。第五の方法とは、原住民を、本来の歴史的な場所から引き離したあと、原住民の歴史を帝国主義の歴史の一部として書き換え加工すること。このプロセスは、物語を捏造して、反帝国主義的な試みをくじくことにあった。つまり帝国を歴史的必然とはみなさないような、帝国に反対するいかなる試みも不可能にすべく、ゆるぎなき帝国の存在を強調し、矛盾した過去の記憶を一蹴し、暴力——権力の行使も、異国情緒がもたらす好奇心のなせるわざにすりかえられた——を消去する物語をつくるのである。こうしたことすべてが合体して、同化吸収され、支配され、管理される海外領土をめぐる、物語と観察記録の合成物が生みだされた。海外領土の原住民たちは、逃げ場を失い、ヨーロッパ人の意志の産物として止まりつづけることを、定められた運命であるかのように受け入れたようだった。

5　帝国主義の楽しみ

『キム』は、英文学のみならず、ラドヤード・キプリングの生涯と経歴においても特異な作品である。出版されたのは一九〇一年。キプリングが、みずからの生誕の地であり、キプリングの名前とつねにむすびつけて考えられてきた地、すなわちインドを去ってから十二年めのことである。またさらに興味ぶかいのは『キム』がキプリングにとって唯一最後まで破綻なくすすむ成熟した長編小説であるということだ。思春期の読者にわくわくする読書経験を提供しうるこの作品はまた、思春期をとうにすぎた一般読者や批評家の双方にも、敬意と関心をもちながら読まれる作品となっている。キプリングの他の作品は短編（もしくは、そこから生まれる『ジャングル・ブック』のような短編集）であるか、根本に欠陥をかかえた長編小説であるかのいずれかだ（『勇ましい船長』『消えた光』『ストーキーと仲間たち』のような長編作品だが、そこに盛り込まれたテーマは、大いに関心をひきそうなのに、首尾一貫性やヴィジョンや判断の失敗によって相殺されてしまうことが多い）。ただしキプリングをのぞくと、ひとりコンラッドだけが、彼のやや年齢が下の同志であるキプリングとならんで、帝国主義の経験を、力強く作品の主題となしえた作家とみられてきた。このふたりは、語り口と文体において天地のひらきがあるものの、イギリス人の読者つまり基本的に島国根性が抜けきらず地方的で偏狭なまなざししかもちえない読者に、イギリス本国社会の特殊な集団以外には知られることのなかった、イギリスの海外領土事業の特色と輝きとロマンスをもちこんだのである。このふたりのうち、存命中に早くから多くの読者を獲得したのはキプリングであった――なにしろコンラッドにくらべて、アイロニーはすくないし、小説技法への自意識的こだわりもないし、また二枚舌的二重性もないのだから。けれどもどちらの作家も、英文学の研究者にとっては謎でありつづけた。研究者にとって、このふたりは、中心をはずれた、しばしば、手に余る存在であり、慎重に接するか、時には最初から相手にしないほうがいいとされてきた。ふたりは、ディケンズやハーディといった作家と異なり、容易に正典にくみこまれず、また馴致もされなかったのである。

帝国主義に関してコンラッドがいだいていた主要なヴィジョンは、『闇の奥』（一八九九）ではアフリカ、『ロード・ジム』（一九〇〇）では東南アジア、『ノストローモ』（一九〇四）では南アメリカと、扱う領域が次々とかわった。これに対してキプリングの最良の作品の舞台は、コンラッドがけっして書こうとしなかった地域、すなわちインドだった。十九世紀末までに、インドは、イギリスの、さらにはヨーロッパの、植民地のなかで最大の領土と最長の歴史をもち、最高の収益をあげていた。六〇八年イギリスの探検隊がはじめてこの地に足をふみいれたときから、一九四七年イギリス最後の総督がここを去るまで、インドは、商業と貿易、産業と政治、イデオロギーと戦争、文化と想像力において、イギリス人の生活に途轍もなく大きな影響をあたえた。英文学と英国思想において、インド問題に取りくみインドについて書いた大物たちの名前のリストは驚くほど豪華なものとなる。このリストには、ウィリアム・ジョーンズ、エドマンド・バーク、ウィリアム・メイクピース・サッカレー、ジェレミー・ベンサム、ジェイムズとジョン・スチュアートのミル父子、マコーレー卿、ハリエット・マーティノー、そしてもちろんキプリングがふくまれるのだから。大英帝国の成熟期、帝国の屋台骨にひびがはいり壊れそうになる直前において、帝国にとってインドがどのような意味をもっていたのかを規定し、想像し、公式化することにおいて、キプリングがはたした役割の重要性は、けっして否定されることはないだろう。

ただしキプリングはインドについて書いただけではなく、みずからがインドの一部であった。キプリングの父ロックウッドは厳格な学者であり教師であり芸術家でもあり（この父は、小説『キム』第一章に登場するラホール博物館の気さくな館長のモデルだった）、イギリス領インドにおいて教師をつとめていた。ラドヤードが生まれたのは一八六五年。その生涯の最初の数年間、彼はヒンドゥスタニー語をしゃべり、原住民の服装を身にまとったサーヒブ〔インドにおけるヨーロッパ人入植者のこと〕*として、キムとさしてかわらぬ生活をしていた。六歳のとき、彼と妹はイングランドに送られ学校に通わされる。イングランドでの最初の数年の経験は、おそるべきトラウマとなり（サウスシーのホロウェー夫人なる人物に世話をされたのだが）、キプリングに、くりかえし扱われる題材——若者と不快な権威的人物との衝突——を提供することになった。このテーマをキプリングはその生涯を通じて幾度となく緻密にまた多面的にくりかえし語ったのである。次にキプリングは植民地事業の関係者の子どもたち用の、二流のパブリック・スクールのひとつ、ウェストワード・ホーのユナイテッド・サーヴィシズ・コレッジにすすんだ（この種の学校で最大のものはヘイリーベリー校であったが、これは植民地エリート最上層部の子弟用であった）。一八八二年彼はインドへ戻る。まだ家族はインドにいたためインド滞在は七年間におよんだ。その間の出来事について彼は死後出版された自伝『わたしのうちのいくつか』のなかで語っているが、彼はパンジャブ地方で、最初は『軍民官報』紙の、次に『パイオニア』紙のジャーナリストとしてはたらいた。

このときの経験をもとに、彼の初期の短編が生まれて、一部地域で限定出版された。この頃、彼は詩作

（エリオットが「韻文」と呼んだもの）にも手を染めはじめ、『役人の戯れ歌』（一八八六）が最初の詩集となる。キプリングは一八八九年にインドを去り、二度とふたたびインドに長期滞在することはなかったが、残りの生涯において、彼の芸術は、若い頃のインドにおける日々の記憶にすがりつづけた。インドを去った後、キプリングはしばらくアメリカ合衆国に滞在し（そこでアメリカ人婦人と結婚している）、南アフリカにも滞在したのち、最後にはイングランドにおちついた。一九〇〇年のことである。『キム』はベイトマン邸［イースト・サセックス州バーウォッシュ］において書かれた――ちなみに彼はこのベイトマン邸で一九三六年に没するまで暮らしていた。キプリングはこの小説で一躍名声を博し、多くの読者を獲得する。一九〇七年にはノーベル賞を受賞した。友人・知人には資産家や権力者が多く、そのなかには首相経験者で従兄弟でもあったスタンリー・ボールドウィン、国王ジョージ五世、トマス・ハーディがふくまれていた。ヘンリー・ジェイムズやコンラッドをふくむ多くの著名な作家たちがキプリングについて敬意をこめて語っている。第一次世界大戦（この戦争で彼の息子ジョンは戦死した）ののち、彼のヴィジョンはこれまでになく暗さをます。彼は保守派《トーリー》の帝国主義者でありつづけたが、イングランドや未来の世界を舞台に陰鬱なヴィジョンを展開する後期の小説は、特異な動物寓話や半ば神学的な物語ともども、彼の名声に質の変化が起こることの予兆だった。その死に際して彼はイギリスがその偉大な作家たちに用意してきた栄誉をあたえられた。ウェストミンスター寺院のなかに埋葬されたのである。彼は以後、英文学における名物的存在となっている。とはいえ英文学の本流からいつもすこしはずれたところに位置し、認められているものの、どことなく避けられ、評価されているが、本格的に大作家として聖別されることはなかった。

キプリングの熱烈なファンや追随者たちは、キプリングによるインドの表象について、彼が描いたインドを、あたかも、時間の停止した、不易不変の、「本質的」舞台であるかのように、ほめちぎることが多い。

地理的にみてきわめて具体的でありながら、同時に、ほとんど詩的な性格をおびているというのだ。これは思うに、キプリングの作品に対する根源的な誤読である。もしキプリング描くところのインドに、本質的で不変の特質があるというのなら、それはキプリングが意図的にインドをそのようにみたからにすぎない。たとえばイングランドを舞台にしたキプリングの後期の短編、あるいはボーア戦争を扱った物語が、イングランドの本質、あるいは南アフリカの本質について語っているなどと、わたしたちが想定することはない。むしろ、キプリングは、そうした場を、特定の歴史のなかで独自の段階にあるものとして把握し、この歴史感覚に反応し、最終的に想像力によってこの歴史感覚を物語として定着しようとしたと、そう考えるのが正しいのだ。同じことはキプリングのインドについてもあてはまる――イギリスによって三百年間統治されてきたあげく、脱植民地化運動と独立によって頂点に達するであろう社会変革を経験しはじめた時代に突入した領土として、キプリングのインドを解釈すべきである。

『キム』を解釈するには、ふたつの要因を念頭におく必要がある。ひとつは、好むと好まざるとにかかわらず、その作者が、植民地における白人男性の優越的観点からのみならず、巨大な植民地システムを視野に入れた観点からも書いているということだ。この植民地システムの経済と機能と歴史は、いまや実質的に第二の自然の地位を獲得していた。キプリングが想定する帝国は、基本的に、競争相手のいない帝国である。植民地分割線のいっぽうの側には、白人キリスト教徒のヨーロッパが存在した。このヨーロッパのさまざまな国、とりわけイギリスとフランス、またさらにオランダ、ベルギー、ドイツ、イタリア、ロシア、ポルトガル、スペインが地球の表面のほとんどすべてを支配したのである。植民地分割線のもういっぽうの側には、膨大な多様性をほこる領土と人種が存在した。そのすべてが、弱小か劣等か依存的か従属的とみなされた。たとえばアイルランドやオーストラリアのような「白人」コロニーもまた劣等人間の棲息地とみなされた。

ドーミエの有名な版画は、アイルランドの白人と、ジャマイカの黒人とをはっきりとむすびつけていた。こうした劣等帝国民のそれぞれを分類し配置する民族尺度は、ジョルジュ・キュヴィエ[125]やチャールズ・ダーウィンやロバート・ノックスといった学者や科学者によって科学的にお墨つきを得ていた。インドやその他の地域では白人と非白人の分割は絶対的なものであり、それは『キム』全体において、さらにはキプリングの他の作品すべてにおいてくりかえし確認された。サーヒブはサーヒブであり、いかなる友情といえども、いかなる同志的連帯といえども、人種的差異の根本をかえることはできない、と。キプリングが、この差異について、またヨーロッパの白人の統治権について疑問をもつことはなかっただろう。ちょうど彼が、ヒマラヤ山脈と議論することがなかったのと同じように。

キプリング解釈において念頭におくべき第二の要因とは、キプリングそのものが大芸術家であると同時に、インドそのものに負けず劣らず、歴史的存在であったということだ。『キム』はキプリングの生涯においても特殊な一時期に、つまりイギリス人とインド人との関係が変化しつつあった時期に書かれている。『キム』は帝国の時代となかば公称される時代に属し、ある意味で、その時代を代表している。たとえキプリング自身がこの趨勢に抵抗したとしても、インドはすでにイギリス支配にまっこうから対決するダイナミックな歴史へと歩をすすめはじめていた（インド国民会議は一八八五年に設立されている）。またその間、軍人であれ文民であれ、イギリスの植民地官僚の支配的階層のあいだでも、一八五七年の大反乱以後、重要な姿勢の変化が起こりつつあった。イギリス人とインド人は進化していた、それも歩調をあわせながら。彼らには相互に依存する歴史があった。対立と憎悪と共感によって離反するか、ひきあうかの歴史が。『キム』のような、瞠目すべき複雑な小説は、その歴史の重要な一部、それも啓発的な一部であり、偉大な作品がそうであるように、さまざまな力点と屈折と意図的な包摂と排除がちりばめられているのだが、この小説をそれにもまして興味ぶかいものにしているのは、キプリングが英印関係において中立的な立場をたもった人物ではなく、むしろそのなかで積極的に動きまわった当事者であったということだ。

　インドは一九四七年に独立を獲得した（そして分割された）。とはいえ、脱植民地化運動以後のインドとイギリスの歴史をどのように解釈するかという問題は、そのような濃密で高度な葛藤を秘めた対決遭遇の例にもれず、いまもなお、執拗な、それもいつも啓発的とばかりはいえない、論争の的となっている。たとえば、帝国主義はインド人の生活を恒久的に切り裂き歪めてしまったので、独立後数十年をへても、インド経済は、イギリスからの要求と策謀によって出血を強いられ、ずっと苦境に立っているという考えかたがある。これとは逆に、帝国を放棄したこと——大英帝国の場合、帝国のシンボルはスエズ運河、アデン、インドであった——は、イギリスにとって好ましくなかったばかりか、「原住民」にとっても好ましくなかったと信ずるイギリスの知識人や政治家や歴史家たちがいる。彼らの言いぶんによれば、イギリスとインドはともに、インド独立以後、あらゆる点において衰退したということになる。[126]

　キプリングの小説『キム』は、今日、読んでみると、こうした問題の多くに抵触しえている。キプリングはインド人を劣等民族として描いているのか、それとも違っているけれどもどことなく同等の民族として描いているのか。インド人の読者なら、特定の要因に焦点をしぼる解答をだせるだろう（特定の要因とは、たとえばオリエンタルな人物に対するキプリングのステレオタイプ化した観点——これを人種差別主義者と呼ぶ者もいるだろうが——のことである）。これに対し、イギリス人やアメリカ人の読者は、〈大幹道〉〔インド亜大陸の東と西を結ぶ主要道〕沿いのインド人の生活に対するキプリングの温かい眼を重視するだろう。さてそうなると『キム』を十九世紀後期の小説として、スコットやオースティンやディケンズやエリオットらの作品の後継者として読むにはどうしたらよいのだろうか。その際、忘れてはなるまい。この作品が結局のところどこまでも小説であること、を。この小説のなかにあって想起される歴史は複数あること、を。そして、もっぱら政治的としてのみみなされることの多い帝国体験はまた西洋の植民地宗主国の文化的・芸術的分野にもはいりこんでいたということ、を。

ここで、この小説のプロットについてかいつまんでおさらいをしてもいいだろう。キンブル・オハラはインド軍軍曹の息子で父とは死別している。彼の母親は白人である。彼はラホールの市場で暮らす子どもとして成長し、お守り袋と、なかにはいっている出生証明書を肌身はなさずもっている。彼はチベットの高僧に出会うが、この高僧は、みずからの罪を清められる〈聖河〉を求める旅にあった。キムは彼の弟子《チェイラ》となり、ふたりは托鉢僧としてインドをさまよい数々の冒険にまきこまれるが、ラホール博物館の館長からも援助を受けている。この旅のあいだ、キムはイギリスの諜報機関の謀略戦にまきこまれ、ロシアが画策するパンジャブ地方北部の割譲をうながす騒乱の陰謀を粉砕すべく活躍する。キムが出会うマーブブ・アリは、アフガン人の馬商人だがイギリス側についてはたらき、またキムがまきこまれる諜報機関の長は、学者肌の民族誌研究家でもあるクレイトン大佐だが、キムは、このふたりのあいだを往き来する使者となる。やがてキムは、クレイトン率いる〈闇戦争《グレート・ゲーム》〉チームの他のメンバー、ラーガン・サーヒブと、もうひとりの民族誌研究家ハリー・バーブーとも出会う。キムは、クレイトンに会うまでに、白人（ただしアイルランド人）であり原住民でないことがわかり、聖ザビエル教会学校に送られ、そこで白人の少年としての教育を終えることになる。尊師はキムの教育費を捻出し、キムの休暇中に、遍歴を再開することになる。キムと老人はロシアのスパイたちと遭遇する。彼らから少年は証拠となる書類を盗み出すが、「外国人」が聖者を襲うことをふせぐことはできなかった。陰謀は未然に発覚して事なきを得るが、弟子と師匠はともに気が滅入り病気になる。それでもふたりは、キムのもつ治癒力によって病気から回復し、大地との接触をとりもどす。老人は、キムをとおして自分が〈聖河〉を発見したことをさとる。小説が終わりにさしかかるとき、キムは〈グレート・ゲーム〉に復帰している。そして最終的にイギリスの植民地事業に官僚としてかかわることになる。

『キム』には政治とか歴史におかまいなく、あらゆる読者に感銘をあたえるような特徴がいくつもある。まずこれは、どこまでも男性的小説である。中心人物として並外れて魅力的な男性ふたりが存在する――大人になりかかっている少年と、禁欲的な老僧。彼らの周囲に男たちが徘徊する。仲間であれ、同僚であれ、友人であれ、彼らがこの小説の基盤となる現実をつくる。マーブブ・アリ、ラーガン・サーヒブ、ハリー・バーブーだけではない。インド人の老兵、馬に乗って疾走してくる彼の息子、そしてクレイトン大佐、ベネット師、ヴィクター神父――これでも、この登場人物の多い小説がかかえ込む人物たちのごく一部なのだ。こうした男たちは、みな、仲間うちでうちとけて話すような言葉づかいで話す。これにくらべると小説のなかに登場する女性たちは、その数が眼にみえてすくないし、おまけに彼女たちはどことなく堕落しているか、男性の注目をひくにあたいしない役割を押しつけられる――娼婦、老寡婦、またシャムレグの寡婦に代表されるようなしつこく好色な女たち。「女たちのせいで永遠に心乱れることは」キムによれば〈グレート・ゲーム〉のさまたげになる。なぜなら〈グレート・ゲーム〉をうまくできるのは男だけなのだ。こうして、わたしたちは男性的世界にとりこまれる。この世界を支配するのは旅行と交易と冒険と策謀である。そしてこれは独身者の世界でもある。このなかでは男女のありきたりなロマンスや結婚という束縛的な制度は慎重に回避され、忌避され、やがてほとんど無視される。女性たちにできることといえばせいぜい援助することだけだ。切符を買い、料理をつくり、病人の看護をする……そして彼女たちは男をたぶらかす。

キム自身は、この小説の設定では十三歳から十六か十七歳へと成長をとげるとはいえ、同時に、いつまでも、いたずらや悪ふざけや言葉遊びに眼のない機略縦横の少年のままだ。キプリングは子どもの頃の自分に、生涯かわらぬ同情を禁じえなかったようだが、それというのも子どもの頃には居丈高な教師や神父（『キム』のなかに登場するベネット師は、そうした人物のなかで異様なほど魅力のない人物となっている）からなる大人の世界に悩まされていた、なにしろ彼ら大人たちの権威にはつねに敬意を払うべきとされたのだから――そしてついにクレイトン大佐のような、いまひとりの権威的人物が登場する。彼はものわかりがよいとはいえ権威主義的姿勢をくずすことなく、子どもたちに接する。キムがしばらくかよった聖ザビエル教会学校と、キムが参加する〈グレート・ゲーム〉（諜報戦と諜報機関の両方を意味する）とのちがいは、後者に大きな自由があるということではない。むしろ、その反対で、〈グレート・ゲーム〉側から要求されることのほうが、はるかに過酷である。ちがいは、前者が、無用な権威をふりかざすのに対し、この諜報機関は緊急の必要からキムに、ぞくぞくするような厳格な規律を課し、キム自身、それをすすんで受け入れることにある。クレイトンの観点からすると、〈グレート・ゲーム〉は、管理を円滑にする一種の政治機関であり、彼がキムに語るところによれば、この機関のなかで最大の罪は、知ることではなく、知らないことである。しかしキムは〈グレート・ゲーム〉を、その複雑なパターンにいたるまですべて認識することはできない。できるのはただ、それを一種の大がかりな悪ふざけとして思う存分楽しむことである。キムが年上の大人たちと、善意から、またときには悪意から、ひやかしと冗談半分で丁々発止とやりあう場面こそ、キプリングが純粋にその場かぎりの享楽をもとめてゲームならどんな種類のゲームもする、少年の精神の源を、どうやら失うことなく保持していたことの証《あかし》なのである。

こうした少年の楽しみ《プレジャー》を、わたしたちは誤解してはならない。この楽しみは、イギリスのインド支配やイギリスの海外領土統治の全般的政治的意図と矛盾しないのである。矛盾しないどころか、この楽しみ、帝国主義植民地時代の多様な形式の言語作品のみならず、具象芸術や音楽芸術において、かならずみつけられるこの楽しみなるものは、往々にして、まともに議論されないまま放置されがちだが、小説『キム』においては、否定することのできない重要な構成要素となっている。娯楽と一途な政治性との合体のもうひとつの例は、ベーデン＝パウエル卿によって一九〇七－八年に設立されたボーイ・スカウトの理念のなかにも見いだすことができる。キプリングとほぼ同時代人であるBP（ベーデン＝パウエルはこう呼ばれた）は、キプリング描く少年たち一般に、またとりわけモーグリ少年（『ジャングル・ブック』の主人公）に、大いに影響を受けた。BPのいう「少年学」boyology のアイディアは、キプリング的少年像を、帝国の権威を高める壮大な計画の材料とするもので、その頂点に来るのが「帝国の壁を強化するところの」ボーイ・スカウト設立であった。それは眼を輝かせ意欲満々で機略縦横の年若い中産階級の少年たちが、帝国主義の従僕として行動するというかたちで、娯楽と奉仕の新たなむすびつきをもたらすものであった[127]。結局、キムは、アイルランド人であると同時に低い社会カーストの出身である。このことは、キムにとっては、奉仕候補生としての立場をつよく自覚させるものとなる。BPとキプリングは、さらにふたつの主張において交差する。第一の主張、少年は、人生と帝国のふたつを、神聖不可侵の掟によって統治されるものとみるべきであること、第二の主張、帝国への奉仕は楽しむべきだが、奉仕を物語――つまり線的で継続的で時間的なもの――として考えるよりも、遊園地――多元的で、不連続的で、空間的なもの――として考えたほうが、ずっと楽しいということ。以上のことは、歴史家J・A・マンガンの最近の本のタイトルがみごとに要約してくれている。すなわち『ゲーム倫理と帝国主義[128]』。

キプリングの視野はきわめて広く、また人間の可能性の範囲についても妙に敏感なこともあって、キプリングは『キム』のなかで、帝国に奉仕する倫理だけでは飽きたらず、それを相殺するような、いまひとつの情緒的嗜好にも身をゆだね、チベットのラマ僧と、タイトルになっている少年との奇妙な関係にも紙幅をさいている。キムは最終的に諜報活動へと流れてゆくものの、この有能な少年は、小説のはじまりから、さそわれてラマ僧の弟子《チェイラ》になっていた。ラマ僧と少年のふたりの男性からなる牧歌的ともいえる関係には、興味ぶかい系譜が存在する。アメリカ小説のいくつか（『ハックルベリー・フィン』『白鯨』『鹿を殺す者』（順にマーク・トウェイン、ハーマン・メルヴィル、ジェイムズ・フェニモア・クーパーの小説）などがすぐに思い浮かぶが）のように、『キム』はふたりの男性の困難な、ときには敵対的な環境のなかでの友情を祝福するのだ。アメリカのフロンティアとインド植民地とはまったく異なるものだが、どちらの世界も、異性どうしの家庭的あるいは情動的関係よりも、「男性の絆《メイル・ボンディング》」のほうに重きをおくようなところがある。こうした関係のなかに隠れた同性愛的なモチーフがあることを指摘する批評家もいるが、しかしまた、ピカレスク物語とむすびつけられるような文化的モチーフもまたここには存在する。つまり男性の冒険者（そしてその妻もしくは母がいれば、彼女たちは家庭でぬくぬくと過ごしていると相場が決まっている）とその仲間たちが特別な夢を追って旅に出るのだ——イアソンやオデュッセウスのように、さらにもっとせっぱつまったものとしてドン・キホーテとサンチョ・パンサのペアのように。草原を、広い街道を、ふたりの男たちは勝手気儘に旅をする。男ふたりのほうが、女性を同伴しているときにくらべて、たがいにたがいを救出しあえる可能性がつよい。かくしてオデュッセウスや彼の乗組員仲間からはじまり、ローン・レンジャーとトント、ホームズとワトソン、バットマンとロビンといったペアがくりひろげる冒険物語の伝統がいまもなお命脈をたもっているといえようか。

またさらにキムの尊師《グル》たる人物を登場させることで、あらゆる文化に共通した、巡礼とか遍歴という明確に宗教的な様式が出現する。周知のようにキプリングはチョーサーの『カンタベリー物語』*やバニヤンの『天路歴程』を賞賛してやまなかった。『キム』は、バニヤンの作品よりもチョーサーの作品にかなりよく似ている。キプリングもまた中世の詩人と同じ眼力でもって、とりとめもない細部を、奇妙な変人を、人生の断片を、面白おかしい人間の弱点とか喜びをみてゆく。しかしチョーサーやバニヤンと異なるのは、キプリングが宗教に対し宗教そのものとして関心を寄せたのではなく（とはいえわたしたちはラマ僧の信仰心をつゆほども疑うことはないが）、地方色に、異国情緒ゆたかな細部に、〈グレート・ゲーム〉をめぐる包括的な現実のありように関心を寄せたことだ。これは彼の業績の偉大さというべきものだが、キプリングはラマ僧をすこしもさげすむことなく、あるいはラマ僧の探求の奇矯な真面目さをいささかなりとも減ずることなく、それでいて彼をインドにおけるイギリス支配という保護圏のなかにしっかり位置づけてしまうのだ。このことは第一章で象徴的に示される。そこではイギリスの博物館の老館長がラマ僧に眼鏡をプレゼントするのだが、こうすることで館長の宗教精神の特権的地位と権威とを大きくし、イギリスの慈悲ぶかい統治の正義と正当性を強化するのである。

こうした観点は、私見によれば、キプリングの多くの読者によって誤解されたか、ひどいときには否定されたりもした。しかし、わたしたちは忘れるべきではない。ラマ僧は支援と道案内のためにもっぱらキムにすがっていること、キムの功績は、ラマ僧の価値観を裏切りもせず少年スパイとしての任務も放棄しなかった点であること、を。この小説全体をとおして、キプリングは明らかにわたしたちに対し、ラマ僧のことを、賢い善人でありながら、キムの若さとキムによる導きとキムの機知を必要としている者として示そうとしている。このラマ僧はさらに、自分がキムを絶対的に宗教的に必要としていることをはっきりと認めるのだ。はたして、第九章の終わり頃、ベナレスの地で、彼は、鉄の足かせにはさまれて苦悶する年老いた象を若い象（これは「釈迦その人」である）が助けるという、「ジャータカ」寓話〔釈迦の前生の物語〕を語る。明らかにラマ僧はキムを自分の救済者とみなしている。イギリスを陥れるべく社会不安をかきたてるロシアのスパイと運命的な出会いをしたのち、キムはラマ僧を助け（そして助けられる）のだが、キプリングのすべての小説のなかでもっとも心動かされる場面のひとつにおいて、このラマ僧はこう語る――「子どもよ、わたしは、老木が古い壁の生石灰によって生きてきたのと同じように、おまえの力にすがって生きてきた」〔『キム』五三九頁、『少年キム』四八〇頁〕と。けれどもキムは、尊師《グル》への愛に動かされても、〈グレート・ゲーム〉の任務を放棄しない。とはいえキムは老人に、自分も「ほかのことで」尊師を必要としていると告白するのだが。

この「ほかのこと」というのは信仰とゆるがぬ意志にちがいない。その物語の主筋のひとつにおいて『キム』は、探求に、つまり人生の輪――ラマ僧がいつもふところに携えている複雑な六道輪廻の図形――からの救済を求めるラマの旅に、そして植民地事業への奉仕というかたちで安息の地を求めるキムの旅に、たえずたちかえる。キプリングは、ラマ僧とキムのどちらの探求にも敬意をはらっている。ラマ僧が「肉体という錯覚」からの解放を求めて旅するところにはどこにでもついてゆく。そしてわたしたちがこの小説のオリエンタルな次元に心惹かれる理由の一部に、キプリングが偽りのエキゾチズムに頼らずにこのオリエンタルな次元を示していることがあげられるのだが、そうであればこそ、わたしたちには、キプリングがこの巡礼を尊重していることがわかるのだ。たしかにラマ僧は、ほとんど誰からも関心と尊敬を集める。彼はキムの教育のためにお金を得る言葉にも名誉の重みをおく。彼はキムと待ち合わせた場所と時間を守る。彼の話には、誰もが敬慕と崇拝の念とともに耳を傾ける。第十四章でとりわけ丹念に雰囲気をもりあげながら、キプリングは老僧に故郷のチベット高地での驚異的出来事についての「不思議なものと奇跡とが山と積まれた物語」を語らせる。その出来事がいかなるものであったかについては、ラマ僧に敬意を表して作家は内容を披露しない。あたかも、この年老いた聖人が送った独自の人生は、事実の連続を語るしかない英語の散文ではとても再現することなどできないとでもいいたげに。

ラマ僧の探求の旅とキムを見舞う病気は、小説の最後でともに解決する。キプリングの物語の多くを読んだことのある読者なら、批評家のJ・M・S・トムキンズが「癒し《ヒーリング》のテーマ」[129]と正しく命名した特徴について思いあたるふしがあろう。このテーマにおいても物語は、あともどりできないかたちで大きな危機へとむかってゆく。ある忘れがたい場面で、ラマ僧を襲ったふらちな外国人をキムは攻撃するが、老師の護符のような地図が破れ、ふたりの見捨てられた巡礼は平安と健康を失い山々を徘徊することになる。キムは任務から解放されたいと願っている。彼は外国のスパイから奪った書類の束を渡してせいせいしたいと思っている。ラマ僧のほうは、宗教的目的を達成するのにどれほど待たねばならないのかと我慢の限界にきている。この心痛む状況のなかにキプリングは、この小説に登場するふたりの堕落した女性のうちのひとり、シャムレグの女を登場させている（いまひとりの女性は、クルの老寡婦である）。彼女は「キリシタンの」サーヒブにずいぶん前に捨てられたのだが、それでも力強さと生命力と情熱を失わない気丈な女性である（ここには、キプリングの初期のもっとも感動的な作品のひとつ「リスペス」の記憶が影をおとしているのかもしれない。なにしろその作品は、白人の男に愛されても、結婚できぬまま捨てられた女性の苦境をあつかっているのだから）。キムとこの威勢のよいシャムレグの女とのあいだに性的な高揚感がほのめかされるものの、キムとラマ僧がふたたび旅を再開するため、そのほのめかしは、すぐに消えてしまう。

キムと老ラマ僧が、安らぎを得る前に経過すべき癒し《ヒーリング》のプロセスとは何だろうか。このひときわ複雑で興味のつきない問題は、ゆっくり慎重に考察しないと答えがでてこない。キプリング自身、ごりごりの愛国的帝国主義的解決を主張して、問題解決の可能性をせばめないようつとめているのだから。キプリングは、キムと老僧に、単純な仕事を首尾よくやりとげ信用を得たという、無難なみかけだおしの満足感をあたえたりはしない。このような配慮は、もちろん、よき小説家としては当然のことかもしれない。けれども、それ以外にもさまざまな要請が――情緒的、文化的、美的要請が――存在している。キムがあたえられるべき人生の上での休息は、アイデンティティをもとめる彼の熾烈な戦いに見合ったものでなくてはならない。彼はラーガン・サーヒブが繰りだす幻覚的誘惑に抵抗し、自分はキムであるという事実を主張した。キムは、ラホールの市場や家々の屋根をとびまわる場なれした子どもでいるあいだも、サーヒブとしての地位は手放さなかった。彼はゲームでうまくたちまわり、イギリスのために命を危険にさらして戦い、ときには敵を煙にまいた。彼はシャムレグの女の誘惑から逃れた。では、彼はどこに置かれるべきなのだろう。そして愛すべき老僧も、どこに置かれるべきなのだろう。

ヴィクター・ターナーの人類学理論の読者なら、キムの追放と変装とたえまない（たいていは有益な）放浪のなかに、ターナーがリミナルと呼ぶものの本質的な特徴を認めるのにやぶさかでないだろう。ターナーによれば、ある種の社会が希求しているのは、媒介的人物である。この人物は、社会の構成員をひとつにまとめて共同体をつくり、社会を、たんなる行政管理体もしくは法的制度ではない、それ以上のなにかに変えることができる。

リミナルな［つまり識閾的な］存在、たとえばイニシエーション儀礼とか思春期儀礼における新参者などは、なにも所有していない者として表象していいかもしれない。彼らは怪物に変装し、布切れだけを身にまとい、裸にすらなり、いかなる地位も財産も栄誉ももっていないことを証明する（中略）あたかも、彼らは、一律、ある状況に還元されるか切りつめられたうえで、あらたに造型され、また新しい人生の状況に対処できる能力を付与されるかのように。(130)

キム自身が、アイルランド人の血をひく孤児であり、また、のちにではあるが、イギリスの諜報組織〈グレート・ゲーム〉に不可欠な存在でもあるということは、社会のはたらきと社会の管理運営について、キプリングが本能的に察知していたことを物語っている。ターナーによれば、社会は「構造」によって厳密に運営されることはないが、かといって、周辺的な位置に、予言者然として存在する疎外された人物たち、ヒッピーや千年王国待望論者たちによって完璧に転覆されることもない。両極の交替がなければならず、いっぽうの側の支配は、もういっぽうの側からの刺激によって、高められたり、ゆるめられたりするのだ。リミナルな人物は、社会の維持に貢献する。そしてまさにこの過程をキプリングが実現しようとしたとき、プロットにクライマックスの瞬間がおとずれ、キムの性格が変貌をとげるのである。

こうした過程を徹底するために、キプリングはキムの病気とラマ僧の抑鬱状態を仕組んだ。またここには、一筋縄ではいかぬバーブー――ハーバート・スペンサーの熱烈な信奉者という、とてもありそうにない人物にして、〈グレート・ゲーム〉においてキムを指導する世俗の原住民――を登場させ、キムの任務遂行を支援するという小細工も講じられている。露仏の陰謀と、インドの王子の悪辣な陰謀をあばく犯罪証明書類は、キムの手から、安全に諜報機関に手渡される。ところで、キムは、オセローの言葉を借りるなら、職務の喪失〔『オセロー』第三幕第三場〕を感じはじめる――

そのあいだずっと、言葉にはできなかったものの、彼は自分の魂が周囲とうまく嚙みあっていないことを痛感した――どの機械にもなじまないハメバ歯車、隅におかれている安物のベヒーア脱穀機の遊び車といったところだ。微風がふきつけ、オウムがかん高い声で彼に警告し、裏手の人であふれた家の騒音

——口論や命令や叱責の声——が、死んだ〔眠っている〕耳朶をうった。(131)

結局、キムはこの世界に対しては死んだも同然であり、叙事詩のヒーロー、あるいはリミナルな人物さながらに、一種の地下世界へおりてゆくのである。この地下世界から、ふたたび帰還できるなら、彼は以前にもまして力強く、成熟した人間になるだろう。

キムと「この世界」との亀裂は、いまや、治癒されねばならない。これにつづくページは、キプリングの芸術の頂点ではないかもしれないが、それに近い。以下の一節は、「わたしはキムだ、そしてキムとは何か」というキムの問いかけに対して徐々に萌《きざ》しはじめる答えを中心にして構成されている。このようなことが起こるのだ——

彼は泣きだすつもりはなかった——人生のなかでこれほど泣きたくない気分になったことはない——それなのに、突然、いつのまにかこみ上げた愚かな涙が鼻をつたい、そしてカチッと音をたてんばかりに、彼の存在という歯車がふたたび外の世界と嚙みあうのを感じた。一瞬前まで意味もないまま眼球に去来していたものごとが、正しいかたちにもどった。道は歩くためのもの、家は住むためのもの、家畜は酷使するためのもの、畑は耕すためのもの、男と女はたがいに話しかけるもの。それらはすべて現実的で真実の——しっかりと足もとに根をはっている——完璧に理解できる——彼と同じ土くれであり、それ以上でも、それ以下でもなかった。(132)

徐々にキムは、自分自身と世界との一体感をとりもどしはじめる。キプリングはこうつづける——

半マイルむこうの小さな塚のうえに空《から》の牛車が、まだ若いベンガルボダイジュの樹木を後ろにして立っていた――あたらしく鋤を入れたばかりの平原を見おろす、いうなれば監視所のようなものだ。それに近づくにつれ、彼の瞼はやわらかな空気につつまれ、重たくなった。地面は良質の、きれいな土だった――草がはえてはいても、半分すでに死にかかっているような新しい牧草地ではなく、すべての生命の種子をやどした希望の土となっていた。彼はその土を足の指のあいだに感じ、両方の手のひらでやさしく叩き、関節をのばしつつ至福のためいきをつき、樹木にくくられた牛車がつくる影のなかに大の字に横たわった。すると〈母なる大地《マザー・アース》〉は、あの女サーヒブ［キムの世話をしてくれているクルの寡婦］のようにやさしかった。彼女は彼のなかに息吹をおくり、大地の良き流れからはなれて寝台にながく横たわりすぎていたため彼が失ってしまった心の平衡を、彼にふたたびあたえてくれた。彼は頭を力なく彼女の胸に埋め、彼の開いた両手は彼女の力に屈した。頭上にそびえる多くの根をもつ樹木、そして傍らにある、人間の手がつくって加工した牛車さえも、彼自身が知らず知らずのうちにもとめていたものを知っていた。何時間も、彼は眠りよりも深いところに横たわっていた。(133)

キムが眠っているあいだ、ラマ僧とマーブブが少年の行く末について議論する。どちらも、少年が癒されたことを知っている。そして残るは、彼の身の振りかたである、とも。マーブブはキムを諜報部に取りかえそうとしている。ラマ僧は、お決まりの啞然とするほどの無邪気さで、マーブブに、自分の弟子《チェイラ》と自分とともに正義を求める巡礼に加わってはどうかと誘う。小説の最後でラマ僧はキムに、いまや万事がまるくおさまったと告げる。なぜなら老師の眼には

「全インドが、海中のセイロンから山々までが、そしてわしのスチツェンの彩色岩までもがみえたのだ。これまで身を休めた、すべての野営地と村が、わしにはみえた。それらを同時に、ひとつの場所のなかで見わたせたのじゃ。なんとなれば、すべて魂のなかにあるのだから。これによってわしは魂が、時間と空間と物質の幻影を越えたことを知った。これによってわしは自分が自由の身になったことを知った」(134)

こうしたことのいくつかは、もちろん、支離滅裂なたわごとかもしれないが、しかし、かといってすべて無視していいわけではない。ラマ僧が、自由になったときの気分を語るときのこの鳥瞰図的なヴィジョンは、クレイトン大佐が、あらゆる野営地や村落をしらみつぶしに調べたインド調査と思いがけず似てくるのだ。ちがいは、イギリス領土内における場所や民族に関する実証的な調査記録が、ラマ僧の鷹揚な抱きこみ精神のなかでは、救済的な、またキムにとっては治癒的なヴィジョンにかわることである。いまやすべてのものがひとつにまとまる。その中心にキムが鎮座する。この少年の冒険精神が、ものごとを「カチッと音をたてんばかりに」造型しなおしてしまう。魂がふたたびもとの鉄道レールに乗るという、いうなれば機械的なメタファーは、どことなく高揚し啓発された状況をそこなうものかもしれないが、若い白人の男の子が、インドのような広大な国の大地に、ふたたび触れあうさまを描こうとするイギリス人作家にとって、この比喩は、それなりに意味がある。なにしろ、インド鉄道はイギリスが建設したものであり、以前にもましてインド支配を強化するものであるからだ。

キプリング以前の作家たちは、このタイプの人生再造型シーンを描いてきた。とりわけ名高いのがジョージ・エリオットの『ミドルマーチ』やヘンリー・ジェイムズの『ある婦人の肖像』であった――前者は、後者に影響をあたえている。どちらのシーンでも、女性の主人公（ドロシア・ブルックとイザベル・アーチャー）は、衝撃をうけるとまではいかなくとも、とにかく驚きを体験する。愛する者の裏切りが突然発覚するからである。ドロシアはウィル・ラディスローとロザモンド・ヴィンシーの浮気の現場をみる。イザベルは夫とマダム・マールの不倫を察知する。どちらの場合も、ある種のさとりにいたるまで、いく晩もつづく苦悶がある――これはキムの病気と似ていなくもない。そのはてに女性たちは自分と世界についての新たなさとりに到達する。どちらの小説も、このシーンはびっくりするほどよく似ているので、ここでドロシア・ブルックの経験をもちだしても、両者の特徴を語れるだろう。彼女が「自分の不幸の狭い殻」を超えて外の世界に眼をやると、そこには

　入口の門をこえて草原がひろがっていた。道には背中に荷物をしょった男と、赤ん坊をだき抱えた女がみえた（中略）彼女は世界の大きな広がりを感じとった。そしてまた労働と忍耐の一日を覚悟して男たちが目覚めるさまを想像できた。彼女は、自律的に鼓動する生の一部となった。もう自分の贅沢な隠れ家から傍観者のようにそれをながめることも、また利己的な不平不満を語ることで眼をそらすこともできなくなった。[135]

　エリオットとジェイムズはこのような場面を道徳的な覚醒としてのみならず、ヒロインが自分を苦しめる者を克服し、さらには許すという瞬間としても意図しているのだが、このとき鍵となるのは、ヒロインが自分自身を大きな物事の枠組みのなかに置くということである。エリオットの戦略の一部は、自分の友人を助

けたいというドロシアの計画を正しいものとして示すことである。つまり覚醒の場面は、世界のなかに存在し、世界とかかわろうとする意欲をたしかなものならしめたのだ。これとほとんど同じ運動が『キム』のなかでも起こる。ただし、そのとき、世界は、それに嚙みあった魂にはいかようにでも利用できるというちがいはある。すでに引用した『キム』のなかの一節では、一種の道徳的な勝利が、目的と意志と自由の問題として変形されて語られる――ものごとは正しい規模に移行する。道は歩くためのもの、ものごとは完全に理解可能であり、しっかりと足元に根をおろしている云々。この一節ではキムの存在という「歯車」が「ふたたび外の世界と嚙みあった」のである。そしてこの一連の動きは、最終的に、〈母なる大地《マザー・アース》〉がキムに祝福をあたえることで強化され確実なものとなる。キムが牛車に身をもたせかけるとき、「彼女は彼に生命の息吹をふきこみ、失っていたものを回復させた」のである。キプリングは、子どもをとりもどす母親の力強い、ほとんど本能的ともいえる欲望を、意識されていない汚れなき非性的な関係として描いている。

　しかしドロシアやイザベルが、「自律的に鼓動する生の一部」であることを避けられない者たちと記述されるのに対して、キムは人生を自発的に確保しなおす者として描かれる。このちがいは、きわめて重要だと思う。キムが、支配感覚を、「嚙みあう」感覚を、堅固さの感覚を、リミナルな状態から統治への移行感覚を新たに獲得するとすれば、これは大部分、彼が植民地インドにおいてサーヒブであることの産物である。キプリングがキムに体験させるのは、再領有《リアプロプリエーション》の儀式、イギリスが（忠実なアイルランド人をとおして）インドをふたたび確保することなのだ。自然とか、回復された健康の不随意的リズムといったものがキムにおとずれるのは、最初に、おおむね政治的か歴史的な方向づけが、キムになりかわって、キプリングによっておこなわれた後のことなのだ。これとは対照的に、ヨーロッパのヒロイン、あるいはヨーロッパにおけるアメリカ人ヒロインにとって世界は、そこに新たに発見される場としてあり、世界を方向づけたり、世界に支配権をふるうのに、特定の誰かを必要とはしない。けれどもこれが英領インドとなると事情がちがってくる。もし道が正しく歩まれないなら、もし家が正しい方法で住まわれなければ、もし男や女が正しい語調によって話しかけられなければ、英領インドは、カオスにおちいるか、反乱によって切り裂かれる、というわけだ。

『キム』に関するもっとも緻密な評言のひとつのなかでマーク・キンキード＝ウィークスはこう示唆している。『キム』がキプリングの全作品のなかでユニークなのは、あきらかにこの小説の結末として意図されているものが、実際には、うまく機能していないからである、と。うまく機能しないかわりに、キンキード＝ウィークスによれば、その芸術的成功は、作者としてのキプリングの意図をはるかに凌駕している――

［この小説は］さまざまな視線のめぐらせかたがせめぎあう独特の緊張関係の産物である。外的世界の万華鏡そのものへの愛着、たがいに、また自分自身とも、さまざまに異なる姿勢の懐に飛び込める中立的受容力、そして最後にくるものの、しかしその強度と創造性において、その力強さゆえにほかのすべてのことの試金石となるがゆえに軽んじられぬ反自我――すなわち、ラマ僧――の創造。これはさらに、視点を想像すること、それもキプリング自身からもっともかけはなれたといえる視点において、人物を想像することをともなう。けれどもこれは、愛情を込めて探究されているため、深い共感へむかう触媒としてしか機能しえない。この挑戦的課題――それは、自己所有を遅らせ、自分自身の外にある現実に対する客観的なだけの観点をさらにもっと掘り下げて考えること、自分自身を越えて考え、そして感ずること――から、『キム』の新たなヴィジョンが、他のいかなる作品にもまして、包括的で、複雑で、人間化され成熟したかたちで登場する。(136)

わたしたちがこのかなり精妙な読解のなかに見いだせる洞察に、どれほど共感していようとも、これは、わたしの意見では、どうもあまりに非歴史的すぎる。なるほど、たしかにラマ僧は、一種の反自我である。たしかに、キプリングは共感をもって他人の観点に入り込める。けれども、キムが、この英領インドの一部、それも誰からも文句のいわれない一部であることを、キプリング自身が忘れてはいないのだ。たとえどれほど多くの寓話をラマ僧がつむぎだそうとも、〈グレート・ゲーム〉は、キムをその一部として、活動をやめることはない。たしかに、わたしたちには『キム』を、それが世界の傑作文学に属し、それをとりまく歴史的・政治的環境からある程度は自由であるという前提のもとで、読んでよい当然の権利を有している。それはそうだが、しかし、まったく同じ理屈で、わたしたちは、作品のなかにあるさまざまなつながりを、また作品の同時代の現実との、キプリングが周到に見極めていたつながりを、一方的に破棄してはならないのだ。なるほどキムやクレイトンやマーブブやバーブーやさらにはラマ僧までもが、インドを、キプリングがみたように、つまり帝国の一部として、みている。また、たしかに、キプリングは、この帝国の一部というヴィジョンの痕跡をもらさず保存している。とりわけキプリングが、キムをして——つまり生粋のイギリス人にくらべたら位階秩序の位置づけがかなり下になる慎ましいアイルランド人少年をして——、イギリスの優先権を主張させるときに、またその後、ラマ僧がこの優先権を祝福するときに。

キプリングの最良の作品を読んだ読者は、彼の作品を、彼自身から救おうと、つねに手をかえ品をかえて試みてきた。しばしば、それはエドマンド・ウィルソンの『キム』に関する名高い評価をなぞる結果になった——

さて読者が期待しがちなのは、キムが最後にさとってほしいということである。自分がおこなっているのは、つねに仲間であるとみなしてきた人びとを、侵略者のイギリス人の奴隷にする手助けであるということ、を。そして仲間同士の争いが引き続いて起こっているということ、を。キプリングが読者に対して確立するのは――かなりの劇的効果をともなって確立するのは――東洋、それも神秘と官能性をたたえ、極端な宗教性と陰謀うずまく東洋と、イギリス人、それも優秀な組織をかかえ、近代的方式に自信をもち、原住民に蔓延している神話と信念を蜘蛛の巣を拭うがごとく一蹴したいと願う本能につきうごかされるイギリス人との、コントラストである。わたしたちに示されるのは、ふたつの異なる世界が肩をよせあって存在しながら、たがいに他のことをほんとうには理解していないさまであり、わたしたちがつぶさにみてとるのは、ふたつの世界を行ったり来たりするキムの迷いである。だが平行線はけっして交差しない。キムがうすうす感じている相互誘引が、真の葛藤にいたることはない（中略）したがってキプリングの小説は、いかなる根源的な葛藤をも劇化して示すことはない。キプリングが葛藤に向きなおろうとしないからである。[137]

いま引用したこのふたつの観点以外にも、べつの観点が存在するとわたしは信じている。キプリングやほかの人びとがつぶさにみたであろう、十九世紀後半の英領インドの現実について、もっと正確で、もっと鋭敏な観点があるはずだ。キムの植民地政府への奉仕と、彼の仲間たるインド人への忠義立てとの葛藤は、キプリングがそれに向きなおろうとしないから解決できないのではなく、キプリングにとって、そのような葛藤などはなから存在しないがゆえに、解決のしようがなかったのである。実際、この小説の目的のひとつは、ひとたびキムが懐疑の病から回復し、ひとたびラマ僧が〈聖河〉の探究から解き放たれ、ひとたびインドから成り上がり者や外国のスパイがいなくなれば、それで葛藤もなくなることを示すことにある。もしキプリングがインドを不幸にも帝国主義に蹂躪された国とみなしていたら、葛藤が存在していたかもしれないと、わたしたちは信じて疑わないが、キプリングはそのようにはみなかった。キプリングにとって、イングランドに支配されることこそ、インドにとって最良の運命なのだ。また方向は正反対だが同じような単純化をおこなって、たとえば、わたしたちがキプリングをただたんに「帝国主義の吟遊詩人」とみなすのではなく（実際に彼はそのような者ではなかったが）、フランツ・ファノンを読み、ガンディーにも会い、彼らの教えを吸収しながらも、頑として自説をまげなかった人間としてみなそうものなら、わたしたちはキプリングが属するコンテクスト――彼が洗練さを加え、練成し、光をあたえたコンテクスト――を、大きく歪めることになる。想起すべきは、キプリングがいだいていた帝国主義的世界観に待ったをかけるものが、当時は何もなかったことであり、これは、コンラッドがいくら帝国主義の悪を認識していても、いかんせん、帝国主義の代替となるものが当時存在しなかったことと似ている。したがってキプリングはインド独立の見通しに心乱されることはなかった。とはいえ、彼の小説が帝国主義や帝国主義を意識的に正当化するものを表象していることはたしかであり、小説のなかでは（論説的散文にはないかたちで）オースティンやヴェルディや、これからすぐにみるカミュのなかで出くわすような種類のアイロニーと問題をひきよせている。ただし、こうした対位法的読解において、わたしが主眼とすることは、破綻している部分を強調し、そこに光をあてることであり、それを無視したり貶したりすることではない。

『キム』におけるふたつのエピソードを考えてみよう。ラマ僧と弟子がアンバラを去ってほどなくして出会った年取ったしょぼくれた感じの元インド人将校は「〈大暴動〉*のとき政府側に仕えたことがあった」。当時の読者にとって、「大暴動」Mutinyといったら、十九世紀の英印関係のなかでもっとも重要でよく知られた暴力的な唯一のエピソードを意味する。すなわち一八五七年の〈大暴動〉であり、それは五月十日にメーラトで勃発し、デリー占拠にまで発展する。イギリスであれインドであれ、膨大な数の書籍（たとえばクリストファー・ヒバートの『大暴動』を参照）が「大暴動」について論じている（なおインドの著者たちは暴動ではなく「大反乱」Rebellion として言及する）。この「大暴動」——と、ここではイギリス側のイデオロギー的表記を借りることにするが——の原因となったのは、インド陸軍におけるヒンドゥー教徒とムスリムの兵士たちが、弾丸の薬包に雌牛の脂（ヒンドゥー教では不浄のものとされた）と豚の脂（ムスリムにとっては不浄のもの）が塗ってあると騒ぎだしたことにある。実際には、暴動の原因はイギリスの帝国主義そのもののなかに、またおおむね原住民兵卒と白人《サーヒブ》の将校からなる軍隊そのもののなかに、そして東インド会社の腐敗のなかに内在していた。これに加えて、多くの人種や文化から成り立っているインドのような国では、白人キリスト教徒の支配に対して不満が噴出していた。ちなみにインドにおける人種や民族が、どれもがイギリスの支配下にはいることを堕落とみなすのは、ごく自然ななりゆきである。数のうえからすれば、インド軍兵士の数は、上官の数をはるかにうわまわっていたのだが、このことは暴動者の誰もが失念していたようだ。

インド史とイギリス史の双方において〈大暴動〉は、真っ向から評価が分かれる出来事だった。この出来事のあいだ、またそれ以後延々とたたかわされた、行動や動機や事件や道徳原理などからなる構造に関する議論にわけいらなくとも、わたしたちは、こう断言できる。〈大暴動〉を残酷に厳しく鎮圧したイギリス側にとって、彼らイギリス側がとった行為は報復そのものであった、と。イギリス側によれば、暴動に加わった者は、ヨーロッパ人を殺害した。そのような行為は、以後、インド人が、彼らよりも高度の文明をもつヨーロッパのイギリス人によって統治されてしかるべきであることを立証した——あたかも、立証が必要だとでもいわんばかりに。はたせるかな一八五七年以後、インド統治は、東インド会社ではなく、正式のインド政府の管轄となった。インド側にとって、〈大暴動〉はイギリス支配に対する民族主義者による反乱であった。そして以後、イギリス支配は、その悪弊と搾取には眼をつむり、原住民からの抗議を黙殺しつつ、強硬に、再度、開始された。一九二五年エドワード・トムスンは、『メダルの裏面』と題する力強い小冊子——イギリス支配を批判し、インドの独立を強く擁護した宣言書——を出版し、〈大暴動〉を、両方の側、つまりインドとイギリス双方が、たがいに、真っ向から意識的に衝突したことを示す象徴的な大事件として大々的に宣言した。彼は〈大暴動〉をどう表象するかをめぐって、インド史とイギリス史が、真っ向から対立していることを劇的に語ってみせた。要するに〈大暴動〉は、植民者と被植民者との相反性を強化したのである。

民族主義者たちの自己正当化的憤怒が燃えさかる状況のなかにいれば、インド人であるということは、イギリスによる報復の犠牲者のほうに、ごくあたりまえのこととして連帯感をいだくことを意味していただろう。いっぽうイギリス人であることは、「原住民」が示したおぞましい残虐行為を前にして、嫌悪感と屈辱感——悲憤慷慨はいうにおよばず——をいだくことを意味していた。この場合、原住民は、イギリス人にとって、お望みどおりの野蛮人という役回りを演ずることになった。インド人にとって、イギリスの暴虐の犠牲者に同化する感情をいだかないことは、当人が、インド人のなかにあって、ごく少数派に属するということを意味している。だからこそ、ここでキプリングの選択が重要になる。なにしろキプリングは、わざわざ、〈大暴動〉のときインド人でイギリス側にたった将校をこしらえ、その将校の口をとおして、インド人の反乱を、狂気のなせるわざとうそぶかせたのだから。さもありなん、この元将校は、キプリングによれば、イギリス人「弁務官」に「街道からはずれて、彼を訪問」させるほどの威信と尊敬をあつめているのだ。キプリングが消去したこと、それはインド人がこの将校のことを、民族に対する裏切者（これでもまだ表現が甘いほうだ）としてみるという、ごくありふれた可能性である。そして、数ページ先で、この老退役軍人がラマ僧とキムに〈大暴動〉について語る段になると、彼の語りは、出来事に対するイギリス側の解釈に強く影響されたものとなる――

狂気《マッドネス》がインド全軍に浸食し、兵隊どもが将校たちにはむかったのだ。それが悪のはじまりだったが、そこでやつらが手をひいていたら、あれほど取り返しのつかないことにはならなかった。だが、やつらはサーヒブの女房子どもたちを殺すことを選んだ。そこで海のかなたからサーヒブがやってきて、やつらに厳しくツケを払わせたというわけさ。(138)

インド人の憤怒を、インド人の抵抗（と呼ばれてもよかったもの）を、イギリス人が「狂気」に無頓着だったせいにすること、そしてインド人の行為を、イギリス人の女房子どもを殺すというおぞましい選択行為としてのみ表象すること――これはインド人の民族問題に対する無邪気なたんなる単純化ではなく、偏向した矮小化である。しかもキプリングが、インド人老兵に、イギリス側の暴動鎮圧のことを――「道徳的行為」に専念した白人による恐るべき報復をともなっていながら――インド人反乱者に「厳しくツケをはらわせた」と語らせるとき、わたしたちはもう世界史をあとにして、帝国主義者の議論の世界に、原住民を生まれながらにして堕落した存在とし、白人をどこまでも峻厳で道徳上の親であり判事であるかのようにあがめる世界にはいりこんでいる。このようにキプリングは、反乱に対するイギリス側の偏った見解だけをわたしたちに示し、それをインド人の口をとおして語らせた。しかも、このインド人の対極にあって、実際に存在する確率がはるかに高い民族主義者や憤懣やるかたないインド人兵士のほうは、小説のどこにもみあたらないのだ（同様のこととして、クレイトンの忠実な助手マーブブ・アリをあげることができる。彼はパシュトゥーン人〔アフガニスタンとパキスタンに居住するイラン系民族〕だが、歴史的にみるとパシュトゥーン人は十九世紀全般を通して、イギリス支配に抵抗してつねに戦闘状態にあった。けれども小説のなかでは、このパシュトゥーン人は、イギリス支配に違和感をおぼえるどころか、積極的に協力する民族として表象されている）。キプリングは対立しあうふたつの世界を示すことなど夢にも考えていない。彼は、わたしたちにたったひとつの世界を示し、対立葛藤の可能性はいかなるものも抹消せんと苦慮しているのである。

第二の例は、第一の例を確認するものとなる。これもまた、ささいだが重要な瞬間である。第四章、キムとラマとクルの老女はサハランプールにむかう旅の途上にある。キムについては「何かのまっただなかにあり、ほかの誰よりも眼をさまし、ほかの誰よりも興奮していた」と威勢よく語られるのだが、ここでキプリングのいう「何か」とは、「真実の姿をあらわした世界」を意味している――「これこそが、彼が望んでいた世界だった――ざわめきや喧騒、帯の金具の音、牛を鞭打つ音、車輪のきしむ音、火を燃やす音、料理ができあがる音、すべてを好ましく思っている眼に、そのつどとびこんでくる新しい景観」(139)。わたしたちはすでに、インドのこうした面をたっぷりとみてきた。イギリス人読者のまえに、これでもかこれでもかと示される、インドの色彩と喧騒と奇矯。けれどもキプリングはまた、インドに対してみずからが優位にたっていることを示さねばと考えたふしがある。おそらくそれはほんの数ページ前に、インドの老兵士から、〈大暴動〉に関する気がかりな話を聞いたために、さらなる「狂気」の機先を制する意味でも、優越性の誇示を必要と感じ取ったからだろう。結局、インドそのものは、キムがよろこばしいものとして迎えた活気溢れる生活を生むいっぽうで帝国にとって脅威となるものも生むのだから。と、ここで地域警視官が小走りにやってくる。このイギリス人の登場をきっかけにして、老女は、次のような感慨をもらす――

「こうした連中こそ、正義を守るべき者たち。この者たちは土地や土地の習わしに通じている。ところが同じ白人でも、ヨーロッパからやってきたばかりの連中は、白人女の乳をのみ、わたしどもの言葉を本からしか学んでいないため、疫病よりもしまつがわるい。諸王の害になる(140)」

現地のイギリスの警察官のほうが、原住民よりも、国について詳しいと信じこみ、そのような警察官――インド人の支配者ではなく――にこそ、権力を握ってほしいと望むインド人も、なかにはいるだろう。けれども留意すべきは『キム』において、インド人の統治能力には疑いが差し挟まれても、イギリス人の統治能力に対しては誰も疑問を差し挟まないし、地元インド人からの――たとえキプリングのような頑固者ですら気づかずにはいられなかったほどの――明白このうえない不満の声を、誰も代弁しないことである。それどころか植民地のイギリス人警察官にインドを統治してもらいたいと明言する人物まであらわれるしまつで、おまけに、この人物は、原住民といっしょに生活する（キプリングや彼の家族がそうであった）という古いスタイルを守る警察官を好み、彼らのほうが、新参者の、専門教育をうけた官僚たちよりもはるかに好ましいとつけ加えるのだ。これは、インドの「管理者」となった白人たちがオリエント的・インド的様式にのっとってインドを統治すべきであるという、いわゆるインドにおけるオリエンタリストたちの論法のひとつである。ただし、この論法を使うなかで、キプリングはオリエンタリズムと競合する哲学的・イデオロギー的アプローチをすべて、アカデミックな空理空論としてしりぞける。このように信用をおとされた統治様式には、伝道主義（作中でベネット氏の姿をとおして揶揄される宣教師や改革者たち）、功利主義、そしてスペンサー主義（バーブーの姿をとおして揶揄される）がある。そして、いうまでもなく、「疫病よりしまつがわるい」とまでこきおろされる名もなき専門家たちがいる。おもしろいのは、言葉づかいこそ、どぎついものの、老女の観点はかなり鷹揚であり、好ましい人物には、地域警視官のような警察官のみならず、ヴィクター神父のような柔軟な教育者、そして権威を誇示することのないクレイトン大佐までもふくまれることである。

老女に、インドとインドの支配者に関する、結局のところ、反論を禁じた規範化した意見をいわせることこそ、原住民は、植民地支配を正義に根ざしているかぎり受け入れるものだという考えかたの、まさにキプリング流の誇示である。歴史的にみると、このようにしてヨーロッパの帝国主義は、自分で自分を納得させてきたということだ。それもそのはずで、原住民が、部外者の知識と権力を全面的に肯定してくれたなら、また原住民の社会について、やれ低開発だの、やれ未開だの、やれ退行的だのとおとしめるヨーロッパ人の判断を、原住民が暗黙のうちに受け入れてくれたなら、ヨーロッパの帝国主義にとって、みずからの格を上げるのに、これ以上、ありがたい状況はなかったはずだ。もし『キム』を、少年の冒険物語として、あるいはインドの生活の豊かで魅力的な詳細なるパノラマとしてしか読まないのなら、キプリングが実際に書いた小説、いま考察したような観点をきわめて慎重に盛りこみ、抑圧と省略を駆使した小説を、読まないにひとしいのだ。フランシス・ハッチンズが『永続の幻影——インドにおけるイギリスの帝国主義』のなかで述べているように、十九世紀後期になると——

社会変革の要素も政治的脅威の要素もまったくふくまない、想像のインドが創造された。イギリスの支配の永続化に敵対する要素をすべて削ぎ落としたインド社会を構想するという努力の結果、オリエンタル化が生まれた。この想像上のインドを基盤にして、オリエンタル化推進者たちは、永続的な統治を確立しようとしたのである。(141)

歴史家たちが「伝統の創造」と呼ぶものに貢献したのと同じように、『キム』は、こうしたオリエンタル化された想像のインド構想にも重要な貢献をしたのである。

まだ留意すべきものがある。『キム』の表層全体にちりばめられている、作者による注解である。この注解は、不変の性格をもつオリエント世界が、白人世界——不変である点ではオリエント世界とかわらないが——といかに異なるかをくどくどと述べる。たとえば「キムは東洋人《オリエンタル》のように横たわる」とか、そのすこしあとでは「二十四時間すべての時間が東洋人《オリエンタル》にはみな似かよっているのだ」というように。また、キムが列車の切符代金をラマのお金で払うとき、彼は一ルピーにつき一アンナを自分のふところに入れるのだが、これはキプリングによれば「アジア特有の昔ながらの手数料」である。そしてもっとあとでキプリングは、「東洋の押し売り本能」について講釈し、駅のプラットフォームでマーブブの「原住民の」召使は、貨車から荷物を、おろすべきなのに、それをしない。列車の走行音にもかかわらずぐっすり眠れるキムの能力は、「ただの騒音に対する東洋人特有の無関心」の証左とまで語られる。野営地をたたむとき、キプリングによれば、それは「すみやかにおこなわれた——すみやかといっても東洋人のスピード感覚での話であって——くどくどとした説明や、悪態やむだ話をともない、何事についても無頓着で、忘れ物がないか百回もチェックする」ありさまなのだ。シク教徒はとくべつ「お金への執着」が強いと語られる。ハリー・バーブーはベンガル人と恐がり屋とは同じことだという。バーブーが外国人スパイから奪った包みをかくすとき、彼は「その戦利品をふところにしまいこんだ。ちょうど東洋人がいかにもしそうなように」。

　こうしたことのどれひとつとしてキプリングに特有なものはない。十九世紀後期の西洋文化をざっとながめてみるだけでわかるのは、この種の民間的英知の莫大な蓄積があったことで、その多くは、嘆かわしいことに、いまもなお活きつづけている。またさらに、ジョン・M・マッケンジーがそのすぐれた著書『プロパガンダと帝国』で示したように、シガレット・カード〔煙草の箱に入っている絵カード〕、絵はがき、シートミュージック〔綴じていない一枚の紙に著名な楽曲の楽譜を印刷したもの〕、年鑑、手引き書から、ミュージック・ホール、玩具の兵隊、楽団コンサート、ボード・ゲームにいたるまで、さまざまな仕掛けが帝国をほめたたえ、イングランドの戦略的、道徳的、経済的繁栄に帝国がいかに不可欠かを力説し、返す刀で暗愚の劣等人種を堕落したものとみなし、彼らに抑圧と過酷な統治と徹底した隷属を強いるべきだと主張していたのだ。軍人崇拝が顕著になったが、それは軍人たちが、ものわかりの悪い者たちをがつんとへこませてくれたからである。海外領土をなぜ維持するかについても、さまざまな理由が提案された。利益があがるとか、戦略的なもの、つまり他の諸帝国に対抗するためとか（ちょうど『キム』で主張されているように。ちなみにアンガス・ウィルソンは『ラドヤード・キプリングの奇妙な旅』のなかで、キプリングは、すでに十六歳のとき、学内討論会で「中央アジアにおけるロシアの進出は、大英帝国にとって脅威である」という動議を提起したという）[142]。こうしたなか、ひとつのことだけは変わらなかった。つまり非白人種の従属化である。

『キム』は芸術的にみてすぐれたものをもつ作品である。そのため、この作品を、混乱した、あるいはウルトラ反動的な帝国主義者による人種差別的想像力の産物として一蹴することはできない。英語に名文句や概念をつけ加えることのできるキプリングのユニークな能力――「東は東、西は西」とか「白人の責務」とか「スエズの東のどこか」などはキプリングの言葉である――についてコメントしたジョージ・オーウェルはたしかに正しかったし、またさらにキプリングが通俗面と永続面の両面に関心をむけ、つねに現実的な関心に根ざしていたというオーウェルの指摘も正しかった。(143) キプリングのすぐれた才能を保証したのは、彼が並外れた能力をもった芸術家であったということだ、つまり彼がその芸術のなかでおこなったことは、ふつうあまりに通俗的なために、すぐに消えてしまう思想を、芸術の力で錬成《エラボレイト》し、永続性をもたせることだった。しかし彼はまた十九世紀ヨーロッパ文化の権威によって支えられていたし（それゆえ、それを利用しえた）、さらにまた非白人種を劣等とみなす思想にも支えられていた。ちなみにこの頃になると、非白人種を優秀な人種が統治すべきであるとか、非白人種の不変の本質といったものが、ヨーロッパの近代生活のなかで、誰も疑うことのない公理と化していたのである。

　植民地の統治形態に関して、あるいは植民地のいくつかを放棄すべきか否かについて、議論がたたかわされたことはたしかである。けれども公の議論あるいは政策に影響力をもっていた人間のうち、ヨーロッパの白人男性の基本的優越性について疑問を呈した者はひとりもいなかった。ヨーロッパの白人男性こそが、つねに、優位にたつべきだと考えられていた。「ヒンドゥー教徒は、本質的に、信用がおけなく、道徳心を欠いている」といった発言が英知の表現とされ、ベンガル総督はいうにおよばず、ほとんどすべての人間がこれに反対しなかったのである。同じく、インド史の専門家サー・H・M・エリオットは著書を構想するにあたって、インド人の野蛮性を主題として設定した。気候とか地理がインド人の性格上の特徴を規定するとされていた。東洋人にとってもっとも畏敬すべき統治者であったクローマー卿によれば、東洋人は、もっとも信頼のおけない者であり、彼らは歩道をまっすぐ歩くことも満足にできず、真実を話すこともできず、論理を駆使することもできない。マレーシアの原住民は本質的に怠惰であるのと軌を一にして、北ヨーロッパの人間は本質的にエネルギッシュで才能にめぐまれているということになった。すでに前に言及したV・G・カーナンの『人類の主人』は、こうした人種差別的観点がいかに広範囲にわたっていたかを驚くほど鮮明に示してくれる。まえに示唆したように、植民地を対象とする経済学、人類学、歴史学、社会学といった学問は、こうした公式見解のうえに築き上げられていた。その結果、インドのような植民地に関係したヨーロッパ人は、ひとりのこらず、変革とかナショナリズムといった諸事実からは、完全に遮断されることになった。ヨーロッパ人の植民地経験――マイケル・エドワーズの『サーヒブとロータス』に細大漏らさず記述されているが――は、独自の、整合的な歴史、料理、方言、価値観、文彩によって支えられ、インドの沸騰せる矛盾にみちた諸現実からは、多かれ少なかれ、隔離されたまま、ただ無頓着に存続してきたのである。カール・マルクスですら、変化なきアジアの村落、アジアの農業、アジア的専制といった神話を信じて疑わなかった。

「契約上の」官僚としてインドに派遣されたイギリス人の若者が所属することになる階級とは、貴族のインド人に対してであれ資産家のインド人に対してであれ、すべてのインド人に対して、イギリス国民という理由で絶対的に優位にたつような階級であった。このイギリス人の若者は、同じ物語を聞かされ、同じ本を読み、同じ教訓を学ばされ、同じクラブに加入した。ほかの植民地官僚と同じように。けれども、マイケル・エドワーズがいうように、「自分たちが統治している民族の言語をまがりなりにも学ぼうとする者はほとんどいなかったし、官僚たちがもっぱら頼りにするのは現地の書記たちであり、書記たちは、苦労して征服者の言語を学び、多くの場合、上司の無知につけこんで、自分たちの利益をはかることしきりであった」(144)。フォースターの『インドへの道』に登場するロニー・ヒースロップは、この種の官僚の見事な肖像である。

こうしたことすべてが『キム』に関係してくるが、この小説で世俗的権威をもつ主要人物として登場するのがクレイトン大佐である。この民族誌研究家・学者・軍人は、たんなる想像の産物ではない。ほぼまちがいなく、キプリングのパンジャブでの経験から引きだされた人物である。けれども、おもしろいことに、彼は、これまで、インドの植民地時代初期に特有の権威ある人物たちをモデルにした人物だとか、キプリングが新たな目的に沿うよう造型したオリジナルな人物だと解釈されてきた。まず第一にいうべきは、クレイトンは頻繁に姿をあらわすわけではないし、彼のキャラクターは、マーブブ・アリとかバーブーのように緻密に描きこまれているわけでもないのに、にもかかわらず、小説の筋立てにおいて基準点となるかたちで存在し、出来事を慎重に方向づけ、一目おく権力を手にする人物であるということだ。しかも彼は粗暴な軍人ではない。彼はキムの生活を変えるにあたって、自分の地位をかさにきることなく、あくまでも説得という手段をとる。理にかなっているとなれば、どこまでも柔軟になる――キムの自由きままな放浪の旅の途上で、クレイトンほど、のぞましい上司はいるだろうか――、そして必要とあらば、どこまでも厳しくなれる。

第二に述べておくべきは、彼が植民地の将校にして学者でもあることが、とりわけ興味ぶかいことだ。権力と知のこの種の融合の、同時代における類例をさがせば、コナン・ドイルが創造したシャーロック・ホームズにいきあたる（ちなみにホームズの友人にして記録者ワトソン博士は、第二次アフガン戦争からの帰還兵である）。人間のいとなみに対するホームズ流のアプローチには、科学へと傾斜する高度で専門的な知性にうらづけられた、法則への健全な敬意と、法則を守る姿勢とがみられる。読者にとって、キプリングとドイルが表象したのは、その一見して型破りな仕事ぶりが、疑似アカデミックな専門職に必要な新しい行動パターンとして合理化される人物なのだ。植民地支配と犯罪捜査が、古典学や化学といった学問と同じ信用と地位を獲得するまでになる。マーブブ・アリがキムに教育をうけさせようと説得するとき、そのやりとりをこっそり聞いていたクレイトンは「その子が宣伝されていたとおりの子なら、無駄にすることはない」と考える。彼は世界を、どこまでもシステムとしてとらえる観点からながめている。インドに関することすべてがクレイトンの興味をひく。そこにあるすべてが、彼の支配にとって意味をもつからだ。民族学と植民地事業は、クレイトンのなかにあって、円滑に相互交流している。彼は、逸材と思われる少年を、未来のスパイとしても、また人類学的な興味からも研究できる。したがってヴィクター神父が、キムの教育にかかわる事務的な細部まで、クレイトンがわざわざとりしきるにはおよばないと考えると、大佐は、その懸念を一蹴する――自分には「赤牛をあしらった連隊記章が、その子には崇拝すべき物神に化けてしまうということすら、とてもおもしろい」のだというわけで。

クレイトンが人類学者であることは、これ以外の理由からも重要である。近代の科学的学問のなかで、人類学は、歴史的にみると、植民地主義ともっとも密接にむすびついた学問だった。なにしろ人類学者と民族誌研究者が、原住民の風習とか慣行についてアドヴァイスすることは、ごくふつうのことだった（クロード・レヴィ＝ストロースが、人類学のことを、「植民地主義の侍女」と評したのは、このことを認めたからである。タラル・アサド編纂による論文集『人類学と植民地的遭遇』（一九七三）は、このつながりをさらに追究している。またラテン・アメリカの政治情勢にかかわる合衆国について書いたロバート・ストーンの最近の小説『黎明の旗』（一九八一）では、中心人物ホリウェルは人類学者で、ＣＩＡとひそかに結託している）。植民地において、西洋の学問と西洋の政治権力との必然的な連携を描いた最初の小説家のひとり、それがキプリングであった(145)。しかもキプリングはつねにクレイトンに敬意をはらっている。そしてこれがまた、バーブーのいる理由のひとつなのだ。この原住民の人類学者は、王立協会へはいる野望を口にしても、けっしてはったりとも思えないほど、どこからみても優秀な学者なのだが、しかし、ほとんどいつも、滑稽で、無骨で、どことなく戯画化されている。彼が無能だとか、不器用ということではない――むしろ、その逆なのだ――、そうではなくて彼が白人でないということが学者としての大成を遅らせている。つまり彼はクレイトン的人類学者にはなれないのである。この点キプリングは誤解の生じないよう慎重に配慮している。

イギリスの支配から無縁のところにあるインドをキプリングが想像できなかったのと同じように、その時代にキプリングのみならず多くの人間が、もっぱら西洋的ないとなみとみなしていたものに、インド人が精通し真剣に取り組むなどということを想像もできなかったのだ。バーブーがいかに愛すべき、また賞賛すべき人物であるとはいえ、そこには、存在そのものが滑稽で、「われわれ」になろうと無駄な努力をしている原住民という、悪しきステレオタイプが残っているのである。

インドにおけるイギリスの権力を擬人化するような典型的人物像は、何世代にもわたって徐々に変化してきたが、その変化の頂点に位置するのがクレイトンという人物であると、わたしは述べた。クレイトン以前には、ウォレン・ヘイスティングズとかロバート・クライヴといった、十八世紀後期の冒険家や先駆者がいた。彼らは、支配方式を刷新し、強烈な個性を全面にだしながら、イギリスに対し、それまで無制限に放置されていたインド総督の権威を法によって制限するよう求めたのだ。クライヴやヘイスティングズからクレイトンへと引き継がれたものは、自由を尊重し、即興によって事態に対処をすることを好み、格式ばったことを嫌う性格である。こうしたむこうみずな冒険者のあとに、トマス・マンローとかマウントスチュアート・エルフィンストーンといった、改革者にして統括者が登場する。彼らは、初期の学者兼行政官に分類され、彼らの統治には専門的知識によって得たものが反映していた。またインドで植民地事業に奉仕することで、異質の文化を研究する機会を手に入れた偉大な学者たちもいた——サー・ウィリアム・(「エイジアティク」)・ジョーンズ、チャールズ・ウィルキンズ、ナサニエル・ハルヘッド、ヘンリー・コールブルック、ジョナサン・ダンカンらである。彼らは、主に商業活動と関係し、クレイトン（そしてキプリング）とは異なり、インドでの事業が、全体的なシステムを運営するのにふさわしく、パターン化され経済的（つまり節約的）でなければならないとまでは、考えなかったようだ。

クレイトンにとって規範となるのは、公正無私な政府である。気まぐれや個人的嗜好にもとづく政府（クライヴのときのような）ではなく、法と秩序原則と統禦にもとづく政府である。クレイトンが身をもって示すのは、インドを知らぬかぎりインドを統治できぬという考えかたであり、インドを知ることは、インドの機能ぶりを理解することである。このような理解は、ウィリアム・ベンティンクが将軍総督として統治したときに深まり、オリエンタリストの洞察のみならず、最大数のインド人を最大の恩恵（インド人のみならずイギリス人にとっても恩恵となるもの）をもって支配するという功利主義者の原則にも助けられたが[146]、大英帝国の権威という不変の現実につねにくるまれていた。そして大英帝国の権威ゆえに、総督は一般人と区別され、総督にとって、正しいか間違っているか、美徳なのか害悪なのかという問題は、心情的なものをまきこむがゆえに重要であるにすぎない問題となった。インドにおけるイギリスの統治を代表する、政府側の人間にとって、だいじなことは、何が善か悪かということではなく、またそれゆえに何を変えるべきか、維持すべきかではなく、それが機能するのか、しないのか、異質なものを支配するときに、役立つのか立たないか、なのである。したがってクレイトンのことを好ましいと思うキプリング的人間が想像するのは理想的なインド、つまり帝国の必要不可欠な一部に組みこまれ、魅力的な永遠のインドである。このインドが、膝を折ってもよい権威そのものだった。

「観念史におけるキプリングの場」と題された著名な論文のなかで、ノエル・アナンはキプリングの社会観が、当時の新しい社会学者たち――デュルケム、ウェーバー、パレートら――と似ているという考えかたを提出した。なぜなら、彼らは、

社会を、集団の束としてみていた。また、人間の意志とか、階級、文化的・民族的伝統といった曖昧な

ものではなく、こうした集団が知らず知らずのうちに確立している行動パターンが、まず最初に、人間の行為を決定するともみていた。彼らが問うたのは、こうした集団が、いかにして社会のなかに秩序とか安定を導き入れるかということであり、これに対して、彼らの先達たちが問うたのは、ある種の集団が社会を進歩させるかどうかという問題だった。(147)

アナンはさらに、キプリングと近代社会学の言説の創始者たちとの類似性を指摘するのだが、これはキプリングが、インドにおける効果的な統治は「個人個人に、それを破ると責任をとらされる、ある種の規則を課して社会コントロールをおこなう諸力［宗教、法律、慣行、因習、道徳］」にもとづいていると考えていたからである。このときすでに、イギリスの帝国主義理論において紋切り型の考えかたとなっていたのは、大英帝国がローマ帝国とは異なる（はるかにすぐれている）ということだった。なぜなら、大英帝国は法と秩序をひろめる厳格なシステムであるのに対し、ローマ帝国は強奪と搾取によって成り立っているからだ。クローマーも『古代と現代の帝国主義』のなかで同じ主張をしているし、マーロウも『闇の奥』で同じことを話している。(148) クレイトンはこのことを完璧に理解している。だからこそ彼はムスリムやベンガル人やアフガン人やチベット人と、わけへだてなく仕事をし、彼らの信仰を尊重し、差異を軽んじたりしないのだ。クレイトンを、植民地の官僚とか強欲に暴利をむさぼる者としてではなく、複雑な社会のきめこまかな運営を専門とする学者として設定したのは、キプリングの、たくまざる先見の明といえよう。クレイトンの豪放磊落なユーモア、民衆に対する慈愛にみちていないながらも民衆とは距離をたもつ態度、そのエキセントリックなふるまいなどは、すべて、キプリングが考えている理想的なインドの官僚にふさわしい装飾物なのである。

組織人間のクレイトンは〈グレート・ゲーム〉の組織に君臨するだけでなく（もちろん組織から究極的に

恩恵をうけるのは、〈インド皇帝《カイサーリヒンド》〉〔イギリス国王のこと〕あるいはヴィクトリア女王ならびに彼女のイギリス臣民だが）、それだけでなく、小説家自身とも手に手をとって作業する。この作品において終始一貫して見いだせる観点を、作者キプリングのものとすれば、そのような観点は、ほかの誰にもましてクレイトンにも見いだせる。キプリングのように、クレイトンもまた、インド社会における階級区分を尊重している。マーブブ・アリがキムに、おまえがサーヒブであることを忘れるなと語るとき、彼は、クレイトンから信頼されているベテランの部下よろしく、上司と同じように社会内の階級区分の重要性を指摘しているのである。キプリングと同じく、クレイトンも、社会の階層構造を、カーストの順位と特権を、宗教を、民族性を、人種を、無視しない。彼の部下の男女も、彼を見習っている。十九世紀後期になると、いわゆる〈優先権保証〉が――ジェフリー・ムーアハウスによれば、それは、まず「十四の異なるレヴェルのステイタス」からなるが――「六十一のレヴェルのステイタスに拡大し、そのうちたったひとりのために用意されているステイタスもあれば、数多くの人間が共通してもつステイタスも存在した[149]」。ムーアハウスの推測によれば、イギリス人とインド人の愛憎関係は、ハイアラーキーに対して両国民のなかにある複雑な姿勢のちがいからきている――「それぞれが、相手の基本的な社会的立場を把握して、それを理解しただけでなく、知らず知らずのうちに、それを、独自の特異なものとして大いに尊重するようになった[150]」。この種の思考法は、『キム』のほとんどすべての箇所で再生産され反復されている――インドの異なる人種とカーストを、また誰もが（ラマですら）受け入れている人種の分離原則を、部外者には容易に横断できない境界と習慣の枠を、キプリングは事細かに記録にとどめている。『キム』のなかでは誰もがひとしく、たがいに他のグループに対してアウトサイダーであり、自分のグループに対してインサイダーである。

　キムの才能――すばしっこさ、変装の才能、ならびに、どんな状況にでも、そこに最初からいたかのようになじんでしまう才能――に対するクレイトンの関心の寄せかたは、また、この複雑でカメレオン的に変幻自在で、冒険と陰謀とエピソードを駆けぬけるキムという人物に対する小説家の関心の寄せかたと似ている。ということは究極的には〈グレート・ゲーム〉と小説そのものとのあいだにアナロジーが成立するということだ。かたや、すべてをコントロールして観察するという有利な立場から、インド全土を見わたす能力。これはまた大きなよろこびである。またかたや、ある人物に精通してその人物を自由にあやつってしまうこと。いうまでもなくこの人物とは、いともやすやすと、境界線を走りぬけ領土に侵入する、全世界の小さな友〔「みんなの友だち」『キム』第一章〕――キム・オハラ自身――である。キムを（ちょうどスパイ組織のボス、クレイトンが、キムを〈グレート・ゲーム〉に引きずりこんだように）小説の中心に据えることで、キプリングは、帝国主義すら夢にもみたことのない方法で、インドを手玉にとることができたのだ。

これを、十九世紀後期のリアリズム小説のような綿密に体系化され組織された構造体におきかえるとどうなるだろう。コンラッドとならんで、キプリングは、主人公たちが、冒険にみち個人的カリスマがものをいう驚異の世界に属する小説を書いた。たとえばキム、ロード・ジム、クルツらは、のちの、『知恵の七柱』におけるT・E・ロレンスの冒険を、マルローの『王道』におけるペルケンの冒険を、予見するような、華麗なる放浪精神の持ち主として造型されている。コンラッドのヒーローたちは、異様なほどの内省能力と、数多くのアイロニーにさんざん苦しみもがくのだが、読者の記憶のなかでは、強靭で、しばしばむこうみずなほど大胆な行動的な人間である。

また彼らの小説が、冒険＝帝国主義ジャンル――ライダー・ハガード、ドイル、チャールズ・リード、ヴァーノン・フィールディング、G・A・ヘンティほか、何十という群小作家たちからなる作品群――に属するとはいえ、キプリングとコンラッドは、あくまでも真摯な美的・批評的な読まれかたを要求するのである。

しかしキプリングにまつわる特異性を把握するひとつの方法は、彼の同時代人が誰であったかを、つかのま思い出してみることだ。わたしたちはキプリングを、ハガードとかジョン・バカンとならべてみるのに慣れっこになって、彼が芸術家としてハーディやヘンリー・ジェイムズやメレディスやギッシングや後期ジョージ・エリオットやジョージ・ムーアやサミュエル・バトラーの同時代人で、彼らとゆうに比肩しうることを忘れている。フランスで、キプリングの同時代人といえば、フローベールとゾラ、それにプルーストや初期のジッドもふくまれる。ただ、こうした作家たちの作品が、本質的に幻滅と覚醒の小説であるのに対し、『キム』はそうではない。十九世紀後期の小説の主人公というのは、ほとんど例外なく、彼もしくは彼女の人生設計――偉大で金持ちで著名人でありたいという願望――が、愚にもつかない空想であり幻影であり夢にすぎないことを悟る人間たちである。フローベールの『感情教育』におけるフレデリク・モロー、『ある婦人の肖像』におけるイザベル・アーチャー、サミュエル・バトラーの『万人への道』におけるアーネスト・ポンティフェクス――こうした人物たちは、功績、行動、栄光などのむなしい夢から目覚め、苦い幻滅を味わった若い男女であり、限定された地位、裏切られた愛、そして過酷で功利的な、おぞましいブルジョワ世界を受け入れることを余儀なくされるのだ。

このような覚醒は、『キム』のなかには見いだせない。ここでは、キムと、彼ともっとも近い同時代人ジュード・フォーリー――トマス・ハーディの小説『日陰者ジュード』（一八九四）の「主人公《ヒーロー》」――との比較ほど、力強く、ものごとの核心にふれるものは、ほかにないだろう。さてキムもジュードも、客観的にみると周囲の環境とは異質の変わり者の孤児である。キムはインドのアイルランド人であり、ジュードは、農作業よりもギリシア語のほうに関心をいだくくらいの才能にはめぐまれた、田舎のイギリス人少年である。どちらも華麗で魅力的な生活にあこがれている。どちらも、なんらかの徒弟奉公をはじめて、夢を実現しようとする。キムは放浪するラマ僧の弟子となる。ジュードは大学入学の嘆願学生となる。しかし比較はここで終わる。ジュードは、周囲の環境におしながされる。ふつりあいなアラベラと結婚し、スー・ブライドへッドとの破滅的な恋におち、子どもをつくっても、子どもに自殺され、悲惨な放浪のはてに捨てられた人間として生涯を終える。これとは対照的に、キムには、華々しい成功が、次から次へと待ちかまえている。

にもかかわらず、『キム』と『日陰者ジュード』の類似性は、もういちど主張しておく価値がある。キムとジュード、どちらの少年も、風変わりな家系ゆえに選ばれている。どちらも、両親や家族が円滑な人生行路を約束してくれる「ふつうの」少年ではない。ふたりの苦境の中心には、アイデンティティの問題――何になるべきか、どこへゆくべきか、何をすべきか――がある。ふたりが、ほかの連中のようにはなれないとすると、このふたりは、いったい誰なのだ。ふたりは、休みなく探求と放浪をつづける者たちであり、小説形式そのものの原型とされる作品のヒーロー、ドン・キホーテと似ているのだが、このようなヒーローの存在は、堕落し不幸な状態にある小説世界、ルカーチが『小説の理論』で述べたような「失われた超越性」の世界を、叙事詩の幸福な充足的な世界と、決定的に切り離す方向にはたらく。小説の主人公はすべて、ルカーチの言いぶんでは、彼もしくは彼女の想像力によって、失われた世界を回復しようと試みるが、この試みは、十九世紀後期の幻滅小説のなかでは、実現不可能な夢として終わる。[151]ジュードは、フレデリック・モローやドロシア・ブルックやイザベル・アーチャーやアーネスト・ポンティフェクスらと同様に、このような宿命を背負わされている。この場合、個人的アイデンティティそのものは、やっかいなことに、成就しない夢のなかに織りこまれたままとなり、これがパラドックスとなる。ジュードは、もし学者になろうというむなしい願望をいだかなかったら、いまの彼ではなかっただろう。社会的にみて無きがひとしい状態から逃れることは、将来の安逸を約束するものだが、しかし、それは不可能ときている。構造的アイロニーとは、まさに、この連関にある。あなたが望むものは、まさに、あなたが手に入れることのできないものである。『日陰者ジュード』の最後にみられる幻滅と踏みにじられた希望こそが、ジュードのアイデンティティそのものと同義になる。

キム・オハラは、こうした麻痺的な陰々滅々とした袋小路から抜け出せるがゆえに、瞠目すべき楽観的な人物である。帝国小説の他のヒーローの行動と同じく、彼の行動は敗北ではなく勝利に終わる。彼は病めるインドに健康をもたらす。外国から侵入したスパイたちは逮捕され国外退去を命じられたのだから。キムの力強さの一端は、周囲のインド人と彼自身とのちがいを、心の奥底でほとんど本能的に知っていることにある。彼は幼児の頃、特別のお守りをもらい、ほかの遊び仲間の子どもたちとちがい――このちがいはまた小説の冒頭で明確になるが――、出生時にその後の人生に関するユニークな予言をさずかっていて、自分でもそれを周囲の人間に吹聴している。のちに彼は自分がサーヒブ、つまり白人であることをはっきり意識するようになる。そして彼に迷いが生ずるときにはかならず、彼がほんとうはサーヒブであること、サーヒブにふさわしい権利と特権をもっていることを、誰かに思い知らされることになる。おまけにキプリングは、聖なる導師《グル》に、白人と非白人との差異を主張させているのだ。

けれども、それだけでは、この小説が、楽しみと自信のいりまじった奇妙な感覚をおびることはない。ジェイムズやコンラッドと比較すると、キプリングは、内省的な作家ではないし、いわんや――わたしたちに残された証拠から察するに――みずからを、ジョイスのような芸術家とは考えていなかった。彼が書いた最良の作品にある力強さとは、なによりもまず、そのなじみやすさと、なめらかさからきている。彼の物語行為と人物の性格づけはみたところ自然そのもので、いっぽうその多彩な創造力はディケンズやシェイクスピアのそれに匹敵する。彼にとって言語は、抵抗する媒体ではない。これがコンラッドとはちがうところだ。

彼にとって言語は透明で、調子や屈折をつけることなどわけなくできる。そしてそうした工夫すべてが、彼の探求する世界を、そっくりそのまま表象する。またこの言語によってキムは、快活な機知を、エネルギッシュな人間的魅力をあたえた。キムは多くの点で、十九世紀初期に描かれていたかもしれない登場人物に似ている。たとえばスタンダールのような作家が活写した、ファブリス・デル・ドンゴ〔『パルムの僧院』の主人公〕やジュリアン・ソレルには、キムにみられるのと同じ冒険精神と貪欲さとの混合――スタンダールはこれを〈スペイン的特質〉と呼んだ――がみられるのだ。スタンダールの人物にとってと同じように、キムにとっても、世界は可能性に満ちていて、ハーディ描くところのジュードはお呼びではない。世界は、キャリバン〔シェイクスピア『テンペスト』に登場する人物〕の島に似て「ざわめきと音とかぐわしい空気にみちていて、よろこびをもたらし、傷つけることはない」〔『テンペスト』第三幕第二場〕のだ。

ときとして世界は安息の場となり、牧歌的にすらなる。そこでわたしたちは、大幹道の喧騒と活気に出会うだけでなく、老兵といっしょの旅の途上で、この旅の一団がおだやかに憩う、心地よさそうな牧歌の世界に遭遇する（第三章）――

熱い日差しのなかで小さな生き物がけだるそうに羽音をたて、鳩がくーくーと鳴き、畑のむこうでは井戸の滑車が眠そうな音をたてていた。ゆっくりと、そして力強くラマははじめた。十分後には老兵は、もっとよく聞きたいと語って小馬からするりと降りて、手綱を手首にまきつけて座った。ラマの声はとぎれとぎれになった――話の休止が長くなった。キムは灰色リスを観察するのに余念がなかった。この小言をいうような声をたてる小さなひとふさの毛の束が、木の枝に身をぴったりよせてから姿を消すと、説教師も聞き手たちもぐっすり寝入っていた。老将校の髪の毛を短く切りそろえた頭は片腕を枕にし、ラマが背中をもたせかけていた木の幹は、黄色い象牙のようにみえた。裸の子どもがよちよち歩きだし、じっとみつめていたが、なにか畏怖の念にうたれたかのように、ラマの前にきて、うやうやしくちょこんとお辞儀をしてみせた——あいにく、その子は、背が低く太っていたので、横に転び、キムは、その子のぶざまに投げ出された丸ぽちゃの足をみて笑った。子どもは、おびえ、そして憤慨して、黄色い声で泣きはじめた。(152)

この楽園的な静謐さの周囲に広がるのが大幹道の「すばらしいパノラマ」である。大幹道では、老兵がいうように、「あらゆるカーストのあらゆる種類の人間がそこをとおる（中略）バラモンや革職人、金貸しや貧乏職人、床屋や種屋、巡礼や焼き物屋——全世界が行き来する。川のようなもので、わしは、洪水のあと川から引き出される丸太のようなもんじゃよ(153)」。

このにぎやかで不思議と心地よい世界に、キムはなじんでいるのだが、それがわかるおもしろい指標のひとつが、キムのおどろくべき変装の才である。わたしたちが小説の劈頭いきなり目撃するのは、ラホールの広場にある古い大砲——これは、いまでもそこにあるが——に、ほかのインド人の子どもとまじってちょこんとのっかっているインド人の少年、すなわちキムである。キプリングはここでそれぞれの子どもたちの宗教と出自を慎重に区別しているが、同時に、子どもたちのそれぞれのアイデンティティ（ムスリム、ヒンドゥー教徒、アイルランド人）は、ほかの少年たちにはどうであれ、キムにとってはいっこうに邪魔にならないことも、あえて示している。キムは、方言を、価値や信念を、次々と交換してしまう。この本全体をとおして、キムは無数にあるインド人集落の方言をなんなくしゃべる。彼がつうじているのはウルドゥー語、英語（キプリングは、自分の堅苦しいインド風英語に対して、すばらしくおかしい、おだやかなパロディをやってのけるが、このインド風英語はバーブーの朗々とした気取った英語と、こまかな点で異なっている)、ユーラシア語、ヒンディー語、そしてベンガル語である。マーブブがパシュト語を話しているとき、キムはそれを理解できた。そして、ラマが中国語なまりのチベット語を話すと、キムはそれも理解した。インドという言語的バベルの塔の混乱のまとめ役として、また遊行乞食、カシミール人、アカーリー派の人びと、シク教徒、そしてその他おおぜいをのせる、この正真正銘のノアの方舟の舵取りとして、キプリングはまたキムのカメレオン的変幻自在の歩みを演出するのだが、キムは、ちょうど偉大な役者というものが多くの状況を経験しながら、そのつど状況になじんでしまうように、新しい状況にひるまない。

これとは、ひどく異なるのが、無味乾燥なヨーロッパ・ブルジョワジーの世界であり、そこでは主要な小説家の誰もが描くように、同時代の生活は生彩を欠き、情熱的な夢、成功の夢、エキゾチックな冒険は、そのことごとくが死滅している。だがキプリングの小説は、この対極を示してくれる。なにしろ舞台はイギリス統治下のインドであり、あとに残したヨーロッパ世界の悪弊をいささかたりともひきずってはいないのだから。『キム』が示すのは、白人サーヒブが、この豊かな生命力あふれる複雑な世界で、いかに生活を享受しえているかであり、また作品のなかに、ヨーロッパからの介入に対する原住民の抵抗がどこにもないこと──キムはインド全土を比較的自由に動けることが、なによりの証拠だが──は、帝国主義者のヴィジョンをそのままなぞるものとなっている。ヨーロッパの環境のなかではとうてい実現できぬことを、実現しようとするには──なにしろヨーロッパにおいて成功の見通しのある大きな夢を追求しようとすれば、みずからの凡庸な環境と角つきあわせ、腐敗し堕落した世界での悪あがきを余儀なくされるからだが──、外国に行くしかない。だが、インドでなら、すべてのことをなしえるのか。どのようなものにでもなれるのか。おとがめなくどこにでも旅行できるのか。

　この小説の構造に大きな影響をあたえているキムの放浪のパターンを考えてみよう。彼の旅のほとんどが、ラホールとアンバラという、インド北部の連合州の最前線に位置する守備隊駐屯都市を基軸にした、パンジャブ地方内での移動である。偉大なムスリムの統治者シェル・シャンが十六世紀後半においてつくった大幹道は、ペシャワールからカルカッタまで通る。ただしラマはベナレスよりも南と東に行くことはない。キムは、シムラ、ラクナウ、そしてのちにクルの渓谷へと足をのばすことがある。マーブブといっしょに彼は、南はボンベイまで、東はカラチまでおもむく。だが、こうした旅からうける全体的な印象は、気ままな放浪である。キムの旅は、聖ザビエル教会校の事情により、中断を余儀なくされることもままあるが、この旅の唯一真剣に考慮すべき目的、登場人物たちをせきたてることに唯一加担する要素、それは（a）ラマ僧の〈聖河〉探求――ただし、これは厳密な予定にはしばられない――と（b）北西州に侵入して攪乱工作をする外国からのスパイを追跡し最終的に国外に退去させること、この二点である。ここには陰謀をたくらむ金貸しとか、田舎のこそどろとか、悪質な陰口屋とか、魅力のない冷酷な成り上がり者とかは存在しない。キプリングの同時代人のヨーロッパの主要作家たちの小説には、あれほどたくさん登場しているというのに。

　では、この『キム』の、地理的・空間的な華やかな膨張に支えられてはいても、かなりルーズな構造と、同時代のヨーロッパ小説の、仮借なきまで緊密な時間構造を比較してみよう。ルカーチの『小説の理論』によれば、時間とは、小説の登場人物といってもよいくらいの、大いなるアイロニストで、主人公を幻影と錯乱に追いこみながら、主人公の幻影が根拠のない、むなしい、苦々しい無であることを暴露するのである。[154]いっぽう『キム』からうける印象は、地理が、そのなかを自由に動きまわれる自分の庭となるため、時間は敵ではなく味方であるということだ。そう、たしかにキムはそのように感じている。またクレイトン大佐も、忍耐強く、また散発的に、さらには煙にまくようにときおり登場しながら、同じように感じている。インドの空間の絢爛豪華さ、そこにおいて統治するイギリス人、こうしたふたつの要因の相互作用によって伝えられる自由の感覚、こうしたものすべてが『キム』のページから発散する生彩と活力の横溢した雰囲気を醸成する。これは、フローベールやゾラの小説にでてくるような、ひたすら破局へとつきすすむ追いつめられた世界ではない。

この小説の安逸な雰囲気はまた、思うに、キプリングのインドになじむことができたことへの回想からきているようだ。『キム』において、インド統治をおこなう者たちは「外国」にいるというのに、いささかも問題をもたないようにみえる。彼らにとってインドは、自意識過剰になって弁明したり、当惑や不安を感じたりしなくていい世界なのである。フランス語を話すロシアのスパイは、インドにおいて「わたしたちは、いかなる足跡も残していない」と認めている。(155) しかしイギリス人は足跡を残していることを知っていて、だからこそ自称「東洋人」ハリーは、インド民衆ではなく、大守になりかわってロシアの陰謀にいきどおるのである。ロシア人がラマを攻撃し、地図を奪うとき、傷つけられたのは、比喩的にみて、インドそのものであり、キムはこの屈辱をあとでただす。キプリングの精神は最終的に和解と癒しと全一性を求めて動く。彼が駆使するのは地理的手段である。その空間的ひろがりをいま一度満喫し、何度もそのなかでくつろぐために、イギリスはインドを所有する身ぶりをくりかえすのである。

インドの地理に対してキプリングが再度おこなった所有権主張の身ぶりと、カミュが半世紀後に書いたアルジェリア小説のいくつかでおこなった同様の身ぶりとのあいだには、強い照応関係がある。彼らの身ぶりは、自信のあらわれではなく、潜伏する、しばしば認知されざる不安の兆候と、わたしは考える。もし、あなたが、ある場所に所属していて、しかもそのことをわざわざ語ったり証明しつづける必要がなければ、あなたは原住民であるといえる。『異邦人』に登場するもの言わぬアラブ人、『闇の奥』に登場するもじゃもじゃ頭の黒人、『キム』に登場する千差万別のインド人たちのような。けれども、植民地的つまり地理的な領有には、手をかえ品をかえた領有権の主張が必要になる。そしてこのような主張をおこなうことが、植民地文化の特徴なのである。植民地文化の宿命とは、みずからを、みずからのために、みずからに対して、再確認することなのだ。

小説『キム』を地理的・空間的に統禦するキプリングの方法は、ヨーロッパの植民地宗主国の小説にみられる時間的な統禦とは異なっているが、これは政治的かつ歴史的要因を考慮すると、とりわけ際立つことになる。この統禦法が、キプリングの側に、一種独特の政治的見解となって現われる。このような小説の構成によって、キプリングは、インドはわれわれのものだ、それゆえ、われわれはインドをこのように、誰からも脅かされることなく、悠々と、満足のゆくまで、ながめることができるのだと、言わんとしているかのようだ。インドは「他者」であるが、重要なことは、その驚異的な規模と多様性にもかかわらず、インドは、なにごともなくイギリスの支配に屈しているということなのだ。

キプリングは、いまひとつ、美的にみて満足のゆく、照応関係をつくりあげたので、それもまた考慮にいれねばならない。これはクレイトンの〈グレート・ゲーム〉と、キムのくめどもつきぬ、変装や冒険の能力との照応関係である。このふたつをキプリングは緊密にむすびつけた。〈グレート・ゲーム〉とは、政治的監視と管理のための装置である。キムの才能は、もっと興味ぶかいレベルまで掘り下げてみると、人間の願望充足のファンタジー、すべてが可能で、どこへでも行けて、何にでもなれると思いこみたい人間のファンタジーとなる。『知恵の七柱』のなかでT・E・ロレンスは、こうしたファンタジーをくりかえし語り、わたしたちに、自分——すなわち金髪で蒼い眼をしたイギリス人——が、いかにして、砂漠のアラブ人たちのあいだを、彼らの仲間のように動きまわれたかを思い起こさせるのだ。

わたしはこれをファンタジーと呼ぶ。なぜなら、キプリングやロレンスが、わたしたちの注意を絶えず喚起していることでもあるが、「原住民化すること《ゴーイング・ネイティヴ》」＊あるいは〈グレート・ゲーム〉を遂行することは、植民地において動かざること岩のごとく存在するヨーロッパの権力なくしてありえないのであって、このことを――とりわけ植民地で実際に暮らす白人や非白人のうちで――かたときたりとも忘れてしまう者があろうとは、とても思えないからである。だいたい、原住民のあいだを冒険者のスパイとして動きまわる蒼い眼をした、あるいは緑の眼をした、キムやT・E・ロレンスの輩《やから》を、自分たちの仲間とかんちがいする、おっちょこちょいの原住民などいたのだろうか。いるはずがない。ちょうど、ヨーロッパの帝国主義の圏内に住む白人の男女のなかに、白人支配者と原住民との権力格差が絶対的なものであることを、またこの格差は、なくならないように意図され、文化的・政治的・経済的現実に根ざしていることを、かたときたりとも忘れてしまう者がいないのと同じように。

国境や屋根のうえを乗り越え、野営地や村落にはいりこみながら、インド全土を変装して旅する行動的な少年ヒーロー、キムが、永遠の忠誠を誓うもの、それがクレイトンの〈グレート・ゲーム〉に代表されるイギリスの権力である。わたしたちはこのことを明瞭にみてとれる。その理由は、『キム』が書かれてから、インドは独立したからであって、これは、ジッドの『背徳者』やカミュの『異邦人』が出版されてから、アルジェリアがフランスから独立したのと事情が似ている。帝国主義時代のこうした傑作群を、それと対立する他者の歴史や伝統を念頭において、回顧的に、そしてヘテロフォニー的に読むこと、その種の作品を脱植民地化運動の光に照らして読むことは、作品の力強い芸術性を軽んずることではないし、作品を帝国主義のプロパガンダに還元して読むことでもない。けれどもまた、そうした作品を支援し可能にしてきた権力関係が存在したという事実と、そうした作品との間接的な関係を、すべて削ぎおとして読むこともまた、きわめて嘆かわしい誤謬なのである。

イギリスによるインド支配のためにキプリングが考案した組織（〈グレート・ゲーム〉）は、キムの変装ファンタジーすなわちインドと一体化してその病を癒すファンタジーとぴったり一致しているのだが、この一致は、あきらかにイギリスの帝国主義なくしてはありえなかった。わたしたちは、この小説を、大きな累積的プロセスの実現として読むべきである。このプロセスはインド独立以前には十九世紀末期に、最後の重要段階へといたる。いっぽうには、インドに対する監視と管理、いまいっぽうには、インドの細部に対する愛と、細部に払われる関心。いっぽうには政治的統治、いまいっぽうには美的・心理的よろこび、そしてこの両者の重なりあい、これを可能にしたのがイギリスの帝国主義だった。キプリングはこのことを理解していた。けれども、彼ののちの読者の多くは、この不安な真実、戸惑いすらおぼえる真実を受け入れようとしない。イギリスの帝国主義全般に関するキプリングの認識がどうのという話ではない。帝国主義が、その歴史のなかで、ある特定な段階に達すると、人間や世俗にかかわる真実のダイナミックな運動をほとんど見失ったということなのだ。ちなみにその真実とは、ヨーロッパ人が到着する前に、インドがすでに存在していたこと、支配はヨーロッパ列強の権力によって掌握されていたこと、そしてインド人による、その権力への抵抗は、どうしても、イギリスへの隷属からの解放闘争になるしかないということだった。

今日『キム』を読むなかで、わたしたちが見届けるのは、偉大な芸術家が、インドに関するみずからの洞察によって、ある意味で盲点をかかえてしまうさまであり、この芸術家が、自分であれほどみずみずしい感性と卓越した技法によって接していた現実を、いかにして現実に関する誤った観念――その現実が永続的で本質的であるという観念――と混同してしまったか、である。現実が永続的で本質的であるという観念をひろめるのは、基本的に攪乱戦略なのだが、この目的に必要な材料をキプリングは小説形式からひろいあげた。

しかし、まさに偉大な芸術のアイロニーというべきか、キプリングはこの攪乱戦略をうまく駆使できなかったし、攪乱目的のために小説を利用するという試みは、彼の芸術の自律的統一性をあらためて確認することに終わっただけなのだ。『キム』は、絶対確実に、政治文書ではない。キプリングが、みずから愛しているが適切に所有できていないインドと深くかかわるために、小説形式を選び、キム・オハラのような人物を選んだこと――このことこそ、この作品の中心的な意味として、わたしたちが、つねに念頭におくべきものなのだ。そうすれば、わたしたちは『キム』を、帝国主義の歴史的段階の偉大なる記録文書として、そしてまた、一九四七年八月十四日から十五日にかけての真夜中にいたる長い道のりの美的里程標として、読むことができる。一九四七年八月十四日から十五日にかけての深夜。この瞬間はまた、真夜中の子どもたち*が、過去の豊かさと過去からつづく問題に対するわたしたちの意識を修正すべく、多くのことに着手してゆく出発点でもあった。

6　統禦される原住民

これまで、わたしは、いまもなお連綿とつづくヨーロッパ文化のなかでも、帝国主義によって利用された側面それも帝国主義を成功にみちびき確立するものとして利用された側面に焦点をしぼってきたが、そのいっぽうで、帝国主義時代のヨーロッパ人が、みずからを帝国主義者とはみようとしなかった、あるいはみることができなかった、そのからくりを記述せんとしてきたし、また皮肉なことに、ヨーロッパ人との遭遇のなかで、非ヨーロッパ人がただひたすらに、ヨーロッパ人のことを帝国主義者としてのみみなしてきた、そのからくりも記述せんとしてきた。「客観性」というヨーロッパ的価値は、「原住民にとっては」とファノンはいう、「原住民に不利になるようなかたちで、つねに、原住民にさしむけられてきた」[156]のである。

そうだとしたら、帝国主義は、十九世紀ヨーロッパのなかに深く浸透して、ヨーロッパ文化全体と見分けがつかなくなった、とはいえないだろうか。「帝国主義的」といった言葉は、キプリングのごりごりの右翼的作品に対して使われると同時に、キプリングのもっと繊細な文学作品に対しても使われ、彼の同時代人であるテニソンやラスキンに対しても使われるとき、その意味はどうなるのか。あらゆる文化的産物は、理論上、帝国主義にからめとられていると、いえるのだろうか。

ふたつの答えがおのずとうかびあがってくる。まず、ノーであると。「帝国主義」といった概念は、一般性が強すぎて、その容認しがたい十把ひとからげ的な性格によって、西洋の植民地宗主国文化の興味ぶかい異種混淆性をおおいかくしてしまうのだから、と。文化作品は、それが帝国主義とかかわるときには、念入りに区別しなければならない。たとえば、ジョン・スチュアート・ミルについては、インドに関するその反リベラリズムにもかかわらず、帝国の概念に対する姿勢には、カーライルやラスキンよりも、はるかに複雑で柔軟なところがみられる（エア事件〔第二章4参照〕におけるミルの行動は、いっぽん筋がとおっていて、いまからふりかえっても称賛にあたいした）と、わたしたちは語ることができる。同じことは、バカンやハガードと比べたときの、コンラッドやキプリングといった芸術家についてもあてはまる。けれども、文化を帝国主義の一部と考えてはいけないという反論は、ときとして、文化と帝国主義をむすびつけるのを妨害する戦略にもなりうるのだ。文化と帝国主義を慎重に検討してみることで、わたしたちは両者の多種多様なかたちの関係をみつけることができるし、主要な文化テクストに対するわたしたちの読解を豊かにし鋭くするような両者のつながりを有益なかたちで引き出すこともできるだろう。もちろん逆説的なこともある。それは、ヨーロッパ文化が、帝国主義的経験のほとんどの面を支援していたとしても、にもかかわらず、複雑で、豊かで、興味ぶかいということだ。

コンラッドとフローベールをみてみよう。ともに十九世紀後半に仕事をし、前者は帝国主義と明確なかたちで関係し、後者は暗黙のうちに帝国主義とかかわった。両者は、その相違にもかかわらず、同じような登場人物を好んで描いていた。みずから創造した構造のなかに、みずからを孤立させたり封印したりすることのできる登場人物たちは、支配する帝国の中心に位置する植民者になぞらえられる。『勝利』におけるアクセル・ヘイスト、『聖アントワーヌの誘惑』における聖アントワーヌ——ともに彼らの後期の作品の主人公だ――は、ある場所に引き込まれ、そこで彼らは、魔術的な統一化の守護神さながら、敵対的な世界から、彼らの支配に抗うやっかいな要素を排除したうえで、その世界を同化吸収してしまう。コンラッドの小説には、孤立した場所への隠遁物語が古くからある――オールメイヤー、内部派遣地におけるクルツ、パトゥーサンにおけるジム、そしてもっとも記憶にのこるのがスラコにおけるチャールズ・グールドの物語である〔それぞれ『オールメイヤーの阿房宮』『闇の奥』『ロード・ジム』『ノストローモ』の主人公もしくは主要人物〕。フローベールにおいても、そのような隠遁者は『ボヴァリー夫人』以後、登場する度合いが多くなる。けれども孤島のロビンソン・クルーソーとは異なり、こうした帝国主義者の近代版とでもいうべき人物たちは、自己救済をめざしながら、皮肉にも、中断と妨害にさらされる運命にあった。彼らがその孤島的世界から排除せんとしたものが、結局、浸潤してくるからである。フローベールの孤立し超然としたイメージ群のなかにも帝国支配が暗黙のうちに影響をあたえていることは、コンラッドにおける明示的な帝国支配表象と対置すると実によくわかる。

ヨーロッパ小説の常として、帝国プロジェクトに対し妨害がはいるのは、外の世界をのがれて個人的私的な現実のなかにこもって生きるのが不可能であることを、現実の読者に思い知らせる仕掛けといえる。この仕掛けがドン・キホーテにさかのぼることは明らかである。これは小説形式そのものの制度的な側面とも関係している。なにしろ、常軌をはずれた個人を、共同体の利益を優先すべく、調教し罰するのが、こうした小説ではふつうなのだから。コンラッドの明瞭に植民地主義的設定において、破綻のきっかけとなるのはヨーロッパ人たちであり、その破綻の原因をヨーロッパ人たちは解釈と尋問のための物語形式のなかで追求してゆくのだ。このことは初期の『ロード・ジム』にも後期の『勝利』にも見てとれる。牧歌的生活にあこがれ隠遁した白人（ジムとヘイスト）は、ドン・キホーテさながら、超然として孤高の生活をおくっている。

ところがこの白人の孤高の空間は、植民地宗主国からの妨害と侵略をうけ、孤高の生活をおくるという違法行為的冒険は、語り手の白人男性によって回顧されつつ検証されるのである。

『闇の奥』は、いまひとつの例である。マーロウの語りの聞き手となるのはイギリス人であり、マーロウ自身は、クルツの私的王国を、西洋人の詮索の眼にさらし、その終末論的な啓示の意味をさぐろうとする。この小説に関する読解のほとんどが、植民地事業に対する作者コンラッドの懐疑について正しく着目しているが、しかし、マーロウが、クルツに会いにアフリカの奥地を旅したことを中心とする物語によって、結局、クルツの行為を反復し、それにお墨つきをあたえてしまうことで、つまりアフリカの異質性を歴史的に説明し語ってしまうことで、アフリカをヨーロッパ人のヘゲモニーへと譲り渡すことになってしまうことは、ほとんど着目されていない。野蛮人、荒野、広大な大陸へむけて砲弾を撃つという皮相な愚行〔『闇の奥』第一章参照〕――こうしたことすべてが、マーロウの切実な欲求を、すなわち、たとえその結果がいかに錯綜としてまだ堂々めぐりとなるにせよ、とにかく帝国地図のうえに植民地を位置づけ、全体の枠となる時間――物語化できる歴史――のなかに、植民地をつつみこみたいという欲求を、ますます強めることになる。

　マーロウは架空の人物だが、歴史上に存在したマーロウ的人物をふたりあげれば、それはサー・ヘンリー・メインとサー・ロデリック・マーチソンであろう。ともにその膨大な文化的・科学的著作によって名高い――とはいえ帝国主義というコンテクストを離れれば、ほとんど意味のない著作ではあるのだが。メインによる大研究『古代の法』（一八六一）は原始父権制社会における法の構造を探究する。ここでいう原始父権制社会は、固定した「地位」に特権を付与する社会であり、近代化するには、「特権」から「契約」へと社会の基盤を転換しなければならない。ここで無気味にもメインは、フーコーが『監獄の誕生』で記述した、ヨーロッパにおける「君主体制」から監視管理体制への移行と同じような歴史的移行を想定している。ただ、ちがいは、メインにとって、帝国が、彼の理論を証明するのに必要な一種の実験室となったこと（フーコーもまた、ヨーロッパの矯正施設で使われているベンサムの一望監視システムのことを、持論を証明するものとして利用しているが）、またインド総督の法律顧問に任命されたメインは、自分の東方旅行を「野外調査旅行の延長」とみなしていたことだ。彼はインドの法制の大幅な改革に関する問題で、功利主義者たちと一戦まじえたし、また、「地位」体制から救い出すべきインド人、それも慎重に育成されたエリートとして、契約関係を基本とするイギリスの政策に接合されるべきインド人を決定し保護することを、みずからの責務と考えていた。『村落共同体』（一八七一）ならびにのちのリード講演において、メインは、マルクスと驚くほどよく似ている理論のアウトラインを示している。インドにおける封建制は、イギリスの植民地主義の挑戦をうけて、必然的に発展したものであり、やがて——彼の議論では——封建領主は、個人所有体制の基盤を確立し、そこからブルジョワジーのプロトタイプの登場が促されるだろう、と。

これと同じく衝撃的な人物ロデリック・マーチソンは、軍人を経て、地質学者、地理学者となり、王立地理学会の理事となった。マーチソンの生涯と経歴に関する魅力的な記述のなかでロバート・スタッフォードが指摘しているのだが、マーチソンの軍人としての経歴、その頑迷固陋な保守主義、過度の自信と強靭な意志、科学と蓄積に対するその途方もない情熱を考慮すれば、彼が自分の地質学者としての仕事を、すべてを征服する軍隊のようなものとみなし、大英帝国に力と地球規模の広がりを付与すべく奔走するのは避けられぬことだった[157]。イギリス国内であれ、ロシアであれ、ヨーロッパであれ、地球の裏側であれ、アフリカであれ、インドであれ、マーチソンの仕事は帝国そのものだった。「旅行と植民地化は、いまもなお、ローリーやドレイクの時代とおなじくイギリス人の支配的情熱である」と語っているくらいなのだ[158]。

同じくコンラッドは、自分の物語群のなかで、こうした帝国的身振り、すなわち実質的に全世界をまるごと自分の世界に引きずり込む身振りを再－演してみせる。そうした身振りを、そこにある消しがたいアイロニーを強調しつつも、とにかく表象したのだ。彼の歴史主義的ヴィジョンは、物語の流れのなかにふくまれる他者の複数の歴史を踏みにじる。そのダイナミックなヴィジョンは、アフリカとクルツとマーロウを――その根源的な異質性にもかかわらず――優越的な西洋の（どうみても問題ぶくみの）構成論的理解のための対象として是認してしまう。けれども、すでに述べたように、コンラッドの物語の多くを占領しているのは、明瞭な言語表現をすりぬけてしまうものばかりだった――ジャングル、自暴自棄になっている原住民たち、大河、アフリカの荘厳な名状しがたい暗黒生活。『闇の奥』には、原住民が、理解可能な英語を発するときが二度あるが、二度めのとき原住民は扉口から「横柄な黒い顔」を出して、クルツの死を告げるのだ。あたかもヨーロッパ人の存在が引き金となって、アフリカ人に、まともに話せる理性がもたらされたとでもいいたげに。マーロウの物語は、アフリカの本質的な差異を認知するものではなく、アフリカの経験を、ヨーロッパの世界的意義のさらなる認知をもたらす契機としか扱わない。アフリカは統一的意味を徐々に失う。あたかもクルツの死とともに、アフリカは、クルツの帝国主義的意志が克服せんとした空白に、またふたたび、回帰してしまうかのように。

コンラッドの当時の読者たちは、原住民がどうなろうと、気にもとめなかったし、関心もいだかなかったはずだ。読者にとって重要なのは、マーロウがどのようにすべてを意味づけてくれるのかということにつきた。マーロウの周到にくみたてられた物語がなければ、語るにたる歴史も、享受するにたる虚構も、たよるべき権威もないのだ。マーロウと読者とのこの関係は、一八八五年、国際コンゴ協会におけるレオポルド国王のコメントを思い起こさせる。「進歩の大義にむけて永続的かつ公正無私の奉仕をあたえる」[159]と国王が述べたのに対して、「アフリカの進歩に対して、これまで試されてきた、またこれから試されるであろう計画のなかで、どれよりも高貴で、どれよりも自己犠牲的でございます」と、ある信奉者が述べた。この茶番まで、あと一歩なのである。

コンラッドはアフリカの原住民全体を非人間化した恥知らずな人種差別主義者であったという、チヌア・アチェベのコンラッド批判はよく知られている。けれどもこの批判は、コンラッドの初期小説に存在し、『ノストローモ』や『勝利』といった、ともにアフリカをあつかってはいない後期小説で顕在化し明瞭となったものを強調するところまでは行っていない。(160)『ノストローモ』ではコスタグアナの歴史は、壮大な野望をいだき自虐的傾向から逃れられなかった白人一家の残酷無情な歴史である。これに対して、インディオも、スラコの支配階級のスペイン人も、別の選択肢となる展望を提示することはない。コンラッドは憐れみをともなう軽蔑に似たものによって、またアフリカ黒人や東南アジアの農民のためにコンラッドがいつも用意しているエキゾチズムによって、彼らインディオやスペイン人のことを描くのだ。つまるところコンラッドの読者はヨーロッパ人であり、彼の小説は、こうした民族格差的な現実に挑戦するどころか、この事実を容認し、この事実を容認する意識を強化する効果をもっていた。たとえ、このことから、逆説的に、ヨーロッパ中心主義に対するコンラッドの腐食的な懐疑が生まれたとしても。同様にダイナミックな関係はフローベールにもあらわれていた。

したがって周辺的で非ヨーロッパ的設定を扱う包括的な文化形式は、たとえそれがどれほど精妙で緻密につくられていても、ことそれが「原住民」に関することであるかぎり、明晰にイデオロギー的かつ選択的（さらには抑圧的）である。ちょうど十九世紀の植民地絵画のピクチャレスク性(161)が、「リアリズム」でありながら、イデオロギー的かつ抑圧的であるように。そのような文化形式は、〈他者〉を効果的に沈黙させ、差異を同一性に構築しなおし、怠惰な原住民ではなく占領する権力者側が代表するところの領土を統治し表象する。興味ぶかい問題は、コンラッドの作品のように、あからさまに帝国主義的な物語に対し、なにか異を唱えたものはなかったか、である。ヨーロッパの強化されたヴィジョンは、ゆるがなかったのか。あるいは、そのようなヴィジョンは、はなから、ヨーロッパの内部では抵抗も反論もできなかったのか。

ヨーロッパの帝国主義は、十九世紀の中頃から終わりにかけて――A・P・ソーントン、ポーター、ホブスンが示しているように[162]――皮肉にもヨーロッパへの抵抗を生んだ。たとえば、奴隷廃止論者、アントニー・トロロープ、ゴルドウィン・スミスらは、多くの個人運動家や政治団体において比較的著名な人びとであった。それでもフルードやディルケやシーリーらは、圧倒的に、より強固な、勝ち誇った帝国主義支持文化を代表していた[163]。宣教師たちは、十九世紀全般を通じて、なんらかの帝国主義大国の手先となってはたらくことも多かったが、それでも、植民地政策の暴虐に対して、これを糾弾し矯正しえたことは、スティーヴン・ニールが『植民地主義とキリスト教宣教』のなかで論じているところである[164]。またヨーロッパ人が近代的な技術革新――蒸気機関、電報、さらには教育制度――を原住民にもたらし、原住民の何人かはその恩恵に、植民地時代以降も浴したこと（とはいえ否定的側面がなかったわけではないが）は、たしかである。とはいえ『闇の奥』において、驚くほど純粋なかたちで示される帝国探求――これはマーロウが、地図上の大きな空白を補完する情熱をつねに感じていたと語るとき、まぎれもないものとなる――こそ、帝国主義文化における他を凌駕する現実、他を構成してしまう現実でありつづけている。空白を補完したいという、この身振りは、その直情的で一途な性格によって、現実の探検家たちや帝国主義者たちを思い起こさせる――ローズ、マーチソン、スタンリーらを。いっぽう帝国主義に出会うことで産声をあげ、植民地における遭遇と対立のなかでますます強くなる反対勢力の力を、最小限におさえこむことはできない。コンラッドはこの現実のことを、クルツが国際蛮習防止協会へ提出すべく作成した十七頁におよぶ報告書の内容面だけでなく形式面においても強調している。つまり暗黒の場所を文明化し、そこに光をもたらすということは、その真のもくろみ、すなわち協力的でないか、反抗的思想をいだくかもしれない「野蛮人を根絶する」ことと、相反するものであると同時に、論理的に同じことでもあるといえるのだ。スラコにおいてグールドは炭鉱事業の援助者であると同時に事業を御破算にする首謀者でもあった。植民者と原住民とのあいだに、つながりは必要ない。帝国主義のヴィジョンでは、原住民を生かすも殺すも、すべて植民者の自由なのである。

しかし、原住民をすべて消し去ることなどできないことはいうまでもない。いや、それどころか、原住民はますます帝国主義者の意識のなかに浸潤してくる。その結果、原住民――アフリカ人、マレー人、アラブ人、ベルベル人、インド人、ネパール人、ジャワ人、フィリピン人ら――を、人種的・宗教的理由によって、白人から隔離する計画がすすみ、また、原住民を、ヨーロッパ人の存在を必要とする人間に仕立て上げる計画もすすむ――つまり植民地におけるプランテーションにおいてであれ、モデルとなる言説においてであれ、原住民らは首尾よく働かせられたのである。かくして、いっぽうで、インド人にはイギリスによる指導と保護が明らかに必要であることを説くキプリングのような小説が登場する。こうした姿勢のひとつから生まれる物語は、インドを囲い込み、次にインドを同化吸収してしまう。イギリスがなければ、インドは頽廃と低開発状態にとどまりつづけるというわけだ（ただ、こう考えるキプリングはここで、ジェイムズ・ミルやジョン・スチュアート・ミルやその他、功利主義者たちが、インド総督府に在職中に披瀝していたよく知られた考えかたを、ただおうむ返しに反復しているにすぎないのだが）[165]。

またいまいっぽうでは、植民地資本主義のいかがわしい言説が登場する。この種の言説は、リベラルな自由貿易政策に根をもっていて（また宣教に関する文献にもその起源は認められるが）、そこには、なまけ者の原住民が、今度は、生まれながらにしみついている堕落と、そのしまりのない性格ゆえに、ヨーロッパ人の君主を必要とする人間として登場したりするのだ。この考えかたのなかに、わたしたちが見いだすのは、ガリエニ、ユベール・リヨテ、クローマー卿、ヒュー・クリフォード、ジョン・バウリングらといった植民地支配者たちの意見そのものである――「原住民の手は大きく、爪先は湾曲していて、木登り、その他、多くの用途に使用できる。……獲得する印象は、一時的にしか残留しない。過ぎ去りつつある出来事、あるいはすでに過ぎ去った出来事の、かすかな記憶しかもちあわせていない。年齢を尋ねてみるがいい。答えられないだろう。先祖は誰かときいてみるがいい。知りもしなければ、気にとめることもない。……その主な悪徳は怠惰である。怠惰こそ幸せの極みだと考えている。必要に迫られるときだけ、労働に不承不承従事する」[166]。そして同じことは、たとえば、経済史家でもあったクライヴ・デイの、学術的な植民地社会学者の専門論文的厳密さにつらぬかれた発言にも見いだせた。彼は一九〇四年、こう書いていた――「実際には、生活を良くしたいとか、生活水準を向上させたいという原住民［ジャワ人］の野心にうったえても、原住民からの労働奉仕を確保するのは不可能であるとわかった。直接的な物質の享受以外のなにものも、彼らをその怠惰な日常生活から引き離し刺激をあたえることができないのだ」[167]。こうした記述は原住民と彼らの労働を商品化し、現実の歴史状況をゆがめ、苦役と抵抗という事実をなにくわぬ顔で抹消することになった[168]。

しかも、このような説明はまた、観察者のもつ現実的な権力を、ひそかに抹消し、排除し、黙殺したのである。ここでいう観察者とは、さまざまな理由から、権力と世界精神と権力との連携を後ろ楯にして、原住民の現実について、超客観的な展望を開けるような、そういう視点から判断をくだせる者であり、「原住民」の視点を排除すべく、新しい科学の検証手続きと専門用語を駆使する者である。たとえば、ロミラ・ターパルが指摘しているように――

インドの歴史は、そうした関心を宣伝する手段のひとつとなった。歴史的な人物についての伝記や年代誌を強調するような、伝統的なインド史の記述は、おおむね無視された。インド史に関するヨーロッパの著述は、新しい歴史的伝統となることをもくろんでいた。インドの過去に関して、十八世紀と十九世紀の植民地時代にかたちをとることになった歴史記述のパターンは、他の植民地社会の歴史のなかで登場したパターンとおそらくそんなに変わらなかったのだ。[169]

マルクスやエンゲルスのような反体制的な思想家ですら、原住民に勝手な判断を下すことにかけては、イギリス政府やフランス政府の広報担当官とかわりなかった。政府側であれ反政府側であれ、どちらも依存する歴史記録は、たとえば、どれも徹底してオリエンタリズムの言説によって支配され、またオリエントやアフリカを、静的で独裁的で世界史とは無関係であるとみたヘーゲル的観点に汚染されていた。一八五七年九月十七日、エンゲルスがアルジェリアのムーア人のことを、抑圧されているがゆえに「臆病な人種」だが、しかし「道徳的な面では、きわめて意識が低いくせに、にもかかわらず、残忍さと復讐心を温存している」と述べたとき、[170]エンゲルスはただ、フランスの植民地政策で宣伝されている原住民のイメージをくりかえしているにすぎない。コンラッドも同様に、怠惰な原住民に関する植民地報告を利用した。ちょうどマルクスとエンゲルスがオリエント的・アフリカ的な無知と迷信についての理論を構想したのと同じように。これが、じつは、言葉で語られることのない帝国主義的願望の第二の側面である。というのももし、頑迷固陋でいかんともしがたい原住民を、首尾よく、従属的存在から劣等人間へと転換できるなら、植民者のほうは、同じく、不可視の書き手となって、その著述によって他者について報告するだけでなく、みずからの科学的公正無私性と、(キャサリン・ジョージが着目したように[171])ヨーロッパ文明と接触した結果、原始的原住民の生活状態や性格や習俗が着実に向上していることを強調することになった[172]。

今世紀の初期、盛期帝国主義の絶頂期に、わたしたちが見いだすのは、かたや、世界を普遍的に利用可能なものにし、いかなる国籍にも個人にもとらわれずに検討可能なものとして、歴史化して考えることを規範とした、ヨーロッパにおける言説、かたや、膨大に植民地化される世界、この両者の接合と融合である。この強化されたヴィジョンが対象としているのは、つねに、犠牲者か、強く束縛されている人物かのどちらかであり、彼らは、数多くの個人的な美徳とか奉仕とか業績にもかかわらず、厳しい罰に永遠におびえ、また彼らは、征服し調査し文明化するという性向、まさに彼らの部外者たちがもっている性向をもたないがゆえに追放されたのである。植民者にとって、同化吸収する仕掛けは、飽くことなく維持しつづけなければいけない。犠牲者にとって、帝国主義はふたつの選択肢しか提示しない。すなわち奉仕するか、さもなければ死か、である。

7　カミュとフランス帝国体験

けれども、すべての帝国が同じというわけではない。フランス帝国は、その歴史を研究するもっとも著名な専門家のひとりによれば、収益、プランテーション、奴隷などに対する関心の高さではイギリスの帝国にひけをとらなかったが、その存在を活性化したのは「名誉欲」[173]であった。三世紀のあいだに獲得した（そして時には失った）さまざまな領土を支配したのは、輝ける「天才」たちであったが、この「天才」の概念それ自体は、ドゥラヴィニュとシャルル・アンドレ・ジュリアンの言葉によれば、フランス的「最高の適性」観の産物である。このふたりが編んだ魅力的な文献『フランス海外領土の構築』[174]のなかで選んだ天才的人物たちには、シャンプランとリシュリューにはじまり、アルジェリアの征服者であるビュジョー総督、フランス領コンゴの礎を築いたブラッツァ、マダガスカルの調停者ガリエニ、そしてクローマー卿とともに、ムスリムのアラブを支配した偉大なるヨーロッパ人支配者リヨテらがふくまれていた。ここにはイギリスの「分業観」に匹敵するものはないが、そのかわり大規模な同化推進事業のなかではぐくまれた、いかにもフランス的なといえる個人的スタイルにはこと欠かなかった。

こうした観点がフランス流の自己認識にすぎないかどうかは、さほど問題ではない。なにしろ、フランスでは、事前と、渦中と、事後において植民地の必要性を説く主張が終始一貫して規則的にくりかえされ、それが領土獲得を正当化する原動力となっていたからである。シーリーが大英帝国について（彼の著名な本は一八八五年フランス語に翻訳され、大いに称賛され論評されたのだが）、この帝国は、ぼんやりしているうちに、手に入ったと語ったとき、彼は、同時代のフランス人著述家たちの帝国に対する態度と、イギリス人のそれとが異なることを、ただ記述したにすぎなかった。

アグネス・マーフィが示しているように、一八七〇年の普仏戦争は、フランス地理学協会の発展を刺激した[175]。地理に関する知識と地理探検は、それゆえ帝国の言説（ならびに獲得）とむすびついた。ユージーヌ・エティエンヌ（彼は一八九二年に〈植民地党〉という圧力団体を創設した）のような人物が大衆的人気を博するにいたるのだが、こうした人びとの突出ぐあいをたどると、フランスの帝国主義理論が、ほとんど精密科学の域に達してゆくさまを追えるかもしれない。ジラルデによると、一八七二年以後、史上はじめて植民地膨張に関する首尾一貫した政治原則がフランス国家の中枢部で練りあげられた。一八八〇年から一八九五年にかけて、フランスの植民地は百万平方キロメートルから九五〇万平方キロメートルに拡大し、植民地原住民の数は五百万人から五千五百万人へと増える[176]。一八七五年に開催された第二回地理学会国際会議において、共和国大統領、パリ市長、学会会長ラ・ルシエール列席のなか、開会の辞を述べたル・ヌリイは、この国際会議全体を支配していた姿勢を次のように明言している――「ご列席の皆様、神の御意は、わたくしどもに、この地上を知ること、そしてそれを征服することを義務として命じたのであります。この至上命令こそ、わたくしどもの知性ならびに活動に課せられた逃れられぬ責務のひとつと思い知るべきでありましょう。かくもすばらしき信奉者を生み出し、また、これまでその名において、かくも多くの犠牲者が身をささげてきた学問、すなわち地理学こそ、地球の哲学となったのです[177]」。

一八八〇年代以後、社会学（ルネ・ウォルムスによって活性化した）、心理学（レオポルド・ド・ソシュールによって創設された）、そして歴史学ならびに、もちろん人類学が活発になり、その多くは国際植民地会議（一八八九年、一八九四年など）で、あるいは特定の団体の設立（一八九〇年の国際植民地社会学会議、あるいは一九〇二年パリの民俗誌科学会議）で、最高潮に達する。世界のすべての地域が、学術的・植民地的関心の対象となってしまったのだ。レイモンド・ベッツは、『国際社会学評論』が一九〇〇年にはマダガスカルを、一九〇八年にはラオスとカンボジアの特集を組んでいることに注目している[178]。フランス革命時代にはじまったイデオロギー的な植民地併合論が瓦解したあと、人種のタイプに関する理論――ギュスターヴ・ル・ボンによる、原始人種、劣等人種、中間人種、優等人種からなる人種分類、エルネスト・セイエールの純粋権力哲学、アルベール・サローとポール・ルロワ＝ボーリューによる植民地実践の体系化、ジュール・アルマンの支配原則論[179]――が、フランスの帝国主義戦略を指導することになった。原住民と彼らの土地は、フランス領に変えられる独立した何かではなく、分離し従属させる必要のあった救いがたい性格をもつものとして扱われるのであり、それでも〈文明化の使命〉には抵触しないと考えられた。フイエ、クロゼル、ジランらの影響によって、こうした考えかたは支配的言論と化し、帝国領土そのものにおいては、科学の衣をまとった実践へと変貌をとげた。ここでいう科学とは、劣等民族の支配に関する学問のことであり、その劣等民族のもつ資源と土地と運命に関してはフランスが責任を負うべきものとされたのだ。しかし、これほどあからさまでないとき、フランスと、アルジェリア、セネガル、モーリタニア、インドシナとは、ルネ・モーニエが『植民地の社会学』で論じているような「階層秩序的パートナーシップ[180]」が可能な連合体であったが、しかしベッツが正しく注記しているように、にもかかわらず「帝国主義」の理論は「説得勧誘ではなく暴力と連動しているのであり、すべての高貴な原則を考慮したうえで、長期的にみると、帝国主義理論は、少なくとも暴力という最後の手段があとに控えているとわかっていたので成功したのである」[181]。

フランス人によるフランス人のための帝国論議を、帝国征服の生々しい現実と比較すると、多くの矛盾やアイロニーに驚くはずだ。リヨテ、ガリエニ、フェデルブ、ビュジョー——これら将軍や総督や行政官ら——が暴力と過酷な措置をとっても、現実主義的な配慮によって許容すらされたのである。ジュール・フェリーのような政治家たちは、事後に（また渦中において）、帝国主義政策を明確にしたのだが、「国家財産の管理と、……防衛[182]」を優先し、原住民を無視して政治目標を想定できる権利というものも考えていた。ロビー活動家や、いまなら広報請負人とでも呼ばれる人びと——小説家や愛国主義者から、保守的知識人にいたる——にとって、フランス帝国はユニークなかたちで、フランスの国民的アイデンティティと、またその卓越性、文化的エネルギー、特殊な地理的・空間的・歴史的発展と連動していた。こうした観点は、どれひとつとっても、マルチニックやアルジェリアやガボンやマダガスカルにおける日常生活と調和したり対応することはなかったというか、もうすこし控え目にいうと、こうした観点は原住民には難解すぎた。これに加えて、他の帝国——ドイツやオランダやイギリスやベルギーやアメリカの帝国——がフランス帝国を圧迫しつつあり、総力戦（ファショダ〔スーダン南東部、一八九八年英仏が軍事衝突を起こす〕のような）を匂わすか、交渉（一九一七―一八年のアラブ世界におけるような）をもちだすか、脅かすか、競合するかでもめていた[183]。

フランス政府の政策が一八三〇年代以後一貫性を欠いたものであっても、ことアルジェリアにおいては、アルジェリアをフランス化する仮借なきプロセスが進行していた。まず最初に、原住民から土地が接収され、家屋が占拠される。次にフランス人入植者がコルクガシの森と鉱山埋蔵物を管理下におく。そしてアナバ（ふるくはボネとして知られた）に関してデイヴィッド・プロチャスカが注記しているように「彼らはアルジェリア人を追い払い、ボネ［のような場所］にヨーロッパ人を入植させた」[184]。一八三〇年以後数十年にわたって「略奪資本」が経済をうごかし、原住民人口は減少し、入植者が増加する。二重経済が生まれる――「ヨーロッパ人経済は、企業中心の資本主義経済におおむね擬することができるのに対し、アルジェリア人経済はバザール中心の前資本主義経済に擬することができる」[185]。そこで「フランスがアルジェリアでみずからを再生産している」[186]あいだ、アルジェリア人は周辺へと追いやられ貧困を余儀なくされた。プロチャスカはボネに関するフランス〈植民者《コロン》〉の記述とアルジェリア愛国者の記述とを比較しているが、ボネにおける出来事の顚末を語るアルジェリア人の記述は、次のような「ボネに関するフランス人歴史家の記述をさかさまにして読む」[187]ことで察しがつく。

ほかのなににをおいてもアルノーが喧伝したのは、アルジェリア人が見捨て去った塵溜《ごみため》のようなボネにおいて、フランスがおこなった改革の跡である。ボネをそのままにしておくのは、「「この古い町」が汚いからではなく、この国のこの地、すなわち以前は見捨てられ不毛で天然資源が実質的に皆無の」この「人口千五百たらずのちっぽけな醜いアラブの村落で、フランスがいかに壮大でみごとなことをなしとげたかを、よりよく理解してもらうためには……この地を訪れてもらうしかないからである」[188]。

アナバに関するフセン・デルドゥアの本が、一九五四―六二年のアルジェリア革命に関する一章のタイトルに、次のようなものを選んだのはけだし当然であろう――「万国強制収容所の囚人たるアルジェリアは、植民地主義を粉砕し、自由を獲得する」[189]と。

ボネの隣、十八マイル先にはモンドヴィ村が存在した。この村は一八四九年、フランス政府によってパリから移送された「赤色」労働者たちによってつくられ（これは本国から政治的に厄介な労働者を排除する方法のひとつであった)、彼ら労働者には、アルジェリア原住民から徴収された土地があてがわれた。プロチャスカの研究調査によれば、モンドヴィはボネの衛星村落で、ぶどう酒栽培の地であった。一九一三年、この地に「スペイン人家政婦とフランス人醸造家の息子」[190]としてアルベール・カミュが生まれる。

カミュは、フランス領アルジェリア出身の、いまも、当然のことながら、世界文学としての地位をたもつとみなしうる作家である。一世紀前のジェイン・オースティンがそうであったように、カミュも、帝国主義のアクチュアルな現実が、本来あっておかしくないにもかかわらず、すっぽりと抜け落ちている作品を書いた小説家である。オースティンの場合とおなじように、その小説には分離可能なエートスが存在している。そのエートスは、小説のなかで明確に設定されている地理上の場所と記述と、ふかいところで齟齬をきたすような、普遍性とヒューマニズムを示唆するものである。ファニーはマンスフィールド・パークとアンティグアのプランテーションの両方を所有する。フランスは、アルジェリアを所有するが、物語の呪縛のなかで、ムルソーの驚くべき実存的孤立を所有するのである。

カミュは二十世紀フランスの脱植民地化運動における醜い植民地騒乱に身を置いた、きわめて重要な作家である。彼はずいぶん遅れてきた帝国主義の作家である。なにしろ彼は帝国主義の最盛期を経験しただけでなく、いまでは忘れ去られた植民地主義のなかにルーツをもつ「普遍的な」作家として読みつがれているのだから。またいまから思うと、カミュとジョージ・オーウェルとの関係は、さらにもっと重要である。オーウェルのようにカミュもまた、似通った分野をあつかい、その分野においてはよく知られた作家となった。ここでいう分野とは、一九三〇年代から一九四〇年代に脚光をあびた問題群、すなわちファシズム、スペイン戦争、ファシストによる虐殺への抗議、社会主義の言説の枠内でおこなわれた貧困と社会的不正に関する問題提起、作家と政治との関係、知識人の役割などである。このふたりの作家は、明晰で平明な文体で名高かった――ロラン・バルトが『零度のエクリチュール』（一九五三）において、カミュの文体を〈白いエクリチュール〉と呼んだことを、わたしたちは思い出すべきだ[191]――と同時に、ふたりは、政治的見解の衒《てら》いなき明晰さでも際だっていた。どちらも冷戦時代に変貌をとげるが、変貌の結果はかんばしいものではなかった。どちらも、その死後、興味ある存在へと変わった。なぜなら、彼らが書いた物語は、それを掘り下げてみると、まったくべつの相貌があらわになるような状況について語っていると、いまになって思えるからだ。イギリスの社会主義を小説という手段で検証したオーウェルの作品は、冷戦時代の論争において、予言的な（この言い方がお気に召せばの話であり、もしお気に召さなかったら、徴候的な）性格を帯びていた。レジスタンスや実存的な邂逅をめぐるカミュの物語は、かつては、モラルの問題やナチズムへの敢然たる抵抗を示すものと思われたが、いまや、それは文化と帝国主義に関する論争の一部としても読みうるのだ。

レイモンド・ウィリアムズはオーウェルの社会的ヴィジョンを厳しく批判したが、オーウェル自身、知識人たちから、右翼だの左翼だのとかかわりばんこに取り沙汰されてきた[192]。オーウェルは、ノーマン・ポドレツが主張するように、時代を先んじた新保守主義者か、あるいはクリストファー・ヒッチェンズがもっと説得力あるかたちで主張するように、左翼のヒーローだったのか[193]。オーウェルにくらべると、カミュは現在、英米の読者に親しまれているとはいいがたいが、しかし、テロリズムと植民地主義をめぐる議論のなかで、批評家として、政治モラリストとして、そして瞠目すべき小説家として、よく引かれる[194]。カミュとオーウェルの強烈な類似性は、彼らがともに、おのおのの文化のなかで、生まれ育った風土の生々しい力から生きる意味を引きだすとともに、にもかかわらず、風土の力を超越しているようにみえる、そんな典型的人物像になりおおせたことにある。この特色こそ、カミュを縦横無尽に脱神秘化したコナー・クルーズ・オブライエンが、その著書の終わりのほうに登場する記述のなかで、説得力あるかたちで主張していたことだった。オブライエンの本は、同じ《現代の巨匠》シリーズのなかに収められたレイモンド・ウィリアムズのオーウェル論と多くの点で似ている。オブライエンはいう――

彼と同時代のほかのヨーロッパ作家とくらべてみると、おそらく、彼ほど、彼自身の世代と次の世代の、想像力、ならびに道徳・政治意識に、ふかい刻印を残した作家はいないだろう。彼のもつ強烈なヨーロッパ性というのは、彼がヨーロッパの辺境に属し、外部の脅威を自覚していたからである。この脅威もまた彼をからめとろうとした。彼は拒んだが、内的葛藤がないわけではなかった。

カミュにくらべたら、ほかのどの作家も、たとえコンラッドでさえも、非西洋世界との関係のなかで西洋の意識と良心の代弁者とはなりえない。彼の作品の内的ドラマは、西洋と非西洋との関係が、つのりゆく圧迫のもと、つのりゆく苦悶のなかで、発展をとげたものにほかならない[195]。

カミュの代表作とアルジェリアにおける植民地状況とのあいだのつながりを、手際よく、さらには情け容赦なく、暴いたあと、オブライエンは追及の手をゆるめてしまう。カミュを、「ヨーロッパの辺境」に属していた人間としてみるオブライエンの考えかたには、抽象論への巧妙なすりかえがある。なにしろ、フランスやアルジェリアやカミュについてまがりなりにも何かを知っている人間なら――たしかにオブライエンはそのような人間らしいが――、植民地とのつながりを、よもやヨーロッパとその辺境との関係にすりかえるようなまねはしないからだ。また同じく、コンラッドとカミュは、「西洋意識」といった、いかにもうすっぺらなものの代弁者のみならず、非ヨーロッパ世界における西洋の支配の代弁者でもあった。コンラッドは、「地理と探検家たち」と題されたエッセイのなかで、このけっこう抽象的な観点を説得力あるかたちでもって説明している。コンラッドはイギリスの極地探検の偉業をほめたたえたあと、みずからの「好戦的な地理」を話題にして議論をむすんでいる――「アフリカのまだ白紙の心臓部《ハート》のまんなかに、わたしの指をおいて、ここにわたしは宣言した、いつの日にか、わたしはそこにゆくだろう、と」[196]。もちろん、のちに彼はそこにゆく。そしてその身振りの愚劣さを、修正することになるだろう――『闇の奥』という作品によって。

　オブライエンとコンラッドが苦心惨憺して記述せんとした西洋植民地主義とは、まず第一に、ヨーロッパ辺境を超えて、べつの地理的空間のなかへと侵入することであり、第二に、それは非歴史的な「西洋意識……それも非西洋世界との関係からみた西洋意識」に固有のものではないということである（アフリカあるいはインドの原住民のほとんどは、自身の背負った苦しみを、「西洋意識」ではなく、特定の植民地実践、すなわち奴隷制とか土地接収とか残酷な軍隊に関係するものと考えていたのだが）。西洋の植民地主義に特有なことは、フランスやイギリスがみずからを「西洋」と呼び、そしてこの「西洋」が、おおむね低開発で停滞した「非西洋世界」の従属的・劣等民族と対峙するような、そうした関係性の枠組みを念入りにこしらえたことであった[197]。

　オブライエンの著作にみられる省略と圧縮表現――それ以外の点で彼の著作はカミュに対する辛口の分析なのだが――は、オブライエンがカミュを困難な選択に直面した苦悩する芸術家個人として扱っていることに起因する。オブライエンによれば、アルジェリア戦争中にフランスの政策に異議を唱えることは、サルトルやジャンソンにはいともたやすい選択だった。ところが彼らとちがい、カミュはフランス領アルジェリアで生まれ育ち、のちに彼がフランス国内で暮らしはじめてからも、家族はアルジェリアにとどまっていたため、ＦＬＮ〔アルジェリア民族解放戦線〕との闘争に関わることは、生死がかかった問題であった。たしかに、こうしたオブライエンの主張の多くは、なるほどと思わせる。それでもなお、受け入れがたいところがあるとすれば、それは、オブライエンがカミュの苦悩を、「西洋意識」という象徴的な地位にまで高めてしまうことである。この「西洋意識」という器には、個人的な共感とか内省行為を盛ることができるものの、それ以外のものはすべて排除されてしまうのである。

　またさらにオブライエンはカミュの個人的体験の特権的な特殊性を強調することで、彼がカミュの周囲に想定した困難な状況から、カミュを救出してしまう。この戦術によって、カミュは普遍的存在へとかわり、わたしたちがカミュに共感しやすくなるらしいのだ。アルジェリアにおけるフランス人〈植民者《コロン》〉の集団としての行動が不幸なことにどれほどひどいものであっても、カミュにその責任を押しつけるべき理由などどこにもない。アルジェリアでもっぱらフランス人として育てられたからといって（この間の事情は、ハーバート・ロットマンの伝記に詳しい[198]）、彼は戦前にちゃんと、その地の悲惨（そのほとんどがフランスの植民地主義に起因した）に関する報告を書いている[199]。カミュとは、道徳なき状況における道徳的人間なのだ。そしてカミュが焦点をしぼったのは、社会的設定のなかでの個人の運命である。これは『異邦人』にあてはまるだけでなく、『ペスト』や『転落』にもあてはまる。カミュが称賛するのは、自己認識であり、いたずらに理想を追わぬ冷静沈着な成熟した生きざまであり、悪しき状況のまっただなかでもゆるぎなき道徳意識を失わないことである――云々。

　しかし、ここで方法論上の問題点を三つ列挙しておかねばならない。まず最初になすべきは、『異邦人』（一九四二）や『ペスト』（一九四七）それに『追放と王国』の総題のもとに集められたきわめて興味ぶかい短編群（一九五七）の舞台としてカミュが選んだ場所について、また、それと同時に、その地理的選択について、問いかけそして脱構築することである。なぜアルジェリアが物語の舞台なのか。物語の基本的な枠組み（『異邦人』と『ペスト』の場合）からすれば、舞台はフランス国内のどこか、あるいはもうすこし特定すると、ナチス占領下のフランスのどこであってもかまわないはずだ。オブライエンはさらに先まですすみ、次の点に留意している。選択はけっして偶然ではないこと、物語の大半は（たとえばムルソーの裁判のように）フランス支配をひそかに、あるいは無意識のうちに正当化するものか、さもなくばフランス支配のうわべを飾ろうとするイデオロギー的試みであるかのどちらかであること[200]。ただし、芸術家個人としてのカミュと、アルジェリアにおけるフランス植民地主義のあいだに連続性をうちたてようとするなら、カミュの物語そのものが、カミュ以前の、もっとあからさまに帝国主義的なフランスの物語と、そもそもむすびつけられているのかどうか、またそのような物語から、なにか有利なものを引きだしているのかどうかを、わたしたちは問うてみなければいけない。一九四〇年代から一九五〇年代にかけて活躍した魅力的な孤高の作家としてのカミュを起点にして、アルジェリアにおける一世紀におよぶフランス支配をもふくむようなかたちで歴史的視野を拡大するなら、わたしたちは、彼の物語の形式ならびにイデオロギー的意味のみならず、彼の作品がどの程度まで、アルジェリアでのフランスの植民地事業の本質を屈折させ、言及し、強化し、より正確に描出しているのかについて、もっとよく理解できるはずである。

　二番目の方法論上の問題は、この広い視野には、どのようなタイプの証言が必要なのかということ、そして、これに関連した問題として、誰が解釈をおこなうかということである。歴史家肌のヨーロッパ人批評家は、カミュが表象するものを、ヨーロッパの危機が大きな分岐点にさしかかろうというときに悲劇的な停滞をよぎなくされたフランス的意識であると考えそうだ。カミュは〈植民者《コロン》〉の入植事業が一九六〇年（カミュ死去の年）以後も改善され継続されるだろうと信じていたようだが、二年後フランスがアルジェリアの所有を放棄したことから、彼が歴史的趨勢を見誤っていたことは歴然としている。カミュの作品が同時代のアルジェリアに言及しているとき、彼の全般的関心は、フランス－アルジェリアの現状であって、長期的展望にたった、両者の運命の劇的変化ではなかった。例外的瞬間をのぞけば、彼は歴史を、たいてい無視するか軽んじている。しかし、フランス人の存在が権力の暴力的行使の日常とむすびついていたアルジェリアにおいて、アルジェリア人が、歴史を無視したり軽んずることはないだろう。たしかに、ほとんどのアルジェリア人にとって、一九六二年は、一八三〇年のフランス人到来にはじまる長く不幸な歴史の終焉であり、新しい時代の輝かしい始まりであったにちがいない。そのため、カミュの小説を解釈することは、ただたんに作者の精神状態をわたしたちに伝えてくれる小説を解釈するということだけでなく、アルジェリアにおいて、アルジェリアをつくりそれを維持しようとしたフランスの営為の歴史に介入することにもつながるのだ。アルジェリアの歴史に関するカミュ的総括と前提は、独立以後にアルジェリア人が書いた歴史記述とつきあわせてみなければ、アルジェリアの民族主義とフランスの植民地主義との衝突についてのバランスのとれた理解は望めないだろう。そうなると、カミュの作品は、フランスの植民地事業そのもの（なにしろ彼の書くものはどれも、フランスの植民地事業を永遠のものとみているのだが）だけでなく、アルジェリアの独立に真っ向から反対する勢力の両方と、歴史的にみて養子縁組的《アフィリエイト》に関係づけられるとみなすのが妥当となるだろう。このアルジェリア的展望こそ、カミュによって隠蔽されたり当然視されたり否定されたりした局面を、解き放ち、白日のもとにさらすかもしれないのだ。

　最後に、カミュの極度に凝縮されたテクストの特徴ともなっている細部への眼差し、禁欲的な無関心、執拗な描写に着目することに、決定的に重要な方法論上の価値があることを指摘したい。読者はカミュの小説を往々にして、フランスについて書かれたフランス小説とむすびつけがちだ。カミュの小説が、たとえば『アドルフ』〔バンジャマン・コンスタンの小説（一八一六）〕とか『三つのコント』〔フローベールの短編集（一八七七）〕といった著名な先達から受けついでいるかにみえる言語や形式のせいだけではない。いかにもとってつけたようなアルジェリアという場所が、小説における身近で逼迫した道徳的問題と、必然的なつながりがないように思われるからでもある。彼の小説は、それが上梓されてからほぼ半世紀を経ようかという現在もなお、人間の条件についての寓話へと安易に置き換えられている。たしかにムルソーが殺すのはアラブ人となっている。けれどもこのアラブ人には名前がない。父親や母親のみならず経歴すらないようにみえる。たしかに、オランでペストに倒れる人びとはアラブ人ということになっている〔オランはアルジェリアの港町で『ペスト』の舞台〕。しかし彼らにも名前がないし、物語の筋立てのなかで前面に押しだされるのは、フランス人のリウーでありタルーである。また、なんであれテクストに存在しているものの豊かさをひきだすべくテクストを読むべきであって、テクストから排除されたもの――それがあるとしても――を求めてテクストを読むべきではないと、わたしたちは語りがちだ。けれども、わたしは主張したい。カミュの小説の細部から、かつてはカミュの小説とは無縁だと思われたものを見いだすことができる、と――無縁だと思われたものとは、一八三〇年に開始され、その後、カミュの生きていた時代ならびにカミュのテクストの構成そのものにまで流れこんだ、きわだってフランス的な帝国主義支配の現実である。

これは失われたものを取り戻す解釈ではあるが、復讐を意図してはいない。ましてや、わたしは事後的にカミュを非難しようというわけではない。たとえば『アルジェリア通信』に収録されたさまざまな小品のなかでカミュが苦心惨憺して説明しようとしたアルジェリアの現実を、カミュは小説のなかで隠蔽していることはたしかだが、それを非難しようとは思わない。わたしがおこないたいのは、フランスが体系的に構築したアルジェリアの政治地理――完成するのに何世代にもわたる年月を要したのだが――のなかの一要素として、カミュの小説をたちあがらせることだ。そうすることでカミュの小説が、アルジェリアを表象しそこに住みつきそれを所有する政治と解釈に関する競争について、簡にして要をえた概観を提供していることがみえてくる。ちなみに競争相手となるイギリスは、まさに同じ時期、インドを手放そうとしていた。カミュの小説を支えているのは、時期を逸した、ある点では、力を奪われた植民地的感性であり、この感性が帝国主義的身振りを、ヨーロッパにおいてとうに盛りをすぎたリアリズム小説のなかで、その形式にのっとって、上演したといえようか。

〈典拠〉として、わたしが使おうと思うのは、「不貞」“La Femme adultère”〔『追放と王国』所収〕の末尾近くにあらわれるエピソードだ。アルジェリアの田舎の小さなホテルで眠れぬ夜をすごす主人公ジャニーヌは、夫をベッドに残したまま外にでる。彼女の夫は、かつては前途有望な法科学生だったが、いまでは、しがない旅回りのセールスマンである。この夫婦は長く疲れるバス旅行のはてにようやく目的地にたどりつく。夫はその地でアラブ人の得意先まわりをする。バス旅行のあいだジャニーヌが感銘をうけるのは、現地のアラブ人たちの、寡黙な慎みぶかさであり、つかみどころのなさである。彼らアラブ人たちは、そこにあって当然の自然の風物とほとんどかわりなく、彼女が精神的な動揺を感ずるとき、彼らの存在はきれいさっぱり忘れさられてしまう。ジャニーヌが夫を残してホテルをでると、夜警にアラビア語で呼び止められる。彼女にはアラビア語は理解できないらしい。物語のクライマックスは、ジャニーヌと空と砂漠との、瞠目すべき、ほとんど汎神論的といえるほどの精神的交流である。わたしのみるところ、カミュの意図は、あきらかに女性と地理との関係を、性的な関係として提示することにあった。彼女と夫とのいまやほぼ無きに等しい関係にとってかわるのが彼女と地理との関係なのだ。物語のタイトルのなかで言及されているのは、この地理的世界との不貞なのである。

彼女はそれらとともに回転し［それらとは、夜空の星々のことで、カミュは「ある種の回転運動によって動く」と描写している」、止まっているかにみえるゆるやかな歩みは、すこしずつ、彼女を彼女の存在の核と一体化させた。存在の核のなかでは、いまや、寒気と欲望とがせめぎあっている。彼女の前で、星々は、ひとつまたひとつと、数珠つなぎになって落ちてゆき、砂漠の石のあいだに呑みこまれた。そしてそのつどジャニーヌは自分をすこしずつ夜へと開いた。ふかく息をすいこみ、彼女は忘れていった、寒さを、他のすべての存在の不必要な重みを、生活の狂気あるいは息苦しさを、生きることと死ぬこととのあいだの長い苦悶を［le poids des êtres, la vie dementé ou figée, la longue angoisse de vivre et de mourir］。長い年月、恐怖から狂ったようにあてもなく逃げまわったあげく、彼女はようやく立ちどまる。と同時に、彼女は自分の根をみつけたように思われた。そして樹液が大地から彼女のなかにたちのぼってきた。それは、胸壁に身体をおしつけ、動く空のほうに身をのりだしている彼女のなかに満ちてきた。彼女は胸のときめきがおさまり、静謐が自分を満たすのをただ待っていた。星座の最後の星々が、その群れを、すこしずつ地平へと落とし、じっと動かなくなった。それから耐えがたい優しさとともに、夜の水がジャニーヌを浸しはじめ、冷気を呑みこみ、彼女の存在の隠れた核から次第に滲みでながら最後には、うめきに満たされた彼女の口へとあふれでた［l'eau de la nuit...monta peu a peu du centre obscur de son être et deborda en flots ininterrompus jusqu'à sa bouche pleine de gemissements］。次の瞬間、空全体が彼女をおおうようにして、彼女を冷たい大地へとおし倒した。(201)

ここでもくろまれている効果とは、ジャニーヌが現在の生活の無味乾燥な物語から逃れ、この短編集のタイトルにもなっている王国へと参入する、その特異な瞬間を読者に体験させることにある。この短編集の重版にカミュが添付することを望んだ覚書によれば、「王国とは……わたしたちが最終的に生まれ変わるために発見すべき自由な虚飾なき生の謂である」[202]。彼女の過去と現在は彼女の手からこぼれ落ちる。それと同じように、他のすべての存在のアクチュアリティもこぼれ落ちる（ちなみに引用のなかで le poids des êtres をジャスティン・オブライエンは「他の者たちの不必要な重み」と意味ありげな誤訳をしている）。この一節のなかでジャニーヌは「ようやく立ちどま」り、静止し、生気のみなぎりをおぼえ、この空と砂漠のおりなす一画との精神的交流に開かれ、ここに（短編集に収録された六篇を解説するためにカミュが付した解説的覚書の言いまわしにならうと）〈アルジェリア在住フランス人〉にして〈植民者〉である彼女が、自分の根を発見するのだ。彼女の真のアイデンティティ、あるいは、アイデンティティになるかもしれないものの何たるかは、この一節の後半で、彼女が見紛うことなき性的絶頂感に到達したときにあらわれる。カミュがここで語る「彼女の存在の隠れた核」とは、曖昧模糊としていわくいいがたい何かがあるのだという、彼女自身のみならずカミュもいだいている意識を暗示している。こうなるとアルジェリアに暮らすフランス人であるという彼女の背負う歴史は問題ではなくなる。というのも彼女は、これに付随して起こる出来事のなかで、この特定の大地と空に、じゃまされることなくじかに接することができたのだから。

『追放と王国』のなかの短編（パリ在住の芸術家をめぐる長たらしく面白みもない寓話を除くと）は、みなそれぞれ、非ヨーロッパの歴史と直面してきた人びとの追放物語となっている（四篇はアルジェリアが舞台であり、残り二篇はパリとブラジルが舞台である）。この非ヨーロッパの歴史は、どれも、およそ不快なものので、凶暴な面さえのぞかせるのだが、そのなかで追放された人物たちは、束の間、安息の瞬間に、牧歌的な隠遁に、詩的に成就される自己実現に到達する。そのなかで「不貞」と、もうひとつブラジルを舞台にした物語――ここでは、あるヨーロッパ人が、犠牲と社会参加をとおして現地の人びとから、死んだ彼らの仲間として、親密なサークルに受け入れてもらえるようになる――が暗示しているのは、カミュが、ヨーロッパ人も海外領土とゆるぎない満足のゆく一体化を達成できると信じたかったということだ。「背教者」では、ある宣教師がアルジェリア南部の部族に捕らわれ、舌を切断される（ポール・ボウルズの短編「遠い挿話」と、ぞっとするくらいよく似た話だ）。その後、この部族のなかに身をおいた宣教師は熱狂的な同志となって、フランス軍の待ち伏せ襲撃に参加する。あたかも、原住民化する《ゴーイング・ネイティヴ》ことは不可能にちかい、もし可能ならば、それは、アイデンティティの喪失、それも病み、最終的には受け入れがたい喪失をもたらす切断なくしてはありえない、とでもいうかのように。

このカミュの比較的後期（一九五七年）の短編集『追放と王国』（ただし、おのおのの短編の発表時期は、一九五六年出版の『転落』の前後だが）と、一九五八年出版のカミュの『アルジェリア通信』に収録された文章であつかわれた時期とは、ほんの数か月しか隔たっていない。『追放と王国』のなかのいくつかの文章は、初期の『結婚』――アルジェリアの生活を描写したカミュの数少ない風土的作品のひとつ――にみられるリリシズムや抑制のきいたノスタルジアを彷彿とさせるものがあるけれども、物語のどれにも、つのりゆく危機に対する不安がにじみでている。ここで念頭におくべきは、アルジェリア革命が公式に宣言され開始されたのは一九五四年十一月一日であるということだ。フランス軍によるアルジェリア市民虐殺事件であるセティフの虐殺は一九四五年五月に起こっていた〔対独戦勝記念日にこの町でおこなわれたデモに警官隊が発砲、その後一週間にわたって弾圧がつづき、二万から三万のアラブ人犠牲者がでたといわれている〕。そしてそれをさかのぼる数年間（これはカミュが『異邦人』の構想を練っていた時期でもあるが）は、フランスによる植民地化に対するアルジェリア民族主義の長く血塗られた抵抗運動をいろどる事件があいついだ時期でもあった。カミュの伝記作者たちがこぞって、カミュはアルジェリアでフランス人の若者として成長したと語っていても、カミュのまわりにはいつも、フランス－アルジェリア闘争のしるしがあふれていた。そうしたしるしのほとんどを、カミュは見てみぬふりをしたか、晩年のように、それを、アルジェリアのムスリム原住民とアルジェリアの領有を争うフランス人の特異な意志のあらわれとして悪びれることなく翻訳し、イメージ化し、そして地理的に把握しようとしたのである。一九五七年にフランソワ・ミッテランが上梓した本『フランスの存在と放棄』は、次のようにあからさまに述べていた――「アフリカなくして二十一世紀のフランスの歴史は存在しないであろう」[203]と。

カミュを、カミュが生きたアクチュアルな歴史のほとんどすべて（けっして、その一部ではなく）のなかに対位法的に位置づけるには、カミュのフランスにおける真の先行者たちの仕事のみか、独立後のアルジェリアの小説家や歴史家や社会学者や政治学者たちの仕事をも考慮しなければならない。今日でもなお、容易に見抜くことができる（そして執拗な）ヨーロッパ中心主義の伝統が解釈の場にも残っており、カミュ（そしてミッテラン）がアルジェリアに関してみようとしなかったことを、またカミュと彼の小説の登場人物たちがみようとしなかったことを、いまなおみようとしていないのだ。カミュが晩年に、アルジェリア独立をもとめる民族主義者たちの要求に、公然と、しかも断固たる姿勢で反対したとき、彼はただ、芸術家としての経歴の最初から示してきたアルジェリア表象をくりかえしたにすぎなかった。違いはというと、その言葉づかいが、スエズ問題に対する英仏の公式見解のレトリックと、うんざりするほど似ているということだ。「ナセル大佐」について、アラブとイスラム帝国主義について彼がおこなった論評〔「アルジェリア一九五八年」〕は、わたしたちにとって目新しいものではない。けれども彼がそのテクストのなかで披瀝した、アルジェリアに関する妥協を排した厳しい政治的見解は、彼のこれまでの文章の、赤裸々な政治的要約にみえてくる――

アルジェリアに関するかぎり、民族の独立は、情熱以外に根拠をもたないお題目のようなものである。いまだかつて、アルジェリア人の国というものはなかった。この潜在的な国家の指導権については、アラブ人だけでなく、ユダヤ人やトルコ人やイタリア人やベルベル人だって要求できる資格をもっている。現状では、アラブ人だけがアルジェリア全体を構成しているのではないのだ。フランス人入植地の広さと古さは、歴史上で類をみない問題を提起するのにじゅうぶんなものがある。またアルジェリアのフランス人は、語のもっとも強い意味において原住民である。おまけに純粋にアラブ人だけからなるアルジェリアは経済的独立を達成できないだろう。経済的独立なくして、政治的独立など絵に描いた餅である。これまでのフランスの努力が不十分なものであったとはいえ、問題は広範囲におよび、これを目の当たりにしたら、他のどんな国も今日、みずからすすんで責任をとりたいなどとは思わないであろう[204]。

皮肉なことに、カミュが、その小説であれ論説であれ、物語を語るところではどこでも、アルジェリアにおけるフランスの存在は、外的物語、つまり（ジャニーヌのように）いかなる時間にも解釈にも左右されない本質として演出されるか、さもなければ、歴史として語る価値のあるたったひとつの歴史として演出されるかの、いずれかである（これは同じく一九五八年に出版されたピエール・ブルデューの『アルジェリアの社会学』とは、姿勢と語調の点で、なんと異なることか。ブルデューの分析はカミュの貧弱な公式見解を排し、植民地戦争を、ふたつの社会の争いの結果として、率直に語っているのだから）。カミュの頑迷固陋さは特筆にあたいする。まさにそれゆえに、ムルソーが殺すアラブ人の出自は空白で不在なのだ。また、だからであろう、オランでの悲惨な状況は、アラブ人の死（結局、人口統計からすれば、アラブ人の死が圧倒的に多いのだが）よりも、フランス人の意識とむすびつけられるのだ。

したがって、こう述べるのが正確というものだ。すなわちカミュの物語は、アルジェリアの地理に対して、かたくなにみずからの存在論的優先権を主張していたのだ、と。アルジェリアにおけるフランス植民地事業の膨張について、まがりなりにも知っている者にとって、フランス側のこの種の主張は、一九三八年にアルジェリアではアラビア語を「外国語」あつかいにするとしたショータン首相の宣言と同じくらい荒唐無稽なものである。カミュは、こういう主張に口あたりのよい半透明のオブラートをかぶせ、長く流通するようにした張本人だとしても、主張そのものは、カミュに特有のものというわけではない。彼はただ、アルジェリアに関する植民地主義的言論の長い伝統のなかではぐくまれてきた紋切り型の思想を受け継ぎ、無批判に受け入れたまでである。この間の事情は、カミュの読者や批評家たちから忘れられたか、無視されたかのいずれかである。ほとんどの読者や批評家にとって、カミュの作品を「人間の条件」を語る実存主義的なものとして解釈するほうが、ずっとたやすいことなのである。

フランス植民地について、カミュの読者や批評家がいだいていた多くの共通した諸前提がどのようにもたらされたか、それを知るためのすぐれた手がかりとして、第一次世界大戦から第二次世界大戦直後の一時期までのフランスの教科書を概観した、マニュエラ・セミデイのみごとな研究をあげることができる。彼女の調査によれば、教科書のなかで、フランスの植民地は第一次世界大戦以後、着実に重要な役割をになわされ、「列強」の植民地史における「輝かしい数々のエピソード」が語られるとともに、あわせて、フランスの植民地事業の叙情的描写、植民地が樹立した平和と繁栄、原住民に恩恵をもたらしたさまざまな学校や病院施設などが語られた。ときおり暴力の行使についての言及があるものの、それらは、奴隷制度と専制体制を消去するというフランスの素晴らしい全体計画のなかでかすんでしまう。植民地のなかでも北アフリカが脚光を浴びるが、セミデイによれば、植民地がいつか独立するかもしれないという可能性は一考だにされていない。一九三〇年代の民族主義運動は「やっかいな問題」ではあっても、植民地体制をゆるがす深刻な運動とはみなされなかった。

セミデイが着目しているように、両大戦間の学校教科書は、フランスの植民地支配をひいきしてもちあげ、イギリスの植民地支配にまさるとし、フランスの支配が、イギリスの支配にみられる偏見や人種差別とは無縁であることを示唆していた。一九三〇年代までに、このモチーフはいやというほどくりかえされる。たとえばアルジェリアにおけるフランス側の暴力が言及されることがときおりあっても、それを伝える語りかたが、その衝撃をやわらげる。いわく、原住民の「狂信的姿勢と略奪好み」[205]ゆえに、フランス軍もやむをえず不愉快な暴力を行使しなければならなかったのだ、と。しかも、いまや、アルジェリアは「新しいフランス」になった、繁栄し、優秀な学校や病院ができ、道路も完備されたのではないか、と。いや、独立後も、フランスの植民地の歴史は、本質的に建設的で、フランスとフランスの以前の植民地のあいだの「兄弟愛的」つながりの基礎をきずいたものとみなされるのだ。

闘争のいっぽうの側しか、フランス人の読者には重要ではないらしいので、あるいはまた植民地事業と原住民の抵抗によって織りなされる激しくダイナミックな関係が、ヨーロッパの主要な伝統にみられる魅力的なヒューマニズムから困ったことに逸脱するために、これまでの主流となってきた解釈にのっかる理由が、あるいはこれまで構築されたものや、これまでのイデオロギー的イメージを受け入れる理由が、どうしても見いだせないのである。いや、そればかりか、わたしはこうも言おうと思っている。カミュのもっとも有名な小説は、アルジェリアに関するフランスの膨大な言説を、とりこみ、頑迷なまでに反復し、そして、多くの点で、そうした言説に依存しているがゆえに、彼の作品は、より興味ぶかいものとなり、その逆ではないのだ、とも。彼の晴朗な文体、彼が赤裸々に描く苦悶にみちた道徳的ジレンマ、彼があれほど周到にしかもアイロニカルな距離をたもちつつ扱った人物たちの過酷な個人的な運命、こうしたものすべてが、アルジェリアにおけるフランス統治の歴史を、利用し、また、じっさいに蘇えらせているのである――計算づくで、しかも良心の呵責や同情を驚くほど欠いた冷酷な姿勢によって。

地理と政治闘争との相互関係を、カミュの小説はサルトルによって「不条理の風土」[206]をもたらすものと絶賛されたところの上部構造によって覆い隠してしまうので、この相互関係をもう一度よびさます必要がある。『異邦人』も『ペスト』も、アラブ人の死を扱っている。だがアラブ人の死によって照明があてられ、暗黙のうちに強調されるのは、フランス人の登場人物が陥っている良心と自己反省の苦境でしかない。おまけにカミュがかくも活き活きと描く市民社会の構造――市役所、法制度、病院、レストラン、クラブ、娯楽、学校など――は、非フランス系住民を統治しているにもかかわらず、どれもこれも、まったくフランス的なのである。アルジェリアの市民社会に対するカミュの描き方と、フランスの学校教科書の扱い方は、唖然とするほど一致する。彼の小説や短編が物語っているのはフランスの勝利であり、いっぽうムスリムの住民は、アルジェリアの土地の所有権を軽んじられ、弾圧され、数も減らされたのである。カミュは、このようにフランスの優越性を確認し、確固たるものにするなかで、アルジェリアのムスリムを相手にフランスが百年以上にもわたって展開した統治権争いについては、論ずることも反論することもしていないのである。

葛藤関係の中心にあるのは軍事的闘争であり、その最初の大物といえるのはテオドール・ビュジョー元帥と、エミール・アブドゥル・カーデルのふたりである。前者は、厳格なフランス軍人で、アルジェリア住民には、徹底して峻厳な宗主国的施政を主張、これを一八三六年から規律強化を目的として開始、およそ十年後には、民族殲滅と広大な領土没収をめざす政策をとるにいたる。後者は、スーフィー教徒の神秘主義者にして、果敢なゲリラ戦士でもあり、はるかに強力で近代的な侵略軍を相手に、たえず軍隊を組織し、改良し、戦いへと投入した。当時の記録——ビュジョーの書簡や宣言や布告（これは『異邦人』が出版されたのと同じ頃に編まれ出版された）であれ、アブドゥル・カーデルのスーフィー教の詩集（ミシェル・チョドキエヴィッチによって編集され仏訳された[207]）であれ、あるいは、かつてFLNの幹部であり独立後はアルジェリア大学教授となったモスタファ・ラチェラフがフランス人の日記や書簡から再構築した、征服の心理学であれ[208]——を読むと、わたしたちには、なぜカミュがアラブ人の存在の消去を避けられないものとみなしたのか、そのダイナミックなからくりのようなものがみえてくる。

ビュジョーとその幕僚たちによって断行されたフランスの軍事政策の核は、〈ラジア〉すなわち報復的襲撃であり、これはアルジェリア人の村や家や収穫物や女性や子どもに対して向けられたものだった。「アラブ人には」とビュジョーは語っている、「種蒔や収穫や家畜の放牧をゆるしてはなるまい[209]」と。ラチェラフは研究のなかで、フランス人士官が詩的高揚感を折りにふれて記している例を紹介している。彼らにしてみれば、〈ラジア〉では、道徳とか必要性にしばられることなく、とことん〈殲滅戦〉に没頭できたからだ。たとえばシャンガルニエ将軍は、麾下の師団にあたえられた心地よい気晴らしについて語っているが、その気晴らしとは、平和な村を襲撃することなのだ。この種の活動は、将軍によれば、聖書の記事から教えられたもので、ヨシュアやその他の指導者たちは「まったくあきれるほどのラジア」を部下に命じているのに、そのくせ神から祝福されていたというわけだ。破壊、殲滅、容赦なき残虐行為は、神によってそれが正当化されているだけでなく、ビュジョーからサランへとおうむ返しのように受け継がれた言葉を借りれば「アラブ人は残虐な行為によってしか、肝に命じさせることができない[210]」から、やむをえないということになった。

ラチェラフによれば、フランスの軍事行動は、その初期の数十年間で、目的——アルジェリアの抵抗運動の阻止——をはるかに越えて、理想的な行動という地位を獲得するにいたる[211]。この軍事行動のもうひとつの面が、ビュジョー自身、疲れをしらぬ熱意をもって表明しているように、植民地化であった。アルジェリア滞在も残りわずかとなった頃、ビュジョーは書簡のなかで、ヨーロッパからの移民たちが抑制も理性もかなぐり捨ててアルジェリアの資源を食いつくしている点を怒りにかられてこぼしている。彼はいう、植民地化を軍隊にまかせるか、さもなければ、失敗にゆだねるか、と(212)。

なるほど、バルザックからプシカリやロチにいたるフランス小説を貫いている静かなテーマのひとつが、アルジェリアの搾取であり、それと、開かれた地アルジェリアを、そこに利益が約束されるか期待できそうなら、思いつくかぎりどんなことでも許されるとみた無節操な個人がおこなう不法な経済行為というスキャンダルであった。こうした世相に関する忘れがたい肖像は、ドーデの『タルタラン・ド・タラスコン』とモーパッサンの『ベラミ』のなかに見いだすことができる（どちらの作品も、マルチーヌ・ルフィの慧眼が光る『文学と植民地主義』のなかで言及されている(213)）。

フランスによるアルジェリア破壊は、いっぽうで押し止めようもないかたちで進行しつつも、またいっぽうではフランスの新政策の形成に寄与していた。この点に関して、一八四〇年から一八七〇年にかけての同時代の証言は一致している。たとえばトクヴィルは、アメリカにおける黒人や土着のインディアンに対する政策をきびしく批判しているくせに、ことアルジェリア問題になると、ヨーロッパ文明の進行の見地からすれば、ムスリムの〈住民〉への残虐行為もやむなしと信じていた。その観点によれば、全面的な征服はフランスの偉大さを証明するものとなる。トクヴィルにとって、イスラムは「寡頭政治、女性の監禁、政治生活の不在、専制的独裁体制——人びとに忍従を強い、家庭生活のなかにだけしか満足を見いだせないような体制(214)——」と同義であった。そしてトクヴィルは原住民を放牧民と考えていたため、こう信じていた——「こうした部族を根絶やしにするには、あらゆる手段がこうじられなければならない。国際法と人道的見地から禁じられる手段に訴えてはならないにしても」と。しかしメルヴィン・リクターが述べていることだが、「トクヴィルは自身が、人間的観点から賛意を表明していた〈ラジア〉の過程で、何百万というアラブ人がいぶり殺されたことが一八四八年に発覚したとき」沈黙した。[215]「不幸な必然」と考えたのかもしれないが、「半ば文明化された」ムスリムがフランス政府にに対し感謝すべき「よき統治」の正体がこれだったのだ。

現在、北アフリカの指導的歴史家のひとりアブドゥラ・ラルイにとって、フランスの植民地政策は、アルジェリア人国家そのものを破壊することしか意図しなかった。アルジェリア国民というものはかつて存在しなかったとカミュが宣言した裏には、フランスの政策による徹底した破壊が、すべてをきれいさっぱり清算してくれるという前提があったはずだ。けれども、再三わたしが述べているように、ポストコロニアル的出来事の数々によって、わたしたちは、これまでよりも長い歴史にかかわる物語、そしてこれまでよりもっと包括的でごまかしのない解釈を要求されるようになった。ラルイはこう述べている――

一八三〇年から一八七〇年にかけてのアルジェリアの歴史は、虚言によってつくられた。植民者は、たてまえとして、アルジェリア人を自分たちと同じような人間にすることを望んでいた。けれども実際に彼らが望んでいたのはアルジェリアの土地をフランスの土地にすることだけだった。軍人は、地域の伝統や生活様式を尊重すべきものとされたが、しかるに彼らの関心は、最小の労力でいかに効率よく統治するかということだけだった。ナポレオン三世はアラブの王国を建設すると主張したが、これとはうらはらに、彼の構想の中心にあったのは、フランス経済の「アメリカ化」と、アルジェリアのフランス植民地化であった。[216]

ドーデ描くところのタルタランは、一八七二年にアルジェリアに来てみると、そこにあるべき「オリエント」の痕跡をほとんどみつけられず、かわりに、故郷のタラスコンをそっくりそのまま海外に移しかえたような光景をみつける。セガレンやジッドといった作家にとって、アルジェリアとは、彼ら自身の精神的問題――ジャニーヌがかかえていた問題――が、問われ、癒される、エキゾチックな場である。だから原住民などうでもよくなってしまう。原住民たちの用途とは、意志の行使――『背教者』におけるミシェルのみならず、マルローの『王道』（設定はカンボジアだが）における主人公ペルケンらの意志の行使――をうながすような、束の間のスリルやチャンスを規則的に提供することにあった。フランス人によるアルジェリアの表象は、たとえ、それがマレク・アルーラによる記念的な研究によって脚光をあびた粗悪なハーレムの絵はがきというかたちをとるにせよ[217]、あるいはファニー・コロンナとクロード・ブライミによっておこなわれた精緻な人類学的構築というかたちをとるにせよ[218]、あるいは、またカミュの作品が重要な例を提供してくれた感銘ぶかい物語構造というかたちをとるにせよ、どれもみな、その根源をたどれば、地理を書き換えるフランスの植民地実践の〈死の手〉にゆきあたるのである。

フランスの植民地言説が、どれほど深く感情的なものとなっているか、どれほど執拗な補修をうけているか、どれほど同化され制度化されたいとなみとなっているかを、わたしたちは、二十世紀初頭に地理的・植民地的思考を展開した著作のなかにもみることができる。たとえばアルベール・サローの『植民地の栄光と隷属』は、植民地主義のゴールを、人類の生物的統合、「人間の連帯」にあると宣言する。みずからの資源を有効に利用できない人種（たとえばフランスの海外領土の原住民たち）は、人間の家族へとひき戻さねばならない――「植民者にとって、これこそが、植民地所有行為の正しい形式となるべきである。これによって、所有行為から強奪という性格が消え、所有行為が人間的法の創造となるからである」[219]。ジョルジュ・アルディは『十九世紀から二十世紀における植民地政治と領土分割』において、大胆にもこう述べていた。植民地をフランスに同化吸収することは「霊感の噴出をうながし、創作意欲をかきたて、さまざまな植民地小説の登場をみたばかりでなく、多様な道徳的・心的形態へと作家の精神をひらいたので、作家たちに新しい心理探求の様式をためすよう勇気づけたのである(220)」と。アルディの本は一九三七年に出版された。アルジェリア大学の総長にして、植民地学校の名誉総裁でもあったアルディは、無気味なくらい断言的な言葉づかいからわかるようにカミュの直前にいた先駆者といえるだろう。

したがってカミュの小説と短編が正確に抽出してみせたのは、フランスによるアルジェリア領有に関する伝統や用語法や言説戦略なのである。この大がかりな「感情の構造」にカミュは精緻な潤色をほどこし、最終的に進化させた。しかし、この構造を見抜くためには、わたしたちはカミュの作品を、植民地主義のジレンマに対する宗主国側による変形行為のひとつとみなければいけない。カミュの作品が表象しているのは、フランス人読者にむけて書いている〈植民者〉の文章、それも、その個人史がフランスの南方領土と密接にむすびつけられ、それ以外の場所で起こった歴史など、意味をもたない〈植民者〉の文章なのだ。けれども、土地とのむすびつきを祝福する儀式——アルジェリアではムルソーによって、オランの城壁の内部に閉じ込められたタルーとリウーによって、あるいはサハラ砂漠の夜営地ではジャニーヌによって挙行されるこの儀式——は、皮肉なことに、読者のなかに、なぜそのような行為をおこなうのかという疑念をかきたてる。過去のフランスの暴力行為が、このように思いがけず喚起されるとき、この儀式は、生存——それも、もうその時点で、どこにも行き場所がなくなっている共同体の生存——を記念する、切りつめられ高度に圧縮されたひとりよがりの祝典という様相を呈してくるのだ。

ムルソーの苦境は、ほかの登場人物のそれよりも根源的である。というのも、たとえ欺瞞にみちた裁判

（ちなみに、コナー・クルーズ・オブライエンが正しく語っているように、フランス人はアラブ人を殺しても、このような法廷で裁かれたりしない）は、これからも存続するだろうと、わたしたちが想定しても、ムルソー自身は、すべての行き詰まりを知悉している。だから最後に彼は安堵と反抗とがあわさったものに到達する――「ぼくは正しかったし、いまもまた正しく、いつでも正しいのだ。ぼくはこんなふうに生きてきたが、ほかのやりかたで生きることもできただろう。ぼくはこのことをし、あのことをしなかった。ぼくは、ほかのことができたのにしなかった。そして、あとは？　自分が正当化されるこの瞬間、このほの暗い夜明けを、ぼくはこれまでずっと待っていたようなものだ[221]」。

ここにはいかなる選択肢も、いかなる代替案も、いかなる人間的代理物も存在していない。この〈植民者〉が体現するのは、彼の共同体が誇りうる真正の人間的いとなみと、そしてまた組織的な不正のうえに築かれている政治体制をかたくなに守ろうとする姿勢の、ふたつである。ムルソーの自虐的な自己確認のふかいところで、まさにこの特殊な歴史そのものから、そしてこの特殊な共同体そのものから、生まれるべくして生まれたことなのだ。最後に、彼は、自分のあるがままの姿を受け入れ、さらに、自分の母親が、養老院に閉じ込められているにもかかわらず、なぜ再婚しようとしたのか、その理由を理解する――「彼女は人生をふたたびはじめる演技をしたのだ……死を間近にしたママンは、そこで自分が解放されるのを感じ、すべてを生きなおしてみる気になったのだろう[222]」。自分たちは、ここでやったことをやったまでだ。だから、それをもう一度はじめから、やらせてもらおう。この感傷性をいっさい排した悲劇的な頑迷固陋さこそ、ひるむことなく次の世代を生み、再生産をくりかえさずにはいられない人間の業の象徴となる。カミュの読者が、『異邦人』に帰属させてきたのは、宇宙の無関心と人間の残酷さにひるむことなき禁欲的態度で向きあうという、解放された実存的人間の普遍的真実であった。

『異邦人』を、現実の地理的結節点――物語の軌跡がはじまった結節点――のなかに、もう一度置きなおすことは、とりもなおさず、作品を、歴史的経験の芸術的形式として解釈することである。イギリスにおけるオーウェル作品の人気がそうであるように、社会状況を語るときのカミュの平明な文体と気取らぬ報告口調は、うずくような複雑な矛盾を隠すものであった。この矛盾は、カミュが感じていたフランス領アルジェリアへの忠誠心を、人間の条件に関する寓話に――多くの批評家たちのように――潤色したところで解決できなかった。人間の条件、いまでも、カミュの社会的・文学的名声は、この人間の条件というテーマに依存している。しかし、フランスの領土強奪と政治的統治権を、それがアルジェリアのナショナリズムに対する共感も共通の認識をも遮断してきたことをみすえて判断し、次にそれを拒絶するという、もっと困難で挑戦的な選択肢は存在しないわけではなかった。このことを考えるとカミュをとらえていた制約は、もう救いようがないほど麻酔的なものだったようだ。同時代におけるフランスとアラブにおける脱植民地文学――たとえばジェルメーヌ・ティリオン、カテブ・ヤシン、ファノン、ジュネ――を参照してみると、カミュの物語は、力強いが否定的な役割しか演じていない。カミュの物語のなかで、植民地のいとなみの悲劇的で人間的な真摯さは、脱植民地化運動がそれを破壊する前の最後の光芒を発することになった。カミュの物語は、わたしたちがまだ完全には理解していないし、またそこから立ち直ってもいない、ある種の荒廃と悲哀を表現しているのである。

8　モダニズムについての覚書

いかなるヴィジョンといえども、いかなる社会システム同様、その領域全体に対してヘゲモニーを確立することはない。欧米の地球規模の帝国構築と折り合いよく共存していたか、もしくはそれを積極的に支援した文化テクストを研究する際、そうしたテクストを、十把ひとからげに断罪したり、さもなければ芸術としては退屈だが帝国主義的事業の一翼を複雑なしかたで担っていたと示唆するようなまねはしたくない。ここでのわたしの記述がとりあげるのは、ある意志、それも完璧に反論されなかったというのではなく、ただおおむね反論されず妨害もされなかったところの意志、すなわち海外領土にむけられた意志である。わたしたちは唖然とすべきなのだが、十九世紀の終わりまでに、ヨーロッパにおける植民地促進勢力は、姑息なかたちであれ民衆の支持を得てのことであれ国家を動かし、領土争奪競争をこれまでになく激化させ、いきおいこれまでになく多くの原住民を帝国事業に強制的に奉仕させたにもかかわらず、植民地帝国の本国では、この趨勢に歯止めをかけたり禁止しようという動きがほとんどなかったことである。とはいえ、つねに抵抗というものはある。たとえ抵抗が効果をあげられなくとも。帝国主義は、支配関係だけで説明しきれるものではない。帝国主義は膨脹という特殊なイデオロギーにも加担している。シーリーがいみじくも述べたように、膨張はたんなる傾向以上のなにかであり、「それはあきらかに英国近代史の重要な事実なのである」[223]。合衆国ではマハン提督が、フランスではルロワ゠ボーリューが似たような主張をおこなっている。そして膨張が、かくも絶大なる結果をともなって起こりえたのは、欧米においてこの任務を遂行するにたる力――すなわち軍事的、経済的、政治的、そして文化的な力――があればこそであった。

ヨーロッパならびに西洋が、非西洋を統禦するという基本的事実が、事実として、不可避なものとしてひとたび認知されると、錯綜し、かつ、いわせてもらうなら、反体制的な文化論が、無視できない頻度で生起しはじめた。だからといって、永続的な支配とか撤回不可能なゆるぎない現状に対する体制派の意識がそれですぐに攪乱されたというわけではないにしても、これがやがて西洋社会におけるきわめて重要な文化実践様式へとつながり、植民地における反帝国主義運動の発展において興味深い役割をはたすことになった。

アルバート・O・ハーシュマンの『情念の政治経済学』〔原題『情念と利益』〕の読者なら容易に思いだすにちがいない、ヨーロッパの経済的膨張にともなう学説論争が、著者の見解によれば、情念を抑え、世界を統治する方法としての利益を優先すべきであるという議論から発生し――そして基礎固めされた――ということを。この議論が優勢になると、十八世紀後半までに、それはロマン派による批判の恰好の標的となった。ロマン派は利益主導の世界のなかに、ロマン派が前の世代から受け継いだ、空虚で無味乾燥で利己的な状況のシンボルをみたのである[224]。

ここでハーシュマンの方法を帝国主義問題に敷衍してみよう。十九世紀後期になるとイギリスの帝国は世界で最大のものとなり、帝国擁護の文化的議論が勝利をおさめつつあった。帝国は、なんといっても、現実のものであり、シーリーが読者にむかって述べたように「ヨーロッパにおいて、われわれは……かなり強く確信しているのだが、西洋の文明の核を形成する真理の宝庫は、その豊かさにおいて、西洋の対抗馬であるバラモンの神秘主義を比較にならぬくらい凌ぐばかりでなく、旧ローマ帝国がヨーロッパ各国に伝播したローマ文化の啓蒙さえも凌いでいる」[225]。

この啞然とするほど自信にみちた言明のなかに、帝国に抵抗するふたつの現実が顔をのぞかせている。シーリーはそれらをむりやりひとつにして却下しているのだが。まずは帝国事業の対抗馬となる原住民（バラモンの神秘主義者）、そしていまひとつは、過去ならびに現在における他の帝国の存在。どちらの場合にも、シーリーはそれらに言及することで帝国主義の勝利のあとにくる逆説的な帰結をいちおう記録してはいるが、すぐに次の話題に進んでしまう。とまれこの場合、帝国主義が、ヨーロッパの世界規模の運命に関する政治的議論のなかで、利益優先原理と同じように定着し、規範として成立してしまうと、今度は皮肉なことに、それに反対する勢力からの誘惑、従属階級の非妥協的態度、帝国のゆるがざる支配に対する抵抗が、登記され浮上するのである。しかしかといって、こうした問題に対してシーリーは現実主義者として対処し、詩人として対処はしなかった、つまり帝国を高貴でロマンティックな存在とする返す刀で反帝国勢力を卑しい不道徳な競争者とするような方式で議論をすすめてもよかったのだがそうしていない。またホブスン的流儀（ちなみに帝国主義に関するホブスンの本は、反帝国主義を全面に出した帝国主義論となっている）で、帝国主義を修正しているわけでもない。

さてここで唐突だがこの第二章で関心をよせてきたリアリズム小説について話題が飛ぶのをゆるしていただきたい。十九世紀後期になると、リアリズム小説は幻滅を、あるいはルカーチがアイロニックな脱幻想と呼ぶものを、もっぱら主題として選ぶ。悲劇的あるいはときには喜劇的に行き詰まった主人公たちは、突如として、またしばしば荒々しく、彼らが幻想として抱いていた期待と、社会的現実とのずれを、小説の進行のなかで思い知らされることになる。彼らとはハーディのジュード、ジョージ・エリオットのドロシア、フローベールのフレデリック、ゾラのナナ、バトラーのアーネスト、ジェイムズのイザベル、ギッシングのリアドン、メレディスのフェヴァレル*――このリストは延々つづけることができる。だが自己喪失と無力感の物語のなかに、次第に、べつの語りがさしはさまれるようになる――あからさまな異国趣味の小説とか、帝国を自己満足的に賛美する小説のみならず、旅行記、植民地探検記とか学術的調査記録、回想録、経験と専門知識に関する著作などが。リヴィングストン博士の個人的回想録と、ハガードの『洞窟の女王』やキプリングの大守物やロチの『アフリカ騎兵』そしてジュール・ヴェルヌの冒険物語のなかに、わたしたちは進歩と勝利を約束する新しい物語を見いだす。ほとんど例外なく、こうした物語、ならびに植民地世界における冒険の興奮と興味に支えられた文字どおり何百という物語群が、帝国事業に疑念を表明するどころか、ただひたすら帝国の成功を確認し言祝《ことほ》ぐことに奉仕する。探検家たちは、かならず探しているものをみつけ、冒険者たちは裕福になって無事に帰国し、追放されたキムですら、最後には〈グレート・ゲーム〉の一員に迎えられる。

こうした楽観論、肯定的見解、ゆるぎない自信に対抗するかのように、コンラッドの物語は、極端な不安、心穏やかでない不安を発散する――コンラッドの物語について、またもやここで言及するのは、コンラッドが、文化面において帝国がいかに巧妙なかたちで支援されまた顕在化するかという問題にとりくんだ希有の作家であるからだ。ハーシュマンが述べたように、利益主導の世界観の勝利に対してロマン派はくってかかったのだが、それと同じようにコンラッドの物語は、帝国の勝利に対する反動として存在する。コンラッドの中編小説や長編小説は、ある意味で、最盛期の帝国主義事業の攻撃的なあざとさを再生産しているのだが、またべつの意味で、ポスト・リアリズム時代のモダニズム的感性の、容易にそれとわかるアイロニックな覚醒という面もあった。コンラッド、フォースター、マルロー、T・E・ロレンスは、帝国主義万歳の自信にみちた経験から生みだされてきた物語を、自意識と断絶と自己言及性と腐食的アイロニーからなる極限形態へと変容させたのだが、この形式上のパターンを、わたしたちはモダニズム文化の指標として受けとめるようになった。モダニズム文化はまた、ジョイスやT・S・エリオットやプルーストやマンやイェイツの主要な作品を擁するものだった。モダニズム文化のもっとも際だった特徴の多くを、わたしたちは西洋の社会や文化における純粋に内的な力学から生まれたものとみなしがちだが、それはまた文化への〈帝国〉からの外的圧力に対する応答もふくんでいた。こう考えると、これはたしかにコンラッドの全作品にあてはまるし、フォースターや、T・E・ロレンスやマルローの小説についても、おのおの独自のかたちであてはまることだろう。アイルランドの感性に対する帝国の存在の浸潤は、イェイツやジョイスの作品においてその名残をとどめているし、アメリカ出身の国籍離脱者に対する帝国の影響は、エリオットやパウンドの作品にその名残をとどめている。

創造性と病気との関連をめぐるトマス・マンの偉大な寓話──『ヴェニスに死す』──において、ヨーロッパを汚染する疫病はアジアからもたらされる。アッシェンバッハ〔小説の主人公〕の心理のなかで恐怖と希望、頽廃と欲望とが、ひとつにむすびあわされるが、これは、ヨーロッパ、ならびにその芸術と精神と記念碑的作品とが、もはや無傷のままで存在することはできず、海外領土とのつながりを無視できないところまできていることへの、トマス・マン流の暗示法であると、わたしは信じている。また同様にジョイスにとって、アイルランドの民族主義者にして知識人スティーヴン・ディーダラスを勇気づけるのは、彼のアイルランド・カトリックの同志たちではなく、さまよえるユダヤ人たるレオポルド・ブルームであり、ブルームのもつエキゾチズムとコスモポリタン的挙動が、スティーヴンの反抗的姿勢にみられる陰鬱な厳粛さをほぐすのである。プルーストの小説にでてくる魅力的な倒錯者たちと同じく、ブルームもヨーロッパ内部における新しい存在の生き証人となる。その存在は、海外における発見と征服とヴィジョンに彩られたエキゾチックな編年誌からまぎれもなく抜け出てきたような存在としてかなり異色の語られかたをするだろう。ただ、この場合、かつては、むこうのどこかにおさまっていた彼らが、いまやここに、ちょうど《春の祭典》の原始的リズムと同じように、あるいはピカソの芸術におけるアフリカの偶像のように、気がかりな存在として登場することになったのだ。

　モダニズム文化における形式上の脱中心化や転移、ならびにもっとも目につく、そのあまねきわたるアイロニーは、シーリーが帝国主義の帰結として述べたふたつの不安要因そのものによって影響をうけている。その不安要因とは、対立する原住民と、他の帝国の存在である。ロレンスの『知恵の七柱』に登場するアラブ人たちは、ロレンスの冒険をだいなしにして乗っ取ってしまう「老人たち」とともに、ロレンスに対し悲憤にみちた承認要求をおこなう。ちょうどフランスの帝国とトルコの帝国がそうしたように。『インドへの道』におけるフォースターの際立った功績とは、瞠目すべき正確さ（そして嫌悪感）でもって、同時代のインドの神秘主義と民族主義――人物でいうとゴドボレとアジズ――がおりなすモラル・ドラマを、イギリス帝国とモンゴル帝国との古くからの衝突を背景にして展開させたことである。ロチの『インド（イギリス人のいない）』のなかにわたしたちが読むのは、インド横断旅行にもとづく旅行記なのだが、このなかでは支配者イギリス人のことは、意図的に、悪意すら感じられるのだが、一度たりとも触れられていないのだ。[226] あたかも、イギリスが独占所有しているインド（フランスの領土ではないインド）では、原住民だけみればじゅうぶんだとでも言いたげに。

　ここであえて提案をひとつ。ヨーロッパ文化が最終的に帝国主義の「妄想《デリュージョン》と発見《ディスカヴァリー》」――ベニタ・パリーがイギリス‐インドの文化的遭遇を指して使ったすぐれた表現を使わせてもらえば[227]――を正当なかたちで考慮しはじめたとき、真正面からではなくアイロニカルに考察し、なおかつそれを新たに回収しようと悪あがきをしたのだ、と。支配的なヨーロッパ文化のメンバーたちは、何世紀ものあいだ帝国を民族の運命を左右する事実そのものとして把握しつづけ、帝国を当然視するか、祝福するか、強化するか、高めることしかできなかったあげく、ようやく外の世界をじっくりながめはじめたのだ――みずから目撃したものに驚き、衝撃すらうけた人間の懐疑と困惑をもって。文化テクストは外国をヨーロッパに輸入したのだが、その際、輸入品には帝国事業のしるしが、探検家や民族誌学者のしるしが、地理学者や地質学者のしるしが、商人や兵士たちのしるしが、しっかりと刻印されていた。最初のうちは、それらはヨーロッパ人の興味をかきたてた。しかし二十世紀がはじまる頃には、それらは、ヨーロッパの脆弱さ、そして――コンラッドの偉大な表現をかりるなら――「ここもまた地球上の暗黒地帯のひとつである」ということを、アイロニックに伝える証拠として使われるようになる。

こうした事態をあつかうには、あらたな百科全書的形式が必要になった。それは以下の三つの特徴をそなえていた。まず第一に、循環的な構造、包括的であると同時に開かれてもいるような構造であること。『ユリシーズ』『闇の奥』『失われた時を求めて』『荒地』『キャントー』『灯台へ』〔それぞれ順にジョイス、コンラッド、プルースト、エリオット、パウンド、ウルフの作品〕など。次に、種々雑多な場所や源泉や文化から意識的に引き出された、古き、さらには旧弊とすらいえる断片を再活用し再構成することにほぼ全面的に依存する新機軸。モダニズム形式の指標とはなんといっても、喜劇と悲劇の、高級なものと低級なものとの、ありふれたものとエキゾチックなものとの、慣れ親しんだものと異質なものの奇妙な対置であり、これをもっとも巧妙にやりとげたのがジョイスであり、その『ユリシーズ』では、『オデュッセイア』を基本に、そこにさまよえるユダヤ人、広告とウェルギリウス（あるいはダンテ）、完璧なシンメトリー構成とセールスマンのカタログとが溶けこんでいた。第三は、形式みずからに形式が注意をむけるというアイロニーであり、これは、かつて可能性としてうかびあがっていた世界の諸帝国の統合にかわって、芸術とその創造を、現実を統合するものとして注目するためのものであった。大英帝国が永久に波浪までも支配するとはもはや想定できなくなると、現実を芸術家によってひとつにまとめられるものとして、歴史的に（地理的にではなく）把握しなおすことがせまられる。このとき空間性のほうは、皮肉にも、政治的支配の場というよりも美的創造の領域という特徴をおびてゆくのだが、このとき世界では、これまでになく多くの地域――インドからアフリカさらにはカリブ海にまでまたがる地域――が、古典的な帝国とその文化に挑戦すべく台頭していたのである。

第三章　抵抗と対立

おまえの輝く粘土の広大な腕で、　わたしを縛れ

エメ・セゼール『帰郷ノート』*

1　ふたつの側がある

思想史研究と文化研究におけるごく標準的な話題のひとつに、「影響」という見出しによってひとくくりにできるもろもろの関係のありようがある。わたしは本書をはじめるにあたり、エリオットの著名なエッセイ「伝統と個人の才能」を引きあいにだしたが、それは影響の問題を、もっとも基本的かつ抽象的とすらいえるかたちにして導入せんがためであった。現在と、過去それも過去性を刻印された過去（あるいは、いまだ消えざる過去）とのあいだのつながりを探ること。書き手個人と、書き手である彼もしくは彼女が所属する伝統とのあいだの、まさにエリオットが論じたようなつながりを探ること。また、わたしは次のことも示唆した。「西洋《ウエスト》」とそれが支配する文化的「他者《アザーズ》」との関係を研究することは、対等ではない対話者のあいだでの、対等ではない関係を、ただ理解するだけでなく、西洋の文化的慣習実践そのものの成り立ちと意味を研究する足がかりにもなるのだ、と。そして西洋《ウエスト》と非西洋《ノン・ウエスト》のあいだに根強く残る力の不均衡をきちんと考慮しないかぎり、小説とか、民族誌や歴史学の言説とか、ある種の詩やオペラなどからなるもろもろの文化形式などに対する正確な理解など、わたしたちに望むべくもないのだ、と。なにしろ、そうした文化形式には、西洋と非西洋の力の不均衡への言及と、この不均衡にもとづく構造物とがあふれかえっているのだから。またさらに、わたしは、こう論じた。文学とか批評理論といった、ふつう中立的とみなされている文化部門が、とりわけ、弱小もしくは従属的な文化に関心を集中させ、それらを解釈するとき、非ヨーロッパとヨーロッパの不変の本質という観念に頼ったり、地理的所有に関する物語を例に引いたり、植民地所有の正当化やその救済的側面のイメージにうったえたりするのだが、その判で押したような結果はというと、権力関係を偽装し、また、強い側の経験が弱い側の経験とどれほど重なりあっているか、また奇妙なことに強い側の経験が弱い側の経験にどれほど左右されているかを隠蔽するものでしかなかった。

一例は、ジッドの『背徳者』(一九〇二)に見いだすことができる。この作品は、ある男が自身のエクセントリックな性的嗜好に忠実たらんとして、妻マルセリヌを失うだけでなく大学講師の職をも失い、あげくのはてに逆説的ながら、自分自身の意志もなくして茫然自失する物語として読まれてきた。主人公ミシェルは文献学者《フィロロジスト》であり、蛮族時代のヨーロッパを研究することで、いつしか自分自身の抑圧された本能や憧憬や性癖に目覚めてゆく。舞台設定にはトーマス・マンの『ヴェニスに死す』と同様、ヨーロッパと接する境界地帯、もしくは境界地帯をわずかに越えたところという、いずれにしてもエキゾチックな空間が選ばれている。『背徳者』の物語が展開する主要な場所は、砂漠と物憂いオアシスと不道徳な原住民の子どもたちがまじりあうフランス領アルジェリアだ。ミシェルが師と仰ぐニーチェ的人物メナルクは、単刀直入に植民地官僚であると語られる。このメナルクは、T・E・ロレンスやマルローの作品に親しんだ読者にとってはお馴染みの帝国世界から、そのままぽんと抜け出てきたような印象をうけるのだが、彼の奢侈悦楽と快楽主義者的《エピキュリアン》生きざまは、いかにもジッド好みである。「遠い地域の探検旅行」、官能的快楽追求、そして家庭をかえりみない自由気ままな生活から、メナルクは(ミシェル以上に)知識ならびに快楽をひきだしている。「メナルクの実人生、そのささやかな身振りのほうが」とミシェルは、自分の大学での講義と、この華麗なる帝国主義者とをひきくらべながら考える。「わたしの講義より、はるかに雄弁ではなかったか」[1]と。

　とはいえ、このふたりの男性を最初にむすびつけるのは、思想でもなければ経歴でもなく、ビスクラの原住民の少年モクティルによる告白なのである（なおジッドはビスクラに以後いろいろな本のなかで何度も立ち返ることになるだろう〔ビスクラはアルジェリア北東部の都市〕）。モクティル少年がメナルクに話したのは、自分がマルセリヌの小鋏を盗んだとき、ミシェルがその一部始終をこっそり盗み見していたということだった。三人の男たちが織りなす同性愛的な共犯関係は、まぎれもない階層関係によって支配されている。最下層にくるのはアフリカ人のモクティル少年であり、彼は、自分の雇い主であるミシェルに、悪事を盗み見るスリルを提供する。ミシェルのほうはといえば、自己認識への道を一歩踏みだすとき、彼よりも優れたメナルクの卓越した洞察に導かれることになる。またこの三者のなかで、モクティル少年が考えたり感じたりすること（どうやらそれはもっぱら悪戯にかかわるもので、これは当人の人種的なものではなく、もって生まれた性癖らしいのだが）は無視され、力点は、モクティル少年の行為をミシェルとメナルクがどう受け止めたかだけにおかれる。ジッドはミシェルの自己認識を、ミシェルのアルジェリア体験とはっきりむすびつけている。このアルジェリア体験はさらに、ミシェルの妻の死、彼の思想上の方向転換、彼を最終的におそう、かなり痛ましい両性愛《バイセクシュアル》の孤独とも因果関係でむすびつけられる。

　ミシェルは、フランス領北アフリカ——彼が念頭においているのはチュニジアだが——について語りながら、次のような洞察を披露している——

　この快楽の地は欲望を成就させる。欲望をしずめることなどしない。それどころか、欲望がひとつ成就

> するそのつど、一途に次なる欲望を掻きたてるのだ。
>
> 芸術作品からは解放された土地である。芸術を鑑賞するのに、いったん言語化され解釈されたうえでないと鑑賞できない連中がいるが、わたしはそうした連中を軽蔑する。アラブ人の偉さのひとつは、彼らが日々、芸術を生き、芸術を歌い、芸術をこともなげに捨て去ることだ。彼らは芸術に拘泥しない。彼らは芸術に防腐処置をほどこし作品として保存したりはしない。これが彼らのなかから大芸術家が出てこない原因であり、また大芸術家不在の結果なのだ。〔中略〕ホテルへ戻ろうとしていたちょうどそのとき、アラブ人の一群が小さなカフェの外に敷かれたマットのうえに寝転がっているのを思い出した。わたしはその場所へゆき、彼らにまじって寝てみた。わたしは虱《しらみ》だらけになって帰った。[2]

アフリカ人、とりわけアラブ人は、ただ存在するだけである。彼らは、蓄積し作品のなかに沈殿するような芸術とか歴史をもっていない。もしヨーロッパ人が原住民の芸術なり歴史の存在を立証しなかったなら、それらは陽の目を見ることなく終わっていただろう。彼らとまじりあうのは心地よい。だがリスクも背負わなければならない（たとえば、虱まみれになるというような）ということになる。

『背徳者』には、さらに問題ぶくみの次元が存在する。その一人称の語り――ミシェルが自分自身の物語を語るという設定――は、語り手による多くの包摂なくして存在しえない。たとえば北アフリカ人は語り手ミシェルの語りを経由してしか登場しないし、同じくミシェルの妻もメナルクもミシェルの語りを経由してしか登場しないのだ。またミシェルはノルマンディーの裕福な地主であり、学者でありプロテスタントである――これはジッドの意図が、内面の苦悩と世俗の雑事の両方を処理できる、主人公の人格の多様な側面を描くことにあったことを示唆している。さて、こうしたことすべては、煎じ詰めるとアフリカにおけるミシェルの自己発見にからんでくる。けれども彼の自己発見は、一時的で、いかにもみえすいていて、永続的な価値をあたえられていない。ここでもまた、物語における「姿勢と言及の構造」を指摘できる。この構造はヨーロッパ人という権威ある主体に対しては、海外領土を保持する資格、海外領土から恩恵をひきだせる資格、また海外領土に依存できる資格を保証していながら、海外領土そのものに対しては自律した価値や独立性を認めるのを最終的に拒むのである。

ジッドはあくまでも特殊な例かもしれない——北アフリカを舞台にした作品群で彼が扱うのは、イスラム、アラブ、同性愛という比較的限られた材料だった。しかし、たとえ、それが、きわめて個性豊かな芸術家の事例ではあっても、ジッドとアフリカとの関係の背後には、アフリカ大陸に対してヨーロッパ人がとってきた姿勢なり実践からなる大きなパターンが存在するのであり、そのような姿勢なり実践から発生したのが、西洋のためにアフリカを研究する体系的な言語[3]、すなわちのちに二十世紀の批評家たちがアフリカニズムなりアフリカニズム言説と呼ぶものだった。これとむすびつけられた概念として、原始主義《プリミティヴィズム》をあげることができるが、他にも語源的にみてアフリカ起源であることが特徴となっている諸概念、たとえば部族主義〔tribalism〕、生気論〔vitalism〕、独創性〔originality〕をあげることができる。ありがたくも便利なこうした諸概念が機能している作品として、わたしたちはコンラッドやイサック・ディーネセンの作品を思い浮かべるが、それだけではない。その後もギリシアの人類学者で、アフリカ的体系の完璧な秩序を発見したと主張したレオ・フローベニウスの大胆な学問研究を、そしてベルギーの伝道師でアフリカの哲学のなかに本質主義的（そして単純化された）生気論を見いだした『バントゥー哲学』の著者プラシド・テンペルを思い浮かべることができる。こうしたアフリカ的アイデンティティの概念は、次々とさまざまな概念をうみだし、さまざまなものに適用可能であったので、西洋の伝道師たちに、人類学者たちに、さらにマルクス主義歴史家たちに利用されたし、またさらに解放運動においても敵役として利用された。このことはV・Y・ムディンベが、その瞠目すべき著作『アフリカの創造』のなかで、アフリカ的グノーシスと名づけたものの歴史を通して示したものだ(4)。

西洋とその海外の〈帝国《イムペリウム》〉とのあいだで生じていた文化状況一般が、いま述べたようなパターンに合致していたのは、近代まで、とりわけ第一次世界大戦までであった。わたしが取り組む広範囲にわたる主題については、全般的な研究と、あくまでも個別的でローカルな研究とを、交互に積み重ねながら考察するのがベストと思われるので、ここでは、ためしに帝国を築く者と、帝国に併合されてゆく者とをむすびつける相互作用の経験一般について素描してみたい。文化《カルチャー》と帝国主義《イムペリアリズム》との関係を、両者の関係がまだ発達の初期段階において研究するときに必要なのは、単純な年代誌的記述でもなければ、単純な逸話物語（この種の逸話は、個々の分野ですでにかなりの数が定着しているのだが）でもなく、地球を視野におさめるグローバルな記述なのだ（これは全体的《トータル》な記述とはちがう）。そしてもちろん文化と帝国との関係を扱ういかなる研究であれ、研究自体が、文化と帝国そのもののなかの不可欠な一部である。まさにジョージ・エリオットが同じ巻き込まれたものと、べつの文脈〔『ミドルマーチ』〕のなかで呼んだものの一部となる――そうした研究は、けっして、よそよそしく超然と他人事《ひとごと》のような立場から書かれた言説とはならないのだ。一九四五年以後、ポストコロニアル国家が百近く誕生したが、これは外から眺めていられる中立的《ニュートラル》な事実とはならず、その是非をめぐって学者や歴史家や活動家がいまも論争をくりひろげている切実な問題なのである。

帝国主義は、その最盛期において、帝国主義内部で編成された文化的言説しか許可しようとしなかったが、今日においてすら、それと軌を一にするかのごとく、ポスト帝国主義時代は、かつて植民地化された民族の側からの懐疑的批判の文化言説か、もしくは宗主国の知識人の側からの、帝国主義に極力触れないような理論的文化言説のいずれかしか許容していない。わたしは自分自身がこのふたつの言説にとらわれているのがわかる。ちょうど古典的植民地帝国が解体される時期に生まれ育ったわたしたちの多くが、そうであるように。わたしたちは、植民地主義の時代と、植民地主義への抵抗の時代の両方を経験している。けれどもまた、わたしたちは、理論の精緻化がすすむ時代に、脱構築や構造主義という普遍化のための技術の時代に、ルカーチ的マルクス主義とアルチュセール的マルクス主義の時代にも属している。現実参加と理論との対立関係の止揚にむけた、わたしの自己流の解決策とは、文化と帝国主義とを一望のもとにおさめられる広大な視野《パースペクティヴ》を確保すること、文化と帝国主義との大きな歴史的弁証法《ヒストリカル・ダイアレクティック》を、たとえその無数の細部にはとりこぼしがでても、とにかく観察できる広大な視野を確保することであった。文化の全体は、ばらばらなものの寄せ集めだが、多くの重要な部分については、それらを、共鳴しあいながら対位法的に機能するものとして把握できるはずである。この前提に立脚したうえで先にすすむことにしよう。

　ここでわたしがとくに関心を寄せるのは、西洋文化と帝国との関係において今世紀初頭に起こった途方もない、ほとんどコペルニクス的ともいえる変動である。この変動を、その規模と意義という点で、それ以前のふたつの変動になぞらえてみるのも有益であろう。ふたつの転換のうち、ひとつはヨーロッパ・ルネサンスの人文主義時代におけるギリシアの再発見。いまひとつは、十八世紀後期から十九世紀中葉にかけての「オリエンタル・ルネサンス」──と、偉大な現代の歴史家レイモンド・シュワブが呼んでいるのだが[5]──であり、この時期、インド、中国、日本、ペルシア、イスラムの豊かな文化資源がヨーロッパ文化の心臓部にしっかりと刻みこまれたのだ。この二番目の変動をシュワブはヨーロッパによるオリエントの壮大な領有《アプロプリエーション》と呼ぶ──ドイツとフランスの文法学者によるサンスクリットの発見、イギリス、ドイツ、フランスの詩人や芸術家によるインドの大叙事詩の発見、ゲーテからエマソンにいたるヨーロッパやアメリカまでもふくむ多くの思想家たちによるペルシア的イメージやスーフィ哲学の発見。これは、人間の冒険の歴史のなかでもっともすばらしいエピソードのひとつであり、それ自体で主題となるにじゅうぶんなものをもっていた。

ただしシュワブの物語のなかで欠けている次元がある。政治的次元である。文化的次元にくらべると、はるかに陰惨で啓発されるところのすくない次元。わたしが『オリエンタリズム』のなかで論じたように、対等でないことを意識している当事者間の文化交流で最終的に生ずるのは、民衆の苦難である。ギリシアの古典は、イタリアやフランスやイギリスの人文主義者に、おおいに役立った。現に生きているギリシア人からのうっとうしい干渉はなかった。死せる民族のテクストが、理想的共同体を想像していた人びとによって読まれ、理解され、領有されたにすぎなかったのだ。ルネサンスについて懐疑的に語ったり、おとしめて語る学者がまれなのも、こうした理由からだろう。しかしながら現代において文化交流について考えるときには、支配と強制的領有について考えずにはいられなくなった。誰かが損をし、誰かが得をする。たとえば今日、アメリカの歴史について論ずることは、アメリカの歴史が土着民に対し、移民に対し、抑圧された少数民族に対し、なにをしてきたかを、以前にもまして、問いかける試みとなったのである。

けれども西洋人の側も、「従属《サブオーディネイト》」民族の歴史や文化について語っている姿勢そのものが、当の民族から異議を申し立てられる可能性について、遅ればせながら意識するようになった。ほんの数年前まで西洋の大帝国ならびに西洋の学問的言説に文化や土地や歴史などすべてひっくるめて併合されていた民族の側から、異議申し立てがおこなわれるようになったのだ（ただし、だからといって、西洋の多くの学者や歴史家や芸術家や哲学者や音楽家や伝道師たちの功績をおとしめるつもりはない。ヨーロッパの彼方にある世界をヨーロッパに知らしめようとした彼らの営みは、共同作業であれ個人的努力であれ、驚異的な成果をもたらしたのだから)。

そしていま、反植民地主義的で最終的には反帝国主義的な活動や思想や修正作業の巨大な波が、壮麗な西洋の帝国をのみこみ、グラムシの卓抜な比喩をつかうと、共同包囲網というかたちで西洋の帝国に挑戦するようになった。このとき西洋人は史上はじめて、反帝国の波にただたんに統治者として対峙するのではなく、文化の、そして人種の代表者として、それも犯罪――暴力の罪、抑圧の罪、良心の罪――を告発された文化と人種の代表者として対峙するのを余儀なくされたのだ。「今日」とファノンは『地に呪われたる者』(一九六一)のなかで述べている――「第三世界は……ヨーロッパに巨大なかたまりとして向き合っているが、その目的はヨーロッパが答えをみつけだせなかった諸問題の解決を試みることにあるはずだ[6]」と。帝国主義に対するこのような告発は以前から、サミュエル・ジョンソンとかW・S・ブラントといった勇気あるヨーロッパ人たちによっておこなわれてきたことはいうまでもない。非ヨーロッパ圏全域において古くから蜂起があったことも事実である。それはサン・ドマング島反乱*やアブドゥル・カーデルの乱にはじまり、一八五七年の大反乱、ウラービーの乱、義和団の乱へとつづくかたちで。また報復行為、政権交替、〈悪名高い事件〉、論戦、改革、再評価も存在した。ただ、にもかかわらず帝国は、その間その版図を拡大し利益をあげつづけたのである。だが、ここに新しい状況が生まれたのだ――帝国を西洋と同義語とみなして、これにねばり強く抵抗し、システマティックに対決する状況が。太平洋から大西洋にいたる領域において、白人に対し長くくすぶりつづけた怨念が噴出し、成熟した独立運動へと発展した。汎《パン》アフリカと汎《パン》アメリカとを旗印にした活動家たちが登場する。彼らをおしとどめることはもうできなくなっていた。

両大戦間における活動家集団は、とことん反西洋的ではなかったし、反西洋的かどうかも定かでなかった。植民地主義からの解放は、キリスト教会との共同作業によってはじめて可能になると考える者たちもいた。

また西洋化こそ、植民地問題の解決であると信ずる者たちもいた。バジル・デイヴィッドソンによれば、アフリカで、両大戦間におけるこうした運動の代表となったのはハーバート・マコーレー、レオポルド・サンゴール、J・H・ケイシー・ヘイフォード、サミュエル・アフマといった人びとであった。[7]この時代、アラブ世界において同様の活動をおこなったのはサアド・ザグルール、ヌリ・アッ＝サイード、ビシャラ・アル＝フーリーらであった。後年、革命指導者となる者たち——たとえばヴェトナムのホー・チ・ミン——ですら西洋文化のいくつかの面は植民地主義を終わらせるのに有益であるという信念をいだいていた時期もあった。しかしながら彼らの運動や思想は、宗主国の人びとからなんの反応も得られず、いつしか抵抗の形態も変質を余儀なくされた。

というのも、もし植民地主義が一個のシステムならば、サルトルが戦後のエッセイのひとつで述べていたように、抵抗する側もシステマティックたらねばならないと考えるようになったからだ。[8]サルトルのような人間であればこそ、ファノンの『地に呪われたる者』（一九六一）に付した序文の冒頭で、こう述べることができた——世界を構成するのは実際のところ争いあう二つの党派、すなわち「五億の人間と十五億の原住民であり、前者は〈言葉〉をはじめから保持し、後者は〈言葉〉を借りうけて使用するだけであった。〔中略〕植民地において真実は裸の姿をさらけだしているが、母国の市民たちは真実に衣をまとわせておくのを好んだのである」[9]と。デイヴィッドソンは、アフリカ人の新たな反応を擁護する主張を、いつもの雄弁と慧眼でもって、次のように述べている——

歴史は……計算機ではない。歴史は精神と想像力のなかでゆるやかに展開し、民族文化そのものの多種多様な反応のなかで血肉化し、物質的現実と基盤となる経済的事実と不屈の目的意識とを限りなく精妙に媒介する。一九四五年以後のアフリカの文化的反応は、アフリカにいかに民族が多いか、確定できる利害がいかに多様かを考えれば大方予想がつくように、とにかく多種多様であった。しかしながらアフリカの文化的反応を鼓舞したのはなんといっても変革をもとめる切実な希望であった。この希望はそれ以前にはほとんど存在しなかったし、また、そのときほど熱狂と広範囲なアピールをともなって、受け入れられたためしはなかった。アフリカの文化的反応は、勇敢なる音楽にあわせて心臓が鼓動するような男女によって語られた。これはまさしくアフリカの歴史を、あらたな軌道にのせる反応であったのだ。(10)

西洋－非西洋関係における大規模かつ予測のつかない展望の変化というのは、ヨーロッパ人にとって、ルネサンス時代にも、それから三世紀後のオリエントの「発見」時代にも、ついぞ経験したことのない新しいものであった。たとえば一四六〇年代にポリツィアーノがギリシアの古典を発見し本文を編纂しているさまを、あるいは一八一〇年代にボップやシュレーゲルがサンスクリットの文法家の書物を読んでいるさまを想像していただきたい。次に一九六一年アルジェリア戦争中にファノンの文章を、あるいはフランスがディエン・ビエン・フーにおいて敗北を喫してまもない一九五五年に出版されたセゼールの『植民地論』を、フランスの政治理論家やオリエンタリストが読んでいるさまを想像していただきたい。そして前者と後者のあいだにある隔たりを考えていただきたい。この例においてフランスの政治理論家は、自国の軍隊が原住民と交戦しているまさにそのとき、原住民から異議申し立てを受けたのであり、これは彼の時代以前の思想家たちが一度も経験しなかったことだ。おまけに彼がいままさに読んでいるのは、ボシュエやシャトーブリアンが使ったのと同じ言語で書かれ、ヘーゲルやマルクスやフロイトの概念をふんだんに活用しているくせに、そのような概念を産出した当の文明そのものを告発するテクストなのだ。ファノンはさらにその先を行き、これまで受け入れられてきたパラダイム——ヨーロッパが植民地に近代化を導き入れたとするパラダイム——を逆転させ、「ヨーロッパの福祉と進歩は……〈ニグロ〉の、〈アラブ人〉の、〈インド人〉の、黄色人種の汗と死体によってうち建てられた[11]」だけでなく、「ヨーロッパは文字どおり〈第三世界〉が創造したものである[12]」と主張し、やがてウォルター・ロドニーやチンウェイズらによってくりかえされる告発を先取りしている。わたしたちはサルトルの次の発言が、この途方もない逆転と再編成を確定するがごとくファノンを反復していること（けっしてこの逆ではない）に気づく。サルトルはいう、「人種差別主義的ヒューマニズムほど首尾一貫したものはない。なにしろヨーロッパ人は、奴隷と怪物を創造することを通して、かろうじて人間となりえたからである[13]」と。

第一次世界大戦は植民地に対する西洋の支配の緩和という点では、さしてめざましい成果をあげなかった。なにしろ戦争に必要な人力と資源をヨーロッパに供給するため、西洋は植民地領土の必要性を痛感したのであり、いっぽう当のアフリカ人やアジア人にとって、この戦争は直接的な利益をほとんどもたらさなかった[14]。とはいえ第二次世界大戦後に独立を達成する諸過程は、第一次大戦後にすでにはじまっていたとみてよいだろう。このような従属領土における帝国主義への抵抗がいつはじまったのかという問題は、おのおのの側が帝国主義をどのようにみるかにかかってくる。ヨーロッパ列強に対する闘争を勝利にみちびいた民族主義政党にとって、みずからの正当性と文化的重要性は、ひとえに、彼らが過去との連続性を主張できるかにかかっていた。侵略してきた白人に対して敢然と立ち向かった最初の戦士から、現在にいたるまで途切れることのない連続性こそ、肝要であった。かくして一九五四年フランスに対して蜂起した〈アルジェリア民族解放戦線〉は、一八三〇年代から四〇年代にアルジェリアを占領したフランス軍と闘ったエミール・アブドゥル・カーデルを鼻祖と仰いでいた。ギニアとマリにおいて、フランスに対する抵抗運動は何世代も前のサモリとハジ・ウマル*にまでさかのぼるものとみなされた。(15)けれども帝国の書記たちが、こうした抵抗の有効性を認めるのは、ほんとうにごくまれであった。キプリングについての議論のなかでみてきたように、原住民の存在を軽視するありとあらゆる理屈（「彼ら」はおせっかいな白人たちに扇動されるまでは、実際に、幸せだったというような理屈）が好まれ、原住民側の不満を説明するもっとありふれた理由、すなわち原住民は彼らの土地に居座っているヨーロッパ人から解放されたいと願っているという理由のほうはうとまれたのである。

今日にいたるまで欧米の歴史家のあいだで論争はつづいている。抵抗の初期における、マイケル・アダスが「反乱の預言者」と呼んだ人びとは、「近代化をすすめる」ヨーロッパ人に抵抗し後ろ向きにしかものをみないようなロマン主義者の度し難き空想家にすぎなかったのか、(16)それとも彼らの現代における継承者たち――たとえばユリウス・ニエレレやネルソン・マンデラたち――が、彼らの初期の営みについて、たとえそれらがたいていは失敗を余儀なくされたとしても、後世に継承されたことに意義があると語るとき、その意味するものをわたしたちは真摯に受けとめるべきなのか。テレンス・レンジャーは、こうしたことがたんなるアカデミックな思弁ではなく、緊急の政治的重要性をもつものであることを説いている。たとえば多くの抵抗運動は「のちに政治が展開する環境を整えていた。〔中略〕抵抗は白人の政策と姿勢に深く影響をあたえた。〔中略〕抵抗の期間中、あるいはいくつかの抵抗運動のなかに、重要なかたちで未来を志向するタイプの政治組織や政治思想が生まれたのであり、それらは、アフリカにおける［ヨーロッパの帝国主義に対する］抵抗運動の後年の発生と、あるときは直接的に、またあるときは間接的にむすびついたのである」。(17)レンジャーはさらに、帝国主義に対する民族主義者の側からの抵抗が、どれほど継続的なものか、一貫したものかをめぐって、〔被植民地主義者のあいだで〕知的・道徳的論争が数十年にわたってつづき、そのこと自体が帝国経験の有機的な一部とまでなったことを示している。もし、あなたがアラブ人あるいはアフリカ人であるとして、一八九六－九七年ヌデベレ－ショナ族の武装蜂起*〔アフリカ南部、現在のジンバブエにおける〕、あるいは一八八二年ウラービーの武装蜂起〔エジプトにおける〕をそれぞれ特権化して回想するとしよう。このとき、あなたは、民族主義者指導による運動——たとえ運動は失敗しても後年の成功へとつながった——を祝福していることになる。おそらくヨーロッパ人ならこの武装蜂起については侮蔑的な解釈をするだろう。暴徒、狂信的千年王国信奉者らの悪あがきであるとして。

やがて、さいわいにも第二次世界大戦後、全世界はおおむね脱植民地化された。グリマルが書いた研究書には、大英帝国の全盛期における帝国地図がふくまれている。この地図をみると、大英帝国領がいかに広大であったのか、そしてまた一九四五年の戦争終結後、大英帝国がいかにして数年のうちに領土をほぼ完璧に失うことになったのかが手に取るようにわかる。ジョン・ストレイチーの著名な『帝国主義の終末』（一九五九）は帝国領の喪失をこれみよがしに祝福した。帝国喪失以前には、イギリスの政治家や兵士や商人や学者や教育者や伝道師や官僚やスパイたちは、ロンドンを拠点とし以下の地域に対して、明確に責任を負っていた——オーストラリア、ニュージーランド、香港、ニューギニア、セイロン、マレーシア、アジア亜大陸のすべて、中東の大部分、エジプトから南アフリカにいたる東アフリカ全土、中西部アフリカのかなりの部分（ナイジェリアもふくむ）、ギアナ、カリブ海諸島のいくつか、そしてアイルランドとカナダ。

イギリスの帝国領よりは確実に小さいものの、フランスの帝国領も、太平洋とインド洋とカリブ海にまたがる地域（マダガスカル、ニューカレドニア、タヒチ、グアドループなど）、ギアナ、インドシナ全域（アンナン、カンボジア、コーチシナ、ラオス、トンキンなど）から構成されていた。アフリカでフランスはイギリスと熾烈な覇権争いを展開した——その甲斐あってか地中海から赤道にいたるアフリカの西半分のほとんどが、フランス領ソマリランドとともにフランスの支配下にはいった。またさらにシリアとレバノンがフランス領だったが、これらは、アフリカやアジアにおける他のフランス領の多くと同様、イギリスの通商路や領土を侵食していた。クローマー卿は、大英帝国の植民地総督のなかではもっとも侮りがたい傑物のひとりで（彼はかつてかなり居丈高な調子で「われわれはエジプトを統治しているのではない、われわれはただエジプトの統治者を統治しているにすぎない」[18]と語ったことがある）、一八八三年から一九〇七年までほぼひとりでエジプトを統治する以前には、インドで軍務につき功績をあげていたのだが、それでも彼はイギリスの植民地に「迅速に浸透する」フランスの影響について苛立たしげに語ることが多かった。

西洋の宗主国文化は、こうした広大な領土（ここにはさらにベルギーとオランダとスペインとポルトガルとドイツの領土が加わる）を維持すべく、大がかりな投機をくりかえし、さまざまな戦略を講じてきた。そのおかげでイギリスやフランスでは変革が起こるなどとは、ほとんど誰ひとりとして考えなかった。わたしが示そうとしてきたのは、帝国の時代に、ほとんどの文化編成物が、帝国権力の永続性と重要性を前提としていたことだ。だが、にもかかわらず帝国主義にとってかわる観点は生まれ、それが執拗にくりかえし主張され、最後に定着したのである。

一九五〇年までにインドネシアはオランダから独立を勝ち取る。一九四七年にイギリスはインドを国民会議派に譲渡し、その直後、パキスタンはジンナー率いるムスリム連盟の主導でインドから分離する。マレーシア、セイロン、ビルマが、東南アジアの「フランス領」ともども独立を達成する。アフリカの東部と西部と北部全域で、イギリスとフランスとベルギーの占領が終わりを告げるが、時としてそれには膨大な人命と財産の喪失をともなった（たとえばアルジェリアにおけるように）。一九九〇年までにアフリカでは四十九の新興国家が誕生する。しかし独立のための闘争は真空状態のなかで起こったのではなかった。グリマルが指摘しているように、植民者《コロナイザー》と被植民者《コロナイズド》との国際的な関係は、グローバルな諸力――教会勢力、国際連合、マルクス主義、ソヴィエト連邦、アメリカ合衆国――を後ろ盾としていた。反帝国主義闘争は、汎アフリカ、汎アラブ、汎アジアの議会勢力が例証しているごとく、普遍化され、西洋の文化と人種（ヨーロッパの高度に発達した白人種）と非西洋の文化と人種（有色人種、原住民、未開）との亀裂は劇的に広がったのである。

世界地図の境界線のこのような書き換えはきわめて劇的であったので、それに目を奪われ、わたしたちは道徳的感覚のみならず厳密な歴史感覚も失ってしまい（おそらく失うように促されているのだが）、たとえ論争の段階でも、帝国主義とその敵対勢力は同じ領域をめぐって争い、同じ歴史を我が物とせんと闘ったことを忘れてしまうのである。フランスで教育をうけたアルジェリア人やヴェトナム人が、イギリスで教育をうけたインド人や西インド諸島人やアラブ人やアフリカ人が、彼らの帝国の主人と対決するところでは、どうみても帝国主義とその敵対勢力とは重なりあっている。ロンドンやパリで帝国に抵抗することは、デリーやアルジェリアにおける抵抗運動にも影響されていた。これは同じものが同じものに対してしかける闘争ではないものの（ごくふつうにみかける帝国主義者による歪曲のひとつに、西洋に特有の自由の概念が植民地支配に対する闘争を導いたという考え方があり――ちなみに、これは帝国主義に対しつつ、つねに抵抗してきたインド文化やアラブ文化が、逆に西洋に影響をあたえたかもしれない可能性を意図的に無視している――、また、これをふまえて、帝国主義に対する戦いを、逆説的に帝国主義の誇るべき産物のひとつとみなす主張がある）、ただ、それにしても、同じ文化的基盤のうえで対決者どうしは、たがいに相手に魅了されていた。もし宗主国の文化において帝国主義に関する疑問とか対立が生じていなかったなら、帝国主義に対する原住民側からの抵抗は、その性格や言語さらには構造そのものをがらりと変えていただろう。ここでもまた、文化が、政治や軍事史や経済過程よりも先をゆくのである。

この重なりあいは、ささいな、とるにたらぬ問題ではない。ある社会がべつの社会を海外領土として所有するよう前もってお膳立てをしたり積極的にしむけたりするのが文化かもしれないが、またいっぽう、その同じ文化が、海外領土という考え方を捨て去ったり修正するよう社会にはたらきかけることもあるのだ。後者の変化は、植民地支配の重圧にみずからすすんで抵抗する男女の存在なくしてありえない。彼らが武器をとり、解放の理念を高々とかかげ、そして最後の仕上げに、新しい民族共同体を（ベネディクト・アンダーソンが語ったような意味で）想像《イマジン》しなければ変化は起こりえない。またさらに変化は、帝国との経済的あるいは政治的かかわりをうとましく思う姿勢が故国に生まれなければ、そして帝国の理念に対して、また植民地支配の経費がばかにならないことに対して、公の場で異議申し立てがおこなわれなければ、そしてまた帝国主義擁護の弁論が、その正義と正当性を見失いはじめなければ、そして最後に反抗的「原住民」が、植民地支配の呪縛から脱して、みずからの文化の独立と一体性とを宗主国の文化に対して訴えなければ、とにかくそうしなければ変化は起こりえない。ただし、こうした前提条件をじっくりとみすえたうえで、わたしたちは認めなければならない。新たに線引きされた地図の両端それぞれにおいて、帝国主義とどのように対決し抵抗したかを記述するには、それらを別個のものとしてではなく、その帰趨をめぐって議論が分かれるものの、おおむね共通の基盤に立つものとして、つまり文化によって提供される基盤に立つものとして扱わなければならない。

では、そのような文化的な共通基盤とは何だろうか。原住民とリベラルなヨーロッパ人が共存し、たがいに理解する共通の基盤とは何だろうか。両者はどの程度まで相手を認めあえるのか。帝国領土の枠内で、ラディカルな変化が起こる以前の段階で、両者はどのように折りあえるのか。最初に考えてみたいのは、作者のインドに対する愛情（そのくせ時として怒りっぽくなったり、とらえどころのないものとなるのだが）を確かに表明している小説、E・M・フォースターの『インドへの道』*である。この『インドへの道』に関してもっとも興味ぶかいと、わたしがつねづね考えてきたのは、フォースターがインドという場所を使い、小説形式の規範に従えば、どうみても表象できない素材——広大さ、測りがたい宗教的信念、隠れた動機、複数の歴史、複数の社会形式——を表象したことである。それからムア夫人はとくにそうだが、フィールディングもまた、ヨーロッパ人でありながら、人間中心主義の規範《アンソロポモーフィック・ノーム》を超えて、(ヨーロッパ人にとっては)恐怖にみちた新たな領域に身をおく者として明確に意図されていることだ——なおフィールディングの場合は、最終的におなじみのヒューマニズムに戻るとしても、その前にインドの錯綜した混沌を経験している(裁判のあと、彼はスエズ運河とイタリアを経由してイングランドに戻ってくるが、そのときすでにインドが人間の時間感覚と空間感覚にどのような影響をおよぼしうるかについて、いやというほど思い知らされていた)。しかしフォースターは、自分が身を置く現実に対する生真面目すぎる観察者であるために、乱雑な現実を、ただ、そのままに放置することができない。この小説は最後の部分で伝統的な社会礼節意識に回帰している。作者は意図的かつ肯定的に、新たな家族関係の成立(すなわち結婚と財産問題)という小説の慣習的な解決法をインドという舞台に導入する。フィールディングはムア夫人の娘と結婚するのだ。しかもフィールディングとアジズ——ムスリムで民族主義者——は連れだって乗馬にでかけながら、それでもなお距離をおくのである。「「彼らはそれを望んでいなかった」と彼らは語り、その何百という声で「まだ、だめだ」と叫んでいた。そして空も語った「まだ、ここではだめだ」と」。ここには解決と統一はあるが、どれも中途半端なままなのである。[19]

もし現代のインドがアイデンティティや統一や併合のための場所でも時間でもないとすれば(これを語るフォースターの言葉は慎重なものだったが)、ではインドとは何のためにあるのか? この小説は諸問題の政治的な起源がイギリスの統治にあることをはっきり示しているが、同時に、政治的葛藤は未来にはあっけなく解決されるだろうという予感をいだかせつつ、現在の政治的閉塞のさまざまな相を読者に経験させようとしている。帝国の存在に対するゴドボレとアジズの百八十度異なる抵抗の形態も、それぞれその意義が認知される――ちなみにアジズはムスリムの民族主義者であり、ゴドボレはほとんど浮世離れしたヒンドゥー教徒である――、そしてフィールディングの内部告発姿勢もまた認知される。たとえ彼がイギリスの不正行為に対する告発を政治的あるいは哲学的な観点から表明することはできず、ただ、ローカルな悪弊へのローカルな告発をするにすぎないにしても。ベニタ・パリーが『妄想と発見』のなかで展開した興味ぶかい議論は、フォースターがどのようにこの小説の難問を解決するかをめぐるものだったが、その際、議論を積極的に支えたのは、「テクスト全体」が語りかけるものとは別個に、フォースターがあたえた「かすかな示唆」であった[20]。もっと正確にいうとフォースターはインドとイギリスとのあいだにある溝を際立たせることを意図していたが、両者の間歇的な交流も認めていたということか。それが何であろうと、わたしたちは、アジズの裁判中にイギリスの統治に対してむきだしになったインド的憎悪のなかに、フィールディングがためらいがちに認めるようになった、もはや隠しおおせようもないインド的抵抗をみることができる。ちなみにアジズの民族自立モデルのひとつは日本であった。いっぽうフィールディングを冷遇し脱会に追いこんだイギリス人クラブのメンバーたちは、すぐにかっとなる、どうみても愚物連中であり、彼らはアジズの違反行為を重罪とみなし、人間的「弱さ」のどのような徴候でもイギリス統治そのものに対する攻撃とまで考えるのだ。この過剰反応もまた救いのない状況の指標となる。

『インドへの道』はフィールディングの側の観点や姿勢を寛容かつ人文主義的に支援するのだが、そのおかげでといっていいだろう、この小説は途方に暮れてしまうのだ。ひとつには、フォースターが小説形式のもつ、ある種の客観性に身をまかせたため、インドにおける難問、それも彼自身、処理できない難問を、あるがままに描くはめになったために。コンラッド描くところのアフリカのように、フォースター描くところのインドも、設定場所としてはつかみどころがなく広大すぎると記述されることが多い。小説の比較的はじめのほうで、ロニーとアデラはいっしょに歩いているとき一羽の鳥が樹木のなかに消えてゆくのを目撃するが、ふたりには鳥の名前がつきとめられない。なぜなら、フォースターが彼らとわたしたちのためにわざわざ親切にも解説を加えているのだが、「インドでは何事もはっきりつきとめられないし、質問を発するだけで、その質問は消滅してしまうか、ほかのなにかとまぎれてしまう」からである[21]。この小説が提示する難問は、それゆえ、イギリス人植民者たち――「よく発育した身体、かなり発育した知性、そして発育の遅れた心」の持ち主たる彼ら――とインドとの持続的な遭遇から生まれるのだ。

アデラはマラバー洞窟へ近づくにつれ、彼女の瞑想に伴奏のごとく聞こえてくる列車の「ポンパ、ポンパ」という音が、彼女自身理解できない何かのメッセージのように思えてくる。

> どうすれば知性はこんな国を把握できるのだろう。何世代にもわたる侵略者たちは把握を試みたが、しかし、彼らは依然としてよそ者なのだ。彼らが建設した大都市は逃避場にすぎないし、彼らの喧嘩は、故国への道を見いだせない者たちがやけをおこした結果なのだ。インドは彼らの悩みを知っている。彼女《インド》は全世界の悩みを、その底の底まで知りぬいている。彼女《インド》はその百の口をとおして、くだらぬもの、重々しいものをとおして、「来たれ」と呼びかける。しかし、何を求めて来るのだ。彼女《インド》はこれまでけっしてあかしはしなかった。彼女《インド》は約束するわけではない。彼女《インド》は、ただ、呼びかけるだけなのだ[22]。

けれどもフォースターはイギリスの「官僚主義」がインドに秩序を押しつけようとしたことを示している。優先順位が、規約のあるクラブが、禁止事項が、軍隊の階級制度が、またこうしたもののすべてに君臨し、そしてこうしたものすべてを支えている強国イギリスがある。インドは「お茶会ではない」とロニー・ヒースロップはいう。「イギリス人とインド人が心から親密になろうとしたとき、破滅的な結果以外のなにものも生まれなかったことを、わたしは知っている。交流、けっこう。礼をつくすこと、これまたけっこう。親密な交際――だめ、だめ[23]」。ムア夫人がモスクに入るとき言われたとおり靴を脱いだことにアジズ医師は面食らう。当然である。なにしろ、これは英領インドでの社会規範では禁じられた流儀であり、相手への敬意をしめし、友好関係を確立しようとする挙動にほかならなかったのだから。

ムア夫人とならんでフィールディングもまた変人である。紛れもなく知的で感受性にとみ、私的な会話での対等なやりとりが性分にあっている。けれども彼の理解力と共感も、巨大なインドのとらえどころのなさの前に挫折を余儀なくされる。彼はフォースターの初期の小説だったら完璧な主人公になっていただろう。ところがこの小説で彼は敗退する。ただすくなくともフィールディングは自身を「アジズのような」人物と「むすびつける」ことができる。アジズは、イギリス小説のなかでインドを扱うとき、インドをムスリム集団とヒンドゥー教徒集団のふたつにわけて考えるというフォースターの策略の一翼を担う人物だ。そういえば一八五七年、ハリエット・マルティノウはこう述べていた――「アジア的状況のなかではぐくまれた未熟な精神は、ヒンドゥー教徒の精神であれムスリムの精神であれ、キリスト教化されたヨーロッパ人の精神と、多かれ少なかれ、知的に、あるいは道徳的に、共鳴することはありえまい[24]」と。フォースターはといえば、ムスリムのほうを強調した。ムスリムとくらべると、ヒンドゥー教徒（ゴドボレをふくむ）は周辺的であり、フォースター描くと小説的な処理になじまないとみられたようだ。イスラム教のほうが、西洋文化に近く、フォースター描くとらにも共感していないことは、歴然としている。

ころのチャンドラポアでは、イスラム教がイギリス人とヒンドゥー教徒とを橋渡しする立場にある。フォースターは『インドへの道』ではどちらかというとヒンドゥー教徒よりはムスリム寄りだが、最終的にはどちらにも共感していないことは、歴然としている。

この小説によればヒンドゥー教徒が信ずるのは、すべてのものが混沌とし、すべてのものがむすびつく状態、一者であるとともに一者ではない神、一者であったが一者ではなかった神である。これに対しアジズに代表されるムスリムは秩序を、明晰な神を気づかっている（「ムスリムの比較的単純な精神[25]」とアジズについて含みのある表現をするフォースターはアジズのみならずムスリム一般が比較的単純な精神をもっているかのようにほのめかしている）。フィールディングはアジズのことを、なかばイタリア人であるとみている。とはいえアジズのムガール帝国への過度の思い入れ、詩作趣味、肌身はなさず持ち歩く妻の写真に対する奇妙な思い入れなどから、地中海人とはほど遠い異国人性がにじみでているのだが。フィールディングは、そのいかにもブルームズベリー・グループらしい感性にもかかわらず、つまり寛容かつ愛情をこめて判断するその能力、人間的規範から逸脱することのない知的情熱にもかかわらず、最終的に彼はインドそのものからはねつけられる。混沌としたインドの心臓部にわけいることができるのはムア夫人だけだが、彼女も究極的にはみずからのヴィジョンに押しつぶされるといえる。アジズ医師は民族主義者になるが、フォースターは、アジズの民族主義をただの身ぶりとして突き放しているところがある。フォースターはアジズを、インド独立運動という、大きな統合的な運動にむすびつけることができないのだ。フランシス・ハッチンズによると、十九世紀後半から二十世紀初頭における「民族主義運動は、驚くほどの広がりをもったが、在印イギリス人の想像力のなかに、なんらかの反応をよびさますことはなかった[26]」。

ビアトリス・ウェッブとシドニー・ウェッブ夫妻は一九一二年にインドを旅行した際、藩王国《ラージ》で働くインド人労働者のやる気のなさに手こずっているイギリス人雇用主たちに着目した。トラブルの原因は、怠慢が抵抗の一形式であったからか（この抵抗としての怠慢は、S・H・アラタスが示しているように、アジアのほかの地域でも頻繁にみられたのだが[27]）さもなければ労働者がダーダーバーイ・ナオロージーのいわゆる「吸い上げ理論」に共鳴してやる気をなくしたからであった。ナオロージーの理論は、インドの富がイギリス人によって吸い上げられているというもので、これは民族主義政党を大いに喜ばせた。ウェッブ夫妻が非難したのは「インドに古くから居着いているくせに、インド人を管理する術をまったく身につけていないヨーロッパ人居住者たち」である。そこからウェッブ夫妻はこうつづける――

同じく明らかなことは、インド人がときとして汗水たらしいいて働かせるのに途方もない困難をともなう労働者であるということだ。彼らは稼ぎの多寡に頓着しない。働きすぎるくらいだったら、飢えと背中合わせになっても、のらりくらり過ごすことのほうを好むのだ。その生活水準がどれほど低くとも、労働水準はそれを下回る――とりわけ好きでもない雇用主のために働いているときには。とにかく彼らの不品行は不可解なのだ[28]。

ここには二つの民族が戦争しているという状態など暗示すらされていない。同じく『インドへの道』でもフォースターはインドを扱いにくいと考えている。インドが不可解でつかみどころがないからであり、アジズのような人びとが不毛な民族主義的観点に無防備なまま染まってしまうからであり、またムア夫人がそうしたように、もし本気でインドと折りあいをつけようとすると、遭遇のショックから立ちなおれなくなるからである。

西洋人にとって、ムア夫人はやっかいな存在である。ムア夫人にとって自分自身が、洞窟への遠出のあとやっかいな存在になったのと同じように。いっぽうインド人、それも裁判の際に一種の民族意識につかの間目覚めたインド人にとって、ムア夫人は一個の人格というよりは、結集のための合い言葉、その名前が「エスミス・エスモア」と奇妙にインド化され、抗議と共同体化のための拠り所となった存在なのだ。彼女は自分でもどう理解してよいのかわからぬままインドを体験する。これに対しフィールディングは表層的にインドを理解しているが、深い体験を得ることはない。この小説は、あえてイギリスの植民地主義《コロニアリズム》を弾劾（もしくは擁護）はしないが、かといってインドの民族主義《ナショナリズム》を弾劾もしくは擁護もしないまま行き暮れている。たしかにフォースターのアイロニーの矛先は、誰にも向けられている——頑迷固陋な保守主義者のタートン夫妻やバートン夫妻にはじまり、空威張りする滑稽なインド人にいたるまで。しかし、にもかかわらず一九一〇年代から一九二〇年代の政治的現実に照らして考えると、『インドへの道』といった瞠目すべき小説ですら、インドの民族主義《ナショナリズム》という眼をそむけることのできない事実の前で、ふらついている感が否めない。フォースターは物語の展開をイギリス人フィールディングの観点から明確にしているが、そのフィールディングが理解できるのはただ、インドは広大でつかみどころがないこと、そしてアジズのようなムスリムは、植民地主義に対して、とても容認できそうもない愚劣な反感しか抱いていないので、友人づきあいするにも限度があるということだ。インド人とイギリス人が対立する民族である（たとえ両民族は重なりあう部分が多いとしても）という感覚は抑制され弱められ空洞化されるのである。

これは小説独自の要請にもとづいた結果といえよう。小説たるもの、公認の歴史や民族の歴史ではなく、あくまでも個人史をあつかうのだから。ところがキプリングは、いくらインドにおけるイギリスの歴史が脅威にさらされ悲劇的で暴力的であったとしても、インドの政治的現実を、小説の背景となってアイロニーをかもしだす以上のなにか重要なものとして認知していた。インド人は人種の混淆体であり、インド人のことは知り理解する必要があり、イギリスの政権はインドにおけるインド人の存在を考慮しなければいけない、というのが政治的にいうとキプリングの立場であった。フォースターのほうはまわりくどく、もっと恩着せがましい。パリーは『インドへの道』はインドを探求するイギリスの想像力の成果を自慢げに表現したもの(29)」と語ったが、これには一理あると同時に、フォースターの描くところのインドは、あまりにも情感たっぷりの個人的次元に染め上げられ、また、あまりにも執拗に形而上的であるため、インド人をイギリス人と主導権を競いあう民族としてながめるときの彼の観点には、政治的な真摯さが欠け、インド人をみくびっているところがあるとはいえないだろうか。次の引用をみていただきたい。

ハミドゥラは民族主義的傾向をもつ名士たちのやっかいな委員会に出席する途中、この家に立ち寄ったのだが、その委員会ではヒンドゥー教徒、ムスリム、二人のシーク教徒、二人のパーシー教徒、ひとりのジャイナ教徒、ひとりの現地人キリスト教徒が、いがみあっているほうが自然なのに、あえて無理をして友好関係をとりむすぼうとしていた。誰かがイギリス人の悪口をいっているかぎり、すべてがうまくいったものの、建設的なことはなにひとつ成就せず、もしイギリス人が万が一にもインドから出ていったなら、委員会も消滅することだろう。彼は、自分の愛するアジズ、血縁で自分とつながっているアジズが政治の世界に興味がないので安心していた。政治の世界は人間も経歴もすべてだめにしてしまうくせに、政治なくしてなにごとも達成できないのだ。彼はケンブリッジ時代のことを思い出した――いま、聞き終えた詩と同じように悲しい気分で。二十年前、彼はかの地でじつに幸せだった。政治の話はバニスター夫妻の牧師館では御法度だった。そこではゲームと仕事と愉しい社交生活とが渾然一体となり、それが国家生活をささえるのに充分な土台であるかに思えたのだ。ところがここでは、すべてが陰謀と恐怖だった(30)。

ここに記載されているのは政治的風土の変化である。かつてバニスター夫妻の牧師館、あるいはケンブリッジで可能であったことが、熾烈な民族主義の時代にはもはや不適切なものになったというのだから。しかしフォースターはインド人を帝国主義者的な眼《イムペリアル・アイズ》でみている。それがはっきりわかるのは、たとえば政治的党派は、たがいに憎悪しあっているほうが「自然」であると語られたり、民族主義者の委員会もイギリス人がインドからいなくなれば消滅すると、その短命ぶりを揶揄されたり、民族主義運動が、もしかしたら日常的で穏健なものであったかもしれないのに、「陰謀と恐怖」として語られるときである。フォースターの前提とは、幼児的民族主義者の虚飾の背後にある本質的インドに自分なら到達できるということだった。またインド統治の話——その是非をめぐってハミドゥラやその一派たちが騒ぎ立てている問題——となると、イギリス人は、たとえ過去に過ちを犯したとしても、やはりこのまま統治をつづけたほうがよい。「彼ら」インド人は、まだ自己統治の準備ができていない、というものだった。

この観点は、もちろん、ミルの時代にまでさかのぼる。またブルワー＝リットンの立場とも驚くほどよく似ている。一八七八年と一八七九年にインド副総督であったブルワー＝リットンは次のように書き記しているのだ——

> 人種的特徴の本質的かつ乗り越えられない格差——この格差こそ、インドにおける我々の立場にとって不可欠であるのだが——を無視してかかり、そのあげく不完全な教育しか受けていない原住民の奇想と

虚栄を、意図しないまでも、もてはやすという、二流のインド人官僚とか軽薄なイギリス人博愛主義者たちのあいだにみられる嘆かわしい傾向ゆえに、常識と健全なる現実認識が大きく損なわれたのである。(31)

またべつのところでブルワー゠リットンは、「下ベンガルの原住民どもは、不遜な連中だが、幸いにして臆病者ばかりで、その唯一の武器はインク壺なので、薄汚くとも恐るるにたらぬ」(32)とまで述べている。こうした一節が引用されている『インド民族主義の台頭』の著者アニル・シールによれば、ブルワー゠リットンはインドの政治における主要な潮流を見すごしているという。この潮流を、危機意識を募らせた当時の地区監察官は確認していた——

二十年前……我々は地方の民族集団と特定の人種集団を考慮すべきであった。マハラッタ人の怒りがベンガル人の怒りにまで伝播することはなかった。……ところがいまや……我々はすべてを変えてしまい、個々の地方の住民ではなく、共感と交流によって統合された二億人の住民との対決を迫られている。しかも、この統合は我々がつくりだし育んできたものなのだ。(33)

もちろんフォースターは小説家であって、政治官僚でもなければ政治理論家でも預言者でもない。けれども彼は小説のメカニズムを利用して、すでに存在している姿勢《アティチュード》と言及《レファランス》の構造を、その根幹を変えることなく練り上げる方法を見いだしたのだ。この姿勢と言及の構造は、読者が、特定のインド人ならびにインド全般に対して愛着を感じ、さらには親密になることを許容はしても、インド人の政治のほうはイギリスの監督下にあり、インドの民族主義の特権化を文化的次元で拒むのだ（ちなみにギリシア人やイタリア人の民族主義運動には、特権があたえられたにもかかわらず）。アニル・シールに戻ろう——エジプトでは、インドと同じく、イギリス人にとって都合の悪い活動は、真正の民族主義活動としてではなく利己的な謀略として判断された。グラッドストン政権はエジプトにおけるアラブの反乱について、それを数名の陸軍士官を首謀者とし、ラマルティーヌの作品を読みふけっているようなエジプトのインテリ層が扇動した運動にすぎないとみていた——この口当たりのよい結論によってグラッドストン政権はアラブの民族主義的原則を払拭できたのだ。つまるところカイロにはガリバルディは存在しなかった。そしてカルカッタにもボンベイにもガリバルディは生まれなかったというわけだ[34]。

民族主義による抵抗が、それを共感の眼でみつめているイギリス人著述家によって、どのように表象されうるかという問題は、フォースターが自作のなかで明確にとりあげなかった問題である。けれども、この問題を果敢に追求し、インドにおけるイギリスの政策に反対する論客がいた。『インドへの道』が出版されてから二年後に出版された『メダルの裏面』の著者エドワード・トムスンである。トムスンが主題とするのは、誤表象《ミスレプリゼンテーション》である。トムスンによればインド人は、一八五七年の「反乱」期間中にあらわになったイギリスの暴虐の経験だけを基準にしてイギリス人をみている。いっぽうイギリス人はというと、藩王国《ラージ》における尊大で冷酷な宗教的束縛の最低の形態を念頭におきながら、インド人とその歴史を、野蛮で文明化されず非人間的なものとしかみない。トムスンはこのふたつの誤表象のあいだの不均衡に着目する。いっぽうの誤表象は、それを支援する強力な近代テクノロジーと普及手段——つまり陸軍から『オックスフォード版インド史』にいたる——をもっているのに対し、いまひとつの誤表象は、パンフレットや、抑圧された民族の抵抗派の意見に頼るほかはない。またさらにトムスンはいう、わたしたちは次の事実を認識しなければならない、と。すなわち、インド的な

憎悪――凶暴で強固な憎悪――が存在する事実は確かである。わたしたちがこの事実を早く認めれば認めるほど、そしてその原因を早く突き止めれば突き止めるほど、良いのだ。わたしたちの統治に対する不満は普遍的につのるいっぽうである。これには、まず、民衆のあいだで広範囲にわたって共有されている記憶があるはずで、この記憶によって、なぜ統治への不満が蔓延するのかを説明できるのである。そして第二に、不満の中枢に強烈な憎悪があるはずで、この憎悪によって、なぜ統治への不満がかくも急速にはずみをつけて伝わったかが説明できるのである。(35)

それゆえ、と彼はいう、わたしたちは「インドの歴史における新しい方向」を求めるべきであり、わたしたちがおこなってきたことに対し「贖罪」を表明すべきであり、またとりわけ、インド人の男女が「みずからに対する自尊心を求めていることを」わたしたちは認めるべきであり、また「彼らをふたたび自由にし、彼らを、わたしたちの眼に、わたしたちと同じようにそして万人と同じように見えるよう変えるとよい、そうすれば彼らは自由人としてふるまい、嘘をつくのをやめるであろう(36)」。

トムスンの力強く驚嘆すべき本は、二つの点できわめて徴候的である。まず彼は帝国主義的感情を強化するために文化がはたす機能のとほうもない重要性をよく認識している。彼が何度もくりかえすのは、歴史を書くことが、帝国の膨張と不可分にむすびついているということだ。彼が書いた歴史は、帝国主義を、被植民者のみならず植民者にも文化的な軋轢となるものとして把握しようとする、宗主国側による最初期のもっ

とも説得力に富む試みのひとつなのだ。けれども彼が、その呪縛から逃れられなかった概念があった。すなわち、双方の側に関わる出来事に対し、これを超越するような「真理」があるという概念だ。インド人は自由でないがゆえに「嘘」をつく。いっぽう彼（ならびに彼と同じような反抗的人物）は自由であるがゆえに、また、イギリス人であるがゆえに、超越的立場から真理を見極められるということだ。フォースターはいうにおよばず、トムスンもまた帝国が——ファノンの論じたように——善意から、なにかを手放すことはないと理解している。[37] 帝国がインド人に自由をあたえることはありえない。帝国から自由を得ようとするなら、息の長い政治的、文化的、そしてときには軍事的な闘争、それも時間がたつにつれて、次第に過激になり敵対性を強めることこそあれ、弱めることのない闘争のはてに、それをむりやりもぎ取るしかないのだ。同様のことはイギリス人にも、つまり帝国にしがみつくなかで、帝国のダイナミックなプロセスの一部としてとりこまれてしまうイギリス人についてもいえる。イギリス人の姿勢は、彼らが敗北するまで守り抜かれるであろう。

原住民と白人との戦いは、一九二六年の時点では、もう、うやむやにされることはなく、はっきり眼に見えるかたちでおこなわれたため、トムスンも自分が「反対側」についていることを認識できた。いまやふたつの側《サイド》が存在する。ふたつの民族《ネイション》が、交戦状態にある。これまでは、白人の主人の声に対し植民地の成り上がり者たちが——反射的に——応答するだけだった。このことをファノンはある劇的な盛り上がりをみせる一節のなかで、「決裂や葛藤や闘争という他者的なもの」[38] と呼んでいた。トムスンはこのことをフォースターよりもよくわきまえていた。いっぽうフォースターは、原住民を従属的で依存的であるとみる十九世紀小説の遺産から逃れていなかった。

フランスでは、キプリングのように帝国を祝福しながらも迫りくる大激変による帝国の崩壊を警告するような者はいなかったし、かといってフォースターのような者もいなかった。フランスは文化的にみて、ラウル・ジラルデが誇りと不安と呼んだふたつの運動にとらわれていた――植民地事業に対する誇りと、植民地の先行きに対する怖れのふたつ。(39)しかし、イギリスと同じように、フランスもアジアやアフリカの民族主義運動を歯牙にもかけなかった。例外はフランスの共産党で、第三インターナショナルの精神にのっとり、反植民地革命闘争と帝国への抵抗を支援した。ジラルデによれば、ジッドの著作のなかでは『背徳者』以後、ふたつの重要な作品、『コンゴ紀行』（一九二七）と『チャド紀行』（一九二九）が、サハラ砂漠以南のアフリカにおけるフランスの植民地主義に対し異議をとなえているが、しかしジラルデは慧眼にもこう付け加えている。ジッドはいかなるところでも「植民地化の原則そのもの」には疑問を投げかけていない、と。(40)

嘆かわしいかな、ここでもパターンは同じなのだ。ジッドやトクヴィルのような批評家は、彼らと関わりのない土地や権力に対してなら、その悪用を攻撃することを厭わなかったが、こと、彼らが気遣うフランス領となると、権力の悪用を黙認してしまうか、さもなくば、あらゆる抑圧やあらゆる帝国主義的覇権に抗議するという一般原則を樹立できないまま、ただ沈黙してしまうかの、いずれかだった。

一九三〇年代には一連のエスノグラフィーの文献がフランスの帝国領における原住民社会について、共感をこめ、またねばり強く論ずるようになる。モーリス・ドゥラフォス、シャルル・アンドレ・ジュリアン、ラブレ、マルセル・グリオール、ミシェル・レリスらの作品は、遠くにある、ほとんど知られることのない文化に対して実りある慎重な思索を展開したし、そうした文化に、政治的帝国主義の枠内では絶対に付与されることのない評価をくだしたのである。(41)

学術的な関心と帝国主義的囲い込みとが特異なかたちでまざりあったものを、マルローの作品のなかでも、知名度が低く論じられることもなかった作品『王道』（一九三〇）のなかに見いだすことができる。マルローは冒険家にしてアマチュアの民族学者＝考古学者であった。このような人物に影を落としているのはレオ・フローベニウスであり、『闇の奥』のコンラッドであり、T・E・ロレンス、ランボー、ニーチェであり、そして、わたしの確信するところでは、ジッドの『背徳者』におけるメナルクである。『王道』が実現させる「内部への」旅における内部とは、フランス領インドシナ〔現在のヴェトナム、カンボジア〕である（この事実はマルローの主だった批評家からほとんど着目されていないのだが、カミュとその批評家たちの場合と同じように、彼らも、小説の舞台となる場所として論ずるにあたいするのはヨーロッパだけだと考えているのだ）。さてこの小説ではペルケンとクロード（こちらは語り手でもある）の側が、フランス当局と、支配権ならびに略奪物をめぐって競いあう。ペルケンはカンボジアの浮き彫り彫刻を求めて探検にでかけるのだが、官憲当局はこの探検行の一部始終をうさんくさげにあざけりながら見守っている。探検家たち一行は、クラボと名乗る、クルツ的人物を発見する。彼は原住民に捕らえられ視力を失い拷問にかけられていた。この人物を原住民のもとから救い出そうとするが、彼の精神はすでに破綻している。やがてペルケンも負傷し、脚が腐りはじめ余命いくばくもないとわかったとき、この不屈のエゴイストは（『闇の奥』において最期の苦悶の声をあげたクルツさながら）傲岸不遜なメッセージを、悲嘆するクロード（『闇の奥』ではマーロウにあたる）に託すのだ――

「死などというものは……死などは存在しない……あるのは……このおれだけだ……」腿のうえで一本の指が痙攣した。「……死んでゆく……このおれが[42]」

インドシナのジャングルと原住民は『王道』のなかでは恐怖と魅惑とがまざりあうかたちで表象されてい

る。グラボはモイ族の捕虜となっている。ペルケンは長期間スティエン族に君臨し、熱心な人類学者よろしく、押しよせる近代化の波（具体的には植民地鉄道建設というかたちをとる）から部族を守ろうと尽力し失敗する。とはいえ、この小説の舞台となる帝国の脅威と争乱にもかかわらず、政治的脅威のほうは示唆されることもなく、クロードやペルケンやグラボをつつみこむ宇宙的運命も、人間が自己の意志を行使して対決すべき一般的悪という性格づけ以外の歴史的具体性を示唆されることはない。なるほど異質な〈原住民〉世界でも、かろうじて折り合いをつけることはできる（たとえばモイ族と友好関係にあったペルケンがそうであるように）。しかし、カンボジアに対してペルケンがいだく全体的な敵意は、西洋と東洋を分かつ形而上的な深淵を、かなりメロドラマ的なかたちで暗示しているのである。

『王道』をかくも重視したのは、たぐい稀なる才能にめぐまれたヨーロッパ人作家の作品としてのこの小説が、帝国領における政治的抵抗を直視しえない西洋人文主義的良心の限界を、紛れもなく露呈させているからだ。一九二〇年代のフォースターと一九三〇年のマルローは、ともに非西洋世界の実情に深く精通していながら、西洋が対決するのは、たんなる民族主義的な民族自決運動よりも、もっと壮大な運命であると考えていた——自己意識や意志に関わる問題、あるいはより趣《おもむ》きと特色のある深遠な問題のほうが重要だと本気で考えていたのだ。おそらく小説形式そのものが彼らの認識を鈍らせたのかもしれない。前世紀の小説から受け継いだ、姿勢と言及の構造がはたした役割も見逃せまい。だがマルローを、インドネシア文化の著名なフランス人専門家ポール・ミュスと比べると、その違いに啞然とする。ミュスの著書『ヴェトナム——戦争の社会学』は、マルローの小説から二十年後、ディエン・ビエン・フー崩壊の直前に出版され、フランスをインドシナから撤退させる深刻な政治的危機を、エドワード・トムスンばりに見据えていた。「ヴェトナム人への道」と題された驚異的な一章（章題は『王道』を意識してつけられている）において、ミュスはフランスの植民地制度について、またそれがヴェトナム人の宗教的価値観を世俗的世界観で破壊するものであったことについて明確に述べている。彼はいう、中国人のほうがフランス人よりもヴェトナムをよく理解している、と。鉄道や学校や「行政制度」をみればそれがわかる、と。フランス人は、宗教的正当性もなく、ヴェトナムの伝統的価値観に対する知識もなく、現地人の誇りや感性を省みることがなかったため、無神経な征服者にとどまったのである。(43)

トムスンと同様に、ミュスもヨーロッパ人とアジア人とを対等にあつかっている。そしてまたトムスンと同じく植民地制度の存続に異議を唱えている。彼はソ連や中国の脅威を見据えたうえで、ヴェトナムの独立を提唱するが、ヴェトナム再建に際してフランスに、ある種の特権をあたえるようなフランス＝ヴェトナム条約を望んでいた（なおヴェトナム再建は、その本の最終章「何をなすべきか」の主題となっている）。まさにマルローの時代から比べると隔世の感がある。しかし、これは、非ヨーロッパ人原住民を教導するというヨーロッパ的概念――たとえそれが啓蒙的な教導であったとしても――を、ほんのすこしずらしたものにすぎないともいえる。たしかに、これは、西洋帝国主義に関していうと、第三世界において対抗的民族主義にいたる趨勢を完全に認識しそこねていた。第三世界における民族主義は、協調《コーポレイション》どころか敵対《アンタゴニズム》を表明していたからである。

2 抵抗文化の諸テーマ

脱植民地化運動の中枢にあるのは、地理的領土の回復過程、それも緩慢な、またしばしば激しい争いをともなう回復過程であるが、これに先立って――帝国建設の場合がそうであったように――文化領域におけるテコ入れがはじまる。「原初的〔第一次的〕抵抗《プライマリ・レジスタンス》」期、すなわち外敵と文字どおり戦う時期がすぎると、第二次的《セカンダリ》、すなわちイデオロギー的抵抗期がやってくる。この時期、バジル・デイヴィドソンが述べているように、「粉砕された共同体」を再建し、「植民地体制のあらゆる圧力をはねのけ、共同体の感覚と共同体の事実とを救出し回復する」[44]努力がなされる。これを契機に、いよいよ、新しい、また独自の利害の設定が可能となる。ただ、ここで留意しておこう。いま、わたしたちが語っている共同体とは、抵抗運動の知識人や預言者や指導者や歴史家たちが彼らの個人的な過去のなかに発見したユートピア的領域――いうなれば牧歌的世界――のことではない、と。デイヴィッドソンが念頭においているのは、抵抗する者たちが、抵抗の初期段階で、たとえばキリスト教とか西洋風の服装と縁を切ることによって実現できると語っていた「現実離れした」約束の数々である。とはいえそうした約束はどれも、植民地主義の屈辱に反発してあらわれたものであり、向かうのは「ナショナリズムの根幹をなす教え、すなわち広範囲にわたる統一を達成するためにイデオロギー的基盤を、それも既存のいかなる基盤よりも広い基盤を見つけねばならないという教え」であった。[45]

　このイデオロギー的基盤を見つけるには、わたしが思うに、帝国主義の諸過程が排除してしまった原住民の過去の歴史を再発見し、その意義を復権せねばならない。こう考えると、なぜファノンがヘーゲルの主人と奴隷の弁証法を、植民地状況の光に照らして執拗に読み解こうとしたのかが理解できる。植民地状況においては、ファノンのいうように、帝国主義という主人は「ヘーゲルの記述する主人とは根本的に異なる。ヘーゲルは相互性を念頭においていた。ところがここでは、主人は、奴隷の意識など歯牙にもかけない。主人が奴隷から求めるのは、認知ではなく労働である[46]」。逆に労働を差しだすのではなく認知を求めるためには、まず、帝国主義の文化形態のなかで従属者にも用意されていた場を洗いだし、次に、そこに身をおく、それも、あえてこれみよがしにそこに身をおき、そうして、みずからの場を守りぬくことである。それも、劣等的〈他者〉に任ぜられた者たちが従属することを当然の前提としてきた意識そのものが支配してきた領域において。さて、ここから、〈再記入《リインスクリプション》〉の思想が生まれる。ただ皮肉なことに、ヘーゲルの弁証法は、どこまでもヘーゲルのものである。つまりまずヘーゲルがいた。ちょうど『地に呪われたる者』でファノンが、植民者と被植民者との闘争を説明するのに使った主体と客体の弁証法が、マルクス主義的弁証法の使いまわしであったのと同じように。

　まさにこれが抵抗にまつわる悲劇の一部なのだ。つまり抵抗は、帝国文化によってすでに樹立された諸形式、あるいはすくなくとも帝国文化の影響をうけ、帝国文化にどっぷりつかった諸形式、それらを再発見し利用することを、どうしても余儀なくされるからである。これはまた、わたしが重なりあう領土《オヴァラッピング・テリトリーズ》と呼んだものの、いまひとつの事例となる。たとえば二十世紀におけるアフリカをめぐる領土争いは、ヨーロッパから来た探検家たちが何世代にもわたって線引きをくりかえし画定した領土をめぐる争奪戦であった。ちなみにこのプロセスはフィリップ・カーティンの『アフリカのイメージ』が忘れがたい綿密さで伝えている(47)。ヨーロッパ人がアフリカを奪おうとしたとき、彼らはアフリカを空白の場として論証しようとしたし、ヨーロッパ人が一八八四－八五年のベルリン会議でアフリカ分割を企てたとき、彼らはアフリカのことをいつでも受け身になってみずからを差し出す者としてイメージしたのだが、まさにこのようなイメージの押しつけゆえに、脱植民地化をめざすアフリカ人は、アフリカに関して帝国主義時代につくられた過去のイメージを、アフリカそのものから削ぎ落とす必要に迫られたのである。

領土的画策とイデオロギー的イメージをめぐる闘争の具体例として、ヨーロッパ文学、とりわけ非ヨーロッパ世界を扱ったヨーロッパ文学の多くにみられる、いわゆる探求《クエスト》あるいは旅《ヴォエジ》のモチーフをとりあげてみよう。後期ルネサンスの偉大な探検家たちによるすべての物語群（ダニエル・ドゥフェールは、こうした物語群をいみじくも世界のコレクション［la collecte du monde］と呼んだ(48)）のなかに、また十九世紀の探検家や民族誌家による物語群のなかに、そしていうまでもなくコンラッドのコンゴ紀行のなかに、南への旅の〈トポス〉が存在する。この名称は、メアリー・ルイズ・プラットが、ジッドやカミュに言及する際にこしらえたものであるが、そこでは支配と権威のモチーフが「途切れることなく鳴り響いている(49)」。この執拗な響きは、それに遭遇し、それに耳をかたむけはじめる原住民にとって、「危険を、追放を、それも心臓部からの追放、故郷からの追放をかなでる調べ」に聞こえてくる。これこそ、スティーヴン・ディーダラスがジョイスの『ユリシーズ』における図書館のエピソードで、印象的なかたちで語っていたことにほかならない(50)。さてそこで脱植民地化をめざす原住民作家《ネイティヴ・ライター》たち――イギリスによって植民地化されたアイルランドの作家ジョイスもそうした作家たちのひとりといえるのだが――は、これまで彼らに利用できなかった探求の旅のモチーフを体験しなおすのだ。そしてこれはまさに、帝国文化から新しい文化へ運びこまれた旅のトポスを翻案し再利用《リユース》し再生《リライヴ》することにほかならない。

ジェイムズ・グギ（のちにグギ・ワ・ジオンゴ）による『川をはさみて』は、コンラッドの『闇の奥』を、まさにやりなおす。それは冒頭からいきなりコンラッドの川に命をふきこむ――「その川はホニア川と呼ばれていた。ホニアは癒しとか人を生き返らせることを意味する。ホニアはいままで一度も干上がらなかった。それは、旱魃をあざけり、天候の変化などものともしないような、生きようとする強靭な意志をもっているかに思われた。そしていま、その川はこれまでとまったく同じように流れていた。けっして急がず、けっして滞らずに。人びとは、この様子を目にとめ、満足気であった」[51]。この小説を読むあいだ、川、探検、神秘的な光景といったコンラッド的イメージは、わたしたちの意識から消え去ることなく、むしろ、まったく異なるかたちで強調され、異なるかたちで――攪乱するかたちで――体験しなおされるのだ。それも慎重に控えめに、変哲のなさを意識的にねらった禁欲的でそっけない言語をとおして。グギにおいては、白人は、その重要性を減らしている――白人は、リヴィングストンといわくありげに名づけられた宣教師ひとりに圧縮される――が、白人の影響力のほうは、村や川岸や人びとをたがいに切り離す区画化をとおして感じとれるのだ。ワイヤキの生活を蹂躙する内的葛藤というかたちでグギが力強く伝えている緊張関係は、小説が終わったあともつづくであろうし、この小説は、この緊張関係を封じ込めるような努力をいささかなりともしない。かくして『闇の奥』では抑制されていた新たなパタンがあらわれる。そこからグギは新しい神話を創出する。その神話の頼りなげな進行と最終的なあいまいさこそ、アフリカ人のアフリカへの回帰のありようを暗示しているのである。

いっぽうタイーブ・サーレフの『北へ遷りゆく時』において、コンラッドの川は、流域の住民たちを若返らせる水をたたえるといわれるナイル河に変貌をとげる。そしてコンラッドの一人称のイギリス小説スタイルとヨーロッパ人の主要登場人物は、この小説では、ある意味で、反転する。第一点、アラブ語が使用されるから。第二点、サーレフの小説によって対象とされるのが、ヨーロッパへの北上の旅をするスーダン人であるから。そして第三点、語り手がスーダンの村落から語りかけるから。かくして闇の奥への旅は、いまだ植民地時代の遺産の重圧にあえぐスーダンの田舎から、ヨーロッパの奥〔中心部〕への聖なる〈逃避行《ヘジラ》〉へと転換される。そしてクルツの鏡像ともいえるムスタファー・サイードは、イギリスにおいて、自分自身に対し、ヨーロッパの女性たちに対し、そして語り手の理解力の限界に対して、芝居がかった暴力をふるうのだ。この〈逃避行〉はサイードが、生まれ故郷の村に帰還し、そこで自殺をとげることで終わる。サーレフがいかに周到な用意のもと、コンラッドを模倣しつつ反転させたかは、クルツの住居を囲む柵のうえに飾られた頭蓋骨までもが、サイードの秘密の書斎にぎっしりとつめこまれたヨーロッパの文献というかたちで反復され転倒されていることからもわかる。北から南へ、また南から北への、干渉と横断が、コンラッドによって辿られた植民地的航路の往復をさらに広いコンテクストにおき、より複雑なものにかえている。その結果は小説の題材となった領域の再利用のみにとどまらず、コンラッドの威風堂々とした散文が押し殺してしまったいくつかの矛盾や食い違い、そしてその帰結を明示することとなった。

あちらも、こちらと同じようなものだ。どちらが良いとも悪いともいえない。だが、わが家の中庭に立っているナツメヤシが、ほかの誰の家でもない、わが家で育ったのと同じように、わたしがれっきとした土地の者であるのはたしかだ。なぜかは知らぬが彼らがわが土地にやってきたという事実、その事実があるからといって、わたしたちが自分の現在と未来を損なってよいということになるのだろうか。遅かれ早かれ彼らは、わたしたちの国から出てゆく。ちょうど、歴史を通じて多くの人びとが多くの国を去ったように。鉄道も船も病院も工場も学校も、わたしたちのものになるだろう。わたしたちは罪の意識もなく感謝の念もなく彼らの言葉を話すようになろう。ふたたび、わたしたちは過去にそうであったのと同じような者――つまりは、ごく平凡な人間――になることだろう。そしてたとえ、わたしたちが嘘いつわりの存在になるとしても、その嘘いつわりは、あくまでもわたしたち自身がこしらえたものとなろう。(52)

第三世界のポスト帝国主義時代の作家たちは、かくして、彼ら自身のなかに、彼ら自身の過去をかかえこむのだ――屈辱的な傷跡として、あるいは異なる実践をめざすよう促す誘因として、あるいは修正すればポストコロニアルの未来へと向かうものとして示すことのできる過去のヴィジョンとして、あるいはその再解釈とその再利用を緊急な課題とするような経験として。こうしたなかで、かつては沈黙せる原住民が言葉を発し行動する。ほかでもない、全般的な抵抗運動の一部として、それも植民者から返還を勝ちとった領土において。

抵抗文化《カルチャー・オヴ・レジスタンス》には、べつのモチーフもあらわれる。権威を回復し活性化すべく、ある地域において試みられた驚異的な文化的いとなみを考えてみよう。シェイクスピアの『テンペスト』*の現代ラテン・アメリカ版あるいはカリブ版のことだ。この寓意的物語は、新世界に関する想像力を支配してきた数少ない物語のひとつである。残りの物語をあげるなら、それはコロンブスが、ロビンソン・クルーソーが、ジョン・スミスとポカホンタスが、それぞれくりひろげる冒険と発見であり、これにインクルとヤリコの冒険譚*が加わる（こうした物語のすべてを、ピーター・ヒュームの卓越した研究書『征服の修辞学』はある程度詳細に概観してくれる」[53]。ここで列挙した「創始的人物」は、いまや毀誉褒貶あいなかばする人物となりおおせているため、誰についてであれいいかげんなことは実質的に言えなくなっている。ただ、この再解釈の情熱を、たんなる一途な思いこみ、報復行為、攻撃的挑発と呼ぶのはまちがっているように思う。西洋文化においてまったく新しい事態とは、非ヨーロッパ人の芸術家や学者の介入を排除したり抑圧することができなくなったことだが、こうした介入は、政治的運動の不可欠な一部となっているだけでなく、多くの点で、独立運動を成功にみちびく指針となる想像力ともなり、思想的かつ修辞的なエネルギーともなりおおせて、白人と非白人が共有する領域に対する再認識と再考をうながすことになった。そのような共通領域に対する権利主張を原住民がおこなうことは、多くの白人にとって耐えがたい傲慢な行為であった。ましてや原住民が現実の領土を再度所有することなど考えることすらできなかった。

エメ・セゼールによるカリブ海版『テンペスト』といえる『もうひとつのテンペスト』〔*Une Tempête*〕はルサンチマンではなく、カリブ海世界を表象する権利は誰にあるかをめぐって、敬愛するシェイクスピアと競いあおうという試みである。* この競いあい衝動は、これまでの依存的で従属的なアイデンティティと縁を切って、それとは異なる統一のとれたアイデンティティ獲得をめざすなかで、その基盤となるものを発見する大がかりないとなみの一部であった。ジョージ・ラミングによればキャリバンは「排除された者、永遠に可能性を奪われた存在である。……彼は、彼とは異なる者たちが育んだ目論見のために横領され搾取されうる奇貨であり、存在状態である」[54]。もしそうなら、キャリバンにも、独自性を認識できる歴史、またキャリバン自身のいとなみの結果として認識できる歴史があることを証明してやらねばならない。ラミングによれば、そのためにもなすべきは「言語をあらたに」洗い清めることによって「プロスペロの古き神話を粉砕」せねばならない。だが、これを達成するには、「わたしたちは言語を人間的営為の所産として示さねばならないし、また、ある種の人間によって、それもいまもなお、やれ言語をもたぬだの、やれ醜く歪んだ奴隷の不幸な子孫だの、とみなされている人間によって、おこなわれたいとなみの果実を、すべての人びとが利用できるよう、わたしたちがとりはからわねばならない[55]」のだ。

ラミングのいわんとすることは、こうだ。アイデンティティが決定的重要性をもつとするなら、異なるアイデンティティを主張するだけでは、じゅうぶんではない。肝要なのは、キャリバンも発展の可能性を秘めた歴史をもっていること、つまり仕事をし成長をとげ成熟するという――ヨーロッパ人だけが所有資格をもっているかに思われる――過程の一部でもあることを理解できるかということだ。アメリカ大陸におけるシエイクスピアの『テンペスト』再記入のいとなみひとつひとつが、それゆえ、古き大きな物語《グランド・ナラティヴ》のローカル版であり、それらは刻一刻と変化する政治史や文化史の圧力によって活性化したり屈折させられてきた。キューバの批評家ロベルト・フェルナンデス・レタマルは以下のような重要な主張をおこなっている。すなわち近代のラテン・アメリカ人やカリブ人にとって、エアリエルではなくキャリバン自身が、異種交淆性《ハイブリッド》の主たる象徴であり、はたせるかなその数々の属性は、奇妙で予測がつかないかたちで混淆している。これがもっとあてはまるのはクレオールである。また新しいアメリカ大陸を構成する〈メスティーソ〉である[56]。

エアリエルではなくキャリバンを重視するというレタマルの選択は、本格的なイデオロギー論争が、脱植民地化をめざす文化的努力の中枢にあることを知らせてくれる。この文化的いとなみは、国民国家として政治的に独立を確立してのちに、植民地時代に失われてしまった共同体を回復し、文化を再所有することにむけられる。ここでわたしが語っている抵抗と脱植民地化というのは、ナショナリズムが成功をおさめ収束したのちも終わることがない。このイデオロギー論争を象徴するのがグギの『精神の非植民地化』（一九八六）であり、これは、彼が創作の際にもちいていた英語への決別であるとともに、アフリカの言語と文化をより深く探求することによって、解放運動をさらにすすめる試みでもあった。(57)同様のいとなみをおこなうのがバーバラ・ハーロウの重要な文献『抵抗文学』（一九八七）であり、最新の文学理論の道具を駆使し、「最近の文学理論が所属し活発化している社会的・政治的組織〔すなわち欧米〕そのものとは対極にあるところの地政学的《ジオポリティカル》領域である非ヨーロッパ地域、その文学的産物にも場所をあたえること」(58)をめざしていた。

問題となっていることの基本的形式は、そのまま、エアリエルを選ぶかキャリバンを選ぶかという一連の新しい選択肢《オルターナティヴ》に変換するともっともよく理解できる。この選択によってあぶりだされる歴史は、ラテン・アメリカにおいてのみあてはまるような特殊で特異なものではなく、他の地域にも有意義なかたちであてはまる。ラテン・アメリカにおける試み（レタマルは比較的最近、この試みに参加したひとりとして名高いが、ほかにもホセ・エンリケ・ロドやホセ・マルティがいる）は、実際のところ、帝国主義から独立せんとする文化は、いかにして、みずからの過去を想像するか？という問いに対する回答である。ひとつの選択肢はエアリエルがするようにすること、すなわち、みずからすすんで、プロスペロの忠実な下僕になることである。エアリエルはプロスペロに命じられたことを律儀に実行する。そして忠勤に対する報償としてプロスペロから自由を授けられると、生まれながらの領分にもどる。つまりエアリエルとはプロスペロに協力しても不利益をこうむらない、いうなれば原住民のブルジョワ層なのだ。第二の選択は、キャリバンのようにすることである。みずからの雑種的境遇を意識し受け入れつつも、それにくじけず未来の発展をめざして果敢に行動すること。第三の選択は、キャリバン的存在であることだ。みずからの本質的《エッセンシャル》で、植民地時代以前の《プリコロニアル》自己を発見するプロセスをとおして、これまでの隷属状態と肉体的歪曲から脱却すること。このキャリバンが属するのはネイティヴィズム的でラディカルな民族主義——〈ネグリチュード〉やイスラム原理主義やアラブ主義などが生んだ民族主義——である。

ふたつのキャリバン像は、たがいに他を育み、たがいに他を必要としている。ヨーロッパ、オーストラリア、アフリカ、アジア、そして南北アメリカにおいて、征服された社会のことごとくが、プロスペロのごとき外部から侵入した主人《アウトサイダー》によって厳しく罰せられ弾圧されるキャリバンの役割に甘んじてきた。みずからが従属民族に属すると意識するようになることが反帝国主義的ナショナリズムの礎《いしずえ》となる。この自覚から文学が、数えきれない政党が、一連の他の闘争が、少数者と女性の権利を求める闘争が、また多くの場合、新たな独立国家を求める闘争が、生まれた。けれどもファノンが正しく見抜いていたように、ナショナリストの意識は、硬直した厳格さにいとも易々と変化しうる。白人の士官や官僚を有色人種の士官や官僚におきかえても、それでナショナリストの官吏が旧体制を複製しないという保証は、ファノンのいうとおり、どこにもないのである。愛国主義《ショーヴィニズム》と外国人差別《ゼノフォビア》（「アフリカをアフリカ人のもとに」）の危険性は実際大きい。もっともよいのは、キャリバンが自分自身の歴史を、すべての被征服民族の男女が共有する歴史の一部であることを認め、そこから、みずからが置かれた社会的・歴史的状況の複雑さを把握することである。

とはいえ、最初の自覚――すなわち諸民族が、みずからを、みずからの国土において捕囚《プリズナー》であると意識することと――のもつ衝撃的な重要性をみくびってはいけない。なぜなら、その覚醒した意識は、帝国化された地域の文学に何度となくあらわれるのだから。帝国の歴史、それも十九世紀全般を通じて定期的に起こる蜂起――インドにおける、ドイツ領アフリカやフランス領アフリカやベルギー領アフリカやイギリス領アフリカにおける、またハイチ、マダガスカル、北アフリカ、ビルマ、フィリピン、エジプトその他における――に彩られた帝国の歴史は無意味なものに思われるかもしれない、もしわたしたちが、征服された民族の文化的いとなみのなかで共同体を求める情念――文化的いとなみにおいて、反帝国主義的抵抗の礎となった情念――にあおられた、とことん根強い捕囚意識を認識しないのであれば。エメ・セゼールはこう語る――

また、わたしのものであるもの：小さな
独房、ジュラ山脈*のなかにある、
小さな独房、雪が白い鉄格子を二倍にふくれあがらせる
雪は白い牢番、
独房の前で見張りに立っている

わたしのものであるもの
それは閉じこめられたひとりの人間のこと、
閉じこめる白
それはただひとり立ち向かう人間、叫びに向かって
白い死の白い叫び
（トゥサン、トゥサン、ルヴェルチュール(59)）

人種という考え方そのものは、あまりにもしばしば、牢獄に、その〈存在理由《レゾン・デートル》〉をあたえてしまう。しかも人種概念は、抵抗文化のほぼいたるところに顔を出してしまう。タゴールはこれについて、一九一七年に公刊された『ナショナリズム』と題する重要な講演のなかで、こう語っている。タゴールにとって「国民《ネイション》」とは、体制への服従を要求する厳格で情け容赦ない権力の貯蔵庫であって、これはイギリスであろうが、中国であろうが、インドであろうが、日本であろうが、どこでも同じである。インドが示すべき回答

とは、タゴールによれば、対抗するナショナリズムを育むことではなく、人種意識によって生まれた分断を修復するような創造的解決を育むようなものでなければならない[60]。同じような洞察はW・E・B・デュボイスの『黒人のたましい』（一九〇三）の核心にも存在している――「問題」〔厄介者〕であるとはどういう感覚なのだろうか？……なぜ神はわたしを、わたし自身の家のなかで追放者であり、また、よそ者にしたのか？[61]」ただ、たとえそうであれ、デュボイスも、タゴールと同様に、白人もしくは西洋文化に対する無差別な全面攻撃に対しては警鐘を鳴らしている。悪いのは西洋文化だけではないと、タゴールはいう。「〈東洋〉を批判するのは白人の責務であるとばかりに、〈東洋〉批判に手をこまねいている〈国民〉の慎重な消極性」もまた責められるべきである、と[62]。

脱植民地化における文化的抵抗では、三つの大きな主題が登場する。いちおう分析のために分離しておくが三つは相互に関連している。そのうち最初にくるのは、いうまでもなく、民族共同体の歴史を、まるごと、首尾一貫したかたちで、損うことなく見渡す権利を主張することである。閉じこめられた民族を復興せよ、というわけだ（ベネディクト・アンダーソンは、ヨーロッパの過去の歴史において生じた同種の事情を「印刷資本主義」と関連づけている。印刷資本主義が「言語をあたらしく固定し」そして「上はラテン語、下は口語的民衆語の中間に、交換と意思疎通の統一的な領域を創造したのである[63]」）。民族言語という考えかたが重要なのはいうまでもないが、しかし、民族文化による実践なくして――つまりスローガンからパンフレットや新聞、民話や英雄譚から叙事詩、小説、ドラマにいたる実践なくして――民族言語は生きてこない。民族文化が民族の記憶を組織し維持する。たとえばアフリカにおける抵抗物語において、過去の敗北がくりかえし語られるとき（「彼らは、われわれの武器を、一九〇三年に取り上げた。いま、われわれは、それをとりもどすところだ」）、民族文化は、風景のなかにふたたび宿る、それも生活様式やヒーローやヒロインたちや過去の偉業を復活させることでふたたび宿るのである。民族文化を定着させるのは、敗北と誇りの両方の表現であり感情であって、それらが次に民族独立をめざす主要政党の屋台骨を形成する。ローカルな奴隷物語《スレイヴ・ナラティヴ》や精神的自叙伝や投獄回想録が、西洋列強の記念碑的《モニュメンタル》な歴史書や公式記録や俯瞰的な疑似科学的観点をむこうにまわした対抗手段となる。たとえばエジプトではジュルジー・ザイダーンの歴史小説群が、アラブ固有の物語をひとつにまとめあげる（ちょうどそれよりも一世紀前のウォルター・スコットと同じようなことをしたのだ）。スペイン領アメリカでは、アンダーソンによれば、クレオール社会は「こうした〔混血の〕住民たちを同国人として意識的に再定義するクレオールを生み出した」[64]。アンダーソンやハンナ・アーレントが着目しているように、広範囲なグローバルな運動が「本質的に想像を基盤にして連帯を実現している」[65]のである。

　第二は、抵抗を、帝国主義に対するたんなる反応ととらえるのではなく、人間の歴史を構想するオルターナティヴな方法とみなす考え方である。とりわけ留意すべきは、このオルターナティヴな再構想が、文化間の境界を越えることなくして礎を築けないことだ。ある魅力的な本のタイトルがしめしているように、宗主国の文化に、文筆で逆襲すること、オリエントやアフリカに関してヨーロッパ人がこしらえた物語を攪乱すること、ヨーロッパ人による物語を、それよりももっと遊戯的《プレイフル》で、もっと強力《パワフル》な新しい物語様式に取り替えること、これがこのプロセスにおいて主要な構成要素となる[66]。サルマン・ラシュディの小説『真夜中の子供たち』は、インド独立によって解放された想像力にもとづく優れた作品で、独立にまつわる不合理や矛盾すらもとりこむ懐《ふところ》の深さをみせている。このラシュディの作品ならびに初期の抵抗文学においてとりわけ興味ぶかいのは、ヨーロッパと西洋の言説を相手に、そこに分け入り、それらとまじりあい、それらを変容させ、これまで周辺に追いやられたり抑圧されたり忘れられたりした歴史を認めさせる営為である。この種の作業を周辺地域で数多くの学者や批評家や知識人たちがおこなってきた。わたしはこのいとなみを遡航〔voyage in〕と呼ぶことにする。

第三は、分離主義的なナショナリズムにははっきりと背を向け、人間の共同体と人間の解放を統一的に考えることである。これについて明確にしておかねばならないことがある。わざわざ確認するにはおよばないと思うのだが、脱植民地化時代の帝国世界では、抗議や抵抗や独立運動は、ありとあらゆるナショナリズムによってエネルギーを補給されていた。今日、第三世界のナショナリズムに関する論争は質量ともに増大の一途をたどっている。その理由の第一は、西洋の多くの学者や識者にとって、第三世界におけるナショナリズムの再興によって、いくつかの時代錯誤的な姿勢が活性化したと感じられるからである。たとえばエリ・ケドゥリーは非西洋のナショナリズムを本質的に悪辣なものとみなしている。そのようなナショナリズムは、第三世界のまぎれもない文化的・社会的劣等性に対する否定的反応であり、「西洋の」政治行動の模倣であって、百害あって一利なし、と。エリック・ホブズボウムやアーネスト・ゲルナーらはナショナリズムという政治行動を徐々に消滅するものと考えている。それにとってかわるのが、国家横断的《トランスナショナル》な性格をもつ現代の経済や電子コミュニケーションや大国の軍事計画からなる新たな現実であるという。[67] こうした観点には、民族独立をはたした非西洋社会に対する顕著な（そしてわたしのみるところ、歴史的根拠のない）いらだちがあるように思われる。つまり非西洋社会は独立などというものに「なじまない」とみなされているのだ。だからであろう、ナショナリズム哲学は最初は西洋に誕生したことがくりかえし強調されるのだ。ナショナリズムは、アラブ人やズールー人やインドネシア人やアイルランド人やジャマイカ人には不似合いであり、さらには悪用されやすいというわけである。

これは思うに、新しく独立した民族に対する批判であり、この批判にはさらに幅広い文化的異議申し立て

(右翼のみならず左翼にも共通する)が随伴している。それによれば、かつて従属民族であった民族には、もっと発達した、それゆえもっと実りの多いドイツ人とかイタリア人らのナショナリズムと同じものを所有する権利などないというのである。どちらに優先権があるかをめぐる混乱した狭小な見方を許してしまうと、ある思想を最初に抱いた側だけが、その思想を理解できるだけでなく使うことができるという主張になる。しかし、あらゆる文化の歴史は文化的借用の歴史である。文化は聖域ではない。西洋が科学をアラブ人から借用したとしたら、その科学をアラブ人はギリシア人やインド人から借用している。文化はけっして所有権の問題ではない。借り主と貸し主とが変更不可能なかたちで定まっている貸し借りの問題ではない。そうではなくて異なる文化間におけるあらゆる種類の横領と共通体験と相互依存なのである。これが普遍的な規範なのだ。他民族を支配することが、イギリスやフランスの莫大な国家財産にどれほど貢献してきたかなど誰にもわかりはしないのだ。

非西洋のナショナリズムに対するもっと興味ぶかい批判は、インドの学者にして理論家のパルタ・チャタジーの主張に見いだせる(彼は〈サバルタン・スタディーズ〉グループの一員である)。それによると、インドにおける民族主義思想の多くは、植民地権力の諸要素を払拭できないまま、それに全面的に対立するか、愛国意識を高めるかの、どちらかである。こうなると「民族文化の根源的な復興ヴィジョンにもとづく、インテリ層のエリート主義にゆきつかずにはいられない(68)」。このような状況で民族を復活させることは、ロマンティックなユートピア的理想を夢見ることにほかならず、そのような理想が政治的現実に裏切られることは目にみえている。チャタージーによればナショナリズムにおいて根源的に重要な段階に到達したのは、ガンディーが近代文明そのものと対決するにいたったときである。ラスキンとかトルストイといった反近代の思想家たちに私淑したせいもあって、ガンディーの認識法はポスト啓蒙主義思想の系譜とは無縁であった(69)。

ネルーの功績は、インド民族をガンディーによって近代から解放されたものととらえたうえで、インド民族を国家の概念のなかに預けたことにある――「具体的なものの世界、差異と、葛藤と、階級間闘争と、歴史と、政治の世界がいまその統合を、国家のなかに見いだすのである」[70]。

チャタージーによれば、成功した反帝国主義的ナショナリズムには、逃避なり回避をおこなう歴史的段階がある。経済的不平等に対し、社会的不正に対し、そして独立達成後にひとにぎりの民族主義者エリートが新たに国家を牛耳ることに対し、知らぬ存ぜぬをきめこむための都合のよい口実に、ナショナリズムそのものが、なりうるという。だが彼がまだ十分に強調しているとは思えないのは、文化が国家主義《ステイティズム》に加担するのは、多くの場合、分離主義的で、さらには国粋的かつ権威主義的な民族主義思想に利用されたときであるということだ。そのような民族主義があるいっぽうで、また民族主義のなかには、批判性を根幹にもつ強固な知的潮流もちゃんと存在し、分離主義者や偏狭な民族主義者がかかげる短期的展望しかないスローガンを拒否し、もろもろの文化や民族や社会集団を横断する、より大きな、より寛容な人間共同体のありようを選び取るものもある。このような共同体は、帝国主義への抵抗によって予告されていた人間の真の解放と連動する。バジル・デイヴィッドソンは、その大著『近代史におけるアフリカ――新しい社会をもとめて』のなかでほぼ同じような主張をおこなっている[71]。

ただし、わたしが、単純な反ナショナリズムの立場を標榜していると誤解されても困る。組織化された政治活動としてのナショナリズム――共同体の復権、アイデンティティの主張、新しい文化実践の台頭――が非ヨーロッパ世界のいたるところで西洋の支配に対する抵抗を刺激し推進してきたことは歴史的事実である。この事実に抵抗することは、ニュートンによる重力の法則に抵抗することと同様、無駄である。フィリピンであれ、アフリカのどこであれ、インド亜大陸であれ、アラブ世界であれ、カリブ海地域であれ、ラテン・

アメリカ、中国、日本であれ、どこであれ、原住民は独立闘争のなかで、民族と宗教と共同体を同じくし、そして西洋のさらなる侵略に対抗するというアイデンティティ感覚のもとナショナリストの集団として結集してきた。このことは運動の初期から一貫してつづいている。いまやそれは二十世紀におけるグローバルな現実となりおおせている。それは世界中おどろくほど広範囲にみられる西洋の侵入に対する、これまた世界中きわめて広範囲にみられる反応なのだから。ほとんどどこでも例外なく民族は結集し、不当な仕打ちと彼らがみなすものに抵抗することを表明し、あるがままの彼ら、つまり非西洋人としてのアイデンティティを求めてきた。こういうかたちでむすびついた集団が、時にはきわめて排他的になったことは、ナショナリズムの多くの歴史が証明しているところである。ただそうであれ、わたしたちはまたナショナリズムによる抵抗運動のなかでたたかわされてきた知的・文化的議論――すなわち、ひとたび独立を達成したら、古い正統思想と不正に後戻りしないためにも、社会と文化を新たに想像的に考え直さねばならないという議論――を忘れてはならない。

ここでは女性運動が中心的な重要性をもつ。原初的抵抗が軌道に乗り、それにつづいて十分に整ったナショナリスト政党が誕生すると、男性中心主義的な不正――側室制度、一夫多妻制、纏足、サティー〔寡婦が夫の火葬のとき生きながら焼かれ葬られる風習〕、実質的奴隷化など――の撤廃が女性による抵抗の要《かなめ》となる。エジプト、トルコ、インドネシア、セイロンにおいて二十世紀初期の女性解放運動はナショナリズムの抗議行動と有機的に連動していた。ラジャ・ラーム・モーハン・ローイは、メアリ・ウルストンクラフトに影響をうけた十九世紀のナショナリストだが、インド人女性の権利獲得をめざして初期の抵抗運動を組織した。これは被植民地世界のどこにでも見いだせる共通のパターンである。つまり不正に対する知的憤りが最初に高まると、抑圧されたあらゆる階級に対する人権侵害に眼がゆくのである。やがて女性作家や知識人たち――

しばしば彼女たちは特権階級出身であり、アニー・ベサントのような西洋の女性権利解放運動家と連帯していた——が、女性の教育の権利をもとめて抗議の急先鋒となる。クマリ・ジャヤワーディーナの主著『第三世界におけるフェミニズムとナショナリズム』は、インドの社会改革運動家たち、たとえばトゥラ・ダット、D・K・カルヴェー、コルネリア・ソラブジらから、プンディタ・ラマバイのような過激派にいたる活動を記述している。こうした活動家たち、ならびにフィリピンやエジプトやインドネシアにおける同種の活動家たち（エジプトのフダ・シャアラウィ、インドネシアのラデン・カルティニら）は、のちにフェミニズム運動となる潮流を広げ、独立達成後には、主要な解放運動潮流のひとつに連なったのである。[72]

解放を求めるこうした大きな運動がもっとも顕著なのは、ナショナリズム運動が阻害されたり遅らされたりした地域——アルジェリア、ギニア、パレスチナ、イスラム・アラブ世界の諸地域、南アフリカ——である。正統思想や権威主義的・国粋主義的思想の力を極力抑えようとする思想の領域がナショナリズムにもあること、またアイデンティティ・ポリティクスの強制的性格を厳しく批判する思想がナショナリズムのなかにもあることに、ポストコロニアル政治の研究者たちは、あまり眼を向けたがらないと私には思われる。そうなってしまうのは、おそらく第三世界におけるイディ・アミンやサダム・フセインの亜流たちがナショナリズムをのっとってしまい、悪いイメージが定着したからだろう。多くのナショナリストたちは、ときに高圧的であったり、ときに知的な自己批判を重ねたりと、いろいろな人物がいるのはわかりきったことだが、そうではなくわたしがここでテーゼとして主張したいのは次のことにつきる。帝国主義に対するナショナリストの抵抗は、その最良の段階では、つねに自己批判的であった。このことはナショナリストの殿堂のなかでひときわ高くそびえ立つ人物たち——C・L・R・ジェイムズ、ネルーダ、タゴール、ファノン、カブラルその他——の著作を丁寧に読んでみればわかる。反帝国主義勢力、ナショナリズム勢力のなかにある、仲間割れをおこし政治的覇権をもとめる傾向を彼らは厳しくいさめていた。ジェイムズはこの点で恰好の例となってくれる。黒人ナショナリズムの長らくチャンピオンの座についていたジェイムズだが、彼はいつも自己の主張を、批判と警告とともにしめすことで抑制していたのだ。いわく、エスニックな特異性を主張するだけではじゅうぶんではない、いわく、同じく、批判なき連帯だけではじゅうぶんではない、と。ここからは、大いなる希望が引き出せるだろう。もし、わたしたちが、歴史の終わりどころか、わたしたちの現在と未来の歴史について、たとえ宗主国世界のなかにいるいないにかかわらず、なにかできる立場にあるとするならば。

まとめるとこうなるだろうか。脱植民地化運動とは、帝国主義時代とは異なる政治目標をもとめ、異なる歴史、異なる地理をもとめながら遂行される錯綜した闘争であり、そこには想像力を働かせる作業、学術研究、対抗的学術研究も参与する。闘争はストライキ、デモ行進、暴力的攻撃、報復と再報復というかたちをとった。そのなかで、闘争の縦糸と横糸を織りなすのは、たとえばインド人の精神構造について、ベンガルにおける土地貸借計画について、インド社会の構造について書いた小説家や植民地官僚たちであり、また彼らに対抗して、帝国時代におけるインド人の貢献について小説を書いたインド人、独立のためにより多くの協力を大衆にあおぎ、動員をもとめた知識人たちや扇動家たちである。

これについて予定表をつくったり固定した日付をつけることはできない。インドはこちらの道を、ビルマはあちらの道を、西アフリカはこちらの道を、アルジェリアはさらにべつの道を、セネガルはまたべつの道をとさまざまである。けれどもこうした事例すべてにわたってみられたのは、大きなナショナル・ブロック間の眼につく亀裂であった。かたや西側――フランス、イギリス、オランダ、ベルギー、ドイツなど――、かたや原住民世界。それゆえ、一般的に言えば、反帝国主義運動は、突発的でしばしば失敗に終わった反乱を契機に徐々に力をつけはじめ、ついに第一次世界大戦後、帝国世界のすみずみに、さまざまな政党や抵抗運動そして活動家たちとなって噴出したのである。やがて第二次世界大戦後三十年を経る頃には、反帝国主義運動はますます好戦的で独立志向となり、アフリカやアジア地域に新国家を誕生させるにいたる。この過程において、反帝国主義運動は、西洋列強の国内状況をもたえず変化させてきた。宗主国内部において、帝国主義政策の支持者と反対者を生みだしていたのである。

3　イェイツと脱植民地化

ウィリアム・バトラー・イェイツ*はいまや完璧に正典《キャノン》に組み入れられたといえるだろう。もちろん、それ以前からイェイツが現代《モダン》英文学論やヨーロッパの盛期モダニズム論のなかで語られてきたのはいうまでもない。現代英文学論であれヨーロッパのモダニズム論であれ、どちらもイェイツのことを現代アイルランドの偉大な詩人として評価している。自身の土着の伝統とも、自身の時代の歴史的かつ政治的文脈とも、さらには民族主義運動にゆれるアイルランドにおいて英語で書く詩人という、自身のおかれた複雑な状況とも、かぎりなく深く関わり、影響をあたえ影響をうけた詩人。だが、アイルランドにおける、また英国文化や英文学における、さらにまたヨーロッパ・モダニズムにおけるイェイツの明白な、そしてゆるぎないと言ってよさそうな地位にもかかわらず、イェイツには、ほかにも魅力的な一面がある。反帝国主義の抵抗運動のさなか、対岸の強国による圧制下で呻吟する人びとの経験と願望と復興のヴィジョンを明晰に語りえた、まぎれもなく偉大な民族詩人という一面が。

この観点からすればイェイツが詩人として属しているのは、ふつう彼のものとは考えられていない伝統、ヨーロッパ帝国主義に蹂躙された植民地世界の伝統であり、この時期、反帝国主義反乱の気運も盛り上がりをみせていた。もし、これがイェイツを解釈するときの常套的方法ではないというのであれば、こう語っておく必要があろう。イェイツがまた、当然のこととして属しているのは、アイルランドの植民地的地位に規定された文化領域、これこそまさに彼のものといえる文化領域であった、と。そして、この時期アイルランドが一連の非ヨーロッパ地域と共有していた特徴とは、宗主国に対する文化的依存と敵対関係との同居状態であった。

帝国主義の最盛期は、一八七〇年代の後半にはじまったといわれるが、アンガス・コールダーの実に興味ぶかい本『革命的帝国』がよく跡づけているように、英語圏で帝国主義はすでに七〇〇年以上も前からはじまっていた。アイルランドは一一五〇年代にローマ教皇からイングランドのヘンリー二世に譲渡されたのであり、ヘンリー二世自身がアイルランドに足を踏み入れたのは一一七一年のことであった。これ以後アイルランドを野蛮で退化した人種の住処《すみか》としてみる文化的姿勢がおどろくほど執拗に残る。近年の批評家や歴史家たち――なかでもシェイマス・ディーン、ニコラス・ケニー、ジョウゼフ・リアセン、R・N・ルボウら――は、この偏見の歴史を研究し記録しているのだが、エドマンド・スペンサーとかデイヴィッド・ヒュームといった歴史上の傑物たちも偏見の形成に大いにあずかった。

かくしてインド、北アフリカ、カリブ海、中南米、アフリカの諸地方、中国、日本、太平洋諸島、マレーシア、オーストラリア、ニュージーランド、北アメリカ、そしてもちろんアイルランドは、これまでおのおの別個に扱われてきたのだが、いまやひとつのグループを形成している。こうした地域は一八七〇年よりもはるか以前から、さまざまな闘争、たとえば多種多様な地域的抵抗運動グループ間の闘争であったり、ヨーロッパ列強間で生じた闘争、そうした闘争の場であったりした。たとえばインドとアフリカを例にとると、海外植民地形成に抵抗する闘争は、一八五七年〔インドの大反乱の年〕よりもはるか以前に、また十九世紀末のヨーロッパにおいてあまたのアフリカ会議が開催されたはるか以前に、進行しつつあった。

ここで重要なのは、盛期帝国主義《ハイ・イムペリアリズム》の時代――つまり欧米のほとんどすべての人間が高度な文明化と商業化という帝国の大義に奉仕していると信じていた時代――をどのように定義するにせよ、帝国主義そのものはすでに、数世紀にわたる海外征服と略奪と学術探検というかたちで継続事業になりおおせていたということだ。インド人やアイルランド人やアルジェリア人にとって、土地を支配していたのは、また支配しつづけたのは、海外勢力――リベラル、君主的、革命的を問わず――であった。

ただし近代ヨーロッパの帝国主義は、それ以前の海外領土統治は、構造的かつ根本的に異なるタイプのものだった。規模と面積のちがいは、その差異のごく一部にすぎない。とはいえ、ビザンティウム、ローマ、アテネ、バグダッド、そして十五世紀から十六世紀におけるスペインとポルトガル、いずれをとっても、十九世紀にイギリスとフランスが支配した地域に匹敵する広さの地域を支配することはなかったのだが。ただ、それよりももっと重要な差異として、第一に、海外領土統治期間の長さ、第二に、大規模な権力組織化をあげることができる。それらが生活の外形だけでなく細部にまで影響をあたえたのである。十九世紀初期までにヨーロッパは経済の産業化に着手している――イギリスが先頭をきった封建的・伝統的土地所有構造は変わりはじめ、海外貿易と海軍力と植民地形成からなる新しい通商パターンが確立し、ブルジョワ革命は、いよいよ完成期に突入していた。このような発展によってヨーロッパは海外領土統治を強化してゆく。堂々たる、そして時には威圧的な権力の横顔をみせながら。第一次世界大戦がはじまる頃には、ヨーロッパとアメリカは、植民地支配というかたちで、地球全土のほとんどを掌中に収めるまでになった。

原因は数多くある。帝国主義に関する体系的な研究（それは帝国主義を、それがもっとも攻撃的であった段階において研究した批評家たち、ホブスン、ローザ・ルクセンブルク、レーニンにはじまる）の全領域において、帝国主義は、おおむね経済的なプロセスに、また時には、いくぶん曖昧なかたちで特徴づけられた政治的なプロセスのせいにされている（ヨーゼフ・シュンペーターの場合は帝国主義を攻撃的な心理的プロセスともむすびつけていた）。本書で、わたしが提出している理論とは、文化が、きわめて重要な、時には必要不可欠な役割を演じてきたということだ。数十年にわたる帝国膨張期に、ヨーロッパ文化の中枢には揺るぎなき仮借なきヨーロッパ中心主義《ユーロセントリズム》が鎮座していた。このヨーロッパ中心主義は経験と領土と民族と歴史を蓄積し、そして蓄積したものを研究し、分類し、検証し、コールダーが述べているように、「ヨーロッパの実業家」に「大がかりなプロジェクトを立案する」[73]能力を付与したのだ。だが、なにより重要なこととして、ヨーロッパ中心主義は、植民地原住民のアイデンティティを、文化から、とりわけ白人キリスト教徒のヨーロッパから、追放することによって、さもなくば一段低い地位にとどめておくことによって、原住民を従属させたのである。この文化的プロセスは、帝国主義を支え活性化したという点で、帝国主義の物質的中枢における経済的・政治的機構に匹敵する重要性をおびていたとみなければならない。このヨーロッパ中心的文化は、非ヨーロッパ世界あるいは周辺世界にかかわるすべてのものを余すところなく分類し観察の対象とした。その徹底ぶりと緻密さゆえに、いかなる項目といえども看過されるものはなく、いかなる文化といえども研究対象とならないものはなく、いかなる民族いかなる土地といえども所有の対象から免れるものはなかったのである。

　こうした観点からすると、ルネサンス以来、ヨーロッパ中心主義はほとんど変わっていないし、わたしたちが長きにわたって進歩的と考えてきた社会にみられるこうした要素も、こと帝国に関するかぎり一様に退行的であったと語ることは、たとえいかに不快なものであろうとも、それでもなおわたしたちは、それを語ることを恐れてはなるまい。進歩的な作家や芸術家たち、労働者階級、そして女性たち――西洋において周辺化された集団――も、帝国主義を熱烈に支持すると、臆することなく語ったし、その熱烈さは、欧米の列強間の競争が激化し残虐行為と無意味で無益でさえある植民地支配を引き起こすにつれ、ますます強度と呪縛を強めていった。ヨーロッパ中心主義は、労働者運動の核心に、女性運動の核心に、前衛的芸術運動の核心に浸透し、いかなる重要な運動といえどもそれを免れることはなかったのである。

帝国主義がそのスケールと奥行きを増すにつれ、植民地そのものにおいても抵抗が強まっていった。植民地領土をひとつにまとめて世界市場経済へと変換する地球規模の蓄積を、ヨーロッパにおいて支援し、またそれを可能にしたのが、帝国にイデオロギー的なお墨付きをあたえる文化であったのだが、それと軌を一にして、大がかりな政治的・経済的・軍事的抵抗を、海外の〈帝国領土〉において履行し支援したのは、積極的に扇動し挑発にはしる抵抗文化であった。この抵抗文化は、それなりのまとまりと力をもった長い伝統に根ざしたもので、西洋の帝国主義に対して泥縄式に担ぎ出された文化ではなかった。

アイルランドでは、とコールダーはこう語っている。ゲール人を殺すことは、最初から「王立陸軍の任務の一部として、あるいは王室による認可を受けている、愛国的で英雄的で正義であると「みなされていた」[74]」。イギリスの民族的優位という観念が浸透したのであり、その結果、エドマンド・スペンサーのような人文主義者の詩人にして紳士ですらも、『アイルランドの現状に関する管見』（一五九六）において、アイルランド人は野蛮なスキタイ人と同じだから、そのほとんどを駆除すべしという提案を臆面もなくやってのけられたのだ。当然のことながらイギリスに対する反乱は早くから起こっていた。やがて十八世紀、ウルフ・トーンやグラタンに率いられた抵抗の時代になると、抵抗運動そのものにもそれなりのアイデンティティが生まれ、独自の組織と主張と規則をもつようになった。十八世紀なかばには「愛国主義が流行しだす[75]」と述べるコールダーは、こうつづける。スウィフト、ゴールドスミス、バークといった傑出した才能の持ち主たちによって、アイルランドの抵抗運動はまったく独自の言説をもつにいたったのである、と。

帝国主義への抵抗は、そのすべてではないにしても、その多くが、広義のナショナリズムという文脈のなかでおこなわれた。「ナショナリズム」、これはいまもなお無差別にあらゆる種類のことを意味してしまう言葉だが、それでも、わたしにはきわめて適切な言葉として役立ってくれる。なにしろ外国から侵入してきた帝国に対し、歴史と宗教と言語を共有する諸民族のなかに一致団結した抵抗を組織する力の何たるかを、この言葉は、わたしに如実に示してくれるのだから。けれども、植民地の大地主から多くの領地を奪い返すことに成功したにもかかわらず――いや、まさに成功したがゆえに――ナショナリズムはきわめて問題のあるいとなみとなってしまった。人びとを駆りたて、街頭で白人の主人に対する抗議デモを組織するナショナリズムは、たいてい、その指導層に、弁護士や医師や著述家をいただいているのだが、彼らは植民地権力によってなかば形成され、またある程度まで生みだされていたのである。ナショナリストのブルジョワ層、ならびに彼らのなかでも専門職層でもあるエリートたち、ファノンが不信の念をむきだしに語っていた人びと、彼らは植民地勢力を駆逐したまではよかったが、その結果、その後釜に、新しい階級社会と最終的には搾取的な社会を据える傾向があり、古い植民地構造に新しい装いをこらし、古きものを複製しただけで終わった。かつて植民地だった地域全体に存在する国家群はイクバール・アフマドが権力の病理と呼ぶものを育んでいる。(76)またナショナリズムの文化的地平は、植民者と被植民者が同じ歴史を共有しているため、致命的に限定されたものかもしれない。なにしろ帝国主義は、何といっても植民者と被植民者との共同事業であり、その近代的な形態の明白な特徴は、教育運動であった（と主張されてきた）。それはきわめて意識的に、近代化と開発と教育と文明化に着手していたのだ。その歴史は、アジア、アフリカ、ラテン・アメリカ、ヨーロッパ、アメリカにおける学校や布教施設や大学や学術団体や病院などの編年史をとおしてうかがい知ることができるが、そこでは、いわゆる近代化傾向なるものが生まれるとともに帝国主義支配の残忍きわまりない面をぼかすことも同時におこなわれた。しかも、その中枢において帝国主義は、原住民《ネイティヴ》と西洋人《ウエスタナー》という十九世紀の分割を温存しつづけた。

たとえば主要な植民地学校では何世代にもわたる原住民ブルジョワ層に歴史や科学や文化に関する重要な真理を説いていた。この教育プロセスをとおして、何百万という人びとが近代生活の基本を把握したものの、彼らの生活に依拠するのではなく海の彼方のどこかに基盤をもつ権威に依存する従属者でありつづけた。植民地教育の目的のひとつは、フランスやイギリスの歴史の格上げ《プロモート》であったので、そのぶん同じ教育が原住民の歴史の格下げ《デモート》につながった。したがって原住民にとっては、イギリスやフランスやドイツやオランダが、権威ある〈言葉〉を集積する海の彼方の貯蔵庫となったのだ、たとえ生産的協調関係の時代に原住民と「白人」とのあいだに類似性が育まれていたとしても。ジョイスのスティーヴン・ディーダラスが、イングランド人の学監に直面したときの反応は、この間の事情を異常なまでに痛切に認識した人間のそれとして名高い

ぼくたちが話している言語は、ぼくのものとなる以前に彼のものだ。home とか Christ とか ale とか master といった言葉が彼の唇にのぼるときと、ぼくの唇にのぼるときと、どんなにちがうことだろう。ぼくは、こうした言葉を、不安な気持ちをいだかずに話したり書いたりできない。彼の言語は、とてもなじみぶかく、またそのくせとても外国的であり、ぼくにはいつも後天的な言葉でありつづけるだろう。ぼくはその言葉をこしらえてもいないし、受け入れてもいない。ぼくの声は、その言葉を追いつめないと話せない。ぼくの魂は彼の言語の影でいらだっている。(77)

たとえばアイルランドやインドやエジプトのナショナリズムが根ざしていたのは、シン・フェインとかインド国民会議派とかワフド党といったナショナリスト政党による原住民の権利と独立を求める長期的闘争であった。同じようなプロセスはアフリカやアジアの他の地域においても発生した。ネルー、ナセル、スカルノ、ニエレレ、エンクルマといったバンドン会議*の大物政治家たちが、その苦難と栄光においても華々しかったのは、原動力としてのナショナリズムが存在したからであり、それはこうした偉大なナショナリストたちの残した精神鼓吹的な自叙伝や指導書や哲学的考察をとおして文化的にもうかがい知ることができる。なるほど古典的ナショナリズムのいたるところに紛れもない父権制的特色がみてとれ、女性の権利やマイノリティの権利は（もちろん民主的自由はいうにおよばず）なおざりにされ歪曲されていて、今日もなおあらためられていない。だがパニッカルの『西洋の支配とアジア』、ジョージ・アントニウスの『アラブの目覚め』、アイルランド復興期のさまざまな作品など、重要な著述が古典的ナショナリズムから生まれているのもまた事実なのである。

アイルランドやその他の地域で生じたナショナリズムの復興には、はっきりと異なるふたつの政治的方向性があった。それぞれに独自の想像文化《イマジナティヴ・カルチャー》があり、たがいに、もちつもたれつの関係にある。ひとつは、ヨーロッパや西洋の文化を帝国主義として明確に意識することである。この内省的覚醒を経ることで、アフリカやカリブ海やアイルランドやラテン・アメリカやアジアの人民は、非ヨーロッパ人あるいは非本国人である自分たちを導き教える権利などヨーロッパ文化にないことを高らかに宣言できた。このことを最初におこなったのは、トマス・ホジキンが論じているように、「予言者や聖職者」(78)たち、なかでも詩人や幻視者《ヴィジョナリー》たち、ホブズボウムのいう「素朴な反逆者」の類似種といえる者たちであった。いまひとつは、もっとあからさまに解放主義的方向性であり、これが生じたのは、第二次大戦後も西洋の帝国主義事業の延命が臆面もなくはかられた地域、とくにアルジェリア、ヴェトナム、パレスチナ、アイルランド、ギニア、キューバであった。インドの国民議会運動であれ、汎アラブ主義や汎アフリカ主義の宣言であれ、ピアスのゲール語、サンゴールの〈ネグリチュード〉といった特殊性重視の主張であれ、とにかくこれら伝統的なナショナリズムは、不充分であるとともに重要であった、ただ、あくまでも最初の一歩にすぎないこともあきらかになった。このパラドックスから解放思想が生まれる。この強力にポスト・ナショナリズムをめざす新たなテーゼは、コノリーやガーヴィやマルティやマリアテギやカブラルやデュボイスの著作にも見え隠れしていたが、それを明確に打ちだすべく、推進役としての理論ならびに武装蜂起も辞さない好戦的姿勢の注入が求められたのである。

こうした運動のうち最初のものに関する文献、つまり反帝国主義的抵抗の文献をもう一度みてみよう。もし反帝国主義の想像力を根本から特徴づけるものがあるとすれば、それは地理的要素が際立っていることだろう。帝国主義とはつまるところ、地理的暴力行為にほかならず、それをとおして世界の実質的なあらゆる空間が探検され測地され最終的に管理下におかれるのである。原住民にとって、植民地的隷従の歴史は、土地をよそ者《アウトサイダー》に奪われたときからはじまる。それ以後、地理的アイデンティティを探し出し復活させることが課題となった。植民地化するよそ者が退去しそうになかったがゆえに、土地の回復は、最初のうちは、想像力をとおしておこなうしかなかった。

帝国主義の複雑だが堅固な地理的〈永久所有〉が、一般的なものから個別的なものまでどのようなかたちをとるか、例を三つあげておきたい。もっとも一般的なのは、クロスビーが『ヨーロッパ帝国主義の謎』のなかで提示しているものだ。クロスビーによればヨーロッパ人はどこへ行こうとも、すぐにその土地の居住環境を変えにかかる。ヨーロッパ人が意識的に目標としてかかげるのは、領土を、彼らが後にしてきた本国のイメージにあわせてつくりかえることである。このプロセスには終わりがない。住居の建造方法はいうにおよばず、膨大な数の植物や動物や穀物が徐々に植民地を新しい場所に変えていった。力でねじ伏せられた原住民にとって、新しい場所には、新しい疫病、環境上のひずみ、そして強制的な立ち退きにともなう精神的外傷が、すべて万遍なく備わっていた。[79] 変えられた環境《エコロジー》はまた、変えられた政治制度を導入する布石となる。これが、のちに民族派の詩人や予言者たちの眼には、民族を真正の伝統や生活様式や政治組織から切り離すものと映る。帝国主義が土地をいかにして見知らぬ土地に変えたかという、こうした民族派のヴィジョンのなかにはロマン主義的神話がかなり入りこんでいることは事実だが、それでも実際に変化が起こっていたことを、なおざりにすべきではない。

第二の例は、長期的な領土所有を合理化するプロジェクトである。このプロジェクトは土地を収益可能なものにすると同時に外的支配下に置こうと常日頃から試みるものであった。地理学者ニール・スミスはその著『不均衡発展』のなかで、歴史的にみて資本主義がいかにして特殊な自然と空間を生みだしたかをみごとに記述している。不均衡に発達した風景のなかでは、貧困と連動して富が生まれ、産業都市化と連動して農業縮小化が起こる。このプロセスが頂点に達するのは、帝国主義であり、これは宗主国の後ろ盾のもとに、あらゆる空間を普遍的に商品化してしまうのである。文化の領域でこのプロセスと似たことをおこなっていたのは十九世紀後半の商業地理学である。商業地理学の観点（たとえばマッキンダーやチザムの著作にみられるような）は、「自然」の豊饒あるいは不毛、海路の確保、永久に差異化された地帯や領土や風土や民族をもたらしたことで帝国主義を正当化していた。[80] かくして「資本主義の普遍性」が達成される。それは「労働を領土の質によって分割し、それにしたがって民族空間を差異化した」[81] のである。

へーゲルやマルクスやルカーチに依拠しつつ、スミスは、こうして生産される科学的に「自然な」世界を第二の自然と呼んでいる。反帝国主義者の想像力にとって、周辺世界におけるわたしたちの故郷の空間とは収奪され、部外者によって、部外者の利益にかなうよう変えられた世界である。それゆえ第三の自然が探し求められ、測量され、創造され、発見されなければならない。この第三の自然は、原始的な自然でも先史的自然でもない（「ロマンティックなアイルランドは死に、消え去った」〔「一九一三年九月」、詩集『責任』（一九一四）所収〕とイェイツは述べている）、そうではなくて現在の喪失状況から生まれてくるものなのだ。これは地図学的な衝動であり、そのもっとも感動的な例をいくつかあげるなら、たとえばイェイツの初期詩集『薔薇』におさめられた諸作品、チリの風景を跡づけるネルーダの諸詩篇、アンティル諸島をうたったセゼールの詩、パキスタンをうたったファイズの詩、そしてパレスチナを歌ったダルウィーシュの次のような詩であろう――

わたしに、返しておくれ、顔の色を、
肉体のぬくもりを、
心と眼の光を、
パンと大地の塩を、……　母なる地を。(82)

しかし――第三の例として――植民地空間が、帝国主義者の眼にもはや外地とうつらないほどに徹底した変容をこうむることもある。イギリス領アイルランドは、この点で、ほかのどの植民地よりも数多くの変容にさらされつづけてきたが、その中心となるのが度重なる移住計画であり、その頂点となるのが、一八〇一年のアイルランドとの連合法であり、これは実質的には連合法を通してのアイルランド併合であった。その後一八二四年に命ぜられたアイルランドの陸地測量調査は、名称の英語化、不動産評価を可能にする土地境界線の再画定（ならびに英国人と地元「貴族」層に有利なような土地没収）、そして住民の半永久的な隷属をめざしていた。英国軍人によって実施されたこの調査は、メアリー・ハマーが説得力あるかたちで述べているように「アイルランド人を無能と規定し、……アイルランド人の業績を低く見積もるのに直接的な効果」[83]があった。ブライアン・フリールの素晴しい戯曲のひとつ『トランスレーションズ』（一九八〇）は陸地測量調査が地元住民にあたえた破壊的効果を扱っている。「このようなプロセスでは」とハマーはつづける、「被植民者は、受動的で代弁《レプリゼント》されなければならない者たち［とされ］、自分自身の表象《レプリゼンテーション》＝代表権を自由にできず、植民者のヘゲモニー衝動――被植民者を安定し統一されたものとして構築せんとする衝動――に、ふりまわされるかたちで表象《レプリゼント》されるしかない[84]」。そしてアイルランドでおこなわれたことは、またベンガルでもおこなわれ、アルジェリアではフランス人によってもおこなわれたのだ。

　抵抗文化が最初にすべき任務のひとつが、土地をめぐること、土地所有権の再主張《リクレイム》、土地名称の再命名《リネイム》、土地への再居住《リインハビット》である。そしてこれにともない、さらに一連の再主張と回復と同一化がつづくのだが、すべては、次のように詩的に構想された基盤に文字どおりもとづくものであった。真実性の探求、植民地の歴史からうかがい知れるよりももっと親しみのもてる民族の起源に対する探求、すなわち民族の新たに脚光を浴びるべきヒーローや（時には）ヒロイン、神話や宗教に対する探求――こうした探求も民族が土地を再領有したという意識あればこそだった。そして脱植民地化によって得られるアイデンティティに対するナショナリズム的予感に寄り添うかたちで、いつも、土着言語の再開発、それも、ほとんど魔術的ともいえる霊感に満たされ錬金術めいた変容をめざす再開発がおこなわれた。

こうした点でイェイツはとりわけ興味ぶかい。カリブ海地域やアフリカの作家たちとともにイェイツもまた、自分たちが植民地宗主国の人間と同じ言語を共有することの意味を問うていた。またもちろんイェイツは多くの重要な点で〈プロテスタント・アセンダンシー〉〔アイルランドの支配権をにぎっていた少数派のプロテスタント〕の側に属し、これがイェイツのアイルランド帰属を、控えめに言っても、曖昧なものにした――たとえイェイツの場合、矛盾にみちたものではなくとも。イェイツ初期の、ケルト的関心と主題をともなうゲール主義から、「我ハ汝ノ主ナリ」といった未来への決意を述べた詩や『ヴィジョン』といった論考などに書き記された後期の体系的な神話群への移行にはかなり論理的な面があった。イェイツにとって、自身のアイルランド・ナショナリズムとイギリスの文化的遺産とのあいだにあることを自身が知悉していた重なりあい、みずからに重くのしかかると同時にみずからの力の源でもあったこの重なりあいは、どうしても緊張関係をひきおこさずにはいられなかったがために、次のように推測していいかもしれない。すなわち、このっぴきならぬ政治的・世俗的緊張関係の軋轢から、イェイツは問題を「高度な」レヴェルつまり非政治的なレヴェルで解消しようとしたのではないか、と。イェイツが『ヴィジョン』とか後期の疑似宗教詩のなかでこしらえたきわめて特異で審美化された歴史は、この緊張関係を彼岸的世界のレヴェルにまで高めるものであった。アイルランドは、いうなれば地表よりも上のレヴェルで受け継ぐのがもっともよいのだといわんばかりに。

シェイマス・ディーンの『ケルトの復興』におけるイェイツのこの脱地上的革命思想についてのもっとも興味ぶかく卓越した解説は、こう示唆していた。イェイツ初期の創造されたアイルランドは「彼の想像力の加工作業を容易に受け入れたが［これに対し］晩年のイェイツはみずからの想像力になじまないアイルランドを発見していた」と。イェイツが自身のオカルト的世界観と現実のアイルランドとのあいだに調和を求めようとしたとき――たとえば「彫像」におけるように――、必ず緊張関係が生まれたと、ディーンは正しく語っている。[85] イェイツのアイルランドは革命的な国であったので、彼はアイルランドの後進性を逆手にとり、高度に発達しすぎた近代ヨーロッパが失った精神的理想へのラディカルで攪乱的かつ破壊的回帰を唱えることができた。一九一六年のイースター蜂起といったドラマティックな現実のなかにイェイツがみたのは、終わりなき、おそらく究極的には意味なき反復という回帰運動の停止、アイルランドの伝説的英雄クーリンの際限なき苦難と思えるものに象徴されているところの反復という回帰運動の、まさに停止であった。ディーンの理論によれば、アイルランドの民族的アイデンティティの誕生は、イェイツにとっては回帰運動の停止と一致していた。そもそも民族的アイデンティティをもち上げることは、イェイツにとってはアイルランドの特異な民族的性格に着目する植民者イギリス人の姿勢を、ただ強調し強化することにほかならなかった。だからであろう、イェイツにおける神秘主義への回帰とファシズムへの傾倒は、ディーンの慧眼が見抜いていたように、植民地の苦境を際立たせるばかりだった。たとえば同じ苦境はV・S・ナイポールのインド表象に見いだすことができる。それ自身ならびにその「イギリス性」をイギリス本国に負っていながら、植民地にも顔をむけているというインド文化の苦境。「民族固有の署名をもとめる探求は、きわめて植民地的なものとなる。ふたつの島〔ブリテン島とアイルランド島〕の異なる歴史ゆえに。またそのような探求の精華がイェイツの詩であった」[86]ということになる。イェイツのひとりよがりの神秘主義と首尾一貫性のなさは、時代遅れになったナショナリズムを表象するどころか、革命的な潜在可能性を体現するものであり、詩人イェイツの主張は、ディーンによれば「アイルランドがその文化を維持するには、形而上的諸問題に対する意識を絶えず覚醒させねばならない」[87]ということになった。資本主義の厳しい現実の緊張関係が思考と内省とを奪ってしまった世界において、永遠の感覚と死の感覚とを刺激し意識化できる詩人は、真に反抗的人間であり、この人物は自身のじり貧状態の植民地状況ゆえに、自身の社会と「文明化された」近代に対する否定的な認識に駆りたてられてゆくのである。

イェイツの苦境に関するこのかなりアドルノ的な定式は、もちろん、きわめて魅力的である。ただ残念ながら、イェイツを、粗雑な政治的読解を顔色なからしめるほど政治的に英雄化し、イェイツの容認しがたい不快な反動的政治姿勢――その臆面もないファシズム、古き良き家と家族にまつわるファンタジー、破綻だらけのオカルト思想への逸脱――をアドルノ的「否定弁証法」の事例に変換することで擁護しようとするため、せっかくの定式がおそらく弱められてしまった。そのささやかな修正としてわたしたちにできるのは、イェイツをもっと正確に〈土着主義《ネイティヴィズム》〉現象の――つまり、ほかの場所でも植民地遭遇の結果として誕生した〈たとえば〈ネグリチュード〉〉現象の――悪しき一例としてみることだろう。

たしかにイングランドとアイルランドの物理的・地理的つながりは、イングランドとインドとのそれよりも、あるいはフランスとアルジェリアやセネガルとのそれよりも、地理的に接近している点で他とは一線を画している。しかし、帝国的関係は、どの場合にも等しく存在していた。たとえばアイルランド人はけっしてイギリス人にはなれなかったが、カンボジア人やアルジェリア人もけっしてフランス人になれなかったのである。これは、あらゆる植民地関係に共通していたように、わたしには思われる。なぜなら、支配者と被支配者のあいだに、たとえ被支配者が白人であっても、明確で絶対的な階層区分をつねに維持しなければならないというのが第一原理であるからだ。〈ネイティヴィズム〉は、嘆かわしいかな、この区分を強化してしまう、たとえ弱い側、虐げられた側を再評価するときでさえも。そしてしばしばそれは、民族の過去に関する威圧的でデマゴーグ的主張につながり、世俗的な時間そのものから超越した民族の物語や状況をこしらえてしまう。このことはいくつもの試みのなかにみてとることができる。サンゴールの〈ネグリチュード〉。

ラスタファリ運動。* ガーヴィが唱道したような、アメリカ黒人のアフリカ帰還運動。ムスリム圏における汚れなき植民地化以前のムスリムの本質再発見運動など。

ネイティヴィズムにおけるはなはだしいルサンチマン（たとえば一九七八年に出版されたジャラール・アーレ・アフマドの影響力の大きなイラン語による論考『オクシデントシス』〔西洋病〕は世界の諸悪の元凶として西洋が指弾されている）をひとまず脇にのけておくとしても、ネイティヴィズムの企てを却下する、あるいはすくなくとも再考すべき理由はふたつある。たとえばネイティヴィズムは首尾一貫しないところがあっても、植民地の政治と歴史を否定することで英雄的でもあり革命的なのだとディーンのように語ることは、ネイティヴィズムだけが、抵抗し脱植民地化をめざすナショナリズムにとって唯一の選択肢であるかのように考えることで、まさにネイティヴィズム的立場の罠に陥っていると思えてならないのだ。だが、わたしたちにはネイティヴィズムの暴走に関する証拠がある。ネイティヴィズムを容認することは、帝国主義の帰結を容認することである。つまり帝国主義そのものによって押しつけられた人種的・宗教的・政治的分割を容認することにほかならない。歴史的世界に背を向けて、ネグリチュードとかアイルランド性とかイスラムとかカトリックといった本質《エッセンス》の形而上学に赴くことは、人類をたがいに敵対させる力をもつ本質主義化《エッセンシャリゼイション》に屈服して歴史を捨て去ることである。このように世俗世界を放棄することは、もしそれが民衆的基盤をもつ運動となるならば、ある種の千年王国待望《ミレニアリズム》運動にもなるし、さもなければ小規模な私的な狂信へと分解するかもしれない。つまり帝国主義そのものが奨励してきたようなステレオタイプや神話や怨念や伝統を無批判に受け入れてしまうことに堕するかもしれない。このような試みは、偉大な抵抗運動が、その目標にかかげるものとはほど遠い。

このことを分析的にもっとよく把握するのに、有益な方法としては、同じ問題についてアフリカというコンテクストにおいてなされた分析を一瞥するにしくはない。一九七六年に発表されたウォレ・ショインカによる、ネグリチュードに対する強烈な批判である。ショインカはこう記している。ネグリチュードの概念は、二項対立の二項——ヨーロッパ人とアフリカ人——のなかで二番目の劣等項に由来し、「ヨーロッパのイデオロギー的対決の弁証法的構造を受け入れているだけでなく、人種差別主義者の三段論法の構成要素そのものからも借用していた」(88)と。いきおいヨーロッパ人は分析的となり、アフリカ人は「分析的思考に不向きであり、それゆえアフリカ人は高度に発達していない」ということになる。その結果、ショインカによれば、次のことは目に見えている——

ネグリチュードは、第一義的に防衛的《デフェンシヴ》なものでしかない役割に閉じこめられている。たとえその声音は荒々しく、その文体は誇張的で、その戦略は攻撃的《アグレッシヴ》であっても(中略)ネグリチュードは、人間と社会に関する知的分析としては、ヨーロッパ中心主義に染まった既存の分析法にどっぷりつかっていて、アフリカ人とその社会を、外来の観点で定義しなおそうとしているにすぎない(89)。

わたしたちに残されたパラドックスとは、ショインカ自身が分析しているように、〈黒人〉を崇拝することは、〈黒人〉を忌み嫌うのと同じく「病んでいる」ということだ(彼はファノンを念頭においている)。またネイティヴィスト・アイデンティティには、その初期における戦闘的で独断的な段階は避けられないとしても——じっさいこの段階はつねに生ずる。イェイツの詩はアイルランドのみならずアイルランド性についての詩なのだ——しかしまた、そのいっぽうで、自己のアイデンティティを祝福する情緒的自己陶酔にとらわれるのではなく、そこを越えてすすむことのなかに未来の可能性も数多く存在するのである。まず第一に、競合する本質《エッセンス》のせめぎあいから構築されるのではない世界を発見する可能性。限定されることなく、また威圧的でもない普遍主義という第二の可能性。逆に限定的で威圧的な普遍主義は、すべての人びとが単一のアイデンティティしかもたないと信ずることである——たとえばあらゆるアイルランド人は、それだけでただアイルランド人であり、同じことはインド人にもアフリカ人にもと、まあ、うんざりするほどに及ぶのだ。そして第三の、もっとも重要な可能性。それはネイティヴィズムを越えることが、即、民族性《ナショナリティ》を捨てることにはならず、むしろローカルなアイデンティティが、それだけで完結したものではないと、またそれゆえに帰属の儀式とか、土着の愛国主義とか、限界のある防衛意識などをとおして、自己自身をなにがなんでも自己の領域に限定しなくともよいと考えなおす可能性である。

民族性《ナショナリティ》、ナショナリズム、ネイティヴィズム。思うにこの順に拘束性が増すようだ。アルジェリアやケニアのような国々では、英雄的な抵抗が植民地支配の屈辱を糧になかば成立しながらも、いつしか帝国主義列強との長期的な武装闘争と文化闘争に発展し、そのあげく一党独裁国家への地ならしをし、アルジェリアの場合には、それが非妥協的なイスラム原理主義による破壊活動を生むことになった。ケニアのモイ政権における気の滅入る独裁体制が、マウマウの反乱*の解放的潮流の完成であるとは、口が裂けても言えないだろう。ここには社会意識の変革など望むべくもない。あるのは唖然とするような権力の病理であり、それがほかのところでも複製されているのだ——フィリピンで、インドネシアで、パキスタンで、ザイールで、モロッコで、イランで。

いずれにせよ、ネイティヴィズムだけが唯一の選択肢ではない。ネイティヴィズムよりも、もっと寛容で、もっと多元的な眼で世界をながめる可能性は残されている。そこから考えれば、世界には帝国主義がいまなお遅ればせながら異なるかたちで（たとえばわたしたち自身の時代の南北問題は、そのひとつだが）進行し、支配関係も継続しているとはいえ、それでもなお解放の機会は残っているのだ。ちなみにイェイツの晩年、一九三九年までにはアイルランド自由国が誕生していたが、イェイツ自身は、部分的にでも、〔ネイティヴィズムを越えた〕この第二の段階に属していたことは、彼の一貫した反英的見解や、アナーキーな撹乱をめざす晩年の詩にみられる憤怒と喧噪からもよくわかる。この段階では、ナショナリストのめざす独立よりも、解放が、新たな選択肢となる。この解放は、その性格ゆえに、ファノンの言葉を借りるなら、民族意識を越えた社会意識の変革をともなうのである。(90)

したがって、こうしたパースペクティヴからながめると一九二〇年代のイェイツの矛盾に満ちた神秘主義への傾斜、政治世界の否定、ファシズム（あるいはイタリア的、南米的な権威主義）に対する、たとえ魅力的とはいえ傲慢な支持表明は、擁護されるべきものでも、また急いで、否定的なユートピア様式へと弁証法的に止揚されるべきものではない。なぜならイェイツのこうした容認しがたい姿勢は、たやすく時代状況のせいにして批判できるし、かといってそれで脱植民地化の詩人としてのイェイツ観が変わることはないのだから。

ネイティヴィズムを越える道は、セゼールの『帰郷ノート』のクライマックスにおける大いなる転換のなかで形象化されているが、そのなかで詩人は、自分の過去を再発見し再体験したあと、また黒人としての自己の歴史の情念と恐怖と環境を再追認したあと、怒りを感じそして自分のなかから怒りを捨象したあと、こう悟るのだ――

わたしは受け入れる……受け入れる……全面的に
ヒソップ草と百合をあわせたどんな禊《みそ》ぎによっても浄化できない、わが人種を

しみで汚れた顔の、わが人種を
酔った足に踏みしだかれる熟れた葡萄である、わが人種を[91]

——このあと、彼は突然、「雄牛のような」力と生命に襲われ、そして理解しはじめるのだ、

なぜなら真実ではないからだ、人間の仕事が終わったとか
わたしたちは、この地上でなにもすることがないとか
わたしたちは世界に寄生しているとか
わたしたちは世界の前にひれ伏せばそれでじゅうぶんだとかいうこと、が
そうではなくて人間の仕事ははじまったばかりで
そして人間は、自分の情熱の片隅にへばりつくあらゆる禁制を
克服しなければならない、いかなる人種といえども
美と知性と力を独占してはいないのだ

そして誰にでも征服の集会に参加できる余地は残されていて
わたしたちはいまや知っている、太陽がわたしたちの
地球の周囲をまわり、わたしたちの意志のみが定めた区画を照らしだし
そしてあらゆる星が、わたしたちの全能の命令によって天から地へと
落下すること、を。[92]

驚くべき詩句は「自分の情熱の片隅にへばりつくあらゆる禁制を克服しなければならない」と「太陽が……わたしたちの意志のみが定めた区画を照らし〔だす〕」である。みずからの手でこしらえた制限、それはまた人種とか契機とか風土といった概念と骨がらみになっているのだが、そうした制限のもつ硬直性と禁制に屈服してはならない。そこから抜け出て、「征服の集会」という活気あふれる広大な感覚に身をまかせよ、ということだろう。それはまた必然的に、わがアイルランド、わがマルチニック、わがパキスタンといった偏狭な意識を越えることになる。

ここではセゼールを対抗馬として使い、イェイツ（あるいはシェイマス・ディーンのイェイツ）を叩こうというのではなく、イェイツの詩のなかにある主要な主題系列を、脱植民地化や抵抗の詩に関連づけるだけでなく、ネイティヴィズムの袋小路を抜けでる歴史的選択肢とも、より緊密に関連づけたいのである。多くの点でイェイツは他の詩人たちと同様に帝国主義に抵抗している——おのが民族のために新しい物語を執拗にもとめ、イングランドによるアイルランド分割計画に憤慨し（そしてアイルランド統一に情熱をささげ）、新しい秩序をもたらす暴力を言祝《ことほ》ぎ記念し、ナショナリズムの文脈のなかで民族への忠誠と裏切りとを柔軟に使いこなしたのだから。イェイツは、パーネルやオリアリーと直接親交があり、アビー劇場の活動と関わり、イースター蜂起にも関与し、その詩には、R・P・ブラックマーがユングから借用した表現を使えば「直接経験の恐るべき曖昧さ」[93] なるものがもたらされた。一九二〇年代初期のイェイツの作品には、半世紀後のダルウィーシュによるパレスチナ詩にみられる社会参加性や曖昧性と同じものが存在している。どちらの作品群も暴力と、歴史的事件の圧倒的に唐突かつ不意撃ち的な特性と、暴力と銃器に対立する政治と詩で彩られ（ダルウィーシュの瞠目すべき抒情詩「薔薇と辞書」[94] を見よ）、最後の国境が侵犯され最後の空が逃げ去ったあとの休息への探求がある。「山々の神聖なるケンタウルスは消えた」とイェイツはいう、「わたしには無惨な太陽しか残らない」（「失意のなかで書かれた詩」、『クール湖の野生の白鳥』（一九一九年）所収）と。

一九一六年のイースター蜂起以後の活況期におけるイェイツの傑作詩、「一九一九年」「イースター一九一六年」「一九一三年九月」を読んで深い感銘をおぼえるのは、「油のしみた銭函」（「一九一三年九月」より）に支配された生に対する幻滅、路上と馬の暴力（「一九一九年」の「路上の暴力、馬たちの暴力」のもじり）あるいは「穴のなかでいがみ合うイタチたち」（「一九一九年」より）の暴力、〈血ぬられた犠牲〉の詩と呼ばれてきたものにみられる儀礼的なものの数々はもちろんのこと、さらに、恐るべき新たな美（「イースター一九一六年」の「恐ろしい美が生まれた」のもじり）が古き政治的・道徳的風景を変えることである。脱植民地化のあらゆる詩人がそうであるように、イェイツもまた悪戦苦闘しながら、想像の、あるいは理想の共同体の輪郭を、それ独自の意味付けだけではなく敵方からの意味付けもふくむかたちで明確にして宣言しようとしていた。「想像の共同体」というのがここでは適切である。ただしベネディクト・アンダーソンの誤った直線的時代区分をむりに受け入れないとしての話だが。脱植民地化の文化言説において、多くの言語が、多くの歴史が、多くの形態がうごめいている。バーバラ・ハーロウがその著『抵抗文学』のなかで示したように、そのジャンルすべて――具体的にいえば精神的自叙伝、抵抗詩、獄中記、解放をめぐる教訓譚など――に通底するテーマは、時間の不安定性である。つまり民族とその指導者によってつくられたり、つくりなおされたりする時間の問題。この時間の不安定性を強く想起させるのが、イェイツの壮大な歴史循環ヴィジョン記述におけるゆらぎであった。それはまた詩において民衆的な語り口と格式張った語り口とが、民話と学術的な書式とが、いともやすやすと交替することとも似ている。T・S・エリオットが「狡猾な歴史と策謀にみちた［時間の］回廊」（エリオットの詩「ゲロンチョン」（『詩集』一九二〇所収）のなかの一行のもじり）と呼ぶ、不安定要素

——誤った転回、重なりあい、無意味な反復、間歇的に訪れる勝利の時——が、イェイツの詩を彩っているが、脱植民地化の詩人たちや文人たちすべて——タゴールやサンゴールやセゼールら——の書き物を彩るのも好戦的な口吻、ヒロイズム、そして「野蛮な床のうえの制御できない神秘」〔イェイツの詩「東方の三博士」『責任』（一九一四）所収より〕の圧制的残存なのだ。だからこそ、こうした書き手たちは、自身の民族的環境から立ちあがり、普遍的な意義を獲得するにいたるのである。

パブロ・ネルーダは、その回想録の第一巻において、一九三七年マドリッドで、共和国擁護のために開催された作家会議について語っている。招聘状に対して「貴重な回答が世界各地から次々と寄せられた。そのなかにアイルランドの民族詩人イェイツからの返事と、スウェーデンの著名な作家セルマ・ラーゲルレーヴからの返事があった。ふたりは高齢のため、当時のべつまくなしに爆撃されていた包囲都市マドリッドまで旅するのはさすがに無理であったが、スペイン共和国防衛のためには喜んで連帯するとあった」[95]。ネルーダが自分のことをチリ国内における植民地主義と、ラテン・アメリカ全域における国外の帝国主義の両方に抵抗する詩人であると考えて、なんら困難をおぼえなかったのと同じように、わたしたちもイェイツのことを、厳密にローカルなアイルランド的な意味と適合性のみならずそれ以上のなにかをもっていたアイルランド詩人と——そうわたしは信じている——みなすべきである。ネルーダはイェイツのことを圧政と戦うアイルランド民族を代弁する民族詩人として受けとめ、ネルーダの報告によれば、イェイツは、しばしば引き合いに出されるヨーロッパのファシズムへの自身の傾倒にもかかわらず、まぎれもない反ファシズムへの呼びかけに積極的に賛同の意を表明したのである。

ネルーダのしかるべく高名な詩「人民」（一九六二年の詩集『権限をまかされて』所収、なお、わたしはアラスター・リードによる翻訳を使用している）とイェイツの詩「釣師」〔『クールの野生の白鳥』（一九一九）所収〕の類似性には驚くべきものがある。どちらの詩にも中心となる人物は、民族を代表する匿名の存在であり、この人物はその力強さと孤独をとおして、民族の沈黙表現となる。この特質が詩人に霊感をあたえ詩作にかりたてたのだ。イェイツの場合――

ずいぶん前のことだが、わたしは
眼前に思い浮かべ始めていた
この聡明で質朴な男を。
日暮らし、わたしは、その顔をながめつつ
わたしが望むような、
わたし自身の民族と現実のために書くとは
どのようなことであるかと考えていた。(96)

そしてネルーダ――

わたしはあの男を知っていた、そしてわたしにできるときに
わたしの頭のなかにまだ眼が残っていたときに
わたしの喉にまだ声が残っていたときに
わたしは墓地に彼を捜しだし、語りかけた
まだ塵と化していない彼の腕をつかみ

「すべては過ぎ去るだろう、あなたはまだ生きることだろう。
あなたは生に火をともしたのだ。
あなたは、あなたのものをつくりだしたのだ」と
だから誰も煩わせまい、わたしが
ひとりでいるようにみえても、孤独でないときには。
わたしには話し相手がいないわけではなく、わたしは万人のために語る。
誰かが、自覚していなくとも、わたしの言葉を聞いている、
だが、わたしが歌わんとしているひとびと、ものがわかっているひとびとは、
これから生まれつづけ、世界に満ちあふれるだろう。(97)

詩的呼びかけの源泉は民族と詩人との契約である。そこから、現実に密着する詩を願う詩的祈りは強度をおびる。ふたりの詩人が求めているような人物像によって、その祈りが触発されるのであれば、なおさら力強くなる。

ふたりをつなぐ鎖はここで終わるのではない。ネルーダはさらに「わたしをとおして、自由と海とが、経帷子《きょうかたびら》にくるまれた心臓に答えて、呼び交わす」とまで主張し(「詩人の責務」)、イェイツもまたその詩「塔」のなかで、想像力を送りだし「そしてイメージや記憶を呼び覚ますのだ／廃墟から、あるいは年経《としよ》りた木立から」と言ってのける。(98) このような励ましと開放的拡散の将来像を、それが植民地支配の影の下から宣言されるがゆえに、わたしたちは、ファノンが『地に呪われたる者』のなかであれほど感銘ぶかく記述した解放の物語とむすびつけてもよいだろう。なにしろ分割と分離をこととする植民地秩序が、原住民の潜在能力を

重苦しい休眠状態に封じ込めるいっぽうで、「新しいはけ口が……被植民者の暴力に目標をはぐくむことになる」[99]からだ。そのような目標としてファノンは人権宣言、言論の自由に対する要求と労働組合活動の合法化をあげている。やがて、全面的に刷新される歴史が展開する。革命的戦士の階級が、都市の貧民層や浮浪層、犯罪者や無階級層から導き出され、彼らが地方へと赴き、そこで時間をかけて武装活動家の細胞を形成すると、いよいよ活動家たちが都市にもどり、蜂起という最終段階をむかえる。

ファノンの文章のまれにみる強さは、ファノンがそれを植民地体制の既存勢力に対する、それとはすぐにわからない対抗物語として提出しているからである。このファノンの物語の結末では植民地体制はまちがいなく敗北する。ファノンとイェイツとの違いは、ファノンの、理論的でおそらくは形而上的でもある、反帝国主義者の脱植民地物語のほうが、解放の語調と抑揚の変化が際立っていることだ。それはけっして反動的なネイティヴィストの防衛姿勢ではない。そのような防衛姿勢の最大の問題は（ショインカが分析したように）、それがヨーロッパ人対非ヨーロッパ人という基本的対立を暗黙のうちに認め、そこから先に進もうとしないことである。ファノンの言説は、勝利を予感する言説、解放の言説であり、脱植民地化の第二段階を標《しる》している。これとは対照的にイェイツの初期作品は、ナショナリストの特色がよくあらわれていて、越えられない境界で踏みとどまっている。たとえイェイツの詩が、ネルーダとかダルウィーシュといった他の脱植民地化の詩人たちと共通した軌跡を描いているとしても。またイェイツは、ほかの詩人たちも彼より先に歩を進めたわけではないものの、とにかく、その軌跡を完成できなかった。ただイェイツに対してはすくなくとも彼が解放的でユートピア的な革命思想の輪郭を、その詩のなかで開示しえたことの栄誉をあたえてよいかもしれない。たとえその革命思想を、後期イェイツの反動的政治思想は裏切り廃棄すらしたとしても。

イェイツは、近年、ナショナリストの行き過ぎに対して警鐘をならした詩人として引用されることが多い。

たとえば一九七九－一九八一年のイラン大使館人質事件に対するカーター政権の処理法を論じたゲイリー・シックの本（『すべて倒れゆく者たち』）ではイェイツが、とくに出典を明示されないまま引用されている(100)。また一九七五年から七七年まで『ニューヨーク・タイムズ』紙のベイルート特派員であった故ジェイムズ・マーカムもまた、一九七六年のベイルート内戦勃発を伝える記事のなかで、ゲイリー・シックと同じく、イェイツの「再臨」から引用している。「ものごとは解体する。中心は維持できない Things fall apart; the centre cannot hold」と。いまひとつの引用とは「最良なるものが、あらゆる確信を失い、いっぽう最悪なるものは／強烈な情熱に満ちている」である。シックもマーカムも、ともに、かつて西洋列強の植民地であった第三世界を席巻しつつある革命の波に色めき立ったアメリカのリベラルとして書いている。彼らのイェイツの使い方は威嚇的である。つまり、世界はつねに秩序立っているべきであり、さもなくば自分でもコントロールできない狂気に陥るだろうというのだから。ただし独立熱にうかされた植民地状況において、かつての被植民者が中心を維持していることに関してシックもマーカムも沈黙したままであって、彼らの前提とは要するに、いかなるときにもイェイツは内戦のアナーキー状態には反対するということでしかない。ふたりは、無秩序の淵源が、まず第一に植民地的介入にあるなどとは思いもおよばぬかのようである――だが一九五九年、偉大な小説『崩れゆく絆』*Things Fall Apart* のなかでチヌア・アチェベは、このことに思いおよんでいたのだ(101)〔小説のタイトルはイェイツの詩「再臨」からの引用〕。

要はイェイツが、ものごとが解体する瞬間を想像し描くとき、もっとも力強くなれるということだ。イェイツ詩の〈全作品〉に浸透している「アングロ・アイリッシュの闘争」は「二十世紀の解放戦争のモデル」であったということを思い出しておくのも悪くあるまい(102)。イェイツのもっとも偉大な脱植民地的作品が関心を寄せるのは暴力の誕生、あるいは変革の暴力的誕生であったが、それはまたちょうどその詩「レダと白鳥」におけるように、異質なものとの同時共存から生まれる眩い閃光が詩人の植民地的なまなざしに対して示される瞬間でもあった――そのとき、女性の凌辱と同時に次の問いかけが生じたのだ、すなわち「彼女は彼の力とともに彼の叡智を身につけただろうか／彼の非情なくちばしが、彼女を下に落とすまえに」(103)〔「彼」とは、白鳥に変身してレダを凌辱したゼウス／ジュピターを指す〕と。イェイツがみずからを位置づけるのは交錯点である。疑問の余地なく必要な変革の暴力と、たとえつねに十分条件ではなくとも必要条件として理由づけが求められる暴力の帰結とがぶつかる交錯点なのである。詩集『塔』（一九二八）で頂点に達するその詩におけるイェイツ最大のテーマは、植民地闘争に必然的にともなう暴力と、日常的に継続する民族闘争の政治とを、どのように和解させるかであり、また、たがいに闘争する諸党派の権力争いをどのようになだめ、それらを理性と説得と組織行動をめぐる言説ならびに詩の要請とどう合致させるかであった。イェイツの予言的な認識、すなわち暴力は、ある時点では、もうじゅうぶんなものではなくなること、政治戦略と理性は相互に作用しなければいけないこと、これらは、わたしの知るかぎり、脱植民地化のコンテクストのなかでは、暴力的闘争と危急の政治的・組織的プロセスとのあいだにバランスをとることを求める、まさに第一級の重要性をおびる宣言である。解放はたんに権力を確保したからといって完成しない（なにしろ「どんなに賢い者ですら、ある種の暴力に／緊張するのだ」(104)〔イェイツの詩「ベン・バルベンの下で」より〕から）というファノンの主張があらわれるのは、イェイツよりもおよそ半世紀後である。イェイツもファノンも、脱植民地化が終わってから新たな政治秩序が道徳的ヘゲモニーを確立するまでの移行期に何をすべきかについて語っていないが、この沈黙こそ現在、何百万の人間が日々直面している苦境を先取りするものであった。

アイルランド解放問題が、他の類似した闘争のどれよりも長期にわたって継続していることは、考えてみると驚くべきことである。だが、にもかかわらずアイルランド解放問題は、あまりにもしばしば帝国主義の問題もしくはナショナリズムの問題ではないとされてきた。そのかわりそれはイギリス支配体制下における異常事態にすぎないと認識されてきたのだ。しかし、さまざまな事実が、それとは逆のことをはっきりと示している。一五九六年のスペンサーによるアイルランド事情の報告以来、イギリス人やヨーロッパ人の思考ではアイルランド人は伝統的に孤立した劣等民族で、通常救いがたい野蛮人であり、しばしば犯罪者的で原始的であった。アイルランドのナショナリズムは、すくなくとも過去二百年のあいだは、土地問題、宗教問題、党派と指導者問題をめぐる内ゲバ的様相を呈している。しかし運動を支配しているのは土地の奪回の試みであり、アイルランド共和国の礎を築いた一九一六年宣言の言葉を借りるなら「アイルランドの民族がアイルランドを所有する権利を有すること、またいかなる束縛も排してアイルランドの運命を決める権利を有することは、至上かつ無効にできない［要求なのである(105)］」。

こうしたいとなみからイェイツを切り離すことはできない。その瞠目すべき天才にもかかわらず、イェイツはトマス・フラナガンが述べたように「アイルランドの観点から、そしてもちろん類のないほど力強く、また人を動かさずにはいられない方法で、抽象化と具象化を同時に共存させるプロセス、しかも論理に挑戦するがゆえにナショナリズムの核心ともいえるプロセス(106)」に大いに貢献したのである。そしてこの作業に、何世代にもわたる弱小作家たちもまた貢献し、アイルランドの運命を、土地やケルト的起源から、またナショナリストや指導者たち（ウルフ・トーン、コノリー、ミッチェル、アイザック・バット、オコンネル、ユナイテッド・アイリッシュメン運動*、アイルランド自治運動）の経験の蓄積から、そして特定の民族文学から切り離せないものとして表現してきた(107)。文学上のナショナリズムはまた過去をふりかえり、多くの先駆者や運動を見いだしている。トマス・ムーア、初期の文学史家たち――たとえば、アビ・マクゲオファンやサミュエル・ファーガソンのような――、そしてジェイムズ・クラレンス・マンガン、オレンジ・ヤング・アイルランド運動*、スタンディッシュ・オグレディ、を。現在のフィールド・デイ・カンパニー（シェイマス・ヒーニー、ブライアン・フリール、シェイマス・ディーン、トム・ポーリン）、ならびにデクラン・キベードやW・J・マコーマックといった文学史家の、詩的・演劇的・学術的仕事において、アイルランドの民族経験の「再興」は、目もあやなるかたちで想像しなおされ、あらたな言語表現形式をもとめるナショナリストの冒険によって支えられている[108]。

　イェイツの本質的テーマは初期、後期を問わず、その文学作品に通底している。たとえば知と権力の結婚をいかにして確実なものとするか、暴力をいかに理解するかという問題として。興味ぶかいのは、ほぼ同時代のグラムシの著作にも、こうしたテーマが、べつのコンテクストに引き取られ錬磨《エラボレイト》されて響いていることだ。イェイツはといえば、アイルランドの植民地状況において、みずからの詩を、ブラックマーの言葉を借りると、トラブルの技法として駆使して、問題を挑発的に提起したり再提起することに長《た》けているように思われる[109]。そしてイェイツがさらにもっと先までゆくのは、総括とヴィジョンを語る偉大な傑作詩群においてである。たとえば「学童たちのあいだで」「塔」「娘のための祈り」「ベン・バルベンの下で」「サーカスの動物たちは逃げた」において。もちろん、こうした詩は系譜と総括の詩である。自分の人生の物語を語り、また語りなおしながら、初期の波乱に満ちたナショナリストとしての活動から、学童たちの教室を歩きながらレダが過去においてどのような姿をとったかについて思いをはせる上院議員の立場、あるいは娘のゆくすえに思いをはせる慈愛にみちた父親の立場、あるいは平穏なヴィジョンの成就をめざす老齢の芸術家としての立場へと変容を遂げ、最終的には、自己の力の喪失（逃走）にもかかわらず、したたかに生き抜く熟練した職人というかたちで、イェイツは自分自身の人生を国民生活の縮図として詩的に再構成するのである。

　こうした詩が反転しようとしているのは、これまでアイルランドの現実に加えられてきた還元的で中傷的な要約である。ジョウゼフ・リアセンの学術書『たんなるアイルランドとフィオル＝ゲール』によれば、還元的で中傷的な要約こそ、八世紀のあいだイギリスの文人にもてあそばれてきたアイルランド人が耐えねばならない運命だった。これをいさぎよしとしないイェイツの詩は、「芋食い人種」「沼地人」「掘っ建て小屋民族」といった非歴史的レッテルを排除しているのである。[110] イェイツの詩はアイルランド民族を歴史に参加させる。詩人は父親としての、「六十歳の愛想のいい公人」としての、あるいは子にして夫としての立場から、個人的な経験の物語とその強度を彼の民族の経験に匹敵すると確信しているぶん、歴史への参加の要請は切実なものとなる。「学童たちのあいだで」の最終連における言及〔最終行の「どうして踊り手《ダンサー》と踊り《ダンス》を区別できようか?」を指している〕は、歴史と民族とは、踊り手と踊りとの関係のように、切り離せないことをイェイツが読者に喚起しているとみてよいだろう。

　抑圧された歴史を回復し民族を歴史にふたたび参加させるのに成功したイェイツの偉業のドラマは、イェイツが乗り越えねばならなかった状況に関するファノンの記述のなかにもよく表現されている――「植民地主義は、ただ被植民者を掌握して、その原住民の頭脳からいっさいの形式や、いっさいの内容を奪うだけでは満足しない。それはある種の倒錯した論理によって、被植民者の過去に目を向け、過去を歪曲し傷つけ絶滅するのである」[111]。イェイツは個人的で民衆的な経験のレヴェルから民族の原型《ナショナル・アーキタイプ》のレヴェルへと、前者の直接性を失うことなく後者の威厳も損なうことなく一気に飛翔する。イェイツが系譜的寓話ならびに系譜的人物像を的確に選んだことは、ファノンが記述しているような植民地主義のいまひとつの側面とも呼応する。植民地主義は個人を彼もしくは彼女自身の本能的な生きかたから切り離し、民族的アイデンティティの系譜的輪郭を破壊することすらできるのだ――

無意識のレヴェルにおいて植民地主義は、敵対的環境からわが子を守る優しい慈愛にみちた母親として原住民からみなされようとするのではなく、むしろ、性根の腐ったわが子が自殺したり邪悪な本能を全開させたりしないよう絶えず気を配る母親としてみなされようとしている。植民地主義という母はわが子を、その者から、その自我から、その生理から、それ自身の本質そのものである不幸から守ろうとするのだ。

このような状況では原住民知識人［ならびに詩人］の要求は、首尾一貫したプログラムを求める贅沢な要求ではなく、切実な要求なのだ。みずからの民族の正当性を擁護するために武器をとる原住民知識人、みずからの肉体の歴史を研究するためにみずから裸になるのをいとわない原住民知識人は、みずからの民族の心臓を解剖せざるをえないのだ(112)。

イェイツがアイルランドの詩人たちに、こう説教しても、むべなるかな——

いま大人になりかけの輩を軽蔑するのだ
どいつもこいつも爪先から天辺までぶざまなのだから
やつらの忘れっぽい心も頭も
卑しい床の卑しい産物なのだから(113)

［「ベン・バルベンの下で」］

このプロセスのなかでイェイツは個人ではなく類型を創造して終わるが、ふたたびブラックマーを引けば、その類型は「それが生まれ出た抽象的思考を完全に克服することができない」[114]ということになろう。ただし、こう批判できるのはアイルランド支配の歴史における脱植民地化のプログラムとその背景とを、ブラックマーがよくするように無視するときである。ブラックマーの解釈は卓越しているが、しかし歴史をまったく考慮していない。植民地の現実を考慮するとき、まさにそのとき、わたしたちは洞察と経験を得るが、それはけっしてたんなる「行動に攪乱された寓意的模造」[115]ではない。

周期や旋回や渦巻きを扱うイェイツの作品の全システムは、詩人が直接経験している不穏な状況からの避難場所として彼方にある、だが秩序立った現実を確保する努力のあらわれとしてみるかぎり、そのかぎりにおいて重要性をおびるだろう。ビザンティウム詩においてイェイツが永遠の芸術的意匠に組み込まれるのを願うとき、時代から、そして彼がのちに「マーマレードのなかのハエのあがき」〔「我ハ汝ノ主ナリ」〕と呼ぶものから、撤退し休息することに対する欲求が、さらにもっと強まったとみていいだろう。またこのようにみなければ、イェイツの詩のほとんどは読むのがむつかしいし、また、イェイツがあのスウィフト流の破壊的な怒りと天才をアイルランドの植民地的苦境の重荷をとりのぞくのに役立てたことも把握できないだろう。なるほどイェイツは完璧な政治的解放を夢想する一歩手前にとどまっていた。しかし、にもかかわらずイェイツは文化的脱植民地化における国際的な偉業のひとつを、わたしたちに手渡してくれたのである。

4　遡航そして抵抗の台頭

アイルランドの経験ならびに同時代における世界の諸地域の植民地史は、新しい現象が起こっていたことの証左となる。新しい現象、それはヨーロッパと西洋からの螺旋状の離脱と新たな可能性の追求であった。この変容過程をになうのは、原住民作家の作品にかぎるというつもりはないが、しかし変容過程がもっとも生産的なかたちで開始されるのは、周辺的で中心からはずれた作品であるのもたしかであって、やがてその作品は西洋に入りこみ、そして西洋からの認知を要求するまでになる。

ほんの三十年前には欧米の大学で、カリキュラムにアフリカ文学を加えている大学はほとんどなかった。それがいまでは、ベッシー・ヘッド、アレックス・ラ・グーマ、ウォレ・ショインカ、ナディン・ゴーディマー、J・M・クッツェーらの作品に健全な関心が寄せられ、それらをアフリカの経験について独自の観点から語る文学として読むようになった。同様にアンタ・ディオプ、ポーリン・フーントンディ、V・Y・ムディンベ、アリ・マズルイの著作を無視することはいまや不可能となった――たとえアフリカの歴史・政治・哲学を、どれほど雑駁に概観しても。たしかに、こうした作品は論争の渦中にあるとわかるが、しかし、アフリカ的著述を考えるとき、それらが政治的環境に組み込まれていることは嫌でもみえてしまうのであり、わけても帝国主義の歴史と帝国主義への抵抗の歴史は、政治的環境のなかでも確実にもっとも重要な一部となっている。これはアフリカが文化的に、たとえばイギリスの文化とかフランスの文化にくらべてひけを取るということではけっしてない。ただアフリカの文化のほうが、そこから政治的次元を隠してしまうことがむつかしいといいたいのだ。「アフリカ」はいまもなお論争の場である。なにしろ、わたしたちでも見てとれるように、アフリカ研究者たちは、中東研究者たちと同じく、古い帝国主義政治にもとづいてこしらえられたカテゴリーに組み入れられている――たとえば解放賛成派、反アパルトヘイト派というように。したがってバジル・デイヴィッドソンの英語による著作も、一連の同盟関係あるいは知的編成を通して、たとえばアミルカル・カブラルの政治学とむすびつけられ、その結果、対抗的《オポジショナル》で独立志向的《インデペンデント》な学術研究を産むことにもなる。

にもかかわらず、西洋の主要な文化編成体の多くの構成要素――こうした「周辺的な」作品もそのひとつ――は、帝国主義の支援強化するヴィジョンのなかに、そのヴィジョンによって歴史的に隠蔽されてきたのである。ここでモーパッサンのことが思い出される。モーパッサンはエッフェル塔の内部で毎日昼食をとったのだが、それはその場所がパリのなかで、エッフェル塔という、うっとうしい建造物をみなくてもすむ唯一の場所であったからだ。いまもなお、ヨーロッパ文化史は帝国の存在を無視しつづけているし、偉大な小説家たちについても、彼らが帝国の存在からは超然と身をひきはなしていたかのように分析されてしまうので、今日の研究者や批評家は、そうした小説家たちの帝国主義的な姿勢《アティチュード》と言及《レファレンス》の構造を、小説家たちがおびている有無をいわせぬ威光ともども、さして気にもとめることなく受け入れるのに慣れっこになっているのだ。

とはいえここで、くりかえし強調すべきは、イデオロギーなり社会体制が、どれほど非の打ちどころのないほど完璧に機能しているようにみえても、社会経験のなかには、イデオロギーなり社会体制ではカヴァーもコントロールもできない部分が、つねに存在するということだ。こうした部分から、きわめてしばしば抵抗運動が、それも自意識的かつ弁証法的な抵抗運動が生まれてくる。このことは、みかけほど複雑なことではない。支配的政治構造にむけられる抵抗運動が生まれるのは、その構造の外や内にいる個人や集団が、たとえば支配的政治構造の政策のまちがいに気づき、さらには相手が非を認めないのなら抵抗も辞さないという闘争心を自覚的にたぎらせるときである。ゴードン・K・ルイス（『奴隷制、帝国主義、解放』）やロビン・ブラックバーン（『植民地奴隷制の転覆、一七七六年〜一八四八年』）らの主要な研究が示しているように[116]、宗主国におけるきわめて多種多様で雑多な個人や運動——千年王国待望論者、信仰復興主義者、社会改良家、政治的過激派、懐疑的な入植民者、賢明な政治家などからなる——が一八四〇年代までに、奴隷貿易を衰退と消滅にみちびいた。また単一のイギリスの植民地利権が、たとえばハノーヴァー王朝からヴィクトリア女王にいたるまで、いかなる抵抗もうけずに維持されつづけたということはなく、歴史研究、それも修正主義的あるいは対抗的と呼んでよい歴史研究がしめしているように、多種多様な利権のせめぎあいがあったのだ。数ある学者たちのなかでもとりわけルイス、ブラックバーン、バジル・デイヴィッドソン、テレンス・レンジャー、E・P・トムスンといった学者たちは、帝国主義の内部に発生した文化的・政治的抵抗を重要な研究基盤としている。かくして、たとえば英領インドや英領アフリカの歴史を研究するイギリスの歴史家たちは、植民地に生じた諸勢力、すなわちナショナリストあるいは反帝国主義者とみなせるような文化的・政治的勢力と心情的な同盟関係をむすんで植民地の歴史を対抗的な観点から書くようになった。トマス・ホジキンが着目しているように、こうした知識人たちは、帝国主義の興隆とその余波について説明するだけでは満足せず、さらに「この諸関係のシステム全体ならびにそこから生ずる姿勢そのものを、いかにして撤廃するか、いかにして変形するか」を示そうと腐心したのである[117]。

ここで忘れないうちに反植民地主義 anti-colonialism と反帝国主義 anti-imperialism との区別を明確にしておかねばならない。すくなくとも十八世紀中葉以後ずっと、植民地を維持する長所と短所に関してヨーロッパでは活発な論議がおこなわれてきた。こうした論議以前には、バルトロメ・デ・ラス・カサス、フランシスコ・デ・ビトリア、フランシスコ・スアレス、カモンイス、ヴァティカン教皇庁が原住民の人権とヨーロッパ人の横暴をめぐって組んずほぐれつの論戦を展開している。フランスの啓蒙思想家たち、とりわけディドロとモンテスキューは、奴隷制と植民地主義に敢然と反対したアベ・レイナルに全面的に賛同した。同じような観点は、さらにヴォルテール、ルソー、ベルナルダン・ド・サン＝ピエールのみならずサミュエル・ジョンソン、クーパー、エドマンド・バークらも表明していた（彼らの思想の有益な集成は、以下の書物に見いだすことができる。マルセル・メルル『ヨーロッパの反植民地主義――ラス・カサスからカール・マルクスまで』[118]）。十九世紀になると、オランダの作家ムルタトゥーリという希有な例外をのぞくと、植民地に関する論争は、たいてい植民地の収益や植民地の管理と破綻をめぐって展開し、理論的論争の場では、植民地の存在が自由放任《レッセ・フェール》政策あるいは関税政策と合致しているか否か、合致しているとすればどのようにかというたぐいの問題が取りあげられた。帝国主義的かつヨーロッパ中心的《ユーロセントリック》な枠組みは暗黙のうちに受け入れられていた。論争の多くは不明瞭であると同時に、ハリー・ブラッケンその他が示したように、韜晦的で、非ヨーロッパ人を統治支配するヨーロッパ人の存在論的な立場に関する重大な問題をめぐっては矛盾すらしていた[119]。いいかえるとリベラルな反植民地主義者たちは人道的立場をとり、植民地や奴隷に対する厳しすぎる統制なり酷使には反対していたが、しかし――啓蒙主義哲学者の場合がそうだが――西洋人あるいはときには白人種の基本的優位に疑問をなげかけるような論争を起こしたりはしなかったのだ。

このようなヨーロッパ人あるいは白人種の基本的優位という観点は、植民地環境内部で観察され収集された知に依存する十九世紀の学問や言説の、まさに骨の髄にまで染みこんでいた。[120]しかし脱植民地化時代となると事情がちがってくる。そもそも脱植民地化時代は、厳密に区分された時代であるというよりも、むしろ、変化する文化状況を漠然と示すものだ。植民地において、ナショナリストによる抵抗あるいは反帝国的抵抗が次第に顕著になるにつれ、茫漠たる数の反帝国主義勢力が登場する。ヨーロッパの側からの体系的な批判のなかでももっとも初期の、そしておそらくもっとも有名な批判のひとつ――J・A・ホブスンの『帝国主義論』（一九〇二）――は、帝国主義の酷薄な経済政策、資本の輸出、独裁的勢力との同盟、「文明化」という見かけ倒しの偽善的口実などを理由として、帝国主義を攻撃していた。だが、にもかかわらず、ホブスンは「下等人種」という概念に批判を加えてはいないし、批判するどころか容認すらしていたのだ。[121]同様の観点は、ラムゼイ・マクドナルドによっても提出されていた。なるほどマクドナルドは大英帝国体制を批判していたが、帝国主義そのものには反対しなかった。

イギリスとフランスにおける反帝国主義運動について研究した者のなかで、A・P・ソーントン（『帝国思想とその敵』）、バーナード・ポーター（『帝国の批判者たち』）そしてラウル・ジラルデ（『フランスにおける植民地思想』）の右に出る者は、まだいない。彼らの概観によれば、反帝国主義運動にはふたつの主要な特徴があった。第一の特徴は十九世紀後半の知識人たちのなかには帝国主義に全面的に反対する者もいたが（ウィルフリッド・スコーウェン・ブラント、ウィリアム・モリスら）、しかし彼らの影響力は微々たるものであったこと、またメアリー・キングズレーやリヴァプール派のような人びとの多くは、帝国主義者で強硬論者であることを自認していても、帝国主義体制の悪弊や残虐行為に対しては断固たる姿勢でこれを告発していたことである。いいかえるなら帝国主義に対する総括的な弾劾というものが存在するようになったのは

——そしてこれがわたしの主張なのだが——原住民の反乱が激しさを増し、もはやこれを無視することも抑えつけることもできなくなる以後のことである。

（この点に関しては、注釈をくわえておく必要がある。アルジェリア問題に関するトクヴィルの発言のように、ヨーロッパ知識人は、ライヴァルの帝国にみられる暴虐を批判攻撃しても、みずからの帝国にみられる同様の悪弊に関しては、批判を緩和するか弁護する側にまわる傾向にあった[122]。だからこそ、わたしが主張しているように、近代の諸帝国は、たとえ、みずからの個別性をどれほど強調しようとも、所詮、複製しあっているにすぎないのであり、またそれゆえに、他に厳しくみずからに甘いような反帝国主義ではなく、妥協せぬ反帝国主義の立場をとることが必要なのである。ちなみに合衆国は、第二次世界大戦をとおして反帝国主義の立場を公然と貫いていたので、第三世界の多くの国民政党や指導者たちから救世主として仰がれた。一九五〇年代から一九六〇年代前半にかけてアメリカのアルジェリア外交政策が、それまでの親密な米仏関係を根底から覆すようなかたちで変化したことは記憶に新しいが、これはアメリカがフランスの植民地主義に反対したからである。けれども全般的にみると第二次世界大戦後のアメリカは、イギリスやフランスが撤退した第三世界の多くの地域［ヴェトナムがその最たる例だが］の安全に責任があるものと自認していたし[123]、また反植民地革命の遺産にもとづく例外史観のせいもあって、合衆国が、それなりにイギリスやフランスを模倣しはじめても、おおむね批判をまぬがれていた。文化的例外論という原理は、大盤振る舞いしすぎたといわざるをえない。）

第二の特徴、それもとりわけジラルデによって提起された特徴とは、帝国領土において、まずナショナリストが、次に国外追放になった知識人や活動家たちが、先鞭をつけたのちに、宗主国において重要な反植民地運動が発展したということである。ジラルデにとって、エメ・セゼールやファノンといった著述家は、なんとなく胡散臭い「革命理想主義」を代表しているのだが、それでもサルトルや他のヨーロッパ人を動かし、最後には一九五〇年代にアルジェリアとインドシナにおけるフランスの植民地政策に対する反対運動を生むにいたる。(124) そんな彼らのイニシアティヴで生まれたものがある。それは、拷問や強制移送といった植民地での慣習実践に対する人道的立場からの弾劾であり、帝国時代のグローバルな歴史終焉に対する新たな意識であり、またこれにともなって生じた民族の目標の再定義のいとなみであり、そしてとりわけ「冷戦時代」において盛んであった「自由世界」擁護活動――文化雑誌や旅行やセミナーをとおしておこなわれた植民地以後《ポスト・コロニアル》の原住民の抱き込み工作をともなった――であった。またソ連や国連がはたした役割も無視できない。どちらも誠意あるものとはかぎらず、とりわけ前者の場合、博愛的理由はみかけにすぎなかった。第二次世界大戦後に生じた第三世界の解放運動のうち成功した運動のほとんどすべてが、合衆国やイギリスやフランスやポルトガルやオランダに対抗し影響力を行使し均衡をとろうとしたソ連の画策にも助けられていたのである。

ヨーロッパのモダニズム美学を研究する歴史家たちのほとんどが無視しているのは、今世紀初頭宗主国の文化中枢に非ヨーロッパ文化の大規模な流入が生じたことである――非ヨーロッパ文化が、ピカソやストラヴィンスキーやマティスのようなモダニズム芸術家にあたえた重大な影響にもかかわらず、またみずからを白人と西洋人だけからなる等質的社会と信ずる社会の構成要素そのものに非ヨーロッパ文化があたえた重大な影響にもかかわらず。ちなみに両大戦間の時期にインドやセネガルやヴェトナムやカリブ海地域から留学生がロンドンやパリに蝟集する。(125) 雑誌や評論誌や政治団体が形成される――イギリスにおける汎アフリカ会議、『黒人の叫び』といった雑誌、黒人労働者連合といった政党などが、祖国喪失者や反体制運動家や亡命者や難民らによって結成・樹立されたことを思い出してもいい。逆説的なことだが彼らの活動は遠い祖国にいたときよりも、帝国の中枢に飛び込んだときのほうが活発だった。あるいはまたハーレム・ルネサンスがアフリカ解放運動を活性化したことを思い出してもいい[126]。同じ反帝国主義体験が、ヨーロッパ人やアメリカ人や非ヨーロッパ人の新たな連合のなかで共有され、学問体系を変え、新たな思想に声をあたえることになったのだ。その思想は、ヨーロッパ文化のなかで何世代にもわたって継承されてきた姿勢《アティチュード》と言及《レファレンス》の構造を、もはや変更不可能なかたちで変える。かたやジョージ・パドモア、エンクルマ、C・L・R・ジェイムズらによって代表されるアフリカ・ナショナリズム、かたやセゼールやサンゴールの著作にみられる、あるいはクロード・マッケイやラングストン・ヒューズといったハーレム・ルネサンスの詩人にみられる新しい文学様式、この両者の交流による相互豊饒化こそ、グローバルなモダニズム史の中心をなす部分なのである。

　脱植民地化、抵抗文化、そして反帝国主義的対抗文学がモダニズムにどれほど貢献したかを理解するには、従来のパースペクティヴと把握法を大規模かつ抜本的に修正しなければならない。すでに述べたように、この修正はまだ本格化していないとはいえ、それがすでにはじまっていると信ずるに足るじゅうぶんな理由がある。今日、盛んになった西洋を擁護《ディフェンス》する議論の多くは、実際のところ保身に走るような自己防衛的《ディフェンシヴ》であるが、裏を返せば、これは、アフリカやアジアやカリブ地域出身の詩人や学者や政治指導者たちの大きな貢献によって支えられてきた著述や伝統や文化が、古き帝国思想に深刻な打撃をあたえたことを認めたようなものである。またさらに、かつてフーコーが征服された者の知と呼んだものが、いうなればユダヤ・キリスト教の伝統に牛耳られてきた地域全域に噴出し、西洋に住んでいるわたしたちの多くは、植民地以後《ポストコロニアル》の世界から発信された第一級の文学や学術研究の驚異的な成果に深くゆさぶられることになった。もはやポストコロニアルの世界は、コンラッドの有名な表現を借りれば「地球上の暗黒の場所のひとつ」ではなく、ふたたび活気ある文化のいとなまれる場となったのだ。現在、ガブリエル・ガルシア・マルケス、サルマン・ラシュディ、カルロス・フエンテス、チヌア・アチェベ、ウォレ・ショインカ、ファイズ・アフマド・ファイズ、そしてその他、同種の多くの人びとについて語ることは、とりもなおさず、新興の文化現象について語ることにほかならなくなっているが、このようなことは、C・L・R・ジェイムズ、ジョージ・アントニウス、エドワード・ウィルモット・ブライデン、W・E・B・デュボイス、ホセ・マルティら初期のパルチザン的ナショナリストたちの仕事なくしては考えることすらできなかったのである。

わたしが論じたいのも、この強力な影響のかなり明瞭な一側面、すなわち植民地域あるいは周辺地域出身の知識人の仕事である。彼らは「帝国」の言語で書き、帝国への大規模な抵抗運動に有機的に関係していると自認し、かつてはもっぱらヨーロッパ人専用であった学術研究や批評の技法なり言説なり武器なりを使って、宗主国文化と真正面からわたりあい、宗主国文化の修正と批判という責務をみずからに課したのである。彼らのこの仕事の真価とは、主流となる西洋の言説に、ただみかけだけ依存しながら（けっして寄生ではない）、その成果が、独創性なり創造性をおびて、その学問の領域そのものを一変させたことである。

わたしが論じようと思う現象に関する、一般的かつ疑似理論的な説明は、レイモンド・ウィリアムズの著作『文化とは』（一九八一）のなかでおこなわれている。ウィリアムズが「編成《フォーメーション》」と呼ぶものに関する章において議論の対象に据えるのは、ギルド、専門職集団、クラブ、活動体であり、そこからもっと複雑な話題として学派《スクール》、党派《ファクション》、反体制派《ディシデント》、反逆者《レベル》をとりあげる。ウィリアムズによれば、こうしたすべての構成体が「単一の国家の社会秩序内におけるさまざまな発展物と関係づけられる」。しかしながら二十世紀においては、新たな国際的あるいは疑似民族構成体が生まれ、それらは宗主国文化の中枢において前衛化する傾向にあった。こうした疑似構成体——一八九〇－一九三〇年のパリ、一九四〇－一九七〇年のニューヨークにおいて——は、新たに実効性をおびはじめた市場勢力の産物、それも文化を国際化した市場勢力の産物であった——たとえば「西洋音楽」、二十世紀芸術、ヨーロッパ文学。しかし、もっと興味ぶかいのは「前衛運動に貢献した人物たちは、そのような宗主国への移民であって、彼らは、ただたんに辺鄙な民族地域の出身者だけでなく、他の小規模な民族文化、それも宗主国との関係からすると文化的に田舎といえる民族文化の出身者なのである」。ウィリアムズがあげるそのような人物の例はアポリネールだが、ただしウィリアムズが書いているのは「宗主国における移民」と主流派との「邂逅と連帯の社会学」であり、この邂逅と連帯が、「反体制派集団にとって好ましい支援状況を創造する」(127)ことになった。

ウィリアムズはこうしめくくる。こうした邂逅が「伝統的慣習との決然たる、暴力的ですらある断絶（文学的な前衛派ではなく反体制派もしくは反乱者となること）」を帰結させるかどうか、あるいは「以後の宗主国と疑似民族集団共存時代の支配的文化」に吸収され、その一部になるかどうかは、まだ定かではない、と。だが、ウィリアムズの議論をそもそものはじめから歴史化し政治化したうえで、帝国主義と反帝国主義からなる歴史的設定のなかに置いてみると、いくつかの要因が明確になる。第一に、周辺地域から宗主国へと移民もしくは留学する人間がものした反帝国主義的な思想的・学術的仕事が、スケールの大きな運動に発展して宗主国のなかに入り込むのが通例であること。これを如実にしめす例がアルジェリア戦争中に起こる。FLN〔アルジェリア民族解放戦線〕はフランスのことを七番目の州《ウィラーヤ》と呼び、残りの六つのウィラーヤがアルジェリア本体を構成すると宣言し(128)、脱植民地主義闘争を周辺から中心へと移行させた。第二に、宗主国へのこうした侵入が、これまで一様に宗主国中枢によって独占されてきた経験とか文化とか歴史とか伝統といった領域に関わろうとすること。ファノンがその著作群を書いたとき、彼は一フランス人によって目撃されたかたちの植民地主義体験を、フランスという空間の内側から、つまり、これまでは部外者を占め出していたが、いまや反抗的原住民によって侵略され批判的に再検討されるにいたったフランスという空間の内側から語ることを意図したのだった。したがって、これが植民者アイデンティティの持ち主による反応と主張であるとか、これが原住民アイデンティティの持ち主による反応と主張だのと、別個に分けて記述することは理論的に不可能になり、重なりあい《オーヴァラップ》と相互作用《インターディペンデンス》だけが存在することになった。最後に、こうした〈遡航voyage in〉によって表象されるのは、私の意見では、宗主国文化内部においてまだ解決できていない矛盾なり食い違いそのものであって、だからこそ宗主国文化は、懐柔や希薄化や回避によって、遡航のいとなみを、なかば認知するとともに、なかば拒否しようと躍起になるのである。

　したがって〈遡航〉は、顕著に興味ぶかい多様性をみせるハイブリッドな文化的著述の重要な構成要素である。そしてこれがまがりなりにも存在しているということは、帝国構造が継続中の時代において、これに抵抗するかたちの国際的視野の醸成がおこなわれている徴候なのである。ロゴスは、いうなればロンドンとかパリのなかにだけ宿るとは、もう言っていられなくなった。歴史もまた、ヘーゲルが信じていたように東から西へ、あるいは南から北へと進み、より洗練され、より発展したものへと変貌をとげ、それにともない原始性とか後進性から脱却してゆくというような直線的進行とは縁を切ることになった。そのかわり批評という武器が帝国の歴史的遺産の一部となり、「分割し統治する」という分離と排除行為は消し去られ、驚異的な新形態の出現をみる。

　わたしがここで論じたい四つのテクストのそれぞれは、特定の歴史的段階に固有のかたちで所属している。最初のふたつは、一九三八年に出版されたC・L・R・ジェイムズの『ブラック・ジャコバン』、そしてほぼ同時期にあらわれたジョージ・アントニウスの『アラブの目覚め』である。前者が扱うのは、十八世紀後期のカリブ海黒人反乱であり、後者が扱うのは、近年のアラブ世界の反乱である。どちらの著者も、それぞれが扱う過去の事件のパタン、そこに登場する主役や悪役のなかに、これまでヨーロッパから無視されたか、裏切られつづけた原住民の現実あるいは植民地の現実を検出することに関心を寄せている。どちらの著者も卓越した文章家であり、傑出した人間であり（またジェイムズの場合には、スポーツマンでもあり）、イギリスの植民地学校で幼年期に教育をうけたことで、イギリス文化に対しても、真摯な批判とともにすぐれた理解を示すことになった。どちらの本もいまからみると驚くほど予見的である。ジェイムズの場合、いまもなお千年一日のごとく紛争のたえぬ徹底して不安定なカリブ海情勢の歴史を予見しえていたし、アントニウスの場合も、それに劣らず正確に、今日の新聞の一面をにぎわす中東からの記事やショッキングなテレビ報道を予見しえていた。当時、パレスチナ・イスラエル情勢は緊張を高め、やがてそれは一九四八年のイスラエル建国によって、事態はアラブ側の眼からみると不都合なほうに展開してゆくのだが、こうした推移を、アントニウスはイスラエル建国よりも十年前の時点ですでに不吉な予感とともに見抜いていたのである。

ジェイムズやアントニウスの本は独立を求める民族運動内部から一般読者にむけて発せられた真摯な学術的著作であると同時に政治宣伝の著作でもあったわけだが、わたしが扱う残り二点の著作、ラナジット・グハの『ベンガルに対する所有権の支配』（一九六三）とS・H・アラタスの『怠惰な原住民の神話』（一九七七）は植民地以後《ポストコロニアル》の時代の専門書で、より特殊な話題について、より少数の読者を対象としている。前者はベンガルの政治経済学者による本、後者はマレーシアのムスリムの歴史家兼社会理論家による本だが、どちらの本も著者のゆきとどいた文献調査と緻密かつ最新情報を盛りこんだ考証ならびに議論、そして一般公式を誇っている。

グハの本は、のちのポスト構造主義著述家（グハ自身もふくむ）ならすぐに認めるような特徴により、考古学的《アーケオロジカル》かつ脱構築的《ディコンストラクティヴ》な研究であり、一八二六年にベンガル管区で制定された永代定額査定法*――この法律に従ってイギリス側はベンガルにおける地租額と地代を一定額に固定したのだが――を生んだ複雑な事情を、ヨーロッパにおける重農主義的・観念論的思想が十八世紀後半にフィリップ・フランシスによってベンガルに強制的に適用されたことから説明している。グハの本に劣らずそれなりに衝撃的かつ独創的なアラタスの本も、ヨーロッパ植民地主義がいかにして、ある対象を創造したかを詳細に研究したものである。ここでいう対象とは、怠惰な原住民という捏造物だが、この原住民像が、植民地資本主義とアラタスが呼ぶものの計略と宣伝に重要な機能をはたした。原住民は、厳格な規則と過酷な規律に従属させられ、一八四三年にスペイン領フィリピンの統治を任じられたスペイン人官僚シンバルド・デ・マスの言葉によれば、「その数の優位にもかかわらず、政治的には一本の金の延べ棒よりも軽い知的・道徳的状態」のまま維持されなければならなかった。[129] 原住民は、論議の的となり、分析され、虐待され、働きかけられ、貧弱な食事と阿片をあたえられ、彼らの固有の自然環境から切り離され、彼らを勤勉かつ従順にするのを目的とする言説のなかに包みこまれてしまうのだ。かくしてアラタスによれば「賭博、阿片、非人間的な労働条件、不公平な法令、民族に固有の借地権の強奪、強制労働が、なんらかのかたちで、すべて植民地イデオロギーの織物のなかに縫いこまれ、社会的体面というオーラをあたえられた。ここからはずれてしまうと侮蔑の対象となった」。[130]

かたやジェイムズとアントニウス、かたやグハとアラタス、この両組の対照性は、古い世代の著者たちのほうが同時代の政治により直接的なかたちで関わっていたのに対し、新しい世代の著者たちはポストコロニアル・インドやマレーシアにおける学術的論争のほうにより多くの関心を寄せている点をあげることができるが、それ以外にも、ポストコロニアルの歴史そのものが観点を、いや議論の性格そのものを変えたこともあげることができる。ジェイムズとアントニウスにとって、一九三〇年代にカリブ海人あるいはアラブ・オリエント人が住処《すみか》としていたところの言説世界は、みごとなまでに西洋に依存していた。ジェイムズはいう、もしアベ・レイナルや他の百科全書派、さらにはフランス大革命そのものが存在しなかったなら、トゥサン・ルヴェルチュールは、あのように議論を展開することはできなかったはずだ、と――

危機の刻にトゥサンは、教えられたわけでもないのに、ディドロやルソーやレイナルの、ミラボーやロベスピエールやダントンの言葉や語り口を駆使できた。しかも、こうした人物たちよりも、ある一点において彼のほうが優れていた。というのも演説や文章の達人たちですら、彼らの生きた社会の階級的しがらみのせいで、往々にして口ごもったり、躊躇したり、主張に手心をくわえねばならなかったからだ。トゥサンのほうは黒人の自由を保留なしに擁護できた。そしてこのことが彼の宣言文に、同時代の著名な文書にはまれな力強さとひたむきさをあたえることになったのだ。フランスのブルジョワジーはこのことを理解できなかった。おびただしい血の川が流れたあと、彼らはようやく理解したのだ。トゥサンの文章の調子は、うわずっているようなところがあっても、けっして大言壮語でもなく、また修辞を凝らしたものでもなく、ただ単純でありのままの真実を伝えていたのだということ、を。(131)

ヨーロッパの啓蒙主義時代に唱道された普遍主義の信念を、まさに真に受けて完璧に内面化しおおせた人間についての、このすばらしい記述のなかで、ジェイムズがしめしたのはトゥサンの誠実さと潜在的欠陥であり、トゥサンがヨーロッパの宣言文をひたすら信じたことである。つまり彼は、宣言文を、階級と歴史のしがらみにがんじがらめになった利害集団の発言ではなく、書かれたとおりの意図を実現するものとみたのである。

アントニウスもほぼ同じテーマをくりひろげる。アラブの覚醒は、今世紀初頭イギリスによって育まれたものだが、それを年代誌的に記述するなかでアントニウスは、一九一七年と一九一八年にオスマン帝国から自由になったアラブ人が、イギリスによって提示されたアラブ独立の約束を文字通りの真実として受けとめていたことをとりあげる。シェリフ・フサインとヘンリー・マクマホン卿との往復書簡のなかで、イギリス側はアラブ人に独立と統治権を約束したのだが、この経緯を語るアントニウスの記述は、トゥサンが〈人権宣言〉をいかに把握し、それにもとづきいかに行動したかを語るジェイムズの記述に対応する。とはいえアラブとイギリス双方にくみしていたパルチザンとして書いているアントニウス――これは相互依存の古典的な例であろう、そういうものがあったとしての話だが――にとって、イギリス側の意図的な言い逃れの原因は、階級とか歴史ではなく不名誉な精神のなせるわざであって、このことがアントニウスによれば破滅的要因なのだ――

歴史の審判が実質的にアラブ側の観点を是認することにはいささかも疑問の余地はない。サン・レモ会議の決議についてほかにどのようなことが語られようとも［一九二〇年春に開催されたこの会議では「地中海とペルシア国境にはさまれたアラブの長方形地帯が、すべて委任統治下におかれることになった」］、決議そのものが連合国側、もっと特定すればイギリス側によって宣言された一般原則ならびに個別的約束を、まさしく踏みにじるものであった。秘密裏になされた誓約の骨子は、いまや公表されている。この誓約や公表された念書など、研究者には判断に必要な関連資料がすべて揃っている。ひとえにこうした約束のなせるわざで、アラブ側は大戦に参戦し貢献し犠牲をはらったのであり、イギリス側は、この事実だけでも、相応の恩義を返すことを名誉ある責務とするにじゅうぶんであった。サン・レモ会議がおこなったことは、要するに、この名誉ある責務を無視し、肝心なすべての点において、関係する諸民族の願いに逆らうような決定を下したことである。[132]

ジェイムズとアントニウスは、イデオロギーと人種という点のみならず、気質や受けた教育という点でも異なっていたので、ふたりの差異を当然のこととみるのはまちがいだろう。またさらに、彼らの文章には悲哀と幻滅と報われざる希望が消え去りがたく残っているし、彼らはどちらも脱植民地主義政治に属し、脱植民地主義政治そのものに形成されたといえる。ジェイムズはトリニダードの中産階級の下層出身であり、独学者にしてアスリート、そして早熟な小学生の面影をつねに宿している人物——このことは、一九八七年に齢八十六歳のジェイムズを訪問するためにブリクストに赴いたわたしが、この眼でたしかめた——であり、歴史や政治や理論について革命家の見地から関心をもちつづけ、思想や矛盾に対しても知識人としての感度を失わず、すぐれた文学や音楽や会話のもつ純粋にスポーツ的冒険要素に鋭敏であった。アントニウスは、アルバート・ホウラニが印象ぶかく記述しているように、[133] レヴァント地方系シリア人という古くからある比較的裕福な階級に属していて、一時期エジプトに居住していた（エジプトで彼が通っていたヴィクトリア・コレッジには、わたし自身も通った）。彼はケンブリッジ大学を卒業する。『アラブの目覚め』を書いたとき、アントニウスは四十代であった（彼は一九四二年にわずか五十歳で死ぬことになる）。ジェイムズはアントニウスよりも十歳ほど若い。アントニウスは輝かしい経歴を誇っていた。イギリス政府高官の腹心として、またフサインやファイサルからファリス・ニムルやハジ・アミン・アルフサイニにいたる主要なアラブ民族指導者の顧問として、またさらに数十年におよぶアラブ民族主義思想とその活動の後継者として。また彼は、権力をもつ立場にある世俗の人間たちに語りかけた世俗の人間であった。これに対しジェイムズは、『ブラック・ジャコバン』出版当時は渡英したばかりで、クリケット記者として仕事をしていた。彼は黒人で、マルクス主義者で、大演説家にして組織者であり、なによりも、革命家として、アフリカやカリブ海や黒人のナショナリズムに傾倒していた。『ブラック・ジャコバン』は、最初、本ではなく、ポール・ロブスンのために書き下ろした演劇台本であり、公演の途中、ロブスンとジェイムズはトゥサンとデサリーヌ*の役を交替で演じていた(134)。

かたや貧困にあえぎ世界を放浪する西インド諸島の黒人マルクス主義歴史家、かたや比較的保守的で高学歴で、うらやましいほど多方面に顔がきくアラブ人という差異にもかかわらず、ふたりはともに彼ら自身のものと考えていた世界にむけて、その著作を発表した。たとえ権力と植民地支配の総本山たるヨーロッパ世界そのものが、彼らを排除し、ある程度まで従属化し、失望させたとはいえ。彼らはそのヨーロッパ世界に内側から語りかけ、そして文化という土俵のうえで、ヨーロッパ世界の権威に論争をいどみ異議を申し立てるべく、オルターナティヴなヨーロッパ像を提出することになったのだ、それも劇的に、理詰めに、そして親密なかたちで。彼らが植民地の、そして／あるいは非西洋民族の、反西洋的経験をいくら正確に記述したとしても、だからといって彼らが、その仕事において西洋の文化伝統の外に立っていたとはいえないのだ。〈ネグリチュード〉、黒人ナショナリズム、一九六〇年代と一九七〇年代のネイティヴィズム、これらの洗礼をたっぷり受けたのちにもなおジェイムズは、反逆的・反帝国主義的潮流――彼がファノン、カブラル、ロドニーらと共有していた潮流――に属していながら、同時に西洋の遺産を断固として支持しつづけた。あるインタヴューのなかでジェイムズはこう語っている――

どのようにして、わたしが非ヨーロッパ的ルーツに回帰するかですか。もし質問の意味が、今日、カリブ地域の著述家の書き物のなかに、わたしたちが非ヨーロッパ的・非シェイクスピア的ルーツに、ベートーヴェンではない過去の音楽に多くを負っていることをさまざまに強調する要素があるので、わたし自身もこのことを自覚すべきだということであれば、そのとおりだと思います。しかしわたしは、問いかけが、これまでそうであったように、あれかこれかというかたちで提出されるのを好みません。そうかんたんに割り切れないと思うからです。わたしはどちらもと考えています。根底においてわたしたちは、教養と過去の芸術のルーツを西欧文明のなかにもっている民族なのです。(135)

またアラブ・ナショナリズムの勃興を描くその卓越した記述のなかでアントニウスが、アラブ言語と古典的イスラム遺産の再発見がもつ重要性を強調したとしても（このことはアントニウスのようなキリスト教思想家の著作で強調されることが多々あるものの、のちの歴史家からは誇張であると批判されているが）、アントニウスはまたアラブの伝統が肝心な点で西洋のそれと背馳しないことも強調している。アラブと西洋の伝統とのあいだには、むしろ出産・親子関係がある。たとえば、彼が以下の重要な一節で述べているような――

> その初期［一八五〇年代から一八六〇年代］におけるアメリカの宣教師団の教育があげた多くの功績のうち、とくに次の功績が際立っていた。それはアラビア語を最高に尊重したことである。そしてひとたび彼らがアラビア語で教えることに注力すると、適切な文献を提供するという課題も精力的にこなしたのである。こうした点において彼らは先駆者であった。そしてそれゆえにアラブ復興の最初の活動を特徴づけている知的興奮は、そのほとんどを彼らの努力に負っているのである。(136)

西洋と海外植民地とのあいだの、このような調和に満ちた合致は、グハやアラタスの著作にはみられない。そこに介在しているのは植民地戦争とそれに続く政治的・軍事的葛藤の長期化という事態だ。そしてたとえ直接的な政治的支配が消滅したとしても、経済的・政治的そして時には軍事的支配が、文化的ヘゲモニー、それも西洋を発祥地として周辺世界に権力を行使する文化的ヘゲモニー——ヘゲモニーとは支配力、ならびにグラムシのいう指導的思想をいう——をともなって、支配を維持してきたのだ。アラタスの『怠惰な原住民の神話』において、もっとも痛烈な攻撃の矛先が向けられる相手とは、マレーシア人のなかでも、「怠惰な原住民」観念を創造し維持する植民地イデオロギーを、その思惟のなかで臆面もなく再生産しつづけている者たちである。ナショナリスト・ブルジョワジーに対するファノンの弾劾を彷彿とさせるような文章のなかで、アラタスは植民地資本主義の残滓が新たに独立を獲得したマレー人の思考のなかにいかに消えずに残っているかを検証し、彼らを——つまり方法論にも無自覚で、思想に影響をあたえる階級関係にも無知な彼らを——「植民地資本主義思想」の持ち主というカテゴリーに入れている。したがって、と、彼はこうつづける——

虚偽意識が現実を歪めている。マレーの支配政党がイギリスから政権を継承したとき、彼らはインドネシアやインドやフィリピンで勃発したような独立闘争を経験していなかった。そのためイデオロギー闘争も知らなかった。思考のより深いレヴェルにおいてイギリスのイデオロギー的思考からの知的分離は生じなかったのだ。この政党の指導層は、イギリスによって訓練された政府機関の頂点に立つ者、中産階級向けのマレー人学校の教員ならびに公僕たちから徴用された。指導層と関係のある少数の専門職集団が路線を決定したのではなかった。(137)

グハもまた同様に、連続と不連続の主題群に関心を寄せているが、彼にとって問題は自伝的要素をおびていて、このことは彼自身のきわめて自意識的な方法論的関心からもじゅうぶんにうかがえる。イギリスの権力に根底から影響をうけたインドの過去の歴史を、抽象的なかたちではなく具体的に研究するにはどうすべきか、とりわけ研究する者が、その出自も養育も家族状況もすべてイギリスの権力に歴史的に依存してきた現代のインド人であるときには？　インド独立後にインドとイギリスとの関係をどのようにみることができるのか、とりわけ研究する者が、その関係の外側にいるのではなく、その関係の一部でもあるときには？　グハの苦境は知的戦略によって解消される。この知的戦略は、イギリス統治の完璧なまでの他者性を劇的に際立たせることになる。このイギリスの統治が、〈永代定額査定法〉のみならず、グハが属していた階級も生んだのである――

著者は、幼年期に、ベンガルの同世代の他の多くの者たちと同じように、〈永代定額査定《パーマネント・セトルメント》〉の影のもとで成長した。著者の生計は、著者の家族の生計と同じく、一度も訪れたことのない遠隔の地所から引き出されたものだったのだ。彼の教育方針を決定したのは、コーンウォリス卿から恩恵を被った者たちの関係者から幹部を補充するという植民地官僚体制の要請であった。彼の文化世界は、贅沢に暮らす中産階級の価値観によって厳密に制限され、多くの農民層によってささえられた土着文化と縁を切ってしまった。それゆえ彼は〈永代定額査定〉を社会的・経済的停滞を容認する特許状とみなすようになる。その後、カルカッタ大学大学院生時代、著者はフィリップ・フランシスの反封建主義思想について読む機会があり、教科書や教官が教えてくれない問いに直面することになった。一七九三年に制定された疑似封建的地税制度が、フランス革命の大崇拝者であった人間の思想から、いかにして生まれてきたのか？　歴史の本は、このような矛盾が存在することも、また矛盾が説明されねばならぬことについても、なにも教えてくれなかった。手引き書の類が確信をもって語っていたのは、イギリスがインドでおこなったよい仕事とは、一連の実験に成功したことだが、その実験は、イギリス人支配者がヨーロッパ的出自から受け継いだ思想とか偏見とはいささかも関係ないということだった。イギリスの政策を「あだ花」とみる観点は、地税法の歴史から確認することはできない。なにしろ地税法は英領インド下でもっとも長い寿命を誇ったのだから。この〈永代定額査定〉の起源として、本書で特定できたのではと著者が念じているのは、十八世紀後半におけるイギリスとフランスの二大主流思想が融合するという思想合流なのである。[138]

離脱行為は、脱植民地化の基本的身振りをくりかえすことでもある。インドにおいて〈永代定額査定〉を誕生させたイデオロギーが歴史的にみてフランスとイギリスのふたつの源泉から生じたことを理解し、自分自身の階級が土地からではなく植民地権力の構造から発生したことをみきわめることで、グハは、以後みずからを知的につきはなす。歴史を語ることはアラタスにとってもそうであったように、グハにとっても、批判行為そのものであって、植民地主義者のたてまえなりイデオロギーなり議論なりを律儀に複製することではない。かくしてアラタスもグハもその後の仕事において、抑圧された原住民の声を植民地の歴史から救出し、過去についてだけでなく原住民社会の弱点そのもの――たとえば〈永代定額査定法〉制度にかくも長いあいだ束縛された原因ともいえるもの――に関する新たな歴史的洞察を生む試みに集中したのである。

一九八二年グハの肝煎りで志を同じくする同僚たちが開始した共同研究があるが、その成果を集めた〈サバルタン・スタディーズ〉シリーズの序文において、グハは植民地インドの「非歴史的な歴史記述」が「民衆の政治」をおざなりにし、イギリス側が創造したナショナリスト・エリートのほうを重視してきたと語っている。そこから「民族の自己実現の歴史的失敗」が生じ、「この失敗を研究することが、植民地時代のインドに関する歴史記述の中心的主題となった」(139)。

端的に言えば、宗主国文化は、被植民地社会の真正な構成要素を抑圧してきたと、そう、いまやみなされることになったのだ。これはアラタスやグハの、大学に身をおく専門家ならではの知見といえようが、それ以上に重要なのは、独立後、数十年をへたあと、宗主国と植民地の文化の関係が根本的に敵対的なものと認識されるようになったことである。この戦後の新しい認識の特徴としては、徐々に物語《ナラティヴ》が消えてゆくことだろう。『アラブの目覚め』や『ブラック・ジャコバン』の主題は、不世出の指導者によって率いられた大規模な政治運動であった。そこには人民の抵抗運動——サン・ドマングの奴隷反乱と、アラブの反乱——の勃興をめぐって手に汗握る、しかも高貴ですらある物語が、それも、ジャン＝フランソワ・リオタールの用語を使うなら、啓蒙と解放をめぐる大きな物語《グランド・ナラティヴ》が存在していたのだ。ところがこのような物語が、アラタスやグハの著作のページを活気づかせることはもはやない。

古い世代のほうの本に、共通してみられる驚くほど似かよった一面として、どちらも西洋人読者の意識拡大を意図していることがあげられる。西洋人読者にとって、そうした本で語られている出来事は、これまではもっぱら宗主国側の証言をもとにして詳述されてきたものばかりだった。フランス革命の物語を、フランス国内と海外における事件をともにふくむような物語として提出することが、ジェイムズのつとめであった。『アラブの目覚め』は、ありとあらゆる魅力的な方法で、T・E・ロレンスが『知恵の七柱』で執筆し高い評価を得たアラブ反乱に関する著名な記述に異議を申し立て抵抗することを目的として書かれている。アントニウスは、この書にいたってついに、こう述べているように思われる。アラブ人は、その指導者や兵士や思想家たちすべてが、自分なりの物語を語ることができるのだ、と。ジェイムズとアントニウスがともに提示しているオルターナティヴな物語は、ヨーロッパ人読者にはおなじみの物語であっても、原住民の視点からはあまり語られなかった物語の一部でもあるというのが、ジェイムズとアントニウスの豊かな歴史ヴィジョンにみられる一側面なのだ。そしてもちろん両者は、進行中の大規模な政治闘争の側に立って書いている――ジェイムズの場合は「ニグロ革命」、アントニウスの場合はアラブ民族主義の立場から。敵はまだ同じであった。すなわちヨーロッパと西洋である。

アントニウスの本の問題点は、基本的に、アントニウス自身が関わった政治的出来事だけに焦点をしぼっているため、アラブ・イスラム世界において彼自身の時代に先立つ時代に発生した大規模な文化復興について、軽んじているか正当な評価を下していない点にある。のちの歴史家たち――A・L・ティバウィ、アルバート・ホウラニ、ヒシャム・シャラビ、バサム・ティビ、モハマド・アベド・アル＝ジャブリ――のほうが、この文化復興、ならびにイスラムに対する西洋の帝国の影響に対する自覚（すでにジャバルティの著作に存在していたもの）に関する、もっと正確で、もっと視野の広い記述を提供してくれる。[140] エジプトのタフターウィー、あるいはチュニジアのカイル・アル＝ディン、さらにはジャマル・アル＝ディン・アル＝アフガニやムハンマド・アブドゥフらをふくむ十九世紀後期の重要な宗教パンフレット作者や宗教改革者たちが力説していたのは、文化を復興し、独立した文化として立ち上げることの重要性であった。そうすれば西洋に抵抗し、西洋と技術的に伍し、首尾一貫した土着のアラブ・イスラムのアイデンティティを育《はぐく》める。この物語を、A・A・デュリの『アラブ民族の歴史的形成』（一九八四）といった重要な研究は、[141] 古典的なアラブ民族主義者の民族統一物語のなかにもちこみ、帝国主義や民族内部の停滞や経済的未発展や専制政治といったもろもろの障害にめげず、民族統一がどのように達成されたかを追跡している。

アントニウスの著作をふくむ、こうした著作すべてにおいて、物語は依存と劣等状態から民族主義的復興と独立国家形成と文化的自立へと進展するが、そこには西洋との不安定な提携関係がつねにみえかくれする。これは勝利へと邁進する物語とは大きく異なっている。その心臓部に宿っているのは、いうなれば、希望と裏切りと苦い幻滅との複雑な融合体なのだ。今日ですらアラブ民族主義はこの融合体を携えている。その結果生まれる文化は未成熟で未完成なまま、苦悶や執拗な憤怒や、時として外部（通例それは西洋だが）の敵に対する無批判な弾劾などがちりばめられた断片的言語をとおして自己表出するしかない。したがって植民地以後《ポストコロニアル》のアラブ国家にはふたつの選択肢が待ちかまえている。多くの国家、たとえばシリアやイラクのような国家は、汎アラブ主義の変形版をかかげ、それを口実に一党独裁国家体制を正当化し、市民社会をほぼ完璧なまでにこの体制に組み入れた。またいっぽうサウジアラビアやエジプトやモロッコのような国は最初の選択肢から生ずるさまざまな状態を維持しながら、地域的あるいは局所的なナショナリズムへと移行したが、その結果生まれる政治文化は、わたしのみるところ、宗主国である西洋への依存から脱して発展するところまでいっていない。どちらの選択肢も『アラブの目覚め』にほのめかされていたものだが、アントニウス自身が好んだ威厳と統一ある自立とはほど遠い。

ジェイムズの場合、『ブラック・ジャコバン』は、カリブ地域の、特定すれば黒人の、歴史と、ヨーロッパ人の歴史とのあいだに横たわる、ゆるがせにできぬ文化的・政治的断絶に橋渡しするものであった。けれどもそこには、その豊饒な語りが示唆している以上の多くの思潮や系統が大きな流れとなって入りこんでいる。ほぼ同じ時期にジェイムズは『黒人反乱の歴史』（一九三八）を書いていた。それはウォルター・ロドニーの水際立った要約を借りれば「抵抗過程そのものに、歴史的深みをあたえる」のを目的としていたのだ。[142]

ロドニーはこう記している。ジェイムズはアフリカやカリブ地域における、これまで植民地歴史家によって認知されてこなかった、植民地主義に対する長期にわたる（おおむね不成功に終わった）抵抗を確認したのだ、と。ここでもまた、アントニウスの著作と同じように、ジェイムズの著作もまた、アフリカと西インド諸島の政治闘争への参加と支援に対する付属物であった。まさに、この政治参加をとおして、ジェイムズは、合衆国へ、アフリカ（ちなみにアフリカにおけるジョージ・パドモアとの生涯にわたる友情と、エンクルマとの成熟した関係がガーナにおける政治運動の形成に重要なはたらきをしたことは、ジェイムズによる優れた批評研究書『エンクルマとガーナ革命』からも明確にうかがえる）へ、そして西インドへ、最後にはイギリスへとたどり着いたのだ。

ジェイムズは反スターリン主義の論客だったが、帝国中枢としての西洋を批判する姿勢をとっていたからといって、アントニウスの場合と同じく、西洋の文化的偉業に賞賛を惜しまなかったし、また自身が支援していた黒人パルチザン（エンクルマのような）の瑕瑾にも眼をつぶることはなかった。ジェイムズのほうがアントニウスよりも長生きしたので当然といえば当然だが、ジェイムズの観点が拡大し変貌をとげるなかで、また解放運動家としての関心を多くの領域の経験によって豊かにするなかで、そしてまた論争や論戦の場への登場と退場をくりかえすなかで、ジェイムズは、あるものにだけはゆるがぬ焦点をしぼりつづけたのだ（この言い回しはジェイムズに頻出する）、すなわち物語に。彼は政治と歴史の中心的なパターンを直線的に進行する物語とみなし――「デュ・ボイスからファノンへ」「トゥサンからカストロへ」――そして、思想や人間が旅 voyage をするというメタファーを、おのが基本的なメタファーとしていた。かつて奴隷であったり従属階級であったりした人びとは、まず最初に、移民になりうるし、その後、新たな多様性社会の主要な知識人になりうるというように。

グハやアラタスの著作では、人間の冒険という物語的意味は影をひそめ、それにかわってアイロニーが前面にでる。帝国主義の大義、文明化と教育による改善という、いまや完全に信用失墜した帝国主義のイデオロギーに随伴する魅力のない諸戦略、これこそ、両者が光をあてようとするものだった。最初にグハの議論を考えてみよう。グハが緻密に再現するのは、グハの物語の主人公たるフィリップ・フランシスが使った言い回しを借りると、英国統治の永続性達成をめざして、イギリス東インド会社の高官が、いかにして経験論と反封建主義を、フランスの重農主義哲学（その根底にあるのは、土地税イデオロギーだが）と合体させたかである。[143] グハのみごとな記述であきらかになるフランシス――この「若きアルキビアデス」〔古代ギリシアの軍人・政治家で才能あふれる美男子としてソクラテスにも愛された〕はエドマンド・バークの友人で、ウォレン・ヘイスティングズと同時代人で、反立憲主義と奴隷制廃止論を信奉した有能な官吏であった――ならびにフランシスによる永代定額査定というアイデア、これらをグハは英雄物語として語るのではなく、さまざまなカットと接合を駆使したモンタージュとして語るのだ。グハの記述によれば、フランシスの土地思想は、当のフランシスが職を辞してから徐々に受け入れられはじめ、ヘイスティングズ像の刷新とともに、帝国という理念を高め豊かにし強化するのに役立った。グハの言葉を引用すれば、帝国は

すでに、重要度からして、帝国の設計者たちの個人的記録をはるかに上回るものであり、抽象概念としては、その創設者の個性とは独立した信用評価を取得しつつあったのだ。[144]

グハがテーマとするのは、したがって、いかにして抽象概念が民族ばかりか地理も要求し領有化するかである。中心をなすのは、帝国主義者としてのイギリス人が「ベンガルの主権問題[145]」を解決するとき、当然の

こととして、イギリス本国の便宜を優先することを、インドにおける彼ら自身の責務とみなしたということである。そしてベンガルにおけるあらゆる地租を数学的な公式にしたがって永代的に定額査定する事業を制定したことがフランシスの実質的な功績だが、これはまた彼が「帝国の政体を形成し、あるいは再建することに成功した」(146)ことを意味していた。

グハの著作は、インドにおけるというよりも、ヨーロッパ、このもっとも堅固な安定性と長寿と権威を誇る起源の場たるヨーロッパにおける帝国主義的歴史記述――これはまたイギリスによるインド測量によっても強化されたのだが――を、解体することを意図している。ここにみられるアイロニーとはヨーロッパ人ではなく原住民がこれをやりとげたということだ――原資料の読み込み法や処理法を自家薬籠中のものにしただけでなく、圧倒的な抽象化も自家薬籠中のものにしたのだ、帝国主義者の頭のなかでは抽象化がいつはじまったのかその痕跡すら認知できなかったというのに。

同じような劇的な功績をアラタスの本も達成している。グハの本に登場する人物たちが哲学的に破綻のないかたちでインドに対する権威を主張せんとする筋金入りの観念論者《アイデオロジスト》であったのに対し、アラタスが分析するところのポルトガルやスペインやイギリスの植民者たちは、そのような計略とは無縁だった。彼らは南太平洋地域で、経済的利益だけをひたすら追求し、宝物（ゴムと金属）ならびに安価な労働力を得ることしか眼中にない。彼らは原住民から労働力を調達し、植民地経済の収益をあげるべく、さまざまな計画を立案、その過程で地元の平均的レベルの商人の生活を破壊し、原住民を隷属させ実質的には奴隷化し、中国人やジャワ人やマレーシア人の共同体のなかに、仲間割れ的な民族紛争の種をまいたのだ。そうしたほうが原住民をよりよく統治できる、なぜならそれは原住民を弱体化させ分断状態におくからだ。この混迷のなかから、怠惰な原住民という神話的原住民像があらわれる。そして東洋社会に本質的かつ不変の恒常性をたもつかたちで存在するとされたこの神話的原住民像から、かずかずの基本的な真実が導き出されるのである。アラタスが丹念に資料をたどった成果によると、こうした原住民像――それはすべて、植民者側が原住民の就労拒否をヨーロッパからの侵略に対する最初期の抵抗形態のひとつとして認めたくない「虚偽意識」にもとづいているのだが――は、客観的な現実となりおおせて徐々に整合性と権威と反駁できない直接性をおびてしまう。そこでラッフルズのような観察者が、原住民のさらなる隷属化と懲罰のための基本原理を策定することになる。なにしろ植民地監督官たちが認めたように、原住民の性格はすでに悪化の一途をたどり、これを押しとどめることはできないということになったのだ。

怠惰な原住民の意味に関してアラタスは従来とは異なる議論をわたしたちに示してくれる、いやもっと正確にいうと、なぜヨーロッパ人がかくも長きにわたってこの神話を維持することに成功したのかをめぐる議論を提供してくれるのだ。いや、そればかりかアラタスは神話がいかに生き延びているかを実証し、またすでに引用したエリック・ウィリアムズの言葉を使えば、「時代遅れの利害――その破綻の腐臭は、歴史的にながめた場合、天にまで届いている――が、妨害的かつ破壊的効果を及ぼすことがありうるのであり、なぜそうなるかは、その利害が過去にどのような強力な奉仕をしたのか、ならびにその利害が過去にどのような利得を勝ち取ったのかを考慮したときにはじめて説明しうるものとなる」(147)と証明したのである。怠惰な原住民にまつわる神話とは、支配の神話と同義語であり、支配こそ、すべての根底に存在したものなのだ。多くの学者はいまや権力を言説の効果としてのみみることに慣れっこになっているため、アラタスが、たとえば、いかにして植民地主義者がシステマティックにスマトラ沿岸ならびにマレーシア沿岸の商業州を破壊しつくしたか、いかにして領土征服が漁師や武器職人といった原住民階級を抹消していったか、そしてまたとりわけ、いかにして外国人植民者が、これまで原住民階級がしようとも思わなかったことをおこなってしまったのかについて語るとき、わたしたちはその赤裸々さにショックを受けるにちがいない——

> オランダ人が政権を手にするのと原住民の後継者が政権を手にするのとでは大きく異なっていた。原住民の政権は全般的に商業に対し鷹揚であった。それは全域にわたってみずからの商業階級を抹殺することはなかったし、みずからの産業生産物を使いつづけた。それは、みずから船舶を建造し、また、最後になったがけっして軽んじてはいけないこととして、それは、インドネシアの主要地域全体に独占権を行使することはなかった。たとえ政権についたのが独裁者であっても、人民の能力を最大限活かすようにつとめたのである。(148)

アラタスがここで述べているような、またグハがその著作で述べているような管理支配は、ほぼ全域にわたり、被植民者社会と永続的かつ破壊的に葛藤状態にあった。そのためヨーロッパ側から語ろうが、植民地側から語ろうが、ヨーロッパとその周辺植民地とのあいだに連続性を樹立するような物語を語ることなど、はなから不可能である。それよりも脱植民地化世界の学者にとって、もっともふさわしいと思えるのは、すべてを疑ってかかる懐疑の解釈学に身をゆだねることである。けれども、たしかに解放をめざすナショナリズムの壮大で心ゆたかになりそうな楽観的物語《オプティミスティック・ナラティヴ》が、文化を同じくする共同体を立ち上げるのに役立った——ちょうど一九三〇年代におけるジェイムズやアントニウスにとってそうであったように——という時代は、もう過去のものになったとしても、学問的方法を同じくする新たな共同体——こちらのほうが要求がきびしくかつ厳格なのだが——を立ち上げることはできる。グハの著作が刺激となって重要な共同研究〈サバルタン・スタディーズ〉が生まれ、今度は逆に、グハや同僚たちが〈サバルタン・スタディーズ〉を契機に、権力や歴史記述や民族史の諸問題に関する画期的な研究へとつきすすむことになった。アラタスの著作はふたつの目的をもっていた。ひとつは南アジアの歴史と社会に関する研究の植民地以後的《ポストコロニアル》方法の基礎を築くこと、そしてそこからさらに、『怠惰な原住民の神話』で示唆されたような、脱神秘的かつ脱構築的な研究へとすすむことであった。

こう語ってきたからといって、大戦前のふたりの知識人による意欲的で熱い語り口の著作が、後の世代からみて否定されたり、物足りないとみなされたと言わんとしているのではなく、またアラタスやグハのもっと専門的で厳密な著作が西洋の宗主国の読者に対し、狭小な専門的観点、それも嘆かわしいことに、文化的におおらかさのない観点を突きつけていると言うつもりもない。ジェイムズやアントニウスのほうは、民族自決にむけて、たとえ部分的できわめて不満の残るようなものであっても、すでに動きはじめていた運動を代弁しているところがあるのに対し、グハとアラタスは、植民地以後《ポストコロニアル》の苦しい状況において遭遇した諸問題を議論するなかで、初期の時代の成功（たとえば民族の独立）を認めながらも、脱植民地化や、これまで獲得された自由や自己同一性がまだじゅうぶんなものではないと強調していると、そんなふうにわたしには思えるのだ。またグハやアラタスは西洋の研究者だけでなく、同胞たちにも語りかけている。なぜなら同胞たる土着の研究者たちは、みずからの過去を考えるときに、西洋の植民地主義者の思考枠にいまもなお呪縛されているからである。

ここで、拠って立つ地盤は何かと問うと、そこから受容者というもっと一般的問題が立ち上がる。『ブラック・ジャコバン』あるいは『アラブの目覚め』が多くの一般読者をひきつけていることそれ自体すぐにもその証左となるのだが、のちの時代の、より学問的で高度な著作になればなるほど受容者の数は減ってくる。ジェイムズもアントニウスも、みずからが語ることには、ゆるがせにできぬ政治的かつ美的な意義があることを前提としていた。ジェイムズがとりあげるトゥサンは魅力的で尊敬にあたいし、正々堂々とし、まれにみる知性をそなえていた人物であり、同胞のハイチ人の苦難に敏感に反応していた。「偉大な人物は歴史をつくる」とジェイムズは述べている、「ただし歴史そのものが彼らにそうさせたともいえるのだが」[149]と。トゥサンは同胞に絶大な信頼を寄せているわけではなかったし、敵方をあなどってもいた。ジェイムズはそのようなあやまちを犯さないし幻想をいだくこともない。『ブラック・ジャコバン』のなかでジェイムズは帝国主義者をとりまく利己主義と道徳的やましさのコンテクストを臨床的に再構築する。このコンテクストからイギリスの奴隷廃止論や善意のウィルバーフォースらが登場した。しかしフランスとハイチの黒人が血なまぐさい戦争にあけくれているとき、イギリス政府は国民の博愛感情を操作してカリブ地域におけるイギリスの権力拡張をめざし、フランスとその敵双方を見殺しにしたのである。ジェイムズは帝国主義のやらずぶったくり方式を激しく非難する。とはいえ物語のもつ説得力のようなもの――その物語とはフランスとハイチ双方に共通した自由を求める戦いを主たる構成要素とするのだが――に対する信頼を、そして知と行動への欲求の実在性を彼は疑ってはいない。そうであるがゆえに、黒人歴史家としての彼の著述は、闘争する黒人のみならず、宗主国の白人読者も想定しているのである。

この〈遡航 voyage in〉は報復的なものなのか？　つまり抑圧された植民地対象が近代ヨーロッパ人の足跡につきまとい、ヨーロッパ人をつけ回すようになったということなのか？　近代ヨーロッパ人にとって、デュヴァリエとかトルヒーヨらに代表されるトゥサンのゆがんだ遺産こそ、野蛮な非ヨーロッパ人という考えかたの正しさを立証するものとなるのだが。ジェイムズはただし、大筋において反動的になるという罠にはまることはなく、一九六二年版の序文にあるように、トゥサンの革命思想が、成功した解放闘争のなかでいかにして復活したか、また新たな自意識的かつ自信にあふれた民族文化の誕生においても、その革命思想が、同等の力を発揮しつつ、いかにして復活したのかを語りたがっていたし、過去の植民地時代が、それでもなお「民族アイデンティティを求めるカリブ地域における探求の最終段階[150]」へと突き進んでいたことを信じていたのである。ジェイムズが多くの著述家たち——たとえばジョージ・ラミング、V・S・ナイポール、エリック・ウィリアムズ、ウィルソン・ハリス——から、現代の西インド文化の長老とみなされているのも、ゆえなきことではないのだ。

同様のことはアントニウスにもいえる。アラブに対する連合国側の裏切りがあったからといって、アラブ人がヨーロッパ人のいだく自由思想につき動かされてゆくという、彼の物語にみられるスケールの大きな回顧的展望に意味がなくなるわけではない。『ブラック・ジャコバン』が近代の「ニグロ反乱」（ジェイムズの言葉）に関する研究の礎を築いたように、『アラブの目覚め』もアラブ・ナショナリズムに関するアカデミックな研究の嚆矢となり、いまやアラブ・ナショナリズム研究はアラブ世界のみならず西洋においても学問分野として独立するまでになっている。ここでは進行中の政治との連携がとりわけ感銘ぶかい。アントニウスが自分の研究のなかで、民族自決を認められていないアラブ民族の問題を、ここにいたるまでの歴史の動きを妨害してきた西洋の政治家や思想家たちからなる陪審員に訴えかけるとき、彼の存在はジェイムズめいてくる。アントニウスもジェイムズも、ともに語りかける相手は、みずからが属する民族のみならず、非白人種の解放など二の次としか思っていない頑迷な白人の読者たちでもあった。訴えかけは、公正さ、あるいは適切な比較対照を求めるということではなく、歴史そのもののしばしば度肝をぬくような予期せぬ現実に眼を向けよということだった。『アラブの目覚め』を執筆中の一九三五年、プリンストン大学でおこなった講演のなかにふくまれているアントニウスの次のようなコメントを読むのは、なんと衝撃的なことだろう

諸国民の歴史のなかでは対立しあう勢力の葛藤が、強い側の勝利で終わるべく運命づけられているように思われていても、名状しがたい歴史のいたずらによって、ねじれが生じ、強い側の必然的な勝利がなくなり、その間隙をぬって新勢力が台頭することもあるのです(151)。

偶然の一致と、わたしには思えるのだが、この時期、アントニウスは、状況の絶望的な深みのなかから、みずからの本のなかで暗黙のうちに議論し求めていた民衆蜂起の発生を見抜いていたのである（わたしたちの時代におけるもっとも大きな反植民地蜂起のひとつである、パレスチナの〈インティファーダ〉*は、パレスチナをめぐる歴史的闘争を継続するものであったが、この闘争こそ、『アラブの目覚め』の主要なテーマのひとつでもあったのだ）。

と、このようにみてくると、学術研究《スカラーシップ》と政治《ポリティクス》という一般的主題に、わたしたちは唐突に向きあうことになる。わたしが論じてきた学者たちはそれぞれ、所属する地域の状況のなかに深く根を張り、研究対象の選択とその処理は、その地域の歴史なり伝統なり諸関係に依存していた。たとえばアントニウスの本が、現在のわたしたちの注意をひくのは、それが二十世紀初期のアラブ・ナショナリズムの歴史であるとともに、やがて一九三〇年代と四〇年代において、もっとラディカルで民衆的でネイティヴィストであったアラビア語著述家たちに乗り越えられてしまう名士階級の痛ましい記録にもなっているからだ。もう西洋の政策決定者に語りかけることはできなくなったし、その必要もなくなったし、共通の言説宇宙の内部から語りかけることもできなくなったし、その必要もなくなった。グハは一九六〇年代に亡命者として登場する。なぜなら、彼の姿勢が、タリク・アリの言葉を借りると「ネルー一族とガンディー一族(152)」によって牛耳られてきたインドの政治といちじるしく齟齬をきたすものであったからだ。

当然のことながら、四人の著者が提示している学術研究《スカラーシップ》と調査探求《リサーチ》に影響をおよぼしているのは政治――それも彼らの著作の背後にある赤裸々な政治的衝動――である。彼らの本の基調と主張にみられる明晰に政治的あるいは人間的な切迫感は、現代の西洋において学術研究の規範ともなった諸特徴といちじるしい対照をなしている（この規範が、たとえば対象とのあいだに一定の距離をおく姿勢や、客観的で公正であることの主張や、礼儀正しさと儀礼的な冷静さの遵守といった諸特徴とともに、いかに学術研究の場に君臨するようになったかは、嗜好社会学や知識社会学がとりくむべき問題であろう）。これら四人の第三世界知識人それぞれが、そこから身をひきはなして、あるいはその内部において書いているところの政治的状況は永続的なものであって、その圧力は、一時的な障害でも、高次の目標達成のためには瞬時に一掃できる些細な経験的しがらみでもなかった。未解決の政治的状況が表面近くまで浮上し、それが文章のレトリックを汚染し、学問研究の語調をこわばらせるのは、著者たちが、たとえ知と権威的学問という立場から書いているとはいえ、同時に、西洋に対する抵抗と競合というメッセージも歴史的にみて従属という結果にしかつながらなかった民族の側に立って書いているからである。そのような状況において使われる言語の損傷めいたものについてアドルノが語ったように、「他方、従属した者の言語に刻印を残すのは支配体制のみであり、損傷を受けていない自律的な言葉を恨みがましくなく正々堂々と口にできるほど自由な人びとには、その言葉によって約束されもする正義を、支配体制は従属した者たちからは奪ってしまうのである」[153]。

だからといって、ここでわたしは、対抗的な学問研究は、金切り声をあげ不快なまでに主張を押しとおすべきであるとか、アントニウスやジェイムズ（あるいは、この件でいえばグハもアラタスも同じだが）は彼らの議論を中断してまで侮蔑と弾劾に走っているなどと言いたいのではない。わたしはただ、彼らの著述のなかで学問と政治とがよりオープンなかたちでむすびついているのは、彼らがみずからを西洋文化に対する特使とみなし、いまだ満たされぬまま妨害をうけ延期されている政治的自由と自立を、西洋文化に対して代弁表象《レプリゼンティング》しているからであると、そういわんとしているのである。彼らの宣言や議論や干渉行為のもつ歴史的な力を誤解し、彼らのことを、同情を求めて愁嘆場を演ずるものと（かつてコナー・クルーズ・オブライエンが非難したように[154]）非難し、その言論を筋金入りの活動家にして党派的政治家の感情過多で主観的な〈激烈な抗議〉として退けるのは、彼らの力を矮小化し、彼らの価値を誤ったかたちで表象し、彼らの学問に対する途方もない貢献を棄却することにほかならない。ファノンが「原住民にとって、客観性は、つねに原住民をおとしめるために、原住民に矛先を向けていた[155]」と語ったのは、さもありなんというべきだろう。

宗主国の側の読者がいつもおちいりやすい誘惑とは、こうした本ならびにこれに類する本いっさいを、学問に対する同時代の貢献というよりも「原住民情報提供者《ネイティヴ・インフォーマント》」によって書かれた原住民文学の一証拠にすぎないと規定することだった。アントニウスやジェイムズによる著作ですら、その西洋における権威は軽んじられているのだが、それは西洋の学術専門家にとって、彼らの著作は外側からのぞき込んで書かれたものとみえるかららしい。おそらく、だからであろう、グハやアラタスといった後の世代の書き手たちは、歴史そのものにぶっきらぼうに焦点をあわせるのではなく、なかにもぐりこむかたちで、レトリックや思想や言語に焦点をあわせることを選び、権力の残酷な行使よりも権力の言語的徴候のほうを、権力の源よりも権力の過程や戦術のほうを、権力の論理よりも権力の知的方法なり発話技術のほうを、好んで分析するのである——破壊《デストロイ》するよりも脱構築《ディコンストラクト》するために。

経験と文化を再結合することは、いうまでもなく、テクストを宗主国中枢の側からだけでなく周辺地域の側からも、対位法的に読むことであり、このとき「客観性」という特権を「われらの側」だけに付与し、

「主観性」を「彼らの側」だけに付与してやっかい払いすることはない。[156] 問題は、脱構築家がいうように、いかに読むかを知ることであるとともに、このことと、何を読むかを知る問題とを切り離さないことである。テクストは完成された客体ではない。テクストはレイモンド・ウィリアムズがかつて述べたように、表記であるとともに文化実践でもあるのだ。そしてテクストは、カフカについてボルヘスが述べたように、みずからの前例を創造するだけでなく、またみずからの後継者も創造する。過去二百年間の帝国経験は地球規模の普遍的なものであった。それは地球上の隅々にまで浸透し、植民者と被植民者双方をまきこむものであった。西洋が世界制覇を達成したがゆえに、また西洋は、フランシス・フクヤマが述べたような「歴史の終焉」を導きだしたことによってみずからの軌跡を完遂させたかにみえるがゆえに、西洋人はみずからの文化的遺産や学問そして言説の世界を、統一のある、また侵すべからざるものとして考え、残りの世界は西洋の窓敷居の外で注意をひこうと立ちつくす哀れなホームレスと、そう思ってしまうのだ。けれども、文化を、その背景との諸関係から切り離してしまうのは、あるいは文化を葛藤競合の領域から引き抜くことは、あるいは――西洋文化の抵抗的系譜にもっと関係のあることをいえば――文化の現実的な影響を否定することは、根底からまちがった文化像をつくるものと、わたしは信じている。ジェイン・オースティンの『マンスフィールド・パーク』はイングランドならびにアンティグアについて語っていて、両者のつながりは、オースティン自身が明確にしている。この小説は、それゆえ、本国における秩序と海外の奴隷制度の両方について語るものであり、そのように読むことができる――いや、そのように読むべきである――、しかもエリック・ウィリアムズやC・L・R・ジェイムズの本を脇に置いて。また同様にカミュやジッドが書いたアルジェリアはまた、ファノンやカテブ・ヤシンが書いたアルジェリアと照らし合わせて読まねばならない。

もし対位法や絡みあいや統合といった概念が、普遍的なヴィジョンをめざすよう穏やかに心を高揚させる示唆以上のなにかを意味するとすれば、それはこうした概念が、帝国主義の歴史的経験を、第一に、相互依存する複数の歴史であり重なりあう領土の問題として、第二に、知的かつ政治的な選択を迫られるものとして、再確認してくれることにある。たとえば、フランスとアルジェリアもしくはフランスとヴェトナムの歴史が、イギリスとカリブ地域やアフリカやインドの歴史が、いっしょではなく別個に研究されるようなことにでもなれば、帝国支配と被支配の経験は人為的かつ誤ったかたちで分離されたままとなるだろう。いっぽう帝国の支配体制とそれに対する抵抗を、脱植民地化から独立へといずれゆきつく二元的プロセスとして考えることは、おおむね、みずからをこのプロセスと連携させることであり、闘争をいっぽうの側からだけでなくもうひとつの側からも、解釈学的のみならず政治的にも解釈することとなる。『ブラック・ジャコバン』『アラブの目覚め』『土地支配』『怠惰な原住民の神話』は、いずれも、こうした闘争の場にまぎれもなく所属している。それらは解釈が選択であることをより明確にし、選択を避けることをますますむつかしくしている。

現代のアラブ世界の歴史を、度重なる重圧の歴史の一例として考えてみよう。アントニウスの功績とは、何といっても、アラブ民族主義と西洋（もしくはアラブ世界で西洋の代理となるもの）との相互作用が研究にあたいするものであり、支援か敵対闘争かのいずれかを選択すべきものであると明確にしたことである。『アラブの目覚め』以後、とりわけアメリカ合衆国やフランスやイギリスでは、「中東研究 Middle Eastern Studies」と呼ばれる学問分野が人類学や歴史学や社会学や政治学や経済学や文学のなかに誕生するが、これは問題となる地域の政治的緊張に影響をうけていただけでなく、その地域をかつて支配していた二大植民地勢力〔イギリスとフランス〕と現存の超大国〔アメリカ〕との勢力関係にも影響をうけていた。第二次世界大戦以後、アカデミックな「中東研究」においては、アラブ・イスラエル闘争に知らぬ存ぜぬを決め込むことも、個々の社会の研究だけに集中することも、いずれも不可能になった。いきおい、かりにもパレスチナ問題について書くのなら、パレスチナ人が一個の民族（あるいは民族共同体）か否かについて決断を迫られることになったし、その決断はまた、暗に、パレスチナ人の民族自決権利闘争を支援するか非難するかの選択をも意味していた。どちらの側につこうとも、学術研究はアントニウスのもとに立ち返る——西洋の裏切りに関するアントニウスの見解を受け入れるか、さもなくばその逆に、シオニズムの文化的重要性を大きくみて、パレスチナをシオニズム運動にゆだねる西洋の権利を受け入れるかである(157)。

そして、この選択はさらにべつの選択につながってゆく。ひとつには、現代の「アラブ精神」について、まさに政治的あるいはイデオロギー的正当化目的以外のなにものでもないかたちで語ること——その伝えられるところの暴力傾向、その恥の文化、歴史的に重層決定されたイスラム、その政治的意味論、ユダヤ教やキリスト教と比較したときのイスラムの退廃などを強調することである。こうした観点から生まれる偏向した著作群がある。たとえばラファエル・パタイの『これがアラブだ』、デイヴィッド・プライス＝ジョーンズの『閉じられたサークル』、バーナード・ルイスの『イスラムの政治言語』、パトリシア・クローン／マイケル・クック共著の『ハガリズム』など(158)。こうした著作は学術研究の衣をかぶってはいるが、いずれもアントニウスが西洋においてはじめて定義したところの闘争の場なるものから一歩も出ていない。つまり、こうした著作群が、アラブ民族の集団的野望——植民地的展望のなかで育まれてきた歴史的決定論から抜け出そうとする野望——に対する敵意から自由であるとは、とても言えないのである。

いまひとつは、アンワル・アブデル＝マレクやマキシム・ロダンソンといった、古い世代の学究たちによる、批判的かつ反オリエンタリズムの言説が、若い世代の学究たち、たとえばティモシー・ミッチェル、ジュディス・タッカー、ピーター・グラン、ラシド・アル＝カリディ、およびヨーロッパにおける同種の学究たちに受け継がれていることである。一九八〇年代全般を通じて、それまで保守的であった〈中東研究協会〉は、重要なイデオロギー的変革を経験するのだが、この変革実現にむけて、こうした学究たちのはたした役割は大きかった。これまでは主流体制派の大学人や石油会社の重役や政府顧問や政府雇用者と提携していた〈中東研究協会〉が、年次総会の席で現代において政治的に重要な意義のある諸問題をとりあげたのだ。たとえばイラン革命、湾岸戦争、パレスチナの〈インティファーダ〉、レバノン内戦、キャンプ・デイヴィッドの合意、中東研究と政治的イデオロギーとの関係――こうした問題すべてが、これまでは、ルイスやパタイ、もう少し最近のところではウォルター・ラカーや、エマヌエル・シヴァン、ダニエル・パイプスといった研究者の仕事のなかでは、抑制されるか矮小化されてきた。アラブ原住民やイスラム民族主義を抑圧する政策路線を踏襲するアカデミックな研究が専門的議論を牛耳ってきたし、事情は、ジャーナリスティックな論争においても大同小異であった（たとえばトマス・フリードマンの『ベイルートからエルサレム』やデイヴィッド・シプラーの『アラブ人とユダヤ人』といったベストセラーになったジャーナリスティックで安直な学術研究など）。しかし変化がはじまったのだ。

この「旧」路線の核心にはアラブ民族を根本的に変更不可能なかたちで先天的に「他者」であるとみなす本質化《エッセンシャライゼーション》が存在し、やがてそれが人種差別的色彩をおびて、世界に対する「アラブ」の反民主主義的・暴力的・退行的姿勢なるものを錬成していった。このようにアラブ的姿勢をつくりあげるときに不可欠なべつの要因があった。それがイスラエルという要因であり、この要因もまた二極構造に貢献し、民主的イスラエルとどこもかしこも非民主的なアラブ世界という構造ができあがり、そのなかでイスラエルによって財産を奪われ追放されたパレスチナ人はというと「テロリズム」を代表し、暴力的報復をやめようとしない救いがたき者という烙印をおされた。しかし、いま、反オリエンタリズムの立場をつらぬく若い世代の学者たちが提出しているのは、多種多様なアラブ民族のまさにさまざまに差異化された複数の歴史なのだ。アラブ世界の歴史ならびにアラブ世界内部における発展を尊重する彼らがアラブ世界に回復させようとしたのは、その歴史が民族独立にむけての未完の行進であり、人権（とりわけ女性と不遇なマイノリティの権利）を求め、外部の（しばしば帝国主義者の）干渉と内部の腐敗《コラプション》と利敵行為《コラボレーション》からの自由を求めるという、ダイナミックな意識だったのである。

中東研究協会で生じたことは、それゆえ、西洋の支配体制に対する宗主国内部における文化的抵抗物語ということになる。そしてこれに似た重要な変化は、アフリカ研究、インド研究、カリブ地域研究、ラテン・アメリカ研究にも起こっていた。こうした分野を、これまでのように元植民地官僚や、当たりさわりのないことしか語らない大学人集団が牛耳ることはもうないだろう。そのかわりに解放運動への支援と植民地以後の状況への批判双方に対し鋭敏に反応する新しい意識の持ち主たちが登場し、また新たな意識に裏付けされた抵抗運動集団（アメリカにおける公民権運動、イギリスにおける移民権運動におけるような）も登場することで、ヨーロッパの知識人や政治家たちによる言説の独占状態は効果的に解消されたのである。ここではバジル・デイヴィッドソン、テレンス・レンジャー、ヨハネス・フェイビアン、トマス・ホジキン、ゴードン・K・ルイス、アリ・マズルイ、スチュアート・ホールらの仕事は不可欠であった。彼らの研究は、他の研究者の仕事を生む触媒となったのだ。そしてこうした新しい世代の研究者すべてにとって、わたしが論じてきた四人の研究者の先駆的な仕事——遡航 voyage in ——こそ、周辺地域における反帝国主義抵抗運動と、欧米の内部における対抗文化とのあいだにいま築き上げられつつある文化的連合の基礎となるものを提供したのである。

5　協力、独立、解放

一九六九－七〇年にオックスフォード大学で開催された帝国主義に関するセミナーで、もっとも興味ぶかい発表のひとつにロナルド・ロビンソンの「ヨーロッパ帝国主義の非ヨーロッパ的基礎」と題された発表があった。理論的研究ならびに経験的研究に対してなされたロビンソンの「提言」は、本書で言及してきた植民地以後《ポスト・コロニアル》の世界の新事情の多くを、トマス・ホジキンの「アフリカおよび第三世界の帝国主義理論」とともに色濃く反映するものとなった。

いかなる新理論も認識すべきは、帝国主義が犠牲者の側の協力《コラボレーション》もしくは非協力の産物であったということ――つまり、それがヨーロッパの膨張の産物であったのと同じ程度に土着の政治の産物でもあったということである。……〔支配層エリートの自発的あるいは強制された援助なくして、また〕原住民の協力なくして、時節到来というとき、ヨーロッパ人は非ヨーロッパの帝国を征服も支配もできなかったであろう。最初からヨーロッパ人による帝国支配は、間断なく抵抗を受けていた。それゆえ抵抗を回避するか抑えつけるべく、原住民側がおこなう間断なき調停を必要としたのである。(159)

ここからロビンソンが考察するのは、一八八二年以前のエジプトにおいて軍司令《パシャ》あるいは総督《ヘディーウ》らが、みずからすすんで協力してヨーロッパ勢力の進出を容認したのちに、ウラービー運動に参加したナショナリストたちの反乱によって、その威光を急速に失うなか、イギリスが最終的に軍事的にエジプトを制圧した過程である。ロビンソンは何も語っていないが、次のように付け加えてもよかっただろう。帝国主義に協力した多くの階級や個人が着手したのは、近代ヨーロッパ方式と競い合うことであり、ヨーロッパの進歩とみなされたものを手本にして近代化をはかることだった。十九世紀の最初の二十年間にムハンマド・アリはヨーロッパに使節団を派遣するが、これは日本が同種の使節団を同じ目的で合衆国やヨーロッパに派遣するよりも三十年以上も早かった。フランスの植民地圏では一九二〇年代や三〇年代にいたるまで、植民地から優秀な学生を選りすぐってフランスへ留学させていた。もっとも彼らのうち、サンゴールやセゼールのような何人かは、そしてまたインドネシアの多くの知識人たちは、後年、帝国に対する強力な抵抗を唱える活動家となるのだが。

　西洋に派遣された初期の使節団がかかげた第一の目的は、先進諸国の白人の方式を学び、彼らの著作を翻訳し、彼らの習慣を会得することだった。この題材を研究した最近の研究、たとえばマサオ・ミヨシによる研究（『我ら見しままに』）やイブラヒム・アブ＝ルゴドによる研究（『アラブによるヨーロッパの再発見』）[160]によれば、東洋からの熱心な留学生たちは、西洋の情報や貴重な文献や有益な習慣のみならず、帝国的な階層関係も貪欲に吸収したのである。[161]

　こうした依存関係の特異な力学から誕生したのは、ネイティヴィストによる歴史上初の長期的な反帝国主義活動であり、その典型として、一八八三年に『両世界評論』誌上でアフガーニーとエルネスト・ルナンとのあいだで戦わされた論争をあげることができる。このなかで原住民側は、ルナンがあらかじめ定義していた用語を駆使しながら、このヨーロッパ人が原住民の劣等性を、人種差別的かつ文化的に傲慢なかたちで当然視していることに「異議を申し立てた」のである。ルナンがイスラムを、ユダヤ教やキリスト教よりも低次元であると語るのに対し、アフガーニーはイスラム教のほうこそ「良質」であり、このことは西洋がムスリムからいろいろ借用することでみずからを改善したことからも歴然としていると主張した。アフガーニーはまた、科学の分野においてイスラム教は西洋科学よりも先行していたし、たとえイスラム教に後退的なところがあるとしても、それはあらゆる宗教に共通した性質に、つまり科学と最終的に相容れない性質に由来すると論じたのである。(162)

アフガーニーの語り口は、ルナンに真っ向から対立していても、どこか友好的である。帝国主義に対するのちの世代の抵抗者たち――彼らにとっては解放が基本的課題となるのだが――とは対照的に、アフガーニーは、一八八〇年代インドの法律家のように、みずからの民族共同体のために闘争しながらも、西洋と共有している文化的枠組みのなかにみずから居場所を求めるような、そんな人びとの階層に属していた。彼らは多種多様な民族主義者の独立運動を指導していたのだが、その権威はといえば、植民地権力から彼らに手渡されたものだったのだ。たとえばマウントバッテンからネルーに、ドゴールからFLNに、というように。この種の敵対的な協力関係《コラボレーション》としてまとめられるもののなかには、文化依存のさまざまな形態がみてとれる。たとえば西洋人の顧問の仕事が現地の民衆あるいは民族の「蜂起」を助けることになるとか（この側面を、ジョナサン・スペンスの西洋人顧問に関する著書『中国を変える』は歴史的に丹念に跡づけている）、原住民にとって利益になると西洋人自身がみなすものを西洋人が代弁表象し、西洋人が抑圧された者たちの擁護者《チャンピオン》になる場合――その初期の戯画化された一例としてジェリビー夫人を、後期の実例としてリヴァプール学派のメンバーたち――をあげることができる。これとは別の例が第一次世界大戦直後のT・E・ロレンスとルイ・マシニョンとの競合のなかに見いだせる――アルバート・ホウラニの論文においてきわめて緻密に記述されているように。[163] 大戦中にオスマントルコと戦ったアラブ人たちに、ロレンスもマシニョンも心の底から感情移入している（事実、マシニョンはイスラムへの感情移入を中軸にして、彼の一神教共同体――アブラハムから継承――理論を構築している）が、ふたりは帝国主義的信念につき動かされて、アラブ世界をフランスとイギリスとのあいだで分割統治する際に重要な役割を演じていた。ロレンスはイギリスに仕え、マシニョンはフランスに仕えたが、すべてはアラブ人のためを思えばこそであった。

五大陸にまたがる文化史を書くとすれば、かたや原住民、かたや帝国主義の伝統的かつ特異で矛盾にみちた代表者たち、この両者のあいだに生じた、いま述べたような協力関係《コラボレーション》だけで、膨大な一章ができあがるだろう。この点に敬意をはらい、わたしたちの多くをいまあるかたちに生みだした諸経験、それも共有され結合された諸経験をつねに認知しながら、同時にわたしたちは、この協力関係の中枢に、原住民と西洋人という十九世紀の帝国主義的分割が温存されていることにも留意すべきである。たとえば極東で、インドで、アラブ世界で、東西アフリカで、多くの植民地学校が何世代にもわたる原住民ブルジョワの子弟に、歴史や科学や文化に関する重要な真実を伝授してきた。そしてこの過程から何百万人もの人間が近代生活の基本とは何かを会得したのだが、にもかかわらず彼らは外国の帝国的権威に従属する依存者であることにかわりなかった。

こうした依存関係の力学が極限にいたったとき到来したのが、ナショナリズムであり、このナショナリズムが地球全土のかつての植民地のなかに最終的に独立国家を生みだしたのである。ところがいまやナショナリストの反帝国主義闘争時代は終わりをつげ、解放主義者の反帝国主義抵抗運動の時代が幕を開けたといえるような、ふたつの政治的要因が存在するにいたった。そのいずれもが文化そのもののなかにすでに刷り込まれているのだ。ひとつは文化を帝国主義として捉える明確な自覚が生まれたことである。この内省的な意識の誕生を契機として、新興独立国家の国民は、ヨーロッパ文化が主張するところの、非ヨーロッパ人を導く／教示する権利なるものを拒絶するにいたる。いまひとつの要因は、西洋の帝国的使命が予想以上に頑強に生き延びていることである。すでにわたしが言及したような、さまざまな地域において、とりわけアルジェリア、ヴェトナム、パレスチナ、ギニア、キューバにおいて。そこで、従来のナショナリストの独立運動とは一線を画すかたちの解放運動が、新しく大きな課題となってきた。この課題は、たとえばマーカス・ガーヴィ、ホセ・マルティ、W・E・B・デュボイスといった人びとの、初期の著作のなかにすでに暗示されているのだが、それがいまや、理論の積極的な注入と、ときには武力闘争も辞さない闘争姿勢を要求しているのである。

帝国主義の統治支配からみずからを自由にせんとする民族アイデンティティ闘争は、国家にみずからの基盤を置き、国家によって充足させられたかにみえた。その結果、軍事組織、軍旗、立法府、国家教育体制、支配的政治政党（一党支配でなくとも）が誕生した。それもたいていはナショナリストのエリートが、イギリス人やフランス人が占めていた地位の後釜にすわるかたちで。バジル・デイヴィッドソンは大衆動員（たとえばカルカッタの街路をデモ行進する膨大な数のインド人群衆）と大衆参加とを分けて考えているが、この重要な区分によって明確になるのは、ナショナリスト・エリートと、つかのまであれナショナリストの計画の有機的一部となる都市および農村の大衆との区分なのだ。イェイツがアイルランドでおこなったのは、共同体意識の復権と創造に手を貸すことだったが[164]、そうした運動の中枢には、とくに選ばれた男女が存在していたのである。

新しく国民国家が樹立されたとき、パルタ・チャタージーの議論によれば、その国家を動かすのは、もはや予言者やロマンティックな反逆者ではなく、たとえばインドの場合では「現実主義的で自覚的な国家建設者」であるネルーだった[165]。ネルーによれば農民や都市貧民層をつき動かしていたのは理性ではなく情念であり、彼らはタゴールのような詩人たちやガンディーのようなカリスマ的存在に鼓舞されもしたのだが、独立達成後は、膨大な数の彼らは国家のなかに吸収され、国家発展のなかで、おのおの機能を分担することになる。けれどもチャタージーは興味深い論点をうちだしている。つまり、ナショナリズムを新しい地域的イデオロギーあるいは国家的イデオロギーへと変換することで、植民地体制以後《ポストコロニアル》の国家群は、基礎を外的規範におくグローバルな合理化過程にさらされることになる。この過程は戦後の近代化と発展期に世界システムの論理によって統御されていた。ちなみにその世界システムの典型とはグローバルな資本主義であり、それを一握りの先進産業国が牛耳っているのである。

「たとえどんなに老練な手腕を発揮しようとも、現代の政治技術と応用技術は現実の緊張関係そのものを抑えつけることはできても、それを効果的に解決することはできないのである」とチャタージーは正しく指摘している[166]。イクバール・アフマドのいう権力の病理が生みだすのは国家安全保障国家であり、独裁政治や寡頭政治であり、一党独裁体制である。V・S・ナイポールの小説『暗い河』(一九七九)において、アフリカの名もない小国を統治するビッグ・マンと呼ばれる支配者――名前はなく、実際に登場するわけではないが――は、ヨーロッパからの顧問たちを、インド系・イスラム系の少数派集団を、彼の属する部族の人びとを、厳格なネイティヴィスト的原則(これはカダフィの『緑の書』*やモブツの部族伝統の捏造を彷彿とさせる)に従って、迎え入れたり追放したりしている。この小説が終わるまでに彼の多くの臣民が残酷なかたちで殺害される。虐殺を生きのび、そのうえ何が起こっているのかを悟った――主人公のサリムのような――

人間は、状況が絶望的であり、さらなる移住が必要であると考える（主人公のサリムは東アフリカのイスラム系インド人家系の出で、ビッグ・マンが統治する内陸部の国に流れてきたが、ついにその地を離れ、やがてその地は荒廃し見捨てられるにまかされるのである）。ナイポールのイデオロギー的主張はこうだ。第三世界におけるナショナリズムの勝利は、植民地以後《ポストコロニアル》の国家において「現実の緊張関係そのものを抑えつけることはできても、それを……解決できない」だけでなく、西洋の影響による文明化の最後の痕跡までも消し去り、そのうえ体制に抵抗する最後の希望までも消してしまう、と。

たぐい稀なる才能をもつ旅行記作家にして小説家であるナイポールが首尾よく劇的に光をあてたのは、西洋における、ある種のイデオロギー的立場なのだが、この立場は、ポストコロニアル国家が無条件で独立を勝ちとることに成功したところに諸悪の根元をみる。ナイポールはポストコロニアル世界を、その宗教的狂信状態ゆえに（『イスラム紀行』）、その腐敗した政治ゆえに（『ゲリラたち』）、その根源的な劣等性ゆえに（インドに関する最初の二冊の書物[167]）攻撃するのだが、それはまた、一九七〇年代と一九八〇年代に西洋を席巻した第三世界に対する幻滅の一部でもあった。とりわけ西洋で第三世界のナショナリズムを支援した幾人かの傑出した人物たち、コナー・クルーズ・オブライエン、パスカル・ブリュックネール（『白人の涙』）、ジェラール・シャランらを襲った幻滅は大きかった。第三世界の初期段階の抵抗運動に対するフランスにおける支援を扱った興味ぶかい準ドキュメント史、『第三世界の起源——被植民者たちとフランスにおける反植民地主義者たち（一九一九—一九三九）』において、クロード・リオズは大胆にも次のテーゼを提出している。一九七五年までに反帝国主義ブロックは、昔のかたちのまま存在することをやめた、と[168]。とはいえ、宗主国内における帝国主義への反対運動の消滅というこの議論は、フランスと、おそらくは環大西洋諸国一般に関する議論としては妥当性があろうが、新興国家であれ宗主国文化における目立たない領域においてであれ、抵抗運動が残存する領域を見ていないため問題がある。かつてはイギリスとかフランスといった古典的帝国にむけられた権力と権威への問いかけが、いまや帝国を引き継いだ独裁国家群にむけて投げかけられ、アジアやアフリカ諸国がほんとうに隷属と依存状態にとどめおかれているか疑われているのだ。

圧制に対する解放運動の証拠は枚挙にいとまがない。人権と民主主義をもとめる闘争は継続している。ほんの数例をあげるだけでも、たとえばケニア、ハイチ、ナイジェリア、モロッコ、パキスタン、エジプト、ビルマ、チュニジア、エル・サルバドルが思い浮かぶ。また女性運動が重要性を以前にもまして認知されることで、寡頭政治国家体制や軍事（あるいは一党独裁）支配に対する批判も強まるようになった。これに加えていまなお抵抗文化は、西洋と非西洋世界とのつながりを維持している。このつながりの証拠としてすぐに思い浮かぶのは、たとえばセゼールとマルクス主義やシュルレアリスムとの提携であり、時代をくだれば〈サバルタン・スタディーズ〉とグラムシやバルトとのつながりである。かつての植民地世界における多くの知識人は、ナイポール描くところのインダル〔『暗い河』に登場する人物〕のように、つまり合衆国の財団によって見いだされた若き有望な現地人でありながら、どこにも行き場のない絶望的な落伍者として終わることの人物のように、不幸な運命を甘受することはない。

ときおり、それだけが、もう帰る時だという思いだけが彼の脳裏から離れなくなった。脳裏には夢の村が存在している。合間合間に彼は最低の種類の仕事をした。彼は自分がもっとよいことをする資質に恵まれているとわかっていても、それをする気にはなれなかった。あなたはもっとよいことができるはずだと、人から言われることに彼は満足していたと思う。わたしたちはもうお手上げだった。彼は二度と危険をおかすつもりなどなかった。(169)

インダルは「新しい人」と呼ばれる第三世界の知識人のひとりである。彼らは第一世界の移り気な篤志家が反乱的ナショナリズム運動の支援にかたむいたときには不相応なほどの脚光を浴びたのだが、篤志家たちが熱意を失うと見向きもされなくなったのである。

ただそれにしても、これは、抵抗政治と抵抗文化のめざすところの正確な表象といえるのだろうか。アルジェリア人をインド人を大衆蜂起へとつき動かしたラディカルなエネルギーは独立とともに最終的に封じ込められ消滅を余儀なくされたのか。いや、そうではあるまい。なぜならナショナリズムは抵抗のほんの一面にすぎず、しかもそれはもっとも興味ぶかいものでもないし、今後も長続きするかどうかわからないからである。

いやそもそも、わたしたちがナショナリズムの歴史を手厳しく見据え判断できるということ自体、歴史的帝国主義の全体験に対し根本的に新しいパースペクティヴが提供されたこと――それも帝国主義に対するより深い異議申し立てによって提供されたこと――の証左なのである。新しいパースペクティヴはフロイト、マルクス、ニーチェの脱中心的思考原理を積極的に敷衍することでもたらされるいっぽう、ナショナリズムのイデオロギーの欠陥を意識することによっても消極的なかたちでももたらされた。それはエメ・セゼールの『植民地論』にも浸透し、そのなかで植民地の従属ならびに黒人の人種的劣等性をいいつのるイデオロギーが、現代の精神病理学の専門用語にまで密かにはいり込んでいることが示されるのだが、しかし、逆に、精神病理学に訴えることでセゼールは、精神病理学の基盤にある脱構築する理論的な力を使って、精神病理学そのものの帝国主義的権威の土台を揺さぶることができたのだ。またナショナリズム文化は時には豊饒な抵抗文化によって劇的に凌駕されることもあった。抵抗文化の核心にあるのは、帝国主義の権威と言説に対してむけられた精力的な反逆、すなわち「トラブルを起こす技術」であった。

　とはいえ、嘆かわしいかな、こうしたことがつねに、いやほとんどいつも、起こっているわけではない。あらゆるナショナリズム文化は、民族的アイデンティティの概念にがんじがらめになっている。そしてナショナリズムの政治は、アイデンティティの政治になっている。エジプトはエジプト人に、アフリカはアフリカ人に、インドはインド人に、というように。バジル・デイヴィッドソンがナショナリズムの「曖昧な豊かさ」[170]と呼んだものが引き起こすのは、かつて未完成で抑圧されていたが最終的に国家的教育体制をとおして復権されたアイデンティティの謳歌だけでなく、あらたな権威の植え付けでもある。これは合衆国にもあてはまる。アフリカ系アメリカ人の、女性の、マイノリティ集団の意見表出が、そこかしこで原理原則化し、白人のアメリカ神話を批判したければ、その神話の後釜に据えるべき新たな教条的な神話を用意せねばならないかのような様相を呈しているのだ。

　たとえば植民地アルジェリアにおいてフランスは教育と行政の公用語としてアラビア語を禁じていた。一九六二年のアルジェリア独立以後、ＦＬＮは当然のことながらアラビア語を唯一の公用語に定め、アラブ・イスラムの教育体制を樹立した。ＦＬＮはさらに政治的改革を断行しアルジェリア国民生活全体を掌中に収めるにいたる。国家と党の権威とのこうした提携が、復権した民族アイデンティティとともに、三十年のあいだに引き起こしたものといえば、ほとんどすべての政治的実践に対する一党独占であり、民主生活のほぼ全域にわたる腐敗であったが、それだけではなく、右翼側からのイスラム抵抗運動への挑戦的な姿勢の台頭も眼をひくことになった。これはコーランの原理（イスラム法《シャリーア》）に基盤をおく好戦的なムスリム＝アルジェリア人としてのアイデンティティを重視するものであった。一九九〇年代ともなるとアルジェリアは危機的状態に陥り、その結果、かたや自由な政治活動の禁止のみならず選挙結果すらも無視する政府、かたや過去と正統思想に権威の拠り所をもとめるイスラム運動、この両者のかぎりなく不毛な対決が激化したのである。どちらの側もアルジェリアの支配権を主張しゆずっていない。

ファノンは『地に呪われたる者』のなかの「民族意識の悲運」と題した一章において、出来事のこうした転回を予言していた。その予言によれば、もし民族意識が、闘争を成功させた段階で、ある程度、社会意識へと変換されないと、未来にあるのは解放ではなくて帝国主義の延長ということになる。ファノンの暴力理論は、次のような訴えを是認するようなものではない。たとえばヨーロッパ人の警察官の恩着せがましい監視をうっとうしく思う原住民による、ヨーロッパ人よりも原住民が警察官職に就くほうが、ある意味で、好ましいというような訴えである。ファノンの理論はまず第一に、植民地主義を、全体化するシステムとして表象する。まさに人間の行動が無意識の願望によって支えられているのと同じように、無意識的なものによって育まれたと考えるのだ――それにしてもファノンのこの暗黙の類推はかなり強烈なのだが。次に疑似ヘーゲル的な一手として、マニ教的二元論における対立物が登場する――反抗的な原住民として。この原住民には、自身を矮小化する論理が、自身を分断する地理が、自身を非人間化する存在論が、自身を邪悪で救いがたい本質へと貶める認識論が辟易するほどついてまわる。「植民地体制の暴力と、原住民の対抗暴力とがたがいに均衡をとりあい、たがいに反応しあい、異様なほど相互的な同質性をかたちづくる」(71)。だが闘争は、まったく新たな次元の競合関係へ、解放戦争によって代表される統合運動へと、揚棄されねばならない。このために、まったく新しいポスト・ナショナリズム的理論文化が必要とされるのである。

これまでさかんにファノンを引用してきたのは、文化がナショナリズムの独立闘争の領域から、解放をめざす理論構築の領域へと大きく移行したことをファノンが他の誰よりも劇的かつ決定的に表明しえたからである。この移行が生じたのは主に、アフリカの、それもとりわけ他の植民地国家が独立を達成したあともなお、帝国主義が居座った地域、たとえばアルジェリアとかギニアービサウだった。とにかくファノンの語っていることが意味をもつのは、彼の著作が相手としているものを把握したときである。その相手とは、西洋の後期資本主義文化——第三世界の原住民知識人からは、抑圧と奴隷制からなる植民地文化として受けとめられた——によって生みだされた精緻な理論的構築物なのだ。ファノンの全作品とはつまり、この精緻な理論的構築物の強固な壁を政治的意志をもつ行為によって乗り越え、それらを、そもそも最初に構築した西洋の思想家たちに突き返す、それも、セゼールからファノンが借用した言葉を使えば、新しい魂の創造を可能にするために突き返す試みであった。

ファノンはその慧眼によって入植者による歴史の征服と、帝国主義による真実支配——西洋文化のさまざまな神話が真実を牛耳る支配体制——とをむすびつける。

植民者は歴史をつくる。彼の生涯は一編の叙事詩、一編のオデュッセイア。彼こそ、すべての絶対的なはじまり。「この土地は、われわれによって創造された」というわけだ。彼こそ終わりなき大義。「もしわれわれが去れば、すべてが失われるだろう。そして国は中世の時代に戻ってしまうだろう」と宣言する。この植民者に恐れおののいた不活性な者たち、〔入植者の〕熱にあてられ、先祖からの儀式にがんじがらめになっている者たちが、植民地商業主義の革新的なダイナミズムの展開を、ほとんどなすすべもなく見守る鉱物的な背景を形成するのである。(172)

西洋の理性という堂々とした建造物を支える地下の基盤をフロイトは白日のもとにさらしたといえるなら、またマルクスとニーチェはブルジョワ社会の具体的な事実を、支配と蓄積をめざす原初的だが生産的な衝動へとそれらを翻訳することによって解釈したといえるなら、同様にファノンも西洋の人文主義を、大規模で威圧的なその「ギリシア・ローマに発する台座」をそっくりそのまま植民地という荒地に移送することによって読み解くのだが、あいにく植民地では「このこしらえものの歩哨は粉砕されてしまう」(173)。ギリシア・ローマに端を発する人文主義の伝統も、ヨーロッパ植民者による日常茶飯事と化した伝統の悪用と並べられてしまうと、その純粋さを保てないということだ。こうしたファノンの文章の価値転倒的身振りからうかがえるのは、自分を迫害しにかかるとファノン自身信じている文化から、その戦術を意図的かつアイロニカルに反復するきわめて意識的な人間像である。フロイト、ニーチェ、マルクスと、ファノンのいう「原住民」知識人との相違は、遅れてやってきた植民地思想家のほうが自身の先行者たる思想家たちを地理的に束縛された者たちとみていることである——彼らの出自は西洋であるとして。植民地思想家はそうすることで、先行する思想家たちのエネルギーだけを、彼らを生んだ抑圧的文化母体《マトリックス》からよりよく解放することになるのだ。先行思想家たちを植民地システムに内在する者たちとして敵対的にみると同時に植民地システムと戦う者たちとしてその潜在的可能性をみることで、ファノンは帝国の終焉宣告をおこなうとともに新時代の幕開けを宣言しているのである。民族意識は、と彼はいう——「それを急速に社会的政治的要請に敏感な意識へと、いいかたを変えれば「真の」ヒューマニズムへと、変換することによって、より豊かで、より深められたものに、いま、せねばならない(174)」と。

「ヒューマニズム」という言葉は、この文脈のなかで、なんと奇妙に響くことだろう。ここにあるのは、白人支配を正当化した帝国主義の、ナルシスティックな個人主義や不和分裂や植民地エゴイズムからも自由になったヒューマニズムなのだから。『帰郷ノート』におけるセゼールのように、ファノンによって構想しなおされた帝国主義は、その肯定的次元においては、沈黙する原住民の不活性な集団を、あらたな包括的歴史概念へと導くべく、再活性化し再指示する集団的営為なのである。

この巨大な責務は、人類を、全体的人類を、世界に再び導入することであるからには、ヨーロッパの諸民族の貴重な援助によって、はじめて実現することだろう。ヨーロッパ諸民族は、過去、植民地問題に関するかぎり、われわれにとって共通の主人というランクに入っていたことを思い起こさねばならない。責務達成のために、ヨーロッパの諸民族は手始めに、みずからを覚醒させ、揺さぶりをかけ、頭脳を使い、〈眠れる森の美女〉を守る愚かな半獣半人の警備役をやめるべく決意しなければならないのだ。(175)

これをいかにして実現するかと考えたとき、わたしたちのまえで『地に呪われたる者』は、説教じみた訓告という外貌を捨てて、きわめて興味ぶかいその構造と方法をあらわにすることだろう。この最後の著作（事実、これは一九六一年、彼の死後数か月後に刊行された）におけるファノンの功績は、まず植民地主義と民族主義をマニ教的二元論の枠組みのなかで表象し、次に独立運動の誕生を再現し、そして最後に、独立運動そのものを、脱個人的・脱民族的と最終的にいえるようななんらかの力へと変容させたことにある。ファノンの最後の著作にみられる予言的かつ革新的性質の依ってきたるところはどこにあるかと探れば、ファノンが絶妙な手際でもって、帝国主義文化やそれに敵対する民族主義を超えて解放のヴィジョンをみる過程のなかで、帝国主義と民族主義とを説得力のあるかたちでデフォルメしたことにある。ファノンの先輩格にあたるセゼールのように、ファノンもまた強力なレトリックを駆使する体系的に整理された要約行為によって、帝国主義を、帝国主義が生みだした果実によって批判する。この過程をへることによって帝国主義の長い文化史があきらかになるだけでなく――さらに有効なこととして――解放をめざす新たな戦略と目標をまとめあげることがファノンに可能となる。

『地に呪われたる者』は混淆的《ハイブリッド》作品である——なかばエッセイであり、なかば想像的物語であり、なかば哲学的分析にして、なかば心理的な症例研究にして、なかば民族主義者の寓意物語にして、なかば歴史を超越するヴィジョンなのだ。それは二分された植民地空間の特徴を素描することからはじまる。かたや清潔で電灯も完備したヨーロッパ的都市、かたや薄暗く悪臭のたちこめる灯火もまばらなカスバというように。このマニ教的に分割され物理的に確定された停滞地から、ファノンのこの著作全体が出発し、次に原住民の暴力によって、いうなれば弾みをつけられる。原住民のこの暴力は白人と非白人との空隙を橋渡しすべく意図されたものだ。ファノンにとって暴力は、すでに述べたように、白人イコール主体、黒人イコール客体という物象化を克服する統合そのものである。これはあくまでもわたしの推測だが、ファノンがこの著作を執筆していたとき彼はルカーチの『歴史と階級意識』を読んでいたのではないか。ルカーチのこの著作は一九六〇年フランス語訳がパリで出版されたばかりだった。ルカーチによれば資本主義がもたらすのは断片化と物象化である。このような体制においてあらゆる人間は客体あるいは商品となり、人間の労働の産物は、作り手である人間から疎外され、全体つまり共同体のイメージは跡かたもなく消えてしまう。ルカーチによって提起されたこの反抗的かつ異端的なマルクス主義（ちなみに出版された一九二三年からほどなくして、この本はルカーチ自身の手で回収されてしまうのだが）にとってもっとも重要なのは主観《サブジェクト》＝主体的意識と客体《オブジェクト》世界との分離であった。この分離は、ルカーチによれば、意志行為によって克服される。この意志行為とは、単独の精神が、いまひとつの精神とのあいだに共通の紐帯を想像することによって相手との合体をめざし、人間を専制的・外的諸勢力の奴隷にとどめおく厳格で強制的な諸規則を打破することをいう。そこから主体と客体とのあいだに和解と統合が生まれるのである。

ファノンのいう暴力とは、原住民が白人と原住民との分断を克服するときに行使するものだが、これはまた意志行為によって断片化を克服するというルカーチの命題ときわめてよく符合する。ルカーチはこれを「諸過程を覆い隠すヴェールの、ただ一回だけの反復不能な除去ではなく、硬直化と矛盾と運動との絶えざる交替[176]」と呼んでいる。かくして監獄のような不活性状況のなかに生ずる主体‐客体との物象化現象は破壊される。ファノンはこの反抗的マルクス主義のなかにあってもさらに反抗的な、きわめつけ大胆不敵な命題の多くを、以下の一節で採用している。このなかで植民者の意識は、労働者を非人間的で意識をもたぬ客体へと変えてしまう資本家の意識と同じように機能すると語られている――

植民者は歴史をつくり、歴史をつくることを自覚している。そしてまた植民者はたえずみずからの母なる国の歴史について言及するものだから、植民者が身をもって示しているのは、あきらかに、植民者自身が母国の延長であるということだ。したがって植民者が書く歴史は、彼が掠奪した国の歴史ではなく、彼自身の国が何をまきあげたか、彼自身の国が何を犯し何を飢えさせたかという観点から書かれる彼自身の国の歴史なのだ。

原住民が植民地化の歴史――すなわち掠奪の歴史――に終止符をうち、民族の歴史――脱植民地化の歴史――を誕生させようと決意するとき、このときにはじめて、これまで原住民が運命づけられてきた不動性［ちなみにファノンは、この一節のあとアパルトヘイトを「植民地世界の分割」形態のひとつと呼び、「原住民は閉じこめられ……原住民が最初に学ぶことは、自分の居場所にとどまるということだ[177]」と付け加えている］が、いよいよ疑問にふされるのである[178]。

ファノンの世界で変化が起こりうるのは、ルカーチのいう疎外された労働者さながら、原住民が、植民地化を終わりにせねばと決意するときである——いいかえれば認識論的な革命がなければならないということだ。このときはじめて運動といえるものが生起する。そしてこの時点で暴力が登場する。それは「浄化力」として、植民者と被植民者とを直接対決させるのだ——

植民地体制の暴力と原住民の対抗暴力とが、たがいに均衡をたもち、たがいに反応しあい、異様なまでに互酬的な同質性ができあがる。……植民者の仕事は原住民にとっての解放の夢を不可能にすることである。原住民の仕事は植民者を抹殺するためのありとあらゆる方法を可能なかぎり想像しつくすことである。論理の上では植民者のマニ教的二元論が、原住民のマニ教的二元論を生みだし、「原住民イコール絶対悪」理論に呼応して「植民者イコール絶対悪」理論が生まれるのである。(179)

ここでファノンは、ルカーチが示唆しているような観点から植民地経験の再把握にむかうだけではなく、帝国主義に対する文化的・政治的敵対行為の出現について語りはじめる。この出現を示すべく彼が選ぶイメージは生物学的なものである——

植民者の出現は、融和統合という観点からみれば、土着社会の死を、文化的麻痺を、個人の石化を意味した。原住民にとって、生命は、植民者の腐った屍からしか再び誕生しえないのである。……しかしながら植民地化された人びとにとってこの暴力は、彼らの唯一の実りある仕事を形成するがゆえに、その性格に肯定的かつ創造的な特性を帯びるということも起こる。暴力の行使は、彼らをひとつにまとめあげる。個々人が、大いなる連鎖のなかの暴力的なリンク、偉大な暴力組織の一部となるからである。[180]

たしかにファノンがここで依拠しているのは、フランス植民地主義の初期の時代に使われた語彙である。ジュール・アルマンとかルロワ＝ボーリューといった植民地推進派は、出産・分娩・系譜という生物学的イメージを使って、フランスとその植民地との関係を親子関係として記述していた。ファノンはこれを反転させる。同じ語彙を使って新しい国民の誕生を、そして植民者がこしらえた入植国家の死を記述するのだ。けれども、このように親子関係でとらえた対立関係ですら、ひとたび反乱がはじまると、そこに生まれるありとあらゆる対立抗争をくみ取るにはじゅうぶんではなくなり、「生きるとは終わりなき戦い［という様相を呈してくる］」[181]。合法的なナショナリズムと非合法のナショナリズムへの大きな分裂。かたやナショナリストによる改革と一途な脱植民地化からなる政治、かたや解放をめざす非合法とされた政治へという分裂。

この対立は、植民者と被植民者との対立（この対立モチーフは、全体としてもっと単純化したかたちでアルベール・メンミによっても取り上げられるのだが[182]）と同じように重要である。『地に呪われたる者』のもつ予言的な非凡さはここにあるといってもいい。ファノンはアルジェリアにおける民族派エリートとFLNの解放主義傾向とのあいだの亀裂を見抜き、競合する物語的・歴史的パターンの確立をめざすのだ。ひとたび抵抗運動が軌道に乗ると、民族派エリートはフランスとの均衡を確立すべく、人権、自治、労働組合などを要求する。そしてフランス帝国主義がみずからを「同化主義的」と自認しているため、公式の国民政党は支配当局の手先として取り込まれるという陥穽にはまるのだ（たとえばフェルハト・アッバースの悲運のように。アッバースがフランスから正式な統治権を獲得したとき、大衆の支持をえる望みはなくなっていた）。合法的なブルジョワ・ナショナリストたちは、かくして、ヨーロッパ人の用意した物語パターンにあっけなくはまってしまい、ナイポールの言葉を使うと物真似人間《ミミック・メン》となり〔ナイポールの小説『物真似人間』を参照〕、帝国主義者の主人に仕えるたんなる現地代理人になることしか望まなくなる。

解放主義者の傾向に関するファノンの卓越した分析は、その第二章「自然発生の偉大と弱点」の冒頭を飾っているが、分析の根底にあるのは「国民政党の幹部たちと、人民大衆とのあいだの」[183]時差ならびにリズムの相違である。ナショナリストたちが西洋の政党の手法を真似ようとするとき、ナショナリスト陣営の内部にありとあらゆる種類の緊張関係が生まれる――田舎と都会、幹部と一般党員、ブルジョワジーと農民層、封建的指導者と政治的指導者とのあいだに。そしてこうした緊張関係のどれもが帝国主義者によって利用されてしまうのだ。中核となる問題は、ナショナリストたちのなかでも合法化志向の者たちが植民地主義の粉砕をどんなに望んでも、「いまひとつのまったく異なる意志〔が明白になる〕、すなわち植民地主義と仲良く協調せんとする意志」[184]である。それゆえ、この政策について非合法化をねらうグループが疑義を呈することになる。非合法志向のグループはすぐさま孤立させられ、往々にして投獄される――

そこでわたしたちが目の当たりにするのは、国民党内部において合法志向と非合法志向とのあいだに亀裂が走るプロセスである。……かくして、合法政党から分岐した地下政党がその帰結となるだろう。[185]

この地下政党の存在がいかなる効果をもたらすかを示すファノンならではの手法とは、その存在を、対抗物語《カウンター・ナラティヴ》、地下物語《アンダーグラウンド・ナラティヴ》として演出することである。対抗物語や地下物語を発動させる担い手となるのは、逃亡者、追放者、指名手配される知識人であり、彼らは農村へと逃れ、著作あるいは組織活動のなかで公認のナショナリズム物語の弱点を明白にし、また切り崩しにかかる。というのも、植民地化された人びとを一挙に最高主権へと導くことはいうにおよばず、民族の全部門を自分と同じスピードで動かし、同じ光によって前進させているという確信、希望をあたえてくれた力、こうしたものすべてが、いまや、経験の光に照らされると、大いに問題のある弱点の徴候とみられてしまうのだ。(186)

この「経験の光」をもたらしてくれる力が位置するところの非合法化傾向は、解放運動政党を活性化する傾向でもある。この解放運動政党が万人に知らしめるのは、人種主義や復讐だけでは「解放戦争を持続させることはできない」ということだ。だから原住民側が「発見」すべきことは「植民地の抑圧を打破するなかで、原住民が自動的に、いまひとつの搾取体制をこしらえている」こと、そして今回のように物真似人間《ミミック・メン》にまかせているかぎり、新たなひとつの搾取体制に「黒人あるいはアラブ人の外観」があたえられてしまうということだ。

「歴史が明晰に教えているところでは」と、この段階でファノンは述べる——「植民地主義との戦いは、ナショナリズムの方向にそってまっすぐつづくのではない」(187)と。「ナショナリズムの方向」というイメージでファノンが理解していたことは、次のように考えていい。伝統的約束事にのっとった物語は、コンラッドの作品でみてきたように、帝国主義の横領的・支配的属性の中枢に位置している。物語そのものが権力の表象であり、その目的は、西洋のグローバルな役割とつながっている。こうしたことをふまえファノンは、最初に反帝国主義をとなえた主要な理論家の立場から、オーソドックスなナショナリズムが、帝国主義によって切り拓かれたのと同じ道をたどることを見抜いていた。帝国主義はその権威をナショナリスト・ブルジョワジーに委譲しているかにみえて、その実、みずからのヘゲモニーを拡張させているにすぎないのである。それゆえナショナリストの物語を無批判に語るのは、新しいかたちの帝国主義を反復し拡張し、そのうえ活性化するだけである。独立以後のナショナリズムは敵対するものがなくなるやいなや、「ナショナリズムそのものの空っぽな殻の内部で地域分立主義へと分解するだろう[188]」。地域間における旧来の対立がまたもや反復され、利権が特定の集団によって独占され、帝国主義がこしらえた階層秩序や分割が復活し、いまやそれらをアルジェリア人が、セネガル人が、インド人がとりしきるということになる。

そうならないためにも、ファノンがこのすこしあとで語るように、「民族意識から政治的かつ社会的意識へと急速に次の一歩を踏み出す[189]」ことが求められる。ファノンがいわんとしているのは、第一に、国籍主義（つまりナショナリズム）意識にもとづく諸要求が優先されてはならないということだ。新たな、より一般性の高い集団――アフリカ、アラブ、イスラム――が、特殊な集団に対して優先権を確保すべきであり、そうすることで、かつて帝国主義によって自律的な部族や物語や文化へと分断された民族のあいだに横断的かつ非物語的連繫ができあがる。第二に――ここでファノンはルカーチの思想のいくつかを踏襲するのだが――中心（首都、公式文化、任命された指導者）は脱聖化され脱神秘化されねばならない。流動性のある新しい関係システムが、帝国主義が残した階層関係にとってかわらねばならない。ファノンは燦然と輝く一節において詩や演劇に、ルネ・シャールやケイタ・フォディバに訴える。解放は自己を意識することであり、それは「コミュニケーションに門戸を閉ざすことではなく[190]」、けっして終わることのない「発見と刺激」にみちたプロセスであり、真の民族の自己解放と普遍主義へといたるものなのである。

『地に呪われたる者』の最後の数節を読むと、ファノンは、帝国主義とオーソドックスなナショナリズムの双方を、大きな脱構築力のある対抗物語によって打破する戦いに身を投じながら、その対抗物語がもつ複雑さや反国籍主義の力のなんたるかを明確にできなかったのではという印象をうける。とはいえ曖昧かつ難解なファノンの散文のなかにも、詩的かつヴィジョンゆたかな部分は多々あり、解放とはあくまでもプロセスであって、新興独立国家によって自動的に設定される目標とはちがうのだという主張はくみとれる。『地に呪われたる者』（フランス語で書かれた）から終始一貫して伝わってくるのは、ヨーロッパ人と原住民とがひとつにまとまり、自覚的かつ反帝国主義的な新たな脱敵対的共同体に参加することであった。

ヨーロッパから注目を浴びることの腹立たしさとヨーロッパからの注目を求める願いとがファノンのなかで共存しているとき、わたしたちはそこに、グギやアチェベやサーレフの小説にみられるのとほぼ同じ文化的エネルギーを見いだす。それはこう語りかけている。わたしたちは人類全体を帝国主義から解放すべく努力せねばならない、わたしたちは全員、新たな方法でわたしたちの歴史や文化を書かねばならない、わたしたちは、同じ歴史を共有している、たとえその歴史がわたしたちの一部には、まぎれもなく隷属化する歴史であったとしても、と。要するにこれは、植民地から生まれつつもまた、植民地から解放された時代の現実的な潜在可能性を意識した書き物といえよう。なるほどアルジェリアは解放された。ケニアやスーダンと同じように。ところがかつての帝国列強とのつながりは重要なかたちでいまも残っている。これにともない、かつての宗主国との関係のなかで信頼のおけるものとおけないもの、救出できるものとできないものとは何かについて、判断するあらたな明確な意識が誕生する。ここでまた、文化ならびに文化的営為が、来るべき世界のなりゆきについて予言することになる——現存する超大国アメリカ合衆国が支配するポストコロニアル時代の文化政治よりも、はるかに先を行くかたちで。

抵抗の文学の多くが闘争の真っただなかで書かれただけに、好戦的で、しばしば耳障りな独善的主張が目立つため、わからぬわけではないが、そこだけに議論の焦点を絞るような傾向が生まれる。あるいはそこにポル・ポト政権時代の恐怖の青写真をみるような傾向が生まれる。かたや、ファノンに関して最近次々と書かれるもののなかにみられるような傾向、つまり抑圧された者たちに暴力を、それも暴力だけを教唆する説教師としてのみファノンをとらえる傾向がある。植民地におけるフランスの暴力についてはほとんどなにも語らないくせに、ファノンを「西洋」に対する理不尽で究極的には愚劣な敵とみるような、シドニー・フックの独断的な議論がある。しかし、たとえば、アミルカル・カブラルのみごとな演説や小冊子のなかに、またカブラルその人にあるところの、大衆を反抗へと駆りたてる力、カブラルの怨念と暴力への教唆、ルサンチマンと憎悪が絶えずあらわれるさま――いずれもポルトガルの植民地主義という特殊で醜悪な背景を考えると、いっそうわかりやすくなるもの――は、これを、無視するほうがむつかしい。そのためもしカブラルの強靭なユートピア志向や理論的な面での懐の深さをみなかったら、カブラルによる「理論の武器」とか「民族解放と文化」といった論文をひどく誤読することになるだろう。これはファノンを、暴力闘争を言祝ぐ人間という型にはめて、それ以上のなにかであることをみようとしないとき、ファノンを誤読するのと似ている。カブラルとファノン、いずれの場合にも、「武装闘争」の主張は、どうみても戦術的なものにすぎない。カブラルにとって、暴力と組織運動と闘争の積み重ねによって解放を達成することが重要だったのは、帝国主義が経験というものを白人のみにゆるされる特権とし、非ヨーロッパ人には無縁のものとしていたからである。カブラルはいう――「諸民族の支配を永続化せんとする試みの一環として、文化を特権的民族や特権的国民の所有物とみなしたり、無知あるいは不信の念から、文化を、たとえ肌《スキン》の色や瞳の色と混同しなくても、技術《スキル》を要する仕事と混同した時代は、過ぎ去ったのである」と。(191) 非ヨーロッパ人に対して築かれる障壁を打破することは、とりもなおさず非ヨーロッパ人が人間の経験の全域に参入するのを許可することである。このあかつきにはすくなくともすべての人類が運命を、そしてもっと重要なこととして、歴史を、もつことになる。

たしかに、すでに述べたように、帝国主義への文化的抵抗が往々にしてとる形式は、わたしたちがネイティヴィズムと呼ぶもの、それも私的な逃避手段として使われたネイティヴィズムである。このことはジャバルティの作品のみならず、アルジェリア抵抗運動初期の英雄エミール・アブドゥル・カーデルのなかにも見いだせる。この十九世紀の軍人は、フランスの植民地占領軍と戦いながら、同時に、密かに、十三世紀のスーフィー教の尊師イブン・アラービの精神的弟子を自認していたのである。[192] みずからの民族的アイデンティティに対してなされた歪曲をはねのけるべく遂行される戦いは、「純粋な」原住民文化《ネイティヴ・カルチャー》を発見するために帝国以前の時代へと回帰することを意味する。だが、これとはまったく異なる議論を展開するのがグハやチョムスキーらの修正主義的解釈であり、彼らがめざすのは「後進」文化の研究に携わる体制的専門家たちのなかにある利害関係をあばき、解釈プロセスの複雑なありようをあらためて認識することにある。ネイティヴィストたちは、あらゆる解釈を飛び越して純粋な現象に到達できると論じている。純粋な現象は、論争と探求の対象ではなく、ただ同意し確認するだけの文字通りの事実にすぎないというわけだ。この情熱的な確信めいたものは、「西洋」を全面的に非難する議論、たとえばジャラール・アーレ・アフマドの『オクシデントシス——西洋から到来した疫病』(一九六一―六二)[193]、あるいはウォレ・ショインカによる、純粋なアフリカ原住民を示唆する議論(アフリカ的経験を汚すイスラムやアラブ人に対する不適切な攻撃にみられるような)[194]に見いだせる。またこうした激しい主張をもっと興味ぶかく生産的なかたちで活用したものとして、アンワル・アブデル＝マレクの「文明化計画」や同族結婚文化理論をあげることができる。[195]

わたしがここで多くの時間をさいて論ずるまでもなく、ナショナリズムは、イラク、ウガンダ、ザイール、リビア、フィリピン、イランならびにラテン・アメリカ諸国全域において、言わずもがなの明白な不幸な文化的帰結をみせている。ナショナリズムの無能さかげんは、専門家、アマチュアを問わず多くの評論家たちによって、長いあいだ批判されつづけ風刺されてきた。彼らにとって白人が去ったのちの非西洋世界は、未開人の酋長、専制的野蛮人、狂信的原理主義者からなる悪辣な混成体にすぎないものとなってしまったかのようだ。だがネイティヴィスト的傾向に対するもっと興味ぶかい論評を提供してくれるのは、クレオールあるいは〈メスティーソ〉文化に関する、たとえばロドの『エアリル』とか、ラテン・アメリカの寓話作家たちによる記述であって、彼らのテクストがこれみよがしに示しているのは、紛れもない不純さ、、、であり、経験全域にわたる現実と超現実との魅力的な混淆なのである。「マジック・リアリズム」の作家たち、たとえばカルペンティエール（ちなみに彼はマジック・リアリズムの命名者でもあるが）、ボルヘス、ガルシア・マルケス、フエンテスの作品を読むと実感できるのは、濃密にからみあった諸系列からなる歴史であり、この歴史は、直線的物語とか、あるいは、いとも容易に回収できる「本質」とか、さらには「純粋な」表象の独善的なミメーシスといった観念を嘲笑するものである。

その最高のありようにおいて、対立と抵抗からなる文化が示唆するのは、人間の経験を非帝国主義的観点から構想しなおそうとするときのオルターナティヴな理論的手法や実践的手法である。ここでは「示唆する」という暫定的な表現を使って、もっと自信にみちた「提供する」という表現は使わないことにする。その理由は、おいおいわかるものと、わたしは信じている。

ここでひとまず、わたしの議論の要点をかいつまんで示しておきたい。帝国主義に対するイデオロギー的・文化的闘争は植民地における抵抗という形式をとって生起する。その後、抵抗が欧米へと飛び火して、宗主国内部における異議申し立てや反体制運動という形式をとる。このダイナミックな運動の最初の段階で生まれるのはナショナリストによる独立運動であり、次に、それをうけて過激さを増す段階で生まれるのは解放闘争である。このように分析するときの基本的前提とは、帝国分割が実際に宗主国と周辺地域を隔てても、また個々の文化的言説が独自の異なる構想やレトリックやイメージにもとづいて展開しても、それらは、たとえつねに完璧なかたちで照応しないとしても、実際にはむすびついているということだ。インドで藩主は英国かぶれしたインド人を必要としたのだが、これはネルー一派やガンディー一派が、イギリスによって整備されたインドを引き継いだのと同じである。つながりは文化的レヴェルで生起するのだが、それは、ここまでずっと述べてきたことだが、あらゆる文化的慣習実践の例にもれず、帝国主義者の経験もまた、相互に絡みあい重なりあう経験となっているからだ。つまり植民者だけが、たがいに競い合いながら真似しあうだけでなく、被植民者の側も、同じ道筋をたどる、つまり一般的な「原初的抵抗」型の運動から出発し、主権と独立を求める国民政党へと至るのである。

けれども、すべての帝国主義とすべての帝国主義の敵が、威圧と逆威圧の終わりなき回路にはまっているのではないか、新しい地平は開かれないのではないか。

たとえばもしファノンやカブラルが現在も生きていたら、自分たちの努力の結果に唖然とし落胆するだけだろう。こう推測するのも、彼らの著作をみるにつけても、それらが抵抗と脱植民地化のみならず解放の理論にもなっているからである。未完の歴史的趨勢、混乱する諸種の対立命題、統合されることのない出来事、こうしたものを彼らの著作は明晰に整理しようとしたものの、あらゆる点において、それは完全に統御されていないし意味づけもされていない。ナショナリストのブルジョワ層の強欲さと分裂不和についてファノンの語ったことは正しいと判明したが、ではそうした階層の横暴にどう対処すべきかに関する制度的、さらには理論的処方箋をファノンは提示しなかったし、できなかったのである。

だがファノンやカブラルのようなもっとも偉大な抵抗作家たちは、国家建設者として、あるいはもっとぞっとする表現をつかえば、建国の父として読まれたり解釈されるべきではない。民族解放闘争は民族独立の延長線上にあるとはいえ、民族解放闘争は文化的にはけっして民族独立の延長線上にはない——わたしのみるところ延長線上にあったためしなどないのだ。ファノンやカブラル、あるいはC・L・R・ジェイムズやジョージ・ラミング、バジル・デイヴィッドソンやトマス・ホジキンを、国内与党の、あるいは外務省の専門家に警鐘をならす洗礼者ヨハネとして読むのは茶番めいている。それとはちがったなにかが起こっていたのであり、そのなにかとは、帝国主義と文化とのあいだに捏造された統合状態を鋭く切り裂き、決然としてそれに背を向けるものだった。このことが、なぜ把握に苦しむことなのだろうか?

ひとつには解放に関して、こうした書き手たちが示唆したところの理論ならびに理論的構造物に、権威、それも、まったく文字どおりの意味でいうところの支配的《コマンディング》な権威が、付与されることはめったにないことだ。ここでいう権威とは、同時代の、おおむね西洋のといってよい諸理論がかかげる脳天気な普遍主義《ユニヴァーサリズム》といってもよい。これには多くの理由があろう。私が前の章で言及した理由もすくなからず関係する。つまり多くの文化理論が標榜する普遍主義は、コンラッドの『闇の奥』にみられる物語装置さながら、人種の優劣、劣等文化の従属化、マルクスの言葉を借りれば、みずからを表象できずそれゆえ他者に表象されねばならない民族の従順な姿勢といったものを、理論的前提とし、理論のなかに組み込んでいるからだ。「それゆえそこから」とモロッコの学者アブドゥラ・ラルイはこう述べる——「第三世界の知識人は文化帝国主義を弾劾するのである。人びとが往々にして困惑するのは、古きリベラルなパターナリズムや、マルクスのヨーロッパ中心主義、構造主義者の反人種差別（レヴィ＝ストロース）までもが槍玉にあがることだ。人びとが困惑するのは、こうしたものが同じ西洋覇権主義のシステムを形成しうるとは思っていなかったからである」[196]。あるいは西洋の批評家がアフリカの文学には「普遍性《ユニヴァーサリティ》」がないと批判するのをうけてチヌア・アチェベが述べているように——

たとえばフィリップ・ロスなりアップダイクなりが書いたアメリカ小説に描かれる登場人物や地名をとりだし、それらをアフリカ人の名前やアフリカの地名で置き換えてもそのアメリカ小説がうまく機能するかどうか確かめてみればいいのだが、このゲームを、こうした普遍主義者たちが思いつくことがあるのだろうか。もちろん思いつくはずもない。なにしろ彼らは彼ら自身の文学の普遍性を信じて疑わないからである。そもそものはじまりから彼ら西洋の作家たちは、自動的に普遍性を身におびている。普遍性を達成しようとあくせくするのは非西洋の作家の仕事なのである。その結果、これこれの作品は普遍的だ、この作家はがんばってよくここまで来たな、ということになる。まるで普遍性とはどこか遠い国にある一角で、そこにたどりつくには、ヨーロッパあるいはアメリカ方面の道路をずっと奥の奥まで旅するか、あるいはそれに近づくには、自分自身と故国との距離を広げれば広げるほどよいとでもいわんばかりなのだ(197)。

この不幸な事態を有益なかたちで思い起こさせてくれる例として、ミシェル・フーコーとフランツ・ファノンというおおざっぱに言って同時代人といえるふたりの仕事を考えることができる。このふたりが強調したのは、西洋の知と学問の体系の中枢に位置するところの停滞と拘束という避けてとおれぬ問題圏である。ファノンの著作が、植民地社会と宗主国社会とを両極的ではあっても関係づけられたものとして、あえて切り離さずに扱おうとしたのに対し、フーコーの著作は社会全体を本格的に考察することから次第次第にはずれ、そのかわりに不可避的に進行する「権力の微細政治(198)」――これに抵抗できる望みはない――のなかで溶解する個人に焦点をあわせることになる。ファノンが表象＝代行するのは、原住民と西洋人という二重の構成員たちの利害であって、監禁から解放へ移行する。いっぽうフーコーはというと、みずからの理論をとりまく帝国というコンテクストを無視して、植民地化の運動を不可避なものとして実際に表象しているかのようにみえる。逆説的なことに、フーコーにとって不可避の植民地化の運動は、孤独な個人としての学者と、彼をとりまくシステム双方の威信を強化してくれるのだ。ファノンもフーコーも、ヘーゲル、マルクス、フロイト、ニーチェ、カンギレーム、サルトルの遺産を継承しているが、このあなどりがたい武器を反権威主義のために役立てたのはひとりファノンだけであった。フーコーはというと、一九六〇年代の反体制闘争とイラン革命に幻滅したためか、政治からそれ、政治をまったくかえりみなくなったのである。(199)

西洋マルクス主義の多くは、美学ならびに文化を対象とした部門においても、帝国主義の問題には同様に目を閉ざしていた。フランクフルト学派の批判理論は、支配、近代社会、そして芸術それも批判としての芸術をとおしての救済契機、この三者の関係について独創的な洞察をものしていたにもかかわらず、人種差別理論、反帝国主義闘争、帝国における抵抗運動については、あきれるほど沈黙をまもっているのだ。この沈黙は、ついうっかりというようなものではない。その証拠に現在のフランクフルト学派で指導的立場にあるユルゲン・ハバーマスは、あるインタヴューのなかで、その沈黙は意図的な自主規制であると説明しているからだ（このインタヴューはもともと『ニュー・レフト・レヴュー』誌に掲載された）。たしかに、とハバーマスは、「第三世界における反帝国主義闘争や反資本主義闘争」についてわたしたちは語る言葉をもっていないとしたうえで、こう付け加えている、「理論がヨーロッパ中心主義的で限定的な観点にすぎないことを、わたしは自覚している」(200)のだが、と。フランスの主要な理論家たちは、ドゥルーズ、トドロフ、デリダをのぞくと、みな同様に無頓着であり、全世界に普遍的に適応できることを暗黙の了解とした諸理論、マルクス主義理論や言語理論や精神分析や歴史理論を彼らの書斎から量産することに専念している。これとほぼ同じことが、アングロ・サクソンのほとんどの文化理論についてもいえる。もちろんフェミニズムという例外、ならびにレイモンド・ウィリアムズやスチュアート・ホールの影響をうけたほんの少数の若い批評家たちの仕事という例外はあるにしても。

そこでもしヨーロッパ理論と西洋マルクス主義が、解放をもたらす共同要因として存在しているくせに、帝国主義に対する抵抗運動において信頼のおける盟友にはなりそうもなかったと立証されてしまったなら——いや、それどころか、何世紀ものあいだ文化と帝国主義とをむすびつけてきた例の差別的な普遍主義《ユニヴァーサリズム》の一部である可能性すら見え隠れしたら——、それなら反帝国主義の解放運動は、このヨーロッパ理論と西洋マルクス主義の、そして文化と帝国主義との束縛的な一体化を打破すべく、どのように戦ってきたのか。ひとつには西洋の経験と非西洋の経験とを帝国主義によって連結されたがゆえに一体化したものとみるような新しい統合的な、あるいは対位法的な歴史志向によって。第二に、解放的（監禁的ではない）理論や実践を再構想するような想像的、あるいはユートピア的ですらあるヴィジョンによって。第三に、新たな権威や原理や暗黙の正統思想の側に立つのでもなく、体制的な制度や大義に加担するのでもなく、特殊な遊牧民的《ノーマディック》な移民的《マイグレイティヴ》な反物語的《アンチ・ナラティヴ》なエネルギーをおびることによって。

わたしの主張を具体例で説明するために、C・L・R・ジェイムズの『ブラック・ジャコバン』におけるすばらしい一節を引かせていただきたい。ジェイムズはこの本を一九三八年に出版してから二十余年後に、「トゥサン・ルヴェルチュールからフィデル・カストロまで」と題された新たな一章を追補する。すでに述べたようにジェイムズは独創性あふれる人物だが、彼の仕事を宗主国のさまざまな歴史家やジャーナリストの仕事と関連づけても彼の功績は微塵たりとも傷つくものではない。たとえばイギリスでは、バジル・デイヴィッドソン、トマス・ホジキン、マルカム・コールドウェルの仕事、フランスではとりわけマキシム・ロダンソン、ジャック・チェスノ、シャルル＝ロベール・アルゲロンの仕事などは、帝国主義と文化の交錯に焦点をあて、ジャーナリズムから小説さらには学問的著作を調査した。つまり帝国主義的ヨーロッパと周辺地域とのあいだの闘争にどっぷりと浸かった歴史、それもこの闘争を細大漏らさず記述する歴史を書こうとするだけでなく、歴史を、主題とその扱いや処理方法双方の観点から、帝国支配に対して闘争する側に立って、闘争の一部として書こうとする意識的な試みが存在していたということだ。彼らすべてにとって、第三世界の歴史を書くには、植民地的物語に暗黙のうちに存在する前提や姿勢や価値観を克服する必要があった。これが、世の常かもしれないが、パルチザン的支援活動として第三世界の側に立つことを意味するのなら、それもいたしかたなかった。帝国の側に立つか、帝国打破の立場をとるか明確にしないかぎり、解放とナショナリズムについてまがりなりにも書くことは不可能だからだ。彼らは、帝国主義のようなグローバルな世界観においては、中立的な立場などありえないことを前提としていたが、これは正しかったと、わたしは信じている。ひとは帝国の側に立つか、帝国に反対する側に立つかの、いずれかの立場しかない。ひとは帝国を（原住民として、あるいは白人として）生きてきたからには、帝国から逃れるすべはないのである。

ジェイムズの『ブラック・ジャコバン』はサン・ドマング〔現在のハイチ共和国〕の奴隷反乱を、フランス革命の歴史と同じ歴史のなかで展開するプロセスとして扱い、ナポレオンとトゥサンを激動期に君臨したふたりの偉大な人物としている。フランスにおける事件とハイチにおける事件は交錯し、フーガにおける応答のようにたがいに他を参照する。ジェイムズの語りは、歴史そのものが、地理的にも記録文書的にも分散し、黒人とフランス人双方に力点がおかれるため分断される。そのうえジェイムズはトゥサンについて、人類の自由をもとめる闘争を――トゥサンが彼の言語と道徳的姿勢の多くを文化的に負っている宗主国においても進行している闘争を――従属人種としてはまれなことに、奴隷としてはさらにまれなことに、断固たる決意のもとで敢行した人物と書いている。トゥサンはフランス革命を支えた諸原理を黒人としてではなく人間として援用した。ディドロやルソーやロベスピエールの言葉を見いだすなかで、先人たちの思想を創造的に踏襲するとはどういうことかを、強烈に歴史的に自覚することになった。それは同じ言葉を使いつつも、レトリックを行為へと変換するように言葉を活用することだった。

トゥサンの生涯は無惨な終わりを迎える。ナポレオンの捕虜としてフランスに幽閉されたのだ。けれどもジェイムズの本の主題は、正確にいえば、トゥサンの伝記を語ることではなかった。トゥサンの指導になるハイチの反乱は、それなくしてフランス革命の歴史を適切に表象したとはいえないくらいの重要な意味をもっていた。反乱の過程はいまもなお進行中である――それゆえに一九六二年ジェイムズの補論のタイトルが生まれる、すなわち「トゥサンからカストロまで」――、そして苦境はいまもつづいている。第三世界において、いまなお専制支配が衰えをみせない紛糾した現実をみるにつけても、ナイーヴなユートピア志向に陥ることなく、かといって絶望的なペシミズムにも陥ることもなく、帝国解体あるいはポスト帝国主義の歴史をいかにして書くことができるだろうか。これは方法上の、そしてメタ歴史的な難問《アポリア》である。この難問に対するジェイムズの即答はみごとなまでに想像力を駆使したものとなっている。

エメ・セゼールの『帰郷ノート』に新たな解釈をあたえようと、すこしばかり脱線する箇所で、ジェイムズは、詩人セゼールによって語られる運動が、西インド諸島での貧困生活から、「白人世界」の「青いスティールの剛性」と「虚飾にみちた征服」を経て、ふたたび西インド諸島へ回帰する運動であることを発見する。西インド諸島で、詩人は、かつて抑圧者に対して抱いていた憎悪から自由になるため、「このユニークな人種の養成者」になる決意をかため、それを宣言する〔引用符内はジェイムズが引用するセゼールの詩『帰郷ノート』より〕。いいかえると、セゼールは、帝国主義が継続しているかぎり、「人間」を「世界の寄生体」以上のなにかであると考える必要があると発見したのだ（ただしジェイムズにとって「人間《マン》」というのが、もっぱら男性《マン》でしかない点は驚かされる）。「世界と歩調をあわせる」ことだけが、唯一の義務ではない——

ただし、人間の仕事はちょうどはじまったばかりなのだ。
そして人間には征服するという仕事がのこっている、
人間の情熱の片隅に身をひそめるすべての暴力を根絶するという仕事が。
そして、いかなる人種も、美を、知性を、軍事力を、
独占することはなく、
あるのは、すべての者が集う、勝利の会合
の場なのである。[201]
（ジェイムズによる英訳）

ジェイムズによれば、これがセゼールの詩の核心といえるのは、まさにセゼール自身が、アイデンティティを守るためになされる〈ネグリチュード〉の主張について、それだけではじゅうぶんでないことを発見していたからである。〈ネグリチュード〉は「勝利の会合」に貢献する一要素にすぎない。「詩人のヴィジョンは」とジェイムズはこうつけ加える、「経済でもなければ政治でもない、それは詩的であり、他に類のないものであり、それ自身で真実であり、他の真実を必要としていない。だが、ここにマルクスの有名な一文「人類の真の歴史がはじまるであろう」の詩的受肉《ポエティック・インカーネイション》を見落としたのなら、もっとも俗悪な人種差別におちいることになるだろう[202]」と。

この段階で、ジェイムズは、いまひとつの対位法的、非物語的転回《ノン・ナラティヴ・ターン》を達成する。ここでセゼールの足取

りをたどって西インド諸島の歴史、あるいは第三世界の歴史へとおもむいたり、セゼール自身にとっての詩的・イデオロギー的・政治的先駆者とは誰かをしめすのが本来の筋であるべきところかもしれないが、ジェイムズはいきなりセゼールを、彼と同時代人の偉大なアングロ・サクソンの詩人T・S・エリオットと並べるのだ。エリオットの結論は「キリストの受肉《インカーネイション》」であった――

ここで不可能な結合《イムポッシブル・ユニオン》
を実現するのは存在のふたつの領域《スフィア》、
ここで過去と未来
が征服され和解される、
さもなければ行為は、
動かされて動くものの運動となり、
みずからのなかに運動の源泉をもたぬものとなる。(203)

セゼールから、いきなりエリオットの「ドライ・サルヴェージ」*へと、つまりまったく異なる領域《スフィア》に属するといっていい詩人の韻文へと移行することで、ジェイムズは「それ自身で真実」であるものの詩的な力を媒体として、一系列の歴史のみをありがたがる偏狭な地域主義から、他者の複数の歴史を受け入れることへとむかう。すべての歴史が「不可能な結合」によって活性化され「不可能な結合」を実現する。これはまさにマルクスによって明記された人間の真の歴史のはじまりとなる実例そのものではないか。それはマルクスの散文に、民族の歴史と同じくらい現実的な、そして詩人のヴィジョンと同じくらいの一般性をもつ、社会的意識に支えられた共同体という次元を付与するのである。

ジェイムズの本の補論はこの段階において、抽象的で一括整理された理論とは縁をきり、また無味乾燥な物語的事実の集積にもならずに、反帝国主義解放闘争のエネルギーを（ただたんに表象したり伝達するのではなく）体現している。思うに、その本から、反復可能な原則とか再利用できる理論とか記憶に残る物語はいうにおよばず、未来の国家の官僚政治への指針などを引き出すことは誰にとってもむつかしい。その本についていては、おそらくこう語るのが適切だろう。それは帝国主義の歴史と政治であり、奴隷と征服と支配の歴史と政治であるが、詩的なものによって自由奔放に飛翔し、真の解放をもたらさなくとも真の解放と関係のあるヴィジョンをかかげることに成功しているのだ、と。この歴史が他の歴史のはじまりとも接合しうるかぎり、それは『ブラック・ジャコバン』がそうであったように、人間の歴史のなかにあって、わたしたちを支配の歴史から、解放を達成した現実へと移行させるものの一部となるのだ。この運動は、すでに区画整理され統制された物語系列に抵抗し、理論や原則や正統思想からなる体系を回避するだろう。だが、ジェイムズの著作全体が証明しているように、この運動が、共同体の社会原則や批評的警戒心や理論重視の姿勢を捨てることはない。そして現代のヨーロッパや合衆国において、このような運動は、それが大胆さと寛容な精神をもっているかぎり、とくに必要とされているのである。わたしたちが二十一世紀へと歩みをすすめるために。

第四章　支配から自由な未来

〈帝国〉の新しい人間は、新規まき直しを、新しい章を、汚れないページを信ずる者たちである。わたしは古い物語と格闘する。その物語が終わる前に、その物語にこだわる価値があると、なぜわたしが考えたのか、物語そのものがわたしに明らかにしてくれることを願って。

J・M・クッツェー『夷狄を待ちながら』*

1　アメリカの優勢——公共空間の闘争

脱植民地化運動が古典的帝国の解体に着手してからも、帝国主義は終わらなかったし、いきなり「過去のもの」になったわけでもなかった。アルジェリアやインドのような国は、それぞれフランスとかイギリスとのつながりが遺産となって、いまもなお拘束されている。かつて植民地領土であった地域からやって来た膨大な数のムスリム、アフリカ人、西インド諸島人が、いまや宗主国であるヨーロッパの国々で暮らしている。現在ではイタリアやドイツやスカンジナヴィア三国といった国々ですら、こうした人口移動に対処せねばならなくなったのだが、このような現象は、ただたんにヨーロッパ人口の膨張のみならず、帝国主義と脱植民地化運動に拠るところが大きい。また冷戦の終結とソ連の崩壊が世界地図を決定的に変えた。このなかで最後の列強として合衆国が勝利をおさめたことは、新しい権力関係が世界を構造化することを示唆している。しかもこの新傾向は、一九六〇年代から七〇年代においてすでに登場しはじめていた。

マイケル・バラット＝ブラウンは、その著『帝国主義以後』（一九六三）の第二版（一九七〇）に付した序文において、こう述べている、「帝国主義は、疑問の余地なく、いまなお経済的・政治的・軍事的諸関係のなかでもっとも強い力をもっており、そのため経済的な発展が遅れた国々が、経済的な発展のすすんだ国々に従属せざるをえなくなった。帝国主義の終わりはまだ先のことかもしれない(1)」と。皮肉なことに、新形態の帝国主義に関する記述が、お約束のように引き合いにだす事大主義的で終末論的な観点は、絶頂期の古典的帝国にはそう軽々しく適用できなかったものである。この種の記述にみられるのは、異様なまでに気の滅入る不可避性の主張であり、またその性格は速断的、十把ひとからげ的、非人格的、決定論的である。世界規模での蓄積、世界資本主義システム、低開発状態の開発、帝国主義と依存もしくは依存構造、貧困と帝国主義——こういったレパートリーは、経済、科学、歴史学、社会学の分野ではよく知られていて、〈新世界秩序〉に固有のものというよりも、論争的な左翼思想グループのメンバーたちに固有のものとされてきた。だが、にもかかわらず、そのような表現や概念につきまとう文化的な含意は痛いほどよくわかる——その含意の内実については、しばしば論争の的となり、決着がついていないとはいえ——、そして、ああなんと、その含意はどんな素人目にも、紛れもなく気の滅入るものなのである。

　古い帝国主義時代の不平等関係の再出現《リ・プリゼンテーション》、アルノ・メイヤーのうがった表現をつかえば旧体制《オールド・レジーム》の残存、におけるもっとも顕著な特徴とは何か(2)。ひとつ確かなことは、富める国々と貧しい国々とのはなはだしい経済的格差であって、両者のきわめて単純な地理的関係を赤裸々に記述したものとして、いわゆるブラント・レポート『北と南——生存のための戦略』（一九八〇）がある(3)。この報告における結論は、危機と緊急性を語る言語にくるまれている。まず南半球のもっとも貧しい国々は、「最優先必要事項」と取り組むべきであり、飢餓を撲滅し、商品収益を強化せねばならない。北半球における産業は、南半球の産業地域の健全な発展を促すべきであり、多国籍企業はその活動を「制限される」べきであり、グローバルな金融システムは改善すべきであり、「負債の罠」と正しく呼ばれてきた開発金融は、これを消去するよう改革せねばならない(4)。問題解決の鍵は、報告書の表現《フレーズ》によれば、「権力分担」である。つまり南半球の国々にも、これまで以上に平等なかたちで「金融・財政機関における権限と決定権」を分担させるのである。[5]

この報告書が下した診断に異を唱えるのはむつかしい。なにしろ北の国々の歯止めのきかぬ強欲、貪欲、不道徳を暴く冷静な記述をみるにつけても、またそこから導き出される改善案をみるにつけても、この報告書の信憑性は高まるばかりなのだから。だが、それにしても変革は起きるのだろうか。すべての国々を三つの「世界」に分類するという戦後の習慣――発案者はフランスのあるジャーナリストなのだが――は、いまではおおむね却下されている。[6]ウィリー・ブラントとその協力者たちが暗黙のうちに認めているのは、国際連合が、原則として賞賛に値する組織ながら、地域限定的なものからグローバルなものにいたるまで、無数の紛争、それも年々発生頻度が高くなるいっぽうの紛争に対して適切に対処してこなかったことである。小集団（たとえば〈世界秩序モデル・プロジェクト〉）による仕事を除けば、グローバルな思考が展開されると、昔ながらの列強、冷戦、地域的・イデオロギー的・民族的対立などを、核時代やポスト核時代よりももっと危険なかたちで再生産しがちである。その恐ろしさをユーゴスラヴィア紛争が立証している。権力をもつものは、ますます権力をもち、それのみか富をも手に入れるのに対し、弱き者はますます権力から見放され貧しき者となる。強き者と弱き者とのギャップは、かつての資本主義国と社会主義国との区別と重なりあう。たとえすくなくともヨーロッパでは、それほど目立たなかったにしても。

一九八二年、ノアム・チョムスキーは、一九八〇年代を、次のように予言的に結論づけた――

「南北」衝突は衰える気配をみせないだろうし、それどころか、西洋の産業社会の特権的な部門が地球規模の人的・物的資源を実質的に統御しつづけ、この統御から不釣り合いなまでに膨大な恩恵を確実に受けるべく、新たな統治形態を考案せねばならなくなるだろう。そのため合衆国においてイデオロギーの再編成が産業界のいたるところで叫ばれるのも当然といえよう。……だが西洋のイデオロギー体系にとって絶対に必要とされるのは大きな隔りを設けることである、すなわち文明化された西洋、ならびに人間の尊厳や自由や自決権を重視するという伝統的に西洋に固有のものとみられてきた姿勢、そしてかたやなんらかの理由で——おそらくは欠陥のある遺伝子のせいで——この西洋の歴史的な姿勢の重みを評価できない民族の野蛮な暴虐性——それはたとえばアジアにおけるアメリカの戦争によっていみじくもあきらかになったのだが——とのあいだに。(7)

この一節でチョムスキーは、南北問題から、アメリカならびに西洋の支配体制へと話題を横滑りさせてゆくが、それは基本的に正しいと思う。たとえ、アメリカ合衆国の経済力の衰え、合衆国における都市・経済・文化の危機、環太平洋諸国の台頭、多極化世界の混迷が、レーガン政権時代の喧騒を沈黙させたにしても。このチョムスキーの語りの正しさの理由のひとつは、支配体制の基礎固めと正当化とを文化面からおこなわねばならないというイデオロギーがいまも存在していることを強調しているからである——このイデオロギーは西洋では十九世紀いやそれ以前から認識されてはいたのだ。また、いまひとつの理由は、アメリカの権力に関してくりかえしおこなわれる推測と理論化にもとづくところのテーマ、それも、しばしばきわめて不安定で、それゆえ誇張されたかたちで探りを入れられるテーマを的確にひろいあげているからである。そのテーマとは、わたしたちがアメリカ優勢《アセンダンシー》の時代に生きているということなのだ。

二十世紀中葉の著名人に関する過去十年間における研究が、わたしのいわんとすることを証明している。ロナルド・スティール著『ウォルター・リップマンとアメリカの世紀』は、今世紀もっとも有名なアメリカのジャーナリスト——類のない威光と権力に包まれたジャーナリスト——リップマンの経歴に刻印されたアメリカ優勢時代の精神構造を再現している。スティールの著書で語られるところのリップマンの経歴からうかがえる尋常ならざる点は、リップマンが世界情勢に関するその報道あるいはその未来予測において正しかった、あるいはとりわけ先見の明があったというのではなく（実際、彼はそのどちらでもなかった）、むしろ、彼が「インサイダーの」（スティールの用語だが）立場から、アメリカの地球支配を、ヴェトナム戦争のときはべつとして異議申し立てもせず承認したことであり、アメリカ人が「現実を調整」するのを助けることを、コメンテイターとしてのみずからの任務とみていたことである。ここでいう現実とは、世界における競争相手なき一人勝ちのアメリカ権力の現実をいうが、この現実を彼は受け入れやすいものとした。そのモラル面と現実主義と利他主義を強調することによって、それも「世論の大勢から離れすぎないという瞠目すべき技量」(8)を発揮することによって。

アメリカのグローバルな役割についての同様な見解、ただし高級官僚のより厳粛でエリート主義的な理解にもとづく見解は、ジョージ・ケナンの影響力のある言説にも見いだせる。冷戦時代に合衆国の公式見解を方向づけた封じ込め戦略の発案者であるケナンはみずからの国が西洋文明の守護神たることを信じていた。彼にとって非ヨーロッパ世界における合衆国の運命的役割は、人気取りに走ることではなく（それを彼は「ロータリー・クラブ的理想主義」と揶揄していた）、むしろ「ストレートな権力概念」に依存するものであった。またかつての被植民地民族あるいは国家のなかで、軍事的あるいは経済的に合衆国の地位を脅かそうとする資力をもつものは存在しないので、彼は合衆国が権力行使を自制しないよう警告している。しかも一九四八年に政策企画委員会にむけて書かれた覚え書きのなかで、彼はアフリカの再植民地化に賛同し、また一九七一年に書かれた文章のなかでは、アパルトヘイトに賛同していた（たとえアパルトヘイトの弊害を容認しなかったとしても）。とはいえ彼はアメリカのヴェトナム介入には反対で、もっと一般的なレヴェルでは「純粋にアメリカ的な非公式の帝国システム」(9)には異を唱えていた。ともあれ彼の精神のなかでヨーロッパとアメリカは世界をリードするユニークな立場にあったことはまちがいない。この観点ゆえに、彼は自国を、「思春期」めいた段階にあるとみなしていた。この思春期国家はやがて成人し、かつて大英帝国がはたしていた役割を継承するにいたると考えた。

リップマンやケナンはどちらかといえば彼らが生きていた大衆社会からは距離をおいた孤高の存在であり、戦後の合衆国の外交政策を左右した勢力とは異なり、やみくもな愛国主義や、アメリカ人のあられもない攻撃性むきだしの行動を嫌っていた。彼らが見抜いていたのは、孤立主義や干渉論や反植民地主義や自由貿易帝国主義などが、リチャード・ホフスタッターによって「反知性主義」とか「パラノイア的」と記述されたアメリカの国内政治の特質と連動していたことである。このため、第二次世界大戦終結以前には、合衆国の外交政策に矛盾や進展や後退が生じていた。けれどもアメリカの指導的立場とかアメリカ例外論といった観点がまったく消え去ったわけではなかった。合衆国がどのような行動をとるにせよ、彼ら権威筋は、合衆国が、みずから追いつこうとしている西洋列強と同類の植民地帝国になることを望まず、そのかわり「世界に対する責任」論を行動原理とすることをしばしば好んだ。初期の行動原理——モンロー主義《ドクトリン》、明白な運命《マニフェスト・デスティニー》論など*——が、「世界に対する責任」論へと移行する。この責任論はまた第二次大戦後の合衆国におけるグローバルな関心の台頭、ならびに合衆国の外交政策とエリート知識人たちによって形成された合衆国の強大な権力概念と、正確に照応していたのである。

合衆国の外交政策の害悪を説得力あるかたちで明確に記述した文章のなかで、リチャード・バーネットは一九四六年から一九六七年（バーネットの調査が終わった年）にかけて合衆国の第三世界への軍事介入が毎年起こっていることを指摘した。一九六七年以後も、合衆国の軍事活動の勢いは衰えることを知らず、それが頂点に達したかのような一九九一年の湾岸戦争では、合衆国の同盟国を侵略したイラク軍を撃退するために、六十五万の軍隊を、六千マイルかなたの地へと派遣した。このような軍事介入を支えるのは、バーネットがその著『戦争の根源』で述べているように「強力な帝国綱領を構成する諸要素、すなわち……使命感、歴史的必然性感覚、福音伝道意識など」である。彼はさらにこうつづける――

帝国綱領の基礎にあるのは立法論である。［リンドン・ベインズ・］ジョンソンのような騒々しいグローバリストたちのみならず、ニクソンのような寡黙なグローバリストたちにとっても、合衆国の海外政策の目標は、すべて法のルールに従う世界を出現させることである。しかもラスク国務長官の言葉を使えば「平和を組織する」使命をおびるのはほかならぬ合衆国なのである。合衆国は、地球全体の経済発展と軍備のガイドラインを定めることによって「国際利益」を制定する。かくして合衆国は、キューバにおけるソ連人の行動ルール、ブラジルにおけるブラジル人の行動ルール、ヴェトナムにおけるヴェトナム人の行動ルールを定めることになる。冷戦時代の政策をよくあらわすのは、領土外の問題についての一連の指針であった。領土外問題とは、たとえばイギリスはキューバと貿易すべきか否か、英領ギアナ政府は首長にマルクス主義者の歯医者を据えてよいか否かといった問題である。かつてキケロが初期のローマ帝国にあたえた定義は、これと驚くほどよく似ている。ローマ帝国の帝国たるゆえんは、その国外領土に法を執行する正当な権利を有していることにある。今日アメリカみずからが制定した法令が全世界に浸透している。ここにはソ連や中国もふくまれる。なにしろ合衆国はこうした国々の領土上に軍用機を飛行させる権利があることを主張しているのだから。他を圧する資源に類例のないかたちで恵まれ例外的歴史を誇る合衆国は、いまや国際システムのなかではなくその外側に超越的に存在している。

他の国々の頂点に立つ合衆国は、いつでも〈法〉の担い手たらんと身構えているのである。[10]

この文章は一九七二年に発表されたものだが、むしろ、パナマ侵攻や湾岸戦争の時代における合衆国に対する診断とみたほうが、その正確さがより際立つといってよいだろう。合衆国は、法と平和に関するその観点を全世界に押しつけようとする国なのだ。これについてあきれるのは、こうした押しつけが試みられたことではなく、合衆国の世界観を表象し説明するために一種の文化空間として構築された公共圏において、コンセンサスをとりつけほぼ満場一致の賛成を得てそれが実行されたことなのだ。重大な国際的危機の期間（湾岸戦争から一年後の時期）、この自己満足的戦勝気分は影をひそめ脇に追いやられている。けれどもそれ以前の段階で、メディアは、チョムスキーのいう「コンセンサス製造」に、また平均的アメリカ人に対し、世界の不正をただし、矛盾と一貫性のなさにくるまれている悪魔をやっつけるのは「われわれ」の責務であると思いこませることに、大いに貢献した。湾岸戦争の侵略以前には、合衆国による一連の侵略行動があった（パナマ、グレナダ、リビアに対して）。侵略行動のそれぞれが広く論議され、そのほとんどが賛同を得られたか、すくなくとも阻止されなかった。なにしろ他国を侵略して悪をただすのは正当なかたちで「われわれ」に属する仕事なのだということになったのだから。カーナンが述べたように「アメリカは、自分が欲しいと思っているものは、人類全体が欲しいと思っているのだと勘違いしがちなのである[11]」。

何年ものあいだ、合衆国政府は中南米に対し武力行使をともなう直接介入や介入宣言をおこなうという積極的な政策をおしすすめてきた。その結果、キューバ、ニカラグア、パナマ、チリ、グアテマラ、エル・サルバドル、グレナダなどでは政府がその主権に対してさまざまな攻撃にさらされることになった――全面戦争からクーデターや政府転覆宣言、はては暗殺計画から反政府「コントラ」勢力への財政援助にいたるまで。

東アジアで合衆国はふたつの大きな戦争を敢行し、また大規模な軍事的侵略を支援し――そのあげく「友好同盟国」政府の手によって何十万もの人びとが惨殺された（東チモールにおけるインドネシア）――、他国の政府を転覆し（一九五三年のイラン政府転覆）、さらには特定の国家（トルコ、イスラエル）の明白な不法行為を支持するあまり国連決議を無視し公認の政策に違反することすらいとわなかった。政府の公式見解はほとんどの場合、合衆国は自国の利益を守り、秩序を維持し、不正と不法行為に対して正義をもってこれをただすというものだった。けれども、イラクの場合、合衆国は国連安全保障委員会を使って戦争決議を強引に可決させたかと思えば、他の多くの事例では（とりわけイスラエルの場合、それが顕著なのだが）、合衆国も支持したはずの国連決議が実行にうつされることもなく、ただ無視され、そして合衆国は数億ドルの国連負担金を滞納しているのである。

合衆国では、容認された権威筋の公共空間とならんで、異議申し立てをする言論もつねに存在しつづけている。こうした言論は、公式の国家行為全体に対し異議をとなえるものといえるだろう。歴史修正主義者たち、たとえばウィリアム・アプルマン・ウィリアムズ、ガブリエル・コルコ、ハワード・ジンなど。また強力な社会評論家たち、ノアム・チョムスキー、リチャード・バーネット、リチャード・フォークなど。そしてこうした言論人たちすべてが一個人の声としてだけでなく、合衆国におけるきわめて実効性のある対抗的・反帝国主義的潮流に属するメンバーの声としても傑出しているのである。彼らが集う左翼リベラル系の定期刊行物、たとえば『ザ・ネイション』誌や『ザ・プログレッシヴ』誌が存在し、その主催者〔アメリカの進歩的ジャーナリストI・F・ストーンのこと〕が生きていたときには『週刊I・F・ストーン』も存在した。こうした対抗グループが代弁した見解に対してどれほどの追随者があらわれたかについては語るのはむつかしいが、ただ、つねに対抗批判勢力は存在した――マーク・トウェインやウィリアム・ジェイムズやランドルフ・ブーンのような反帝国主義者を思い浮かべることができる。しかし暗鬱な真実としていえるのは、こうした対抗勢力による抑止力が実効性をもたなかったことである。合衆国によるイラク攻撃に断固反対する見解はあったが、それで合衆国のおぞましい軍事力行使をとめることも、延期することも、緩和することもできなかったのだ。あまねく存在しているのは、主流勢力の異様なともいえるコンセンサス政治であり、政府見解、政策決定者、軍事関係者、シンク・タンク、メディア、主要大学などがこぞって、合衆国の軍事力の必要性と、軍事力行使の究極的正義をまくしたてたのだが、思えば、こうした大合唱は、アンドルー・ジャクソンからセオドア・ルーズヴェルトをへてヘンリー・キッシンジャーやロバート・W・タッカーにいたる理論家や政策擁護者たちの長い歴史によって地ならしされてきたともいえるのである。

明白だが、しかし、しばしば偽装されたり忘れ去られたりする照応関係がある。たとえば十九世紀における政治原理であった〈明白な運命〉論（これはジョン・フィスクの一八九〇年の本のタイトルからとられた）、合衆国の領土膨張、政策を正当化する膨大な文献（膨張を歴史的使命であるとか、倫理的活性化であるとか、自由の拡張であるとする議論だが、これらすべては膨大な文献調査にもとづくアルバート・K・ワインバーグによる一九五八年の著書『明白な運命』のなかで研究されている）[12]、そして第二次大戦後の個々の侵略行為に対するアメリカの介入の必要性を倦むことなくまくし立てる公式見解。こうしたもののあいだに認められる照応関係は、鳴り物入りの戦争擁護がまかりとおり、何十トンもの爆弾が遠い異国の未知の敵にむけて投下されるときには、まず話題にのぼることなく消えてしまうのである。「われわれ」がこの過程のなかでしていることを抹消しようとする知識人たちの工作にわたしは関心がある。なにしろ、いかなる帝国主義的使命も、いかなる帝国主義的計略も、最終的には他国を永遠にコントロールできないのは、あきらかなのだから。また歴史はこうも教えてくれる。支配は抵抗を育み、帝国競争は、その一時的な利益なり快楽にもかかわらず、そこに内在する暴力によって、植民者と被植民者のどちらの側も疲弊させる、と。こうした真実は過去の帝国主義の記憶が鮮明に残っている時代には効力がある。にもかかわらず今日ではあまりに多くの人びとが政治的配慮を優先させることになったため、どの国も、世界を指導するというアメリカの歴史的使命を、すすんで受け入れてしまう。

アメリカの文化史家たちの精力的な研究のおかげで、わたしたちは、世界規模の支配衝動の源泉についてだけでなく、支配衝動が表象され受け入れられるようになるからくりについてもおおよそ理解できるようになった。リチャード・スロトキンは『暴力をとおしての復興』のなかで、アメリカ史を形成した経験とは、アメリカ原住民インディアンとの長期戦争であったと論じている。この経験は、アメリカ人のイメージを、ありきたりな殺し屋（とD・H・ロレンスはアメリカ人のことをこう呼んだのだが）から、格上げして「新種の人種、人間の罪にまみれた遺産とはとことん無縁で、純粋な自然と、まったく新しい独自の関係を、狩猟者として探検者として開拓者として探求者としてむすぼうとする者」[13]へと高めることになった。そのようなアメリカ人のイメージは十九世紀の文学に頻出するが、もっとも名高いのがメルヴィルの『白鯨』であろう。この作品のなかでは、C・L・R・ジェイムズやV・G・カーナンが非アメリカ人の観点から論じているように、エイハブ船長はアメリカ人による世界制覇の寓意的な表象である。エイハブ船長はなにかに取り憑かれ、威圧的で、誰も押しとどめることはできず、自己正当化のレトリックと宇宙的象徴感覚のなかにすっぽりとくるまれているのだ[14]。

メルヴィルのこの傑作を、現実世界での事件のたんなる文学的な装飾物に貶めたいと願う者など誰もいまい。ましてやメルヴィル自身はエイハブ船長がアメリカ人としてとった行動にかなり批判的である。とはいえ、依然、事実として残るのは、十九世紀全体をとおして、合衆国が、領土をまぎれもなく膨張させてきたこと、そのため原住民を犠牲とすることを日常茶飯事としつつ、やがて、北アメリカ大陸と諸領土、そして隣接した海洋領域を制覇するようになったことである。十九世紀における合衆国の海外進出は、北アフリカ海岸からフィリピン群島、中国、ハワイ、そしてもちろんカリブ海領域や中央アメリカにおよんだ。その全体的傾向は、支配権をより大きく膨張させ、より遠くまで拡張することにあって、〈他者〉の全一性と独立性について思いわずらうような時間の無駄遣いを避けることにあった。〈他者〉にとってアメリカ人の存在は、どうひいき目にみても、功罪相半ばするものであったというのに、である。

　アメリカ的身勝手さの、尋常ではないが、かといって典型的ともいえる一例は、手近なところ、ハイチと合衆国との関係のなかに見いだせる。J・マイケル・ダッシュが『ハイチと合衆国――民族的ステレオタイプと文学的想像力』のなかで読解したように、ハイチが一八〇三年に黒人共和国として独立を達成したほぼその瞬間から、アメリカ人はハイチを、自分たちの思想を注ぎ込める真空地帯と想像しはじめた。ダッシュによれば、奴隷解放論者たちはハイチを、それ固有の独立と民族をもつ場所としてではなく、解放奴隷を送りこめる手頃な場所として考えた。やがてハイチ島とその住民たちは、堕落状態を、そしてむろん劣等民族性を表象するようになった。この島を合衆国は一九一五年に占拠（一九一六年にはニカラグアを占拠）し、原住民のなかに専制体制を確立し、すでに絶望的な様相を呈していた状況をますます悪化させた[15]。そして一九九一年と一九九二年、何千人ものハイチ難民がフロリダ上陸を求めたとき、そのほとんどが強制帰還させられたのである。

　ほとんどのアメリカ人がハイチやイラクのような国について思い煩うことはない。とりわけ危機が遠のき、合衆国の介入が終わったあとでは。奇妙なことに、またその大陸間にまたがる大きさと、その諸要素の紛れもない多種多様さにもかかわらず、アメリカの支配は狭量〔島国的〕なのである。イギリス人やフランス人には存在していた海外領土の直接支配の長い伝統なるものが、アメリカの外交政策エリートたちには欠けていたため、アメリカはただ闇雲に海外に関心を払うことになった。膨大な量のレトリックと莫大な資源が海外（ヴェトナム、リビア、イラク、パナマ）にふんだんに注ぎこまれ、そしてそのあと、ほぼ完璧な沈黙がつづいた。ふたたびカーナンをひこう――「大英帝国よりもはるかに種々雑多な、合衆国による新たな覇権行為は、断固貫徹以外に、なんら首尾一貫した行動指針というものをみつけられなくなってきた。そこから会社経営者や諜報部員に、行動計画をすすんで立案させる傾向が生まれたのだ」(16)。

アメリカ人の膨張主義が原則として経済的なものであるとしても、膨張主義はいまもなお、公共の場で倦むことなく反復されるアメリカに関する文化的理念やイデオロギーに、左右され、それらとともに動いている。カーナンがわたしたちに正しく思い起こさせているように、「経済システムは、国家や宗教と同じくパンのみに生くるにあらず、信仰、ヴィジョン、白昼夢をも糧《かて》として生きているのであって、そのような糧が過ちをおかすことにもっとも貢献しているのかもしれないのだ」(17)。こうしてアメリカが地球全体に負う深刻な責任をいかにまっとうし正当化するかをめぐって、十年一日のごとく、計画案や謳い文句や理論が規則的に継続的に生みだされたのである。こうした姿勢、ならびにこうした姿勢から生みだされる政策が、いかに速断と無知にもとづき、いかに支配と統轄への欲望をむきだしにし、いかにアメリカ例外論思想にどっぷりつかっているか、その暗澹たる見取り図を、最近のアメリカ研究は描き出している。アメリカと太平洋をはさんで対峙している国々――中国、日本、韓国、インドシナ――とアメリカとの関係は人種偏見、ならびに何千マイルも離れたところから、ほとんどのアメリカ人の生活から地理的にも思想的にもかけ離れたところから、唐突に、場当たり的に寄せられる関心と、その後の膨大な圧力によって特徴づけられている。入江昭、マサオ・ミヨシ、ジョン・ダワー、マリリン・ヤングらの学術研究によってあきらかにされたことを考慮にいれると、太平洋対岸のアジア諸国の側にも合衆国に対して多くの誤解が存在することがわかるが、日本というやっかいな例外をのぞくと、そうしたアジア諸国が実際にアメリカ大陸に浸潤したことはなかったのである。

整合性を欠いたいびつな理解が合衆国において本格化したのは、〈開発と近代化〉の言説（ならびに政策）が登場してからのこととわかる。この現実のありようをグレアム・グリーンは『おとなしいアメリカ人』のなかで扱い、またグリーンほどの現象把握力こそないものの、レデラーとバーディックも『醜いアメリカ人』のなかでこの問題を扱っていた。以後、世界中が、〈開発と近代化〉の言説のほんとうに驚異的な概念武器庫——経済発展、社会タイプ、伝統社会、システム変換、平和維持、社会的動員などに関する諸理論——を駆使するようになる。大学やシンクタンクは政府から莫大な補助金を得て、この概念を深めることになり、その成果の多くは合衆国政府における（あるいは政府に近い）政策立案者や政策専門家たちの関心をひいた。こうした現象に対し、体制批判的学者たちがようやく関心を寄せるようになったのは、ヴェトナム戦争で国内に動揺が広がったからである。だが、そのとき、歴史上はじめて、インドシナに対するアメリカの政策のみならず、アジアに対する合衆国の姿勢を支える帝国主義的諸前提にも批判の矛先がむけられた。〈開発と近代化〉言説に関する、反戦運動の成果をふまえた説得力ある記述としてアイリーン・ゲンジエアの著書『政治変化を管理する』をあげることができる。[18] 彼女がつまびらかにしたところによれば、近代化を、つまりウォルト・ホイットマン・ロストー*のいう「経済的離陸《エコノミック・テイクオフ》」を必要としているようにみえる海外諸国に対して、その社会的統一を脱政治化し、矮小化し、ときには消去するのに、これまで無批判に受け入れられてきた合衆国の地球規模の支配傾向が大いに貢献したのである。

こうした特徴づけは包括的なものではないが、それでもかなりの社会的権威を帯びた一般政策を正確に記述していると思う。こうした政策は、D・C・M・プラットがイギリスというコンテクストのなかで「分業観」と呼んだものをこしらえるのに貢献した。ゲンジアの分析対象となった主要な学者たち――ハンティントン、パイ、ヴァーバ、ラーナー、ラスウェル――が、政府や大学において影響力ある部門の将来の方針なり見解を決定したのである。反体制、ラディカルなナショナリズム、原住民の独立論――脱植民地化運動と、古典的帝国主義なきあとの世界に関わるこうしたすべての現象が、冷戦を念頭においたガイドラインのなかで考慮された。それらは転覆させられるか取りこまれねばならなかったのだ。朝鮮半島、中国、ヴェトナムの場合、広範囲におよぶ軍事行動に新たに参加することが求められた。キューバにおけるバティスタ政権後のほとんど茶番ともいえる事例において、アメリカの権威に対する挑戦めいたものがあらわれたとき、脅かされたのは、安全保障ではなくて、むしろ、みずから定めた領域（あるいは半球）において、みずから「自由」と考えるものに対して、いかなる侵害も、いかなるイデオロギー的批判も容認しないという合衆国の意識だった。

権力と正当化の二人三脚――前者が直接支配の世界で幅をきかせ、後者が文化領域で幅をきかせているのだが――は、古典的な帝国主義におけるヘゲモニーの特徴である。それがアメリカの世紀において異なる点は、文化領域における権威の量子的飛躍である。これには情報の普及とコントロールのための装置が歴史上類をみないかたちで成長をとげたことに大きく起因する。これからみてゆくように、国内文化においてメディアが中心的役割をはたすようになった。一世紀前までヨーロッパ文化は白人男性の存在とむすびついていた。事実、白人の存在は、物理的にみても威圧的（それゆえ抵抗不可能）であった。ところがいまわたしたちが手にしているのは、白人存在にくわえて、国際的メディアという存在であり、これが、気の遠くなるほど広範囲な領域で、しばしばわたしたちの意識下のレヴェルにおいて、洗脳めいたものをおこなうのだ。

「文化帝国主義」という語はジャック・ラングが広め流行語にもなったのだが、いまやそれは、たとえばフランスや日本におけるように、テレビの連続ドラマ（たとえば『ダイナスティ』や『ダラス』といった）に対して用いたりするとその意味を失うのだが、地球規模のパースペクティヴから眺めた場合には要を得た言葉となる。

地球規模のパースペクティヴにもっとも近いものをあたえてくれるのは、ユネスコの主催により組織された、コミュニケーション問題研究の国際委員会（委員長ショーン・マクブライド）が発行した報告書『多くの声、一つの世界』（一九八〇）であり、これはいわゆる新世界情報コミュニケーション秩序を提唱したものである。(19) この報告書に対しては、怒りにまかせた、多くの、しばしば的はずれな分析や非難の言葉が寄せられたが、そのほとんどはアメリカのジャーナリストやいわゆる何でも屋のコメンテイターたちで、彼らによれば、これは報道民主主義や思想の自由交流を、遠隔コミュニケーション形成に寄与する市場勢力を、報道・コンピューター業界を、無謀にも規制しようとする「共産主義者」の、あるいは「第三世界勢力」の陰謀にほかならなかった。しかしマクブライド報告にほんとうにざっと目をとおしてみるだけでもわかるのは、それが検閲といった単純な解決法を推奨するどころか、現在カオス的状況を呈している世界の情報秩序に均衡をとりもどし平等を達成するために打つ手はあまりないという考えを、委員会のほとんどすべてのメンバーがいだいているということなのだ。報告に対して好意的とはいえない評論家たち、たとえばアンソニー・スミスですら、その『情報の地政学』のなかで問題の深刻さを次のように認めている——

二十世紀後半において民族の独立に対する新しい電子技術からの脅威は、植民地主義そのものよりも大きくなる可能性がある。わたしたちがいま学びはじめているのは、脱植民地化や超ナショナリズムの成長は、帝国関係の終焉だけでなく、ルネサンス以来、つむぎだされてきた地政学的な網状組織の拡張を意味しうるということだ。あらたなメディアは、「受容する」文化に対して、これまでに実現したどのような西洋のテクノロジーにもまして深く浸透する力をもっている。その被害の結果は広範囲におよび、現在の開発途上国社会内における社会矛盾を強化するはたらきがある。(20)

この新たに組織された秩序のなかでもっとも強大な権力を握る者が合衆国であることを否定する者はいない。なにしろ合衆国のひと握りの多国籍企業が、ニュースの製作・配信そしてとりわけ選択をコントロールし、世界中のほとんどがそうしたニュースに依存しているからであり（サダム・フセインですら自分に関する報道ではCNNを全面的に信頼しているふしがある）、またあるいは、合衆国発の、さまざまな形態の文化統制が実質的にいかなる反対に遭遇することもなく膨張し、あらたな同化と依存のメカニズムを創造し、このメカニズムによって、アメリカ国内の対抗勢力のみならず、国外の弱小諸文化を従属化し強制的に排除するからである。批判理論家たちによる考察のいくつか――とりわけヘルベルト・マルクーゼの一次元社会理論、アドルノやエンツェンスベルガーの意識産業理論――がすでにその本質を分類して示したように、西洋社会において社会融和の手段としてもちいられるのは、抑圧と寛容、あめとむちとをミックスした方式であった（この問題は、一世代前にジョージ・オーウェル、オルダス・ハクスレー、ジェイムズ・バーナムらがさかんに論じていた問題でもあった）。西洋の、とりわけアメリカのメディア帝国主義が残りの世界におよぼす影響をみるにつけても、マクブライド委員会の数々の知見の正しさがわかる。それはまた、イメージやニュースや表象を生産し分配する手段の所有に関するハーバート・シラーやアルマン・マトゥラールによるきわめて貴重な知見についてもいえることである。(21)

けれどもメディアは、いうなれば海外進出する以前から、自国の受容者たちのために実に巧みに外国文化を異様かつ脅威的なものとして表象してきた。こうしてこしらえられた文化的「他者」に対し、敵意と暴力への欲求を煽ることにかつてない成功をおさめたのが、ほかでもない一九九〇－九一年の湾岸危機ならびに湾岸戦争であった。十九世紀、イギリスとフランスは原住民制圧のために遠征軍を派遣していたものだった——コンラッドが『闇の奥』に登場させる語り手マーロウはアフリカへむかう途中、こう述懐する、「フランス人はあのあたりで彼らの戦争のひとつをしているようだった。……地上と空と水の空虚な広がりのなかで、それ［フランスの軍艦］は、意味不明ながら、大陸にむけて砲火を浴びせていた。ボン、と六インチ砲を撃っていた」——それが今度は合衆国が同じことをするのだ。考えてみてもいい、いかに湾岸戦争が容認されるようになったか、を。一九九〇年の十二月半ば『ウォール・ストリート・ジャーナル』と『ニューヨーク・タイムズ』の紙上で小規模の論争が起こった。カレン・エリオット・ハウス（『ウォール・ストリート・ジャーナル』）とアンソニー・ルイス（『ニューヨーク・タイムズ』）との論争である。ハウスによれば、合衆国は経済措置が効力を発揮するのを待つなどという悠長なことをしている場合でなく、ただちにイラクを攻撃し、サダム・フセインに敗北を味わわせるべきであった。ルイスの反駁には、いつもながらの一本筋の通ったリベラルな信念がみてとれたのだが、それこそまさに彼を著名なアメリカのコラムニストのなかで際立った存在とする特質でもあった。イラクのクウェート侵攻に対するジョージ・ブッシュ大統領の最初の対応を支持していたルイスは、近々戦争が勃発する可能性が高く、なんとしてもこれに抵抗しなければならないと考えたようだ。彼はまたポール・ニッツェのような超タカ派の人間の意見にもショックを受けたという。なにしろ彼らは、もし湾岸でアメリカの地上攻撃がはじまれば、ありとあらゆる惨事がふりかかるだろうと力説していたのだ。したがって合衆国は様子をみながら、経済的・外交的圧力を強化すべきであって、そのうえでもっと後の戦争の可能性を考えてしかるべきではないか。二週間後、ふたりの論者は全国向けの夜のテレビ番組『マクニール／レーラー・ニュースアワー』に登場する。じっくりと腰を据えて論争し問題点を検討できるこの番組のなかで、たがいの立場を明確に主張したのである。討論は、国民の経験のなかでもきわめてデリケートな問題について、相対立する哲学をもつふたりが真摯な討論に参加するという趣《おもむき》を呈していた。合衆国は戦争に傾いているように思われた。ここ、全国向けの夜のニュース番組という、公認の公共空間のなかで、賛成論と反対論とが雄弁に語られたのである。

　ともに現実主義者であったハウスとルイスがふたりそろって受け入れていた前提とは、とにかく「わたしたち」——ちなみにこの代名詞は、ほかのどの語にもまして、アメリカ人全員が公共空間の共同所有者として、海の彼方の外国の事件にアメリカを介入させる決定に参加しているのだという、いくぶんイリュージョン的感覚を強化するものだが——は、湾岸にいるべきだということだった。国家存亡というのは問題ではなく、話題にものぼらなかった。そのかわり原理原則、道徳、権利をめぐる討論はつづいた。ともに軍隊のことを、多かれ少なかれ自由に動かせ、動員も投入も撤退も思いのままであるかのように語っていた。またこうした点において国連はどうみても合衆国の政策の延長線上に位置しているように思われた。そしてこの特異な討論は、ふたりが著名人であっただけに気の滅入るものであった。たとえふたりが、おきまりのタカ派（たとえば「外科手術的攻撃」を主張してやまないヘンリー・キッシンジャーのような）でもなければ、国家安全保障の専門家（堅固な地政学的根拠から精力的に戦争に反対しつづけたズビグニュー・ブレジンスキーのような）でもなかったにもかかわらず。

　ハウスにとってもルイスにとっても、「わたしたち」の行動は、世界全体におけるアメリカ的行動の遺産と思われるものの一部であった。アメリカ的行動とはつまり過去二世紀にわたってアメリカが世界のいたるところに介入したことをいう。その結果はしばしば破壊的であったが、それも忘却されるのが常であった。また論争のなかで、たとえば戦争に関係するものとしての、戦争の犠牲者としての、また（同様に説得力のある）戦争の煽動者としてのアラブ民族について触れられることはほとんどなかった。これでは危機そのものは、まったく小規模な、まるでアメリカ人にとって国内問題であるかのような印象をいだく人がいてもおかしくはなかった。差し迫った大火は、隠しようもなくほぼ確実に恐るべき破壊をもたらすものであっても、あくまで対岸の火事であり、戦後に到着する（ごく少数の）死体袋と遺族は別にすれば、残りのほとんどのアメリカ人は惨事を免れた。戦争の抽象的な特質が状況に対する冷淡で残酷なまでに無関心な姿勢を生みだしたのである。

　アメリカ人としてアラブ人として、ふたつの世界に暮らしてきたわたしとしては、こうしたことすべてに心穏やかではない。とりわけ対決がかくも全面的で、かくもグローバルにみて大規模であるときには。じっさい、巻き込まれないでいる方法はなかった。アラブ世界やその要素を指示する名辞がこれほど頻繁に流通したためしはなかったし、それらの名辞がかくも奇妙なまでに抽象的で矮小化された意味しかもたぬためしもなかったし、また合衆国はアラブ人全員を敵にまわして戦争しているわけではないにもかかわらず、アラブ世界に対して考慮なり配慮なりがこれほど払われることがないというのも珍しいことだった。アラブ世界は、抗いがたい魅惑と興味をかきたてるのだが、それでいて愛着とか、深く特殊な知識の対象となることはなかった。たとえばアラブ世界における主要な文化的業績についてはほとんど知られていなかった（いまでも事情はかわらない）。もし最近の小説とか詩について精通しているアメリカ人にアラブの作家の名前を尋ねたら、おそらく返ってくる唯一の名前はいまもなおハリール・ジブラーンであろう。いっぽうのレヴェルではかくも多くの相互交渉がおこなわれているくせに、もういっぽうのレヴェルではかくも現実認識が希薄ということが、いかにして起こりうるのだろうか。

アラブの観点からすると、こうした関係の図はまさにゆがんでいるとしかいいようがない。アラブ世界にはアメリカ人を描く文学はまだ誕生していない。唯一の例外は、アブドゥルラフマン・エル・ムニフの浩瀚な小説シリーズ『塩の都市』があるくらいだ。[22] けれども彼の本は多くの国で発禁処分の憂き目にあい、彼の故国サウジアラビアは彼から市民権を剝奪している。わたしの知るかぎりでは、アラブ世界に、アメリカ研究を主たる目標に掲げている研究所あるいは大学の学科はまだ存在していない。合衆国が現在のアラブ世界にとってとびきり巨大で重要な海外勢力であることはわかっているくせに、である。アラブの指導者たちのなかには、アメリカの利益になることをとことん否定するために生涯を費やしておきながら、自分の子どもたちをアメリカの大学に入れグリーンカードを取得させようと躍起になっている者たちが少なからずいる。合衆国の外交政策はCIAに牛耳られているわけではないし、それ自体が陰謀ではないし、主要な「仲介者」の影のネットワークが支配しているわけでもないと、教育もあり経験も豊富な仲間のアラブ人たちに説明しても、いまもなお納得しない者は多い。わたしの知り合いの、ほとんどすべてのアラブ人が信じているのは、中東で起こる主要な出来事のほぼすべてが合衆国によって計画立案されたものであるということだった。わたし自身、聞いて頭がくらくらしたのは、パレスチナの〈インティファーダ〉もアメリカの陰謀だというものであった。

合衆国とアラブ世界とのあいだの長い親密な関係（これはジェイムズ・フィールドの著書『アメリカと地中海世界』によく記述されている[23]）、両者間の敵意、そして無知とが、かなり固定した比率で混ざり合っているこの意識は、錯綜し不均衡で比較的最近の文化衝突の当事者双方の側に付随している。ただ〈砂漠の嵐〉作戦当時、多くの人たちが抱いた決定的な感想というのは不可避ということだった。合衆国と対決し、合衆国に反駁し、合衆国の前では油断してはならないという、ポスト植民地以後のアラブ世界での心構えを、かたくなに粗野に表現したサダム・フセインの言葉にあわせ、それに対抗すべくブッシュ大統領のほうも「敵を引きずりおろせ」とか（ブッシュ独特の隠語めいたいいまわしである）「ぶっとばせ kick ass」という言葉を連発せざるをえなかったように、戦争はやむをえなかったのだ。いいかえると公共の場で聞かれた耳障りなレトリックは、現象の細部への目配りや、リアリズムや、因果関係の考察によって、遠ざけられたり、複雑なものと取ってかわられることはなかった。少なくとも十年間、映画の世界では、アラブ／ムスリムのテロリスト無法者をやっつけるためにアメリカは特殊部隊を編成して、やれ巨漢のランボーなり電光石火のデルタ・フォースなりを派遣していた。そして一九九一年に、イラクを叩きのめすという、ほとんど形而上的な意図なるものが、突如、浮上したかのようだったが、これはイラクによる攻撃が、たしかに規模が大きく、破壊的であったからというのではなく、イラクのような弱小の非白人国家が、アメリカのような超大国にゆさぶりをかけ、アメリカに一泡吹かせるような真似をしたからであって、いきおいアメリカは突如として憤怒の塊りと化して沸騰し、それを沈静化するには、アラブ人の降伏、とりわけ悪辣なアラブの「族長」や独裁者や駱駝乗りらの屈服あるいは卑屈な追従しかないだろうということになった。悪辣でない容認できるアラブ人とは、アンワル・サダト〔エジプト〕大統領のように、おのが民族との絆をほぼ完全に断ち切り民族性を捨象したような人物、まるでテレビの気さくなトークショーに登場するゲストのような存在でしかなかった。

歴史的にみると、アメリカのメディアならびにおそらくもっと一般的には西洋のメディアというのは、これまで、中心となる文化状況のセンセーショナルな延長線上にあった。たとえばアラブ人というのは、過去に登場してきた数多くの〈他者〉のなかで、やや希釈された最新版というにすぎないのだが、この〈他者〉

が、いかつい白人の怒りを招いたのである。この白人とはある種のピューリタン的な超自我であり、荒野に福音をもたらす使命の前に国境は存在せず、みずからの主張をとおすためならいかなる遠路も厭わないのである。とはいえ、もちろん「帝国主義」という言葉は、湾岸戦争をめぐるアメリカにおける論争のなかで、触れられることがなかったぶんだけ、かえって目立つものとなった。歴史家のリチャード・ヴァン・アルスタインは『アメリカ帝国の興隆』のなかで「合衆国において、みずからの国家を帝国として記述するのはほとんど異端視されることである」[24]と述べている。けれどもまたアルスタインが実証したように、ジョージ・ワシントンをはじめとするアメリカ共和国の初期の建設者たちは自国を帝国として特徴づけ、その後の外交政策は、革命を阻止し帝国の発展を支援するものであった。彼が、次々と政治家たちの発言を引用しながら論ずるのは、ラインホールド・ニーバーが辛辣に述べたように、アメリカが「神のアメリカ版イスラエル」であり、その「使命」は「神から委託された世界の文明の保護者」たることなのだ。それゆえこの壮大な自己賛美の残響を湾岸戦争時に聞くなというほうがむつかしかった。そしてまたイラクの侵犯行為が合衆国の誰の目にも現実に座視に耐えぬものへと変化したとき、サダムは、なんとしても組み伏せるべき、ヒトラーに、バグダッドの惨殺者に、狂人（とアラン・シンプソン上院議員は呼んだのだが）に、変貌をとげたのである。

『白鯨』を読んだことのある者なら誰でも、この大小説から現実の世界へのつながりを構想し、アメリカ帝国が、あたかもエイハブ船長のように、諸悪の根元とされる存在をみつけ次第追跡する準備をしているという思いを禁じえないはずだ。最初に、ろくに検討すらされない道徳的使命が来る。次にメディアが、その使命の軍事的‐地理的‐戦略的な拡大解釈をおこなう。メディアについてもっとも気の滅入るのは――それが政府の政策モデルべったりで、最初から戦争へと世論を誘導しにかかることを除くと――、アラブ人の生態に詳しいとされる中東問題「専門家」を売り物にすることである。彼らによればすべての道はバザールにつづき、アラブ人は力しか理解せず、残虐性と暴力はアラブ文明の一部であり、イスラム教は、不寛容で、排他的で、「中世的」で、狂信的で、残酷で、女性蔑視的な宗教である。こうした考え方のせいで、いかなる議論といえども、そのコンテクスト・枠組み・設定は限られたものになる、いや、まったく柔軟性を欠いたものとなる。また、サダム・フセインに代表されるような「アラブ人」どもに、ついに天罰がくだるかと思うと、大きな、しかも得もいわれぬ喜びが湧いてくるようにも思われた。西洋の敵に対して、これで借りが返せるというわけだ。ちなみにその敵とは、パレスチナ人でありアラブ民族主義でありイスラム文明なのである。

無視されたものは啞然とするほど多い。石油会社の利権についてはほとんどなにも報道されなかったし、石油価格の急騰が石油供給とまったく関係がなく、石油は過剰生産されつづけたことも報道されなかった。クウェートを非難するイラク側の主張、さらにはクウェートそのものの性質――その国内政治におけるリベラルなところと反リベラルなところの共存――についての意見も、まったくといってよいほど耳を傾けてはもらえなかった。またイラン・イラク戦争において湾岸諸国と合衆国とヨーロッパとイラクとがつるんでいた偽善性と共犯性についても語られたり分析されたりしなかった。こうした問題についての意見が出始めるのは、戦争が終わってからすぐではなく、しばらくしてからのことだ。たとえば『ニューヨーク・レヴュー・オヴ・ブックス』紙（一九九二年一月十六日号）に掲載されたシオドア・ドレイパーの論文は、クウェートに反対するイラクの主張を多少なりとも認めていれば戦争は回避できたことを示唆している。またサダム・フセインが、その支配に魅力がないにもかかわらず、アラブ人たちの広範な支持を獲得したのはなぜかについて分析した一握りの学者たちがいたが、しかし、その成果はアメリカの政策決定に取り入れられることがなかったばかりか、一考だにされなかった。なにしろアメリカの政策とは、最初、一定期間サダム・フセインを支持しておいて、次に悪魔呼ばわりし、そうしてこの悪魔といかに折り合いをつけるかを考えるというものにすぎないのだから。

　奇妙なことだが、よくよく考えれば湾岸危機の徴候ともいえるものとして、倦むことなくくりかえし無批判に「つながり《リンケージ》」という語が使われたことをあげることができる。地球の特定地理領域すべてを無視するか、考慮にふくめるかを決定できるアメリカの権利、この、よく検討されないまま受け入れられているアメリカの権利の象徴としてひねり出されたかにみえるのが、この「つながり《リンケージ》」という醜い破格語なのだ。湾岸危機の期間中、「つながり《リンケージ》」なるものは、そこにつながりがあるということを意味するのではなく、実際には諸関係や意味や地理や歴史を共有しているものごとのあいだに、いかなるつながりもないことを言いつのるためにもちだされたのだ。共有されていたものが切り離される。ご都合主義的に、そして傲慢な合衆国の政策決定者のために、軍事戦略家のために、地域研究専門家のために、ばらばらにされる。誰もがみずからを他から切り離す達人になりうると語ったのはスウィフトだった。中東が内的にもありとあらゆる種類の絆によってつながっていること――そんなことはどうでもよかった。アラブ人がクウェートにいるサダム・フセインと、キプロス島に駐留しているトルコ人とのあいだにつながり《リンケージ》があることを見てとるかもしれないこと――それもまた意味のないことだった。合衆国の政策そのものがつながりそのものであるということは、禁じられた話題であった。とりわけ、まだ戦争の兆しすらあらわれていないときに、世論を戦争へと誘導するのが役目のタレント文化人にとっては。

　全体の基調となっているのは、植民地主義的前提だった。第三世界のちっぽけな国の、西洋によって育まれ支持されてきた独裁体制には、アメリカにたてつく権利などなかった。なにしろアメリカは白人の国、優越的な地位にある国なのだ。イギリスは一九二〇年代に、植民地支配に抵抗する不埒な輩という理由でイラクを砲撃したことがある。それから七十年後、合衆国が同じことをしたが、その理由たるや、より独善的で、中東の石油備蓄はアメリカの管轄であるというテーゼを隠そうともしなかった。このようなやり口は時代錯誤的であり、きわめて悪辣である。なにしろこれによって戦争はつねに実現可能で魅力的なものになるだけでなく、歴史と外交と政治に関する世俗的な知識がしかるべく重要性をもつことをさまたげてしまうからである。

『フォーリン・アフェアーズ』誌の一九九〇‐九一年冬号に、ある記事が掲載された。「アラブ人の不満の夏」と題されたそれは、次のような一節ではじまる。それはまた〈砂漠の嵐〉作戦を生みだすことになった、知と権力の嘆かわしい癒着状態の完璧な縮図でもあった。

アラブ／ムスリム世界が、アヤトラ・ホメイニの改革運動にみられる憤怒と情念にようやく別れを告げたと思うまもなく、べつの競争者がバグダッドにあらわれた。新たな唱道者は、クムで修行したターバンを巻いた救世主〔ホメイニのこと〕とはひと味ちがった人物であった。その名をサダム・フセイン。この男、イスラム政府の条約作成者でもなければ高度な叡智を産出する宗教法学者でもない。この男、信者たちの理性と心情を賭けた退屈なイデオロギー闘争など眼中にない。この男、ペルシアとアラビアにはさまれた、もろい国の出身者で、この国は文化とか本とか大いなる理念に関心はない。この新たな競争者は独裁者であった。それのみならず、みずからの領土を手なずけ広大な監獄へとかえた無慈悲で狡猾な管理人でもあった。(25)

だが、どんな小学生でも知っているように、イラクはアッバース文明*の中心地であり、九世紀から十二世紀にかけてアラブ文化の精華となり、ちょうどシェイクスピアやダンテやディケンズがいまもなお読まれているのと同じくらいによく読まれている文学作品を生みだしたし、その首都バグダッドはイスラム芸術の偉大な記念碑のひとつなのである。[26] それに加えてバグダッドは十九世紀と二十世紀に、カイロやダマスカスと並んで、アラブ芸術や文学の復興が起こった場所でもあった。バグダッドは二十世紀でもっとも偉大なアラブ詩人のうちすくなくとも五人の生まれ故郷であるし、また疑問の余地なく、主要なアラブ芸術家や建築家や彫刻家のほとんどを輩出している。サダムが小邑タクリートの出身であろうとも、イラクとその市民が本や理念とまったく関係がないと示唆するのは、シュメール、バビロン、ニネヴェ、ハムラビ、アッシリアその他の古代メソポタミア（ならびに古代世界）文明の揺籃の地がイラクであることを忘却するものである。またイラクが「もろい brittle」国であるなどと、なんの保留もなく言い切ってしまうのは、小学生であっても公に示すことを恥ずかしがるような無知をさらけだすことにほかならない。チグリス・ユーフラテス河にはさまれた緑あふれる谷間はどうなったのか。中東のあらゆる国のなかでイラクこそもっとも肥沃な国であったという古代からの真実はどうなったのか。

作者は、この記事のなかで現代のサウジアラビアを褒めちぎる。だがサウジアラビアこそ、イラクよりもはるかにもろく〔brittle〕、本や理念や文化には触れたこともない国ではないか。わたしはなにもサウジアラビアという重要かつ有益な国を矮小化〔belittle〕するつもりなどない。ただイラクをけなしサウジアラビアをもちあげるような記事は、公権力におもねり、権力が聞きたいと思うことを語る知識人の意志のあらわれである。そのような記事は権力に対し、進軍できるぞ、殺せ、爆撃せよ、破壊できるとそそのかす。なにしろ攻撃される相手は、実際のところ、取るに足らず、もろく、本とか理念とか文化とは無関係である、そしてさらに現実の国民とも無関係だと暗にほのめかすのだから。イラクに関してそのような情報がたれ流されれば、どこに許しが、どこに人間性が、どこに人間的議論の可能性があるというのか。嘆かわしいことに、ありはしないのだ。そこから生まれるのは、〈砂漠の嵐〉作戦から一年後のかなり無気力で醒めた記念祝典であり、そこでは右翼のコラムニストや知識人ですらブッシュ大統領の「帝国的大統領政治」を批判し、イラク国内の危機を長期化するだけの戦争の未終結を嘆くしまつなのだ。

世界は今、あのような愛国主義と相対的孤立主義と社会権威化と抑制なき攻撃性と他者に対する防御排除のむこうみずな混淆を長く容認する余裕はない。そして合衆国はというと国際的にみて唯一の勝ち組として、みずからがナンバー・ワンであること、景気後退から脱却し、都市問題、貧困、健康問題、教育問題、生産問題、ヨーロッパと日本からの経済的挑戦などからなる慢性的諸問題を一挙に解決できることを熱に浮かされたかのように証明せんとしているかにみえる。そしてわたしはというとアメリカ人ではあるが、わたしが生まれ育った文化的枠組みはアラブのナショナリズムこそ至上なりとする理念に染め上げられていた。そのナショナリズムたるや不当に賤しめられ未だ成就せぬそれであって、陰謀と内外の敵、そして克服するのにどれほど犠牲を払っても払いきれない障害に苦しめられているのだ。

わたしのアラブ世界での環境はおおむね植民地的であったが、それでも成長するにつれ、陸路でレバノンやシリアからパレスチナを経由しエジプトへ、さらにその西方へと旅行できた。今日、これはむりである。どの国も侵入不可能な障害を国境に置くことになった（またパレスチナ人に関していえば、国境横断はとりわけ恐ろしい経験となるが、これはパレスチナ支持を声高に叫んでいる国々がしばしば現実のパレスチナ人に対しては最悪の扱いをするからである）。アラブ・ナショナリズムは死んでいないが、あまりにもしばしば細分化をくりかえして小さな単位へと分解してしまった。ここでも、つながり《リンケージ》はみられないのだ。過去が現在よりも良かったということはないが、現在よりも、いうなれば健全なかたちで相互につながっていたことはたしかだ。人びとは現在のように国境を防御する要塞越しに睨みあうことなく、実際に、連携していた。多くの学校では、あらゆるところから来たアラブ人生徒と、ムスリムにキリスト教徒と、それに加えてアメリカ人、ユダヤ人、ギリシア人、イタリア人、インド人、イラン人らと遭うことができた。彼らはそれぞれ植民地領域ごとにまとまってはいたが、混ざり合い、またそうするのが当然とばかりに相互に働きかけあった。現在、国家主体のナショナリズムは門閥や党派に分裂している。そして何が起こったかがわかる完璧な例がレバノンとイスラエルである。なんらかのかたちの厳密な分割が、たとえ実践しなくとも望ましいとみる考えかたが集団感情としてほぼいたるところに蔓延し、政府からも援助を受け、専用の官僚機構と秘密警察も陰で動くことになる。支配者たちは門閥、同族、派閥、年老いた少数独裁者たちの秘密サークルからのみ選ばれ、新しい血や変化を、ほとんど神話的な頑迷さで受け付けないのである、あたかもガルシア・マルケスが『族長の秋』で描くところの凋落した独裁者の体制のごとく。

ナショナリズムの名目で（解放の名目ではなく）国民を均質化したり隔離したりするいとなみは最終的にはおびただしい犠牲と数限りない失敗へと行き着いた。アラブ世界のほとんどの地域で市民社会制度（大学、メディア、そして広い意味の教養文化）は、政治社会——その主たる形態は国家である——にのみこまれてしまった。第二次大戦直後アラブ・ナショナリスト政府がおこなった偉業のひとつに、大衆に読み書き能力を付与したことがあげられる。エジプトでは、その成果は、ほとんど想像を絶するほど劇的に恩恵をもたらした。けれども加速的に広まる読み書き能力と鳴り物入りのイデオロギーとの混淆は、まさにファノンの危惧の念を的中させることとなった。わたしの印象をいえば、どこでも、つながりを維持したり、またシリア人やイラク人やエジプト人、さらにはサウジアラビア人になることそれ自体がりっぱな目的であるという思想を鼓舞することに多くの時間が割かれ、ナショナリズムの計画そのものを批判的に、さらには根本的疑いをもって考えることはなおざりにされてきた。アイデンティティ、いつもアイデンティティ。それが他者について考えることよりも優り、優先されるのである。

事態のこのような偏りのなかで、アラブ世界の道徳的秩序においては、軍国主義が幅をきかせ特権を享受するようになった。たとえば不当な扱いを受けたという感覚には、多くの理由が関係しているだろうし、パレスチナ人は不当待遇の隠喩のみならず不当待遇の現実そのものでもあった。しかし不当待遇に対する解は、軍事力であり巨大な陸軍であり耳障りなスローガンであり報復の約束であり、それに加えて、軍事力行使の終わりなき実例の山でしかないのだろうか。ちなみに、その実例の山は、上は数々の壊滅的敗北、下は肉体的拷問から脅迫の身振りから出来ている。わたしの知るかぎり、アラブ人で、こうしたことに個人的に異議をとなえる者はいないし、国家が強制力を独占しているため、アラブ世界において民主主義はほぼ完璧に破壊され、支配者と被支配者とのあいだに莫大な敵意が渦巻き、同化とご都合主義と追従に高い価値が置かれていることに反対をとなえようとする者もいない。彼らは、それに加えて、新しい思想や新しい批評、あるいは異議申し立てに、あえて賭けることもしないのである。

以上のことを総合すると、ここから生まれるのは絶滅論である。つまりもしあなたが何か自分の思い通りにならないことがあれば、あるいは何かが気に入らなければ、それをただ抹殺してしまえばよい、という考え方である。この概念は、たしかにクウェートを侵攻したイラクの側がなんらかのかたちでいだいていたものであった。だがそれにしても「アラブの統一」の大義のもとに一国を抹消し、その社会を粉砕することを目標とするビスマルク的「統合」とは、いったいいかなる種類の時代錯誤的思想なのだろうか？　なかでももっとも気の滅入るのは、かくも多くの人びとが、彼らの多くは同じ残酷な論理の犠牲者であるにもかかわらず、イラクの行動を支持し、クウェートにはまったく同情しなかったことだ。一歩譲って、たしかにクウェート人が人気がないとしても（だが人は国家消滅の憂き目にあわないためには人気とりに走らなければならないのか）、そしてイラクがイスラエルと合衆国に刃向かってパレスチナの擁護者を標榜したとしても、国家をあとかたもなく抹消するという思想そのものは言語道断の、偉大な文明国に似つかわしくない主張である。このような絶滅論がまかりとおっているということは、アラブ世界における政治文化のお寒い事情をゆくりなくも物語っているのである。

石油は、それがいかに発展と繁栄をもたらそうとも――たしかにもたらしたのだが――、暴力やイデオロギーや浄化や政治的防衛や合衆国への文化的依存とむすびつくとき、癒すことのできない亀裂と社会問題を生む。アラブ世界のことを、説明可能な内的結合を保持するものとして考えている誰にとっても、この地域、それもかぎりない富を有し、文化的にも歴史的にも壮麗な遺産にとりかこまれ、多くの才能ある個人に恵まれたこの地域に、凡庸さと腐敗が全体に蔓延しているということは、大きな謎であり、もちろん失望の源である。

いまだ「民族主義的」中東において民主主義は、この語のいかなる現実的意味を勘案しても、どこにも見いだすことはできない。あるのは特権を享受する少数の寡頭体制か特権的なエスニック・グループだけである。国民の大多数は、独裁体制のもとで、あるいは非妥協的で頑迷で不人気な政府のもとで押しつぶされている。けれども、では合衆国は、こうした憂慮すべき事態にまったく関係がない徳高い無垢な国家かというと、この考えかたはどうしても受け入れがたい。それはまた湾岸戦争が、ジョージ・ブッシュとサダム・フセインとの戦争ではなく――実際にはまちがいなく両者の戦争だったのだが――、合衆国はあくまでも国連の利益のためだけに、もっぱらそれを考慮して行動したのだという考えかたが受け入れがたいのと同じである。根底にあるのは、両者の次のような対立構図である。いっぽうには合衆国がこれまでつきあってきた第三世界の独裁者たち（ハイレ・セラシエ、ソモサ家、李承晩《イ・スンマン》、イラン国王、ピノチェト、マルコス、ノリエガら）がいる。その独裁支配体制を合衆国は支援し、長きにわたって友好関係をあたためた。またいっぽうにはイギリスやフランスから相続した帝国の装いを身につけ、石油のために、また地理的戦略的かつ政治的優位を確保するために、中東に居座る決意をかためた合衆国がいる。

二世代にわたって合衆国は中東では専制政治と不正の側にもっぱら加担してきた。いかなる民主化闘争にも、いかなる女性の権利拡張運動にも、いかなる世俗化運動にも、いかなるマイノリティの権利闘争にも、合衆国は公式に支援を表明しなかった。そのかわり歴代の合衆国政府は、アラブ諸国政府のなかでも迎合的で人気のない政府ばかりを支援し、軍事支配からみずからを解放せんとする少数民族のいとなみに対しては知らぬ存ぜぬをきめこみ、少数民族の敵となる側にせっせと補助金を出していたのである。合衆国はアラブ世界において制限なき軍国主義を推奨し、（フランス、イギリス、中国、ドイツその他と並んで）アラブ地域のいたるところで莫大な武器セールスをおこない、その得意先となった諸国の政府は、合衆国がサダム・フセインの力を憂慮し誇張するにつれ、ますます窮地に追いこまれることになった。湾岸戦争後のアラブ世界を、エジプト、サウジアラビア、シリアといった、いずれも新パクス・アメリカーナのもとで新世界秩序の一翼を担う国々の支配者たちが統治するというのは、思想的にみても、また道徳的にみても、およそあってはならないことである。

アメリカの公共空間において、権力と同調する以上のことをするような言説はいまだ発達していない。このかくも小さくなり、かくも見事に相互連結するにいたった世界における権力の危険性にもかかわらず。たとえば合衆国は、世界人口の六パーセントの国民に、世界の三〇パーセントのエネルギーを消費する権利があることを武力によって主張することなどはできない。しかし、それだけがすべてではない。アメリカは何十年にもわたってアラブ人とイスラムに対して文化戦争《カルチュラル・ウォー》をおこなってきた。アラブ人やムスリムに対する、あきれるほど人種差別的なカリカチュアを通して暗示されるのは、アラブ人というのはテロリストかさもなければ首長《シーク》であり、アラブ地域一帯は広大なスラムであり、アラブ人は商売か戦争にしか向いていないということなのだ。アラブ世界にも歴史があり文化があり社会がある――事実、多くの社会が存在する――という考えかた自体に、一瞬たりとも関心が寄せられることはなかった。たとえ「多文化主義《マルチカルチュラリズム》」を褒め称える大合唱の時代においてすら、こうなのだ。ジャーナリストによるお手軽で取るに足らない本が次から次へと市場にあふれ、一握りの非人間的なステレオタイプだけが流通するのだが、ステレオタイプのどれもがアラブ人を本質的にサダム・フセインの変種としてしか演出しないのである。またクルド人やシーア派の反乱に関していえば、当初、それらは合衆国に支援されてサダム・フセインの圧政に立ち上がったのだが、見放されてフセインの残虐な報復の魔の手にゆだねられたあとは、想起されることはほとんどないし、いわんや触れられることはまったくなくなったのだ。

中東での経験の長いエイプリル・グラスピー大使の突然の辞任以後、アメリカ政府は、中東と中東の言語と民族について、ほんとうの知識と経験をもった高い地位にある専門家を派遣していない。またイラクはその民間下部組織をシステマティクに破壊攻撃されたあとも飢餓と疾病と自暴自棄によって壊れつづけている――クウェートを侵略したからではなく、合衆国が湾岸にその物理的存在を誇示したいがために、またそこに駐留する口実を必要とするために、ヨーロッパや日本を牽制して石油に直接影響力を発揮せんとするために、世界の進路を決定したいがために、そしてイラクがなおもイスラエルにとって脅威であるがために。

忠誠心と愛国心は、批判意識を基盤とすべきである。それも事実とは何か、またこの縮まりゆく枯渇しつつある惑星の住民として、アメリカ人がその隣人や残りの世界に何を負っているのかを正しく見極める批判意識を基盤とすべきである。時の権力のその場かぎりの政策に対する無批判な連帯は、とりわけそれが想像を絶するほど費用がかさむものであるときには、けっして許されることではないのである。〈砂漠の嵐〉作戦は、どうみてもイラク人に対する帝国主義的戦争であった。サダム・フセインを撃破し殺害する行為の一部として、イラク人を撃破し殺害する行為があったからだ。けれどもこの時代錯誤的で尋常ならざる血塗られた側面はアメリカのテレビ視聴者の目からはおおむね隠され、かわりに戦争を痛みをともなわない任天堂のテレビ・ゲームもどきとしてイメージしたり、アメリカ人を清廉潔白な正義の戦士とするイメージが維持されたのである。だがふつう歴史に興味を示さないアメリカ人ですらも、アメリカ空爆以前にバグダッドを破壊したのは一二五八年の蒙古民族であること、アラブ人に対する残虐行為の最近の先例がイギリス人によるものであることを知れば、すこしは見かたがかわっていたかもしれないのだ。

遠隔の非白人種の敵に対して合衆国がしむけたほとんど想像を絶する集団暴力のこの異様な一例に対して、合衆国内で目立った反対の動きがなかったということについては、カーナンの次の記述がその答えをあたえてくれる。カーナンはアメリカの個人や集団とは異なる知識人たちが、「数を頼んで彼らの批評に現実性という重みをあたえる」ことに断固反対するくせに、一九七〇年代における国家全体の行動にはなぜ無批判なのか、こう記述している。アメリカ人の「みずからを新文明とみなす長きにわたる誇り」が事実であることをカーナンは認めつつ、それが「デマゴーグによって危険なかたちでねじ曲げられたこと」もまた事実であると認めている。危険なのは、この自尊心感覚がビスマルク的〈精神文化 Kultur〉に酷似したものとなり、いきおい「「文化教養《カルチャー》」のほうも専門的な「ノウ・ハウ」に硬直化する」ということである。これに加えて「イギリス人のかつての優越意識がそうであったのと同じように、アメリカ人の優越意識も世界の他の地域から孤立した高度な島国根性と残りの世界への無知とによって補強されたのである」。最終的に――

このへだたりが、近代のアメリカ人知識階層に、人生からの、あるいは歴史的現実からの似かよったへだたりを招来するのに貢献した。反体制者にとって壁を破ることは容易ではなかった。両大戦間の抵抗文献には、ある種の皮相さや、ジャーナリズムの域を超えようとしてはたせなかった幻滅がみてとれる。……そこには反応のよい受容者にのせられて生まれるような深い想像力のほとばしりとか、受容者との波長の合いのようなものが欠けていた。……世界大戦から現在まで、知識人は公共活動に次第に惹かれるようになる。公共活動のなかでその頂点に立つのは産軍複合体であった。知識人たちは戦略立案ならびに科学的戦争や反乱抑止戦略の発展に貢献し、やがておだてられてホワイト・ハウスに招かれ、著作権使用料をちらつかされて大統領にお追従でもって応じるのである。冷戦のあいだ、ラテン・アメリカ研究に従事する学者たちは、「よき隣人」イデオロギーや、合衆国と世界の他の地域との利害の調和といったイデオロギーを支援しつづけた。「一世代にもわたる洗脳的教化、ならびに長い歴史をほこる自己賛美の伝統からうまれるもろもろの結果」を一日でも早く相殺する「圧倒的に緊急な責務」について、チョムスキーは、きちんと理由を明示して語っている。彼はまた、「わが国の思想史をゆがめてきた天真爛漫さと独善性からなる伝統」に目を開くべきであると訴えていた。(27)

これは、一九九一年の湾岸戦争についても、そっくりそのままあてはまる。アメリカ人は戦争をテレビでみながら、ほとんど疑問をいだくことなく自分たちは現実をみているのだと確信していたのだが、実のところ彼らがみていたのは歴史上もっとも広範囲にわたって取材されながらも歴史上もっとも報道されることが少なかった戦争なのである。映像や印刷物は政府によって厳重に統制され、主要なアメリカのメディアはたがいにコピーしあい、やがてそれが全世界で文書複写されるか映像複写される（CNNのように）かのいずれかであった。敵にあたえた損害がいかなるものかについては、さしたる関心がほとんど払われないまま、知識人たちは沈黙をまもり無力感にさいなまれるか、さもなければ戦争遂行という帝国主義的欲望を無批判に受け入れるような立場にみずからを置いて「公開」討論に参加するかのいずれかであったのだ。

知的生活の専門分化はかくも蔓延するにいたったため、ジュリアン・バンダが知識人に必要なものとしていた、使命感意識なるものは、ほとんど消滅してしまった。政策誘導型の知識人たちは国家の規範を内面化してしまい、当然、政府からかわいがられ、お呼びがかかればいそいそと出かけ、最終的に政府が彼らの庇護者となる。批判意識はしばしば都合よく忘れ去られてしまう。価値観や原理原則にかかわる分野を専門とする知識人たち——文学や哲学や歴史の専門家たち——についていえば、アメリカの大学は、その気前の良さ、その保護区域的ユートピア、その瞠目すべき多様性によって、彼ら知識人たちから毒気を抜いてしまった。ほとんど想像を絶する不快感をあたえる専門用語が、彼らの文章を支配している。ポスト・モダニズム、言説分析、新歴史主義、ディコンストラクション、ネオ・プラグマティズムといった似非宗教《カルト》が、いま彼らを彼岸の国へと誘い出している。歴史の重みに比べれば、また個人の責任に比べれば、無きがごとき驚くべき浮遊感覚のなかで彼らは、公共の問題や公共の言論に関心を寄せることなどむなしいとばかりに、それらを締め出しにかかる。その結果はある種の、見るも無惨な悪あがきとなる。それも社会全体が方針もなく一貫性もないまま漂流しかけているときにである。人種差別、貧困、環境破壊、疾病そして唖然とするほど広がっている無知。いまや、これらはすべて、メディアが、そしてまた選挙運動期間中にだけ泡沫候補が、訴える話題にしかなっていないのだ。

2　正統思想と権威に挑戦する

チョムスキーが「イデオロギーの再編成」〔本書五三八 - 九頁参照〕と呼ぶ現象について、わたしたちに思い当たるふしがまったくなかったということではない。それどころか、わたしたちは、この「イデオロギーの再編成」現象には、いたるところでいやというほどお目にかかっている。たとえばそれは、西洋のユダヤ・キリスト教の伝統を世界最高とみたり、非西洋諸国の本質的な後進性や諸種の外国産の思想信条を危険視したり、「反民主主義的」陰謀の増殖を危惧したり、正典的な作品や作家や思想を祝福し復興したりする。その反面、他者の文化は、ますます病理学そして／あるいは療法の観点からみられるようになる。たとえどれほど学識や洞察や分析が正確かつ真摯なものであっても、ロンドンやパリやニューヨークで、たとえば『アフリカの状況』とか『アラブの苦境』とか『恐怖の共和国』とか『ラテン・アメリカ症候群』といったタイトルを付けて出版される本は、ケネス・バークのいう、その状況がとびきり偏った「受容の枠組み」のなかで、消費されるのである。

いっぽうで支配的公共空間にいる者は誰も、一九九一年の秋まではイラクについて、社会的にも、文化的にも、また歴史的見地からも、関心を寄せなかった。ところが一九九一年秋を境に、急場しのぎの本やテレビ番組の粗製濫造状態が歯止めもなくつづいた。典型的なのは『恐怖の共和国』で、この本は一九八九年に出版されたときにはさして注目も浴びなかった。それなのにいま、一夜にして作者は有名人と化した。彼の本が学問的に貢献したからではない──作者は最初からそれはねらっていない──、そうではなくてその本が提出するイラクに関する執拗なまでに黒一色の「肖像画」が、非人間的・非歴史的かつ悪魔的表象──たとえばイラク大統領をアラブのヒトラーになぞらえるような──を必要としていた当時の風潮にぴったりあったのだ。非西洋人であるということ（この決めつけ的なレッテルはそれ自体、問題があるのだが）は、したがって存在論的にみて、ほとんどすべての点において、なによりもまず運が悪かったということになり、彼らは最悪の場合は偏執狂的変人であり、よくても模倣者、あるいは怠惰な消費者──つまりナイポールがどこかで述べていたように、電話を使うことはできてもけっして電話を発明はしなかったたぐいの人間──なのである。

ところでまたいっぽうで、「われらのもの」であろうが「彼らのもの」であろうが、彼我の文化的構築物すべてのからくりをあばき脱神秘化するいとなみが、学者や批評家や芸術家の手によってわたしたちの前で繰り広げられ既成事実と化した。いまやわたしたちは、歴史について語ろうとするなら、たとえばヘイドン・ホワイトがその著書『メタヒストリー』のなかで提出したテーゼを考慮しないではいられなくなったが、そのテーゼとは、あらゆる歴史記述はあくまでも記述であり、修辞的文彩や比喩的表象──換喩、隠喩、アレゴリー、アイロニーなど──を伝えるにすぎないのである。ルカーチ、フレドリック・ジェイムソン、フーコー、デリダ、サルトル、アドルノ、ベンヤミン──めぼしい著者をほんのわずか掲げただけだが──の著作から、わたしたちは、文化的ヘゲモニーがいかに規則的かつ強力に自己再生産をおこない、詩作品や精神をいかに管理可能なものや商品形態に改造してしまうか、そのプロセスを手にとるように把握できるまでになった。

けれども植民地宗主国のこうした重要な理論家たちと、現在進行中の帝国体験、あるいは歴史的な帝国体験とのあいだの亀裂は、途方もなく大きい。観察、記述、学術創成、理論言説などの諸技術に帝国が貢献してきたことは無視されてきた。そして過剰なまでの慎重さと頑迷固陋な姿勢によって、こうした新たな理論的発見は、そこから生まれる見解と、第三世界における抵抗文化によって触発された解放的エネルギーとが合流することをつねに回避してきたのである。いっぽうの領域における知見をもういっぽうの領域に直接適用する例に、わたしたちはめったに遭遇しないが、それでも唯一の例外として、ポスト構造主義理論の成果を、「アメリカ原住民文学」として知られはじめた分野に適用したアーノルド・クルパトの研究をあげることができる。クルパトは民族虐殺と文化的忘却の影響を色濃くとどめるこの分野の悲しきパノラマに分け入り、個々のテクストに権力と民族の真正な経験とがいかなるかたちで配合されているかを解明せんとしたのである。(28)

わたしたちがいま考察できるのは、いや考察すべきなのは、西洋で生みだされた解放主義的理論の資本を自主規制し退蔵する動きが、なぜ存在するのか、そしてまた同時に、なぜ、かつて植民地だった国々において、強力な解放主義的要素をもつ文化への期待が、いまもなお根強いか、である。

一例をあげさせていただこう。一九八五年、わたしは湾岸諸国のある国の国立大学から一週間ほど滞在してもらえないかという要請を受けた。どうするのかというと、その大学の英文科目を査定し、あわせて、できるなら教育向上のための助言をあたえてほしいということだった。わたしが面食らったのは、純然たる統計から判断すると、英文関係科目が、その大学の他の学科科目を抜いて、もっとも多くの履修者を集めた科目であったということだ。落胆したのはそのカリキュラムが、いわゆる英語学と呼ばれているもの（つまり英語の文法とか音韻構造を教える科目）と英文学にほぼ均等に分けられていたことだ。英文学コースは、わたしのみるところ、厳密にオーソドックスなものだったが、これはカイロ大学とかアインシャム大学といったもっと古く格も上のアラブの大学においても踏襲されているパターンだった。若いアラブの学生たちは、サンスクリット語や中世のアラブの紋章を研究していたら示していたであろう律義さでもってミルトンやシェイクスピアやワーズワスやオースティンやディケンズを研究していた。ただ英語と植民地過程——英語ならびに英文学がアラブ世界にもたらしたもの——との関係に力点はおかれていなかった。またカリブ海地域やアフリカやアジアにおける新しい英語文学については、数人の英文学科スタッフとの個人的な会話で話題にのぼったことをのぞけば、さして関心ははらわれていなかった。英文学コースは、丸暗記と無批判的授業と行き当たりばったりの成果（控え目にいえば）とが、時代錯誤的に奇妙なかたちで渾然一体となったものであった。

　またさらにわたしは、世俗の知識人であり批評家としての自分の興味をひいたふたつの事実を知った。英文学コースを履修する学生が多い理由は、どことなくしらけきった教員のひとりが率直に語ってくれたことによれば、こうだ。学生の多くは卒業後、航空会社や銀行に就職が内定していて、こうした職場では英語が〈国際共通語《リングア・フランカ》〉なのである。ただこれでは英語から表現の特徴や美的特徴をはぎ取り、批判的あるいは自意識的次元をこそぎとり、そうして英語をただの機能的な道具のレヴェルにおとしめることにほかならない。コンピュータを使い、注文に応じ、テレックスを送信し、乗客リストや積み荷リストを確認することができるように英語を勉強するというわけだ。それで終わり。ところでもうひとつわたしが危惧の念とともに発見したことは、そのようなかたちの英語をとり巻いているのがイスラム復興主義《リヴァイヴァリズム》のごった煮状態めいたものであるということだ。どちらをむいても、大学の評議員選挙にことよせてイスラムのスローガンが壁に貼り付けてあった（多種多様なイスラム候補者たちは、圧倒的多数でなくともそこそこの多数票を集めたことをあとで知った)。また一九八九年、エジプトのカイロ大学英文科で一時間、帝国主義にかわる文化的実践としてのナショナリズムや独立運動や解放運動について講演したとき、わたしは「神学的な選択肢《セオクラティック・オルターナティヴ》」について問われた。そのときわたしは質問者が「ソクラテス的な選択肢《ソクラテック・オルターナティヴ》」について質問していると勘違いして答弁したため、すぐにあやまちを正された。質問者は英語が達者な、顔をヴェールで覆った若い女性だった。彼女は、わたしの反聖職者的かつ世俗的な姿勢を憂慮していたのだが、わたしはそれに気づかなかったのだ(まあそれでもわたしは批判に対して勇躍立ち向かっていったのだが)。

いま英語は、いっぽうで高いレヴェルの文学的教養をめざし、精神の脱植民地化(とグギ・ワ・ジオンゴがいうもの)を、英語の批判的使用によって実現しようとする人びとによって学ばれつつも、それとはきわめて異なる目的意識をもった共同体と共存し、およそ魅力にとぼしい関係をつくりあげている。英語は、それが、かつて支配者であり統率者であった者たちの使う言語であった地域において、前よりもはるかに希薄なものとなり、ことごとく道具的な特徴ないし属性しかもたない機能言語となるか、より広大な英語圏と多種多様な暗黙のつながりをもつ外国語として存在するかのいずれかとなったのだが、組織化された宗教的熱狂が蔓延するあなどりがたい現実のなかで、いま英語は、押しつぶされまいとがんばっている状況なのだ。イスラムの言語とされるアラビア語は、ゆるぎない文学共同体と高い格付けをほこる言語であるため、英語は低俗で無味乾燥な希薄な言語に貶められているのである。

ほかの文脈においては英語が顕著な卓越性を獲得し、英語による文学的・批評的・哲学的実践によって支えられた多くの興味ぶかい新たな共同体が誕生している時代において、英語がこのようにこれまでになく従属的な立場に甘んじている状況の意味を考察するために、思い出していただきたいのは、イスラムの聖職者と俗人の権威者双方の頂点にいる者が、サルマン・ラシュディにむけて、その小説『悪魔の詩』* ゆえに宣言した禁書令や追放令や脅迫に対し、イスラム世界が唖然とするような黙認の姿勢を示したことである。わたしはイスラム世界全体が黙認したというつもりはないが、ただ、その公的な代理人や代弁者たちが、大衆のほとんど誰もが読んでいない本について、かかわりあいになることを、やみくもに回避したり、熱烈に拒否したりしたと言いたいのだ（もちろんホメイニの〈ファトワ〉*はたんなる拒絶以上の大きな意味をもっているが、イランの立場は、イスラム世界全体においてかなり孤立したものではなかったか）。その小説が、おおむね西洋人とおぼしき読者にむけ、イスラムについて英語で語ったということが、主たる罪であった。しかし同じく重要なこととして指摘しておきたいのは、『悪魔の詩』事件に対する英語圏の反応の特徴として、ふたつの要因を指摘できることだ。ひとつは、イスラムに対する、用心ぶかいいくぶん腰の引けた非難の判で押したような性格である。宗主国の作家や知識人にとっては毒気のない政治的には正しいと思われる大義名分に、全員が歩調をあわせたわけだ。このとき、アメリカの同盟国（モロッコ、パキスタン、イスラエル）であれ、反アメリカのいわゆる「テロリスト」国家（リビア、イラン、シリア）であれ、こうした国々で暗殺されたり投獄されたり発禁処分にあった多くの作家たちについては、ほとんど語られずじまいだった。そして二番目に指摘できるのは、ひとたびラシュディ支援とイスラム非難の儀礼的大合唱が起こると、あとはイスラム世界全体についても、またそこに生きる作家たちの状況についても、それ以上に関心が払われることはなかったことである。ほんとうなら、はるかに大きな熱意とエネルギーが、イスラム世界における著名な知識人や文学者（マハフーズ、ダルウィーシュ、ムニフら）との対話についやされてしかるべきだったのだ。彼らは、グリニッジ・ヴィレッジやハムステッドといった場所よりもはるかに過酷な状況のなかで、ラシュディをしばしば擁護（そして攻撃）していたのである。

いま、合衆国によって支配される世界英語圏に寄り添うか部分的にその内部に存在する新しい共同体や国家のなかに、かなり有意義な歪曲物が生まれている。ちなみにその歪曲物には、英語文化圏の文章表現に、特異な、しかも問題ぶくみのアイデンティティを付与している異種混淆的な声や多種多様な言語やハイブリッドな形式がふくまれる。さて近年登場してきた、「イスラム」と呼ばれる瞠目すべき鋭利な構築物こそ、まさにそうした歪曲物のひとつであった。ほかにも「共産主義」とか「日本」とか「西洋」が、それぞれ独自なスタイルとか、言説のレパートリーとか、さらにおびただしい普及のための機会というものを誇っている。こうした巨大なカリカチュア的本質主義的決めつけによって牛耳られている広大な領域をマッピングするなかで、わたしたちが適切に評価し解釈できるのは、逆に、より小規模な教養ある人たち、それも非理性的な論陣をはって一致団結するのではなく類似性や共鳴や共感によってむすびついている人たち、そうした人たちから生まれるささやかな文化的成果なのである。

反植民地主義陣営において慎重に育まれたネイティヴィズムが理不尽なまでにここまで大規模に成長をとげることを脱植民地化と初期の第三世界ナショナリズムの最盛期に見抜いたり着目した人びとはいなかった。純粋あるいは真正なイスラム、アフリカニズム、〈ネグリチュード〉、アラブ主義などを求めるナショナリストたちの訴えは力強い反応を引き出したが、そうしたエスニシティや精神的本質を掲げることで、そのあとにつづく成功した追随者たちが高価な犠牲を払わねばならないような、しっぺ返しが生ずることを、このとき正しく意識した者はいなかった。それでも意識していた数少ない人物のひとりにファノンがいる。彼は、脱植民地化運動のような大きな社会政治運動にとって、歯止めのきかない民族意識がいかに危険かを説いていた。ほぼ同じことが、歯止めのきかない宗教意識の危険性についてもいえる。かくしてムッラー〔イスラム教団における律法学者の尊称〕が、大佐が、一党独裁体制が、国家安全保障の危機を、また権力基盤としての革命国家のゆらぎを抑える必要性を説いて、帝国主義という、ただですらわずらわしくやっかいな遺産に、さらに新たな問題を負わせることになった。

いまや、そうならなかった国家や体制を名指すのがむつかしいほど、どのような国家も体制も、新たな脱植民地化後の国際関係に、思想的かつ歴史的に積極的に関与している。スローガンは国家の安全と分離主義的アイデンティティである。権威ある人物――支配者、民族の英雄や殉教者たち、大御所的な宗教権威筋――の威を借りて、新興勢力の政治家たちは、まず最初に、国境の確定とパスポートを要求するようだ。かつては民族の想像的な解放――エメ・セゼールのいう「新しい魂の創出」――となるはずであったもの、植民者という主人に簒奪された精神的領域の果敢かつ隠喩的なマッピングとなるはずであったもの、これらがあれよというまに、国境検問所と地図と国境地帯と政治勢力と関税障壁と為替相場からなる世界システムに翻訳され回収されたのだった。この暗澹たる状況に対するもっとも精緻で悲痛なコメントはバジル・デイヴィッドソンがアミルカル・カブラルの遺産について懐古的に考察した文章のなかに見いだせる。解放後に何が起こるだろうかという、これまで問われてこなかった問いを先取りしながら、デイヴィッドソンはこう結論づける。これまでになく深刻な危機が新帝国主義をもたらし、プチブルジョワたちを支配者に据えるのだ、と。けれども、とデイヴィッドソンはつづける、こうした一連の

改革的ナショナリズムはみずからの墓穴を掘りつづけている。墓が深くなるにつれ、支配層の人びとは、墓のへりから頭をだしておくのがますます困難になる。外国の専門家たちや未来の専門家たち、彼らはきわめて快適な生活がおくれる（また快適にしてくれる）給料をもらっているのだが、彼らが荘重な合唱のなかで歌うレクイエムの曲にあわせて、葬儀はすすむ。国境はここにある、国境は神聖不可侵だ。結局、これ以外に、支配エリートたちの特権と権力を保証できるものがあるのだろうか？　ということ

になる。(29)

チヌア・アチェベの最新の小説『サヴァンナの蟻塚』は、こうした意気消沈させ幻滅させる光景をいやというほど見させてくれる小説である。

デイヴィッドソンはこの暗澹たる記述をすこしやわらげようと、「植民地時代から受け継がれてきたこのかたくなさに対する」人民自身による「解答」と彼が呼ぶものを指摘する。

この問題について諸民族が考案した解答は、彼らが地図のうえのこうした国境線をたえまなく移動したこと、あわせて密輸業にたずさわったことに見てとれる。そのため「ブルジョワのアフリカ」は、その国境を堅固にし国境パトロールを強化し人間と物品の密輸を激しく弾劾したけれども、「人民のアフリカ」はまったくべつの方向をめざしているのである。(30)

この大胆不敵な、しかし、しばしば高い犠牲を払う、密輸と移民との合体物の、文化的領域における相関物はというと、もちろん、わたしたちになじみのものである。たとえば最近ティム・ブレナンの洞察力ある分析のなかでコスモポリタンとして言及された新しい作家たちのグループである。(31) そして国境横断のみならず移住に典型的にともなう喪失と興奮が、ポストコロニアル時代の芸術における主要なテーマとなっている。

こうした作家たちやテーマについて、それが新しい文化的混淆物になっていることをわたしたちは指摘してよいし、また全世界にみられる地域固有の芸術作品を、賞賛とともに指摘してもよいのだが、わたしたちはこうした文化的混淆物を、もうすこし魅力の乏しい、とはいえ私見ではもっと現実的でもっと政治的な観点から、考察してみるべきではないだろうか。たとえばわたしたちは、サルマン・ラシュディの作品の題材ならびにその成果を、英語圏文学内部における重要な形成物の一部として賞賛をこめて語るべきだが、同時に、それが厄介者扱いされていること、美的に価値のある作品が、脅威的・恐喝的で、徹底して反文学的・反知的な形成物にのみこまれるかもしれないという点も留意すべきなのだ。『悪魔の詩』が一九八八年に出版される以前、ラシュディはそのエッセイと初期の小説によって、英国の読者にはとうに問題のある人物だった。けれどもイギリスならびにインド亜大陸にいる多くのインド人やパキスタン人にとってラシュディは彼らが誇る有名作家であり、移民の権利の代弁者であり、ノスタルジックな帝国主義に対する辛辣な批評家であった。ところが〈ファトワ〉後、彼の地位は劇変し、かつての崇拝者たちにとっては呪われた人物となった。彼はかつてはインド・イスラムの実質的な代弁者であったのに、イスラム原理主義を挑発した——これによって、芸術と政治とのあいだにのっぴきならない、いつ暴走してもおかしくない危険な複合が存在していることが立証された。

「文化の記録であって、同時に、野蛮の記録でないものはない」とヴァルター・ベンヤミンは語った。文化と野蛮とのこの暗いむすびつきこそ、今日の文化と政治との興味深い複合が見いだされる場なのだ。この複合は、わたしたちが評価の高い文学テクストを読み議論し考察するとき、わたしたちにはおなじみの解釈というユートピア的作業に対してだけでなく、それ以上にわたしたちの個人的ならびに集団的な批評作業に対しても影響をあたえているのである。

もうすこし具体的に語らせていただきたい。国境を横断し新しい環境での文化変容に身をまかせようとするのは、なにも、疲弊し迫害され財産を奪われた難民だけではない。マス・メディアという巨大なシステム全体もまたそうであり、それはあまねくゆきわたり、国境をかいくぐり、ほとんどいたるところにもぐりこむ。すでに述べたように、ハーバート・シラーとアルマン・マトゥラールの研究のおかげで、わたしたちは、ジャーナリズム的表象の生産と配分が、一握りの多国籍企業によって牛耳られているのを知るようになった。シラーによる最新の研究『文化有限会社』によれば、ただたんにニュース放送だけでなく文化の全部門が、たとえ拡大をつづけてはいてもごく少数の私企業の集団に、侵略され包囲されているのである。(32)

ここから重要な帰結がいくつも生まれる。ひとつは、観念的に、あるいはイデオロギー的に鼓舞された集団の概念――いわゆる想像の共同体概念――がめざそうとしていることすべてを、国際的メディア・システムが現実になしとげてしまったということである。たとえば、コモンウェルス文学〔イギリスの植民地であった国家群の文学〕あるいは英語による世界文学と呼ぶものについて語ったり研究したりするとしよう。わたしたちの努力は実際のところ推定レヴェルの域を出ない。たとえばカリブ海小説とかアフリカ小説におけるマジック・リアリズムを論ずるときには、そうした作品を統合する「ポスト・モダン的」あるいは国民的な磁場の輪郭について言及するか、せいぜいその概略を示すことくらいはするかもしれないが、そうしながらも私たちはそうした作品と作者と読者とが、ローカルな環境に固有なものであること、あるいはローカルな環境のなかで分節化されそこに接続されていることを承知しているし、こうした個々のローカルな環境は通常分離されている――私たちが、いっぽうにニューヨークあるいはロンドンにおける受容の〔カリブ海とかアフリカとは異なる〕対照的状況を、もういっぽうの周辺地域の状況とつきあわせて分析するときには。西洋の四つの主要な通信社の動きかたや、英語を使うテレビ番組の国際的ジャーナリストが世界各地からの映像を選別し蒐集し再放送する様式、『ボナンザ』とか『アイ・ラブ・ルーシー』といったハリウッド製のテレビ番組がレバノン内戦にまではいりこんでゆくさまとかを比べてみると、わたしたちの文学批評のいとなみは小規模で原始的といわざるをえない。というのもメディアのほうは、たんに完璧に統合化のすすんだ現実のネットワークであるばかりか、世界をひとつにむすびあわせるきわめて効果的な〈接合様式《モード・オヴ・アーティキュレイション》〉でもあるからだ。

文化や経済や政治権力を、軍事的・人口的共同作因《さくいん》ともども生産したり接合してしまうこの世界システムは、不適切な多国籍的イメージ群を生産するという制度化された傾向がある。そのイメージ群がいまや国際的社会言説やプロセスを方向づけたりするのだ。格好の一例として一九八〇年代を読み解くふたつのキー・ワード「テロリズム」と「原理主義《ファンダメンタリズム》」をとりあげてみよう。まず言えることは、スンニ派とシーア派、クルド人とイラク人、タミール人とシンハラ族、シーク教徒とヒンドゥー教徒――リストはいくらでもつづけることができる――の政治闘争を分析するとき、(国際的言説によって提供される公共空間においては)最終的に「テロリズム」や「原理主義」のカテゴリーやイメージに訴えることで終わってしまう。実際、そのようなカテゴリーないしイメージは、ワシントンとかロンドンといった帝国中枢における関心あるいは思想的流行からすべからく生じているにすぎないというのに。これらは恐怖のイメージではあっても、特定の差別的な内容とか定義をふくまない。ふくまないが、しかし、そのイメージを駆使する人びとにとって、それは道徳的な力と道徳的合意をもつであろうし、そのイメージによって名指された人びとにとって、それは道徳的後退姿勢や犯罪を意味するだろう。このふたつの巨大な還元的イメージは軍隊を動員したのだが、それと同時にさまざまな共同体を消散させた。ラシュディの小説に対するイランの公式反応、西洋に存在するイスラム共同体におけるラシュディに対する非公式の熱烈な擁護、〈ファトワ〉に対する西洋の公的ならびに私的な憤慨表現、こうしたものはわたしの意見では、これまで記述せんとしてきた威圧的な世界システムによって活性化された全体論理や精密な分節・接合や反応を参照しないかぎり理解できないのである。

かくして、読者の共同体というかなり開かれた環境においても、たとえば読者の関心が新興のポストコロニアル英語文学あるいはフランス語文学にある場合、読者の関心を方向づけたりコントロールするのは、解釈的探求のプロセスでもなければ、共感あるいは文学的直感でもなく、豊富な背景知識を駆使した読解でもなく、それよりもはるかに粗雑で実利的なプロセスであり、このプロセスのめざすものたるや、意見の一致の強制的な達成であり、反対意見の抹消であり、ほとんど文字どおり有無を言わせぬ愛国主義の強要なのである。このような手段をもって、大衆の統制は保証される。そして民主政治とか言論の自由をもとめる大衆の潜在的に危険な野心は、大衆社会――これにはもちろん西洋の社会もふくむ――では抑制される（あるいは麻痺させせられる）のだ。

「テロリズム」と「原理主義《ファンダメンタリズム》」という過度に誇張されたイメージ――あるいは、このふたつのイメージを、悪魔化された外国人勢力を材料にでっちあげられた国際《インタナショナル》的あるいは脱国籍《トランスナショナル》的なイメージ形象と呼んでもよいが――によって誘導される恐怖と怯えによって、支配的規範への個人の従属が加速化される。これは新興ポストコロニアル社会にあてはまるだけではない。西洋社会全体に、またとりわけ合衆国にもよくあてはまるのだ。こうして、このテロリズムと原理主義によって体現された異常性や過激性に対抗すること――ちなみにわたしはささいなパロディを試みるにすぎないのだが――は、とりもなおさず、これまで曖昧に「西洋的」と命名された（またそうでなければローカルな、そして愛国主義を前提とした）思潮《エートス》の、その中庸の美徳、その合理性、その威風堂々とした自信を称揚することである。皮肉なのは、このとき西洋の思潮に対し自信とか確固たる「正常性《ノーマリティ》」――わたしたちが特権とか清廉潔白などとむすびつけて考えているもの――が付与されるどころか、「わたしたち」が正義の怒りや防衛反応を吹き込まれてしまうことであり、この怒りと防衛反応は、最終的に「他者」を、敵それも、わたしたちの文明と生活様式の破壊をねらう敵とみるのである。

強制的な正統思想と誇大妄想のパターンが、いかに権力を強化するのか、それも無自覚的な同意によって支えられた権力、また異議申し立てを認めない原理原則によって支えられた権力を、いかに強化するのか、これがその簡略な素描である。このパターンが、時間をかけ反復によってゆるやかに成就するにつれ、ああ、嘆かわしいかな、いよいよ、その仕上げに、敵となる勢力が命名されて登場するにいたる。かくしてムスリムが、アフリカ人が、インド人が、日本人が、彼ら特有の言語を駆使し、彼ら自身の窮地に立たされた本拠地から飛び出て、西洋を、アメリカ化を、帝国主義を攻撃することになる。しかも彼らの攻撃たるや、かつて西洋が彼らに対して払ってきた精緻で批判精神に富んだ差異化や差別化や分別化など、まったく意に介しない無差別攻撃ということになる。だが無差別攻撃となるとアメリカ人についてもいえる。アメリカ人にとって愛国心は、神にもひとしい地位にまつりあげられている。これは究極的に、無神経な原動力だ。アメリカがしかける「国境戦争」はその目的がいかなるものであれ、かぎりなく貧しいものとならざるをえない。なにしろ、まず最初に人は本源的な集団もしくは制定された集団に参加しなければならない、さもなければ従属的〈他者〉として劣等的な地位を受け入れるか、それとも死を賭して戦わねばならない、というわけなのだから。

こうした国境というのは、本質化運動《エッセンシャライゼイション》の表出形態である――本質化、それは、アフリカ的なものをアフリカ化し、オリエンタルなものをオリエンタル化し、西洋的なものを西洋化し、アメリカ的なものをアメリカ化すること、それも未来永劫にわたって、いかなる変化もうけつけることなく（なにしろアフリカの、アメリカの、オリエントの、西洋の本質は、いっさい変化せぬがゆえに本質としてのみ存在しつづけることができるからだ）――このパターンは古典的な帝国主義とその体制が華やかなりし時代からずっと受け継がれてきたものである。これに抵抗するものはあるのか。明瞭な一例として特定できるのは、イマヌエル・ウオーラーステインが反システム運動《アンチ＝システム・ムーヴメント》と命名したもの――これは、歴史的資本主義の帰結として登場する運動として考えられた――である。(33) この後発的運動は最近では随所にみられるようになり、どれほど筋金入りのペシミストであっても、心動かされないではいられなくなっている。かつての社会主義陣営のあらゆる場所にみられる民主化運動。パレスチナの〈インティファーダ〉。北米と南米をつらぬくさまざまな社会運動・環境運動・文化運動・女性運動。けれどもこうした運動が、それ自身の境界を超えた世界に興味をしめすことは、あるいはそうした世界について一般化できる考察をする柔軟性をもつことはむつかしい。もし、あなたがフィリピンにおいて、あるいはパレスチナにおいて、あるいはブラジルにおいて、体制打倒運動にかかわるのなら、日常的闘争において戦術的・軍事的要請に対処してゆかねばならないだろう。けれどもこの種のいとなみが、たとえ一般理論ではなくとも、共通の言論の下地のようなものを、あるいは地理的比喩でいえば、底流として存在する世界地図を、発展させるとわたしは考える。そこでわたしたちとしても、このどこかとらえどころのない体制打倒運動の雰囲気のようなもの、そしてそこから生まれる戦略について、国際的対抗接続運動として語ることからはじめてもいいだろう。

この対抗的国際運動が求めているのは、いかなる新しい、あるいは斬新な、思想的・文化的政治なのだろうか？(34) わたしたちが、作者や知識人や批評家について伝統的に、またヨーロッパ中心的に規定していた観点において、いかなる重要な変容あるいは変貌があるべきなのか。英語やフランス語は世界言語であり、国境《ボーダー》とか排他的な本質《エッセンス》からなる論理はすべてを巻き込むものであるので、わたしたちが最初になすべきことは、世界の地図には神聖な、あるいは教条的に他から聖別されたかたちのいかなる空間も本質も特権も存在しないことを認めることである。そうしたうえでわたしたちは、世俗的な空間について、また人間的に構築され相互に依存しあう歴史について語ることができるし、そのような空間なり歴史なりは、なにも透徹した大きな理論《グランド・セオリー》に頼らずとも、あるいは体系的な全体化をおこなわなくとも、原理的に理解可能なのだ。本書のなかでわたしが終始一貫して主張してきたのは、人間の経験は、それを解読したり説明するのに特殊な歴史理論ないし特殊な世界観を必要としないくらいに、緻密に文書化され、まぎれようもなく濃密で、容易に接近可能だということである。そしてわたしが語っているのは、わたしたちの世界を探求と問いかけにきちんと答えてくれるものとしてみる方法であり、この探求と問いかけには、魔法の鍵も、特殊な道具も、秘密の技も必要ないのである。

　こうした人文主義系研究には、従来とは異なる刷新的なパラダイムが必要である。研究者たちにできるのは、ただもう無心に、現時点での政治や関心事にかかわることである——目を大きく開き、厳密な分析をめざすエネルギーを失わないこと。そしてまた学問分野あるいは同業組合の存続にのみ関心をもったりせず、「インド」とか「アメリカ」といった便宜的操作的なアイデンティティの存続にも固執せず、さまざまな共同体のなかで共存するために悪戦苦闘することをとおして生活を向上させ、非強制的なかたちで生活を高めることに関心をもつような人間の節度ある社会的価値観を維持すること。こうした営為において必要とされる創意に富む発掘作業を軽視してはいけない。またユニークなオリジナルな本質を探すようなまねはしてはならないし、いわんやそのような本質を復元したり、神聖不可侵な名誉ある場に据えるようなことをするのは論外である。たとえば〈サバルタン・スタディーズ〉がみるインド史というのは、さまざまな階級と、さまざまな階級が提出する認識との進行中の闘争なのである。同じく「英国性」というものに対し、ラファエル・サミュエル編集による『愛国主義』全三巻に寄稿した執筆者たちは、歴史に先立って存在する特性をあたえていないのだが、これはまたバナールの『ブラック・アテナ』において「アッティカ文明」が、超越的な文明の脱歴史的なモデルとしてただ闇雲に供されてはいないのと同じである。

こうした営為の背後にある考えかたとは、正統的で権威主義的で民族主義的かつ制度的な歴史記述が、暫定的で毀誉褒貶相半ばする歴史現象を、公認のアイデンティティなるものに凍結してしまいがちだということである。たとえば一八七六年、ヴィクトリア女王のインド皇帝就任式《ダルバール》に組み込まれた数々の儀礼は、公的に認められたイギリス史を物語るものであったが、そうした儀礼はこぞって、イギリスのインド支配を、ほとんど神話的とすらいえるような長期にわたって存続したものと想定し、インド人の奉仕と忠順と隷属の伝統を儀礼のなかに織り込み、インド大陸全土の脱歴史的なアイデンティティなるものを恭順なるインドというイメージに押し込め、このイメージの背後にイギリスが据えたアイデンティティ・イメージとは、イギリスはこれまで海とインド双方を支配したし、これからもいつもそうあらねばならないというイメージなのである。(35) こうしたことに、公認版歴史記述のほうが汲々とし、アイデンティティ権威体制（アドルノの用語を借りれば）――カリフ統治領、国家、正統的知識人階級、体制――の維持をはかろうとするのに対し、わたしがすでに引用した刷新的な著作群においては、幻想から覚醒し、論争を厭わず、体系的に懐疑を表明する探求姿勢が、複合的でハイブリッドなアイデンティティを否定弁証法のふるいにかけ、そうしたアイデンティティを、さまざまに構築された要素へと分解してしまうのである。公的な言説のなかで流通させられている安定したアイデンティティよりもはるかに重要なのは、特定の解釈法のもつ挑発的な力である。その解釈法の素材となるのは歴史的経験、それも不均衡だが、たがいにからまりあい、たがいに依存しあう、そしてとりわけ、たがいに重なりあう潮流を形成する歴史的経験なのである。

　こうした解釈のもつ挑発的な力を引き出したきわめて果敢な実例は、アラブの文学と文化に対する新たな解釈のなかに見いだすことができる。それを試みたのは現在アラブにおいて指導的立場にある詩人でアドニスのペンネームをもつアリ・アフマド・サイードである。一九七四年から七八年にかけて『静的なるものと変化するもの』を上梓して以来、アドニスがほとんど単独で異議申し立てをしてきた相手とは、いまなお執拗に残存しつづける、硬直化し伝統に呪縛されたアラブ・イスラムの遺産なのだが、この遺産はただ過去から受け継がれてきたというのではなく、過去に関する厳密で権威的な読み直し行為によっても受け継がれてきた。そのような読み直し行為がめざすのは、アドニスによれば、アラブ世界が近代性（al-hadatha）と真の遭遇をはたすことをさまたげることなのだ。アラブの詩法に関する著作のなかでアドニスは、アラブの名詩を字義どおりに厳格に読むことを、支配者の側のいとなみとみなし、これに対して想像的な読解があきらかにするのは、古典的伝統――『コーラン』もふくむ――の中心に存在する価値転倒的で反抗的な潮流が、時の権威筋によって宣告された正統思想とおぼしきものに真っ向からぶつかるさまだという。また彼の論証によれば、アラブ社会では法規制によって権力は批判から守られ、伝統は刷新から隔離され、そうするなかで歴史は、先例それも絶えず反復され強化される先例を基準にして構成される精緻な暗号体に変えられてしまう。このシステムに対抗し、アドニスは批判的モダニティのもつ解体力をぶつけてくる――

権力側の人間は、体制文化に従順な思考を拒む者を「刷新の人びと」（ahl al-ihdath）と命名し、この異端の訴状をもって、そのような人びとをイスラムの同胞関係から排除してきた。このことから、古代の詩法を破った詩を語るのにつかわれる用語 ihdath（近代性）や muhdath（近代、新しい）が、もともとは宗教用語であったことがわかるだろう。またさらにここからわたしたちには次のことがみえてくる。詩において近代的なるものは、支配体制側にとっては、体制文化に対する政治的・思想的攻撃であり、古代の理想的な諸規範の拒否としてうつるのであり、そのため、アラブの生活において、詩的なるものはつねに政治的で宗教的なものとからまりあってきたし、これからもそうしつづけるであろうということ、が[36]。

アドニスならびに彼と志を同じくする仲間たちが『マワーキフ〔姿勢〕』誌に発表している作品については、アラブ世界以外ではほとんど知られていないとはいえ、より大きな国際的運動形態の一部としてみることができるのであって、この運動にふくまれるのは、たとえばアイルランドにおけるフィールド・デイ運動に集う著述家たち、インドにおける〈サバルタン・スタディーズ〉グループ、東ヨーロッパにおける反体制的作家のほとんど、またその文化的遺産をC・L・R・ジェイムズにまで遡ることができるカリブ系の知識人や芸術家たちの多く（ウィルソン・ハリス、ジョージ・ラミング、エリック・ウィリアムズ、デレク・ウォルコット、エドワード・ブレイスウェイト、初期のV・S・ナイポール）である。こうした運動や個人のすべてにとって、公認された歴史のもつ陳腐な決まり文句や国粋主義的理想化は、それに付随する思想統制とか自己防衛的な報復といった負の遺産ともども解体されるのである。シェイマス・ディーンがアイルランドのこととして語っているのだが、「アイルランド気質という神話、アイルランド的夢見心地という概念、アイルランド的雄弁さをとりまく概念、こうしたもののすべてが、国民的性格といった観念が発案された十九世紀からずっと、アイルランド文学がとことん頼りきってきた政治的テーマであった[37]」。文化批評をこととする知識人にとってなすべきことは、アイデンティティ中心の政治を所与のものとして受け入れるのではなく、いかにしてすべての表象が、いかなる目的によって、いかなる人物によって、いかなる構成要素によって、構築されているかを立証することなのである。

これは容易なことではない。これをされると困るというので、警戒し防御一辺倒の姿勢が、アメリカの公認イメージ《オフィシャル・イメージ》づくりにはいりこんだ。なかでも、国民の過去《ナショナル・パスト》の表象においてこれが顕著である。たしかに、どのような社会もどのような公認の伝統も、神聖なものとされた物語《ナラティヴ》をかかげることによって、他者による干渉からみずからを守ろうとする。時を重ねるうちに、そうした物語は、ほとんど神学的な地位にまでのぼりつめ、そこにある創始者となる英雄たち、固有の思想や価値観、国民のアレゴリーなどが文化的・政治的生活に測り知れぬ影響をあたえることになる。そのような要素のうちふたつ――すなわち開拓者社会としてのアメリカと、民主的実践を直接反映するものとしてのアメリカ的政治生活――が、最近、検証され、その結果、かつてなかったほどの激しい論争をひきおこしている。どちらの要素に関しても、それらに対する批判的観点を受け入れるかどうかについて、知識人自身によって真摯かつ慎重な検討作業がおこなわれたものの、けっして満足のゆくものではなかった。むしろ権力側の規範を内面化しているテレビのキャスターのように、知識人たちは公認の社会的アイデンティティの規範を内面化して、それを疑うことはしなかったからである。

たとえば一九九一年、〈ナショナル・ギャラリー・オヴ・アメリカン・アート〉での展示「西部《ウエスト》としてのアメリカ」を考えてみよう。このギャラリーはスミソニアン協会《インスティチュート》の傘下にあり、連邦政府によって部分的に維持運営されている。さて展示説明によれば、西部の征服と、それにつづく西部の合衆国への同化吸収は、従来、英雄たちの織りなす社会改良物語へと変形加工されてきたが、この物語によって、征服の実際の過程や、アメリカ原住民の殺戮と環境破壊についての、多面的な真実が、偽装されたり、ロマン化されたり、そうでなければ、一方的に抹消されてきたのである。たとえば十九世紀のアメリカ絵画におけるインディアンは、高貴で誇り高く瞑想的なイメージで描かれているのだが、その絵画と同じ壁面に掲げられた説明文のほうは、白人の手でアメリカ原住民がいかに徹底して賤しめられてきたかを記述しているのである。このような「脱構築」は、アメリカ議会の議員たちの怒りをかった。彼らが実際に展示を見ていたか否かにかかわらず。彼らは、その展示の非愛国的あるいは非アメリカ的な偏向とみえたものを、容認しがたいもの、それもとりわけ連邦機関が展示するにふさわしくないものと考えた。大学教授、識者、ジャーナリストたちが、その展示を、アメリカの「ユニークさ」に対する悪意ある侮辱だと考え攻撃を加えた。ちなみにその「ユニークさ」とは、『ワシントン・ポスト』紙のあるライターの言葉を借りれば、「建国における希望と楽観主義、その博愛の約束、その政府を維持しつづけてきた努力[38]」なのであった。このような見解に対して異議をとなえた事例はほんの一握りしかなかった。たとえばロバート・ヒューズは『タイム』紙（一九九一年五月三十一日号）において、展示された作品群を「絵の具と石材で表現された建国神話」として擁護した。

この国家起源物語には、同種の物語と同様、捏造と歴史と自己尊大化からなる奇妙な混合物がはいりこんでいるのだが、この点は排除された――、アメリカにとってふさわしくないという半ば公認のコンセンサスによって。逆説的なことだが、合衆国は、多民族文化からなる移民社会であるにもかかわらず、その公的言論においてはみずからを、汚《けが》れと無縁の国それも無垢なるものが勝利をおさめるという神聖不可侵な国家物語を中心に据えた統一体であると、思い描いてきた。事態を単純かつおめでたいものにしておこうとするこのいとなみは、合衆国が他の社会や民族と関係をもっても、それに染まらぬようにはたらきかけるものであり、そうすることで合衆国の孤立と島国性を強化しているのだ。

そこでいまひとつ物議をかもしだした異常な例として、一九九一年に公開されたオリヴァー・ストーン監督の、映画としては重大な欠陥のある『ＪＦＫ』をめぐる論争をあげることができる。この映画が前提としているのは、ケネディ大統領暗殺は、ヴェトナムでの戦争を終結させようとした大統領の政策に反対するアメリカ人によって計画された陰謀ということだ。なるほど映画そのものはむらがあり混乱しているし、またストーンが映画を製作した主たる理由は商業的なものであったかもしれない。しかしだからといって、なぜかくも多くの文化的権威の非公認の代行者たち——信頼性の高い新聞、体制側の歴史家や政治家たち——が、映画を攻撃しなければと考えたのだろうか。非アメリカ人であれば、たとえば、全部とはいわなくともほとんどの政治的暗殺というのが陰謀によるものであること、なぜならそのように世界は動いているのだから、ということを、出発点となる前提としてなんの造作もなく認めている。ところがアメリカでは「われわれ」は、新しく、より良い、そしてもっと無垢な世界を代表しているという理由から、自国で陰謀が起こることを、ありとあらゆる印刷物によって否定しにかかる識者たちの大合唱が生まれるしまつなのだ。そのいっぽうで、公式に認可された「外国の悪魔たち」（カストロ、カダフィ、サダム・フセインら）に対してアメリカが公式の陰謀をめぐらし暗殺を試みてきた証拠はごまんとある。対外的陰謀とアメリカ国内の陰謀とを結びつけるような議論はついぞおこなわれなかったし、このことを想起せよという呼びかけはなされたことがない。

ここから必然的に一連の重要な帰結が導きだされる。もし主要な、もっとも公的な、もっとも強力な、もっとも強圧的なアイデンティティというものが、国家のアイデンティティ、それも国境と関税と支配政党と公的機関をもつ国家のアイデンティティならば、そしてまたそのようなアイデンティティに対しては、つねに批判と分析のふるいをかける必要があると知識人たちが考えているのなら、他の同様なかたちで構築されたアイデンティティも、これまた同様の探求と問いかけの対象となる必要があると、当然のことながらいわざるをえない。たとえば、文学研究者や文化研究者を育てるための教育は、おおむね、さまざまな分類項目ごとに組織されている——創造者である作家、自己充足的かつ自律的なものとして作品、各国文学、ジャンル別文学、というように。こうした分類はいまやほとんどフェティシュ的な存在にすらなっている。そうした状況にあるわけだから、いまさら、個人個人の作家なり個々の作品なりは存在しないとか、フランス文学や日本文学やアラブ文学は別個の文学ではないとか、ミルトンやタゴールやアレホ・カルペンティエールはごく些細な変奏のもとに同じテーマを奏でているにすぎないと議論しても、頭がおかしいと思われるだけだろう。もちろんわたしは、たとえばディケンズの『大いなる遺産』に関する論文と、ディケンズの実際の小説『大いなる遺産』とが同じであると論ずるのでもない。ただ、わたしがいいたいのは、「アイデンティティ」は、存在論的にみて所与の、永遠に確定された安定したもの、ユニークなもの、還元不可能な性格、特権的な地位といったものなどを本来的かつ自発的にまとまり完成されたものとして、必ずしも意味するわけではないということだ。私は小説を選択の産物と解したい。小説のその書きかたは、多くの他の書きかたがあるなかから選択されたものと考えたいし、執筆活動を複数ある社会的様式のなかのひとつとして考えたいし、文学というカテゴリーを、さまざまな世界内的な目的――この目的のなかには美的目的がおそらく主要なものとしてふくまれる――に奉仕するべく創造されたものと考えたいのである。したがって国家とか境界に積極的に疑問をなげかけるような作品の作者たちの、体制攪乱的で問いかけ的な姿勢のなかで焦点を絞るべきは、たとえばある文芸作品が、いかにして作品としてはじまるのか、いかにして政治的・社会的・文化的状況からはじまるのか、いかにしてある種のことをはじめ、ほかのことをはじめないのかという問題なのである。

近代における文学研究の歴史と密接な関係にあったのは、文化ナショナリズムの発達である。この文化ナショナリズムの目的は、第一に、国民文学の正典を選別し、次にその優越性と権威と美的自律性を維持することだった。実際、普遍的な領域に敬意を表して国民的差異を超越するものをめざすかにみえる文化全般に関する議論においても、階層秩序やエスニックな優劣（たとえばヨーロッパ的と非ヨーロッパ的とのあいだにみられるような）が守られているのだ。このことは十九世紀のマシュー・アーノルドだけでなく、わたしが尊敬する二十世紀の文化批評家やフィロロジー（文献学）系批評家――アウエルバッハ、アドルノ、スピッツァー、ブラックマー――にもあてはまる。彼ら全員にとって彼らの文化がある意味で唯一の文化なのである。その文化を脅かすものは、おおむね、内側にあり――たとえばそれは、現代人にとって、ファシズムであったり共産主義であったりする――、そして彼らが信奉するのがヨーロッパ的ブルジョワ人文主義である。このブルジョワ的人文主義についていえば、〈教養《ビルドゥング》〉を習得するのに必要な姿勢《エートス》や厳格な訓練も、それが要求する並はずれた学問研鑽も、いまは消滅している。たとえときおり過去の学問伝統を賞賛し懐かしむ声が聞こえるとはいえ。ともあれ、いま現在の批評作品は、たとえばアウエルバッハの『ミメーシス』のレヴェルにあるような作品には、どうころんでもなりようがない。いま現在、ヨーロッパ的ブルジョワ人文主義にかわって、基本的前提となるものを提供しているのは、ナショナリズムの残滓ならびにナショナリズムから派生したさまざまな権威であり、それと連携するかたちで専門分化現象――素材を、諸種のフィールドなり下位分類なり専門分野なり許認可分野なりに分断する――が生まれる。美的なるものの自律性という、いまなお生き延びている原理も、なんらかの専門的方法――構造主義や脱構築など――とむすびついた形式主義へと品質低下をきたしてしまった。

これに対し、第二次世界大戦後に、それもとりわけ非ヨーロッパの民族主義的闘争の結果生まれた新しい学問分野のいくつかを瞥見するだけでも、まったく異なる景観と、まったく異なる要請に出会うことになる。いっぽうで、非ヨーロッパ世界の文学を教える教師や研究する学生たちのほとんどが、研究対象のもつ政治性について、最初から考慮にいれることを要求されるのだから。現代のインド文学、アフリカ文学、ラテンアメリカ文学、北米文学、アラブ文学、カリブ文学、コモンウェルス文学についての本格的な研究は、奴隷制度、植民地主義、人種差別に関する議論を抜きにしてはおこなえない。またそうした文学を、それらが植民地以後《ポスト・コロニアル》の社会のなかで置かれている窮地について触れることなく論じたり、宗主国中枢における大学のカリキュラムのなかでそうした文学が周辺化そして／あるいは隷属化されて二次的立場に甘んじている状況にふれることなく論ずるのは、知的にみて責任ある姿勢とはいえないのである。また誰も実証主義や経験論のなかに逃げ込むこともできないし、無自覚に理論武装を「要求」することもできない。ところが他方、だからといって、「他者」としての非ヨーロッパ文学を、それも権力や政治との世俗的な連携がもっと明白な文学に対し、あたかもそれらが、西洋の文学がそうされてきたように、実際には高尚で自律的で美的にみて独立し自己充足的であるかのように「敬意」をもって接し研究できると主張するのもまちがいである。黒い皮膚に白い仮面をつけるという考えかたは、政治の分野におけると同様、文学研究の分野においても、もう役にたたないし、尊ばれるべきものでもない。見栄の張り合い《エミュレーション》と物真似《ミミックリー》では、先が知れているのである。

汚染というのはここで使うべきではない悪い言葉ではあるが、それに似た考えかた、すなわち文学や、さらには文化全般を雑種的《ハイブリッド》（ここでいうハイブリッドとはホミ・バーバが主張する複雑な意味を踏まえている[39]）と捉え、かつては外在的要素とみなされてきたものに文化が絡め取られたり巻き込まれたり重ねあわされたりしているとみなす考えかた――これこそが、今日の革命的な諸現実を的確に表現するまさに本質的な考えかたであると、わたしには思えるし、この考えかたを踏まえるなら、世俗の世界におけるさまざまな競合関係が、まさに挑発的なかたちで、わたしたちの読んだり書いたりするテクストを支えていることがみえてくる。わたしたちは直線的な発展あるいはヘーゲル的超越を強調するような歴史概念に縛られることはないし、同じく、大西洋世界を中心化し、非ヨーロッパ地域には先天的かつ、さらには逸脱的ですらある周辺性を割り振るような地理的あるいは領土的前提を容認することもない。もし「英語圏文学 Anglophone literature」とか「世界文学 world literature」といった新形態がなんらかの意味をもつとすれば、それは、そうした概念が、今日におけるその存在と現実性によって、さまざまな競合関係と継続的な闘争を証しだてるものになっているからであり——この競合と闘争の存在によって、文学はテクストであるだけでなく同時に歴史的経験でもあるというかたちで出現しているのだが——、またそうした概念が、文学創造と文学研究の場に君臨しているナショナリスト的偏向に対し、またさらに宗主国の西洋文学を考えるときにこれまで習慣的であった超然たる孤高性か中立性といった姿勢に対し、正面から異議を申し立てるからである。

　文学経験は、たとえいくら国境が定められていても、またいくら強制的に制定された国民的自律性が存在していても、たがいに重なりあい、相互に依存しあうのであって、この現実的な新形態をわたしたちがひとたび受け入れるなら、歴史も地理も、新しい地図として、新しくはるかに流動的な実体として、新しいタイプの関係性として、生まれ変わるはずである。故国喪失《エグザイル》は、強制退去させられ国籍を失うという、いまではほとんど顧みられない不幸な者たちの特殊な運命であるどころか、規範《ノーム》に近いものに変貌をとげる。それは、どれほどの喪失をともなおうとも、どれほどの悲しみが生まれようとも、それらを承知し登記したうえで、境界を横断し新たな領域の地図づくりを敢行し、正典作品中心の古典的閉域に挑戦することなのだ。新たに変革をとげたモデルやタイプが、古いモデルやタイプと角つきあわせる。文学の読者や作家たち——文学そのものはその不易の形態を失い、ポストコロニアル経験の証言なり修正なり記録を受け入れるため、いきおい潜伏生活記や奴隷物語や女性文学や投獄記なども文学にふくまれることになる——は、もはや孤高の詩人なり学者のイメージに縛られることはないし、またアイデンティティや階級やジェンダーや職種において安定したり停滞したり国民的なものにも縛られることはなく、そのかわりにパレスチナあるいはアルジェリアにおけるジュネとともに、ロンドンにおける黒人男性としてのタヒブ・サーレフとともに、白人世界におけるジャメイカ・キンケードとともに、インドやイギリスにおけるラシュディとともに、考え経験することができるのである。

わたしたちが拡張せねばならないのは、いかにしてそして何を読み書くべきかという問いを提起し解答するときに考慮に入れるべき地平そのものである。エーリッヒ・アウエルバッハが晩年の論文のひとつで述べたことをここでパラフレーズすると、フィロロジー（文献学）という学問にとっての故郷《ホーム》とは世界であって、特定の国家でもなければ、いわんや作家個人ですらない。これが意味するのは、わたしたち文学研究の専門家は、ここで一連のやっかいな問題を考慮すべきだということだ——たとえ問題がどれほど人気のないものであっても、また考察が誇大妄想のそしりを免れないとしても。というのも、マスメディアの時代、また合意の大量生産（とわたしが呼ぶ）時代において、たとえどれほど底抜けの楽天家の妄言とみなされようとも、いくつかの芸術作品、それも人文学的にも専門的にもあるいは美的にも有意義とみなされている芸術作品を注意深く読み解くことは、ごくわずかの公的な反響しか呼ぶことのない私的な活動以上のなにかになりうると考えたいのだ。テクストはさまざまな現れかたをする。テクストは大小さまざまな環境と政治に縛られていて、その解明には慎重な配慮と批評行為を必要とする。もちろん誰もすべてのものを精査できない。ちょうどいかなる理論もテクストと社会とのつながりをあますところなく説明もしくは考慮できないのと同じように。しかしテクストを読んだり書いたりすることはけっして中立的な活動ではない。その作品が芸術作品であろうが娯楽作品であろうが、そこには関心、権力、情念、快楽が付随する。メディア、政治経済、大衆社会機構——要するに世俗的権力を複写し、国家の影響下にあるもの——は、わたしたちが文学と呼ぶものの一部なのである。そして、いままさに、女性による文学を読まずして、男性による文学を読むことができないことが確かなように——文学の形態はすでにかくも変貌をとげたのだが——、宗主国中枢の文学を考慮することなく、周辺地域の文学を扱うことはできないのもまた確かなのである。

民族派各派によって、あるいは体系的理論派各派によって提供された部分的分析にかわって、わたしが提唱してきたのは対位法的方向性をもつグローバルな分析であり、この分析ではテクストや世俗的制度が協働するものとみなされる。たとえばディケンズやサッカレーをロンドンの作家としてだけでなく、彼らの歴史的存在が――彼ら自身が自覚していたように――インドやオーストラリアの植民地事業によって支えられている作家としても読むということであり、コモンウェルスに属する特定の国の文学は、他のコモンウェルス文学と関係づけて読むことにもなる。分離派あるいはネイティヴィストのいとなみは、わたしにはもう先がないように思える。文学をとりまく環境の新たなそして拡大した意味を考えるにつけても、文学をたったひとつの本質なり、たったひとつの別個の思想なりに帰することはもうできなくなった。とはいえ、このようなグローバルな、対位法的な分析について留意すべきは、交響《シンフォニー》を基盤として分析を立ち上げるのではなく（そのような立ち上げこそ、初期の比較文学の考えかただった）、無調のアンサンブルを基盤として立ち上げるということだ。わたしたちが考慮すべきは、あらゆる種類の空間的もしくは地理的かつレトリック的実践――屈折、限界、拘束、侵略、包含、禁止といったかたちをとる――であり、こうしたものすべてが複雑かつ不均衡な地勢図を解き明かすことになる。才能ある批評家の直感的な統合、それも解釈学的あるいはフィロロジー的解釈（その原型はディルタイの解釈学に遡る）が積極的に提出してきたタイプの統合は、いまもなお価値があるのだが、しかしわたしには、いまよりももっとのどかな時代を思い起こさせる、いたましい名残のように思えてならない。

ここからふたたび政治の問題へと、わたしたちは立ち返る。いかなる国といえども、何を読み、教え、書くのかということに関する論争からまぬがれてはいない。わたしがしばしばアメリカの理論家たちをうらやましく思うのは、彼らにとっては、現状を根本からひっくり返すような懐疑と、現状に対する全面的な恭順の姿勢とが、選択肢となっていることだ。わたしはどちらの選択肢も選択肢とは思わない。おそらくわたし自身の歴史と状況とが、そのような贅沢で、われ関せずの、自己充足的な両極端の二者択一を許してくれないからだろう。おまけに、たとえば文学に関しても、実際のところ良い文学もあれば、悪い文学もあるとわたしは信じていて、こと文学にかぎれば、わたしはテレビを見ることよりも古典を読むことのほうに救済的な価値があるとまで文学を尊いものとは考えていないが、わたしはほかの誰よりも保守的で、古典を読むことによって精神の訓練をし、感性や意識を潜在的に高めることができると考えている。問題は、わたしたちの無味乾燥で単調な日常的いとなみ、つまりわたしたちが読者として作家としておこなっていることが、何をめざしているのかということにおのずと収斂するだろう。たしかに専門中心主義や愛国主義は役に立たないとしても、他方、終末的な根源的変革を待ちのぞむこともまた同じく役立たないからだ。わたしがつねに立ち返る考えかたというのは——それも割り切ってまた理想主義的に立ち返るのは——強制的な支配に断固反対するか、その支配を緩和すること、現実の負担のいくつかを合理的かつ分析的に解除せんとすることで現在の状況を変革すること、さまざまな文学作品を相互関係のなかに歴史的存在様式を考慮して位置づけようとすることである。わたしが言わんとしているのは、わたしたちのまわりで起こっている新形態や変貌のおかげで、読者や作家たちは、いまや、世俗の知識人であり、その役割のもつ記録保持的・表現的・錬成的・道徳的責任を負っているのである。

アメリカの知識人にとっては、さらにもっと多くのことがここに関わってくる。わたしたちを形成したのは、わたしたちの国だが、この国はいまや巨大なグローバル的存在と化しつつある。ここで深刻な問題となるのは、ポール・ケネディの著作——大帝国はことごとく拡大しすぎたがゆえに凋落の一途をたどるということを論証したもの[40]——と、ジョウゼフ・ナイの著作——その著『指導する運命を背負って』〔邦訳題『不滅の大国アメリカ』〕の新たな序文ではナンバー・ワンたらんとしたアメリカの帝国主義的な主張、とりわけ湾岸戦争後に顕著となった主張が、くりかえされているのだが——との対立である。歴史的証拠をみるかぎり、ポール・ケネディのほうに分がありそうだが、ナイもまた愚かではないので、「合衆国政権にとって二十一世紀に問題となるのは、あらたなヘゲモニーを求める国の出現ではなく、多国籍的相互依存関係の出現であろう」(41)ということを理解することはできる。だがそのくせナイは、こう結論するのだ、「合衆国は、未来を成型するというもっとも偉大な能力をもつ最大かつもっとも富んだ超大国としてとどまりつづける。そして民主政治において、選択は国民の手にゆだねられる」(42)。けれども問題は、「国民」が権力に直接アクセスできるのかということである。あるいは、権力に関するそのような提示法は、従来とは異なる分析を要請するようにあらかじめ組織され文化的に加工されているのか。

この世界における仮借なき商品化と専門細分化について語ることこそ、わたしが思うに、新たな分析に組織的に着手することにほかならない。なにしろアメリカにおいてはエキスパート・専門職に対する批判ではなく崇拝が、文化的言説のなかにヘゲモニーを確立するにいたるまで蔓延し、そしてさらにヴィジョンだの意志だのの大言壮語が幅をきかせているのだから。そもそも人間の歴史において、ある文化からべつの文化へ、かくも大々的に権力と思想の介入がおこなわれたためしはなかったのに、今日、アメリカが世界の残りの地域にむけてそれをおこなっている（この点ではナイはまったく正しい）。この問題については、すこし後でふれる。しかもまた、わたしたちは、わたしたちの真正の（つまり主張されたのではないということだが）文化的アイデンティティという観点からすれば、わたしたちは歴史上これほどまでに断片化され、急激に単純化され、徹底的に哀弱化したことはなかったこともたしかである。なかば責められるべきは、専門分化した分離派的知が爆発的に増殖したことである。アフリカ中心主義、ヨーロッパ中心主義、西洋中心主義、フェミニズム、マルクス主義、脱構築等々。かつては独創的な洞察を力づけ、関心を喚起したものが、いま学校によってその力を奪われ骨抜きにされているのだ。そしてこれを露払いとして準備されるものこそ、国民文化構想の神聖なるレトリックであり、それをよく体現したものは、ロックフェラー財団委託による研究『アメリカ生活における人文学』[43]といった文書であり、もっと最近の、もっと政治的なものとして元教育省長官（ならびに全国人文学基金元会長）であるウィリアム・ベネットのさまざまな諫言であるが、ベネットはただたんにレーガン政権下の閣僚としてのみならず、みずからを西洋のスポークスマンとして、自由世界の先兵として語っていた。ベネットに従えとばかりにアラン・ブルームとその追随者たちが登場した。この種の知識人たちによれば、アカデミックな世界に女性やアフリカ系アメリカ人やゲイやアメリカ原住民が登場することは、つまりこの真正の多文化主義と新知識を身につけた者たちの登場は、「西洋文明」に対する野蛮な脅威にほかならなかった。

「文化の状態」云々といったこの種の長広舌がわたしたちに語りかけるものは何か。人文学は重要で、中心的で、伝統的で、霊感を鼓舞するというだけのことだ。ブルームがわたしたちに読ませたがっているのは、合衆国の大学教育は「エリート」のためのものという持論に沿うべく、ほんの一握りのギリシアの哲学者と啓蒙思想家たちの著作にすぎない。ベネットはさらに、わたしたちは二十ほどの主要なテクストをとおして、わたしたちの伝統を「立ち直らせる」ことで人文学を「持つ」ことができるとまで豪語する――ここでは複数形の代名詞と所有を意味する語調が重要らしい。もしあらゆるアメリカ人学生にホメロスやシェイクスピアや聖書やジェファーソンを読むように要求できたら、そのあかつきにはわたしたちは、申しぶんのない、国民的目的意識に到達できるのである。文化の重要性を力説したマシュー・アーノルドの議論を複製しただけのこうしたエピゴーネンの議論を支えているのは、社会的権威をおびた愛国主義であり、「わたしたちの」

文化によってもたらされるアイデンティティ——これによってわたしたちは大胆かつ自信をもって世界と対決できるのだ——を強化して保存する姿勢なのである。フランシス・フクヤマの勝ち誇った宣告によれば、「わたしたち」アメリカ人は、自分たちを、歴史の終わりを実現する者とみなすということになる。

　これはまた、わたしたちが学んできた文化というものを、なんともまた思い切って限定したものに変えたことだろう——文化のもつ生産力、その多様な構成要素、その批判的かつしばしば矛盾をきたす諸々のエネルギー、そしてとりわけその豊かな世界性、そして帝国主義的征服かつ解放との共犯関係、これらすべてが見過ごされているのだ。また彼らによれば、文化研究あるいは人文学研究はユダヤ・キリスト教的あるいは西洋的遺産を回復することであり、アメリカ原住民の文化から自由になること（ちなみにユダヤ・キリスト教の伝統は、アメリカの初期の歴史において、アメリカ原住民に対して大量虐殺をはかったのだが）、そして非西洋世界におけるユダヤ・キリスト教的伝統の冒険とも縁を切ることなのである。

　けれども多文化的学問は、実際のところ、現代のアメリカの大学のなかに安住の地を見いだしていて、これはもうきわめつけの重要性をもった歴史的事実なのだ。この歴史的事実を、ウィリアム・ベネットはかなりの程度まで、攻撃の目標としているのであり、同じことはディネシュ・デソウザ、ロジャー・キンボル、アルヴィン・カーナンについてもいえる。けれどもまた、きわめてまっとうなこととわたしたちは考えるのだが、近代の大学の世俗的使命は（アルヴィン・グールドナーが記述しているように）、多元性と矛盾とが、その対極にある確立されたドグマや正典化された原則と共存する場たらんとすることであろう。これがいまや、「政治的正しさ《ポリティカル・コレクトネス》」を敵と非難する新保守主義の教条的姿勢によって反駁されているのだ。ネオ保守主義の前提によれば、マルクス主義や構造主義やフェミニズムや第三世界研究をカリキュラムに取り入れたことによって（またそれ以前に、亡命者世代の学者たちの跳梁跋扈を許したことによって）アメリカの大学はその権威の源と思われるものを破壊し、いまや大学「支配」をめざして徒党を組むブランキスト一派に牛耳られたということになる〔ブランキストはルイ・オーギュスト・ブランキに由来する過激な革命家の総称〕。

　皮肉なことに、大学側は、価値転倒的な文化理論を導入しても、それをアカデミックな専門分野のひとつに固定してしまうことで、価値転倒性をある程度まで中和してしまった。いまやわたしたちの前で展開するのは、もとのコンテクストからまったく転移された——引き離されたと述べるほうが的確かもしれない——理論を教師が教えるという奇妙な光景なのだ。わたしはべつのところで、この現象を「旅する理論」と呼んだことがある。[44]大学のさまざまな学科のなかで——とりわけ文学科、哲学科、歴史科のなかで——学生たちに、あなたがたもマルクス主義者に、フェミニストに、アフリカ中心主義者に、脱構築家になれるから、好きなものを、さながらメニューから料理をえらぶときとほぼ同じ心構えで選んでよいのだと信じこませるべく、理論が教えられるのだ。このような無味乾燥化を尻目に、着実に力を伸ばしてきたのが、専門技能を身につけたプロのエキスパートに対する崇拝《カルト》であり、その主たるイデオロギー的責務とは、社会的・政治的・階級的取り組みのすべてが、学問的専門性のもとに吸収されるよう条件づけられることなのだ。たとえばもしあなたが、文学研究を専門とする学者であったり、文化批評家であったとしたら、あなたと現実世界との関わりが、専門分野における活動に従属させられるのだ。同じことを異なる角度から述べれば、あなたは、あなたが属する共同体あるいは社会の一員に対して責任を負うというよりも、あなたと同じ専門の同業者たち、あなたが属する専門部門、あなたの学問に対して、またそうした仲間たちのために責任を負うのだ。労働分化と同じ精神、同じ法則にのっとっているのだが、「外国事情」あるいは「スラヴもしくは中東地域研究」の専門家だけが、その分野に関する発言を独占し、部外者の侵入を阻止するのである。かくして専門知識を、大学から大学へ、出版社から出版社へと渡り歩いて、切り売り、安売りし、売り込み、一括販売する能力はきちんと守られ、その価値も維持され、さらには潜在的能力も高められるのである。このプロセスが国際情勢においてどのようにはたらくかについてロバート・マッコーギイは興味深い研究書を出版したのだが、その本のタイトルがすべてを物語っている。いわく、『国際研究と大学の営為——アメリカ的学問の囲い込みの一段階』[45]と。

わたしはここで現代アメリカのすべての文化実践を論ずるつもりはない——そんなことは夢のまた夢だ。文化と帝国主義とのあいだの関係、それも歴史的にみて合衆国が二十世紀にヨーロッパから受け継いだ関係に、決定的な意味をもった、きわめて影響力のある新現象についてわたしは記述したい。それは外交政策において、今日ほど、専門家が幅をきかせ利益をあげていることはないということだ——しかも今日ほど専門家が公的な圧力や介入から免れていることはない。かくしていっぽうで大学が海外分野の専門家たち（なにしろインドの専門家だけがインドについて語ることができるのであり、アフリカについてはアフリカニストだけが語ることができる）を保守的陣営にとりこみ、そのいっぽうでこうした専門家取り込みをメディアと政府双方がこぞって肯定するというわけだ。このかなりゆるやかな、表立ってあらわれないプロセスが突如として鮮やかに白日のもとにさらされ明晰になったのは、合衆国とその権益が脅かされる海外危機の期間中だった——たとえばイラン人質事件、大韓航空〇〇七便撃墜事件、アキレ・ラウロ事件、リビアやパナマやイラクとの戦争など。そのあげく隅々にいたるまで計画されたとおりのことを寸分たがわず実現するような魔法の呪文に操られているかのように、公共意識はメディアによる分析漬け、畳みかける報道漬けを余儀なくされる。かくして経験の価値は下落する。アドルノはいう——

情報とプロパガンダと論評による戦争の全面的抹消、前線の戦車に乗り込むカメラマンや英雄的死をとげる報道関係者、それに啓蒙的な世論操作と忘却操作との混淆、こうしたものすべてが経験の萎縮に対する、また人間とその運命とのあいだの真空状態――この真空状態のなかで人間の真の運命は消滅してしまう――に対する別名となる。まるで物象化され硬直化し石膏ギプスをはめられた出来事が、出来事そのもののお株を奪ってしまうかのようだ。人間は怪物じみたドキュメンタリー映画のなかの端役におとしめられるのだ。(46)

またさらにアメリカの電子メディアによる非西洋世界に関する報道――ならびにその結果おこる活字文化における変化――が、非西洋世界に対するアメリカの姿勢ならびに外交政策にいかに大きな影響をあたえているかを無視しようものなら、無責任のそしりは免れまい。わたしは一九八一年の段階で次のように論じた(しかも、今日、それは無効になるどころか、ますます妥当性をましているのだ)――メディアの運営履行に対して世論が限定されたかたちでしか反映されていないこと、そしてニュースの報道方法や取材選択を支配するイデオロギーと、現行の政府の政策とのあいだにあるほぼ完璧な照応関係(これこそ資格をもつ専門家集団とメディア運営者とが連携して設定した目標にほかならなかった)、こうしたことによって、非西洋世界に対する合衆国の帝国主義的姿勢はゆるぎないものになるのだ、と。(47)その結果、合衆国の政策は、お上の意志に逆らわない支配的文化によって支持されることになった。第三世界のなかでも、独裁的で民意と離反した体制を合衆国政府が支援しても、またアメリカの同盟者たちに対して原住民反乱がおよぼした暴力とは比較にならないほどバランスを欠いた巨大な暴力を反乱者に対して合衆国が行使しても、そしてまた原住民の正当的なナショナリズムに対して合衆国がつねに敵意を示してきても、支配文化はそれに異議をとなえるどころか、お墨付きをあたえることになったのだ。

こうした政府の姿勢とメディアによって喧伝される世界観とのあいだには正確な一致がみられる。他者の文化の歴史は、それが合衆国にたてつくまでは、無きに等しいのである。外国社会について重要なことのほとんどは、三十秒のニュースコメント、「サウンドバイト」に凝縮されるか、彼らが親アメリカか反アメリカか、自由と資本主義と民主主義に賛成しているか反対しているかという問いに凝縮されてしまう。今日ほとんどのアメリカ人は、彼ら自身の政府がアフリカやインドネシアやラテン・アメリカで何をしているのかということよりも、スポーツについてのほうが専門知識も豊富で議論もできる。最近のアンケート調査によれば高校一年生の八十九パーセントがトロントはイタリアにあると信じているのだ。メディアがお膳立てして、専門家なり評論家なりに「他の」民族に関する意見を求めるとき、彼ら専門家なり評論家は、現在起こっていることがアメリカにとって「よい」ことかどうかを大衆に述べ――「よい」ことは十五秒のサウンドバイトで括られる――、そして政府に行動のための指針を示すことなのだ。あらゆるコメンテイターが、あらゆる専門家が、数分間のあいだ、潜在的に国務大臣と化す。

どのような社会でも文化的言説のなかで規範を内面化することがおこなわれ、意見を述べるときには従うべきルールがあり、「歴史」は、公認のものと非公認なものに区別されるのである。もちろん、こうしたことすべてはあらゆる社会において公的な議論を調整する方法である。ただここでのちがいは、尋常でないスケールの合衆国のグローバルな権力が歴史上前例をみないというだけでなく、グローバルな権力と照応している電子メディアによって創造される国民のコンセンサスもまた歴史上前例がないということなのだ。いままでかつて、これほど抵抗するのがむつかしく、無意識のうちに全面降伏するのがこれほど容易で論理的であるようなコンセンサスというものは存在しなかった。コンラッドはクルツをアフリカのジャングルのなかのヨーロッパ人とみなし、グールドを南米の山地のなかの啓蒙化されたヨーロッパ人とみなし、このふたりに原住民を文明化するとともに抹消もできる能力をみた。この能力が、世界規模に拡大したと思えば、今日の合衆国の権力について理解できる。たとえ合衆国の経済力が下降気味とはいえ。

わたしの分析は、もうひとつの重要な要素について触れなければ不完全なものになってしまうだろう。コントロールとコンセンサスについて語るとき、わたしは意図的に「ヘゲモニー」という言葉を使ってきた。ナイがいくら合衆国はいまそのようなものをめざしていないと語っているとしても。ただ、このヘゲモニーというのは、現在の合衆国の文化的言説と、非西洋の従属世界における合衆国の政策とを一致させるべく順応体制を直接強要するという問題ではない。そうではなくてヘゲモニーとは圧力と拘束からなるシステムであり、このシステムによって文化の総体は、その本質的に帝国主義的なアイデンティティとその方向性とを維持できるのである。このような事情があるため、主流文化は時を超えて、ある種の規則性や統一性や首尾一貫性をもつといっても、あながちまちがいないのである。このことをべつの言いかたでいえば、フレドリック・ジェイムソンのポスト・モダニズム論から用語を借りれば、現代の文化のなかに、あたらしい支配の形態が認められるということだ(48)。ジェイムソンの議論は、消費社会の記述のなかで展開する。それによれば消費社会で中心となる特徴は、パスティーシュとノスタルジアにもとづくかたちで過去との関係が刷新されること、文化的創造物におけるあらたな電子的偶然性の誕生、空間の再編成、多国籍資本の影響などであった。ここにさらに、わたしたちは文化の驚くべき吸収同一化能力を追加したい。文化のこの特徴ゆえに、誰もが、好きなことを発言できる体制になっていても、発言のすべてについて、それが、支配的な主流へ向かうか、もしくは傍流《マージン》へと追いやられるかが、あらかじめ決められているのである。

アメリカ文化における周辺化というのは、ある種の取るに足らぬ偏狭なるものへと追いやられることを意味する。それは主流ではなく、中心でもなく、権力もないものとむすびつけられる些末なる何かを意味する

——要するに、それは、婉曲的に言うと「オルターナティヴな」様式とのむすびつきを意味する。ここでいうオルターナティヴなものとは、いずれ中心的となるか、すくなくとも流行するかもしれないもの、すなわちオルターナティヴな国家、民族、文化、オルターナティヴな演劇、出版、新聞、芸術家、学者、スタイルなのである。いっぽう新しい中心のイメージ——この中心とは、C・ライト・ミルズがパワー・エリートと呼んだものと直接つながっているのだが——が、いまや、印刷文化のゆるやかな内省的で間接的でのろまなプロセスを駆逐し、あわせて印刷文化に組み込まれている歴史階級とか継承された固有性とか伝統的な特権といった慎重かつ頑迷なカテゴリーを壊しにかかっている。今日のアメリカ文化においては重要人物というのが中心に位置している。社長、テレビのコメンテイター、会社重役、有名人など。中心に位置するとはアイデンティティであり、権力をもち、重要で、わたしたちのものなのである。中心とは、両極端の均衡を維持する。それは思想に謙虚と合理性と実践性というバランス要因を付与するだろう。それは中道を固めることになる。

　そしてこうした中心的位置から半ば公認の物語が誕生する。その種の物語は、ある種の因果関係の連鎖を権威付け活性化させ、同時に、対抗物語の発生の芽を摘むのである。そうした物語のなかでもっともありきたりなのが、古くからある陳腐な物語、すなわちアメリカは世界における善の代行者であり、外国勢力の手になる陰謀によってもたらされる妨害行為、存在論的にみて悪辣かつアメリカに「対抗的」なそうした妨害行為と、定期的に渡りあうことになろうという物語だ。かくしてアメリカがヴェトナムやイランにいくら援助しても、かたや共産主義者、かたや原理主義者のテロリストの妨害行為によって堕落したものとなり、あげくのはてに屈辱と苦い幻滅を味わうことになるという次第。また、これとは方向性は異なるが、冷戦時代、勇敢なアフガニスタンの〈ムジャーヒディーン〉（自由戦士）やポーランドの〈連帯〉運動、ニカラグアの

「コントラ」、アンゴラの解放闘争集団、エル・サルバドルの正規兵──「われわれ」が支援した者たちすべて──も、しかるべくわれわれの自由にさせてもらっていたなら、「われわれの」援助で勝利をおさめていたであろうに、国内のおせっかいなリベラルどもが、そして海外の偽情報の専門家どもが、援助するわれわれの力を大きく削いでしまったのだ。「われわれ」が「ヴェトナム症候群」から最終的に解放されるには、湾岸戦争を待つしかなかった。

こうした崇高なまでにお手軽な歴史の簡略版を小説のなかで、もののみごとに屈折させてみせたのが、アレグザンダー・コックバーン、クリストファー・ヒッチェンズ、シーモア・ハーシュらといったジャーナリストたち、そして疲れを知らぬ旺盛な仕事ぶりを誇るノアム・チョムスキーであった。けれども公認の物語はいまもなお力をもち、同じ歴史──それもとりわけヴェトナム、イラン、中東、アフリカ、中央アメリカ、東ヨーロッパの歴史──のオルターナティヴな版を禁止したり、周辺へと追いやったり、犯罪扱いにしているのだ。わたしがいわんとしていることの経験的な具体例を想定してみれば、こうなるだろう。もし、公認の歴史よりも、もっと複雑で、より不連続な歴史を表現する機会があたえられたときに何が起こるかである。あなたは語るべき「事実」を、ゼロから言語を考案するような困難きわまりない事態に直面したようなかたちで、語りなおさなければいけないだろう。それはわたしがすでに論じた湾岸戦争が恰好の事例となろう。湾岸戦争中にもっとも語るのがむつかしかったのは、諸外国の歴史上また現在の社会が、西洋の政治的・軍事的権力の介入に同意しないとしたら、それは西洋の権力に悪しきものが内在しているからという理由ではなく、そもそもそれは内政干渉であるという理由からである。あらゆる文化が実際にどのように振るまうのかについて、このようなどうみても議論の余地のない真実をあえて提示しようものなら、反社会的行為とみなされただろう。多元主義と公正の名においてあなたにいくら発言の機会があたえられようとも、取るに足らぬ事実の羅列、それも極端な、もしくは無関係なと烙印をおされる事実しか語るのを許されないだろう。信頼するに足る容認された物語の助けもなく、語ることに対する確かな保証もないまま、あなたは排斥され沈黙を余儀なくされるように感ずるのだ。

このかなり暗澹たる見取り図を完成させるために、第三世界に関して最終的な所見をいくつか付け加えておきたい。非西洋世界を、西洋におけるもろもろの展開と切り離して語ることができないのは自明のことである。植民地戦争の掠奪行為、反乱をくりかえすナショナリズムと混沌とした支配をつづける帝国主義とのあいだの長引く闘争、絶望と憤怒を養分として肥え太る悪名高き新たな原理主義運動とネイティヴィスト運動、発展途上国を食い物にしてゆく膨張する世界システム——こうした状況はすべて西洋における現実と直接つながっている。いっぽうでは、こうした状況に関する最良の記述のなかでイクバール・アフマドが述べていることだが、古典的植民地主義時代に君臨していた農民および前資本家階級は、新国家体制のもとでは、新階級に、それもしばしば唐突なまでに都市化され、不安定な新階級へと発展的に解消するが、この新階級は西洋の宗主国における、すべてを吸収しつくす経済的・政治的権力とむすびついている。たとえばパキスタンやエジプトでは、論争的原理主義者たちを指導しているのは、農民もしくは労働者階級出身の知識人たちではなく、西洋で教育をうけた技師や医師や法律家たちである。権力を握る少数派が新たな権力構造のなかで新たなゆがみをともなって登場しているのだ。(49) このような病理、ならびにこの病理がひきおこす権力に対する幻滅は、ネオ・ファシストから独裁的寡頭政治にいたる全領域を第三世界に出現せしめ、そのあげく第三世界のなかで議会と民主体制を機能させている国家はごくわずかであるという状況を生んでいる。しかし、またいっぽうで、第三世界の危機は、現在、新たな課題に直面しているのだが、それはアフマドが「型破りの論理」[50]と呼ぶものを広範囲に実践することを示唆している。新しい独立国家は、伝統的な信念を放棄しなければいけないが、その過程で、あらゆる社会、あらゆる信念体系、あらゆる文化実践の相対性と、あらゆる社会、あらゆる信念体系、あらゆる文化実践に内在する可能性とについて認識しはじめている。独立を達成するという経験をとおしてつちかわれたのは「楽観主義——すなわち希望と力の感覚の誕生と普及、また存在しているものは、なにもここで存在する必要はないのだという信念の誕生と普及、さらに人間はやろうと思えば自分の運命を改善できるという信念の誕生と普及……そして合理主義の誕生と普及……計画、組織化、科学知識の使用、こうしたものが社会問題を解決するだろうという前提とその前提の流布——であった」[51]。

3　移動と移住

この新たな支配様式の全般は、強力な中央集権的文化と複雑な企業経済に上から押えこまれた大衆社会時代に発達したのだが、その強力なみかけにかかわらず不安定である。フランスの瞠目すべき都市社会学者ポール・ヴィリリオが述べたように、このような政治組織が基盤とするのは、スピードと即時的コミュニケーション、遠隔地管理、緊急事態の慢性的継続、そして増殖する重大局面によって誘発される危機的状態——そのいくつかは戦争へと発展する——である。このような状況のなか、近代国家の軍事行動において最優先事項となるのが、公共空間のみか現実空間をも速やかに占拠——植民地化——することなのだ。その最たる例が、合衆国によるペルシア湾岸への軍隊の大規模派遣における、作戦遂行の一助としてのメディア利用であった。この傾向に対抗できるものとして、ヴィリリオが示唆したのは、口語の解放（la libération de la parole）というモダニズム的プロジェクトならびにこのプロジェクトと並行関係にあるいまひとつの解放プロジェクト、すなわち変則空間《クリティカル・スペース》——病院、大学、劇場、工場、教会、無人家屋——の解放であった。どちらの場合も、通常定住を禁じられているもののなかにもぐりこむことになり、これは、根源的に侵犯的行為となっている。[52] たとえば、とヴィリリオがあげるのは、脱植民地化の帰結であるような移民労働者や難民や出稼ぎ労働者という立場にある人びとにまつわる事例であったり、大きな人口変動や政治変動の帰結であるような黒人や移民や不法居住者や学生や民衆暴動といった事例である。こうした人びとのありようが、国家の権威に抵抗する現実のオルターナティヴを形成する。

いまからふりかえれば一九六〇年代は、ヨーロッパやアメリカにおける大衆デモ行為（なかでも大学紛争と反戦活動はその最たるものであった）の十年だったとすれば、一九八〇年代は西洋宗主国の外部に大衆反乱が発生した十年であったと、確実に言えよう。イラン、フィリピン、アルゼンチン、韓国、パキスタン、アルジェリア、中国、南アフリカ、実質的にすべての東欧諸国、イスラエル占領下のパレスチナ。いま列挙したのは、もっとも激しい大衆運動の発生をみた地域のいくつかだが、そのいずれにおいても、おおむね武器をもたぬ民間人たちが、長期にわたって君臨してきた政府によって強要された貧困状態や、それまで甘んじてきた専制政治や統制社会に、我慢の限界がきて決起している。もっとも記憶にのこっているのはその対比だった。かたや、抗議者たちの臨機応変の才能と感動的ともいえる象徴行動（たとえば石を投げるパレスチナの若者たち、あるいはダンスを踊る南アフリカのグループ、壁をよじ登る東ドイツの若者たち）。かたや、それと著しい対照をなす当の政府の暴力的な弾圧、あるいは政府の崩壊と不名誉な撤退など。

こうした大衆抗議活動のすべてが、イデオロギー上の大きな差異をかかえこみながらも、果敢に挑戦し疑問をぶつけた対象とは、いかなる統治技術や統治理論においても基本中の基本ともいえるもの、すなわち監禁制度であった。統治されるために、国民は数をかぞえられ、税金を課され、教育をほどこされ、そして規制された場所（家庭、学校、病院、職場）で管理されなければならないが、その規制された場所の究極的な形態を、もっとも単純かつもっとも厳格に代表するのは、ミシェル・フーコーが論じたように、監獄あるいは精神病院なのである。なるほどガザやヴァーツラフ広場や天安門広場に集まった群衆たちはただ一時的なお祭りさわぎにひたっていただけのところはあったかもしれないが、しかし群衆が一定期間監禁から解放され非定住状態となったことの帰結は、一九八〇年代においては、それ以前の時代にまさるとも劣らぬほど劇的であった（そしてまた幻滅的でもあったのだが）。パレスチナ人の解消されない苦境から直接伝わってくるのは、宙に浮いた大義であり、抵抗したがゆえに多大の犠牲を払わねばならなくなった人びとの悲運である。ほかにも例はある。難民や「ボート・ピープル」といった不安定で弱い立場の遍歴者たち、南半球の飢えた人びと、そして西洋の諸都市でクリスマスの買い物客たちを、さながらバートルビー*のごとく執拗に気味悪がらせる貧窮したホームレスの人びと、そしてまた不法滞在者たち、安価な季節労働力として搾取される「出稼ぎ労働者」たち。いっぽうに不満をかかえ、体制に挑戦する都市の暴徒たち、またいっぽうに忘れ去られ配慮もされないまま流動する人びと、彼らに対し、世界の世俗的そして宗教的権威者たちは、新たな、あるいは新種の統治様式を模索した。

　このとき、伝統と国民的・宗教的アイデンティティと愛国主義へ戻れという訴えほど、お手軽で都合よく魅力的なものはほかにないように思われた。大衆文化に語りかける完成されたメディア・システムによって、このような訴えが、増幅され伝播されるにつれ、訴えは驚くほど、またいうまでもなく唖然とするほど、効力をもつようになった。一九八六年春、レーガン政権が「テロリズム」に一矢報いることを決定したとき、全国ネットのプライム・タイムのイヴニング・ニュースのはじまりに狙いを定めるかのようにリビア爆撃がおこなわれた。この「アメリカの逆襲《アメリカ・ストライクス・バック》」に対してムスリム世界は、「イスラム」に戻れという、これまたぞっとするような鳴り物入りの訴えによって応じ、それが引き金となって、今度は「西洋」の側に、「われらの」ユダヤ・キリスト教的（西洋的、リベラルで民主的）な遺産の価値を強調し、返す刀で彼ら（イスラム、第三世界など）の極悪非道さや悪辣さや残虐さや未熟さを強調するイメージや文章や姿勢表明などが、雪崩のごとく発生したのである。

リビア攻撃は両陣営がたがいに他を反映しあうというスペクタクルをみせてくれた点で、またそれ以上に、両陣営が正当化のための権威と報復的暴力とを合体させながらも、手口が、誰からも批判されず、それゆえのちに複製模倣されるものであったという点でも、示唆的であった。たしかにいまは〈尊師《アヤトラ》〉たちの時代であり、一群の伝統の番人たち（ホメイニ、教皇、マーガレット・サッチャー）がたがいの信条や本質や根源的な信念を過度に単純化したり防衛したりしている。あるひとつの原理主義が、他の原理主義を徹底的に叩く、それも正気と自由と善の名において。ここにみられる奇妙な逆説とは、聖なるものあるいは神的なものの概念を宗教的熱狂がほとんどいつもうやむやにしてしまうかにみえることだ。聖なるもの、神的なものは、原理主義者たちの闘争という過熱し俗化した環境のなかでは、生き延びることなどできないかのようだ。これは、あなたがホメイニ師に動員されたとき、神の慈愛に満ちた性格のほうは忘れるしかないということだろう（この点に関して言えば、一九八〇年代のイラン・イラク戦争において「ペルシア」側のイランと戦ったアラブ側の代表イラクのサダム・フセインに動員されても同じことがいえよう）。あなたは兵役につき、戦い、怒号をあげる。同じく、レーガンやサッチャーといった冷戦の大物闘士たちも、いかなる聖職者も舌をまくほどの正義と権力をふりかざして、〈悪の帝国〉に対する戦いに身を投ずることを要求していた。

他者の宗教や文化を叩くことと、とことん保守的な自己賛美という、両極端の中間地帯から、啓蒙的な分析なり議論は締め出された。サルマン・ラシュディの『悪魔の詩』に関して大量に消費された印刷物において、作品それ自体について議論した人びとはごくごくわずかで、作品に反対し作品を焚書にし作者を死刑にすることに賛成の人びとは、作品を読むことを拒みつづけ、そのいっぽうで、作者の言論の自由を支援した人びとは作品そのものには触れぬようにしていた。あるいは合衆国やヨーロッパにおける「文化リテラシー」に関する激しい論争の多くは、特定の本——おおむねそれは二、三十冊の古典的書物ということだが——を読むべきということだけに集中して、いかに読むべきかということをなおざりにしてきた。アメリカの多くの大学では、近年とみに発言力を強めてきたマイノリティ集団の要求に反発して、右翼的思考がしばしば繰り出すお定まりの論法がある、曰く「アフリカの（あるいはアジアの、あるいは女性の）プルーストを示してみよ」あるいは「もし西洋文学の正典を必須文献からはずすなら、一夫多妻制や奴隷制を奨励することになる」。歴史的過程に関するこのような尊大かつ戯画的な見解が「わたしたちの」文化の人文主義と寛容さの典型とみなせるのかどうかについては、右翼の賢人たちは知らぬ存ぜぬを決め込むのである。

　彼らの主張が合体して、またべつの文化的提言の総体をかたちづくるのだが、今度はその文化的提言をおこなうのは、エキスパートとかプロと呼ばれる人間である。それとひきかえに、左翼と右翼どちらにもしばしば認められることだが、全般的世俗的知識人が消滅する。ジャン＝ポール・サルトル、ロラン・バルト、I・F・ストーン、ミシェル・フーコー、レイモンド・ウィリアムズ、C・L・R・ジェイムズといった知識人たちが一九八〇年代にあいついで死去したことは、古き秩序の消滅を画すことにもなった。彼らは学識と権威をもち、多くの分野にまたがる幅広い視野によって、たんなる専門家の能力以上のものを、つまり批評的知的スタイルというものを身につけていた。これに対して専門技術者《テクノクラート》はリオタールが『ポスト・モダンの条件』で述べていたように、[53] 原則としてローカルな問題解決の能力に長けているぶん、解放や啓蒙という大きな物語《グランド・ナラティヴ》によって設定された大きな問題に取り組むことはできないのだが、そのくせ、公認資格をもった政策専門家として居すわり、国際情勢を方向付ける安全保障管理者たちに奉仕するのである。

　大きなシステムや全体的諸理論（冷戦、ブレトンウッズ会議、ソ連と中国の集団経済、第三世界の反帝国主義的ナショナリズム）の実質的な消滅とともに、わたしたちはいまや大いなる不確実性の新時代をむかえようとしている。これはまたミハイル・ゴルバチョフが、彼よりも不確実性のはるかにすくないボリス・エリツィンに引き継がれるまで、強力に体現していたことでもある。ゴルバチョフによる改革と関連する〈ペレストロイカ〉や〈グラスノスチ〉といった鍵となる用語が表明しているのは、過去についての不満と、未来に対する、よくいうと、ぼんやりとした希望なのだが、それらは理論でもなければヴィジョンでもなかった。彼の停滞をしらぬ軌跡は、世界の新地図をあきらかにしたが、そのほとんどの領域がおどろくほど相互依存的であり、そのほとんどの領域が思想や哲学や倫理、さらには想像性という点で未知であった。大多数の人びとが、以前にも増して数を増やし希望をもちつづけながら求めているのは、たらふく、それももっと頻繁に食べることであり、大多数の人びとは自由に移動しおおいに語りあい歌いあかし好きな服を着ることを望んでいる。こうした要求に、旧体制は応ずることができなかったが、かといって新体制もまた応えることはできないだろう、なにしろ新体制は、暴力と狂信的な外国人嫌悪を煽るだけのイメージを、巨大メディアによって加速度的にたれ流すだけだから。新体制は短期間なら機能を保証されるが、すぐに、それは動員力を失うだろう。新体制を支える還元的な図式と、人びとの圧倒的な衝動なり欲動とのあいだには、あまりにも多くの矛盾対立があるのだ。

昔に創造された歴史観やもろもろの伝統そして統治努力に、いまとってかわろうとしているのは、現時点において矛盾を生じたり、強烈に存在を主張しはじめた現象について説明できる、より新しく、より融通性のある柔軟な理論である。西洋では、ポスト・モダニズム理論が、新秩序の非歴史的な軽さや消費主義やスペクタクル性にとびついてこれを理論化した。さらにポスト・モダニズム理論には、ポスト・マルクス主義とかポスト・構造主義といった仲間が加わった。いずれもイタリアの哲学者ジャンニ・ヴァッティモが「近代《モダニティ》の終焉」に誕生した「弱い思想」と名づけた一族である。ところがアラブ世界やイスラム世界では、アドニス、エリアス・クーリ、アブ・ディーブ、ムハンマド・アルクン、ヤマル・ベン・シークといった芸術家や知識人たちがいまもなお近代《モダニティ》そのものに関心を寄せているのだが、近代《モダニティ》こそ、遺産（turath）と正統思想によって支配された文化において、いまだ消尽されておらず、いまなお重要な課題であるからだ。同じことは、カリブ海諸国、東ヨーロッパ諸国、ラテン・アメリカ諸国、アフリカ諸国、そしてインド亜大陸にもあてはまる。こうした流れは、コスモポリタン的空間において文化的に交わるのだが、そのような魅力的な空間を活性化したのが国際的にも著名な作家たち、サルマン・ラシュディ、カルロス・フエンテス、ガブリエル・ガルシア・マルケス、ミラン・クンデラであり、彼らは小説家としてのみならず評論家やエッセイストとしても力強く介入をおこなっている。そして何がモダンで、何がポスト・モダンかをめぐる彼らの論争は、やがて、わたしたちがいかにして近代化を達成するのかをめぐる、気がかりな緊急課題と合体する。現在、世界が世紀末へと向かうなかで経験しつつある激震的大変動が存在する。すなわち現時点での日常的要請が人間の尊厳を奪いかねないという脅威が存在するなか、わたしたちはいかにして生そのものを維持すべきなのか。

ここでは日本の事例がとてつもなく徴候的である——まさに、日本生まれのアメリカの知識人マサオ・ミヨシが記述しているように。着目せよ、と彼はいう、誰もが知っているように、「日本権力構造の謎」〔カレル・ヴァン ウォルフレンによる著書のタイトルからきている表現〕をめぐるあまたの研究によれば、日本の銀行や企業や不動産複合企業が、アメリカのそれを凌駕している（小さくみせている）ことを。日本における不動産価格は、合衆国——かつては資本の牙城とみなされてきた——における不動産価格よりも数倍高い。世界十大銀行のうちほとんどが日本系列であり、合衆国の膨大な海外負債の多くは日本（ならびに台湾）が肩代わりしている。一九七〇年代おけるアラブの石油産出国という先例があるものの、日本の国際的経済力は、とりわけ、ミヨシが述べているように、それが国際的影響力をほぼまったくもたない日本文化と結びついていることをみるにつけても、日本のこのような急激な台頭は、前代未聞のことである。日本の現代の言語文化はおそまつなもので貧困化しているとさえいえる――トーク・ショー、漫画本、飽きもせず開催される座談会、パネルディスカッションがゆるぎなき支配権を行使する。この新たな文化問題をミヨシは次のように診断する。日本の驚異的な財源から派生したものであり、また経済領域において全般的かつ前例なきグローバルな支配を達成しておきながら、文化言説において西洋への不毛な撤退と依存がつづいているという、日本のこの絶対的な矛盾から生まれている、と。(54)

日常生活という微細な領域から、グローバルな諸力（そこにはこれまで「自然の死」と呼ばれてきたものもふくまれる）に揺れる広範な領域にいたるまで――こうした変動すべてが悩める現代人の心に重くのしかかり、その変動のもつ力あるいはその変動がもたらす危機を緩和することがほとんどできないでいる。いまほぼいたるところで意見の一致をみているふたつの領域がある。個人領域においては、個人の自由を保護すべきであるということ、ならびに、地球環境領域においては、これ以上の環境破壊から地球環境を守るべきであること。民主主義とエコロジー、このふたつが、広範囲な領域を背景にして、それぞれに場をローカルに限定し、そこに数多くの具体的な闘争を呼び込んでいる。ナショナリズムの闘争であれ、森林保護と地球温暖化という環境問題であれ、とにかく個人のアイデンティティ（喫煙とかエアゾール・スプレー缶の使用にも関わる）問題と全般的枠組みとの緊密な相互作用はまぎれもなく明白なものであり、そうした状況に対して、古色蒼然たる芸術や歴史学や哲学はうまく対応できないでいる。西洋のモダニズムとその余波の四十年間のなかで――それもたとえば精密な解釈戦略を展開する批評理論あるいは自意識的な文学形式や音楽形式などにおいて――もっとも刺激的だったものの多くは、今日の眼からみると、ほとんど理解を絶するほど抽象的で、いやになるほど西洋中心主義的のようにみえてくる。いまやずっと生々しく信頼がおけるのは、国内の専制君主と理想主義的反対勢力とが闘争を展開する前線からの報告であり、リアリズムと空想との異種混淆的《ハイブリッド》な結合を達成した文章で、地理的なものと考古学的なものとを合体させた記述であり、よるべなき故国喪失体験を混成的な形式（エッセイ、ビデオあるいは映画、写真、回想録、物語、箴言）をとおして探求した作品である。

したがって主要課題は、わたしたちの時代における新たな経済的・社会政治的変動《ディスロケーション》と編成《コンフィギュレーション》を、人間の世界規模の相互依存という瞠目すべき現実と適合させることである。もし日本や東欧やイスラム世界や西洋世界に共通する認識があるとすれば、それは新たな批評意識が必要であること、そしてこのことは教育に対する姿勢の修正によるだけでも達成できるかもしれないという認識である。学生たちに、彼ら自身のアイデンティティや歴史や伝統や独自性を主張するように教えることだけでも、民主主義の基本的要件、ならびに安全かつ卑しからぬ人間的生きかたを主張する権利に必要な基本的要件の何たるかを把握させることはできるかもしれない。しかし、わたしたちに必要なのは、それよりももっと先にすすみ、今述べたようなことを異なるアイデンティティや他の民族や文化などからなる地理的空間のなかに位置づけ、それらが、その相違にもかかわらず、ヒエラルキーとは無縁の相互影響、横断、吸収、回想、意図的忘却、そしてもちろん闘争をとおして、いかにしてつねにたがいに重なりあっているかを研究することである。わたしたちはいかなる場所においても「歴史の終わり」には到達していないばかりか、歴史を自分のためだけに一方的に終わらせてしまう態度からもまだ無縁である。歴史を占有してしまうことは――たとえ、大国や多数派の横暴に対して分離的アイデンティティや多文化主義やマイノリティ言説からなる政治を主張する訴えにおいてすらも――、過去においては、あまりよい結果をもたらさなかった。わたしたちが、べつの選択肢を発見すべきことをみずからに納得させることは、それが早ければ早いほど良いし、より安全なことだ。実際、わたしたち自身は、大方の国家教育制度が思いもおよばぬようなかたちで、たがいに混じりあっている。芸術や科学における知を、このような統合的混合的現実と適合させることこそ、思うに、現時点における思想的・文化的課題であろう。

ナショナリズムに対して、わたしが論じてきたさまざまな解放理論家たちが提出した実りある批判は忘れるべきではない。なぜなら帝国主義経験をくりかえす愚をわたしたちは自分に許してはならないからだ。とはいえ、文化と帝国主義との再規定された、しかもきわめて現代的な接近関係、それも気がかりな帝国主義的支配形式を可能にする関係を前にして、かつての偉大な脱植民地化をめざす抵抗運動や一九八〇年代の大衆蜂起によって放出された解放エネルギーを、わたしたちは維持できるのだろうか。この解放エネルギーは現代生活の均質化過程を回避でき、あらたな帝国主義的集中体制による干渉を棚上げにできるのだろうか。「あらゆるものが反発しあい、独自で、希少で、特異なままだ」とジェラルド・マンリー・ホプキンズは「まだらの美」で述べた。問題は、それがどこで起こるかだ。そしてわたしたちはこう問うてもいい、どこにあるのだろう、そのような驚くべき調和にみちたヴィジョンのための場所は？と。どこにあるのだろう、エリオットが、「リトル・ギディング」の終わりのほうで、言葉のありようのなかに見た一瞬の、あの時間と非時間とがからまりあう、たとえばこんなヴィジョンは？——

旧きものと新しきものとが易々と交流し、
ありふれた言葉が正確で俗悪でなく、
格式張った言葉は精密で衒学的でなく、

ともに躍動する完璧な調和。[55]

ヴィリリオの概念でいうと対抗居住である。これまで棲む者たちのいなかった、だが公的な空間のなかに移民のように生きること。同様の概念はジル・ドゥルーズとフェリックス・ガタリの『千のプラトー』(『アンチ・オイディプス』の続編)にも見いだせる。この浩瀚で豊饒な本の大部分は、容易に理解を寄せつけぬものをもっているが、それでもわたしはこの本が、名状しがたい示唆をふくむものと考える。たとえば「遊牧論あるいは戦争機械」と題された章は、ヴィリリオの仕事をうけつぎ、彼の移動や空間に関する思想を敷衍して、巡回する戦争機械に関するきわめて特異な研究となっている。この実に独創的な議論は、制度化と規格化と体制化の時代における学問領域における知の運動に関するメタファーをふくんでいる。ドゥルーズとガタリによれば戦争機械は国家の軍事力のなかに吸収統合されうる――けれども、それは根源的に国家とは別個の存在であるので、統合されるべきではない。ちょうど精神の遊牧的彷徨がかならずしも制度に奉仕する必要がないのと同じように。この戦争機械の力の源は、その遊牧民的自由にあるだけでなく、その冶金術にもある――ドゥルーズとガタリは、冶金術を音楽作曲術になぞらえている。冶金術によって、物質は鍛えられ造型されて「分離された形相を超える。[この冶金術は、音楽と同様]形相そのものの連続的展開を際だたせ、そして個々のさまざまに異なる物質を超えて、物質内部にある連続的な変異を際だたせる」[56]。精密さ、具体性、連続、形相――こうしたことすべてが遊牧民的実践の属性である。遊牧民の力、それはヴィリリオによれば、攻撃的なものではなく、横断侵犯的なものなのである[57]。

わたしたちは、このことの真実を現代世界の政治地図の上に確認できる。たしかに過去の歴史において例をみなかったほどの多くの難民や移民や故国喪失者や亡命者が出たこと、それもそのほとんどがポスト植民地的・帝国主義的闘争の副産物として、またアイロニカルにその余波として、生まれたことは、現代のもっとも不幸な特徴のひとつである。独立闘争が新しい国家や新しい国境を生むにつれ故国を失った流浪の民、遊牧民、放浪者が生まれ、彼らは新興の制度権力に吸収同化されず、また体制秩序からは、彼らの非妥協的で頑迷な反抗的特質ゆえに受け入れ拒否という憂き目にあっている。そしてこうした人びとが旧きものと新しきものとのあいだに、旧き帝国と新しき国家のあいだに存在しているかぎり、彼らの置かれた状況は、帝国主義の文化地図上に示された重なりあう領土における緊張と未決状態と矛盾とを浮き彫りにするのである。

けれども、わたしが著作を参考にさせていただいたさまざまな理論家たちが記述するような楽観的な移動性や知的活性化や「大胆さの論理」と、わたしたちの世紀に固有の移住と傷ついた生活のなかで生じた大規模変動や荒廃や悲惨や恐怖とのあいだには大きなちがいがある。しかもこういってもあながち誇張とはいえないと思うのだが、思想の使命としての解放は、もともとは帝国主義の拘束と略奪への抵抗と対決から生まれたのだが、いまやそれは、文化のもつ定住的で体制化し馴致化する力学に背を向け、故国喪失的で脱中心的で追放的なエネルギーへと移行したのだ。このエネルギーを今日血肉化したのが移民たちであり、この状況を意識化したのが、亡命知識人や亡命芸術家たちであり、彼らこそ、複数の領域、複数の形態、複数の故国、複数の言語のあいだをわたり歩く政治的比喩形象なのである。したがってこうした展望からすれば、あらゆる物は、まさに反発しあい、独自で、希少で、特異なままとなる。またこうした展望からすれば、「ともに躍動する完璧な調和」を対位法的にみることができる。そして思想的亡命者の大胆華麗なパフォーマンスと、故国喪失者あるいは難民の悲惨とが同じであると語るのは、もっとも見え透いた脳天気なこじつけであるとしても、近代性を歪めている苦難――大量移送、収監、人口移動、集団的略奪、強制移民――を最初に抽出し、次に分節化したのは、そうした知識人であるとみなせるように、わたしには思われるのである。

「亡命者の過去の生活は、周知のごとく、抹消される」とアドルノは、「傷ついた生活裡の省察」（*Reflexionen aus dem beschädigten Leben*）という副題をもつ『ミニマ・モラリア』のなかで述べている。なぜ抹消されるのか。「それは、物象化されないどんなものも、計量されたり計測されたりできないがゆえに、存在することをやめてしまう(58)」あるいは彼がのちに述べているようにたんなる「背景」に追いやられてしまうからである。こうした運命の気の滅入るような側面は明白であるけれども、その美質あるいは可能性は探求に値する。かくして亡命者意識――ウォレス・スティーヴンズの言葉を借りれば、冬の精神（「雪の男」）――は、周辺的存在を余儀なくされつつ「慣れ親しんだ道筋から眼を背けること、残虐さを憎むこと、一般的パターンによってまだとりこまれていない新鮮な概念を探すことが、思想にとって最後の希望である(59)」と発見するのである。アドルノのいう一般的パターンというのは、彼がほかのところで「管理された世界」と呼ぶもの、あるいは文化領域における抗えない優占種、すなわち「意識産業」のことである。したがって亡命者の脱中心的生きざまには、亡命にともなう否定的側面しか存在しないわけではない。その肯定的恩恵とは、体制に疑問をつきつけ、体制にすでに屈服した人びとには手に入らない言語でもって体制を記述できるということだ――

つねに誰彼となく応答責任をおしつける思想のヒエラルキーにおいて、応答責任を放棄することによってのみ、ヒエラルキーを直接、名指しできるのである。流通領域は、その傷を思想のアウトサイダーたちにも負わせてしまうのだが、それが二束三文で売りに出す精神に対して、最後の避難場所を、避難場所がもはや存在しなくなるその瞬間に開くことになる。誰も買おうと思わないユニークななにかを売りに出す者は、その意に反して、交換からの自由を身をもって示しているのである(60)。

これはたしかに最小限の好機にはちがいない。とはいえアドルノは数ページあとで、自由の可能性を敷衍して、ある特定の表現形式を推奨する。不透明で曖昧模糊として逸脱的であること――「その論理的発生を保証する透明性の不在」――によって、支配的システムから逃れ、その「不適切さ」のなかに一定の解放を実現するような、そんな表現形式なのである――

この不適切さは、人生のそれに似ていて、揺らいだり逸脱したりする進み具合を記述することになり、人生当初の前提と比較すれば失望するしかないのだが、にもかかわらずこの実際の過程においては、つねにあるべきはずのものよりも劣っていながら、それでいて所与の存在条件において、いまだ管理統制されていない生活を表象することができるのである。(61)

これは、あまりに私的すぎると、この管理統制からの避難場所をめぐる論述に対して、わたしたちは感想をもらすにちがいない。けれども同じ避難場所を、わたしたちは、頑迷なまでに主観的で、否定的ですらあるアドルノの記述のなかだけでなく、アリー・シャリーアティーのようなイスラム知識人の公的語調のなかにも発見することができる。それは、イラン革命の初期において原動力のひとつともなったこの知識人が「真正で、まっすぐな道、このなめらかで神聖な本道」――体制化した正統思想――を批判し、正統思想にたえず移動をくりかえす逸脱路を対峙させるときである――

人間、この弁証法的現象は、つねに運動のなかに身をおくのを余儀なくされる……したがって人間は、最終的なやすらぎの地に到達し神のなかに棲み家を定めることはできない……そうなると固定された基準すべては、いかに不名誉なものかということになる。誰が基準を固定することができようか？　人間は「選択」であり、闘争であり、たえざる生成そのものである。彼は無窮の移住、彼自身の内部における、土塊《つちくれ》から神への移住である。彼はみずからの魂の内部で移住を実現している。(62)

ここに、勃興する非強制的文化の真の潜在的可能性を、わたしたちは手に入れることになる（もっともシャリーアティーが語っているのは、「男性」のことだけで「女性」は埒外におかれている点、悔やまれるが）。この非強制的文化においては、具体的な障害と具体的な段階とが意識され、俗悪に流れない正確さと、衒学趣味に流れない精緻さとが、真にラディカルなあらゆるいとなみのなかに感得される始まりの意識を共有する(63)――そのいとなみとは、たとえばヴァージニア・ウルフの『女性自身の部屋』における、女性的経験の暫定的な権威づけの試みであり、『真夜中の子供たち』という分裂した世代をうみだした時間と国民性に関する寓意的な再構成の試みであり、トニ・モリスンの『タール・ベイビー』や『ビラヴド』において綿密なことこのうえもない細部をともなって描出されることになる、アフリカ系アメリカ人たちの経験の驚くべき普遍化への試みなどである。この試みに対し、推進力が生まれるか反対勢力が登場するかは、周囲の環境に左右される――なにしろそこにあるのは、ことによるとあなたの消失を余儀なくさせるか、さもなければあなた自身の矮小化されたイメージを、学校の授業のなかで伝達される定説のごとく受け入れるように要求する帝国主義権力かもしれないのだから。したがってこの種の試みは、あらたな規範言説でもなければ、強力な新物語でもなく、ジョン・バージャーが構想したように、もうひとつべつの語りかたなのだ。写真やテクストがただたんにアイデンティティを確立し現前性を保証するためだけに使われるなら――つまりわたしたちにこれぞ女性という、あるいはこれぞインディアンという表象をあたえるためだけに使われるなら――それはバージャーのいうコントロール・システムに取り込まれることを意味する。逆に、そうした写真やテクストが、その先天的に多義的な、それゆえ否定的かつ反物語的な逸脱性を否定されないければ、組織管理されていない主観的なものに社会機能をもたせることになろう――「脆弱なイメージ［家族の写真］でも、しばしば、たいせつに保存されたり、枕元の壁に留められたりして、歴史的時間の破壊の手が及ばぬ世界を指示するのに使われるのである(64)」。

べつのパースペクティヴからすると、現代生活における故国喪失や周辺性や主観性、それに移住性がもつエネルギー、とりわけ抑えつけるにはあまりに活力を横溢させているときなど解放主義者によって動員もされるこのエネルギーはまた、イマヌエル・ウォーラーステインが「反システム運動」と呼ぶもののなかにもすでに姿をみせている。思い出していただきたい。帝国主義的膨張の主要な特徴は歴史的にみると蓄積であり、このプロセスは二十世紀において加速化したこと、を。ウォーラーステインの議論によれば、資本蓄積は、根底において不合理である。その累加的、増殖的利益獲得プロセスは、たとえその代償――つまりそのプロセスの維持、それを保護するための戦費負担、「買い占め」ならびに「中間媒介構造」の取り込み、永続的な危機状態のなかでの暮らしぶりなどにおける代償――が法外で、利得に見合わなくても歯止めなくつづけられたのだから。かくしてウォーラーステインの言うように「［国家権力、ならびに国家権力の理念を支える国民文化の］構造そのものが、世界経済における生産要因の自由な流動を最大限にすべく調整されるいっぽうで、世界システムに内在する不平等に抗議して団結する民族運動の揺りかごにもなるのである(65)」。世界システムによって従属的あるいは拘束的な役割を演じさせられる人びとが、覚醒した敵対者として登場し、世界システムを攪乱し、異議申し立てをし、世界市場の全体主義的強制に対して反駁する。すべてのものを買い占めできるわけではないのである。

こうしたハイブリッドな対抗エネルギーが、多くの分野で、多くの個人のなかで、多くの段階で活性化され、さまざまな反システム的な示唆や実践からなる共同体や文化、それも強制とか支配に基礎をおかない共同体や文化（そしてまた教義教説でもなければ完璧な理論でもないもの）を、人間存在のために提供することになる。そうしたエネルギーが一九八〇年代の蜂起の原動力になったことは、すでに述べた。現代文化に不可欠な多くの知的把握手続きのなかに忍びこんでいる権威主義的で威圧的な帝国のイメージに抵抗するのは、思想的にも世俗的にも不純なるものに端を発する刷新的かつ遊戯的な不連続性なのである――それらは、混淆ジャンル、伝統と革新との思いがけないむすびつき、他者解釈（語のもっとも広い意味でいうところの）のいとなみで支えられる共同体に基礎をおく政治経験、などから生まれるのであって、所有と横領と権力によって支えられる階級や企業などからは生まれない。

わたしは気がつくと、十二世紀のザクセン出身の修道士サン＝ヴィクトルのフーゴーによる忘れがたく美しい一節に、何度も何度も立ち返っている――

> それゆえ、修練をつんだ精神にとっては、眼に見えるはかない物事のなかに放浪するすべを最初に、すこしずつ学ぶのは、大いなる美徳の源ともなるのだが、それは、そうすることで、そうしたはかない物事を置き去りにして進むこともできるからである。彼自身の故国を愛《いと》おしむ者は、まだ未熟な初心者にすぎない。あらゆる土地が彼自身の生まれた地であると思える者は、すでに強靭である。けれども全世界を外国とみなすことができる者は完璧である。未熟な魂の持ち主は、自身の愛を世界のなかの特定のひとつの場所に固定してしまった。強靭な者は、彼の愛を、あらゆる場所に及ぼした。完璧な人間は、

彼自身の場所を抹消したのである。[66]

ドイツの偉大な学者であり、第二次世界大戦中は亡命者としてトルコで数年を過ごしたエーリッヒ・アウエルバッハは、この一節を、帝国主義的あるいはナショナリズム的あるいは地域的限界を乗り超えようとする者なら、誰にとっても——男性ならびに女性双方にとっても——モデルになるとして引用している。たとえば、歴史家は、このような姿勢をつらぬくことではじめて、人間の経験とその書かれた記録とを、多様性と特異性をそこなうことなく把握する途につけるのである。また、そうでなければ、人は、排他主義と偏見に満ちた反応に加担しつづけ、真の知のもつ非妥協的な自由を享受することはないだろう。ただし留意すべきはフーゴーが、「強靱な」あるいは「完璧な」人間は、その独立と離脱を、数々のしがらみを経由することではじめて達成できると二度も強調していることである。追放《エグザイル》は、生まれた場所の存在と、生まれた場所への愛と、生まれた場所への現実的な絆なくしてありえない。追放の普遍的真実とは、そうした生まれた場所への愛とか、生まれた場所そのものを失うことではなく、生まれた場所への愛と生まれた場所それぞれのなかに、予期せぬ歓迎されざる喪失が内在しているということなのだ。したがって経験というものについては、それをあたかもいまにも消滅してもおかしくないものとみなすべきである。そもそも経験のなかで、経験を現実につなぎとめたり根付かせるものは何か。経験から、あなたは何を救出したいのか、何をあきらめ放棄するのか、何を回復したいのか。こうした問いに答えるためにあなたがもつべきこととは、何か、それは、独立不羈《どくりつふき》の、なにごとに対しても一定の距離をおく姿勢なのだが、そのような姿勢を生むことになるのは、次のような人間である。すなわち自身の故郷の地を「愛おしい」と感じつつ、生まれ故郷の現実の状態からすれば、その地への愛おしさを回復することは不可能であると知り、イリュージョンやドグマによって与えられる故郷の代替物には、さらには自身が受け継ぐ遺産に対する誇りには、「わたしたち」が誰かについてのゆるぎない確信などには、満足できない人間である。

今日、誰もが、純粋にひとつのものではない。インド人あるいは女性あるいはムスリムあるいはアメリカ人といったレッテルは、せいぜい出発点にすぎなくて、ほんの一瞬でも実際の経験に足を踏み入れるなら、すぐにも捨て去られてしまうものなのだ。帝国主義は文化とアイデンティティとの混合を地球規模で強化した。しかし、そこからもたらされた最悪の、もっとも逆説的ともいえる贈り物とは、人びとに、自分たちがただひたすら、おおむね、もっぱら白人あるいは黒人あるいは西洋人あるいは東洋人であると信じこませたことだ。しかも人類が自分自身の歴史を築いてきたように、人類はまた自分の文化なり民族的アイデンティティをつくりあげる。執拗に連綿とつづくところのいにしえよりの伝統や継続的な居住や民族言語や文化地理を否定できる者は誰もいない。けれども他者とのちがいやみずからの特異性に、これこそが人間生活の要《かなめ》であるかのごとく、こだわりつづける理由は、恐怖と偏見以外にどこにもないように思われる。事実、生存とは、さまざまなものをむすびつけることを中心にして達成される。エリオットの言葉を借りれば、現実は「バラ園にいる他者の木霊《こだま》たち」〔「バーント・ノートン」第十七行―十八行〕から切り離すことはできない。より実りあるのは――そしてより難しいのは――「わたしたち」についてだけではなく、他者について、具体的に、共感をこめて、対位法的に考えることなのだ。しかし、だからといって、他者を支配したり、他者を分類したり、他者を階層秩序のなかに位置づけたり、またとりわけ、「わたしたちの」文化なり国がいかにナンバー・ワンか（もしくはこの件に関しては、なぜナンバー・ワンでないのか）について、何度もくりかえしていればいいということではない。そうしないことが、知識人にとって、十分に価値あることなのである。

訳　注

項目末のページは初出の本文ページを示す。本文の該当箇所には＊で記した。なお本文中〔　〕に挿入したものは、すべて訳者による注ならびに補足である。

［エピグラフ］　ジョウゼフ・コンラッド『闇の奥』中野好夫訳、岩波文庫（岩波書店一九五八）一二頁。なお引用されている文献で日本語訳のあるものは参照させていただいたが、訳文は、使用されている文脈を考慮する関係から、訳者がすべて作成した。

はじめに

異種混淆性 hybridity（形容詞 hybrid）（五頁）　ポストコロニアル理論あるいは、〈文化と帝国主義〉の問題圏をめぐるもっとも重要な、また論議を重ねられている用語。本文では、複数の訳語をあてたが、ルビに原語を示している。

アフィリエーション Affiliation（六頁）　通常の用法では「帰属」「所属」を意味する語だが、サイードはこれにフィリエーション filiation（親子、派生関係）との対比のなかで新たな意味を付与した。これが新しい批評概念であることは、たとえば Bill Ashcroft, Gareth Griffiths and Helen Tiffin, *Key Concepts in Post-Colonial Studies* (Routledge, 1998) に掲載されている filiation/affiliation の項目を参照のこと。

　アフィリエーションは、フィリエーションに代表される垂直的関係（遺産、系譜、派生、親子関係）に対して、水平的関係、横のつながりを重視するもので、親子血縁関係にとらわれない親戚友情関係、脱伝統的な新たな人間関係などを指す。また歴史的にみると、十九世紀から二十世紀にかけて、フィリエーション（伝統的な血縁関係）が、アフィリエーション（あらたな人間関係、連帯関係）にとってかわられる傾向がみえてきたとサイードは考える（『世界・テキスト・批評家』）。批評方法としてみると、作者とテクストあるいはテクストの系譜という垂直的因果関係にとらわれるのではなく、水平的（地理的）に横のつながりをみてゆく方法となり、これはサイードの提唱する対位法的読解の基礎となる。

　なお本文ではアフィリエーションというカタカナ語はまだなじみがないと考え、適宜訳し分け、ルビを付したところもある。

感情の構造structure of feeling（一二頁）　レイモンド・ウィリアムズが『長い革命』（一九六一）のなかでイデオロギー分析の方法概念として提唱したもの。社会・経済構造と、文化生産を媒介する要素としてはたらく、個人の独自の感覚のこと。ウィリアムズはこれを「感情の構造」と呼んだ。この概念は、イデオロギーや世界観とは異なり、意味や価値観が個人によって生きられ感じられるありようを重視する。

　なおサイードがこの「感情の構造」との類似で、帝国時代の英仏の文化における帝国と帝国主義の存在を考えるときに考案したのが「姿勢と言及の構造」structure of attitude and reference である。

第一章　重なりあう領土、からまりあう歴史

［エピグラフ］　トニ・モリソン［一九九二］『白さと想像力　アメリカ文学の黒人像』大社淑子訳（朝日新聞社一九九四）八四頁。トニ・モリスン『暗闇に戯れて――白さと文学的想像力』都甲幸治訳、岩波文庫（岩波書店二〇二三）八一－八二頁。

対位法的contrapuntal　対位法的読解contrapuntal reading（五九頁）　はアフィリエーションとともに、もっとも有名になったサイードの用語。音楽の用語から借りてこられたこの対位法的読解は、文化テクストを、それが含意する帝国主義的状況や事実とむすびつけてみてゆく読解方法だが、その際、両者の間に厳密な因果関係でなく、同時発生し平行的に存在する現象なり事実をみるという特徴がある。これは文化と帝国主義との関係を厳密に理論化すること、たとえば両者の間に等価関係、メタファー的関係を設定するのではなく、ゆるやかな関係、いうなればメトノミー的結合をみる方向である。また、そうすることで、関係がなさそうなふたつの現象間に、さまざまな関係の網の目を浮かび上がらせることもできる。さらにこれは地理的・水平的に両者の交錯をみてゆこうとする試みでもある。

文献学Philology（一〇六頁）　フィロロジーは、歴史的言語学、比較言語学の意味もあるが、本書では、書誌学なども含むことがあるものの、ルネサンス時代以降ヨーロッパに生まれたところの、文献により古典古代を研究する学問のことを指している。文献学はさらに文献資料の解釈のための学問となり歴史学の一部となるが、十九世紀以後歴史認識を扱う学問としてドイツで盛んになった。

スプートニク（一一二頁）　ソ連の人工衛星。第一号は一

九五七年に打ち上げ。当時米ソの宇宙開発競争のなか、アメリカに先駆けてソ連が人工衛星打ち上げに成功したため、アメリカに衝撃をあたえる。これを「スプートニク・ショック」と呼ぶ。以後、アメリカは、ソ連との格差を埋めるという口実のもとに、科学教育の振興、科学技術の開発研究に力を入れた。

アフリカ争奪戦 Scramble for Africa（一三二頁）（一八七六－一九一二）十九世紀末から二十世紀初めにかけて展開したヨーロッパ列強の大規模なアフリカ進出と全面的な植民地化の過程。アフリカ分割ともいう。発端は、植民地獲得に遅れた新興国家ベルギーのレオポルド二世が七六年より植民地獲得にのりだし、八二年にはコンゴを事実上植民地支配した。この支配は、ベルリン会議（一八八四－八五）で承認されるとともに、この会議を機に、ヨーロッパ列強によるアフリカの分割が加速化し、二十年足らずの間に、リベリア、エチオピアを除く全アフリカがヨーロッパ列強によって分割され、ボーア戦争（一八九九－一九〇二）で終わる（ただし、一九一二年をアフリカ争奪が終わる年とする説もある）。最大の地域を獲得したのはフランス。イギリスも東部、西部、南部と広範かつ重要な地域を獲得。ドイツは主に東アフリカ、南西アフリカを獲得。ベルギーはコンゴを、ポルトガルはギニア（ビサウ）、アンゴラ、モザンビークなどを獲得した。イタリアは現在のリビアやソマリア南部、エリトリアなどを、スペインは西サハラ、イフニ、赤道ギニアなどを獲得した。

第二章　強化されたヴィジョン

［エピグラフ］　T・E・ロレンス『知恵の七柱』（全三巻）柏倉俊三訳、東洋文庫（平凡社一九六九、七一）第一巻五五頁。『完全版　知恵の七柱』（全五巻）田隅恒生訳、東洋文庫（平凡社二〇〇八－二〇〇九）第一巻第八章一一三頁。

29（二一五頁）は節の番号。この講義は全体で三十の節に分けられ、引用されているのは第28節（最初の一段落は除く）と第29節全部。

「王の軍旗を前に進めよ」（同）　ポワティエの司教ヴェナンティウス・フォルトゥナトゥス（五三〇－六〇九）作の賛美歌の第一行からの引用。

「統治のことはいっさいごめんこうむる」（同）　ダンテ『神曲』地獄篇第三歌第六〇行より。

「各人が義務をはたすことを期待する」（二一六頁）　イギリスがフランス・スペイン連合艦隊を破ったトラファルガ

ー海戦（一八〇五）においてネルソン提督が将兵を激励したときの有名な言葉。

アヘン戦争（二一八頁）　アヘンの輸入をめぐって起きた清朝とイギリスとの戦争。一八三九年湖広総督林則徐は欽差大臣として外商のアヘンを没収、これが原因でアヘン戦争が起こる。戦勝国イギリスは南京条約を結ばせ、中国を強制的に世界市場へと引き込むとともに、中国における権益を拡大した。第二次アヘン戦争は一八五六年から六〇年にかけて勃発。

カフィル戦争（同）　南アフリカ南東部に住む原住民コーサ人は、ボーア人からは、「異教徒」「不信心者」を意味するアラビア語「カフィル Kaffir」という蔑称で呼ばれていたのでカフィル戦争の名称がある。コーサ戦争ともいう。一八一五年ウィーン議定書によりイギリス人がケープに入植してくると、内陸部へ移動を余儀なくされたボーア人と、原住民コーサ人とが対立。火器を装備したボーア人がコーサ人に対して勝利をおさめた。三〇年代から四〇年代にかけて、ボーア人はイギリス軍にも協力してコーサ人を圧迫した。

マオリ戦争（同）　ニュージーランド原住民マオリ族との戦争。一八四〇年ワイタンギ条約によってニュージーランドはイギリスの植民地となったが、植民地政府の土地政策は入植者とマオリ族双方に不満の残るものであり、土地測量に端を発する小競り合いや殺戮が繰り返されることとなった。五八年マオリ民族主義者の首長たちは部族連合による王国を樹立。六〇年には王国の支持をえた反乱軍がイギリス軍と衝突し、マオリ戦争の発端となった。戦乱は七二年までつづいた。敗退したマオリ族は土地と伝統を失った。

パンジャブ（同）　はインド亜大陸北西部のインダス河中流地域。十六世紀から十九世紀にはムガル帝国が、十九世紀に入ってからはシク王国が築かれた。イギリスは十九世紀前半二回のシク戦争によって、四九年、王国を英領とした。

クリミア戦争（同）　中東よりバルカン半島支配をめぐってロシアと、オスマントルコ帝国＋イギリス＋フランス連合軍の武力衝突（一八五四－五六）。オスマントルコ割譲を求めるロシアと、インドへの道を確保するためトルコの領土保全をめざすイギリスは、トルコがロシアに宣戦布告したのを機にフランスとともにロシアに宣戦布告。軍事力に劣るロシア軍を破る。

下ビルマ征服（同）　十九世紀イギリスのビルマ侵略は三回の戦争となった。第一次ビルマ戦争（一八二四－二六）でビルマは敗北、ヤンダボ条約で賠償支払い、土地割譲などを認めさせられたが、条約不履行のため、第二次ビルマ戦争が起こる（一八五二）。発端はイギリス人船長の逮捕と罰金刑をきっかけとしたイギリス軍によるビルマへの介入であった。勝利したイギリスは、下ビルマを支配下に収めた。そして第三次ビルマ戦争（一八八五―八六）で上ビルマが併合され、全ビルマはインド帝国の一州とされた。

ペルシア攻撃（同）　イラン（ペルシア）は十九世紀前半、対外戦争に敗退を続けることで国力を衰微させたが、それがイラン・ロシア戦争（一八〇四―一三、一八二六―二八）、ヘラート攻防戦（一八三七―三八、一八五六―五七、ヘラートはアフガニスタンとの国境地域）さらにイギリスとの戦争（五七）であった。五七年のパリ条約によりイランはヘラートの主権を放棄した。

インド大反乱（同）　（一八五七―五八）インドの傭兵が起こした反乱。インド兵に鬱積した不満、またビルマ戦争などに勝利したダルハウジー総督による藩王国の併合に対するインド旧支配層の不満（総督はこの暴動の責任を問われ、失意のうちに病死した）、地租の査定問題による農民層の不安などが原因とされている。もちろん植民地下による社会問題が原因であることはいうまでもない。この暴動後、インドはイギリスの直接統治下にはいる。

エア総督事件（二一九頁）　これは一八六五年、ジャマイカ東部のモラント・ベイで起きた黒人抗議行動。モラント・ベイの反乱ともいう。事件後、エア総督の植民地政府は、その過剰で残虐な報復行為により統治権を剝奪され、エア総督も免職となり、以後、ジャマイカはイギリスの直轄領となる。

エチオピア遠征（同）　イギリスは一八六七年、エチオピアのテオドロス二世に捕虜となったイギリス人救出を名目にネイピア将軍麾下の軍隊が侵入。当時、国内再統一をなしとげていたテオドロス二世の軍と衝突、マグダラの戦いでこれを破る。敗退したテオドロス二世は自殺した（一八六八年）。

フィニアン団（同）　アイルランド独立と共和国樹立を目的とするアイルランド共和主義同盟（一八五八年結成、略称ＩＲＢ）に呼応して、一八五九年アメリカのニューヨークでフィニアン団が結成された。名称は、ゲール語学者オマホニーが古代アイルランドの伝説的な戦士団フィニアナにちなんでつけたもの。フィニアン団はＩＲＢに資金、武器などを送りこむ役割をになっていた。フィニアン団は、カナダに進出し、イギリスを攻撃するが撃退される。このときはＩＲＡ（アイルランド共和国軍）の旗を掲げた。六七年に解体したが、統一同盟が新たに結成された。

アシャンティ（同）　アフリカのガーナの森林地帯を支配したアシャンティ族は十七世紀末から二十世紀初頭まで連合王国を形成していた。十八世紀より王国の版図を拡大し、十八世紀末までに黄金海岸西方の森林地帯の大半を支配し、十九世紀になると西洋列強と接触するようになり、とりわけイギリスと政治・軍事面で衝突するが、一八七四年首都クシマがイギリスによって占領された。王国はなおも抵抗の姿勢をみせたが一九〇二年にイギリス領となる。

エジプト占領（同）　一八八一年エジプト人将校ウラービー大佐はムハンマド・アリ王朝権力の制限と列強の干渉の排除をめざすエジプト最初の民族運動を起こす（ウラービー革命）。八一年憲法制定をもってこの運動は頂点に達するが、それがイギリスの介入をまねき、八二年イギリスがエジプトを単独占拠した。

ムハンマド・アリ王朝（二五五頁）　ムハンマド・アリは、フランス軍撤退後の政治的混乱のなか総督の地位を獲得し、オスマントルコ帝国スルタンの名のもとでエジプトを統治し、エジプトを帝国から事実上分離することに成功し、ムハンマド・アリ王朝の時代をつくる。アリは近代化を押し進め、中央集権的国家体制づくりに着手、その後、イスマイル総督時代になると、近代化はさらにすすみ、スエズ運河の完成により一時的な経済的繁栄がもたらされた。

サーヒブ　Sahib（二六八頁）　アラビア語に語源を持つヒンドゥー語からきている語で、もともとの意味は「友人、主人」。「閣下、殿、様」という尊称に用いられたり、「閣下、大人、旦那」という一般語としての用法もある。またさらに「白人」「英国人」を指す。ここでは「白人の英国人」の意味。

ローン・レンジャー（二七七頁）　アメリカの西部劇で最初はラジオ・ドラマ・シリーズ、コミック化もされたが、テレビ・ドラマ化で最も人気を博した『ローン・レンジャー』（一九四九－五七）の主人公。映画化されテレビ・アニメにもなった。トントは主人公に付き従うインディアン。ただし、正義の味方の相棒のトント Tonto は、その後、仲間を裏切り白人の味方をするインディアンあるいは黒人の代名詞として使われ軽蔑語ともなった。

「大暴動」（二九一頁）　は、カルカッタ近郊に駐屯している部隊のスィパーヒー（インド兵）が、新しく配られた鉄砲の薬包を拒否したことからはじまったとされている。当時のエンフィールド銃は薬包を噛みきって、なかの火薬を銃口から入れる方式であった。その薬包に、牛と豚の油脂が塗られているという噂が広まり、薬包に触れるのは宗教的理由から大問題になる。軍当局は対策を講じたが、一度広まった不安を抑えることはできなかった。
　かつて「セポイの反乱」（「セポイ」は「インド傭兵」を意味するヒンドゥスタニー語が訛ったもの）と呼ばれていたこの事件を、インド側では Rebellion「反乱」と捉え、イギリス側ではこれを矮小化して Mutiny「謀叛・暴動」と捉えているが、著者はイギリス側の名称を使うことにしたとしているので、この第二章5ではそれにあわせている。他の箇所では「大反乱」と訳した。

原住民化　going native（三一八頁）　植民地原住民の文化に染まり、西洋人としてのアイデンティティを失うという、植民者側の恐怖を意味する語句。現代のポストコロニアル理論では、ひとつの批評用語ともなって、異文化の交流、文化変容、民族性など多彩な問題がこの用語のもとで考察されている。原住民化の恐怖を描いて最も名高いのはコンラッドの『闇の奥』である。

真夜中の子どもたち（三二〇頁）　最後の記述は、サルマン・ラシュディの長編『真夜中の子供たち』（一九八一）への言及である。

ジュード（三六五頁）はハーディの小説『日陰者ジュード』（一八九六）の主人公。ドロシアはジョージ・エリオットの小説『ミドルマーチ』（一八七二）の主人公。フレデリックはフローベールの小説『感情教育』（一八四三－四五）の主人公のひとり。ナナはゾラの『ナナ』（一八八二）の主人公。アーネストはサミュエル・バトラーの小説『万人の道』（一八七二－八四）の主人公。イザベル・アーチャーはヘンリー・ジェイムズの小説『ある婦人の肖像』の主人公。エドウィン・リアドンはジョージ・ギッシングの小説『三文文士』（一八九一）の主人公のひとり。フェヴァレルはジョージ・メレディスの小説『リチャード・フェヴァレルの試練』（一八五九）の主人公。

第三章　抵抗と対立

〔エピグラフ〕セゼール『帰郷ノート／植民地主義論』砂野幸聡訳、平凡社ライブラリー（平凡社二〇〇四）一一三頁。

サン・ドマング島反乱……（三八〇頁）
サン・ドマング島の反乱　一八〇一年トゥサン・ルヴェルチュールはサン・ドマング島の征服を宣言。憲法を議決して、総督となる。しかし彼の統治に反対する勢力は、フランスに援助を要請、ナポレオンの派遣したルクレール将軍の軍隊を前に、善戦したが、平和協定に調印せざるをえなかったため反乱は終結した。

アブドゥル・カーデルの反乱　一八三〇年フランスのアルジェリア侵略後の一八三二年から十五年間、アブドゥル・カーデルの指揮のもとに展開した聖戦（ジハード）のこと。一八三七年にはビュジョー将軍とのあいだにむすんだタフナ条約により、アルジェリアの三分の二の支配権が彼に認められたが、結局、三九年にフランスとの戦いが再開され、四七年フランスに降伏する。

一八五七年の乱　訳注「インド大反乱」（六三七頁）参照。

ウラービーの乱　一八七九年に結成されたワタン（祖国）党を中心勢力とした、アフマド・ウラービー（一八四一－一九一一）（アラービーとも表記）の乱。大佐を指導者とするエジプトの民族運動は、一八八一年におけるアフマド・ウラービー大佐の武力蜂起へと発展するが、翌年のイギリス軍出兵によって弾圧された。指導者ウラービーやムハンマド・アブドゥフらは国外追放され、以後エジプトはイギリスの単独軍事占領下に置かれることとなった。

義和団の乱　義和団は中国清朝の秘密結社で、日清戦争後の一八九九年、キリスト教および列国の中国侵略に抵抗し、山東省で蜂起し、翌年北京に入城し、各国公使館を包囲したため、日本を含む列強八か国が連合軍を組織してこれを鎮圧した事件。またこれを機に列強は中国に多大の賠償金を支払わせた。

サモリとハジ・ウマル（三八四頁）　十九世紀にはトゥクロール族のハジ・ウマルが立ち上がり、セネガンビア地方からさらに東のニジェール川流域地方へと進出して、広大な領域を持つイスラム国家を形成した。ついで十九世紀末にはマンデ系のサモリ・トゥーレが出てサモリ帝国を形成し、当時進出を開始したフランス植民地勢力に抵抗した。サモリは現在でも国民的英雄として愛されている。

ヌデベレ－ショナ族の武装蜂起（三八五頁）　現在のジンバブエは、バントゥー系のショナ族 Shona が全人口の七〇パーセントの多数を占め、そのほかヌデベレ族 Ndebele が一六パーセントを占めている。この地において十九世紀に入ると、南方からヌデベレ族が侵入し、ショナ族の王国を滅ぼして王国を築く。ヌデベレ族の王ローベングラは、この地域への進出を企てていたC・J・ローズとのあいだに協定を結び、ローズに一部の地域の鉱山採掘権を与えた。しかしローズはこの協定を無視して全地域にわたる支配権獲得をめざした。ヌデベレ族は九三年、そして九六－九七年にショナ族とともに反乱を起こしてヨーロッパ人の侵入に対抗したが、圧倒的な武力のまえに鎮圧された。

フォースター『インドへの道』（三八九頁）　フォースター最後の長編小説（一九二四）。主人公アジズはイスラム教徒の医師。親交をむすぶことになったムア夫人やアデラ・

クエステッドとともにマラバール洞窟を見物にゆくが、アデラはアジズに暴行されかかったと錯乱したため、アジズは一時拘留される。アデラは自分のあやまちを認めて事件は決着するが、そのときまでにイギリス人社会とインド人社会は決定的な決裂をみる。アジズの友人フィールディングは、アジズを弁護したために、白人社会から除け者となるが、イギリス人の植民地支配を問題視しながらも、インドは独立すべきとは考えていない。

シェイクスピア『テンペスト』（四一一頁）　シェイクスピアの晩年の劇（一六一一年？）。ミラノ公爵プロスペロは、劇のはじまる時点よりも十二年前、ナポリ王と共謀した弟アントニオに国を奪われ、幼い娘ミランダとともに追放され、孤島に流れ着く。孤島でプロスペロは、魔女シコラックスによって閉じこめられていたのを解放してやった妖精エアリルとシコラックスの息子キャリバンと暮らしてきたが、十二年後、ナポリ王一行を乗せた船が近くを通りかかったのを機に、魔法で嵐を起こし、孤島に漂着させる。劇は数時間の間に、プロスペロがかつての敵を魔法で苦しめ改心させ、娘ミランダをナポリ王の皇太子と結婚させ、さらにキャリバンらの反乱をふせぐことで、かつての地位を回復するまでを提示する。プロスペロが使う空気の精エアリエルと、土くれ的キャリバン（食人種のアナグラムとも言われる）は、さまざまに解釈され、またさまざまな立場になぞらえられてきた。

ジョン・スミスとポカホンタス、インクルとヤリコの冒険（同）　ジョン・スミスは北米のインディアンの捕虜となったとき、処刑寸前に大酋長ポウハタンの娘ポカホンタスに命を救われたと書いている。斬首刑が儀礼的なものだったという説以外にも事件の解釈については諸説あるが、事件はおそらくスミスの捏造。インクルとヤリコは、ジョージ・コールマンの喜劇『インクルとヤリコ』の登場人物。白人青年インクル、原住民の娘ヤリコ、総督の娘ナーシサとの三角関係が中心。ヤリコの悲恋に終わる。なお、ここに言及されている人物はすべてヒュームの本で扱われている。

エメ・セゼールによるカリブ海版『テンペスト』（四一二頁）　この戯曲は、エメ・セゼール／W・シェイクスピア／ロブ・ニクソン／アーニャ・ルーンバ『テンペスト』本橋哲也編訳・砂野幸稔・小沢自然・高森暁子訳（インスクリプト）所収の、セゼール『もうひとつのテンペスト――シェイクスピア『テンペスト』に基づく黒人演劇のための翻案』砂野幸稔訳で読むことができる。

ジュラ山脈（四一六頁）　なぜジュラ山脈の雪の中なのかは、後出の訳注「トゥサンとデサリーヌ」参照。

イェイツ（四二六頁）　本文理解の参考のためにイェイツ関連の年代と事項を整理する。

一八六五年　アイルランドに生まれる（同名の父親は画家）

十九世紀末　世紀末詩人たちと交流。この頃、マダム・ブラヴァツキーを知り、心霊学に興味を示すようになる。

一八八九年　モード・ゴンに出逢い、恋に落ちる。

一八九八年　マダム・グレゴリーとともにアイルランド演劇復興運動に従事。

一九〇三年　アイルランド国民劇場協会 Irish National Theatre Society 設立。

一九〇四年　アベー劇場創設。

一九一六年　イースター蜂起（四－五月）。

一九一七年　ジョージー・ハイディ・リーと結婚。

一九二二年から一九二七年　上院議員。

一九二三年　ノーベル文学賞。

一九三九年　死去。

バンドン会議（四三三頁）　一九五五年四月一八－二四日インドネシアで行われた国際的首脳会議。開催地の名前をとってバンドン会議といわれるが、正式名称はアジア・アフリカ会議。新興独立国家のイニシアティヴが目立つなか、非同盟主義運動を盛り上げ、国連尊重と反植民地主義をうたい平和宣言（バンドン一〇原則）を採択した。

ラスタファリ運動（四四一頁）　一九三〇年代ジャマイカに登場した運動。ガーヴィの黒人優越思想やアフリカ帰還運動、千年王国的運動、ネイティヴィズム的運動などを取り込んで発展。エチオピアのハイレ・セラシエ一世の即位を神聖王の即位として予言の成就と考え、セラシエの戴冠前の名前（ラスタファリ）を運動の名前とした。その飛躍的な伝搬に貢献したのがレゲエとボブ・マーレーであったと言われる。

マウマウの反乱（四四三頁）　英領ケニアにおいて一九五〇年代に勃発したキクユ族を中心とする反英武力闘争。ケニア・アフリカ人同盟（ＫＡＵ）の漸進主義とは別に急進派は農業労働者やキクユ地域の貧農の間に組織を拡大したが、これを植民地政府はマウマウ Mau Mau という名称の秘密結社と錯覚、その解散を命じた。一九五二年以後、政府は非常事態宣言を発し、本国から派遣されたイギリス正規軍によって反乱勢力を鎮圧。この反乱はイギリス政府の植民地政策を転換させ民族主義運動の主張を認めさせるのに効果があったと言われている。

ユナイテッド・アイリッシュメン United Irishmen（四

五四頁）　アイルランドの民族主義的組織。プロテスタントとカトリックがともにアイルランド人として団結することを訴え、T・W・トーンの指導のもとに、一七九一年ベルファストとダブリンで組織された。長老派教会員をはじめとするプロテスタント、自由主義者などの参加が多く、協会では議会改革、カトリックの権利回復などが論議された。また当時進行中のフランス革命の影響をうけて、トーンらはイギリスからの分離独立、共和国樹立を主張するようになり、当局からの弾圧が強まった。九五年からは地下組織として再編され、カトリック農民に広く根を下ろし、公称二五万人の大組織に成長した。その後イギリス政府は蜂起再発を防ぐ目的もこめて、アイルランドの併合に踏み切った（一八〇一年一月発効）。

オレンジ・ヤング・アイルランド運動（四五五頁）　イギリスの立憲君主制を守ることを目的とした、北アイルランド・プロテスタントの組織。一七九五年結成。オレンジ公ウィリアム（オラニエ公ウィレム）にちなんで命名。ユナイテッド・アイリッシュメンの運動、オコンネルのカトリック解放運動、パーネルの土地戦争、グラッドストンの自治政策などに反対し、アルスター義勇軍を組織してアイルランド自治法案に反対した。一九二一年北アイルランドが成立してからも、おもだった政治指導者はこの結社のメンバーだった。

永代定額査定法（四七〇頁）　一七九三年コーンウォリス総督によってベンガル管区に導入され、以後イギリス支配期を通じて北インドを中心に実施された土地所有・徴税制度。〈永代ザミーンダーリー（地税）制度〉ともよばれる。

基本は、（一）旧来の領主・地主層を〈地主〉として規定、（二）法の規定によって独占的な地主的所有権を承認、（三）会社は地主と地税徴収の契約を結ぶ、（四）地税は永代に固定され、土地の価値変動を考慮しない。また土地は競売によって最高の入札者が入手できることになり、土地が投機的対象となり、高利貸や商人の〈地主〉も現れ、在来の領主・地主から没落者も出た。各種の耕作農民、土地保有権を持つ農民はこの制度下では小作人となり、領主や地主と各層の農民とを結ぶ農村内での伝統的関係も壊れた。

トゥサンとデサリーヌ（四七五頁）　トゥサン・ルヴェルチュール François Dominique Toussaint L'Ouverture（一七四三／四六－一八〇三）は、フランスの植民地であったサン・ドマング島に黒人奴隷の子として生まれる。その知性と忠誠心を評価され自由の身となったのち、一七九一年に黒人反乱を指導し、九三年にはスペイン軍に所属し、戦争技術を学び、九四年には、フランス軍との協定でハイチのイギリス軍を撤退させた。一八〇一年にはサン・ドマング島を征服し、事実上の独立宣言である憲法を議決し総督となる。しかしその統治能力に疑問をもった勢力がフランスに軍隊の派遣を要請。ナポレオンによって派遣されたルクレール将軍麾下の軍隊とトゥサン・ルヴェルチュールは戦い、平和協定の調印を余儀なくされ、その後すぐに裏切られて逮捕され、フランスのジュラ山中の牢獄に入れられ、共和国の独立が宣言される前に、一八〇三年に獄死した。「ブラック・ジャコバン」と呼ばれた。

その後、ルヴェルチュールの後継者であるデサリーヌ Jean-Jacques Dessalines（一七五八－一八〇六）とペシヨン Alexandre Sabes Petion（一七七〇－一八一八）は闘争を続け、フランス軍を撃退して、一八〇四年一月ハイチの独立が宣言され、ハイチは世界で最初の黒人共和国、ラテン・アメリカで最初の独立国となった。

インティファーダ（四九一頁）「身を震わせ塵などを払う」という意味のアラビア語からきた言葉で、広範囲の大衆参加の抵抗運動の意味で使われる。とりわけ一九八七年にイスラエル占領地のガザおよびヨルダン川西岸地区ではじまったパレスチナ人のイスラエル当局への抵抗運動を意味する言葉としてひろく知られるようになった。

カダフィの『緑の書』…（五〇四頁）一九六九年リビアにおいて無血クーデタを成功させたカダフィ大佐は、このクーデタをリビア国民による革命へと発展させるべく、アラブ社会主義やイスラム・アラブ民族主義を基幹とする第三理論を提唱し、これを『緑の書』にまとめ、革命理論の徹底を図った。モブツは一九六〇年ザイール独立以後、大統領に就任してから一貫して権力の中枢にあり、政権の独裁的性格や構造汚職がずっと非難されつづけている。

エリオットの「ドライ・サルヴェージ」（五三二頁）エリオットの連作詩『四つの四重奏』*Four Quartets* は、「バーント・ノートン」（一九三六）「イースト・コウカー」（一九四〇）「ザ・ドライ・サルヴェージ」（一九四一）「リトル・ギディング」（一九四二）の四編の詩からなる（一九四四）。四編はすべて時間の問題をとりあげ、「ドライ・サルヴェージ」では時間と永遠との接触が語られる。

第四章　支配から自由な未来

〔エピグラフ〕クッツェー『夷狄を待ちながら』土岐恒二訳、『集英社ギャラリー［世界の文学］20――中国・アジア・アフリカ』（集英社一九九一）所収、九四一頁。集英社文庫（集英社二〇〇三）五八頁（第一章）。

〈明白な運命〉論 Manifest Destiny（五四一頁）「明白な運命」「膨張の宿命（天命）」などと訳されるアメリカ膨張

主義思想の典型。ニューヨーク市のジャーナリスト、オサリバン John L. O'Sullivan（一八一三－九五）が一八四五年七月号に発表した《併合》と題する論文で使った語。最初のアメリカ国民の膨張気運をすくい上げ、膨張を倫理的に正当化した。元来アメリカの膨張主義思想は、農民を選民とするジェファソン主義や、モンロー主義に表れた地理的予定説を中心としていたが、「明白な運命」説の普及によって、大陸への膨張は自由の拡大という使命の遂行にほかならぬとされるようになった。その後のさまざまなアメリカの膨張思想を「マニフェスト・デスティニー」の語で一括することが多い。

ロストーの経済テイクオフ論（五四九頁）　伝統的社会→離陸のための前提諸条件の形成期→離陸（テイク・オフ）→成熟への前進→高度大衆消費時代という発展図式をW・W・ロストーは提出した。以後、テイク・オフあるいは産業革命を可能にする経済条件の計量的な把握を中心に、経済発展論が活発になった。

アッバース朝（五六二頁）　イラクを中心に、西はマグリブから東はトランスオキシアナまでを支配した、アラブの初期イスラム王朝。七五〇－一二五八。首都はバグダッド。前王朝代にはまだ大きな発達がみられなかった文化は、この時代になると、イスラムとアラビア語を基調にして、インド、イラン、シリア、とりわけヘレニズムの諸要素を摂取、融合し、多彩なイスラム文化となって開花した。

『悪魔の詩』（五七六頁）　インド出身でイギリス国籍の作家サルマン・ラシュディが書いた小説『悪魔の詩』が、イスラム教の預言者ムハンマドさらにはイスラム教そのものを冒瀆したとして、イスラム教徒の非難を浴び、イランの最高指導者ホメイニ師が八九年二月四日、ラシュディに対して「死刑」のファトワを出した。ホメイニ師は八九年六月死去したが、後継の最高指導者ハメネイ師もホメイニ師のファトワ支持を確認。九五年欧州連合が対イラン関係改善の条件としてファトワ撤回を要請したが、イランは拒絶している。

ファトワ（五七七頁）　ファトワ fatwa は、イスラム法の解釈・適用に際して有資格者である法官が文書で提出するイスラム法にのっとった裁定。サルマン・ラシュディへの死刑判決もこのひとつ。というより、それによってファトワという語が広く知られるようになった。

バートルビー（六一五頁）　メルヴィルの短編「バートルビー」（一八五三）に登場する人物の名前。ほとんど口をきかぬ無気味な変人で、雇い主が引っ越したあとも、同じ事務所に居座り動かぬために、逮捕・投獄され死亡する。

訳者あとがき

アイデンティティの問題

翻訳版では二分冊としたことが、ゆくりなくも、本書『文化と帝国主義』の性格を明らかにすることになった。* たとえ異なる二冊の本とまではいわなくとも、本書は、ふたつの特徴を内部に共存させている。このことは、第一分冊から読み進んでこられた読者は実感されるかもしれない。たしかに本書の序論は、帝国主義の文化だけでなく、帝国主義に抵抗する文化についても論ずるとことわっている。だが、そうであってもコンラッドの『闇の奥』、ジェイン・オースティンやキプリングの小説、ヴェルディのオペラ、アルベール・カミュの作品、それらに見いだされるいわゆる帝国主義的イデオロギーあるいは、それらをとりまく帝国主義の文脈を論ずる前半は、『オリエンタリズム』（一九七八年）の延長線上にあって、分析の対象を文化芸術作品へと移したにすぎないともいえる――とはいえ、それはそれで『オリエンタリズム』に端を発したともいえるポストコロニアル批評を、今度はみずから実践したという点で記念すべきであり、著者の論文のなかでもこれまでもっともよく読まれ影響力もあった論文が集中して収められているのも前半部なのだ。

ところが後半部、この第二分冊では論調がかわる。帝国主義／オリエンタリズムの問題圏の重要性は変わらないにしても、抵抗文化に力点がうつり、論じられるのも、C・L・R・ジェイムズ、ジョージ・アントニウス、フランツ・ファノンといった、いっぽうで多くの読者によく知られながら、またいっぽうで多くの読者になじみのない、思想家や文人たちと、そのナショナリズムおよび解放思想であり、W・B・イェイツという英文学史上の正典詩人《キャノン》が論じられても、英国の帝国主義に抵抗する文化という文脈のなかだった。そして第四章では植民地なき帝国アメリカについての話題に移り、その帝国主義的スタンスと、それを支援するだけのメディアのコンセンサス政治が厳しく糾弾されながら、「権力に対して真実を語る」知識人の可能性、対抗メディアの可能性、そして解放思想の未来が語られる。

前半では、〈小説〉が、帝国主義全盛期以前から、帝国主義的スタンスを容認するだけでなく積極的に支援するような作用をおよぼしていたことが語られるのに対し、後半では、帝国主義を阻止する抵抗文化が、帝国の内外で生じたこと、ならびに対抗的知識人の役割の重要性が語られる。前半が『オリエンタリズム』の延長線上にあったとすれば、後半は知識人論へ、パレスチナ問題論へと繋がってゆくのである。

したがって本書『文化と帝国主義』のアイデンティティはひとつではありえない。いや、そのアイデンティティを、ひとつに押し込めることはできない。ちょうどこの翻訳が二分冊になったように、著者の名前が著者自身、その自伝（邦訳『遠い場所の記憶　自伝』）の冒頭で認めるように、典型的なヨーロッパ系の名前と、これまた典型的なアラブ系の名前とを恣意的に合体させた二重性を、あるいはハイブリッド性を示しているように。

植民地主義と帝国主義

ジョン・サザーランドの『ヒースクリフは殺人犯か？——19世紀小説の34の謎』（一九九六、川口喬一訳、みす

＊　本書の日本語版は当初二分冊（1・一九九八年、2・二〇〇一年）で刊行、この「訳者あとがき」は2の刊行時に執筆された——編集部

ず書房、一九九八）は、「文学社会学」の泰斗が、その博識を駆使して書いた肩のこらない読み物で、続編も翻訳（『ジェイン・エアは幸せになれるか？』青山誠子他訳、みすず書房、一九九九）され、さらにはシェイクスピア編も出版されるのがなっとくできるほど興味ぶかい謎解きを提供して飽きさせない。ただ、その冒頭で取り上げられるのが、タイトルから予想される『嵐が丘』ではなく、ジェイン・オースティンの『マンスフィールド・パーク』なのだ――この作品を扱うなかで本書『文化と帝国主義』における議論もあわせて俎上に載せ、それを最初に叩いて読者をつかもうとしたのかもしれない。オースティンを奴隷社会の一員とされたことを腹に据えかねた英国人として展開する議論の是非については、同書を読んで判断していただくことにして、唯一ゆるがせにできないのは、最終的に著者が主人公ファニーを、彼女が奴隷制を嫌う宗派に属していることを理由に免罪することである。いわく、屋敷の女主人になった暁にファニーは必ずや奴隷廃止運動のために闘うであろう、と。

だが、イギリスは、奴隷制度を廃止することで揺らぐどころか確実にその帝国を膨張させ、帝国主義の最盛期へと突入したのではなかったか。植民地を廃止せよとまで考えた奴隷廃止論者は稀で、多くは奴隷制に反対していても、植民地の存在を自明のものと考えていた。また解放の美名――現地の悪習や蒙昧や独裁体制からの、あるいは他の植民地勢力からの解放の美名――のもと、植民地体制の強化と帝国拡張が行われたことは、日本の帝国主義もまた例外ではなかったほどの周知の事実であって、植民地体制の解体をともなわぬかたちで奴隷を解放しても、解放は問題の解決どころか、問題の悪化や隠蔽にしか貢献しない。いやさらに最終的に、奴隷解放から原住民解放にいたる過程（最終的には反帝ナショナリズムをも含む過程）は、反帝国主義運動に見えて、まぎれもなく帝国主義的過程の一部であり、それと共犯関係にある。

では奴隷制度に反対しても帝国主義には反対しなかった人間を、どう分類すべきか、またその分類枠から見えてくることはなにか（解放のプロセスと帝国主義のプロセスとが同じであるとはどういうことかという問題については後述）。本書で明示されてはいないが暗黙のうちに前提とされている図式を使えば、奴隷解放論者は過酷な奴隷制に心を痛めた点で〈植民地主義〉には反対していたにちがいないが、植民地の必要性とその存続を自明視する〈帝国主義〉に疑いをもつことはなかったということになる。

植民地主義 Colonialism と帝国主義 Imperialism。両者は、同じ意味で使われることも、定義が逆になることも珍しくない。本書は帝国主義を「遠隔の領土を支配するところの宗主国中枢おける実践と理論、またそれがかかえるさまざまな姿勢を意味している」（四三頁。以下、本書からの引用は、この新版の頁数をしるす）と述べ、「遠隔の地に居留地を定着させる」（同）植民地主義とは区別しているが、植民地主義は帝国主義の帰結であるとも定義している。正面きって示されるこうした定義（それもその一部は他の学者の所説）だけでは、両者の区分は明確ではない。しかし本書全体から伝わってくるのは――そしてまた文化研究や文化分析において本書の影響力のなかで採用されることになった区分とは――、植民地主義が、ローカル化し、実務化してやみくもな実践に走り、土にまみれ具体的なものとなり、生々しい権力あるいは端的に暴力の行使へといたるいっぽう、帝国主義は、グローバル化し普遍化し、植民地主義をささえるだけでなく、世界をシステム化するための理論と世界観になりおおせるのだ。帝国主義は、帝国が存在しなくとも、存続しうるものとなる。「帝国主義は……それがこれまであったところに、特定の政治的・イデオロギー的・経済的・社会的慣習実践のみならず文化全般に、消えずにとどまっている」（同）。植民地主義がハードな政治経済体制と結びつくとすれば、帝国主義はソフトな思想的・文化レヴェルの事象ともなりうるのである。

もちろんこれは従来の用法とは異なるかもしれない。「帝国主義」あるいは「帝国主義者」のほうが言葉に強度がある。たとえばジョージ・オーウェルの短編「象を撃つ」では、ビルマで警官をしているイギリス人の語り手は、自分のことを「帝国主義者」ではないと断言している。それは現地の人間を虐待したり搾取などせず、植民地官僚としての自己の立場を懐疑的に把握しているということだろう。しかしその語り手の眼差しのなかで表象されるビルマの現地人が愚民としてしか登場しないことを、どう考えるべきか。そこにある差別的、西洋優位の眼差しはどう説明できるのか。この語り手は植民地経営の矛盾を意識しているため、わたしたちの用語では植民地主義者ではない。けれども彼の現地人への眼差しは、わたしたちの用語では帝国主義者的である――停滞し怠惰な原住民神話から一歩も出ていないのだ。

だが帝国主義をこう理解すると、それはオリエンタリズムに近いものとなる。西洋が東洋を、とりわけ中近東のアラブ社会を、いっぽうで悪魔化し（野蛮、未開、停滞、退廃的とみなす）、また、いっぽうで神秘化し（西洋に存在しない異常な特質が付与される）、最終的にはオリエントを他者化することによって、西洋の植民地支配を正当化する学問的言説体系、それがオリエンタリズムであるとするなら、その著書が話題になった当初から始まっていた、「オリエンタリズム」の普通名詞化――つまり西洋とアラブ社会との関係のみならず、西洋と非西洋、あるいはジェンダー関係にまでいたる適用可能性の拡大化――は、本書において「帝国主義」にも及んだといえるかもしれない。いや、もっと正確に言えば、本書においてオリエンタリズムが帝国主義に変装したというより、帝国主義がオリエンタリズム化したというべきだろう。政治的抑圧と経済的搾取と軍事的暴力の領域であった帝国主義（この意味では「植民地主義」と同じ）を、文化の領域にまで拡大して捉え直すこと。そしてそれは、いっぽうで小説あるいは文学史の議論を帝国主義とからませ、政治や経済から絶縁された特権的領域としての文化を解体すること、いいかえるなら文化を歴史化し世俗化しつつ、まさに〈文化の記録であって野蛮の記録でないものはない〉状況を暴きつつ、また、いっぽうで、野蛮が、文化の仮面を身につけ、文明化の使命によって植民地支配を強行した側面をみすえることを意味していた。

帝国主義としての文化

本書のタイトル〈文化と帝国主義〉は、つまるところ〈帝国主義としての文化〉ということになる。なるほど本書の随所に指摘されているように、イギリスの小説（あるいは文芸文化とでもいうべきもの）は、帝国主義の全盛期以前にすでに、帝国主義的過程を容認するだけでなく積極的に支援するような要素を根底にかかえていた。「ブルジョワ社会の文化的産物としての小説と、帝国主義そのものは、おたがいに相手なくして考えることができない」（二五五頁）。これをフランスにはないイギリスの特殊事情であったと考える著者は、小説と帝国主義とのつながりを考察するため、〈姿勢と言及の構造〉と著者が呼ぶものを導入する。レイモンド・ウィリアムズのいう〈感性の構造〉に影響をうけたそれは、イデオロギーと呼んでもよいものだが、そのためにも狭義のイデオロギーと広義のイデオロギーとを、とりあえず区別せねばならない。狭義のイデオロギーとは、特定の集団だけが維持し信奉している理念なり思想であって、その集団に属していなければ、そのイデオロギーの外部に位置することができる。これに対し、広義のイデオロギーは、空気のように自然なもの、意識されないものとして存在して、懐疑や不信を拒絶する共有された感覚あるいは感性と同じものであって、すくなくともその時代と空間に生きていれば誰もその外部に出られない。〈生活様式〉とも、あるいはブルデュー流に〈ハビトゥス〉ともいえる、これは、イデオロギーという用語のもつ特殊政治的な意味を越えて、見えない監獄として機能する暗黙の前提というべきものを指している。著者サイードは、西洋の近代史において、帝国主義が、誰もが疑わない見えない監獄であり空気だと規定している。しかも本書で想定されている西洋の文化は、大衆文化というよりも、どちらかというと高級文化であり、高級文化をもって文化を代表させることには問題もあるが、しかし、こと帝国主義に限れば、大衆文化も高級文化も、その存続と意義を疑うことがなかったために、まさに文化全体が一丸となって帝国主義化していたのであり、本書のテーマを〈帝国主義としての文化〉と規定してもよいことになる（事実、そのように規定する解説書はある）。

だが本書のタイトルが、たとえタイトルとしてのすわりのよさから便宜的に選択された可能性を残すものの、それでも〈帝国主義としての文化〉ではなく〈文化と帝国主義〉である点は気にかかる。両者は修辞的にいうと大きく異なる表現方法なのだから。たとえば〈帝国主義としての文化〉は、両者を緊密に連結する隠喩的関係を形成し、帝国主義として枠取られた文化（特定の文化形態）には、帝国主義以外の要素は存在しないか、あるいは文化全体が帝国主義であるということを意味している。いっぽう〈文化と帝国主義〉との関係は、同一化あるいは類似性によって緊密に一体化するのではなく、両者が、それぞれ独自性を維持しながら、なんらかの関係によってゆるやかに接続している換喩的関係を意味する。この両方を一元化することは、それこそ帝国主義的挙措であるので、両者の可能性をそのまま維持すれば、帝国主義は、すべてを包摂し、そこから外部へと抜け出せない閉域を形成する――カリブ海生まれのトゥサン・ルヴェルチュールが最後に収監されたアルプスの雪中監獄のごとく。抵抗運動そのものも、帝国主義とは無縁の外部からの権威なり力によって破壊するのではなく、その内破をめざすしかなくなる。

しかし文化と帝国主義が別個に独立して存在する状況は、いっぽうで〈帝国主義としての文化〉の対極ではない。むしろそれは同じコインの両面であって、帝国主義としての文化の、最終的な様態変位は、文化と帝国主義との無関係な独立存在であり、この場合、文化は帝国主義の侵略から守られた特権的領域になりおおせてしまうからである。

しかし、またいっぽうで〈文化と帝国主義〉は〈帝国主義としての文化〉とは一線を画す。なぜなら文化は帝国主義を完璧に反映するわけではないし、文化は独力で帝国主義を構築するわけでもない。文化は、帝国主義の固有名ではない。本書は帝国主義時代に固有の文化のあり方を記述しているかにみえて、その文化は、しかし、帝国主義の時代とは一致しないのだ。固有の領土というものも存在しない。固有の歴史というものも存在しない。著者が『オリエンタリズム』から本書に継承させている表現をかりるなら、存在するのは、〈重なりあう領土、からまりあう歴史〉。〈文化〉と〈帝国主義〉は、独自に存在していると同時に重なりあい、からまりあっている。〈帝国主義としての文化〉という両者の一体化と、〈文化と帝国主義〉という両者の併存の、まさに中間を本書は考えているのである。

対位法的読解

著者サイードとともに記憶される読解は、〈対位法的読解〉と命名されている。サイード自身がジュリアード音楽院でピアノ演奏を学び、一時、ピアニストになろうとまで考えたほどの素人離れした音楽的センスの持ち主ゆえに、この名称はことさら記憶になじみやすい（ちなみにサイード自身称賛してやまない天才ピアニストだったグレン・グールドの演奏法に対位法的読解の起源がある）。この読解は具体的にいうと、宗主国であるイギリスの文学作品を、帝国主義的過程との関係性のなかで読解するものであり、特定の作品のなかに植民地の現実なり帝国主義システムなりを含意するものをあぶり出す作業をいう。かたや英国の文化的テクスト、そしてそれと対応する時代なり植民地の事象、その両者のあいだに、ゆるやかな関係の網の目を見いだし、また張り巡らせること。基本的には対置であるので、そこに一方が他方の原因になる強力な因果関係はない。もし読者がこれに物足りなさを感ずるとすれば、それはかつての反映論、もしくはその裏返しである構築主義に毒されているからであろう。サイード的用語をさらに導入すれば、対位法的読解は、作品と歴史的現実のあいだに〈フィリエーション〉（親子関係、直接的因果関係、隠喩的垂直的関係）を想定するのではなく、〈アフィリエーション〉（養子縁組関係、間接的連結、換喩的水平関係）を見いだしてゆく。そして〈フィリエーション〉を拒否することによって、ある種の固有性もまた廃棄されるだろう。対位法的読解――いやサイード的読解というべきか――は、テクストに宗主国の歴史的現実とのシンクロもしくは嫡子関係を求めないし、テクストを固有性を口実にして宗主国の文学史や文化史に隔離するのではなく、テクストを帝国主義的過程のただなかにおき、遠隔の植民地的現実との関係性のなかに解放する。それはまた各国文学史から世界文学史への移行なのである。

もちろん対位法的読解のなかで明らかになるのは、文学作品が帝国主義的過程を擁護し積極的に支援し、それを正当化する世界観を構築していることだけかもしれない。しかしまた、たとえ帝国主義のただなかで生産されようとも、複数の勢力、すくなくとも宗主国側の政治的諸力と植民地領土における対抗勢力という二つの勢力のせめぎ合いをダイナミックにとらえることができるだろう。本書におけるジェイン・オースティンの『マンスフィールド・パーク』の読解、キプリングの小説『キム』の読解、カミュの小説『異邦人』の読解、そして小説ではないがヴェルディのオペラ『アイーダ』の読解は、そのような対位法的読解の魅力をあますところなく伝えてくれる典型であると言えよう。

なおこれがポストコロニアル的読解かどうかについては、ポストコロニアリズムについての解説がこのあとがきの任ではないことを確認したうえで答えれば、イエスである。その最良の成果といってもいい。けれども著者サイードは、「ポストコロニアル」（原書では post-colonial と表記）を、植民地時代以後くらいの意味にしか使っておらず、その『オリエンタリズム』を契機にはじまったといってもよい、そしてコモンウェルス文学研究の息の根をとめた、ポストコロニアリズムあるいはポストコロニアル批評（研究）に、積極的に加担するつもりはないようだ。いや、それどころか、ポストコロニアリズムを、やや頑迷にファッショナブルな批評言説として捉え、その政治性の欠如を憂慮しているふしもある。ポストコロニアリズムは右翼保守派の批評家からは、その政治性が批判されるが、サイード自身は、むしろ、その政治性の不徹底さと不十分さを批判しているのである。

帝国主義と民族主義

もし対位法的読解が、宗主国文化のなかでまどろむテクストをたたき起こし、過酷な帝国主義的過程のなかに引きずり出し、帝国主義との共犯性を告発・弾劾するものだとしたら、いまもなお「文学」テクストを政治と社会と歴史から隔離せんとする保守派にとってサイードとは恐るべきテロリストと映るかもしれない。対位法的読解は西洋の文化を告発することによって、結局、西洋と非西洋との対立をあおるのだという、この種のお粗末な非難――それも的がはずれている――は、思えば『オリエンタリズム』のときから生じていた。『オリエンタリズム』における主張は、西洋が東洋をいつも誤表象してきたという単純きわまりない話ではなく、すでに述べたように、西洋が東洋を他者化し、過去から現在における西洋と東洋との交流と文化統合を排除あるいは無視して、西洋と東洋のあいだにありもしない境界線を捏造してきたということだった。ヨーロッパとオリエントは、すくなくとも重なりあう領土とからまりあう歴史をとおして濃密な交流を絶えず深めてきた。にもかかわらずそれを無視もしくは抑圧し、オリエント支配のために、あえて対立を煽り永続化しているのは、東洋でもなければ、サイードでもなく、西洋そのものであり、この操作を可能にする言説装置をサイードはオリエンタリズムと命名したのである。

　同じことは帝国主義についても言えよう。帝国における西洋と非西洋との植民地的邂逅以来、西洋人と現地人は、文字どおり重なりあう領土で、からまりあう歴史をともに生きてきた。植民地主義が暴力的な収奪と弾圧を付随させるとはいっても――とりわけ本書では暴力的な植民地主義のみならず文明化の使命を帯びた植民地主義も題材にするのだが――、同時にそれは西洋と非西洋との交流を、そして文化統合を確実に準備し、また実現しつつあったのだ。帝国主義は、重なりあう領土を、からまりあう歴史を分断し、西洋と非西洋との対立を固定し、西洋の文化史のなかに、原住民が関与することを徹底して排除する。固有の西洋と、固有の非西洋が存在するという愚かしい前提を死守するために――あるいは、パレスチナにおいてユダヤ人とアラブ人を分断するために（いうまでもなく、また多くの論者が気づいているように、サイードによるオリエンタリズム批判、あるいは帝国主義批判は、パレスチナにおいてユダヤ人とアラブ人を二分した西洋列強の処置に対する、あるいはイスラエル政府に対する批判がその根底にある）。

そして同じことは、まさに本書における強力な主張ゆえに、文化分析と研究の場で、重大な共通認識となったもの、すなわち民族主義にもあてはまる。ちなみに本書は、文中で「ナショナリズム」と「民族主義」の二種の訳語を混在させる最後の日本語の書物かもしれないのだが、「文化国民主義」といった訳語に加担するくらいならカタカナ表記しかないと思う訳者には、植民地化過程において独立を達成したナショナリズムに「民族主義」の訳語をあてた過去へのこだわりが捨てきれないのだ。ともあれ二十世紀後半における、いわゆる第三世界のナショナリズムの惨状をみるにつけても、著者はナショナリズムの問題を考察せずにはいられない。そして本書において著者が提示した回答は、帝国主義がナショナリズムを生み出した、あるいはナショナリズムは帝国主義の継続にすぎないということだった。

反帝国主義としての第三世界ナショナリズムは、西洋列強に収奪される以前の、おのが固有の領土と過去を回復し、民族に固有の文化の復権と存続をめざす以上、そこに前提とされているのは、もし帝国主義の影響をきちんと除去すれば、人種と民族に固有の領土なり文化が純粋なかたちで姿をあらわし、そのようなかたちであらわれた固有の文化を維持できるという確信である。そしてこの排他的な確信は、重なりあう領土、からまりあう歴史という、宗主国と植民地が織りなす相互交流と文化変容のダイナミズムを認知しないことからも、そしてまた純粋で固有の過去と領土を死守することで自他との境界を厳密かつ強固にし、そこに民族のアイデンティティを確立することによって、結局、みずからが従属していた帝国主義の言説と姿勢と実践を、無意識のうちに、あるいは無批判に、反復し再生産しているにすぎないのだ。ナショナリズムは、帝国主義打倒をとなえながら、帝国主義と同じことをしているのである。このパラドックスが、現実の政治となってあらわれたとき、多くの植民地で独立を勝ち取ったナショナリスト・エリートたち――帝国主義体制のなかで育まれた彼ら――が、白人なきあと残された支配装置のヒエラルキーのトップに居座り、植民地時代の支配制を温存し、解放よりも抑圧さらには独裁体制へところんでゆく第三世界の窮状が出現する。

いやそればかりか、かつての植民地であった国々は、独立達成後の暁には、国内の近代化をはかるとともに、西洋近代における問題のある諸制度、とりわけ階級分化とジェンダー分化を西洋から継承し、あらたな抑圧体制を勤勉に構築しながら、国民保護のために対外的な衝突をくりかえし、かつてのヨーロッパにおける国民国家形成時の諸問題をことごとく引き取りながら、かつての宗主国と植民地とを分断した帝国主義とおなじ身振りによってみずからの民族的アイデンティティを主張しながら、後期資本主義の多国籍企業からなる世界システムに参入しつつ、文化的自立をめざしながら経済的にはかぎりなく依存を余儀なくされるのである。こう考えると、ポストコロニアル時代の第三世界の国々は、かつての帝国主義時代が終わったのち、今度は後期帝国主義時代に突入したということになる。

反帝国主義ナショナリズムを、第二帝国主義あるいは後期帝国主義（実は、そこまでは著者は語っていないにしても）とみるしかないとしても、ナショナリズムそのものを著者は却下してはいない。

遡航 voyage in と抵抗文化

初期のナショナリスト思想家たちのなかでも、とくに著者が敬意をはらって赴くのは、C・L・R・ジェイムズ（本文の記述によれば、著者はジェイムズ本人に会っている）、あるいは著者と同じくパレスチナ出身の知識人だったジョージ・アントニウス、そして帝国主義を指弾しながらも帝国主義とナショナリズムの共犯関係を見抜き警鐘を鳴らしていたフランツ・ファノンである。こうした試みのなかで、とりわけ興味深いのは、第二次大戦前に書かれた歴史書、ジェイムズの『ブラック・ジャコバン』とアントニウスの『アラブの目覚め』を、現代の歴史家の仕事と比較対照している第三章4「遡航そして抵抗の台頭」である。戦前と戦後、民族運動の興隆期におけるナショナリストの歴史物語と、ポストコロニアル時代のアカデミックな歴史研究者の歴史記述。すでに多くの論者が指摘しているように、あるいはその指摘を待つまでもなく、著者サイードの共感は、戦前の巨人たちふたり、C・L・R・ジェイムズとジョージ・アントニウスにむけられている。ともに西洋と非西洋とのふたつの世界で活躍した彼らに、サイード自身、ナルシスティックにみずからをなぞらえているふしさえある。もちろん戦後の歴史研究者を軽んじているわけではない。その歴史記述の可能性を正しく評価している（事実、『サバルタン・スタディーズ』のアンソロジーにサイードは序文を書いているくらいなのだ）。ただ、現代の新しい歴史家たちへの、物足らなさをにじませた眼差しには、歴史書が、歴史物語からアカデミックな歴史記述へと変化しただけではない理由もありそうだ。

おそらくナショナリズムの問題ともからむのだが、戦前の巨人たちは、いっぽうで帝国主義を憎み批判しながらも、西洋文化に対する造詣の深さもあって、西洋文化に対する敬意を最後まで捨てることはなく、その主張も、強烈な民族意識を前面に出すようなネイティヴィズムにはいたらなかった。それは非西洋の知識人としてのありようからもくるのだが、帝国主義の時代において西洋と非西洋とは、重なりあう領土、からまりあう歴史を体験していたからであって、そのなかで非西洋人は、みずからのなかにある西洋的要素すべてを捨象して、純粋な民族のアイデンティティ（という捏造物）を主張はできなかったからである。すでにフィリエーションの関係は消滅していた。あるのはなかば現地人、なかば西洋人たる彼らのありようで、彼らはみずからの土地に対しても、なかば異物として、アフィリエーションの関係にあったといってよい。

これはまた戦前の巨人たちの、その浩瀚な歴史書が、実は、アマチュアとしての立場から書かれていることとも関係する。もし専門家というのが、対象とする分野と強固な絆で結ばれたフィリエーション関係を結ぶとすれば、アマチュアは、それこそ、著者の次の著作『知識人の表象』（邦訳題『知識人とは何か』）で語られているように、専門分野や縄張りにしばられることのない、まさに対象とする分野とのアフィリエーション関係のなかで固有性や専門性とは無縁の自由な立場から、発言できる知識人の典型ということになる。

とすると抵抗文化は、固有性の主張と繋がっているようで、実は無縁なのである。西洋人にはない、独自の民族的人種的特徴を主張するネイティヴィズムの主張あるいは、〈ネグリチュード〉に代表されるような、人種的民族的固有性の主張は、抵抗文化とはならない。あるいは抵抗文化としては問題含みの危険きわまりないものとなる。なぜならそのようなものはハイブリッド性を余儀なくされる帝国主義時代の非西洋人にとっては、ありもしない幻想にすぎないからだ。むしろ西洋の文化の懐《ふところ》に入り込み、同じ土俵にたって、差異の主張をすることで、対話にもちこむこと。これこそ、非西洋人を非西洋人たらしめんとする、〈オリエンタリズム／帝国主義／ナショナリズム（後期帝国主義）〉の操作に抗して、西洋に語りかけようとする抵抗の方法なのだ（国際化の現在、人文系においては多くの日本人が日本人らしさを要求され、日本人としての意見（特殊な少数意見）を求められても、なかば西洋人である日本人としての意見を求められることが少ないのは、いまなお健全な、この〈オリエンタリズム／帝国主義／ナショナリズム（後期帝国主義）〉のなせるわざである）。成功する対話と抵抗、サイードの命名ではそれは遡航 voyage in となる。現代の文学状況において、かつて大英帝国の植民地だった国の作家たちが英語で作品を書き、イギリス本国の文化や文学に影響をおよぼす現象を、以前サルマン・ラシュディは「帝国が文筆で逆襲する」The Empire Writes Back と述べたことがある。これに霊感を受けたかもしれない〈遡航〉、それは海のかなた、外部に、ユートピアあるいは抵抗の拠点、帰属地をもとめて出航 voyage out するのではなく、みずからを抑圧しつつも育んだ帝国主義の内部に、具体的には宗主国文化の内部に、抵抗すべく遡航することなのだ。植民地解放運動や民族主義運動は、現地における武装蜂起によってはじまったのではない。それは宗主国首都における非西洋人の思想運動としてはじまったのであり、原住民の弾圧と抑圧と原住民文化の解体も、また原住民の解放も、すべて帝国主義の内部ではじまっていたのである。抵抗文化は、帝国主義の外部からではなく、内部において萌芽するしかないのであり、またそれがもっとも有効なのである（ちなみに支配的言説を掌握し、その懐にはいりこみ、それを解放のための言説へと変換するこの抵抗形式は、反帝国主義としてのナショナリズム、それも独裁的ナショナリズムが帝国主義の手法と制度を模倣し継承することであらたな独裁体制を構築（あるいは存続）させたのと、実は軌を一にした、しかし、その反転であることにも留意すべきであろう）。

そして遡航の例——古くは十九世紀フランスでエルネスト・ルナンと論争をおこなったアラブの民族主義者アフガニー、あるいはスーダンから留学生としてヨーロッパの闇の奥ロンドンへと旅立ち、そこで事件を起こすアフリカ人青年を描くサーレフの小説『北へ還りゆく時』にいたる——からもわかるのは、帝国主義は、たしかに負の遺産として二十一世紀にも暗い影を落としているのだが、同時に、西洋人と非西洋人が濃密な関係のなかで対話ができた希有な瞬間をも提供した。これを強調しすぎると、今なお残る凡百の帝国主義者と同じになる。しかし、その希有な一瞬こそ、未来に実現する人類の融和の予言だったかもしれないのである。

帝国文化の物語は、帰還の物語である。それは他者の土地に侵略して、そこを第二の故郷に、そしていつしか故郷そのものに変貌させる物語である。いっぽう移民の物語、遡航は、故郷なき者たちが、遠くから来て、遠くへと去ってゆく物語である。いかなるところにも故郷はない。固有性は存在しない。

ふたたびアイデンティティ

ポストコロニアル批評は、わたしの知る限り、日本の英語圏文学あるいは文化の研究において優秀な研究者と研究成果を得ているのだが、反発もあるかもしれない——英文学研究において（もちろんポストコロニアル批評あるいはポストコロニアル研究が英文学分野に限定などされないことは言うまでもないとしても）。たとえば、これはシミュレーションだが、ポストコロニアル批評の興隆を憂慮した守旧派の研究者が、こんなことを考えたとしよう。植民地だ帝国主義だのと議論する軽はずみな日本人研究者は、日本がかつて帝国主義に加担したことを忘れているにちがいないという、ケンブリッジ出身の保守派の学者から聞いた議論を、まず思い出す。ただ、日本で帝国主義や植民地主義のことを忘却したい人間は、最初から植民地や帝国主義を話題になどしないので、これは現実味のない議論として却下したあと、この守旧派は、たとえば韓国の人びとが英文学研究に植民地や帝国主義問題をからめるのは、植民地化され日本の帝国主義の犠牲者となった歴史をもっているのだから当然だという方向に考え方を修正する。同じことは、たとえばインドについてもいえる。ところが、みずから帝国列強に伍して他国を侵略し植民地化した歴史をもつ日本人がポストコロニアル研究に手を染めるのはおかしいと、一見、左翼的だが最終的にはポストコロニアル研究を封ずる守旧派的議論を発想したとしよう。この人物はとどめの一撃として、いたるところにポストコロニアル性を見いだすポストコロニアル研究は、文学作品の特異性や固有性を無視し抑圧するだけでなく、そもそもが政治的なこの批評は、繊細複雑な文学を破壊するものであると主張することにする。もちろん全世界的な傾向となったポストコロニアル批評・研究を封殺することまではできないので、ポストコロニアル批評・研究を停滞させることを目的にして、最後に、あまりに頑迷で反動的であるという印象を植え付けないために、主張するにしても韜晦に韜晦を重ねる表現を選択することも肝に銘じておく……。

まあ、くだらないシミュレーションなので、現実にこんな人物はいないはずだが、似たようなことを考える勢力は存在すると思う。政治が文学の純粋さを汚すといわんばかりに文学研究から極力政治的要素を排除するこうした守旧派の研究者たちは、その排他的姿勢によって、異民族や他国民を排除する近代ナショナリズムの身振りをそのまま再生産している、もしくはそれと共犯関係にあることを永久に意識しないだろうが、この問題に加えて、固有性もまた問題となるだろう。帝国主義者だったし、いまもなお経済的帝国主義に加担している日本人がポストコロニアル研究に手を染めるなど偽善者だというときに前提とされているのは、日本の特殊事情と固有性の概念である。しかし、この固有性はいったい誰が、いつ決めて、いつまで固定されるのか、疑問だらけであるが、同時に、その呪縛力も大きな、アイデンティティは、最終的に、国民的固有性に帰着するものと思われがちなのだ。それは固有の血を、フィリエーションを、ホームを前提とする世界観であろう。しかし、そのような固有性重視の世界観こそ、実は、帝国主義の身振りそのものであり、帝国主義であった／帝国主義である日本人の固有性にとどまることとは、帝国主義を忘れない脱偽善的な身振りどころか、帝国主義を効果的に忘却してその身振りを反復すること以外のなにものでもないのだ。そしてさらにいおう。国民に固有のものとは、そもそも国民とは、じつは捏造物（サイードの用語では歪曲物 deformation）であって、異種混淆性、ハイブリッド性こそ、国民のありかたとしては例外ではなく常態なのである、と。同じことは、文学作品についてもいえると、先ほどの守旧派研究者に反論しておこう。文学作品の、その固有性や特異性を求めて精緻な読みをすればするほど、そこに出現するのは、作品がかかえるさまざまな矛盾であり、異種混淆性であり、他の作品との相互作用であって、作品の本質的固有性などないことは、研究者ならわかっていないほうがおかしい、と。最良のポストコロニアル的読解が、作品の重層性や異種混淆性を浮上させるものだとすれば、最悪の読解は固有性に固着する鈍感な、もしくは政治的操作をめざした読解にほかならないのだ。

だがそれでも固有性の思いは強いとしたら、それは故郷の概念とも関係することを本書は最後に解き明かしてくれる。ポストコロニアル研究にうつつをぬかす日本人研究者は故郷のことを忘れているというのであれば（たしかに外国産の研究方法だが）、そのような故郷は、本来的な異種混淆性を忘却させて、排他的・攻撃的な姿勢の温床になるがゆえに、危険きわまりないものであり、故郷をなくすことのほうが、望ましいこともあるし、そもそも故郷などなかったのではないかと思い知ることのほうが重要ではないか。サイードがいま読まれるべき理由もここにあるだろう。サイードは西洋が、あるいは西洋に端を発した帝国主義が、諸悪の根元だとは思っていない。ただ故郷が、利用のされ方次第で、諸悪の根元になりうることを示してくれたのである――豊富な事例と多彩な語り口によって。

＊

著者エドワード・サイード Edward W. Said については、すでに多くの著作もあり、著名であるため多くを語る必要はないだろう。渡米する以前の生活については自伝に詳しいので、参照されたい。一九三五年パレスチナ生まれの著者は、プリンストン大学で文学士取得、ハーヴァード大学で修士号と博士号を取得。コロンビア大学で教えはじめ、現在、同大学の英文学ならびに比較文学の教授である。

以下、著作を列挙しておく。

著作リスト（単行本化された主なもののみ）

Joseph Conrad and the Fiction of Autobiography, Cambridge, Massachusetts: Harvard University Press, 1966.

The Arabs Today: Alternatives for Tomorrow, Cleveland: Follet Publishers, 1972.

The Arabs Today: Alternatives for Tomorrow, ed. with Fuad Suleiman, Columbus, Ohio: Forum Associates, 1973.

Beginnings: Intention and Method, New York: Basic Books, 1975.『始まりの現象——意図と方法』山形和美・小林昌夫訳（法政大学出版局、一九九二）。

Orientalism, New York: Vintage, 1978.『オリエンタリズム』（上・下）板垣雄三・杉田英明監修、今沢紀子訳、平凡社ライブラリー（平凡社、一九九三）。

The Question of Palestina, New York: Vintage, 1979.

The Palestinian Question and the American Context, Beirut, Lebanon: Institute for Palestine Studies, 1979.

Literature and Society, ed., Baltimore, MD: Johns Hopkins University Press, 1980.

Covering Islam: How the Media and the Experts Determine How We See the Rest of the World, New York: Vintage, 1981.『イスラム報道——ニュースはいかにつくられるか』浅井信雄・佐藤成文訳（みすず書房、

一九八六）。『イスラム報道――ニュースはいかにつくられるか　増補版・新装版』浅井信雄・佐藤成文・岡真理訳（みすず書房、二〇一八）。

The World, the Text and the Critic, Cambridge, Massachusetts: Harvard University Press, 1983.『世界・テキスト・批評家』山形和美訳（法政大学出版局、一九九五）。

After the Last Sky: Palestinian Lives, with photography by Jean Mohr, New York: Pantheon, 1986.『パレスチナとは何か』島弘之訳（岩波書店、一九九五）。

Blaming the Victims: Spurious Scholarship and the Palestinian Question, ed. with Christopher Hitchins, London: Verso, 1988.

Yeats and Decolonization, Field Day Pamphlet, Dublin, 1988.

Nationalism, Colonialism, and Literature, A Field Day Company Book, Minneapolis: University of Minnesota Press, 1990.『民族主義・植民地主義と文学』増淵・安藤・大友訳（法政大学出版局、一九九六）（Terry Eagleton, Fredric Jameson との共著）。

Musical Elaborations, New York: Columbia University Press, 1991.『音楽のエラボレーション』大橋洋一訳（みすず書房、一九九五）。

Culture and Imperialism, New York: Vintage; London: Chatto and Windus, 1993. 本書。

The Politics of Dispossession: The Struggle for Palestinian Self-Determination, 1969–94, London: Chatto & Windus, 1994.『収奪のポリティックス――アラブ・パレスチナ論集成1969–1994』川田潤一・伊藤正範・鈴木亮太郎・竹村徹士訳（NTT出版、二〇〇八）。

Representations of the Intellectual, London: Vintage, 1994.『知識人とは何か』大橋洋一訳、平凡社ライブラリー（平凡社、一九九八）。

The Pen and the Sword: Conversation with David Barsman, Monroe, ME: Common Courage Press, 1994.『ペンと剣』中野真紀子訳（クレイン、一九九八）。
Peace and Its Discontents: Gaza-Jericho, 1993–1995, New York: Vintage, 1995.
Out of Place: A Memoir, London: Granta, 1999.『遠い場所の記憶　自伝』中野真紀子訳（みすず書房、二〇〇一）。
The Edward Said Reader, ed. by Moustafa Bayoumi and Andrew Rubin, New York: Vintage, 2000.
The End of the Peace Process: Oslo and After, New York: Pantheon, 2000.
Reflections on Exile and Other Essays, Cambridge, Massachusetts: Harvard University Press, 2001.『故国喪失についての省察 1』大橋洋一・和田唯・近藤弘幸・三原芳秋訳（みすず書房、二〇〇六）『故国喪失についての省察 2』大橋洋一・近藤弘幸・和田唯・大貫隆史・貞廣真紀訳（みすず書房、二〇〇九）。
サイード『パレスチナに帰る』四方田犬彦訳（作品社、一九九九）（日本で独自に編まれた論文集）。

Bill Ashcroft and Pal Ahluwalia, *Edward Said*, Routledge Critical Thinkers, London: Routledge, 2001〔ビル・アシュクロフト、パル・アルワリア『エドワード・サイード（現代思想ガイドブック）』大橋洋一訳（青土社、二〇〇五）〕（同じ著者たちによる *Edward Said: The Paradox of Identity*, London: Routledge, 1999 にシリーズ用の変更を加えたもの。内容はほぼ同じ）の文献表を参考にし、一部追補した。なお同書には、論文、インタビューなどのかなり網羅的なリストがあるが、しかし、小冊子や編著の類いがすべて掲載されているわけではない。著作の全貌があきらかになるのはまだ先のことだろう。

*

翻訳について。本書の翻訳第一分冊が出版されたのが一九九八年十二月、二十世紀の終わりであった。それから、あまり時をおかず第二分冊が発行される予定であったが、訳者の諸事情により、出版は二十一世紀にずれこんでしまった。第一分冊が版を重ねているにもかかわらず、第二分冊がなかなか完成しなかった責任はすべて訳者にある。心からお詫びしたい——原著者に、原出版社に、みすず書房に、そして最後だが決して軽んじているわけではない読者に。

第二分冊にいたる二年以上もの年月は、わたしたちを新しい世紀に送りだすとともにわたしたちをとりまく状況をおおきく変えたが、それだけでなく訳者の翻訳スタイルも変えてしまったところがあり、第一分冊の訳文と今回の訳文のあいだには、不統一や表現のぶれが生じてしまった。時のなせるわざとはいえ、お許し願いたい。

第一分冊と第二分冊ともに、みすず書房編集部の守田省吾氏のお世話になった。貴重な助言をいただいたことに心からの感謝を。また訳者の度重なる遅延に対する超人的な忍耐には、もうなんとお詫びしてよいかわからない。なお第二分冊において、身動きのとれなくなった訳者にかわって索引を作成していただいたみすず書房の高瀬玲子氏には、適切な助言をいただいたこともあわせて心より感謝したい。そして最終段階の資料調査で協力していただいた東京大学文学部英文研究室助手の三原芳秋氏にも心より感謝を。さらに、直接訳者がお会いすることはなかったものの、第一分冊出版時から、現在まで、適切な助言とご教示をいただいた多くの方々に感謝を。

最後に、訳者のわがままを許していただけるなら、この翻訳を捧げたい——第一分冊出版後、残りの翻訳の完成が予想外に遅れ、出版社との約束の果たせない訳者のことをつねに心配し、闘病生活のなかで、訳者に翻訳の一日も早い完成をうながしつつ、第二分冊の出版をみることもなく昨年他界した訳者の母に。

二〇〇一年六月

訳者識

改訳新版への訳者あとがき

最初二分冊で出版された本書が、一巻本となって刊行されることに感慨を禁じえない。二分冊で刊行された当時は著者のエドワード・W・サイード自身存命中であったが、二〇〇三年に亡くなってからもう二十年以上もたった。この間、世界は大きく様変わりして、本書も歴史的あるいは回顧的価値を帯びるに至る……などということはまだない。一九九三年に原書が、一九九八年と二〇〇一年に翻訳が分冊本として刊行されてから、世界はむしろ変わっていないどころか旧態依然のままで、むしろ悪化の一途をたどっている。たとえば帝国支配や帝国主義の文化からいかにして自由になれるのかをめぐる本書第四章における粘り強い思索は、色あせるどころか、いま現在のわたしたちにとって切実な問題である。本書（原著）は三十年以上も前の本ではない。むしろ今この時期に緊急出版された「新刊」といっていい。

パラドックスが著者と著書についてまわっている。エドワード・W・サイードは、世界でもっとも読まれている思想家のひとりといっても過言ではない（ネット上での関連サイトや関連記事の数だけでも、日本でも死後よく読まれている哲学者や思想家の最上位のはずである）。だが、にもかかわらず日本では高名なわりに必ずしも多くの読者に恵まれているわけではない。それだけならまだしも、著者の読者あるいは非読者に関係なく、誤解を超えた歪曲的読み方あるいは認識が存在している。このことは放置できない。

たとえば、エジプトのカイロでサイードが講演をおこなった際に、エジプトのナショナリストから批判されていたと、その場にいたというある日本人がわたしに話してくれたことがある。その話にわたしは驚きもしなかったのだが、その人はどうやらサイードを、ムスリムでナショナリストの在米アラブ人と考えていて、アラブ世界では批判されていたことでサイードの化けの皮がはがれたと考えたらしい。なんという悪意に満ちた誤解か。

本書を、あるいはサイードの他の著作を読まれた読者ならわかるように、サイードはナショナリズムに一定の歴史的評価を与えながらも基本的にナショナリズムには反対している。植民地支配から脱することに貢献したナショナリズムは、独立後の惨状に関与した——独立後のナショナリズムは帝国主義の陰画なのである。しかもサイードはエグザイル（故国喪失）の人である。アラブ世界と欧米の二つの世界で活動するエグザイルである以上、両世界を等距離において相対化してみている（サイード的用語では対位法的にみている）。けっしてナショナリストではない——とはいえサイードのことをアラブ・ナショナリストと誤解して紹介している文献が二十世紀にあったことは確かである。しかし本書を読めばわかるように、サイードはナショナリストでもなければ、そもそもムスリムでもなく、プロテスタントである。

またたとえば若い研究者が、ある地域（具体的にどこかは伏せる）の政治的・文化的状況を説明するときに、境界地域でもあるこの国には昔から東西交流が盛んで東側・西側と安易に分断できない——『オリエンタリズム』のサイードのようには、と語ったことがある。その場にいたわたしは、さすがにこれには啞然とした。『オリエンタリズム』においてサイードが批判したのは、西洋がオリエントの真実を伝えていないということではなく、西洋とオリエントとの交流を無視してオリエントを異物化・他者化（Othering）することであった。本書『文化と帝国主義』の第一章の章題「重なりあう領土、からまりあう歴史」からもわかるように、東と西に分割・分断する認識をサイードは強く批判しているのである。つまり、その若い研究者とサイードはともに、「重なりあう領土、からまりあう歴史」に対して同じ認識を共有しているのだが、なぜ、サイードが批判されねばならないのか。おそらくその研究者は自分でサイードの著作を検討したわけではなく、その地域の過去の研究史における、サイードをアラブのムスリムのナショナリストと断ずるような誤情報と同質の誤解に満ちた、あるいは保守派の無理解に端を発するサイード批判をそのまま受け入れたのだろう。

ただそれにしても『オリエンタリズム』はオリエンタリズム批判の書であるのに、どういうねじれが生じたのか。サイード自身が東西を分断し対立をあおるオリエンタリストと誤解されているとは！　そもそもサイードのアカデミックな著作の背後にはパレスチナ問題がある。イスラエル人とパレスチナ人との「重なりあう領土、からまりあう歴史」――それを実現するような交流を遮断・分断しようとしているのはイスラエルの政権のほうである。またその象徴が、イスラエルによって境界線上だけでなくパレスチナ人居住区のなかにも建設されている分離壁である。パレスチナ出身のサイードが分離と分断を是認し、なおかつ言論上でそれを実行するようなことをするはずがない。分離と分断と遮断と封じ込めに反対するサイードの言論闘争には、『オリエンタリズム』と『文化と帝国主義』も重要な一翼を担っている。

以下、この「新刊」にはじめて接する読者のために、簡単に付言《コメント》を。

本書『文化と帝国主義』は、帝国主義と文化のかかわり、また帝国主義への抵抗を現代アメリカ文化にまでたどる歴史書なのだが、現在のパレスチナ問題をつねに念頭に置いて読まれると、理解が早く、また深まることを最初に述べておきたい。

また基本的なことは分冊刊行時の「訳者あとがき」に書かれているので屋上屋を架すことはしない。ただ、分冊版のあとがきにある、ある種の怒りのモードは、書き手が二十歳以上年齢を重ねたことで緩和あるいは消滅していておかしくないのだが、サイードの提起した〈晩年のスタイル〉――これは人生の成熟も円熟もしない晩期を再評価するものだ――に感銘を受けた私としては怒りを失うことはできないでいる。

これは私が執念深い（多少その気味はあるとしても）というよりも、怒りの対象が消えることがないからである。二十年以上もまえの「訳者あとがき」の最初のほうで私はジェイン・オースティンの作品を擁護しサイードを批判する文献を批判しているが、二十一世紀に入っても同様のオースティン擁護とサイード批判が飽きもせずくり返されている。オースティンの『マンスフィールド・パーク』の岩波文庫版（翻訳は優れている）の「訳者あとがき」だが、これを日本の英文学会の度し難い保守性とは言うまい（優れた研究者、保守的ではない研究者も多いのだから）。また名誉白人を蔑称ではなく尊称と思い込んでいる研究者の笑止千万な愚挙とも言うまい。なにしろ、その「訳者あとがき」は、二十世紀にサイードのオースティン論がもたらした衝撃と、それを裏付ける保守派からの必死の反駁がどういうものであったかを、わざわざ二十一世紀になってから時代錯誤的に思い出させてくれる、けっこう貴重な記録なのだから、本書の読者も目を通していただきたい。またなぜオースティンを文化と帝国主義の問題圏で読むのが反発をもたらすのかについては――つまり帝国主義文化と帝国主義者のイデオロギーがどのように機能するかについては――本書のサイード自身の大胆で独創的洞察にとむ、それでいて繊細な議論を読んでいただければわかる。

帝国主義と植民地主義との違いについては、両者を完璧に一体化して捉える立場もあるのだが、本書では一応区別されている。またこれについては分冊版の「訳者あとがき」で書かれているとおりである。

文化について付言すると、二つの文化を区別することがある。ひとつは社会的慣習と同じようなものとしてみられる文化（culture）で、もうひとつは芸術などを代表とする特定の国や民族の精華とみられる文化（Culture）。文学研究・批評の対象となるのは、後者の大文字の文化であって、「文学」は他の言語表現よりも優位にあることが前提となっている。かつてロラン・バルトは、文学テクストが言語表現として複雑かつ精緻であり、文学テクスト分析は、他の様式のテクストを記号論的に分析するときのモデルになりうるという旨の発言をしたが、カルチュラル・スタディーズとか歴史研究にとっては、そのような「文学」を特権化するようなエリート主義あるいは教養主義は、消去すべき雑音にすぎないとみなされたかもしれない。そもそも「文学」あるいは芸術は時代や社会を超越する要素をもっているため、個別具体的な歴史・社会・文化の研究に馴染まない。また文学研究者・批評家でもあるサイードの著作（本書も含む）には文学作品が取り上げられることが多いが、帝国主義あるいは帝国主義文化を総括的に研究する側からすると、文学に限らず、もっと幅広く調査をして実態を把握すべきであって、特定の文学作品への傾倒は学問的には問題が残るとみなされる。これには文学研究とカルチュラル・スタディーズは、いまや宿敵となったという事情も関係しよう。文学研究はそれでもカルチュラル・スタディーズから学ぶべきものがあるが、カルチュラル・スタディーズにとって文学研究から学ぶべきものは何もないということになっているのだから。

「文学」は、時代や社会を超越する面があり、またそうでなければ「文学」ではない以上、特定の時代や社会のイデオロギーに利用されないばかりか、むしろそうしたイデオロギーの限界を暴露するようにも働く。いっぽう大衆的・迎合的文学は超越性がないぶん、イデオロギー的に利用されやすくイデオロギー研究の格好の材料となる。だが、はたしてそうか。ポピュラーカルチャーのもつ価値転倒的可能性はカルチュラル・スタディーズが折に触れて証明してみせてくれたところだ。しかし帝国主義的イデオロギーあるいはその植民地・脱植民地的ナショナリズム版にとって利用価値が高いのは、カルチュラル・スタディーズや歴史研究が見落としているかにみえる古典的文学作品のほうである。古典こそ、ナショナリストにとってブランド力が高く、民族の精華として誇るものなのだ。それは時代と社会を超えた普遍性を誇るのだから。こう考えれば、「文学」は、その普遍性においても、またその社会的・政治的次元においても、帝国主義／ナショナリストのイデオロギーのために使用されることがわかる。文学の脱社会性や脱政治性、つまり文学の普遍性（芸術文化としての文学）もまたまぎれもなく社会性や政治性や歴史性をもつ。古典的文学あるいは国民文学あるいはジェイン・オースティンの普遍性を言い募る文学研究者は、意識的か無意識的かを問わず、帝国主義／ナショナリズムのイデオロギーと共謀している。慣習的文化（culture あるいはカルチュラル・スタディーズ）と芸術的文化（Culture あるいは文学研究）は、単純に二極化できない。両者は重なりあう領域であり、そこにはからまりあう歴史がある。

対位法的読解がサイード的考察の鍵となるが、これはサイード自身がみずからも認めているように、また本書からもうかがい知れるように、空間を重視する批評姿勢と連動している。空間批評家のサイードは時間を信用していない。時間的解決あるいは弁証法的解決は、予定調和的揚棄のはてに一元的解決を出現させるものでしかない。それはある意味、帝国主義的なのだ。

対位法は、時間芸術でもある音楽芸術に侵入する反復的同時共存というかたちで、音楽の空間化を実現するものだ。それは解決への運動を制御し、あくまでも複数の可能性を対峙させつつ、共存させることを、まさに可能性の中心に据えている。くり返すが、それはけっして一元的解決へと急がない。解決を望まずに永遠の対峙と共存を希求する。いうまでもなく、これはパレスチナ問題のメタファーでもある。

つまりサイードらがイスラエルに提案していた一国家二国民案というのは、イスラエルのなかでユダヤ人とアラブ人とが対峙しつつも共存する、対位法的空間なり組織を構想したものだといえよう。そしてこのような対位法的関係を望まずに、どちらか一方が他方を制圧しようとするとき、暴力が限りない悲惨を生むことになろう。それはまた帝国主義の政治がけっして終わっていないことの証左でもある。

かつて成立した帝国を支援しつつ、また帝国成立以前に帝国化への地ならしをした文化、しかしまた、帝国への批判を強めた抵抗文化の登場が、帝国を打破しつつ、独立後のポストコロニアル国家の暴走を必ずしも止められなかったこと、そして十九世紀から二十世紀にかけての二大帝国であったイギリスとフランスの、現代における後継者たるアメリカ合衆国における文化において、なぜ帝国の暴走を防ぐことができないのか、たとえアメリカ文化への考察が一九九〇年代初期で終わっているとはいえ、本書から得られる洞察は限りなく多く、また深い。まさにイスラエルによるジェノサイドが進行中の現在、本書は読まれるべくして登場する「新刊」である。

先にみすず書房より、分冊本として出版されていた本書を合冊本として刊行するというお話をうかがったとき、二十世紀の終わりから二十一世紀の最初の年にかけて苦労して完成させたこの翻訳は、完成度の高いものであり、私自身が何もすることなく機械的に合冊本にできると当初は考えていた。もちろん翻訳の不備や誤訳もあるかもしれないが、それもまた歴史的価値をもつだろうと、傲岸不遜な思いを抱いていたのである。

ただし、コロナ渦その他の事情で合冊本の刊行が遅れることになったとき、訳文をみなおしてみることにした。そして愕然とした。誤訳を発見しただけではない。訳し飛ばしている箇所、あるいはニュアンスの取り違えている箇所など、不備が目についた。また、たとえ意味はとおっても翻訳が下手な箇所も目についた。そして冒頭に書いたように、本書が多くの読者に読まれていなかった理由は、今にして思えば、翻訳者にもあったかもしれないとみずから恥じ入ることになった。

そのため訳文を、全面的に見直すことになった。それが合冊版の本書であり、これを可能にしていただいたというか許していただいたみすず書房にはどんなに感謝しても感謝しきれない。

原注に関しては、引用あるいは参照されている文献で、分冊本刊行時以後に日本語訳が刊行されたものについては情報を加えた。引用されているもので日本語訳があるものは、そのページ数を（電子書籍の時代に無意味かもしれないが）明示し、その訳文は、どれもあえて訳し直す必要などなかったが、統一上、わたしの訳文となっている。また分冊刊行時にすでに日本語訳があっても見落としているものがあり、その情報も加えた。

人名解説は、すべてを網羅すると膨大なページになる（これは本書が、テーマとする領域における百科全書的知を誇ることの証左でもある）。そのため有名人は割愛し、なじみのないと思われる人名を中心に列挙したが、それでも分冊時に比べて倍以上の分量となった。なお生没年の不明・非公表の人物は省いていることがある。もともとローマ字を使わない人名の場合、そのローマ字表記は、一定ではなく、さまざまなヴァリアントがあるが、本書では、原書のローマ字表記を、一部最新式のものに変えたところはあるが、残りはそのまま使っている。

最後に、本書は、分冊刊行時と同じくみすず書房の守田省吾氏に担当していただいた。分冊刊行時にわたしの側の見落としにより不備を残したことをあらためて二十数年後にお詫びすると同時に、今回、わたしひとりでは絶対に気づかなかった不備に気づかせていただき、また助言をいただいたことについて、心から感謝したい。

二〇二四年十二月

訳者識

索　引

ア

《アイーダ》　229–262
アイルランド　177, 270, 271, 385, 436, 437, 590
　イェイツ　56, 426–458
　スペンサー　40, 427, 430, 454
アウエルバッハ　Erich Auerbach　106, 108–110, 112, 595, 598, 630
　『ミメーシス』　107, 112, 595
『悪魔の詩』（ラシュディ）　58, 64, 77, 576, 577, 581, 616
アサド　Talal Asad
　『人類学と植民地的遭遇』　101, 303
アダス　Michael Adas　224, 264, 384
アチェベ　Chinua Achebe　17, 82, 166, 327, 520, 525
　『崩れゆく絆』　452
　『サヴァンナの蟻塚』　580
アッバース　Farhat Abbas　516
アドニス　Adonis　588–590, 619
アドルノ　Theodor Adorno　440, 492, 552, 573, 588, 595, 605, 625, 626
アナン　Noel Annan　305, 306
アーノルド　Matthew Arnold　4, 109, 157, 219, 262–265, 594, 602
　『教養と無秩序』　263
アフガーニー　Jamal al-Din al-Afgani　90, 500, 501
アブデル＝マレク　Anwal Abdel-Malek 260, 496, 522
アブドゥル・カーデル　Emir Abdel Kadel 227, 354, 355, 383, 522
アフマ　Samuel Ahuma　381
アフマド　Eqbal Ahmad　58, 431, 504, 611
アフリカ　385–387
　――で生まれた著作　459, 460
　――についての文献　208, 209
　西洋による表象　96
　大戦間期の――　380
　抵抗文化　407–410, 415
　ネグリチュード　440–442
　→「アルジェリア」「エジプト」「ジッド」『闇の奥』もみよ
アブ＝ルゴド　Ibrahim Abu-Lughod　500
アブ＝ルゴド　Janet Abu-Lughod　258, 259
アポリネール　Guillaume Apollinaire　468
アミン　Idi Amin　24, 423, 474
アミン　Samir Amin　38, 66
アメリカ合衆国　37
　アフリカ政策　387, 540, 541
　――と日本　619
　――の優勢　536–571
　アルジェリア政策　464
　教育　130
　国家防衛教育法　112
　帝国的政策　14, 15, 42, 63, 125, 546, 547, 613, 615
　文学　277
　　原住民文学　207
　文化的アイデンティティ　591–593
　→「ヴェトナム」「湾岸戦争」もみよ

アメリカ南北戦争　255
アラタス　S. H. Alatas　394
　『怠惰な原住民の神話』　102, 470, 471, 477, 479, 480, 484–488, 492, 493, 495
アラビア語　352, 476, 576
アラブ系プロテスタント　98–100
アラブ反乱　480
アラブ文学　94
アラブ・ルネサンス　99
アリ　Muhammad Ali　255, 500
アルジェリア　16, 47, 75, 383, 387, 423, 424, 443, 464, 465, 503, 510, 614
　――についての文献　207, 494, 495
　言語　468, 469
　独立戦争　47, 55, 97, 468
　『背徳者』における　373, 374
　フランスの支配　47, 53–55, 148, 227, 331, 335–338, 437, 464
　→「カミュ」もみよ
アルジェリア民族解放戦線（FLN）　341, 355, 383, 468, 501, 508, 516
アルディ　Georges Hardy　359
アルマン　Jules Harmand　56, 57, 227, 335, 516
アルーラ　Malck Alloula　229, 358
アーレ・アフマド　Jalal Alii-Ahmad　82, 441, 522
アーレント　Hannah Arendt　13, 37, 71, 418
アンダーソン　Benedict Anderson　388, 417, 418, 447
アンティグア　→『マンスフィールド・パーク』をみよ
アントニウス　George Antonius　124, 433, 467
　『アラブの目覚め』　433, 469–474, 476, 480–483, 487, 488, 490–493, 495, 496
アンベール　Jean Humbert　243

イ

イェイツ　William Butler Yeats　56, 127, 366, 426–458
　『塔』　458
イスマーイール　Khedive Ismail　235, 236, 242, 256–261
イスラエル　96, 97, 470, 544, 564, 566, 568, 577, 614
イスラム　56, 89, 90, 96, 441, 476, 501, 502, 523, 575–578, 581, 615
　→『悪魔の詩』「イスマーイール」もみよ
李承晩（イ・スンマン）　567
イラク　16, 63, 93, 522
　イラン・イラク戦争　559
　1920年代　561
　バース党　36
　メディアの表象　558–560, 569
　→「湾岸戦争」もみよ
イラン　66, 126, 443
　『悪魔の詩』へのファトワ　58, 577
　イラン・イラク戦争　559
　イラン革命　82, 497
　→「イスラム」もみよ
入江昭　548
印刷資本主義　print-capitalism　417
インティファーダ　491, 497
インデン　Ronald Inden　226
インド
　英国支配　46, 53–55, 90, 159, 267, 268, 588
　　永代定額査定　478, 479, 484
　　教育　224
　女性　422
　独立と分離　272, 386
　ナショナリズム　420, 421, 424
　メディアの表象　77
　→『インドへの道』『キム』「グハ」「サバルタン・スタディーズ」「チャター

ジー」「ナイポール」もみよ
インド軍 159
インド国民会議 271, 386
インドシナ 16, 335, 385, 403, 407, 465, 548, 549
インド〈大暴動〉: 1857年の反乱 164, 203, 271, 291–294, 380
『インドへの道』(フォースター) 46, 65, 163, 301, 367, 389, 399

ウ

ヴァッティモ Gianni Vattimo 618
ヴァテル Emmerich de Vattel 210
ヴァン・アルスタイン Richard van Alstyne 42, 558
ヴィーコ Giambattista Vico 107
ヴィシュワナータン Gauri Viswanathan 103, 224
ウィリアムズ William Appleman Williams 37, 144, 544
ウィリアムズ Eric Williams 199, 486
ウィリアムズ Raymond Williams 30, 51, 101, 121, 157, 196, 339, 340, 494, 528, 617
『田舎と都市』 177, 179, 180, 186, 195
『文化と社会』 145, 146
『文化とは』 467
ヴィリリオ Paul Virilio 613, 623
ウィルキンズ Charles Wilkins 304
ウィルソン Angus Wilson 299
ウィルソン Edmund Wilson 289
ウィルバーフォース William Wilberforce 489
ウェッブ夫妻 Beatrice Potter Webb, Sidney Webb 207, 393, 394
ヴェトナム 15, 16, 42, 66, 75, 126, 263, 381, 404, 405, 464, 465, 503, 540, 542, 548–550, 609, 610
ウェーバー Max Weber 305
ヴェルディ Giuseppi Verdi 291
《アイーダ》 229–262
ヴェルヌ Jules Verne 365
ヴェンドラー Helen Vendler 160
ウォット Ian Watt 80, 155
ウォーラーステイン Immanuel Wallerstein 586, 628
ウォルコット Derek Walcott 82, 590
ヴォルネー Constantine Françoise de Chasseboeuf Volney 178, 204
ウォルフ Eric Wolf 143
ウォルポール Horace Walpole 165
ウッドベリー George Edward Woodbery 110–112, 114
ウラービー蜂起 380, 385
ウルストンクラフト Mary Wollstonecraft 422
ウルフ Virginia Woolf 112, 627

エ

エア Edward John Eyre 227, 262, 263, 322
英語 207–209, 213, 219, 229
エコロジー 225, 435, 586, 620
エジプト
《アイーダ》における 228–262
ゴードン将軍 227
植民地化 229, 386, 500
ナショナリズム 399, 415, 423, 424
ナポレオンの遠征 87–90, 240–248, 251
エティエンヌ Eugène Etienne 334
エドワーズ Michael Edwardes 301
エマソン Ralph Waldo Emerson 378
エリオット George Eliot 156, 157, 167, 219, 273, 364
『ダニエル・デロンダ』 141
『ミドルマーチ』 286, 287
エリオット T. S. Eliot 366, 447, 532
『伝統と個人の才能』 34–36, 47, 126, 372
エリオット Henry Miers Elliot 300

エリツィン　Boris Yeltsin　618
エルドリッジ　C. C. Eldridge　38
エルフィンストーン　Mountstuart Elphinstone　304
エンクルマ　Kwame Nkrumah　433, 466, 483
エンゲルス　Friedrich Engels　331

オ

オーウェル　George Orwell　65, 77, 169, 177, 299, 300, 552
　――とカミュ　338-340, 361
オーウェン　Roger Owen　255, 257
オグレディ　Standish O'Grady　455
オコンネル　Daniel O'Connell　454
オースティン　Jane Austen　122, 135, 136, 151, 156, 157, 163, 167, 175, 206, 235, 273, 291, 338, 575
　『説きふせられて』　147
　→『マンスフィールド・パーク』もみよ
オーストラリア　7-10, 148, 220, 270, 385
オブライエン　Conor Cruise O'Brien　124, 339-343, 360, 505
オリアリー　O'Leary　446
『オリエンタリズム』（サイード）　1-3, 23, 26, 101, 125, 379
オリエンタル・ルネサンス　242, 378

カ

カイロ　249, 254, 257-261
　歌劇場　235-239, 259, 260
ガーヴィ　Marcus Moziah Garvey　434, 503
カークパトリック　Jeane Kirkpatrick　76
カストロ　Fidel Castro　483, 528, 593
カーター　Jimmy Carter　66, 452
カーター　Paul Carter　8, 9, 113
　『ボタニー湾への道』　8
カダフィ　Muammar al-Qaddafi　504, 593
ガタリ　Félix Guattari　623
カーティン　Philip Curtin　208, 408
カテブ・ヤシン　Kateb Yacine　361
カーナン　V. G. Kiernan　41, 136, 145, 173, 176, 218, 219, 300, 546, 548, 569
カブラル　Amilcar Cabral　16, 135, 423, 434, 460, 475, 521, 524, 525, 579
カーマン　Joseph Kerman　231, 232
カミュ　Albert Camus　147, 148, 157, 169, 291, 316, 319, 338-355, 359-361, 403, 408, 494
　『異邦人』　148, 316, 318, 342, 349, 354, 355, 361
　『追放と王国』　342, 348, 349
　『ペスト』　342, 354
カモンイス　Luís de Camões　462
カーライル　Thomas Carlyle　6, 43, 48, 157, 176, 211-213, 217, 219, 221, 262, 322
ガリエニ　Joseph Gallieni　330, 333, 336
ガルシア・マルケス　Gabriel Garcia Marquez　467, 523, 564, 619
カルティニ　Raden Kartini　423
カルペンティエール　Alejo Carpentier　523, 594
ガンディー　Mohandas Gandhi　291, 420, 421, 491, 504
カント　Immanuel Kant　131
カンバーランド　Richard Cumberland　198

キ

ギスランツォーニ　Antonio Ghislanzoni　237, 238
キーツ　John Keats　261
ギッシング　George Gissing　309, 365
キッシンジャー　Henry Kissinger　545, 554
キッド　Benjamin Kidd　210
ギディングズ　Franklin H. Giddings　221, 222

キニイ　Leila Kinney　228
キプリング　Rudyard Kipling　11, 97, 136, 143, 147, 162–164, 168, 177, 188, 210, 226, 266–322, 329, 365, 384, 395, 396, 401
ギボン　Edward Gibbon　178
『キム』(キプリング)　19, 43, 46, 86, 128, 146, 149, 164, 181, 266–320
ギャスケル　Elizabeth Cleghorn Gaskell　157, 177
ギャラガー　John Gallagher　38, 159, 195
キュヴィエ　Georges Cuvier　271
キューバ　16, 75, 413, 503
キンキード＝ウィークス　Mark Kinkead-Weeks　288
キングズレー　Charles Kingsley　141
キングズレー　Mary Kingsley　463
キンケード　Jamaica Kincaid　597

ク

グギ　Ngugi wa Thiongo　17, 58, 82, 576
　『川をはさみて』　409
　『精神の非植民地化』　413
クッツェー　J. M. Coetzee　459, 535
グハ　Ranajit Guha
　『ベンガルに対する所有権の支配』　225, 470, 471, 477–480, 484, 485, 488, 491–493, 522
クライヴ　Robert Clive　226, 304
クラーク　T. J. Clark　228
グラスピー　April Glaspie　568
グラタン　Henry Grattan　430
グラムシ　Antonio Gramsci　84, 380, 455, 477
　『獄中ノート』　115, 116
　『南部問題についての覚え書き』　115, 116, 118, 119
グラン　Peter Gran　102
グリオール　Marcel Griaule　402
クリフォード　Hugh Clifford　330
グリマル　Henri Grimal　385, 386
グリーン　Graham Greene　13
　『おとなしいアメリカ人』　15, 42, 549
グリーン　Martin Green　136, 144
クルティウス　Ernst Robert Curtius　108, 109, 112
グールド　Stephen Jay Gould　210
クルパト　Arnold Krupat　574
クレオール　413, 418
クロイツァー　Georg Friedrich Creuzer　246
クロスビー　Alfred Crosby　225, 434
クローチェ　Benedetto Croce　111, 116
クローマー　Evelyn Baring, Earl of Cromer　306, 330, 333

ケ

ケアリー　Joyce Cary　141
ケアリー　Peter Carey　10
ケースメント　Roger Casement　222
ゲーテ　Johann Wolfgang von Goethe　109, 111, 378
ケドゥリー　Elie Kedourie　419
ケナン　George Frost Kennan　540, 541
ケニア　58, 59, 443, 506, 520
ケネディ　Paul Kennedy　37, 600, 601
ゲルナー　Ernest Gellner　419
ゲンジエア　Irene Gendzier　549
原理主義　fundamentalism　90, 581, 583, 584, 611

コ

ゴイティソーロ　Juan Goytisolo　17
コスタ＝ガヴラス　Constantin Costa-Gavras　16
コツェブー　August Friedrich Ferdinand von Kotzebue　183
コッポラ　Francis F. Coppola　16
ゴーディマー　Nadine Gordimer　459
ゴードン　Charles George Gordon　227

ゴビノー　Joseph Arthur Gobineau　223
ゴベッティ　Piero Gobetti　116, 117
コリー　John Corry　96, 97
コールダー　Angus Calder　427, 429, 430
ゴールドスミス　Oliver Goldsmith　127, 430
ゴルバチョフ　Mikhail Gorbachev　125, 618
コールブルック　Henry Thomas Colebrooke　304
コールリッジ　Samuel Coleridge　175
コロンナ　Fanny Colonna　358
コロンビア大学　110
コーン　Bernard Cohn　225
コーンウォリス　Charles Cornwollis　478
コンラッド　Joseph Conrad　43, 46, 134, 136, 143, 162, 163, 166, 168, 169, 188, 210, 222, 226, 227, 266, 267, 269, 291, 308, 311, 322–328, 331, 340, 341, 365, 368, 409, 410, 466, 518, 607
　『個人的記録』　149
　『勝利』　322, 323, 327
　『ノストローモ』　11–17, 73, 197, 267, 327
　『ロード・ジム』　267, 323
　→『闇の奥』もみよ

サ

ザイダーン　Girigi Zaydan　418
サイード　→『オリエンタリズム』をみよ
サウジアラビア　93, 126, 556, 562, 567
ザグルール　Saad Zaghloul　381
サダト　Anwar Sadat　557
サダム・フセイン　Saddam Hussein　19, 24, 94, 263, 423, 552, 553, 557, 559–561, 566–569, 593, 616
サッカレー　William Makepeace Thackeray　6, 151, 156, 163, 219, 599
　『虚栄の市』　39, 140, 162, 165, 179, 267
サッチャー　Margaret Thatcher　616
〈サバルタン・スタディーズ〉　92, 420, 481, 487, 506, 587, 590
サーレフ　Tayeb Salih　82, 409, 410, 520, 597
サルトル　Jean-Paul Sartre　341, 354, 381, 383, 465, 527, 573, 617
サロー　Albert Sarraut　335, 358
サンゴール　Leopold Senghor　381, 440
サン＝サーンス　Charles Camile Saint-Saëns　227
サン＝シモン　Claude Henri Saint-Simon　244
サン＝ピエール　Jacques-Henri Bernardin de Saint-Pierre　462

シ

シェイクスピア　William Shakespeare　4, 113, 122, 171, 311, 562, 575, 602
　『テンペスト』　411–413
ジェイムズ　William James　544
ジェイムズ　C. L. R. James　17, 26, 124, 199, 423, 424, 466, 494, 528, 546, 590, 617
　『黒人反乱の歴史』　482
　→『ブラック・ジャコバン』もみよ
ジェイムズ　Henry James　269, 309, 311, 365
　『ある婦人の肖像』　141, 163, 165, 286, 309
ジェイムソン　Fredric Jameson　161, 573, 608
ジェローム　Jean Léon Gérôme　210, 227
姿勢と言及の構造　22, 121, 122, 229, 376, 398
シック　Gary Sick　452
ジッド　André Gide　157, 309, 408, 494
　『背徳者』　318, 373–376, 402, 403
ジブラーン　Kahlil Gibran　555
シャアラウィ　Huda Shaarawi　423
シャトーブリアン　François René

Chateaubriand　136, 142, 204, 382
ジャバルティ　'Abd al-Rahman al-Jabarti　87–90, 481, 522
ジャマイカ　262
ジャヤワーディーナ　Kumari Jayawardena　423
シャリーアティー　Ali Shariati　82, 626, 627
シャール　René Char　519
シャンガルニエ　Nicolas Anne Theodule Changarnier　335
シャンプラン　Samuel de Champlain　333
シャンポリオン　Jean François Champollion　240–243, 246
十字軍　55
ジュネ　Jean Genet　17, 361, 597
ジュリアン　Charles André Julien　333, 402
シュレーゲル兄弟　August Wilhelm von Schlegel, Friedrich von Schlegel　107
シュレージンガー　Arthur Schlesinger　28
シュワブ　Raymond Schwab　242, 378, 379
シュンペーター　Joseph Alois Schumpeter　159, 429
ジョイス　James Joyce　311, 366, 368, 408, 432
ショインカ　Wole Soyinka　442, 451, 459, 467, 522
植民地化／脱植民地化　colonization　3, 11, 16, 22, 24, 55, 65, 66, 75, 80, 91, 96, 97, 114, 118, 120, 131, 134, 142, 143, 150, 169, 174, 222, 228, 270, 272, 318, 325, 332, 338, 349, 356, 357, 361, 377, 385, 402, 406, 408, 413, 417, 419, 424, 434, 437, 441, 444, 446–448, 451, 453, 458, 463, 466, 479, 487, 488, 495, 514–516, 518, 524, 527, 536, 540, 550, 551, 576, 578, 579, 613, 622
植民地主義　colonialism　5, 43, 45, 48, 56, 58, 59, 67, 69, 73, 82, 92, 97, 102, 110, 136, 142, 147, 148, 152, 205, 303, 323, 325, 328, 337–339, 341, 343, 344, 352, 356, 358, 359, 378, 380, 381, 384, 395, 402, 406, 448, 456, 457, 462, 464, 468, 471, 474, 479, 485, 486, 488, 505, 509, 512, 516–518, 521, 541, 551, 560, 578, 595, 611
ジョージ　Katherine George　331
ジョージ五世　George V　269
女性運動　422, 423, 430, 586
ショータン　Camille Chautemps　352
ジョーンズ　William Jones　178, 380, 462
ジョーンズ　Gareth Stedman Jones　143
ジョンソン　Samuel Johnson　178, 380, 462
シラー　Herbert Schiller　582
ジラルデ　Raoul Girardet　205, 334, 402, 463, 464
シーリー　John Robert Seeley　38, 44, 123, 157, 222, 227, 328, 334, 362, 365, 367
シール　Anil Seal　398, 399
ジンナー　Muhammad Ali Jinnah　386

ス

スアレス　Francisco Suárez　462
スエズ運河　97, 244, 255, 256, 272, 350, 389
スカルノ　Sukarno　433
スコット　Walter Scott　163, 168, 240, 272, 418
スタッフォード　Robert Stafford　325
スーダン　82, 93, 520
スタンダール　Stendhal　113, 168, 312
『赤と黒』　206
スタンフォード大学　95
スタンリー　Henry Morton Stanley　209, 328

スティーヴンズ　Wallace Stevens　625
スティール　Ronald Steel　539, 540
ステパン　Nancy Stepan　210
ストッキング　George Stocking　211, 223
ストリート　Brian Street　209
ストレイチー　John Strachey　385
ストーン　Isidor Feinstein Stone　617
ストーン　Oliver Stone　16, 592
ストーン　Robert Stone　13, 303, 610
スピッツァー　Leo Spitzer　106, 109, 595
スペンサー　Edmund Spenser　40, 122
スペンサー　Herbert Spenser　282
スミス　Anthony Smith　551
スミス　Goldwin Smith　328
スミス　Neil Smith　435, 436
スミス　Bernard Smith　208
スロトキン　Richard Slotkin　142, 546

セ

セイエール　Ernest Seillière　335
「西部としてのアメリカ」展　591
セガレン　Victor Segalen　157
セゼール　Aimé Césaire　82, 134, 436, 464, 466, 500, 506, 507, 510–512, 531, 532, 579
　『ある嵐』　412
　『帰郷ノート』　444
　『植民地論』　382
セミデイ　Manuela Semidei　352

ソ

ソヴィエト連邦　125, 387, 405, 465, 536, 542, 617
遡航　voyage in　419, 469, 489, 498
ゾラ　Emile Zola　113, 309, 316, 365
ソーントン　A. P. Thornton　328, 463

タ

ダーウィン　Charles Darwin　210, 271
タゴール　Rabindranath Tagore　416, 417, 448, 504, 594
タッカー　Judith Tucker　102, 496
ダッシュ　J. Michael Dash　547
ターナー　Brian Turner　101
ターナー　Victor Turner　281, 282
ターパル　Romila Thapar　330
タフターウィー　Tahtawi　481
ダルウィーシュ　Mahmoud Darwish　436, 446, 451, 577
ダワー　John Dower　548
ダンカン　Jonathan Duncan　304
ダンテ　Dante Alighieri　4, 109, 368, 562
　『神曲』　113

チ

チザム　George Chisholm　113, 435
チャタージー　Partha Chatterjee　420, 504
中東研究協会　497
チュニジア　374, 506
チョーサー　Geoffrey Chaucer　277
チョムスキー　Noam Chomsky　37, 522, 538, 539, 543, 544, 570, 572, 610
チンウェイズ　Chinweizu　120, 383

ツ・テ

『創られた伝統』　*invented tradition*　54, 55, 85
デイ　Clive Day　330
デイヴィス　L. E. Davis　38
デイヴィッドソン　Basil Davidson　17, 33, 208, 406, 421, 460, 461, 498, 503, 525, 528, 579, 580
　『近代史におけるアフリカ』　33, 381, 421
ディケンズ　Charles Dickens　6–8, 18, 49–51, 113, 135, 147, 156, 163, 166, 167, 176, 177, 206, 219, 267, 272, 311, 562, 575, 599
　『大いなる遺産』　7, 9, 10, 17, 39, 141, 162, 197, 594

『荒涼館』 170
『デイヴィッド・コパーフィールド』 8, 148
『ドンビー父子』 50, 51, 165
『ハード・タイムズ』 162
ディズレーリ　Benjamin Disraeli　159
『タンクレッド』 141
ディーダラス　408
ディドロ　Denis Diderot　462, 472, 530
ディーネセン　Isak Dinesen　376
ディルケ　Charles Wentworth Dilke　227, 328
ディーン　Seamus Deane　427, 438, 439, 446, 455, 590
デ・サンクティス　Francesco De Sanctis　109, 111
テニソン　Alfred Tennyson　218, 219, 321
デフォー　Daniel Defoe　122, 143, 154, 168
『ロビンソン・クルーソー』 3, 143, 154, 168
デュヴァリエ　François Duvalier　489
デュプレクス　Joseph François Dupleix　226
デュボイス　William Edward Burghardt Du Bois　417, 434, 467, 503
デュリ　A. A. Duri　481
デュルケム　Emile Durkheim　305
デュ・ロクル　Camille du Locle　235–237
デリダ　Jacques Derrida　527, 573
デリーロ　Don Dellilo　610
デルドゥア　H'Sen Derdour　337
テンプル　Charles Temple　210
テンペル　Placide Tempels　376

ト

ドイル　Authur Conan Doyle　162, 169, 302, 308
ドイル　Michael Doyle　43
トゥサン・ルヴェルチュール　Toussant L'Ouverture　416, 472, 473, 475, 489, 529, 530
ドゥフェール　Daniel Defert　408
ドゥラヴィニュ　Robert Delavigne　333
ドゥラフォス　Maurice Delafosse　402
ドゥルーズ　Gilles Deleuze　527, 623
トクヴィル　Alexis de Tocqueville　356, 402, 464
ドクトロー　E. L. Doctorow　610
ドーデ　Alphonse Daudet　157, 356, 358
トドロフ　Tzvetan Todorov　204, 527
ド・ブロス　Charles de Brosses　178
ドーミエ　Honoré Daumier　271
トムキンズ　J. M. Thompkins　280
トムスン　Edward Thompson　293, 399–401, 404, 461
『メダルの裏面』 293, 399
ドラクロワ　Ferdinand Eugène Delacroix　43, 227
ドラネト・ベイ　Draneht Bay　238, 248, 257
トリリング　Lionel Trilling　145
トルヒーヨ　Rafael Leonidas Trujillo Molina　489
ドレイパー　Theodore Draper　559
トレヴェリアン　Charles Trevelyan　224
トロロープ　Anthony Trollope　328
トーン　Theobald Wolfe Tone　430, 455

ナ

ナイ　Joseph Nye　600, 601, 608
ナイポール　V. S. Naipaul　13, 61, 65, 124, 439, 490, 504–506, 517, 573, 591
『暗い河』 15, 504, 506
ナオロージー　Dadabhai Naoroj　394
ナショナリズム　24, 25, 27, 66, 85, 92, 97, 104, 107, 108, 124, 132, 148, 264, 301, 361, 395, 406, 413, 415, 416, 419–424, 431, 433, 434, 437–439, 441,

443, 446, 454, 466, 475, 482, 487, 502, 504, 505, 507–509, 516–519, 522, 529, 550, 551, 564, 565, 576, 578, 579, 594, 595, 606, 611, 617, 620, 622, 630
アラブ・―― 476, 490, 491, 563–565
ナセル Gamal Abdel Nasser 255, 350, 433
ナポレオン Napoléon Bonaparte 132, 206, 207, 243, 255, 529, 530
エジプト遠征 87–90, 240, 241
ナポレオン三世 Napoléon III 256, 357

ニ

ニエレレ Julius Kambarage Nyerere 384, 433
ニカラグア 16, 126, 543, 547, 609
ニーチェ Friedrich Wilhelm Nietzsche 130, 135, 403, 507, 510, 511
ニッツェ Paul Nitze 553
ニーバー Reinhold Niebuhr 558
日本 422, 548, 549, 578, 619, 620
『ニューヨーク・タイムズ』 96
ニール Stephen Neill 328

ネ・ノ

ネイティヴィズム 103, 414, 440, 441, 443, 444, 446, 475, 522, 578
ネグリチュード 56, 414, 434, 440–442, 475, 531, 578
ネルー Jawaharlal Nehru 421, 433, 491, 501, 504, 524
ネルヴァル Gérard de Nerval 43, 90
ネルーダ Pablo Neruda 82, 423, 436, 448–451
ノックス Robert Knox 271
ノリエガ Manuel Antonio Noriega 567

ハ

ハイチ 415, 489, 506, 529, 547
ハイレ・セラシエ Haile Selassie 567
ハウス Karen Elliot House 553, 554
バウリング John Bowring 330
パウンド Ezra Pound 366
ハガード Rider Haggard 162, 169, 308, 309, 322, 365
バカン John Buchan 309, 322
パキスタン 58, 59, 76, 92, 386, 443, 577
バーク Edmund Burke 43, 178, 267, 430, 462
バグダッド 41, 561, 562, 569
ハジ・ウマル Hajji Omar 384
バージャー John Berger 627, 628
ハーシュマン Albert O. Hirschman 336
バジョット Walter Bagehot 179
バタトゥ Hanna Batatu 102
ハッチンズ Francis Hutchins 297, 393
バット Isaac Butt 454
ハーディ Thomas Hardy 163, 267, 269, 309, 364
『日陰者ジュード』 309–311
バティスタ Fulgencio Batista y Zaldívar 550
パドモア George Padmore 483
バトラー Samuel Butler 309, 365
バナール Martin Bernal 226, 242
『ブラック・アテナ』 54, 587
パニッカル K. M. Paniker 223, 433
バーネット Richard Barnet 541, 544
パーネル Charles Stewart Parnell 446
ハバーマス Jürgen Habermas 527
パーマストン Henry John Temple Palmerston 227
バラット＝ブラウン Michael Barrat-Brown 536
パリー Benita Parry 367, 390, 396
ハリウッド 582
ハリス Wilson Harris 490
パリ万国博覧会 243
バルザック Honoré de Balzac 43, 113, 143, 167, 207, 356

バルト　Roland Barthes　339, 506, 617
ハルヘッド　Nathaniel Halhed　304
パレスチナ　75, 93, 98, 423, 436, 470, 491, 496, 497, 503, 563, 566, 586, 614, 615
パレート　Vilfredo Pareto　305
ハーレム・ルネサンス　466
ハーロウ　Barbara Harlow　414, 447
バン　Steven Bann　240
反システム運動　586, 628
反植民地主義と反帝国主義　462
バンダ　Julien Benda　73, 571
ハンティントン　Samuel Huntington　550

ヒ

ピアス　Patrick Henry Pearse　434
比較文学　104–112
東インド会社　293
ピカソ　Pablo Picasso　465
ヒッチェンズ　Christopher Hitchens　339, 610
ビトリア　Francisco de Vitoria　462
ピノチェト　Augusto Pinochet　567
ビュジョー　Thomas Robert Bugeaud　227, 333, 354–356
ヒューズ　Langston Hughes　466
ヒューズ　Robert Hughes　8, 592
ヒューム　David Hume　427
ヒューム　Peter Hulme　178, 411
ピローリ　Giuseppe Piroli　253

フ

ファイズ　Faiz Ahmad Faiz　58, 436, 467
ファーガソン　Francis Fergusson　107
ファノン　Franz Fanon　16, 29, 48, 62, 97, 134, 135, 226, 291, 361, 401, 415, 423, 431, 442, 444, 453, 464, 468, 475, 477, 493, 524–427, 564, 578
　『地に呪われたる者』　380–383, 407, 450, 451, 509–521
フイエ　Alfred Fouilée　335
フィスク　John Fiske　545
フィリッピ　Filippo Filippi　249
フィリピン　16, 42, 415, 423, 443, 471, 522, 614
フィールディング　Henry Fielding　154
　『トム・ジョーンズ』　155
フィールディング　Vernon Fielding　308
フィールド　James Field　556
フィールドハウス　D. K. Fieldhouse　38, 47
フェイガン　Brian Fagan　244
フェイビアン　Johannes Fabian　101, 223, 225, 226, 498
フェーヴル　Lucien Febvre　113
フェティス　François Joseph Fétis　247
フェデルブ　Louis Faidherbe　336
フェリー　Jules Ferry　227, 336
フエンテス　Carlos Fuentes　467, 523, 619
フォースター　E. M. Forster　163, 164, 365–367
　『ハワーズ・エンド』　145, 197
　→『インドへの道』もみよ
フォスラー　Karl Vossler　109
フクヤマ　Francis Fukuyama　494, 603
フーコー　Michel Foucault　74, 75, 101, 324, 325, 466, 526, 527, 573, 614, 617
フーゴー（サン＝ヴィクトルの）　Hugo　629, 630
プシカリ　Ernest Psichari　157, 169
ブッシュ　George Bush　94, 263, 553, 557, 563, 566
フライ　Northrop Frye　240
ブライデン　Edward Wulmot Blyden　467
『ブラック・ジャコバン』（ジェイムズ）　469, 470, 473–475, 480–483, 488–490, 492, 493, 495, 528–533
ブラックバーン　Robin Blackburn　199, 461

ブラックマー　Richard Palmer Blackmur　446, 455, 458, 595
ブラッケン　Harry Blacken　462
プラット　D. C. Platt　158, 159, 161, 205, 550
プラット　Mary Louise Pratt　408
フラナガン　Thomas Flanagan　454
フランク　Andre Gunder Frank　38
フランクフルト学派　527
フランシス　Philip Francis　478, 484, 485
フランス
エジプト調査　87–90, 240–242, 251
革命　335, 479
19世紀文化　141, 142, 157, 204–208
植民地政策　43, 166, 333–361, 385, 386, 405, 462, 464, 465, 500
普仏戦争　334
→「アルジェリア」「ナポレオン」などもみよ
ブラント　Willy Brandt　538
ブラント　Wilfrid Scawen Blunt　222, 380, 463
ブラント・レポート　537
ブラントリンガー　Patrick Brantlinger　144
フーリエ　Jean-Baptiste-Joseph Fourier　87, 90
フリードマン　Thomas Friedman　497
フリール　Brian Friel　83, 437, 455
プルースト　Marcel Proust　113, 180, 309, 366
ブルック　James Brooke　227
ブルデュー　Pierre Bourdieu　351
フルード　James Anthony Froude　227, 328
ブルーム　Allan Bloom　57, 602
ブルワー＝リットン　Edward George Earle Bulwer-Lytton　397, 398
ブレイク　William Blake　49
ブレイスウェイト　Edward Brathwaite　590
ブレジンスキー　Zbigniew Brzezinski　554
ブレナン　Tim Brennan　580
フロイト　Sigmund Freud　507, 510, 511, 527
プロチャスカ　David Prochaska　336–338
フローベニウス　Leo Frobenius　376, 403
フローベール　Gustave Flaubert　43, 90, 135, 147, 167, 168, 309, 316, 322, 323, 327, 365
ブロンテ　Charlotte Brontë　177
『ジェイン・エア』　140, 148, 162
文化（の定義）　4
帝国主義文化　48
ブーン　Randolf Bourne　545
フンボルト　Wilhelm von Humboldt　111, 223

へ

ヘイスティングズ　Warren Hastings　226, 304, 484
ヘイフォード　J. E. Casely Hayford　381
ヘーゲル　Georg Hegel　382, 407, 436, 469, 527, 596
ベサント　Annie Besant　423
ベックフォード　William Beckford　178
ベッツ　Raymond Betts　335
ヘッド　Bessie Head　459
ベーデン＝パウエル　Robert S. S. Baden-Powel　222, 276
ベネット　William Bennet　602, 603
ベルク　Jacques Berque　260
ヘルダー　Johann Gottfried von Herder　107
ベンガル　424, 471, 484, 485, 498
ベンサム　Jeremy Bentham　267
ヘンティ　George Alfred Henty　308
ベンティンク　William Bentinck　224, 305

ベンヤミン　Walter Benjamin　573, 581

ホ

ボーイ・スカウト　223, 276
ホウラニ　Albert Hourani　474, 481, 502
ボカッサ　Jean Bedel Bokassa　66
ホジキン　Thomas Hodgkin　264, 433, 461, 499
ボシュエ　Jacques-Bénigne Bossuet　382
ポスト・モダニズム　571, 582, 617, 618
ポーター　Bernard Porter　328, 463
ホー・チ・ミン　Ho Chi Minh　381
ボップ　Franz Bopp　382
ホプキンズ　Gerard Manley Hopkins　622
ホフスタッター　Richard Hofstadter　541
ホブズボウム　Eric Hobsbawm　40, 54, 55, 86, 225, 419, 433
ホブスン　J. A. Hobson　37, 48, 157, 178, 221, 223, 328, 365, 428
　『帝国主義論』　463
ホメイニ　Ayatollah Khomeini　58, 561, 577, 616
ポリツィアーノ　Angelo Poliziano　382
ボリバル　Simon Bolivar　11
ホール　Stuart Hall　498, 528
ボールドウィン　Stanley Baldwin　269
ボルヘス　Jorge Luis Borges　494, 523
ホワイト　Patrick White　10
ホワイト　Haydon White　573

マ

マウントバッテン　Louis Mountbatten　501
マクドナルド　James Ramsay MacDonald　463
マクニール　William McNeill　41
マクブライド　Sean MacBride　551, 552
マコーレー　Thomas Babington Macauley　168, 207, 214, 224, 267
マコーレー　Herbert Macaulay　381
マシニョン　Louis Massignon　502
マス　Simbaldo de Mas　471
マズルイ　Ali Mazrui　96, 97, 459, 498
マーチソン　Roderick Murchison　324, 325, 328
マッキンダー　Halford Mackinder　69, 113
マッケイ　Claude McKay　466
マッケンジー　John M. MacKenzie　299
マッコーギイ　Robert McCaughey　605
マティス　Henri Matisse　227, 465
マーティノー　Harriet Martineau　267
マトゥラール　Armand Mattelart　552, 582
マハフーズ　Naguib Mahfouz　94, 577
マハン　Alfred Thayer Mahan　363
マリアテギ　José Carlos Mariategui　434
マリエット　Auguste Mariette　236–238, 240–245, 247, 248, 250, 254, 261
マルクス　Karl Marx　301, 331, 382, 436, 507, 510, 511, 525, 531, 532
マルクーゼ　Herbert Marcuse　552
マルコス　Ferdinand Edralin Marcos　567
マルティ　José Marti　434, 467, 503
マルーフ　David Malouf　10
マルロー　André Malraux　157, 169, 226, 365, 373, 402
　『王道』　309, 358, 373, 403, 404
マレーシア　385, 386, 477, 485, 486
マン　Thomas Mann　366
　『ヴェニスに死す』　366, 373
マンガン　J. A. Mangan　276, 454
『マンスフィールド・パーク』（オースティン）　132, 133, 140, 147, 170, 179–203, 212, 213, 494
マンデラ　Nelson Rolihlahla Mandela　384
マンロー　Thomas Munro　304

ミ

ミッチェル John Mitchell 454
ミッチェル Timothy Mitchell 228, 496
ミッテラン François Mitterrand 350
ミュス Paul Mus 404, 405
ミュラー Friedrich Max Müller 210
ミヨシ Miyoshi Masao 500, 548, 619, 620
ミラー Christopher Miller 96
ミラー David Miller 161
ミル James Mill 43, 207, 267, 329
ミル John Stuart Mill 43, 157, 173, 174, 207, 212, 213, 219, 262, 267, 322, 329, 397
『政治経済学原理』 133, 191
ミル Pierre Mille 157
ミルズ C. Wright Mills 609
民族誌 83, 223, 372

ム

ムーア George Moore 309
ムーア Thomas Moore 454
ムーアハウス Geofferey Moorhouse 307
ムディンベ V. Y. Mudimbe 377, 459
ムニフ Abdelrahman Munif 58, 556, 577
ムバラク Ali Pasha Mubarak 93, 260
ムハンマド・アブドゥフ Muhammad 'Ab-duh 90
ムルタトゥーリ Multatuli 462

メ

〈明白な運命〉論 541, 545
メイヤー Arno Mayer 533
メイン Henry Maine 223, 324, 325
メルヴィル Herman Melville
『白鯨』 546, 548
メレディス George Meredith 219, 309, 365
メンミ Albert Memmi 17, 134

モ

モーニエ René Maunier 335
モーパッサン Guy de Maupassant 157, 225, 356, 460
モラゼ Charles Morazé 154
モリス William Morris 463
モリスン Toni Morrison 33, 620
モンタギュー Mary Wortley Montagu 207

ヤ・ユ・ヨ

『闇の奥』(コンラッド) 67–72, 74, 78, 80, 81, 134, 146, 149–154, 197, 227, 267, 316, 323–328, 341, 403, 409, 525, 553
ユゴー Victor Hugo 206
ヨーロッパ中心主義 eurocentrism 18, 81, 327, 429, 442, 462, 463, 525

ラ

ラガッツ Lowell Ragatz 198
ラ・グーマ Alex La Guma 459
ラーゲルレーヴ Selma Lagerlöf 448
ラシュディ Salman Rushdie 17, 64, 65, 76–78, 467, 576, 577, 581, 583, 597, 619
『真夜中の子供たち』 418
→『悪魔の詩』もみよ
ラス・カサス Bartolome de Las Casas 462
ラスキン Jonah Raskin 145
ラスキン John Ruskin 6, 43, 48, 171, 214–219, 262, 321, 322, 420
ラッフルズ Thomas Stanford Raffles 486
ラテン・アメリカ 11, 13, 411, 413, 422, 522, 523
ラブレ Henri Labouret 402
ラマルティーヌ Alphonse de Lamartine 142, 399
ラミング George Lamming 412, 413,

525, 590
ラルイ　Abudullah Laroui　357, 525
ラング　Jack Lang　551
ラングランド　William Langland　176
ランディス　David Landes　44, 256

リ

リアセン　Joseph Leersen　427, 456
リヴィングストン　David Livingstone　365
リオズ　Claude Liauzu　505
リオタール　Jean-François Lyotard　74, 75, 131, 480, 617
リクター　Melvin Richter　357
リコルディ　Giulio Ricordi　236, 239, 246
リース　Jean Rhys　197
リチャードソン　Samuel Richardson　154, 155
『クラリッサ』　155
リップマン　Walter Lippman　539–541
リード　Charles Reade　308
リビア　93, 522, 543, 548, 577, 615, 616
リメリック　Patricia Limerick　142
リヨテ　Lois Hubert Gonzalve Lyautey　227, 333, 336
リーン　David Lean　65

ル

ルイス　Anthony Lewis　553, 554
ルイス　Gordon K. Lewis　145, 461, 498
ルイス　Bernard Lewis　95, 496
ルカーチ　Lukács György　115, 116, 168, 180, 206, 364, 436, 515, 519, 573
『歴史と階級意識』　116, 513
『小説の理論』　4310, 315
ルガード　Frederick John Dealtry Lugard　71
ルクセンブルク　Rosa Luxemburg　428
ルソー　Jean-Jacques Rousseau　107, 135, 204, 472, 530
ルナン　Joseph-Ernest Renan　108, 210, 223, 500, 501
ル・ヌリイ　Le Noury　334
ル・ボン　Constave Le Bon　335
ルロワ＝ボーリュー　Paul Leroy-Beaulieu　113, 222, 227, 335, 363, 516

レ

レイナル　Guillaume Raynal　178, 204, 462, 472
レイン　Edward William Lane　247
レヴィ＝ストロース　Claude Lévi-Strauss　303, 525
レヴィン　Harry Levin　160
レオポルド国王　326
レーガン　Ronald Reagan　539, 602, 615
レセップス　Ferdinand de Lesseps　244
レタマル　Fernandez Retamar　413, 414
レバノン　18, 98, 386, 497, 563, 564, 582
レリス　Michel Leiris　402
レンジャー　Terence Ranger　54, 55, 225, 384, 461, 498

ロ

ローイ　Ramuhan Roy　422
ロギン　Michael Paul Rogin　142
ロシア　13, 21, 44, 45, 68, 107, 159, 206, 270, 273, 278, 299, 316
ローズ　Cecil Rhodes　71, 176, 209, 227, 328
ロストー　Walt Whitman Rostow　549
ロダンソン　Maxime Rodinson　496, 529
ロチ　Pierre Loti　11, 157, 169, 356, 365, 367
ロド　José Enrique Rodó　414
ロドニー　Walter Rodney　17, 135, 383, 475, 482, 483
ロビンズ　Bruce Robbins　143
ロビンソン　Paul Robinson　232
ロビンソン　Ronald Robinson　159, 499,

500
ロブスン Paul Robeson 475
ロレンス T. E. Lawrence 226, 365, 366, 373, 403, 502
『知恵の七柱』 139, 308, 318, 367, 480
ロレンス D. H. Lawrence 546

ワ

ワーグナー Wieland Wagner 230, 252
ワーズワス William Wordsworth 135, 175
湾岸戦争 36, 263, 497

人名解説

アウエルバッハ Erich Auerbach（1892–1957）　ドイツ出身のロマンス語文学者・文芸学者．ナチスに追われ，1935 年スピッツァーのあとイスタンブール大学教授をつとめ，47 年にアメリカに渡ってそこで暮らした．

アゲロン Charles-Robert Ageron（1923–2008）　フランスの歴史家（アルジェリア植民地史）．

アサド Talal Asad（1933–　）　サウジアラビア出身の米国の文化人類学者・宗教人類学者．『宗教の系譜』（1993）『世俗の形成』（2003）．

アダス Michael Adas（1943–　）　米国の歴史家．テクノロジー史，反植民地運動史の著述がある．

アチェベ Chinua Achebe（1930–2013）　ナイジェリア出身の小説家・批評家．作品は英語で発表．『崩れ行く絆』（1958）『サヴァンナの蟻塚』（1987）．

アッ＝サイード Nuri as-Said（1888–1958）　イラクの政治家・軍人．1930 年以降，親英国派指導者として 14 回首相を務めた．1958 年 7 月革命で処刑．

アッディーン Khayr al-Din（1820–90）　チュニジアの近代的改革思想家・政治家．1873 年以降宰相として近代化政策を進めたが，77 年に政争に敗れ下野した．

アッバース Ferhat Abbas（1899–1985）　アルジェリアの政治家．アルジェリア暫定政府の初代首相（1958–61）．アルジェリア暫定政府は，アルジェリア戦争（1954–62）期における 1958 年にアルジェリア民族解放戦線（FLN）の亡命政府としてカイロに設立．アルジェリア独立後に解散．

アドニス Adonis（1930–　）　本名アリー・アフマド・サイード．シリアの詩人・批評家・思想家．革新的文芸誌『マワーキフ（姿勢）』の編集長，第二次大戦後

のアラブ詩の変革をめざして活動し，大きな影響力をもつ.

アナン Noel Annan（1916–2000）　英国の元軍人，著述家・大学教員.

アーノルド Matthew Arnold（1822–88）　英国の詩人・批評家．1851 年以後，文部省の視学官の地位にあった．社会文化批評もおこない，この方面での代表作が『教養と無秩序』（1869）.

アフガーニー Jamal al-Din al-Afghani（1839–97）　アフガニスタンもしくはイラン出身の思想家．汎イスラム主義を唱えた.

アブ・ディーブ Kamal Abu Deeb（1942–　）　シリア出身の文学研究者（アラブ文学）・批評家．サイードの『オリエンタリズム』と『文化と帝国主義』のアラビア語翻訳者.

アブドゥフ Mohammed Abduh（1849–1905）　エジプト出身のイスラム法学者（ウラマー），改革思想家．アフガーニーの弟子で，ムハンマド・アリの西洋化政策を批判しつつも，近代的イスラム主義を唱えた.

アブドゥル・カーデル Abdel Kadel（1808–83）　アブド・アルカーディル 'Abd al-Quadir ともいう．アルジェリアにおいてフランスの植民地侵略に抵抗した宗教・軍事指導者．アルジェリア民族運動の父ともいわれる.

アフマ Samuel Ahuma（1863–1921）　西アフリカの政治家．ナショナリズムの活動家.

アフマド Eqbal Ahmad（1933–99）　パキスタン出身の思想家・政治活動家．サイードの盟友でもあった.

アフマド，ジャラール・アーレイ Jalal Ali i-Ahmed（1923–69）　イランの作家．1940 年代から 60 年代にかけて活躍．代表作『地の呪い』（1968）．民俗誌や社会評論もあり，イラン文化に大きな影響をあたえた.

アブ＝ルゴド，イブラヒム Ibrahim Abu-Lughod（1929–2001）パレスチナ出身の米国の歴史家・政治家.

アブ＝ルゴド，ジャネット Janet Lippman Abu-Lughod（1928–2013）米国の社会

学者.

アブ=ルゴド，ライラ Lila Abu-Lughod（1952-　）パレスチナ出身の米国の人類学者・ジェンダー研究者．アラブ世界を専門対象とする.

アミン Idi Amin（1928-2003）ウガンダの軍司令官，大統領（1971-79)．1971年クーデターにより大統領．在任中，恐怖政治をおこない，大量虐殺を引き起こした．79年タンザニア軍と反アミン軍の首都進攻により国外逃亡.

アラタス Syed Hussein Alatas（1928-2007）マレーシアの社会学者・政治家．『怠惰な原住民の神話』（1977）で名高い.

アリ Taliq Ali（1943-　）パキスタン出身の英国のジャーナリスト・歴史家・小説家・劇作家.

アルクン Muhammad Arkoun（1928-2010）アルジェリア出身のフランスの歴史家（イスラム思想史).

アル・ジャバルティー Al-Jabarti（1754-1825）エジプトの歴史家．ムハンマド・アリーやナポレオンの事績を批判し総督から迫害されたが，その歴史家としての公正な姿勢は高く評価された.

アル・ジャブリー Mohammed Abed Al Jabri（1935-2010）モロッコの哲学者.

アルディ Georges Hardy（1884-1972）フランスの植民地行政官．教育関連職を歴任．第二次世界大戦期には，ヴィシー政権に協力，対独融和政策を支持．植民地教育の改革を試みた.

アル=フサイニ Haji Amin al-Husseini（1897-1974）パレスチナのアラブ・ナショナリスト．最高ムスリム評議会議長，全パレスチナ政府大統領，パレスチナ民族評議会議長を務めた.

アル=フーリー Bishara al-Khoury（1890-1964）レバノン首相（1927-28ならびに1929)．レバノン初代大統領（1943-52).

アルマン Jules Harmand（1845-1921）フランスの医師・探検家・外交官.

アルーラ Malek Alloula（1937–2015）　アルジェリアの詩人・著述家・文学批評家.

アーレ・アフマド Jalal Alii-Ahmad（1923–69）　イランの作家・社会思想家. 1962 年の評論集『西洋からの病』は *Occidentosis* と英訳され，よく読まれた.

アンダーソン Benedict Anderson（1936–2015）　アイルランド出身の米国の政治学者.

アントニウス George Antonius（1891–1942）　レバノンに生まれる. 1902–10 年アレキサンドリアのヴィクトリア・カレッジに学び，1910–13 年ケンブリッジ大学で学ぶ. 1921 年からパレスチナ委任統治政府に勤務. 32–35 年パレスチナ高等弁務官顧問. また 32 年からアラブ民族運動史の研究に着手. 37 年の王立パレスチナ調査団の現地視察ではアラブ側の証言をおこなう. 38 年『アラブの目覚め』出版. 1942 年次の著作を準備中，パレスチナの自宅で死去.

アンペール André-Marie Ampère（1755–1836）　フランスの物理学者・数学者.

イェイツ William Butler Yeats（1865–1939）　アイルランドの詩人・劇作家. 1917 年に心霊協会で知り合った女性と結婚. オカルト的関心が深まり，『ヴィジョン』（1925，改訂 1937）を出版する. ノーベル文学賞受賞（1923）. 1922 年から 6 年間アイルランド上院議員.

イスマーイール・パシャ Ismail Basha（1830–95）　エジプトの君主（1863–67）. オスマントルコのエジプト総督（1863–67），副王（1867–79）. ヴェルディのオペラ『アイーダ』の依頼主.

イ・スンマン（李承晩）（1875–1965）　大韓民国の初代大統領. 祖国解放後の 1945 年 10 月帰国，右翼保守勢力の支持を得て独立促成中央協議会を組織し，親米反共主義者として南朝鮮単独政府樹立を提唱，48 年大韓民国成立とともにアメリカの支援下で初代大統領に就任した. 52 年に大統領直選制改憲，54 年に大統領 3 選改憲を強行して永久独裁体制の確立をはかり，反対勢力を徹底的に弾圧した. しかし 60 年大統領に 4 選されたが，四月革命で退陣に追いこまれ，亡命先のハワイで病死した.

入江昭（1934–　）　歴史家. 国際関係史，アメリカ外交史. ハーヴァード大学教授. 日本人としてはじめてアメリカ外交史学会，アメリカ歴史学会の会長をつとめた.

インデン Ronald B. Inden　米国の歴史学者（南アジア史・ポストコロニアル研究）．サイードの『オリエンタリズム』に触発され，インド学の分野を検討した *Imagining India*（1990）が名高い．

ヴァッティモ Gianni Vattimo（1936–2023）　イタリアの哲学者・政治家．日本語訳に『弱い思考』（1983）など．

ヴァテル Emmerich de Vattel（1714–67）　スイスの法学者．その自由論は米国植民地に影響を与えた．

ヴァーバ Sidney Verba（1932–2019）　米国の政治学者．司書．

ヴァン・アルスタイン Richard Van Alstyne（1900–83）　米国の歴史家（米国史）．

ウィーヴァー William Fense Weaver（1923–2013）　イタリア文学の英語翻訳者として名高い．ヴェルディに関する著作もある．

ヴィーコ Giambattista Vico（1668–1744）　イタリアの哲学者．南部ナポリ生まれ．歴史発展の諸相を世俗的観点から考察．

ヴィシュワナータン Gauri Viswanathan（1950–　）　インド出身の米国の英文学者．19 世紀英国の植民地文化を研究．コロンビア大学の英文学・比較文学科で教鞭をとる．エドワード・W・サイードの弟子にして後継者と目され，サイードのインタヴュー集『権力，政治，文化――エドワード・W・サイード発言集成』（2001）の編者．日本で独自に編まれた論文集『異議申し立てとしての宗教』（2018）がある．

ヴィテ Ludovic Vitet（1802–73）　フランスの劇作家・美術史家・政治家．

ウィリアムズ，ウィリアム William Appleman Williams（1921–90）　米国の歴史学者，専門はアメリカ外交史．

ウィリアムズ，エリック Eric Williams（1911–81）　トリニダード・トバゴの知識人，政治家．首相．『資本主義と奴隷制』（1944）『帝国主義と知識人』（1964）『コロンブスからカストロまで』（1970）．

ヴィリリオ Paul Virilio（1932-2018）　フランスの思想家.

ウィルキンズ Charles Wilkins（1749?-1836）　英国のオリエンタリスト．ベンガルのアジア協会設立に協力．サンスクリット語研究で功績をあげた.

ウィルソン，アンガス Angus Wilson（1913-91）　英国の小説家．キプリングの伝記も書いた.

ウィルソン，エドマンド　Edmund Wilson（1895-1972）　米国の批評家・著述家.『アクセルの城』（1931）『フィンランド駅へ』（1940）『愛国の血糊』（1962）『死海写本』（1979）をはじめとして批評集などが日本語に翻訳されている.

ウィルバーフォース William Wilberforce（1759-1833）　奴隷貿易廃止論者として知られる英国の政治家．福音主義の影響をうけ，1787 年以来議会内で奴隷貿易廃止のキャンペーンをはる．89 年に院内に委員会を設置，91 年奴隷貿易廃止法案を提案するが否決される．しかし，1807 年に同法を成立させた.

ウェクスバーグ Joseph Wechsberg（1907-83）　ユダヤ系のチェコの著述家・ジャーナリスト・音楽家．　音楽や音楽家に関する著述がある.

ウェブ，シドニー Sidney James Webb（1859-1947）　英国の政治家．フェビアン協会の中心人物．社会改革者.

ウェブ，ビアトリス Beatrice Webb（1858-1943）　英国の社会学者・経済学者・社会改革者．フェビアン協会において夫シドニー・ウェブとともに中心的役割をはたした.

ヴェルディ Giuseppi Verdi（1813-1901）　イタリアの作曲家．1837 年スカラ座デビュー．第三作《ナブッコ》（1842）が愛国的主題で大成功を博し，イタリア統一運動のシンボルとなり，のちに国会議員にもなる（1861-65）.

ヴェンドラー Helen Vendler（1933-2024）　米国の文学研究者・批評家．英詩解釈の第一人者であり，政治的解釈を排除する精読重視の姿勢は保守的研究者から歓迎された.

ウォーカー Frank Walker（1907-62）　英国の音楽学者．ヴェルディの伝記で名高い.

ウォット Ian Watt（1917-99）　英国の文学研究者・文学史家・批評家.

ウォーラーステイン Immanuel Wallerstein（1930-2019）　米国の経済史家.　世界システム論で名高い.

ウォルコット Derek Walcott（1930-2017）　セントルシアの詩人・劇作家. トリニダードに移住. カリブ海域での演劇の発展にも貢献した. ノーベル文学賞受賞（1992）.

ヴォルネー Constantine François de Chassebœuf Volney（1757-1820）　古代史や東方言語の研究者・紀行文作家.　その『エジプト・シリア紀行』がオリエンタリズム成立に影響をあたえた. 奴隷制廃止論者でもあった.

ウォルポール Horace Walpole（1717-97）　英国の政治家・ゴシック小説家.

ウッドベリー George Edward Woodberry（1855-1930）　米国の批評家・詩人.　コロンビア大学教授時代（1891-1904）には英文学と比較文学を講じた.

ウルストンクラフト Mary Wollstonecraft（1759-97）　英国の思想家・作家. 女性解放運動の先駆者.『女性の権利の擁護』（1972）はフェミニズムの古典的名著.

エア Edward John Eyre（1815-1901）　英国の探検家，植民地行政官. カリブ海地域で植民地事業に従事，59 年にはリーワード諸島総督，62 年にはジャマイカの臨時総督代理，64 年よりジャマイカ総督. ジャマイカ総督時代（1864-66）に原住民反乱を弾圧，責任を問われて解任.

エティエンヌ Eugène Etienne（1844-1921）　フランスの政治家. 下院議員（1881-1919），陸軍大臣（1913），上院議員（1920-21）. 仏領アルジェリアの擁護者で植民地主義者.

エマソン Ralph Waldo Emerson（1803-82）　米国の思想家・詩人. アメリカ超絶思想の中心的人物.

エリオット，H. M. Henry Miers Elliot（1808-53）　インドの政治家・歴史家.

エリオット，ジョージ George Eliot（1819-80）　英国の小説家. 本名メアリー・

アン・エヴァンズ Mary Ann Evans.『ミドルマーチ』(1871-72) は代表作のひとつ．地方都市ミドルマーチを舞台に，主人公ドロシア・ブルックの人生を描く．

エリオット，T. S.　T. S. Eliot (1888-1965)　米国出身の英国の詩人・批評家．『荒地』(1922)『四つの四重奏』(1944) などの詩のほか『寺院での殺人』(1935)『一族再会』(1939) などの詩劇もある．

エルドリッジ　Colin Clifford Eldridge (1942-　)　英国の歴史家．

エルフィンストーン Mountstuart Elphinstone (1779-1859)　スコットランド出身の政治家・歴史家・インド行政官．ボンベイ州知事 (1819-27)．行政改革に尽力した．

エンクルマ Kwame Nkrumah (1909-72)　ガーナの政治家．パン・アフリカニズムの指導者．1935-45 年アメリカに，45 年からイギリスに留学，45 年 10 月の第 5 回パン・アフリカ会議（マンチェスター）ではパドモアとともに書記をつとめ，以後パン・アフリカニズムの中心的指導者として活動．

オーウェン Roger Owen (1935-2018)　英国の歴史家．

オグレディ Standish James O'Grady (1846-1928)　アイルランドの小説家．アイルランド文芸復興に大きな影響をあたえた．

オコンネル Daniel O'Connell (1775-1847)　アイルランドの独立運動家・政治家．

オースティン Jane Austen (1775-1817)　英国の小説家．『感性と感受性』(1811)『高慢と偏見』(1813)『マンスフィールド・パーク』(1814)『エマ』(1815)『ノーサンガー・アビィ』(1818)『説きふせられて』(1818)．

オブライエン，コナー・クルーズ Conor Cruise O'Brien (1917-2008)　アイルランドの著述家・歴史家・外交官・政治家．郵便通信大臣，上院議員を務めた．

オブライエン，ジャスティン Justin O'Brien (1906-68)　米国の伝記作者・フランス文学研究者．ジッドやカミュ作品の翻訳で名高い．

オブライエン，パトリック Patrick O'Brien (1932-　)　英国の経済史家．

オリアリー John O'Leary（1830–1907）アイルランドの独立運動家．フェニアン運動に参加，イェイツに影響をあたえた．

ガーヴィ Marcus Moziah Garvey（1887–1940）ジャマイカ生まれの黒人運動指導者．ニューヨークのハーレムを根拠地に大規模な黒人大衆運動を展開した．1920年代前半に〈アフリカ帰還〉運動を組織．リベリア政府の背信により失敗．27年アメリカから追放されてロンドンで客死した．

カウツキー Karl Johann Kautsky（1854–1938）ドイツの社会主義者．第二インターナショナルの理論的指導者．

カークパトリック Jeane Kirkpatrick（1926–2006）米国の政治学者・外交官．親米独裁政権やコントラを支援することを容認．

カストロ Fidel Alejandro Castro（1926–2016）キューバの政治家・国家元首．

カーター，ジミー Jimmy Carter（1951–　）アメリカ合衆国第39代大統領（1977–81）．

カーター，ポール Carter, Paul（1951–　）英国出身のオーストラリアの歴史家（オーストラリア植民地史）．『ボタニー湾への道』（1987）が高く評価されポストコロニアル研究の先駆者となる．

カーティン Philip Dearmond Curtin（1922–2009）米国の歴史家（アフリカおよび奴隷交易史）．

カテブ・ヤシン Kateb Yacine（1929–89）アルジェリアの詩人・小説家・劇作家．アルジェリア民主民族戦線の中心メンバーとなる．祖国独立とともに帰国．劇作家，劇場支配人としても活動．

カーナン，アルヴィン Alvin Kernan（1923–2018）米国の英文学者（英国初期近代文学）．保守派の観点からの社会・文化評論があり『人文科学に何が起きたか』（1997）が日本語訳されている．

カーナン，エドワード Edward Victor Gordon Kiernan（1913–2009）英国のマルクス主義歴史家．

カニー Nicholas P. Canny　英国の歴史家（植民地史）.

カブラル Amílcar Cabral（1924–73）　ポルトガル領ギニアとカボルベルデにおける民族解放運動活動家・思想家．1973年のギニア・ビサラ独立を実現させるが，同年独立を待たずに暗殺される．

カーマン Joseph Wilfred Kerman（1924–2014）　米国の音楽学者・音楽批評家．

カモンイス Luís de Camões（1525?–80）　ポルトガル文学史上最大の詩人といわれる．代表作である叙事詩『ウズ・ルジアダス——ルシタニアの人びと』（1572）は，インド航路を発見したバスコ・ダ・ガマの航海をうたいつつ，ポルトガル人の偉業を称賛した．

カーライル Thomas Carlyle（1795–1881）　英国の批評家・歴史家．スコットランド出身．『衣裳哲学』（1833–34）『英雄，英雄崇拝，歴史における英雄的なもの』（1841）『過去と未来』（1843）など．

ガリエニ Joseph Gallieni（1849–1916）　フランスの軍人．スーダン総督．マダガスカル総督（1896–1905）．陸相（1915–16）．

カルヴェー D. K. Karve（1882–1953）　インドの社会改革家．産児制限運動の先駆者として知られる．

ガルシア・マルケス Gabriel García Márquez（1928–2014）　コロンビア出身の作家．ノーベル文学賞受賞（1982）．

カルティニ Raden Kartini（1879–1904）　インドネシアの女性解放運動家．かつてその書簡集『光は暗黒を超えて』が翻訳されたこともある．

カルペンティエール Alejo Carpentier（1904–80）　キューバの小説家．

カンギレム Georges Canguilhem（1904–95）　フランスの科学哲学者．

ガンディー Mohandas Gandhi（1869–1948）　インドの政治家，思想家．独立後の1948年1月30日，狂信的ヒンドゥー主義者の手によって暗殺された．

カンバーランド Richard Cumberland（1732–1811）　英国の劇作家．『西インド

人』（1771）をはじめとする喜劇で名高い.

ギスランツォーニ Antonio Ghislanzoni（1824–93）　イタリアの脚本家・批評家. ヴェルディの《アイーダ》の台本を書いた.

ギッシング George Gissing（1857–1903）　英国の作家.『三文文士』（1981）.

キッシンジャー Henry Alfred Kissinger（1923–2023）米国の国際政治学者・外交家・政治家.

キッド Benjamin Kidd（1858–1916）　英国の社会学者. 社会主義を批判, 理性を攻撃し, 宗教を賛美. ヨーロッパ文明の優位性を説いた.

ギディングズ Franklin H. Giddings（1855–1931）　米国の社会学者・ジャーナリスト.

キバード Declan Kiberd（1951–　）　アイルランドの文筆家・文学研究者. アイルランド文学をポストコロニアル理論を介して考察. 児童文学も扱う.

キプリング Rudyard Kipling（1865–1936）　英国の小説家・詩人. 詳しい経歴は本文参照.

ギボン Edward Gibbon（1737–94）　英国の歴史家.

ギャスケル Elizabeth Cleghorn Gaskell（1810–65）　英国の小説家.

キュヴィエ George Cuvier（1769–1832）　フランスの博物学者.

キンキード＝ウィークス Mark Kinkead-Weekes（1931–2011）　英国の英文学者. サミュエル・リチャードソン, D・H・ロレンスの研究書がある.

キングズレー, チャールズ Charles Kingsley（1819–75）　英国の牧師, 小説家.『西行き』（55）はエリザベス朝の時代にスペインと戦いを繰り広げる海の男たちを描いて評判になった. 日本では『水の子供たち』（1863）の作者としてのみ名高く, 思想家としての面はあまりかえりみられていない.

キングズレー, メアリー Mary Kingsley（1862–1900）　英国の探検家・著述家.

チャールズ・キングズレーの姪.

キンケード Jamaica Kincaid（1949-　）アンティグア・バーブーダ出身の米国の作家.

キンボール Roger Kimball（1953-　）米国保守派の社会評論家・美術評論家.

グギ・ワ・ジオンゴ Ngugi wa Thiongo（1934-　）ケニヤの作家・劇作家・批評家. 英語で執筆していたが母語のキクユ語を使用して文筆活動を展開. 世界各地の大学でも教える.

クック，ジェームズ James Cook（1728-79）通称キャプテン・クック（Captain Cook）英国海軍の軍人. 海洋探検家，海図製作者. 3回の世界周航航海で，オーストラリア東海岸などを探検，ハワイ諸島を発見し，英国のオーストラリア進出の基礎をつくった.

クック，マイケル Michael Cook（1940-　）英国の歴史家（イスラム史）.

クッツェー J. M. Coetzee（1940-　）南アフリカ出身のオーストラリアの小説家・批評家. ノーベル文学賞受賞（2003）.

グハ Ranajit Guha（1923-2023）インドの歴史家. サバルタン・スタディーズの指導的人物.

クーパー William Cowper（1731-1800）英国の詩人. ロマン派の先駆. 奴隷制に反対する詩も書いた.

クライヴ Robert Clive（1725-74）英国の軍人・政治家. 1757年ベンガル太守軍をプラッシーの戦いで破り，1765年にムガル帝国皇帝から英国によるベンガル支配を公認され，英領インドの基礎を築く.

クラーク Timothy James Clark（1943-　）英国の美術史家. ニュー・アート・ヒストリーの牽引者の一人.

グラスピー April Glaspie（1942-　）米国の外交官. 長らく中東諸国において外交官を務めた. 湾岸戦争時，駐イラクの米大使だった.

グラタン Henry Grattan（1746–1820）　アイルランドの国会議員．1782年から1800年まで続いたアイルランドの議会は，英国国王の下で，英国議会から独立して立法権を行使したが，この議会の成功を議員グラタンの貢献として，グラタン議会と呼んだ．

グラッドストン William Gladstone（1809–98）　英国の政治家．首相を4度務めた．

グラムシ Antonio Gramsci（1891–1937）　イタリアのマルクス主義思想家，政治家．

クーリ Elias Khoury（1948–2024）　レバノンの小説家・批評家．

グリオール Marcel Griaule（1898–1956）　フランスの人類学者．日本語訳に『水の神』（1948）『青い狐』（1965）など．

クリフォード Hugh Clifford（1866–1941）　英国の植民地行政官．黄金海岸，ナイジェリア，セイロンなどの総督を歴任．

グリーン，グレアム Graham Greene（1904–91）　英国の小説家．『ブライトン・ロック』（1938）『権力と栄光』（40）『事件の核心』（48）『第三の男』（50）『情事の終わり』（51）など著書多数．『おとなしいアメリカ人』（55）は動乱のインドシナを題材にした小説．

グリーン，マーティン Martin Green（1927–2010）　英国の文学研究者．文学関係の著書の他に，冒険小説論，カウンター・カルチャーに関する本などがある．『リヒトホーフェン姉妹』（1974）『真理の山——アスコーナ対抗文化年代記』（1986）『ロビンソン・クルーソー物語』（1990）が日本語訳されている．

クルティウス Ernst Robert Curtius（1886–1956）　ドイツの学者・批評家．ロマンス語文学者．代表作は畢生の大作『ヨーロッパ文学とラテン中世』（1948）．

グールド Stephen Jay Gould（1941–2002）　米国の進化生物学者・科学史家・地球科学者．博学の科学エッセイストであり，その著作は世界で広く読まれ，そのほとんどが日本語訳されている．

グールドナー Alvin Ward Gouldner（1920–80）　米国の社会学者．『社会学の再生を求めて』（1977）『知の資本論』（1979）が日本語訳されている．

クルパト Arnold Krupat（1941-　）米国の文学研究者．ネイティヴ・アメリカンの文学研究で名高い．

クロイツァー Georg Friedrich Creuzer（1771-1858）ドイツの古典語学者．

クロスビー Alfred Worcester Crosby Jr.（1931-2018）米国の歴史学者・地理学者・アメリカ研究者．本文で言及される文献以外にも，『飛び道具の人類史』（2002）が日本語訳されている．

クロゼル Marie François Joseph Clozel（1860-1918）フランスの植民地行政官．仏領西アフリカの総督．

クローチェ Benedetto Croce（1866-1952）イタリアの哲学者・批評家．イタリア文相（1920-21）．

クローネ Patricia Crone（1945-2015）デンマーク出身の英国・米国の歴史家（イスラム史）．

クローマー Evelyn Baring, Earl of Cromer（1841-1917）英国の政治家（ホウィッグ党），外交官，植民地行政官．エジプト総領事（1883-1907）として権勢をふるった．

ケアリー，ジョイス Joyce Cary（1888-1957）英国の小説家．初期の四長編はアフリカ小説として一括される．代表作『馬の口』（1944）など．アチェベがケアリーのアフリカ小説『ミスター・ジョンソン』（1939）を読み，ナイジェリア人の皮相な描き方に憤慨して創作を促されたことがよく知られている．

ケアリー，ピーター Peter Carey（1943-　）オーストラリアの小説家．

ケイタ　Fodeba Keita（1921-69）ギニア共和国のダンサー・作曲家・作家・劇作家・政治家．国歌を作曲．

ケースメント Roger Casement（1864-1916）アイルランド出身の英国の外交官．のちにアイルランド独立の活動家となり，反逆罪とスパイ活動の罪によりロンドンで絞首刑．マリオ・バルガス＝リョサ『ケルト人の夢』（2010）がケースメントの生涯を扱う．

ケナン George Frost Kennan（1904–2005）　米国の外交官，歴史家．対ソ封じ込め戦略の立案者．評論活動もおこなう知識人．

ケニー Nicholas Canny（1944-　）　アイルランドの歴史家（近代アイルランド史）．

ケネディ Paul Michael Kennedy（1945-　）　英国の歴史家．『大国の興亡』（1987）が主著．

ゲルナー Ernest Gellner（1925–95）　フランス出身の英国の歴史学者・哲学者・人類学者．『民族とナショナリズム』（1983）で名高い．

ゲンジエア Irene L. Gendzier　米国の政治学者．外交政策，中東関連，フランツ・ファノンに関する著作がある．

ゴイティソーロ Juan Goytisolo（1931–2017）　スペインの小説家・随筆家．非ヨーロッパ世界に取材した作品でも知られる．

コスタ＝ガヴラス Constantin Costa-Gavras（1933-　）　ギリシア出身の映画監督・脚本家．

コツェブー August Friedrich Ferdinand von Kotzebue（1761–1819）　ドイツの劇作家．暗殺される．『恋人たちの誓い』（ドイツ語版 1788，英語版 1798）をはじめとして，劇作多数．

コックバーン，アレグザンダー Alexander Claud Cockburn（1941–2012）　アイルランド系米国人のジャーナリスト・著述家．

コックバーン，アレグザンダー・ジェイムズ・エドマンド Sir Alexander James Edmund Cockburn（1802–80）　英国の裁判官・政治家．21年間（1859–80）主席判事を務めた．

コッポラ Francis F. Coppola（1939-　）　米国の映画監督・映画プロデューサー・脚本家．『ゴッドファーザー』三部作（1972, 74, 90），『ドラキュラ』（92）など．カンヌ映画祭グランプリを受賞した『地獄の黙示録』はコンラッドの『闇の奥』をヴェトナム戦争の時代に置き換えて映画化した大作．

ゴーディマー Nadine Gordimer（1923–2014）　南アフリカの作家．ノーベル文学賞受賞（1991）．

ゴードン Charles George Gordon（1833–85）　英国の軍人．太平天国の乱で活躍し「チャイニーズ」ゴードンと呼ばれた．のちにアフリカへ赴き，最後はスーダンのハルツームの戦いで戦死．

コノリー James Connolly（1868–1916）　アイルランドの独立運動指導者．

ゴビノー Joseph Arthur Gobineau（1816–82）　フランスの外交官・オリエンタリスト・小説家．アーリア人種の優越性を説く．その主張はゴビニズムとも呼ばれ，ナチスにも利用された．

ゴベッティ Piero Gobetti（1901–26）　イタリアの革命的知識人・反ファシスト．ロシア革命に関心を寄せ，グラムシと親交をもち，1922 年『自由主義革命』誌を発刊（–1925）．1926 年パリへ亡命後死去．

コリー John Corry（1922–2022）　米国のジャーナリスト，『タイムズ』紙の記者．テレビのコメンテイターとしても活動した．

コルコ Gabriel Kolko（1932–2014）　米国の歴史学者（アメリカ外交史）．

コールダー Angus Calder（1942–2008）　スコットランド出身の作家・歴史家・詩人．

コールドウェル Malcolm Caldwell（1931–78）　スコットランド出身の学者・マルクス主義者．アメリカ外交政策を批判，ポル・ポト政権の擁護者であったが，カンボジアで暗殺された．

ゴールドスミス Oliver Goldsmith（1730?–74）　アイルランド出身の劇作家・小説家．

ゴルバチョフ Mikhail Sergeevich Gorbachev（1931–2022）　ソビエト連邦共産党書記長（1985–91）国家元首（1988–91）ソビエト連邦最高会議幹部会議長（1988–89）ソビエト連邦最高会議議長（1989–90）ソビエト連邦大統領（1990–91）．

コールブルック Henry Thomas Colebrooke（1765–1837）　英国の官僚・東洋学者. ウィリアム・ジョーンズやチャールズ・ウィルキンズを継いでインド学の基盤を固めたとされる.

コールリッジ Samuel Taylor Coleridge（1772–1834）　英国ロマン派の詩人・批評家.

コーン Bernard S. Cohn（1928–2003）　米国の人類学者・歴史学者（インド植民地史）.

コーンウォリス Charles Cornwallis（1738–1805）　英国の軍人，ベンガル総督（在任 1786–93, 1805）. ベンガル総督として，英国の版図を拡大し，法律・裁判・行政の機構を確立した. なかでも土地永久査定制の確立は名高く，諸制度は，長いあいだ東インド会社の機構として存続した. 1798 年から 1801 年までアイルランド総督を務め，1805 年にふたたびベンガル総督となった.

コンラッド Joseph Conrad（1857–1924）　ポーランド出身の英国の小説家. 1875 年から船乗りになり，86 年には英国に帰化して船長の資格を得る. 第一作『オールメイヤーの阿房宮』(1895).『ナーシサス号の黒人』(97)『青春』(98)『闇の奥』(99)『ロード・ジム』(1899–1900) などが初期の秀作.『台風』(1903)『ノストローモ』(04)『密偵』(07)『西欧の眼の下に』(11) などが後期の秀作.『勝利』(12) では語り手マーロウを再登場させた..

ザイダーン Girgi Zaydan（1861–1913）　レバノン出身の文学者・歴史家. 19 世紀末エジプト，アラブにおけるアラブ文芸復興に貢献. 文明史，文学史，物語集など全 22 巻の著作集を残す.

ザグルール Saad Zaghloul（1857–1927）　エジプトの民族運動指導者. ワフド党を結成し，英国保護領化を阻止した.

サダト Muḥammad Anwar al-Sadat（1918–81）　共和政エジプト第 3 代大統領.

サダム・フセイン Saddam Husein（1937–2006）　イラク共和国大統領（1979–2003）.

サッカレー William Makepeace Thackeray（1811–63）　英国の小説家.

サッチャー Margaret Hilda Thatcher（1925–2013）　英国第 71 代首相（1979–90）.

サミュエル Raphael Samuel（1934–96）　英国のマルクス主義系歴史家.

サモリ（・トゥーレ）Samory Touré（1830？ -1900）　19 世紀後半の西アフリカにサモリ帝国（イスラム国家）を建国．訳注「サモリとハジ・ウマル」（p. 640）を参照.

サラン Raoul Albin Louis Salan（1899–1984）　フランスの軍人．1918 年から 1960 年まで軍務にあり，最終階級は陸軍大将．将軍たちの反乱と称される四人の退役将軍のクーデター参加者の一人．アルジェリア独立運動を妨害する OAS（秘密軍事組織）にも関係した.

サーレフ Tayeb Salih（1929–2009）　スーダンの作家．代表作『北へ遷りゆく時』（1966）は，ロンドンに留学し，英国人女性を自殺させたり殺害したスーダン人男性をめぐる物語.

サロー Albert Sarraut（1872–1962）　フランスの政治家．元フランス首相．植民地理論家であり『植民地の偉大さと隷従』（1931）が日本語訳されている.

サンゴール Léopold Senghor（1906–2001）　セネガルの政治家・詩人・思想家．第二次世界大戦では対独レジスタンスに参加し，戦後フランス制憲会議にセネガル代表として参加を機に政治活動を開始した．1960 年のセネガル共和国独立とともに初代大統領に就任，5 選された（1960–80）．ネグリチュード概念を基礎に置くアフリカ社会主義の理論的指導者として影響力をもった.

サン＝サーンス Charles Camille Saint-Saëns（1835–1921）　フランスの作曲家．オペラ《サムソンとデリラ》（1868）は旧約聖書のエピソードに取材．なおサン＝サーンスはしばしばアルジェリアとエジプトに旅行した.

サン＝シモン Claude Henri Saint-Simon（1760–1825）　フランスの哲学者．空想的社会主義者のひとり.

サン＝ピエール Jacques-Henri Bernardin de Saint-Pierre（1737–1814）　フランスの作家．自然界のすばらしさによる神の証明を目的とした《自然の研究》で成功を収めた．《自然の研究》第 4 巻として刊行の牧歌的純愛小説《ポールとヴィルジニー》（1788）は大きな反響を呼んだ.

シヴァン Emmanuel Sivan（1937-　）　イスラエル出身の米国・イスラエルの歴史家（イスラム史）.

シェイクスピア William Shakespeare（1564-1616）　英国の劇作家・詩人. 単独作としては最後の作品『テンペスト』は植民地主義との関係で論じられたり改作されてきた.

ジェイムズ，C. L. R.　C. L. R. James（1901-81）　トリニダード出身の歴史家・作家. 1932 年英国に移住.『ブラック・ジャコバン』（1938）を代表とする歴史記述のほか，小説，自伝的作品もあり，植民地主義に反対し，多彩な活動を展開した.

ジェイムズ，ウィリアム William James（1840-1910）　米国の哲学者・思想家・心理学者. プラグマティズム哲学の主要メンバーの一人として名高いが，近年，その帝国主義批判が注目されている.

ジェイムズ，ヘンリー Henry James（1843-1916）　米国出身の英国の小説家. ウィリアム・ジェイムズの弟.

ジェイムソン Fredric Jameson（1934-2024）　米国の文学批評家. マルクス主義批評から出発，哲学・思想から文学文化芸術分野を広く論ずる.

ジェローム Jean Léon Gérôme（1824-1904）　フランスの画家・彫刻家. 古典派，アカデミー絵画で知られるが，アラブ世界に題材をとったオリエンタリズム絵画でも名高い. サイード『オリエンタリズム』の原著カバーには，裸体の少年が蛇を操る芸をみるアラブ人男性の集団を描く《蛇使い》と題されたジェロームの作品が使われていた（ペーパーバック版でも同じ）.

シック Gary G. Sick（1935-　）　米国の中東事情専門家（とくにイラン）で政権の顧問も務めた.

ジッド André Gide（1869-1951）　フランスの作家. ノーベル文学賞受賞（1947).『背徳者』（1902）『狭き門』（09）『田園交響楽』（19）『贋金つかい』（26）など. かつては時代を代表する思想家，作家としての面もあったが，現在では異文化（北アフリカ，コンゴ）と性解放（同性愛）に関する作家として再評価されている.

シプラー David K. Shipler（1942-　）　米国のジャーナリスト．ピューリッツァー賞を受賞した『アラブ人とユダヤ人』（1987），ならびに多くの賞を受賞した『ワーキング・プア』（2004）が日本語訳されている．

ジブラーン Kahlil Gibran（1883-1931）　レバノン出身の作家・詩人・思想家．12 歳のときに米国に移住．最初アラビア語で作品を発表していたが，のちに英語で作品を書き，『予言者』（1923）は，その名を不朽にした名作として名高い．

ジャクソン Andrew Jackson（1767-1845）　アメリカ合衆国第 7 代大統領（1829-37）．

シャトーブリアン François René Chateaubriand（1768-1848）　フランスの政治家・作家．フランス革命時代にはアメリカを旅行．19 世紀初頭にはスペイン，北アフリカを旅行．小説では，アメリカのインディアンのロマンス『アタラ』（1801）と半自伝的な『ルネ』（1802）が名高い．

ジャバルティ ’Abd al-Rahman al-Jabarti（1753-1825）　エジプトの歴史家．フランス占領時代に，カイロの内閣審議会顧問を務めた．ムハンマド・アリの初期統治時代の批判者としても知られる．1688-1821 年を扱う重要な歴史書『伝記と歴史における事跡の驚くべきこと』を書く．

ジャブリー Mohammed Abed Al Jabri（1935-2010）　モロッコの哲学者（アラブ哲学）．

ジャヤワーディーナ Kumari Jayawardena（1931-　）　スリランカの女性解放運動家．その『第三世界におけるフェミニズムとナショナリズム』（1986）は第三世界フェミニズム文献の古典とされている．

シャラーウィ Huda Shaarawi（1879-1947）　エジプトの女性解放運動家．

シャラビ Hisham Sharabi（1927-2005）　パレスチナ出身の米国の歴史学者．

シャリーアティー Ali Shariati（1933-77）　イランに生まれる．パリ大学（ソルボンヌ）で文学博士号を取得．ファノンとの交流，サルトル，コクトーなどの研究から多大な思想的影響を受ける．イランに帰国後，反体制運動に関わる．1977 年に英国に脱出したが 10 日後に謎の死を遂げた．

シャリアン Gérard Chaliand（1934-　）　フランスの地政学の専門家ならびに戦略・戦史家.

シャール René Char（1907-88）　フランスの詩人. 第二次世界大戦中は南フランスでレジスタンスの地下組織の指導者として活躍した. 大戦後はフランスを代表する詩人として若い世代に絶大な影響を与えた.

シャンガルニエ Nicolas Anne Théodule Changarnier（1793-1877）　フランスの軍人. 1848 年アルジェリア総督となる. 二月革命で帰国, 国民軍を指揮. 普仏戦争ではメッツでプロシア軍に降伏.

ジャンソン Francis Jeanson（1922-2009）　フランスの哲学者. アルジェリア解放組織「ジャンソン機関」の創設者. サルトル哲学の解説者としても知られる.

シャンプラン Samuel de Champlain（1570?-1635）　フランスの地理学者・探検家. カナダのニューフランス植民地建設に関与した.

シャンポリオン Jean François Champollion（1790-1832）　フランスのエジプト学者. ロゼッタ・ストーンの碑文を解読した.

ジュネ Jean Genet（1910-86）　フランスの小説家・劇作家.『薔薇の奇跡』（1946）『葬儀』（47）などの小説で認められたが『泥棒日記』（49）を最後に, 劇作に専念.『女中たち』（47）『バルコン』（56）『屏風』（61）など.『屏風』以後は創作をやめ, ブラックパンサーやパレスチナ解放運動を支援した. その間の事情は遺作となった『恋の虜囚』（86）に詳しい. サイード自身とジュネとの交流は『晩年のスタイル』に詳しい.

ジュリアン Charles André Julien（1891-1991）　フランスの歴史家.

シュレーゲル兄弟 August Wilhelm von Schlegel（1767-1845）　兄, ドイツの批評家・翻訳者. Friedrich von Schlegel（1772-1829）弟, ドイツの哲学者, インド学の開拓者. どちらもドイツ・ロマン派の理論的指導者.

シュレージンガー Arthur Schlesinger（1917-2007）　米国の歴史家.

シュワブ Raymond Schwab（1884-1956）　フランスの著述家.

シュンペーター Joseph Alois Schumpeter（1883-1950）　オーストリア生まれの経済学者.

ジョイ George William Joy（1844-1925）　アイルランド出身の画家．ゴードン将軍の最期を描いた作品（1893）で名高い.

ショインカ Wole Soyinka（1934-　）　ナイジェリアの劇作家・小説家・批評家．ノーベル文学賞受賞（1985）.

ジョージ五世 George V（1865-1936）　英国の国王（1910-36）.

ショータン Camille Chautemps（1895-1963）　フランスの政治家．急進社会党の指導者として内相，法相，首相を歴任した．人民戦線内閣でも首相（1937-38）を務めた．のちに急進党だけで単独内閣をつくった.

ジョーンズ William Jones（1746-94）　英国の裁判官・文献学者・言語学者．1784年ベンガル・アジア協会を設立.

ジョンソン，サミュエル Samuel Johnson（1709-84）　英国の文人，辞書編纂者.

ジョンソン，ベン Ben Jonson（1572-1637）　英国の劇作家・詩人．シェイクスピアと同時代人.

シラー Herbert Schiller（1919-2000）　米国の社会学者・メディア批評家.

ジラルデ Raoul Girardet（1917-2013）　フランスの歴史家.

シーリー John Robert Seeley（1834-95）　英国の歴史家．ケンブリッジ大学欽定講座教授．1880年代以降の英国の言論界で帝国主義思想のイデオローグとして活躍した．『英国膨張史』（1883）で名高い.

ジン Howard Zinn（1922-2010）　米国の社会主義者．歴史家・著述家.

ジンナー Muhanmad Ali Jinnah（1876-1948）「パキスタン建国の父」とされる政治家．1906年D. ナオロージーの秘書を務めたことを機に政治活動に入った．1916年ムスリム連盟議長となり，インドの自治に関する国民会議派・ムスリム

連盟協定の成立に尽力し，初代のパキスタン総督となった．48年11月病死．

シンプソン Alan Simpson（1931-　）　米国の政治家（共和党）．上院議員（1979-97）．

スアレス Francisco Suárez（1548-1617）　スペインの哲学者・神学者．国際法の分野では，ビトリアと並び称される創始者の一人．

スカルノ Sukarno（1901-70）　インドネシア民族主義運動の指導者，インドネシア共和国初代大統領．

スコット Sir Walter Scott（1771-1832）　スコットランドの作家．

スタンリー Henry Morton Stanley（1841-1904）　英国のジャーナリスト・探検家．アフリカ探検とリヴィングストン救出で名高く，また著作の多くが日本語訳されている．

スティーヴンズ Wallace Stevens（1879-1955）　米国の詩人．

スティール Ronald Steel（1931-2023）　米国の歴史家（外交史）．リップマンの伝記で名高い．

ステッドマン＝ジョーンズ Gareth Stedman Jones（1942-　）　英国の歴史家（労働者階級史，マルクス主義史）．

ステパン Nancy Stepan（1939-　）　英国出身の米国の歴史学者．

ストッキング George W. Stocking Jr.（1928-2013）　ドイツ出身の米国の人類学者．

ストレイチー John Strachey（1901-63）　英国の政治家・著述家．

ストーン，オリヴァー Oliver Stone（1946-　）　米国の映画監督．『サルバドル遥かな日々』（1986）は政情不安定なエルサルバドルに入国したアメリカ人ジャーナリストが見た現実を描く．

ストーン，ロバート Robert Stone（1937-2015）　米国の小説家．ドラッグ・カ

ルチャー，ヴェトナム戦争，中南米へのアメリカ介入などを扱う小説で名高い.

ストーンズ Isidor Feinstein Stones，I. F. Stones（1907–89）米国のジャーナリスト．みずから創刊し執筆していた『I. F. ストーンズ・ウィークリー』誌で，政府に対して批判的姿勢を貫くという方針を最後まで崩さなかった.

スピッツァー Leo Spitzer（1887–1960）オーストリア出身のロマンス語文学者，文体論学者．ナチスに追われ，イスタンブール大学教授を務めたあと 1936 年以降アメリカに移住，終生そこで暮らした.

スペンサー，エドマンド Edmund Spenser（1552–99）英国の詩人．代表作『妖精女王』（1590, 96）．1580 年より植民地のアイルランドに赴き，86 年植民地開拓官となって終生アイルランドに過ごす．『アイルランドの現状に関する管見』（96 年執筆）は植民地者側からアイルランドを描いた散文として名高い.

スペンサー，ハーバート Herbert Spencer（1820–1903）英国の哲学者．ダーウィンの進化論を社会学にとりいれ，社会進化論を唱えた.

スペンス Jonathan Spence（1936–2021）英国出身の米国の歴史家（中国史）.

スミス，ゴドウィン Goldwin Smith（1823–1910）英国出身の歴史学者．英国と米国・カナダで活動した．帝国主義，奴隷制に反対したことでも名高い.

スミス，ジョン John Smith（1580–1631）英国の探検家・著述家．アメリカにおける英国の植民地開拓において原住民の族長の娘ポカホンタスに救われた（ただしこれはスミスの虚言と思われている)．「ポカホンタス」も参照.

スミス，ニール　Neil Robert Smith（1954–2012）スコットランド出身の地理学者・マルクス主義者.

スミス，バーナード Bernard William Smith（1916–2011）オーストラリアの美術史家・美術批評家．オーストラリア美術史の父とみなされた.

スレーリ Sara Suleri（1953–　）インド出身の米国の英文学者.

スロトキン Ricard Sidney Slotkin（1942–　）米国の文化批評家・歴史家.

セイリール Ernest Seillière（1866–1955）　フランスの哲学者・社会思想家.

セガレン Victor Segalen（1878–1919）　フランスの詩人・小説家. ロチ流のエキゾチズムを批判. 還元不可能なものとしてのエキゾチックなものを追求.

セゼール Aimé Césaire（1913–2008）　マルティニックの詩人・批評家・劇作家・政治家.『帰郷ノート』(1939),『植民地主義論』(1955), 戯曲『もうひとつのテンペスト』(1969) で名高い. ネグリチュード運動の指導的立場にあった.

セラシエ一世 Haile Selassie I（1892–1975）　エチオピア帝国最後の皇帝（1930–74）. アフリカ統一機構初代議長.

ソシュール Léopold de Saussure（1866–1925）　スイス出身のフランスの中国学者・天文学者・軍人. 言語学者のフェルディナン・ド・ソシュールは兄.

ソモサ家　ニカラグアの政・財界で勢力をふるった一家. ソモサ Anastasio Somoza García（1896–1956）は, 軍隊を掌握し, 1936 年にクーデタを起こし, ソモサ家の長期独裁の基礎を築いた. 1956 年に暗殺される. その息子のソモサ Luis Somoza Debayle（1922–67）は, 57 年に大統領となり, 63 年に退任したあとも, ニカラグアの実質的な政治的・経済的支配を継続した. その死後, 弟のソモサ・デバイレ Anastasio Somoza Debayle（1925–80）が大統領となり, 74 年には再選されている. ソモサ一家のニカラグア支配への批判は, 国内でサンディニスタ民族解放戦線（サンディニスタ運動）に多くの人びとを結集させ, 78 年からのサンディニスタの攻勢激化のため, アナスタシオは翌年 7 月に大統領を辞任して亡命, 亡命先のパラグアイで暗殺された.

ソラブジ Cornelia Sorabji（1866–1954）　インドの法律家・社会改革家・作家. 女性差別撤廃を訴えた.

ソーントン Archibald Paton Thornton（1921–2004）　英国の歴史家. 大英帝国に関し先駆的研究をおこなった.

タゴール Rabindranath Tagore（1861–1941）　近代ベンガルの文学者. 恵まれた環境の中でインド古典を学び, 英国留学などを通じて西欧ロマン派文学に親しんだ. 若い頃からバンキムチャンドラらに詩人としての才能を認められる. 1913年, 英訳詩集『ギーターンジャリ』がノーベル賞の対象となり, 名声が内外に高まった.

タッカー，ジュディス Judith Tucker（1960–2023）　英国の画家・美術史家.

タッカー，ロバート・ウォレン Robert Warren Tucker（1924–　）　米国の外交政策専門家・著述家.

ダッシュ J. Michael Dash（1949–2019）　西インド諸島のフランス語圏文学の研究者. グリッサンの翻訳でも名高い.

ダット Toru Dutt（1856–77）　インド・ベンガル出身の女性詩人（英語とフランス語で詩作）. インド英語文学草創期に属する主要な文学者.

ターナー，ヴィクター Victor Turner（1920–83）　英国の文化人類学者. 社会劇とリミナリティの理論などで大きな影響をあたえた.

ターナー，ブライアン・スタンリー Bryan Stanley Turner（1945–　）　英国出身の社会学者 . 主に英国とオーストラリアの大学で教えている.

ターパル Romila Thapar（1931–　）　インドの歴史家. インド古代史を中心としてインド史全般を扱う.

タフターウィー Tahtawi（1801–73）　エジプトの思想家. 上エジプトのタフター村の有力者の家系に生まれ，1826 年，時の支配者ムハンマド・アリーが派遣した留学生たちを引率するイマームとして渡仏し，5 年間のパリ滞在中，七月革命を目撃し，フランス語を修得，フランス啓蒙思想の理解を深めた. 帰国後，ナポレオン法典やモンテスキューの著作などを翻訳し，イブン・ハルドゥーンなどのアラビア語古典を出版した. また自ら精力的な著作活動をおこなって，イスラムの伝統的概念を駆使しつつ，伝統的ウンマ理念に代えてワタン（祖国）と新たなウンマ理念（国民）を強調するなど，きわめて開明的な思想を展開した.

ダルウィーシュ Mahmoud Darwish（1942–2008）　パレスチナの詩人.

ダワー John Dower（1938–　）　米国の近代日本文化の研究者，歴史家. 『人種偏見』『敗北を抱きしめて』など.

ダンカン Jonathan Duncan（1756–1811）　英国の植民地行政官. ボンベイ総督（1795–1811）.

チェスノ Jean Chesneaux（1922-2007） フランスの歴史家（アジア史）.

チャタージー Partha Chatterjee（1947- ） インドの政治学者・人類学者.

チョムスキー Noam Chomsky（1928- ） 米国の言語学者・思想家．ユダヤ系．生成文法理論の提唱者として一般にも知られるが，米国屈指の左翼知識人でもあり，サイードとも友人だった.

チンウェイズ Chinweizu（1943- ） ナイジェリアのジャーナリスト・著述家・詩人．アフリカの脱植民地化はまだ未完であるとの認識から詩作ならびに評論活動をおこなっている.

デイ Clive Hart Day（1871-1951） 米国の経済史家.

デイヴィス　Lance E.Davis（1928-2014） 英国の経済史家.

ディオプ Anta Diop（1923-86） セネガルの歴史家・人類学者・政治家.

ディケンズ Charles Dickens（1812-70） 英国の小説家．『ドンビー父子』（1846-48）は高慢な実業家ドンビーの富への執着と悲劇を描く．『大いなる遺産』（1860-61）は後期の傑作.

ディドロ Denis Diderot（1713-84） フランスの哲学者・著述家．啓蒙思想時代の百科全書派の中心人物.

ディーネセン Isak Dinesen（1885-1962） 本名 Karen Blixen．デンマーク出身の女性作家.

ティバウイ Abdul Latif Tibawi（1910-81） パレスチナ出身の英国の歴史家・教育家.

ティビ Bassam Tibi（1944- ） シリア出身のドイツの政治学者，国際政治学者（イスラム・中東研究）.

ティヨン Germaine Tillion（1907-2008） フランスの民族学者・人類学者．レジスタンス活動家でありフェミニストであった．『イトコたちの共和国――地中海

社会の親族関係と女性の抑圧』(1966)『ジェルメーヌ・ティヨン――レジスタンス・強制収容所・アルジェリア戦争を生きて』(ツヴェタン・トドロフ編, 2009) が日本語訳されている.

ディルク (Sir) Charles Wentworth Dilke (1843-1911)　英国の外交官・政治家. 世界一周旅行記もある.

ディルタイ Wilhelm Christian Ludwig Dilthey (1833-1911)　ドイツの哲学者・思想史家. 聖書解釈学から現代の解釈学の祖とみなされる. 精神科学者としての面もある.

ディーン Seamus Francis Deane (1940-　)　アイルランドの批評家・詩人.

デヴィッドソン Basil Davidson (1914-2010)　英国の歴史家. アフリカ史に関する著書多数.

デサリーヌ Jean-Jacques Dessalines (1758-1806)　ハイチ独立運動の指導者で独立後最初の統治者. ハイチ建国の父.

デ・サンクティス Francesco De Sanctis (1817-83)　イタリアの文学史家・批評家. 大学ではダンテと文学史を講じた. ガリバルディに協力し, 文相になったこともある.

テニソン Alfred Tennyson (1809-92)　英国の詩人. ワーズワスの後を継ぎ桂冠詩人 (1850-92) となる.

デフォー Daniel Defoe (1660-1731)　英国のジャーナリスト・小説家.『ロビンソン・クルーソー』(1719) の作者として名高い.

デュヴァリエ François Duvalier (1907-71)　ハイチの医師・政治家. 1957 年には 6 回に及ぶ政変のあと, 大統領に選出された. 62 年にはついに終身大統領をみずから宣言した.〈パパ・ドック〉の異名の下で独裁体制と恐怖政治を続けた.

デュプレクス Joseph François Dupleix (1697-1763)　フランスのインド植民地行政官. 1841年より在インド・フランス商館総監督・ポンディシェリー知事を務め, フランス軍を率いてイギリス軍と衝突, 勝利をおさめるが, 1854 年独断専行を恐れたフランス東インド会社によって解任される.

デュボイス William Edward Burghardt Du Bois（1868–1963）　米国の黒人運動指導者．パン・アフリカ会議を指導（1900–45）．1961 年エンクルマの招きでガーナへ．その地でガーナ市民として没した．

デュルケム Émile Durkheim（1858–1917）　フランスの社会学者．社会学における機能主義的観点の創始者．

デュ・ロクル Camille du Locle（1832–1903）　フランスの演出家．フランス・オペラ界において影響力をふるった．ヴェルディにマリエットの原案を紹介し，またカイロ歌劇場の仕事を引き受けさせることにも成功．《アイーダ》のフランス語台本に協力．

デリーロ Don Dellilo（1936–　）　米国の小説家・劇作家．『リブロ』『ホワイト・ノイズ』などが翻訳されている．

テンペル Placide Tempels（1906–77）　ベルギーの神父．旧ベルギー領コンゴに布教目的で滞在．原住民との接触を通して 1946 年『バントゥー哲学』を上梓．アフリカの民族哲学の端緒となりネグリチュード概念にも大きな影響をあたえた．

ドイル，コナン Arthur Conan Doyle（1859–1930）　英国の小説家．シャーロック・ホームズ物の原作者．

ドイル，マイケル Michael Doyle（1948–　）　米国の国際政治学者．

ド・ヴァテル Emer (Emmerich) de Vattel（1714–67）　スイスの国際法学者．その『諸国民の法』は 18 世紀の言論界・政界に大きな影響をあたえた．

ドゥアン Georges Douin（1884–1944）　フランスの歴史家．

トウェイン Mark Twain（1835–1910）　米国の小説家．本名サミュエル・クレメンズ．初期の楽観的世界観と後期の虚無的・否定的世界観の落差が大きい．帝国主義批判は後期の著作にみられる．

トゥサン・ルヴェルチュール François-Dominique Toussaint Louverture（1743–1803）　ハイチの独立運動指導者であり，ハイチ建国の父のひとりとみなされている．ハイチ革命において奴隷解放に成功するが，サン＝ドマングの再支配を

試みたナポレオンによる遠征軍に捕縛され，フランスのジュラ山脈の要塞へ送られ，監禁されて拷問を受けて死亡．死後の 1804 年にハイチ共和国は独立宣言をおこなう．

ドゥスーザ Dinesh D'Souza（1961- ）インド出身の米国の政治評論家．右翼の論客．

ドゥフェール Daniel Defert（1937–2023）フランスの社会学者．ミシェル・フーコーのパートナーだった．

ドゥラフォス Maurice Delafosse（1870–1926）フランスの植民地官僚・民族学者・言語学者．アフリカに関する著書多数．

ドゥリ A. A. Duri（1919- ）イラクの社会史家・教育者．

トクヴィル Alexis-Charles-Henri Clérel, comte de Tocqueville（1805–59）フランスの政治思想家・政治家．

ドクトロー E. L. Doctorow（1931–2015）米国のユダヤ系小説家．

ドーデ Alphonse Daudet（1840–97）フランスの小説家．『最後の授業』（1837）『アルルの女』（1872）のほか，タルタラン・タラスコンが世界を股にかけて冒険する『陽気なタルタラン』（1872）『アルプスのタルタラン』（1885）『タラスコンみなと』（1890）で名高い．

トドロフ Tzvetan Todorov（1939–2017）ブルガリア出身のフランスの思想家・哲学者・文学批評家．

ド・ブロス Charles de Brosses（1709–77）フランスの歴史家．

ド・マス Sinibaldo de Mas（1809–68）スペインの外交官・大使（フィリピンをはじめとするアジア諸国）．探検家・詩人でもあり，フィリピン人の生活を写真撮影したことでも名高い．

トムキンズ Joyce Marjorie Sanxter Tompkins（1897–1986）英国の英文学者（キプリングの専門家）．

トムスン Edward Palmer Thompson（1924–93）　英国の歴史家.

ドラヴィニュ Robert Delavignette（1897–1976）　フランスの官僚・著述家.

ドラクロワ Ferdinand Eugène Delacroix（1798–1863）　フランスの画家. ロマン主義絵画の代表的画家のひとり. 中近東に題材をとった作品は多い.

ドラネト・ベイ Draneht Bey（1815–94）　エジプト最初の鉄道建設者, 1869 年に開場したカイロ歌劇場の初代総支配人. 1869 年ヴェルディにスエズ運河開通と歌劇場開場の祝典のための讃歌の作曲を依頼するが, 実現せず. 歌劇場開場にはヴェルディの《リゴレット》が上演された.

トルヒーヨ Rafael Leonidas Trujillo Molina（1891–1961）　ドミニカ共和国の軍人, 政治家. 〈ストロングマン〉と呼ばれた. 大統領任期中（1930–38, 43–52）を含め, 31 年間の長期にわたって独裁政治をほしいままにしたが, 61 年 5 月に暗殺された.

ドレイパー Theodore H. Draper（1912–2006）　米国の歴史家・政治評論家.

トレヴェリアン Charles Trevelyan（1807–86）　英国の植民地行政官. インド蔵相として社会改革をおこなう.

トロロープ Anthony Trollope（1815–82）　英国の作家.

トーン Theobald Wolfe Tone（1763–98）　アイルランドの民族運動指導者. 1791 年にユナイテッド・アイリッシュメン協会結成に尽力し, 弾圧をうけたあと, 共和国樹立を目標とする地下組織として協会を復活させる. 98年, ユナイテッド・アイリッシュメンの蜂起が起こるが, トーンは捕らえられて自決した.

トンプソン Edward Thompson（1886–1946）　英国の小説家・詩人. インド研究者. 詩人として出発したが, 30 年代以降はインドの文化や歴史に関する著述に専念した.

ナイ Joseph Nye（1937–　）　米国の国際政治学者. サミュエル・ハンティントンとポール・ケネディに対する批判者. 『不滅の大国アメリカ』（1990）をはじめその著書の多くは日本語訳されている. 知日派として知られる.

ナイポール V. S. Naipaul（1932–2018）　トリニダードのインド系移民の子として生まれた英国の作家．ノーベル文学賞受賞（2001）．

ナオロージー Dadabhai Naoroji（1825–1917）　インドの政治家．英国支配を経済的に研究し，インド貧困の原因として〈富の流出〉を指摘したことで名高い．インド独立を掲げるスワラージ決議採択に力を尽くした．

ナセル Gamal Abd el Naser（1918–70）　エジプトの軍人・政治家．大統領（1956–70）．アラブ連合共和国の最高指導者（1958–61）．

ニエレレ Julius Kambarage Nyerere（1922–99）　東アフリカ，タンザニアの政治家．1961 年のタンガニーカ独立時には初代首相となり，共和制に移行すると初代大統領となった．

ニッツェ Paul Nitze（1907–2004）　米国の政治家・外交官・実業家．海軍長官・国防副長官などを務めた．

ニーバー Reinhold Niebuhr（1892–1971）　米国のプロテスタント神学者・倫理学者．〈ネオ・オーソドクシー〉と呼ばれる神学傾向の代表となった．第二次世界大戦後には政権の内外政策の方針に影響をあたえたとされる．

ニムル Faris Nimr（1856–1951）　レバノンのジャーナリスト．

ニール Stephen Neill（1900–84）　英国国教会の聖職者・神学者．インドで布教活動をおこなった．

ネルー Jawaharlal Nehru（1889–1964）　インドの政治家，独立インド初代首相（在職 1947–64）．バンドンでのアジア・アフリカ会議で主導的な立場に立ち，非同盟諸国の団結強化の上で重要な役割を果たした．

ネルヴァル Gérard de Nerval（1808–55）　フランスの詩人・作家．

ネルーダ Pablo Neruda（1904–73）　チリの詩人・外交官・政治家．ノーベル文学賞受賞（1971）．1962 年にモスクワで，パキスタンの詩人ファイズ・アハマド・ファイズと会い，以後，交友関係が続く．1970 年アジェンデ政権が誕生すると，駐仏大使を任命された．病気のため 1972 年に大使を辞任しチリに帰国してまもなく死去．

ノックス Robert Knox（1640?-1720）　英国の博物学者．東インド会社に奉仕．

ノリエガ Manuel Antonio Noriega（1938-2017）　パナマの軍人・政治家．同国の最高司令官になるが 1989 年侵攻してきた米軍と戦い 90 年に投降．麻薬取引容疑などで米国で裁判にかけられた．

パイ Lucien W.Pye（1921-2008）　米国の政治学者（中国・東南アジアの専門家）．

パイプス Daniel Pipes（1949-　）　米国の中東イスラム研究者・政治評論家．保守派・ネオコンと目された．

ハウス Karen Elliott House（1947-　）　米国のジャーナリスト．

バウリング John Bowring（1792-1872）　英国の外交官・著述家．香港領事（1949）．

パウンド Ezra Pound（1885-1972）　米国の詩人．

ハガード Rider Haggard（1856-1925）　英国の小説家．南アフリカの植民地事業に携わった経験をもとに政治的著作や小説を書く．『ソロモン王の洞窟』（1885）で人気作家となる．『洞窟の女王』（1887）などの他 40 冊ほどの小説を書いた．

バカン John Buchan（1875-1940）　英国の植民地行政官・作家．南アフリカを舞台にした大衆小説で名高い．

バーク，エドマンド Edmund Burke（1729-97）　アイルランドの政治家・著述家．政治的主張としては，インド植民地政策論，フランス革命反対論などで名高い．

バーク，ケネス Kenneth Burke（1897-1993）　米国の文学理論家・批評家．

ハクスリー Thomas Henry Huxley（1825-95）　英国の生物学者．ダーウィンの進化論を擁護した．

ハジ・ウマル Hajji Omar（1797?-1864）　西アフリカ，セネガル川上流，フータ・トロ地方に生まれたイスラム改革指導者．訳注「サモリとハジ・ウマル」（p. 640）を参照．

バージャー John Berger（1926–2017）　英国の小説家・美術評論家.

ハーシュ Seymour Hersh（1937–　）　米国の調査報道記者.

ハーシュマン Albert Otto Hirschman（1915–2012）　ドイツ出身の政治経済学者.

バジョット Walter Bagehot（1826–77）　英国の経済学者，ジャーナリスト.

バット Isaac Butt（1813–79）　アイルランドの政治家．1873 年に自治同盟を創設，それがのちにアイルランド国民党となった．バットの死後，同党はパーネルが指導.

パタイ Raphael Patai（1910–96）　ハンガリー系ユダヤ人の米国の民族誌学者・歴史家.

バタトゥ Hanna Batatu（1926–2000）　パレスチナ出身の米国の歴史家（イラク，中近東史）.

バッデン Julian Medforth Budden（1924–2007）英国のオペラ研究者．三巻本のヴェルディ研究ならびにヴェルディの伝記で名高い.

ハッテンバック Robert A. Huttenback（1928–2012）　英国の帝国史家.

ハーディ Thomas Hardy（1840–1928）　英国の小説家・詩人.『日陰者ジュード』（1896）.

バティスタ Fulgencio Batista y Zaldívar（1901–73）　キューバの軍人・大統領（1940–44，1952–59）．親米政権を樹立した独裁者．キューバ革命後，国外へ亡命．最後はフロリダで死去.

バーディック Eugene Leonard Burdick（1918–65）　米国の政治学者・小説家.『醜いアメリカ人』（1958）の共作者のひとり.

パドモア George Padmore（1902/03–59）　トリニダード出身の政治家．パン・アフリカニストの代表的人物．1945 年のパン・アフリカ会議でともに書記を務めたエンクルマの誘いでガーナに移り，エンクルマの政治顧問となった.

バトラー Samuel Butler（1835–1902）　英国の作家.『エレホン』『万人への道』.

バーナム James Burnham（1905–87）　米国の哲学者・政治思想家．最初共産主義に共鳴したが反共主義に転じ，その経営者論は日本にも影響を与えた.

バナール Martin Bernal（1937–2013）　英国出身の米国歴史家.『ブラック・アテナ』第1巻（1987）第2巻（1991）で名高い.

パニッカル Kavalam Madhave Panikkar（1895–1963）　インドの外交官・政治家・歴史家.

バーネット Richard Jackson Barnet（1929–2004）　米国の政治学者.

パーネル Charles Stewart Parnell（1846–91）　アイルランドの政治家．1875年から下院議員．80年にアイルランド議会党（アイルランド国民党）党首に選出された.

バーバ　Homi K. Bhabha（1949–　）　ベンガル出身の米国の批評家・文学文化研究者．ポストコロニアリズムの理論的支柱のひとり.『文化の場所』（1994）は日本語訳されている．また『ナラティヴの権利』は日本で独自に編まれた論集.

パーマストン Henry John Temple Palmerston（1784–1865）　英国の政治家．外相（1830–34, 1835–41, 1846–51），首相（1855–58, 1859–65）.

バラット＝ブラウン Michael Barratt Brown（1918–2015）　英国のエコノミスト・政治活動家.

パリー Benita Parry（1931–2020）　南アフリカ出身の英文学者・比較文学者．ポストコロニアル批評・理論の先駆的研究者だった.

ハリス Wilson Harris（1921–2018）　ガイアナ出身の作家・批評家．ポストコロニアル批評のなかでも，その発言は重要な意味をもって受けとめられている.

ハリディ Rashid Ismail Khalidi（1948–　）　米国のパレスチナ系歴史家（専門は中東史）．コロンビア大学現代アラブ研究エドワード・サイード記念教授.

ハルヘッド Nathaniel Halhed（1751–1830）　英国の東洋学者・文献学者．東イン

ド会社で植民地事業に関わりインド学をふかめた．ウィリアム・ジョーンズと親交があった．

パーレヴィ（イラン国王）Mohammed Reza Pahlav（1919–80）　国王在位 1941–79.

パレート Vilfredo Pareto（1848–1923）　イタリアの数理経済学者・社会学者．一般均衡理論，新厚生経済学の先駆者．ウェーバーやデュルケムと並ぶ重要な社会学者とみなされている．

ハーロウ Barbara Harlow（1947–2017）　米国のフェミニスト，ポストコロニアル理論家，中東・アフリカ研究者．

バン Stephen Bann（1942–　）　英国の美術史家．

バンダ Julien Banda（1867–1956）　フランスの思想家．ドレフュス事件でドレフュス派の論客として登場．知識人問題をあつかった『知識人の裏切り』（1927）で名高い．右翼系の知識人だが，サイードは『知識人とは何か』（1993）の冒頭でグラムシの知識人論とともにバンダの知識人論を論じている．

ハンティントン Samuel Huntington（1927–2008）米国の国際政治学者．『文明の衝突』（1996）で名高い．

ピアス Patrick Henry Pearse（1879–1916）　アイルランドの教育者・文学者．イースター蜂起の指導者．ゲーリック語と英語の二言語併用新聞の編集，二言語教育の学校設立などの抱負を抱いていた．

ヒッチェンズ Christopher Hitchens（1949–2011）　英国のジャーナリスト・作家．左翼リベラルの論客だったが，晩年は保守主義に傾斜．

ビトリア Francisco de Vitoria（1480?–1546）　スペインのカトリック神学者．アメリカ大陸の原住民の権利について自然法がキリスト教徒のみならず異教徒にも適用されると説いた．

ピノチェト Augusto Pinochet（1915–2006）　チリの政治家・大統領（1974–90）．独裁者．

ビュジョー Thomas Robert Bugeaud（1784–1849）　フランスの軍人．ナポレオン戦争に参加，アルジェリア，モロッコにおける植民地戦争に勝利し，元帥となった．

ヒューズ，ラングストン Langston Hughes（1902–67）　米国のアフリカ系詩人・小説家．ハーレム・ルネサンスの原動力のひとりと言われる．

ヒューズ，ロバート Robert Hughes（1938–2012）　オーストラリアの批評家・作家．美術批評家として出発したが『運命の岸辺』（1988）でオーストラリアの過去の再評価を試みる．

ヒューム，デイヴィッド David Hume（1711–76）　スコットランド出身の哲学者．

ヒューム，ピーター Peter Hulme（1948–　）英国の文学研究者．植民地，海外旅行，文化遭遇など幅広い分野で研究．

ヒルファーディング Rudolf Hilferding（1877–1941）ドイツのマルクス主義経済学者・政治家．

ピローリ Giuseppe Piroli（1815–90）イタリアの政治家．

ファイサル King Faysal（1883–1933）オスマン帝国に対するアラブ反乱の指導者・初代シリア国王（1920），初代イラク国王（1921–33）．

ファイズ Faiz Ahmad Faiz（1911–84）　パキスタンの詩人．パンジャブとウルドゥー語の文学に貢献．多くの社会活動に従事し，政権を批判した．

ファーガソン，サミュエル Samuel Ferguson（1810–86）　アイルランドの詩人．

ファーガソン，フランシス Francis Fergusson（1904–86）　米国の演劇学者・文学批評家．『演劇の理念』（1949）が名高く，日本語に翻訳もされている．

ファノン Franz Fanon（1925–61）　フランスの旧植民地マルチニック島出身のフランス人精神科医・社会思想家．『黒い皮膚・白い仮面』（1952）で黒人であることの主体の問題を考察し，1954 年のアルジェリア解放戦争勃発とともに，精神科医の職を辞し，解放戦争に身を投ずる．最大の著作は死後出版された『地に呪われたる者』（1962）で，世界の解放運動に大きな影響を与えた．

ファビアン Johannes Fabian（1937-　）オランダの人類学者．代表作『時間と他者』（1983）．

フイエ Alfred Jules Émile Fouillée（1838-1912）フランスの哲学者・社会学者．

フィスク John Fiske（1842-1901）米国の哲学者・歴史家．

フィリッピ Filippo Filippi（1830-87）イタリアの音楽評論家．イスマイルの招きでヴェルディの《アイーダ》のカイロでの初演（1871 年）を見る．

フィールド James Field Jr.（1916-96）米国の歴史家（国際関係論，海軍史）．

フィールドハウス David Kenneth Fieldhouse（1925-2018）英国の歴史家（帝国史）．

フェイガン Brian Murray Fagan（1936-　）英国の人類学者・著述家．古代史・考古学関連の啓蒙書で人気を博している．

フェーヴル Lucien Paul Victor Febvre（1878-1956）フランスの歴史学者．

フェティス François Joseph Fétis（1784-1871）ベルギーの音楽史家．

フェデルブ Louis Faidherbe（1818-89）フランスの将軍．セネガル総督（1854）．エジプトでの遺跡，碑文研究でも名高い．

フェリー Jules Ferry（1832-93）フランスの政治家．第三共和政下で首相（1880-81，1883-85）．

フエンテス Carlos Fuentes（1928-2012）メキシコの小説家．

フォーク Richard A. Falk（1930-　）米国の法学者・国際政治学者．

フォースター E. M. Forster（1879-1970）英国の小説家．『ハワーズ・エンド』（1910）『インドへの道』（1924）．

フォスラー Karl Vossler（1872-1949）ドイツの言語学者．言語と芸術の根元的

同一性主張をもとに文学研究を核とする言語学を構築.『言語美学』(1935) が日本語訳されている.

フォルトゥナート Giustino Fortunato (1848-1932)　イタリアの政治家・歴史家. 南部主義者としてイタリア統一後の南部問題の解決を訴えた.

フクヤマ Francis Fukuyama (1952-　)　米国の政治学者.

フーゴー (サン＝ヴィクトルの) Hugo (1096-1141)　初期スコラの神学者, 神秘主義者. ベルギーあるいはドイツのザクセン地方に生まれ, 1115年パリのサン＝ヴィクトル修道院に入り, のちに院長としてサン＝ヴィクトル学派の創始者となる. 倫理学や自然学も含む哲学一般を認め, この立場に立ってアベラールの人文主義と弁証法を支持した.『学習論』ではアリストテレスにならって予備学 (論理学, 文法, 修辞学など), 理論学 (神学, 数学, 音楽, 天文学, 自然学など), 実践学 (倫理学, 家政学, 政治学) を分けたほか, 当時の学問と技術を百科全書的に網羅した. 神学的主著『秘跡論』では秘跡 (サクラメント) の神秘性をキリストの受肉の神秘性にもとづいて強調し, これとともに自然と歴史を三位一体の神のわざとみなす世界解釈を提示した.

フサイン Sherif Hussein (1853-1931)　メッカの太守 (シャリーフ) (1908-16) でアラブ独立運動の指導者. ヨルダン王国の祖. ヒジャーズ王国の国王 (1916-24), カリフ (1924). 第一次世界大戦中の1915年, 英国のエジプト駐在のマクマホン高等弁務官と書簡を交換し, オスマン帝国に反旗を翻すときに英国が支援するという「フサイン＝マクマホン協定」を結んだ.「マクマホン」も参照.

プシカリ Ernest Psichari (1883-1914)　フランスの作家. ルナンの孫. 砲兵隊に志願しアフリカでカトリックに改宗. 平和主義を糾弾した『武器の呼び声』(1913), 精神的自叙伝『百夫長の旅』(1915) はよく読まれた.

フック Sidney Hook (1902-89)　米国の哲学者. プラグマティズム哲学, マルクス主義者となるが, 全体主義・共産主義に反対の立場をとった.

ブッシュ George Herbert Walker Bush (1924-2018)　アメリカ合衆国第41代大統領 (1989-93).

フートンディ Paulin Hountondji (1942-2024)　ベネズエラの哲学者・政治家.

フライ Northrop Frye（1912–91） カナダの文学研究者・批評家.

プライス＝ジョーンズ David Eugene Pryce-Jones（1936– ） 英国の小説家・保守派の論客.

ブライデン Edward Wilmot Blyden（1832–1912） 西インド諸島出身の政治活動家・政治家. パン・アフリカ運動の先駆的指導者.

ブラザ Pierre Paul François Camille Savorgnan de Brazza（1852–1905） イタリア系フランス人の探検家. 現在のコンゴ共和国の首都であるブラザヴィルを探検, コンゴの植民地化に貢献.

ブラックバーン Robin Blackburn（1940– ） 英国の歴史家.『ニュー・レフト・レヴュー』の編集者でもあった.

ブラックマー Richard Palmer Blackmur（1904–65） 米国の詩人・批評家. プリンストン大学で教えた. ニュークリティシズムの立場に立っていたが, 幅広い教養によって, 枠に収まらない思考と読解を展開し, 大きな影響をあたえた.

ブラッケン Harry McFarland Bracken（1926–2011） 米国の哲学者. 反ヴェトナム戦争活動で名高かった.

プラット Mary Louise Pratt（1948– ） スペイン・ポルトガル語の研究者ならびに文学研究者.「コンタクト・ゾーン」概念の提唱者.

フラナガン Thomas Flanagan（1923–2002） 米国の文学研究者（アイルランド文学）・小説家.

フランク Andre Gunder Frank（1929–2005） ドイツ出身の経済史家. 従属理論の生みの親のひとりと目される. 米国をはじめとしてラテンアメリカ, ヨーロッパの大学で教えた.

フランシス Philip Francis（1740–1818） アイルランド出身の英国の政治家.

ブラント, ウィリー Willy Brandt（1913–92） 西ドイツの政治家. 1969–74 年自由民主党との連立政権の首相を務める. 東ドイツ, ソ連など社会主義諸国との関係改善を目ざす東方政策を推進. ノーベル平和賞受賞（1971）.

ブラント，ウィルフリッド Wilfrid Scawen Blunt（1840–1922）　英国の詩人・旅行家・政治評論家．旅行は中東方面におもむく．英国の帝国主義に反対し，アイルランド，エジプト，インドの独立運動を支持した．

ブラントリンガー Patrick Brantlinger（1941–　）　米国の文学研究家・ポストコロニアル研究家．

フーリエ Jean Baptiste Joseph Fourier, Baron de（1768–1830）　フランスの数学者・物理学者．フーリエ解析で名高いが，1798 年のナポレオンのエジプト遠征に文化使節団の一員として随行．エジプト学士院の書記としてさまざまな数学的・考古学的研究をおこない，『エジプト誌』（1808–25）を監修．

フリードマン Thomas Friedman（1953–　）　米国のジャーナリスト・コラムニスト．世界的に著名なジャーナリスト．『ニューヨーク・タイムズ』紙へ定期的に寄稿．全米図書賞を受けた『ベイルートからエルサレムへ』（1989）をはじめとしてそのほとんどの著作が日本語訳されている．

ブリュックネール Pascal Bruckner（1948–　）　フランスの小説家・著述家．ロマン・ポランスキー監督の映画『赤い航路』の原作者として知られているが，国際問題に関する政治的言論でも名高い．

フリール Brian Friel（1929–2015）　アイルランド出身の英国の劇作家．

ブルック James Brooke（1883–1963）　英国の軍人・探険家．

ブルデュー Pierre Bourdieu（1930–2002）　フランスの社会学者．

フルード James Anthony Froude（1818–94）　英国の歴史家．オックスフォード大学欽定講座教授．カーライルの忠実な弟子で，ごりごりの帝国主義論者として名をはせた．

ブルーム Allan Bloom（1930–92）　米国の哲学者・古典学者．『アメリカン・マインドの終焉』（1987）がベストセラーに．

ブルワー＝リットン Edward George Earle Bulwer-Lytton, 1st Baron Lytton（1803–73）　英国の小説家・政治家．

ブレイク William Blake（1757–1827）　英国の詩人・画家.「レイノルズ」も参照.

ブレイスウェイト Edward Braithwaite（1930–2020）　バルバドス出身の詩人・歴史家・批評家.

ブレジンスキー Zbigniew Kazimierz Brzezinski（1928–2017）　ポーランド出身の米国の国際政治学者・政治家.

ブレナン Timothy Brennan（1953-　）　米国の文化理論家・文学研究者・政治活動家. アメリカ帝国主義研究でも名高い. 2021 年サイードの伝記を上梓（*Places of Mind, A Life of Edward Said*）.

フローベニウス Leo Frobenius（1873–1938）　ドイツの民族学者, 文化圏説・文化形態学派の創始者.

フンボルト Wilhelm von Humboldt（1767–1835）　ドイツの言語学者・政治家. インド＝ヨーロッパ語族至上主義にもとづく差別的言語観を提唱. 博物学者・地理学者のアレクサンダー・フォン・フンボルトは弟.

ヘイスティングズ Warren Hastings（1732–1818）　ベンガル総督（1773–85）. 18 歳でインドに渡り, 略奪婚, 政敵との決闘など波瀾の生き方をした. インドの行政改革に貢献をした.

ヘイフォード J. E. Casely Hayford（1866–1930）　弁護士・政治家. 英国領西アフリカ全域にわたるナショナリズム組織, 英国領西アフリカ民族会議を創設. 将来における自治の達成を目標として漸進的な運動を展開.

ヘイマー Mary Hamer 英国の文化史家.『クレオパトラの記号』（2008）が日本語訳されている.

ベサント Annie Wood Besant（1847–1933）　英国の政治活動家（女性の権利, 社会主義, 労働運動）, 自治運動支援, インド国民会議派議長, 神智学徒（神智学協会第 2 代会長）, 英国フリーメイソンの国際組織創設者, 作家.

ベックフォード William Beckford（1759–1844）　英国の作家・政治家. 東方趣味にもとづくゴシック・ロマンス『ヴァセック』（1786）で名高い.

ベッツ Raymond F. Betts（1925-2007）　米国の歴史家．専門はフランス植民地史．

ヘッド Bessie Head（1937-86）　アフリカの女性著述家．

ベーデン＝パウエル Robert S. S. Baden-Powel（1857-1941）　英国の軍人・著述家．ボーイ・スカウト，ガール・スカウトの創立者．

ベネット William Bennet（1943-　）　米国の政治家．共和党保守派の指導者．教育長官（1985-89）などを歴任．

ベルク Jacques Augustin Berque（1910-95）　フランスの社会学者．アルジェリア，モロッコ研究，イスラム研究．

ヘルダー Johann Gottfried von Herder（1744-1803）　ドイツの哲学者・批評家．ドイツの「疾風怒濤」運動に刺激をあたえ推進させた．

ヘンティ George Alfred Henty（1832-1902）　英国の作家．少年文学，冒険小説で名高い．

ベンティンク Lord William Henry Cavendish-Bentinck（1774-1839）　英国の軍人・政治家．ベンガル総督（1828-33）．初代インド総督（1833-35）．

ヘンリー二世 Henry II（1133-89，在位 1154-89）　イングランド国王．1171 年にアイルランドへ遠征，教皇の手紙（教皇ハドリアヌス四世がヘンリー二世に対してアイルランド攻撃を許可したもの）を根拠に宗主権を認めさせ 1175 年にはアイルランド上王の称号を獲得，政治・行政・司法でイングランド化を推進した．

ホウラニ Albert Habib Hourani（1915-93）　英国の歴史家（中東史）．

ボウルズ Paul Bowles（1910-99）　米国の作家．作曲もおこなう．1947 年よりタンジールで暮らしはじめ，その地で小説を書きはじめる．その作品の多くは日本語にも翻訳されている．

ボカッサ Jean Bédel Bokassa（1921-96）　中央アフリカ共和国の大統領（1966-76）．中央アフリカ帝国ボカッサ 1 世（1977-79）．独裁者．

ポカホンタス Pocahontas（1595?-1617）　名はマトアカ（Matoaka）．ポカホンタスは幼少時のあだ名．アメリカ原住民のポウハタン族の族長の娘．英国人ジョン・ロルフと結婚してレベッカ・ロルフ（Rebecca Rolfe）となる．夫妻でジェイムズ一世に謁見したが，アメリカに帰還途中，英国のケント州で死亡．探検家ジョン・スミスを助けたという伝説が残っている．

ホジキン Thomas Lionel Hodgkin（1910-82）　英国のマルクス主義歴史家（アフリカ史）．

ボシュエ Jacques-Bénigne Bossuet（1627-1704）　フランスの宗教家．1659 年からパリに定住して名説教で世評を高からしめた．

ポーター，アンドリュー Andrew Porter（1928-2015）　英国の音楽批評家・オペラ研究者．ヴェルディ研究に貢献．

ポーター，バーナード Bernard Porter（1941-　）　英国の歴史家．

ホー・チ・ミン Ho Chi Minh（1890-1969）　ベトナム共産党の創立者で，ベトナム民主共和国初代国家主席（大統領）になった革命家．

ボップ Franz Bopp（1791-1867）　ドイツの言語学者．デンマークの R. K. ラスクとともに，印欧語比較文法（インド＝ヨーロッパ語比較言語学）の創設者といわれる．

ポドレツ Norman Podhoretz（1930-　）　米国のユダヤ系政治学者．ネオコンの主要な思想家と目された．

ホプキンズ Gerard Manley Hopkins（1844-89）　英国の詩人．

ホフスタッター Richard Hofstadter（1916-70）　米国の政治史家．『アメリカの反知性主義』（1963）．

ホブスン J. A. Hobson（1858-1940）　英国の経済学者，帝国主義の批判者．その帝国主義の経済的動因に関する研究は，ヒルファーディングの『金融資本論』（1910），ローザ・ルクセンブルク『資本蓄積論』（1913），レーニン『帝国主義論』（1917）などに影響をあたえた．

ホメイニ Ayatollah Khomeini（1900–89）　イラン革命の指導者．イラン中部のホメイン村に生まれ，有力アーヤトッラーの一人となった．モハンマド・レザー・パーレヴィ国王の白色革命と弾圧政治とに反対して追放され，1979年イラン革命の象徴的存在としてフランスより帰国．イラン・イスラム共和国の最高指導者となった．

ホーラーニー Albert Hourani（1915–93）　レバノン出身の英国の歴史家（中東史）．『アラブの人々の歴史』（1991）が翻訳されている．

ポリツィアーノ Angelo Poliziano（1454–94）　イタリア・ルネサンスにおける代表的な詩人・人文学者．フィレンツェ大学に通い，ラテン語とギリシア語に通暁した．メディチ家のもとにあって，ラテン語やギリシア語で風刺詩を書き，オードや悲歌を歌った．

ボリバル Simon Bolivar（1783–1830）　南米の独立運動指導者．ボリビアはボリバルの名前にちなむ．

ポーリン Tom Paulin（1949–　）　北アイルランド出身の詩人・批評家・政治活動家．テレビ番組の司会者・コメンテイターとしても知られた．

ホール Stuart Hall（1932–2014）　ジャマイカ出身の英国のカルチュラル・スタディーズの理論家・文化批評家．

ボールドウィン Stanley Baldwin（1867–1947）　英国の保守党政治家．三度首相（1923–24, 1924–29, 1935–37）．

ポル・ポト Pol Pot（1925–98）　カンボジアの政治家・独裁者．

ホワイト Patrick White（1912–90）　オーストラリアの小説家・劇作家．ノーベル文学賞受賞（1973）．

ポワレ神父 Jean-Louis Marie Poiret（1755–1834）　フランスの聖職者で，植物学者で紀行文作家．

ボーン Randolf Bourne（1886–1918）　米国の評論家．批判的論陣をはって，アメリカ社会や対外政策を批判した．

マイアーベーア Giacomo Meyerbeer（1791–1864） ドイツの作曲家.

マウントバッテン Louis Mountbatten, 1st Earl Mountbatten of Burma（1900–79） 英国の海軍軍人. ヴィクトリア女王の曾孫. 1947年3月にウェーベルのあとをうけインド総督に任命され，6月に最終的にインドとパキスタンを分割して独立させる案（マウントバッテン裁定）を提示し，これに沿って二つの自治領が成立した. 79年8月アイルランド北西部でIRAの時限爆弾により爆死.

マーカム James M. Markham（1943–89） 1971年より『ニューヨーク・タイムズ』の海外特派員. パリ支局長時，パリで死亡.

マクドナルド James Ramsay MacDonald（1866–1937） 英国で最初の労働党政府首相. 1922年労働党党首に選ばれ，24年労働党内閣を組織し，外相を兼任. 29年ふたたび内閣を組織した.

マグドフ Harry Samuel Magdoff（1913–2006） 米国の社会主義者. マルクス主義系雑誌『マンスリー・レヴュー』の編集者のひとり. 帝国主義研究で名高い.

マクニール William Hardy McNeil（1917–2016） カナダ出身の歴史家. シカゴ大学の歴史学名誉教授. 文明間の接触と交換による世界史の進化を語る歴史書多数.

マクブライド Sean MacBride（1904–88） アイルランドの法律家・政治家. 1948年に統一アイルランド党（フィネ・ゲール）と第一次連立内閣を組閣して外相（1948–51）に就任した. 60年代以降は国際平和と人権擁護のために活躍，ノーベル平和賞受賞（1974）.

マクマホン Sir Arthur Henry McMahon（1862–1949） 英国の軍人・外交官. 1915年エジプト・スーダン駐在英国高等弁務官時代にメッカの太守フサインとの往復書簡において，フサイン＝マクマホン協定を結んだ. この協定はアラブ地域の分割を決定したサイクス・ピコ協定（1916），パレスチナへのユダヤ人入植を認めるバルフォア宣言（1917）と矛盾し，英国の「三枚舌外交」と言われた.「フサイン」も参照.

マクルーア John A. McClure 米国の英文学者.

マコーマック William John McCormack（1947– ） アイルランドの詩人・文学

史家・批評家.

マコーレー，トーマス Thomas Babington Macauley（1800-59） 英国の歴史家・政治家. 1832年下院議員となりインド植民地経営に関する委員会に参加. 1834年にインドに赴任. インド刑法典を編纂. 英語教育の普及に関して Minute（覚え書き）を残した.

マコーレー，ハーバート Herbert Macaulay（1864-1946） ナイジェリアの政治家. 1922年に国民民主党の党首. 1944年にナイジェリア・カメルーン国民会議を結成した.

マシニョン Louis Massignon（1883-1962） フランスの宗教学者・イスラム学者. シーア派のイスラム神秘主義に傾倒し，熱烈なカトリック信者であるとともに各種宗教に関心と理解を示した.

マズルイ Ali Mazrui（1933-2014） ケニヤ出身の米国の政治思想家・アフリカならびにイスラム研究者. 本文にあるように1980年代米国のテレビドキュメンタリー番組で注目されるようになった.

マーチソン Roderick Murchison（1792-1871） 英国の地質学者・地理学者. 王立地理学協会の会長も務め，リヴィングストンのアフリカ探検を支援.

マッキンダー Halford Mackinder（1861-1947） 英国の地理学者. 下院議員にも当選.

マックゲーガン James MacGeoghegan（1702-63） アイルランドのカトリックの聖職者，歴史家.

マッケイ Claude McKay（1889-1948） ジャマイカ出身の米国の詩人・小説家. ハーレム・ルネサンスの担い手のひとり.

マッケンジー John MacDonald MacKenzie（1943- ） 英国の歴史家. 文化帝国主義に関する先駆的研究で名高い.『大英帝国のオリエンタリズム』（1995）が日本語訳されている. サイードのオリエンタリズム批判と実証主義的研究で名高いが，サイードの本書が大文字の「文化 Culture」帝国主義の研究なら，マッケンジーは小文字の「文化culture」研究（サイード自身本書で高く評価している）であるが，サイードの本書がみている対抗帝国主義文化への視座が乏しい.

マーティノー Harriet Martineau（1802–76）　英国のジャーナリスト．社会・経済・歴史に関する啓蒙書を書いた．

マトゥラール Armand Mattelart（1936–　）　ベルギー出身のフランスの社会学者．『ドナルド・ダックを読む』の共著者のひとり．

マハフーズ Najub Mahfouz（1911–2006）　エジプトの作家．初期はエジプト史に取材した作品を書いていたが，1940 年代以降，同時代の民衆を扱う作品へと変わり，50 年代には三部作の大作を完成．ノーベル文学賞受賞（1988）．その直後に作品に反対する暴漢に襲われ重傷を負った．

マハン Alfred Thayer Mahan（1840–1914）　米国の海軍軍人・歴史家．

マーフィー Agnes Murphy（1865–1931）　アイルランドのジャーナリスト・著述家．

マフッド Molly Maureen Mahood（1919–2017）　英国の文学研究者・批評家．専門はシェイクスピア，アフリカ文学など．

マリアテギ José Carlos Mariátegui（1894–1930）　ペルーのジャーナリスト・作家・政治家．　ペルー左翼運動の中心的存在となり，ペルー社会党，ペルー労働者同盟を結成したが，その後まもなく病没．

マリエット Auguste Mariette（1821–81）　フランスの考古学者．1850 年代からエジプトで重要な考古学的発掘を指導．エジプト総督イスマイルの相談役．70 年に最初の《アイーダ》の原稿を書く（アレキサンドリアで 10 部印刷出版）．《アイーダ》上演に際しても時代考証に協力，衣裳や小道具をつくる．

マルコス Ferdinand Edralin Marcos（1917–89）　フィリピンの政治家．1965 年の大統領選に当選，共和国第 6 代大統領となった．86 年 2 月の大統領選直後，独裁への国民の不満が爆発，軍の離反もあり，国外へ脱出した．

マルティ José Martí（1853–95）　キューバの革命家・著述家．革命の思想的支柱ともなった．またその著述はラテンアメリカにおけるモデルニスムの先駆とみられた．

マルティ＝ダグラス　Fedwa Malti-Douglas（1946-　）レバノン出身の米国の研究者（アラブ・イスラム研究とジェンダー論）.

マルーフ David Malouf（1934-　）オーストラリアの小説家・詩人・劇作家.

マルロー André Malraux（1901-76）フランスの作家・政治家．みずからの東南アジア体験にもとづく小説として『王道』（1930）がある．他に『人間の条件』（1933）『希望』（1937）など．1959-69 年まで文化相.

マンガン James Clarence Mangan（1803-49）アイルランドの詩人.

マンデラ Nelson Rolihlahla Mandela（1918-2013）南アフリカの政治家・大統領（1994-99）．反アパルトヘイト運動に参加し，1964 年に国家反逆罪で終身刑の判決を受け，27 年間の獄中生活の後，1990 年に釈放された．普通選挙を経て大統領に選出された.

マンロー Thomas Munro（1761-1827）英国の軍人・政治家．インドのマドラス管区の総督.

ミシュレ Jules Michelet（1798-1874）フランスの歴史家.

ミッチェル，ジョン John Mitchell（1815-75）アイルランドの独立運動家．『ユナイテッド・アイリッシュメン』誌を編集した.

ミッチェル，ティモシー Timothy P. Mitchell（1955-　）英国出身の米国の歴史学者（アラブ史）．『エジプトを植民地化する』（1988）が翻訳されている.

ミッテラン François Maurice Adrien Marie Mitterrand（1916-96）フランスの政治家．第 21 代大統領（1981-95）.

ミュス Paul Mus（1902-69）フランスの歴史家.

ミュラー　Friedrich Max Müller（1823-1900）ドイツ出身の英国のインド学者・比較言語学者・比較宗教学者.

ミヨシ・マサオ（1928-2009）米国の批評家．カリフォルニア大学サンディエゴ校教授.

ミラー D. A. Miller（1948-　）　米国の文学批評家・映画研究者.『小説と警察』（1988）.

ミラボー Honoré-Gabriel de Riqueti, Comte de Mirabeau（1749-91）　フランスの政治家. フランス革命初期に活躍した.

ミル，ジェイムズ James Mill（1773-1836）　英国の哲学者・経済学者. 功利主義を提唱. ジョン・スチュアート・ミルの父.

ミル，ジョン・スチュアート John Stuart Mill（1806-73）　英国の哲学者・経済学者. 1823年から35年間，東インド会社に勤める. 1823年功利主義協会（26年まで）を起こし活動. 東インド会社解散（1858）以後，下院議員に選出された（1865-68）. 社会改良主義者としてリベラルな立場をとった.

ミル，ピエール Pierre Mille（1864-1941）　フランスの作家・ジャーナリスト.

ミルズ C. Wright Mills（1916-62）　米国の社会学者.『ホワイト・カラー』（1951）『パワー・エリート』（1956）など.

ムーア，ジョージ George Moore（1852-1933）　アイルランドの詩人・作家. 英国における自然主義の代表的存在でもあった.

ムーア，トマス Thomas Moore（1779-1852）　アイルランドの詩人.

ムーアハウス Geoffrey Moorhouse（1931-2009）　英国のジャーナリスト・著述家.

ムディンベ Valentin-Yves Mudimbe（1941-　）　ベルギー領コンゴ出身の米国の哲学者・著述家・詩人.

ムニフ Abdul Rahman el Munif（1933-2004）　ヨルダン出身のサウジアラビアの小説家・著述家.

ムバラク Ali Pasha Mobarak（1823-93）　エジプトの官僚・歴史家. ムハンマド・アリー朝のエジプトにおいて近代化に努める. 歴史家としてマクリーズィーの『ヒタト（エジプト史）』の近代版として『新編地誌』（全20巻　1880-89）を書く.

ムハンマド・アブドゥフ Muhammad 'Abduh（1849–1905） エジプトのイスラム改革者・思想家．イスラムの最高学府アズハル在学中からアフガーニーに師事．政治改革運動に参加．20世紀のイスラム思想の展開に大きな影響をあたえた．

ムハンマド・アリー Muḥammad Ali（1769–1849） オスマン帝国下のエジプトの支配者で，ムハンマド・アリー朝の初代総督（1805–48）．エジプト近代化の父．

ムルタトゥーリ Multatuli（1820–87） オランダの文学者．本名はダウエス・デッケル Eduard Douwes Dekker．自分自身を主人公として書いた小説『マックス・ハーフェラール』を，ムルタトゥーリの筆名で発表した（1860）．この小説をきっかけとして，オランダはより合理的な収奪をめざす新しい植民地支配へと脱皮したといわれる．

メイヤー（1926–2023） 米国の歴史家（近代ヨーロッパ外交史・ホロコースト）．

メイン Henry Maine（1822–88） 英国の法学者・社会学者．『古代法』（1861）によって歴史法学の創始者と目されるようになる．

メタスタージオ Pietro Metastasio（1698–1782） イタリアの詩人・劇作家．当時ヨーロッパでオペラ作家として盛名をはせた．

メルル Marcel Merle（1923–2003） フランスの歴史家・政治学者．反植民地主義に関する著作もある．

メレディス George Meredith（1828–1909） 英国の小説家．『エゴイスト』（1879）．『リチャード・フェヴァレルの試練』（1859）は第一長編作品．

メンミ Albert Memmi（1920–2020） チュニジア出身のフランスの小説家・著述家．アラブ世界におけるユダヤ人，人種差別問題を題材にした．

モーニエ René Maunier（1887–1951） フランスの歴史家・社会学者．

モブツ Mobutu Sese Seko Kuku Ngbendu wa za Banga（1930–97） ザイール（現コンゴ民主共和国）の軍人・第2代大統領（1965–97）．第6代アフリカ統一機構議長．独裁者．

モリス William Morris（1834–96）　英国の文人・社会思想家・美術工芸家.

モリスン Toni Morrison（1931–2019）　アメリカの黒人女性作家. ノーベル文学賞受賞（1993).『青い眼がほしい』『スーラ』『ビラヴド』など.『タール・ベイビー』(1981）は白人として育てられた黒人女性と，黒人社会で生まれた黒人男性との愛を描く.

モルトケ Karl Bernhard Moltke（1800–91）　ドイツ・プロイセン軍の参謀総長. 普仏戦争の勝利に貢献.

モンタギュー Mary Wortley Montagu（1689–1762）　英国の著述家. オスマントルコ帝国における英国大使であったエドワード・ウォートリーの妻としてトルコに住み，トルコ社会の記録を残した.

ヤング Marilyn Young (1937–2017)　米国の歴史家（外交史・軍事史).

ラカー Walter Laqueur（1921–2018）　米国の歴史学者（中東現代史，ファシズム／テロリズム研究).

ラガッツ　Lowell Ragatz（1897–1978）　米国の歴史家，帝国史・植民地史が専門.

ラ・グーマ Alex La Guma（1925–85）　南アフリカ共和国出身の作家. アパルトヘイト反対闘争に参加. 1966 年英国へ亡命. アパルトヘイト人種差別社会の暴力を背景にした小説が多い. 南ア国内では彼の著作の出版，引用は禁止されていた. 69 年度ロータス賞を受賞. アフリカ人民族会議代表も務め，アジア・アフリカ作家会議議長でもあった.

ラーゲルレーヴ Selma Lagerlöf（1858–1940）　スウェーデンの女性作家. 1909 年スウェーデン人の女性として初めてノーベル文学賞を受賞. 14 年スウェーデン・アカデミー初の女性会員となる.『ニルスのふしぎな旅』(1906, 07）が代表作のひとつ.

ラシュディ Salman Rushdie（1947–　）　インド出身の英国の作家.『真夜中の子供たち』(1981)『恥』(1983)『悪魔の詩』(1988).

ラスウェル Harold Dwight Lasswell（1902–78）　米国の政治学者.

ラス・カサス Bartolomé de Las Casas（1474?-1566）　スペイン人聖職者・歴史家．国王に征服の不当性を示し，征服の中止を訴える報告書を提出．それが印刷されて名高い『インディアスの破壊についての簡潔な報告』となった．また1550-51年には当代随一のアリストテレス学者で征服を正当視するセプルベダと論争をおこなった．主著として『インディアス史』がある．

ラスキン John Ruskin（1819-1900）　英国の美術評論家．美術関連の著述のほかに政治・社会に関連する多くの論評を残した社会思想家でもあった．

ラチェフ Mostefa Lacheraf（1917-2007）　フランスの歴史家・社会学者・著述家．アルジェリアの政治家．

ラッフルズ Thomas Stamford Raffles（1781-1826）　英国の植民地行政官．シンガポール建設で名高い．

ラドクリフ Ann Radcliffe（1764-1823）　英国のゴシック小説家．

ラーナー Abba Lerner（1903-82）　ロシア出身，米国の経済学者．

ラフィーバー Walter LaFeber（1933-2021）　米国の歴史学者．専門はアメリカ外交史．冷戦研究で名高い．

ラブレ Henri Labouret（1878-1959）　フランスの歴史家（アフリカ史，植民地史）．日本語訳に『黒いアフリカの歴史』（1950）がある．

ラマバイ Pandita Ramabai（1858-1922）　インドの社会活動家・教育者．女性で最初にパンディト（高位のサンスクリット学者）の称号を得た．女性の権利と教育のために戦った社会活動家として名高い．キリスト教に改宗し伝道活動にも従事した．『高位カーストのヒンドゥー婦人』が日本語訳されている．

ラミング George Lamming（1927-2022）　バルバドスの小説家・批評家．

ラルイ Abdallah Laroui（1933-　）　モロッコの哲学者・歴史家・小説家．

ラ・ロンシエール＝ル・ヌリ Camille Adalbert Marie, baron Clément de La Roncière-Le Noury（1813-81）　フランスの海軍提督．

ラングJack Lang（1939-　）　フランスの政治家．下院議員，文化相を歴任．

ラングランド William Langland（1330?-1400?）　英国の中世の詩人．『農夫ピアズの夢』で名高い．

ランディス David Saul Landes（1924-2013）　米国の経済史家．

リヴィングストン David Livingstone（1813-73）　スコットランド出身のアフリカ探検家．

リオズ Claude Liauzu（1940-2007）　フランスの歴史家（専門は植民地主義）．

リクター Melvin Richter（1921-2020）　米国の政治思想研究者．

リコルディ Giulio Ricordi（1840-1912）　イタリアの音楽出版社社長．画家・著述家．ヴェルディの熱烈な信奉者．

リシュリュー枢機卿 Armand Jean du Plessis, cardinal et duc de Richelieu（1585-1642）　フランスの政治家．ルイ十三世の宰相（1624-42）．

リースJean Rhys（1894-1979）　英国の小説家．英国領ドミニカに生まれる．『ジェイン・エア』のロチェスター夫人を主人公にした『サルガッソーの広い海』（1966）が代表作．

リットン Victor Alexander George Robert Bulwer-Lytton, 2nd Earl of Lytton（1876-1947）リットン卿 Lord Lytton として知られる．インド省政務次官，ベンガル州知事，インド副王（1925）を歴任．1930年代初めにリットン調査団の団長として満州事変の調査をおこなった．

リップマン Walter Lippman（1889-1974）　米国の政治評論家・コラムニスト．政治評論界の第一人者として重きをなした．

リード Charles Reade（1814-84）　英国の小説家・劇作家．社会小説，歴史小説で名高い．

リメリック Patricia Nelson Limerick（1951-　）　米国の歴史家．専門は西部史．

リュクルゴス Lycurgus（B.C.11 世紀 -B.C.8 世紀）　古代ギリシア・スパルタの伝説上の立法者・王族．実在したかは不明．「スパルタ教育」で知られるスパルタ独自の国制，通称「リュクルゴス体制」を創始したとされ，エジプトに旅行したという伝説もある．

リヨテ Louis Hubert Gonzalve Lyautey（1854–1934）　フランスの軍人．元帥．インドシナ（1894–97）とマダガスカル（1897–1902）の平定で功績を認められる．1912 年から 25 年までモロッコ総督（一時期陸相）．武力弾圧と利益誘導による植民地管理で知られる．

リーン David Lean（1908–91）　英国出身の映画監督．『戦場にかける橋』（1957）『アラビアのロレンス』（1962）『ドクトル・ジバゴ』（1965）『インドへの道』（1984）．

リンデンバーガー Herbert Lindenberger（1929–2018）　米国の美学者・比較文学研究者．オペラに関する著作で名高い．

ルイス，アンソニー Anthony Lewis（1927–2013）　米国のジャーナリスト．

ルイス，ゴードン Gordon K. Lewis（1919–91）　ウェールズの歴史家（カリブ史）．

ルイス，バーナード Bernard Lewis（1916–2018）　英国の歴史学者．ユダヤ系．中東史，イスラムの研究者という面と，オリエンタリスト，反イスラムのイデオローグという面があった．

ルイス，マシュー Matthew Gregory Lewis（1775–1818）　英国のゴシック小説家．

ルカーチ Lukács György（1885–1971）　ハンガリーのマルクス主義思想家，美学者．『小説の理論』（1916 発表 20 刊行）は共産党入党以前の著作であり，著者自身自己批判しているが，小説論として大きな影響をあたえてきた．

ルガード Frederick John Dealtry Lugard（1858–1945）　英国の軍人・植民地行政官．北ナイジェリア高等弁務官・最高司令官（1900–06），香港総督（1907–12），ナイジェリア総督（1914–19）．

ルクセンブルク Rosa Luxemburg（1871–1919）　ポーランド出身のドイツのマルクス主義理論家・革命家．『資本蓄積論』（1913）において帝国主義の問題を論

じた.

ルーズベルト Theodore Roosevelt（1858–1919）　アメリカ合衆国第 26 代大統領（1901–09）.

ルナン Joseph-Ernest Renan（1823–92）　フランスの思想家・宗教史家・文献学者. オリエンタリズムとの関係, 国民・民族問題などについてはサイード『オリエンタリズム』に詳しい.

ルボウ Lebow, R. N.（1942–　）　米国の政治学者・歴史家.

ル・ボン Constave Le Bon（1841–1931）　フランスの医師・心理学者・社会学者.『群衆心理学』（1895）で名高い.

ルロワ＝ボーリュー Paul Leroy-Beaulieu（1843–1916）　フランスの経済学者・経済ジャーナリスト. コレージュ・ド・フランス政治経済学担当教授を務める. 著書多数. 植民地関係では『近代諸国民のもとでの植民』（1882）がある.

レイナル Guillaume Raynal（1713–96）　フランスのイエズス会士・著述家. 18 世紀後半植民地政策を批判する言論を展開.

レイノルズ Joshua Reynolds（1723–92）　18 世紀の英国画家, 宮廷主席画家, ロイヤル・アカデミー・オブ・アーツの初代会長を歴任. 歴史画振興を目的として出版した『講話 1769 年～ 1770 年』を猛烈に批判したひとりが詩人・画家のブレイクだった.

レイン Edward William Lane（1801–76）　英国のオリエンタリスト. 最初の『千夜一夜物語』の英訳者として名高い.

レーガン Ronald Wilson Reagan（1911–2004）　アメリカ合衆国第 40 代大統領（1981–89）.

レセップス Ferdinand Marie Vicomte de Lesseps（1805–94）　フランスの外交官・実業家. スエズ運河を建設.

レタマル Roberto Fernández Retamar（1930–2019）　キューバの文学批評家・エッセイスト・詩人.『キャリバン論』（1971）で名高い.

レデラー William Julius Lederer, Jr.（1912–2009）　米国の作家・軍人.『醜いアメリカ人』（1958，日本語訳 1960）の共同作者のひとり．映画『侵略』（1963）の原作ともなった.『醜いアメリカ人』のタイトルはグリーンの小説『おとなしいアメリカ人』のもじり.「バーディック」も参照.

レールセン Joseph Leerssen（1955–　）　オランダの比較文学者・文化史家（アイルランド研究）.

レリス Michel Leiris（1901–90）　フランスの作家・人類学者．人類学者としてアフリカ原住民の現地調査を進めた.

レンジャー Terence Renger（1929–2015）　英国の歴史家（アフリカ史）.

ローイ Ram Rohan Roy（1774–1833）　近代インドの社会運動家．1815 年カルカッタに定住，宗教・社会改革運動を開始した．19 世紀社会改革運動の原型を定めた．30年渡英，インドの徴税・司法制度について意見を述べるなど活躍したが，英国のブリストルで客死.

ロウ　Lisa Lowe（1955–　）　米国の植民地・移民・グローバリズム研究者.

ロギン Michael Paul Rogin（1937–2001）　米国の政治学者・文学批評家・映画研究者.

ローズ Cecil Rhodes（1853–1902）　英国の政治家．南アフリカ総督.

ロストー Walt Whitman Rostow（1916–2003）　米国の経済学者．経済発展段階説を提唱．経済的「テイク・オフ（離陸）」という用語で名高い.

ロダンソン Maxime Rodinson（1915–2004）　フランスの歴史家・社会学者．日本語訳に『イスラームと資本主義』（1966）.

ロチ Pierre Loti（1850–1923）　フランスの小説家．本名ジュリアン・ヴィヨー Julien Viaud. 海軍士官として軍艦に乗船，世界各地を歴訪，寄港地での体験をもとに小説，紀行文を発表.『アジャルデ』（1879）『ロチの結婚』（80）『アフリカ騎兵』（81）『アイスランドの漁師』（86）『ラムンチョ』（97）など．日本での滞在経験からは『お菊さん』（87）『秋の日本』（89）『お梅が三度目の春』（1905）

が生まれた.「ロチ」はタヒチの女性がつけたマオリ語のあだ名で「花」を意味する.

ロド José Enrique Rodó（1871-1917）　ウルグアイの思想家・批評家.『アリエル』（1900）はラテンアメリカの人間のモデルを『テンペスト』のエアリアルに求めたもので，大きな影響力をもつとともに，後の時代に反発の対象となった.

ロドニー Walter Rodney（1942-80）　ガイアナの歴史家・政治活動家.『世界資本主義とアフリカ――ヨーロッパはいかにアフリカを低開発化したか』（1972）が日本語訳されている.

ロトマン Herbert Lottman（1927-2014）　米国の著述家．フランス文学関係の伝記で名高い．カミュの伝記のほか，コレット，フローベールなどの伝記がある.

ロビンソン，ポール Paul A. Robinson（1940-　）　米国の思想史研究者．精神分析史，セクシュアリティ概念の歴史，思想史とオペラとの関係を研究.『フロイト左派』（1969）が日本語訳されていた.

ロビンソン，ロナルド Ronald Edward Robinson（1920-99）　英国の歴史家（大英帝国史）.「非公式帝国」概念を提唱.

ロブスン Paul Robeson（1898-1976）　米国の俳優・アスリート・オペラ歌手・作家・公民権活動家．1936 年 C. L. R. ジェイムズによる演劇作品で，トゥーサン・ルーヴェルチュールを演じた.

ロベスピエール Maximilien François Marie Isidore de Robespierre（1758-94）フランスの政治家．フランス革命における恐怖政治期の独裁者.

ロレンス T. E. Lawrence（1888-1935）　英国の軍人・考古学者．オスマン帝国からの独立を目指すアラブ人の解放闘争（「アラブ反乱」）を支援.「アラビアのロレンス」と呼ばれた.

ワインバーグ Albert K. Weinberg（1899-1973）　米国の政治学者（国際関係論・外交史）.『マニフェスト・デスティニー』（1935）で名高い.

ワーグナー Wieland Wagner（1917-66）　ドイツの演出家．バイロイト音楽祭を主宰（1951-66）．リヒャルト・ワーグナーの孫.

原　注

はじめに

1　Robert Hughes, *The Fatal Shore: The Epic of Australia's Founding* (New York: Knopf, 1987), p. 586.

2　Paul Carter, *The Road to Botany Bay: An Exploration of Landscape and History* (New York: Knopf, 1988), pp. 202–60. ヒューズとカーターの著作を補うものとして以下のものを参照. Sneja Gunew, "Denaturalizing Cultural Nationalisms: Multicultural Readings of 'Australia'," in *Nation and Narration*, ed. Homi K. Bhabha (London: Routledge, 1990), pp. 99–120.

3　Joseph Conrad, *Nostromo: A Tale of the Seaboard* (1904; rprt. Garden City: Doubleday, Page, 1925), p. 77〔『ノストローモ』上田勤・日高八郎・鈴木建三訳,『筑摩世界文學大系 50　コンラッド』(筑摩書房, 1975) 所収, p. 45〕. おかしなことに, コンラッドについて最良の批評家であるイアン・ウォットは,『ノストローモ』におけるアメリカ帝国主義について, 語るべきものをほとんどもちあわせていないかのようだ. Ian Watt, *Conrad: "Nostromo"* (Cambridge: Cambridge University Press, 1988) 参照. 地理と貿易とフェティシズムに関する示唆的な洞察は, 以下の文献に見いだすことができる. David Simpson, *Fetishism and Imagination: Dickens, Melville, Conrad* (Baltimore: Johns Hopkins University Press, 1982), pp. 93–116.

4　Lila Abu-Lughod, *Veiled Sentiments: Honor and Poetry in a Bedouin Society* (Berkeley: University of California Press, 1987); Leila Ahmed, *Women and Gender in Islam: Historical Roots of a Modern Debate* (New Haven: Yale University Press, 1992); Fedwa Malti-Douglas, *Woman's Body, Woman's World: Gender and Discourse in Arabo-Islamic Writing* (Princeton: Princeton University Press, 1991).

5　Sara Suleri, *The Rhetoric of English India* (Chicago: University of Chicago Press, 1992)〔スレーリ『修辞の政治学――植民地インドの表象をめぐって』川端康雄・吉村令子訳 (平凡社, 2000)〕; Lisa Lowe, *Critical Terrains: French and British Orientalisms* (Ithaca: Cornell University Press, 1991).

6　Arthur M. Schlesinger, Jr., *The Disuniting of America: Reflections on a Multicultural Society* (New York: Whittle Communications, 1991)〔シュレージンガー Jr.『アメリカの分裂――多元文化社会についての所見』都留重人監訳 (岩波書店, 1992)〕.

第1章 重なりあう領土，からまりあう歴史

1 T. S. Eliot, *Critical Essays* (London: Faber & Faber, 1932), pp. 14–15.〔エリオット「伝統と個人の才能」平井正穂訳，『世界文學大系 71 イェイツ，エリオット，オーデン』（筑摩書房，1975）所収，p. 220. ／エリオット『文芸批評論』矢本貞幹訳，岩波文庫（岩波書店，1962）所収，pp. 9–10〕

2 Lyndall Gordon, *Eliot's Early Years* (Oxford and New York: Oxford University Press, 1977), pp. 49–54.

3 C. C. Eldridge, *England's Mission: The Imperial Idea in the Age of Gladstone and Disraeli, 1868–1880* (Chapel Hill: University of North Carolina Press, 1974).

4 Patrick O'Brien, "The Costs and Benefits of British Imperialism," *Past and Present*, No. 120, 1988.

5 Lance E. Davis and Robert A. Huttenback, *Mammon and the Pursuit of Empire: The Political Economy of British Imperialism, 1860–1920* (Cambridge: Cambridge University Press, 1986).

6 William Roger Louis, ed., *Imperialism: The Robinson and Gallagher Controversy* (New York: New Viewpoints, 1976) 参照.

7 たとえば André Gunder Frank, *Dependent Accumulation and Underdevelopment* (New York: Monthly Review, 1979)〔フランク『従属的蓄積と低開発』吾郷健二訳，岩波現代選書（岩波書店，1981）〕，ならびに Samir Amin, *L'Accumulation à l'echelle mondiale* (Paris: Anthropos, 1970)〔アミン『世界資本蓄積論——世界的規模における資本蓄積〈第一分冊〉』野口祐訳（柘植書房，1980），『周辺資本主義構成体論——世界的規模における資本蓄積〈第二分冊〉』野口祐・原田金一郎訳（柘植書房，1979），『中心＝周辺経済関係論——世界的規模における資本蓄積〈第三分冊〉』原田金一郎訳（柘植書房，1981）〕を見よ.

8 O'Brien, "Costs and Benefits," pp. 180–81.

9 Harry Magdoff, *Imperialism: From the Colonial Age to the Present* (New York: Monthly Review, 1978), pp. 29 and 35〔マグドフ『帝国主義——植民地期から現在まで』大阪経済法科大学経済研究所訳（大月書店，1981）〕.

10 William H. McNeill, *The Pursuit of Power: Technology, Armed Forces and Society Since 1000 A. D.* (Chicago: University of Chicago Press, 1983), pp. 260–61〔マクニール『戦争の世界史——技術と軍隊と社会』高橋均訳（刀水書房，2002），中公文庫（上・下）（中央公論新社，2014）下 p. 89〕.

11 V. G. Kiernan, *Marxism and Imperialism* (New York: St. Martin's Press, 1974), p. 111.

12 Richard W. Van Alstyne, *The Rising American Empire* (New York: Norton, 1974), p. 1〔アルスタイン『アメリカ帝国の興隆』高橋章・長田豊臣・山本幹雄訳（ミネルヴァ書房，1970）p. 1〕. なお Walter LaFeber, *The New Empire: An Interpretation of*

American Expansion (Ithaca: Cornell University Press, 1963) も参照.

13 Michael H. Hunt, *Ideology and U. S. Foreign Policy* (New Haven: Yale University Press, 1987) を見よ.

14 Michael W. Doyle, *Empires* (Ithaca: Cornell University Press, 1986), p. 45.

15 David Landes, *The Unbound Prometheus: Technological Change and Industrial Development in Western Europe from 1750 to the Present* (Cambridge: Cambridge University Press, 1969), p. 37.

16 Tony Smith, *The Pattern of Imperialism: The United States, Great Britain, and the Late Industrializing World since 1815* (Cambridge: Cambridge University Press, 1981), p. 52. スミスは，この点に関してガンディーを引いている.

17 Kiernan, *Marxism and Imperialism*, p. 111.

18 D. K. Fieldhouse, *The Colonial Empires: A Comparative Survey from the Eighteenth Century* (1965; rprt. Houndmills: Macmillan, 1991), p. 103.

19 Franz Fanon, *The Wretched of the Earth*, trans. Constance Farrington (1961; rprt. New York: Grove, 1968), p. 101〔F. ファノン『地に呪われたる者』鈴木道彦・浦野衣子訳，みすずライブラリー（みすず書房，1996）p. 99〕.

20 J. A. Hobson, *Imperialism: A Study* (1902; rprt. Ann Arbor: University of Michigan Press, 1972), p. 197〔J. A. ホブスン『帝国主義論』矢内原忠雄訳，岩波文庫（岩波書店，1951）下 p. 105〕.

21 *Selected Poetry and Prose of Blake*, ed. Northrop Frye (New York: Random House, 1953), p. 447. ブレイクの反帝国主義をあつかった数少ない文献のひとつに，David V. Erdman, *Blake: Prophet against Empire* (New York: Dover, 1991) をあげることができる.

22 Charles Dickens, *Dombey and Son* (1848; rprt. Harmondsworth: Penguin, 1970), 50〔ディケンズ『ドンビー父子』（上・下）田辺洋子訳（萌書房，2021），引用は第 1 章冒頭〕.

23 Raymond Williams, "Introduction," in Dickens, *Dombey and Son*, pp. 11–12.

24 Martin Bernal, *Black Athena: The Afroasiatic Roots of Classical Civilization*, Vol. 1 (New Brunswick: Rutgers University Press, 1987), pp. 280–336〔バナール『ブラック・アテナ 1――古代ギリシア文明のアフロ・アジア的ルーツ』片岡幸彦訳（新評論，2007）pp. 330–400（第 6 章〜第 7 章）〕.

25 Bernard S. Cohn, "Representing Authority in Victorian India," in Eric Hobsbawm and Terence Ranger, eds., *The Invention of Tradition* (Cambridge: Cambridge University Press, 1983), pp. 185–207〔コーン「ヴィクトリア朝インドにおける権威の象徴」多和田裕司訳，ホブズボウム／レンジャー（編）『創られた伝統』前川啓治・梶原景昭ほか訳（紀伊國屋書店，1992）pp. 215–322〕.

26 Philip D. Curtin, ed., *Imperialism* (New York: Walker, 1971), pp. 294–95 に引用されている.

27 Salman Rushdie, "Outside the Whale," *Imaginary Homelands: Essays and Criticism, 1981–1991* (London: Viking/ Granta, 1991), pp. 92, 101.

28 これが Conor Cruise O'Brien の "Why the Wailing Ought to Stop," *The Observer*, June 3, 1984 のメッセージである.

29 Joseph Conrad, "Heart of Darkness," in *Youth and Two Other Stories* (Garden City: Doubleday, Page, 1925), p. 82〔コンラッド『闇の奥』中野好夫訳，岩波文庫（岩波書店，1958），p. 52， 藤永茂訳（三交社，2006），黒原敏行訳，光文社古典新訳文庫（光文社，2009），高見浩訳，新潮文庫（新潮社，2022）など〕.

30 マッキンダーについては，Neil Smith, *Uneven Development: Nature, Capital and the Production of Space* (Oxford: Blackwell, 1984), pp. 102–3 を参照のこと．コンラッドと勝ち誇る側の地理が，Felix Driver, "Geography's Empire: Histories of Geographical Knowledge," *Society and Space*, 1991 の議論の中核にある.

31 Hannah Arendt, *The Origins of Totalitarianism* (1951; new ed. New York: Harcourt Brace Jovanovich, 1973), p. 215〔アーレント『全体主義の起原』Ⅰ・Ⅱ・Ⅲ，大久保和郎（Ⅰ，Ⅲ）大島通義（Ⅱ）・大島かおり（Ⅱ，Ⅲ）訳（みすず書房，1972, 1974, 2017）Ⅱ, p. 148（第3章3）〕. なお Fredric Jameson, *The Political Unconscious: Narrative as a Socially Symbolic Act* (Ithaca: Cornell University Press, 1981), pp. 206–81〔フレドリック・ジェイムソン『政治的無意識——社会的象徴行為としての物語』大橋洋一・木村茂雄・太田耕人訳，平凡社ライブラリー（平凡社，2010）〕も参照のこと.

32 Jean-François Lyotard, *The Postmodern Condition: A Report on Knowledge*, trans. Geoff Bennington and Brian Massumi (Minneapolis: University of Minnesota Press, 1984), p. 37〔ジャン＝フランソワ・リオタール『ポストモダンの条件——知・社会・言語ゲーム』小林康夫訳（書肆風の薔薇，1986）pp. 97–106〕.

33 とくに Michel Foucalut の晩年の著作 *The Care of the Self*, trans. Robert Hurley（New York: Pantheon, 1986）〔フーコー『自己への配慮——性の歴史Ⅲ』田村俶訳（新潮社，1986）〕を参照．フーコーの全〈作品〉が自己，とりわけフーコー自身の自己に関するものであるという大胆な新解釈を James Miller, *The Passion of Michel Foucault* (New York: Simon & Schuster, 1993)〔ミラー『ミシェル・フーコー——情熱と受苦』田村俶・西山けい子・雲和子・浅井千晶訳（筑摩書房，1998）〕は提出している.

34 たとえば Gérard Chaliand, *Revolution in the Third World* (Harmondsworth: Penguin, 1978) 参照.

35 Rushdie, "Outside the Whale," pp. 100–101.

36 Ian Watt, *Conrad in the Nineteenth Century* (Berkeley: University of California Press, 1979), pp. 175–79.

37 Eric Hobsbawm, "Introduction," in Hobsbawm and Ranger, eds. *Invention of Tradition*, p. 1〔ホブズボウム「序論」，ホブズボウム／レンジャー（編）『創られた伝統』p. 9〕.

38 Jean-Baptiste-Joseph Fourier, *Préface historique*, Vol. 1 of *Description de l'Egypt* (Paris: Imprimerie royale, 1809–1828), p. 1.

39 'Abd al-Rahman al-Jabarti, *'Aja'ib al-Athar fi al-Tarajum wa al-Akhbar*, Vol.4 (Cairo: Lajnat al-Bayan al-'Arabi, 1958–1967), p. 284.

40 Christopher Miller, *Blank Darkness: Africanist Discourse in French* (Chicago:

University of Chicago Press, 1985) ならびに Arnold Temu and Bonaventure Swai, *Historians and Africanist History: A Critique* (Westport: Lawrence Hill, 1981) 参照.

41 Jonathan Fabian, *Time and the Other: How Anthropology Makes Its Object* (New York: Columbia University Press, 1983); Talal Asad, ed., *Anthropology and the Colonial Encounter* (London: Ithaca Press, 1975); Brian S. Turner, *Marx and the End of Orientalism* (London: Allen & Unwin, 1978)〔ターナー『イスラム社会学とマルクス主義——オリエンタリズムの終焉』樋口辰雄訳（第三書館，1983)〕. こうした著作のいくつかについて議論したものとして Edward W. Said, "Orientalism Reconsidered," *Race and Class* 27, No.2 (Autumn 1985), 1-15 参照〔エドワード・W. サイード「オリエンタリズム再考」, 同『オリエンタリズム（下）』板垣雄三・杉田英明監修, 今沢紀子訳, 平凡社ライブラリー（平凡社, 1993）所収〕.

42 Peter Gran, *The Islamic Roots of Capitalism: Egypt, 1760-1840* (Austin: University of Texas Press, 1979); Judith Tucker, *Women in Nineteenth Century Egypt* (Cairo: American University in Cairo Press, 1986); Hanna Batatu, *The Old Social Classes and the Revolutionary Movements of Iraq* (Princeton: Princeton University Press, 1978); Syed Hussein Alatas, *The Myth of the Lazy Native: A Study of the Image of the Malays, Filipinos, and Javanese from the Sixteenth to the Twentieth Century and Its Functions in the Ideology of Colonial Capitalism* (London: Frank Cass, 1977).

43 Gauri Viswanathan, *The Masks of Conquest: Literary Study and British Rule in India* (New York: Columbia University Press, 1989).

44 Francis Fergusson, *The Human Image in Dramatic Literature* (New York: Doubleday, Anchor, 1957) pp. 205-6.

45 Erich Auerbach, "Philology and *Weltliteratur*," trans. M. and E. W. Said, *Centennial Review* 13（Winter 1969）〔アウエルバッハ「世界文学の文献学」岡部仁訳，同『世界文学の文献学』高木昌史・岡部仁・松田治訳（みすず書房，1998）所収，pp. 405-17〕. なおこの著作に関する以下のわたしの議論も参看されたい. *The World, the Text, and the Critic* (Cambridge, Mass.: Harvard University Press, 1983), pp. 1-9〔エドワード・W. サイード『世界・テキスト・批評家』山形和美訳（法政大学出版局, 1995）, pp. 8-20〕.

46 George E. Woodberry, "Editorial" (1903), in *Comparative Literature: The Early Years, An Anthology of Essays*, eds. Hans Joachim Schulz and Phillip K. Rein (Chapel Hill: University of North Carolina Press, 1973), p. 211. なお Harry Levin, *Grounds for Comparison* (Cambridge, Mass.: Harvard University Press, 1972), pp. 57-130; Claudio Guillérn, *Entre lo uno y lo diverso: Introducción a la literatura comparada* (Barcelona: Editorial Critica, 1985), pp. 54-121.

47 Erich Auerbach, *Mimesis: The Representation of Reality in Western Literature*, trans. Willard Trask（Princeton: Princeton University Press, 1953）〔アウエルバッハ『ミメーシス——ヨーロッパ文学における現実描写』上・下，篠田一士・川村二郎訳，ちくま学芸文庫（筑摩書房，1994)〕. また Edward W. Said, "Secular Criticism," in *The World, the Text, and the Critic*, pp. 31-53 and 148-49〔エドワード・W. サイード「世

俗批評」,『世界・テキスト・批評家』山形和美訳(法政大学出版局, 1985)所収〕参照.

48 The National Defense Education Act (NDEA). 1958年合衆国議会を通過した法律で, 国家安全保障に重要とみなされる科学ならびに言語研究に2億9500万ドルを補助することを決めたもの. 比較文学科は, この法律の恩恵をうけた部門のひとつであった.

49 Smith, *Uneven Development*, pp. 101-2 に引用されている.

50 Antonio Gramsci, "Some Aspects of the Southern Question," in *Selections from Political Writings, 1921-1926*, trans. and ed. Quintin Hoare (London: Lawrence & Wishart, 1978), p. 461〔グラムシ「南部問題にかんするいくつかの主題」, 山崎功監訳『グラムシ選集』第2巻(合同出版, 1978)所収,「南部問題についての覚え書き」, グラムシ『知識人と権力――歴史的 - 地政学的考察』上村忠男編訳, みすずライブラリー(みすず書房, 1999)所収, pp. 1-45, 引用は p. 42〕.「南部主義」に対するグラムシ理論の類のない適用については Timothy Brennan, "Literary Criticism and the Southern Question," *Cultural Critique*, No. 11 (Winter 1988-89), 89-114.

51 John Stuart Mill, *Principles of Political Economy*, Vol.3, ed. J. M. Robson (Toronto: University of Toronto Press, 1965), p. 693.

第2章 強化されたヴィジョン

1 Richard Slotkin, *Regeneration Through Violence: The Mythology of the American Frontier, 1600-1860* (Middletown: Wesleyan University Press, 1973); Patricia Nelson Limerick, *The Legacy of Conquest: The Unbroken Past of the American West* (New York: Norton, 1988); Michael Paul Rogin, *Fathers and Children: Andrew Jackson and the Subjugation of the American Indian* (New York: Knopf, 1975).

2 Bruce Robbins, *The Servant's Hand: English Fiction from Below* (New York: Columbia University Press, 1986).

3 Gareth Stedman Jones, *Outcast London: A Study in the Relationship Between the Classes in Victorian Society* (1971; rprt. New York: Pantheon, 1984).

4 Eric Wolf, *Europe and the People Without History* (Berkeley: University of California Press, 1982).

5 Martin Green, *Dreams of Adventure, Deeds of Empire* (New York: Basic Books, 1979); Molly Mahood, *The Colonial Encounter: A Reading of Six Novels* (London: Rex Collings, 1977); John A. McClure, *Kipling and Conrad: The Colonial Fiction* (Cambridge, Mass.: Harvard University Press, 1981); Patrick Brantlinger, *The Rule of Darkness: British Literature and Imperialism, 1830-1914* (Ithaca: Cornell University Press, 1988). また John Barrell, *The Infection of Thomas de Quincy: A Psychopathology of Imperialism* (New Haven: Yale University Press, 1991) 参照.

6 William Appleman Williams, *Empire as a Way of Life* (New York and Oxford: Oxford University Press, 1980), pp. 112-13.

7　Jonah Raskin, *The Mythology of Imperialism* (New York: Random House, 1971); Gordon K. Lewis, *Slavery, Imperialism, and Freedom: Studies in English Radical Thought* (New York: Monthly Review, 1978); V. G. Kiernan, *The Lords of Human Kind: Black Man, Yellow Man, and White Man in an Age of Empire* (1969; rprt. New York: Columbia University Press, 1986) ならびに *Marxism and Imperialism* (New York: St. Martin's Press, 1974). さらにもっと最近の著作として Eric Cheyfitz, *The Poetics of Imperialism: Translation and Colonization from* The Tempest *to* Tarzan (New York: Oxford University Press, 1991). Benita Parry, *Conrad and Imperialism* (London: Macmillan, 1983) は，こうした著作ならびに他の著作を，コンラッドの小説のコンテクストのなかで説得力あるかたちで論じている.

8　E. M. Forster, *Howards End* (New York: Knopf, 1921), p. 204〔フォースター『ハワーズ・エンド』小池滋訳，E. M. フォースター著作集 3（みすず書房，1995）p.321（第 24 章)〕.

9　Raymond Williams, *Politics and Letters: Interviews with New Left Review* (London: New Left, 1979), p. 118.

10　Williams, *Culture and Society, 1780–1950* は 1958 年に出版された（London: Chatto & Windus)〔ウィリアムズ『文化と社会』若松繁信・長谷川光昭訳（ミネルヴァ書房，1968，2008)〕.

11　Joseph Conrad, "Heart of Darkness," in *Youth and Two Other Stories* (Garden City: Doubleday, Page, 1925), pp. 50–51〔コンラッド『闇の奥』中野好夫訳，岩波文庫（岩波書店，1972）p. 12〕. 現代文化と救済との関係を，神秘化せずに論評したものとして Leo Bersani, *The Culture of Redemption* (Cambridge, Mass.: Harvard University Press, 1990) 参照.

12　帝国の様式――古代・対・近代，英国・対・フランスなど――に関する理論と正当化は 1880 年以降，陸続とあらわれた. なかでも著名なものとして Evelyn Baring (Cromer), *Ancient and Modern Imperialism* (London: Murray, 1910)〔クローマー『古今外領統治策批判』東半球協会訳（興文社，1943)〕参照. また C. A. Bodelsen, *Studies in Mid-Victorian Imperialism* (New York: Howard Fertig, 1968) ならびに Richard Faber, *The Vision and the Need: Late Victorian Imperialist Aims* (London: Faber & Faber, 1966) も参照. 古いがいまもなお有益な著作として Klaus Knorr, *British Colonial Theories* (Toronto: University of Toronto Press, 1944) がある.

13　Ian Watt, *The Rise of the Novel* (Berkeley: University of California Press, 1957)〔ウォット『イギリス小説の勃興』橋本宏・志賀謙・藤本昌司・丸小哲雄訳（鳳書房，1998)〕; Lennard Davis, *Factual Fictions: The Origins of the English Novel* (New York: Columbia University Press, 1983); John Richetti, *Popular Fiction Before Richardson* (London: Oxford University Press, 1969); Michael McKeon, *The Origin of the English Novel, 1600–1740* (Baltimore: Johns Hopkins University Press, 1987).

14　J. R. Seeley, *The Expansion of England* (1884; reprt. Chicago: University of Chicago Press, 1971), p. 12〔シーリー『帝国発展史論』古田保訳（第一書房，1942)〕; J. A. Hobson, *Imperialism: A Study* (1902; reprt. Ann Arbor: University of Michigan Press,

1972), p. 15〔ホブスン『帝国主義論』（上・下）矢内原忠雄訳，岩波文庫（岩波書店，1951）上 p. 57〕．ホブスンは帝国主義の悪弊のなかにヨーロッパの列強をふくめているが，そのなかでイギリスが際立っている．

15 Raymond Williams, *The Country and the City* (New York: Oxford University Press, 1973), pp. 165–82 and *passim*〔ウィリアムズ『田舎と都会』山本和平・増田秀男・小川雅魚訳（晶文社，1985）pp. 223–244（第 16 章）ほか〕．

16 D. C. M. Platt, *Finance, Trade, and Politics in British Foreign Policy, 1815–1914* (Oxford: Clarendon Press, 1968), p. 536.

17 *Ibid.*, p. 357.

18 Joseph Shumpeter, *Imperialism and Social Classes*, trans. Heintz Norden (New York: Augustus M. Kelley, 1951), p. 12〔シュンペーター『帝国主義と社会階級』都留重人訳（岩波書店，1956）p. 36（「諸帝国主義の社会学」第 2 章）〕．

19 Platt, *Finance, Trade and Politics*, p. 359.

20 Ronald Robinson and John Gallagher, with Alice Denny, *Africa and the Victorians: The Official Mind of Imperialism* (1961; new ed. London: Macmillan, 1981), p. 10. ただし，このテーゼが帝国をめぐる学術的議論にいかに効果をもたらしたかを鮮明に語ってくれるものとして William Roger Louis, ed., *Imperialism: The Robinson and Gallagher Controversy* (New York: Franklin Watts, 1976) を見よ．この分野の研究にとって不可欠な論集として Robin Winks, ed., *The Historiography of the British Empire-Commonwealth: Trends, Interpretations, and Resources* (Durham: Duke University Press, 1966) がある．Winks（p. 6）では，ふたつの論集 Cyril H. Philips, ed., *Historians of India, Pakistan and Ceylon* ならびに D. G. E. Hall, ed., *Historians of South East Asia* が言及されている．

21 Fredric Jameson, *The Political Unconscious: Narrative as a Socially Symbolic Act* (Ithaca: Cornell University Press, 1981)〔ジェイムソン『政治的無意識――社会的象徴行為としての物語』大橋洋一・木村茂雄・太田耕人訳，平凡社ライブラリー（平凡社，2010）〕; David A. Miller, *The Novel and the Police* (Berkeley: University of California Press, 1988)〔ミラー『小説と警察』村山敏勝訳（国文社，1996）〕．なお Hugh Ridley, *Images of Imperial Rule* (London: Croom Helm, 1983) 参照．

22 John MacKenzie, *Propaganda and Empire: The Manipulation of British Public Opinion, 1880–1960* (Manchester: Manchester University Press, 1984) には，帝国の時代と公式に認定された時代において大衆文化がいかに効果的であったかにかんする優れた記述がある．なお MacKenzie, ed., *Imperialism and Popular Culture* (Manchester: Manchester University Press, 1986) も参照．同時期におけるイギリスの国民アイデンティティをめぐるより精妙な操作については Robert Colls and Philip Dodd, eds., *Englishness: Politics and Culture, 1880–1920* (London: Croom Helm, 1987) 参照．Raphael Samuel, ed., *Patriotism: The Making and Unmaking of British National Identity*, 3 vols. (London: Routledge, 1989).

23 E. M. Forster, *A Passage to India* (1924; rprt. New York: Harcourt, Brace & World, 1952), p. 231〔フォースター『インドへの道』小野寺健訳，河出文庫（河出書房新社，

2022）p. 361（第 24 章），小野寺健訳，E. M. フォースター著作集 4（みすず書房，1995）p. 316．他に瀬尾裕訳，ちくま文庫（筑摩書房，1994）など〕．

24 コンラッドへの批判として Chinua Achebe, "An Image of Africa: Racism in Conrad's *Heart of Darkness*," in *Hopes and Impediments: Selected Essays* (New York: Doubleday, Anchor, 1989), pp. 1-20 を参照．アチェベによって提起された問題のいくつかは Brantlinger, *Rule of Darkness*, pp. 269-74 でも論じられている．

25 Deirdre David, *Fictions of Resolution in Three Victorian Novels* (New York: Columbia University Press, 1981).

26 Georg Lukacs, *The Historical Novel*, trans. Hannah and Stanley Mitchell (London: Merlin Press, 1962), pp. 19-88〔ルカーチ『歴史小説論』伊藤成彦訳，ルカーチ著作集 3（白水社，1986）pp. 25-136（第 1 章全体）〕．

27 *Ibid*., pp. 30-63〔同書 pp. 44-97（第 1 章 2）〕．

28 ラスキンの一節は R. Koebner and H. Schmidt, *Imperialism: The Story and Significance of a Political World, 1840-1866* (Cambridge: Cambridge University Press, 1964), p. 99 に引用され論評されている．

29 V. G. Kiernan, *Marxism and Imperialism* (New York: St. Martin's Press, 1974), p. 100.

30 John Stuart Mill, *Disquisitions and Discussions*, Vol. 3 (London: Longmans, Green, Reader & Dyer, 1875), pp. 167-68. この一節の初期の版については Nicholas Canny, "The Ideology of English Colonization: From Ireland to America," *William and Mary Quarterly* 30 (1973), 575-98.

31 Williams, *Country and the City*, p. 281〔ウィリアムズ『田舎と都会』p. 373（第24章）〕．

32 Peter Hulme, *Colonial Encounters: Europe and the Native Caribbean, 1492-1797* (London: Methuen, 1986)〔ヒューム『征服の修辞学——ヨーロッパとカリブ海先住民 1492-1797 年』岩尾龍太郎・正木恒夫・本橋哲也訳（法政大学出版局，1995）〕．なお Peter Hulme と Neil L. Whitehead の共同編集のアンソロジー *Wild Majesty: Encounters with Caribs from Columbus to the Present Day* (Oxford: Clarendon Press, 1992) 参照．

33 Hobson, *Imperialism*, p. 6〔ホブスン『帝国主義論』上 p. 46〕．

34 この点は以下の文献で，ひときわ印象的に論じられている．C. L. R. James, *The Black Jacobins: Toussaint L'Ouverture and the San Domingo Revolution* (1938; rprt. New York: Vintage, 1963)〔ジェームズ『ブラック・ジャコバン——トゥサン＝ルヴェルチュールとハイチ革命』青木芳夫監訳（大村書店，1991）〕とりわけ第Ⅱ章「奴隷主」参照．なお Robin Blackburn, *The Overthrow of Colonial Slavery, 1776-1848* (London: Verso, 1988), pp. 149-53 も参照のこと．

35 Williams, *Country and the City*, p. 117〔ウィリアムズ『田舎と都会』p. 161（第11章）〕．

36 Jane Austen, *Mansfield Park*, ed. Tony Tanner (1814; rprt. Harmondsworth: Penguin, 1966), p. 42〔オースティン『マンスフィールド・パーク』（上・下）新井潤美・宮丸裕二訳，岩波文庫（岩波書店，2021）上 pp. 16-17（第 1 巻第 1 章）．翻訳は他に，中野康司訳，ちくま文庫（筑摩書房，2010），『マンスフィールド荘園』バーカー敬子訳

(近代文藝社, 2017),『マンスフィールド・パーク』大島一彦訳（キネマ旬報社, 1998), 臼田昭訳, 集英社版世界文学全集第17巻（集英社, 1973）など〕. この小説に関する最良の評論は Tony Tanner, *Jane Austen* (Cambridge, Mass.: Harvard University Press, 1986).

37 *Ibid.*, p. 54〔同書上 p. 39（第1巻第2章)〕.

38 *Ibid.*, p. 206〔同書上 p. 337（第2巻第2章)〕.

39 Warren Roberts, *Jane Austen and the French Revolution* (London: Macmillan, 1979), pp. 97–98. なお以下のものも参照のこと. Avrom Fleishman, *A Reading of* Mansfield Park: *An Essay in Critical Synthesis* (Minneapolis: University of Minnesota Press, 1967), pp. 36–39 and *passim*.

40 Austen, *Mansfield Park*, pp. 375–76〔オースティン『マンスフィールド・パーク』下 pp. 136–137（第3巻第7章)〕.

41 John Stuart Mill, *Principles of Political Economy*, Vol. 3, ed. J. M. Robson (Toronto: University of Toronto Press, 1965), p. 693. この一節は Sidney W. Mintz, *Sweetness and Power: The Place of Sugar in Modern History* (New York: Viking, 1985), p. 42〔ミンツ『甘さと権力――砂糖が語る近代史』川北稔・和田光弘訳, ちくま学芸文庫（筑摩書房, 2021）p. 118（第2章)〕に引用されている.

42 Austen, *Mansfield Park*, p. 446〔オースティン『マンスフィールド・パーク』下 p. 278（第3巻第17章)〕.

43 *Ibid.*, p. 448〔同書下 pp. 283–284（第3巻第17章)〕.

44 *Ibid.*, p. 450〔同書下 p. 287（第3巻第17章)〕.

45 *Ibid.*, p. 456〔同書下 p. 299（第3巻第17章)〕.

46 John Gallagher, *The Decline, Revival and Fall of the British Empire* (Cambridge: Cambridge University Press, 1982), p. 76.

47 Austen, *Mansfield Park*, p. 308〔オースティン『マンスフィールド・パーク』上 p. 533（第2巻第13章)〕.

48 Lowell Joseph Ragatz, *The Fall of the Planter Class in the British Caribbean, 1763–1833: A Study in Social and Economic History* (1928; rprt. New York: Octagon, 1963), p. 27.

49 Eric Williams, *Capitalism and Slavery* (New York: Russell & Russell, 1961), p. 211〔ウィリアムズ『資本主義と奴隷制』中山毅訳, ちくま学芸文庫（筑摩書房, 2020)〕. なお同じ著者による *From Columbus to Castro: The History of the Caribbean, 1492–1969* (London: Deutsch, 1970), pp. 177–254〔ウィリアムズ『コロンブスからカストロまで――カリブ海史 1492–1969』（I・II）川北稔訳, 岩波現代選書（岩波書店, 1978)〕も参照のこと.

50 Austen, *Mansfield Park*, p. 213.〔オースティン『マンスフィールド・パーク』上 p.350（第2巻第3章)〕

51 Tzvetan Todorov, *Nous et les autres: La réflection sur la diversité humaine* (Paris: Seuil, 1989)〔トドロフ『われわれと他者――フランス思想における他者像』小野潮・江口修訳（法政大学出版局, 2001)〕.

52 Raoul Girardet, *L'Idée coloniale en France, 1871–1962* (Paris: La Table Ronde, 1972), pp. 7, 10–13.

53 Basil Davidson, *The African Past: Chronicles from Antiquity to Modern Times* (London: Longmans, 1964), pp. 36–37〔デビッドソン『アフリカの過去 原典集——古代から現代まで』貫名美隆訳（理論社, 1978）pp. 43–44（「序説　歴史のなかのアフリカ」より）〕. なお Philip D. Curtin, *Image of Africa: British Ideas and Action, 1780–1850*, 2 vols.（Madison: University of Wisconsin Press, 1964）; Brian Street, *The Savage in Literature: Representations of Primitive Society in English Fiction, 1858–1920* (London: Routledge & Kegan Paul, 1975); Bernard Smith, *European Vision and the South Pacific* (New Haven: Yale University Press, 1985) も参照のこと.

54 Stephen Jay Gould, *The Mismeasure of Man* (New York: Norton, 1981)〔グールド『人間の測りまちがい——差別の科学史』（上・下）鈴木善次・森脇靖子訳, 河出文庫（河出書房新社, 2008)〕; Nancy Stepan, *The Idea of Race in Science: Great Britain, 1800–1960* (London: Macmillan, 1982).

55 初期の人類学におけるこうした潮流に関する徹底した記述として, George W. Stocking, *Victorian Anthropology* (New York: Free Press, 1987) 参照.

56 Philip D. Curtin, *Imperialism* (New York: Walker, 1971), pp. 158–59に引用されている.

57 John Ruskin, "Inaugural Lecture" (1870), in *The Works of John Ruskin*, Vol. 20, ed. E. T. Cook and Alexander Weddenburn (London: George Allen, 1905), p. 41, n. 2.

58 *Ibid.*, pp. 41–43.

59 V. G. Kiernan, "Tennyson, King Arthur and Imperialism," in *Poets, Politics and the People*, ed. Harvey J. Kaye (London: Verso, 1989), p. 134.

60 西洋と非西洋とのヒエラルキー的関係の歴史の主要なエピソードについての議論として E. W. Said, *Orientalism* (New York: Pantheon, 1978), pp. 48–92, and *passim* 参照〔サイード『オリエンタリズム』上・下, 板垣雄三・杉田英明監修, 今井紀子訳, 平凡社ライブラリー（平凡社, 1993）上 pp.120–219（第一章二・三）その他〕.

61 Hobson, *Imperialism*, pp. 199–200〔ホブスン『帝国主義論』下 p. 109〕.

62 Hubert Deschamps, *Les Méthodes et les doctorines coloniale de la France du XVIe siècle à nos jours* (Paris: Armand Colin, 1953), pp. 126–27 に引用されている.

63 Anna Davin, "Imperialism and Motherhood," in Samuel, ed., *Patriotism*, Vol. 1, pp. 203–35.

64 Michael Rosenthal, *The Character Factory: Baden-Powell's Boy Scouts and the Imperatives of Empire* (New York: Pantheon, 1986) とくに pp. 131–60. なお H. John Field, *Toward a Programme of Imperial Life: The British Empire at the Turn of the Century* (Westport: Greenwood Press, 1982) 参照.

65 Johannes Fabian, *Time and the Other: How Anthropology Makes Its Object* (New York: Columbia University Press, 1983), pp. 25–69.

66 Marianna Torgovnick, *Gone Primitive: Savage Intellects, Modern Lives* (Chicago: University of Chicago Press, 1990) を見よ. 分類, コード化, 蒐集, 展示に関する研究として James Clifford, *The Predicament of Culture: Twentieth Century Ethnography,*

Literature, and Art (Cambridge, Mass.: Harvard University Press, 1988〔クリフォード『文化の窮状――二十世紀の民族誌，文学，芸術』太田好信・慶田勝彦・清水展・浜本満・古谷嘉章・星埜守之訳（人文書院，2003)〕）参照．また Street, *Savage in Literature* ならびに Roy Harvey Pearce, *Savagism and Civilization: A Study of the Indian and the American Mind* (1953; rev. ed. Berkeley: University of California Press, 1988) 参照.

67 K. M. Panikkar, *Asia and Western Dominance* (1959; rprt. New York: Macmillan, 1969)〔パニッカル『西洋の支配とアジア――1498-1945』左久梓訳（藤原書店，2000)〕ならびに Michael Adas, *Machines as the Measure of Men: Science, Technology, and Ideologies of Western Dominance* (Ithaca: Cornell University Press, 1989). また Daniel R. Headrick, *The Tools of Empire: Technology and European Imperialism in the Nineteenth Century* (New York: Oxford University Press, 1981)〔ヘドリック『帝国の手先――ヨーロッパ膨張と技術』原田勝正・多田博一・老川慶喜訳（日本経済評論社，1989)〕も興味ぶかい.

68 Henri Brunschwig, *French Colonialism, 1871-1914: Myths and Realities*, trans. W. G. Brown (New York: Praeger, 1964), pp. 9-10.

69 Brantlinger, *Rule of Darkness;* Suvendrini Perera, *Reaches of Empire: The English Novel from Edgeworth to Dickens* (New York: Columbia University Press, 1991); Christopher Miller, *Blank Darkness: Africanist Discourse in French* (Chicago: University of Chicago Press, 1985).

70 Gauri Viswanathan, *The Masks of Conquest: Literary Study and British Rule in India* (New York: Columbia University Press, 1989), p. 132 に引用されている.

71 Alfred Crosby, *Ecological Imperialism: The Biological Expansion of Europe, 900-1900* (Cambridge: Cambridge University Press, 1986)〔クロスビー『ヨーロッパ帝国主義の謎――エコロジーから見た 10 ～ 20 世紀』佐々木昭夫訳（岩波書店，1998)〕.

72 Guy de Maupassant, *Bel-Ami* (1885)〔モーパッサン『ベラミ』中村佳子訳，角川文庫（角川書店，2013)；『ベラミ』（上・下）杉捷夫訳，岩波文庫（岩波書店，改版 1977)，田辺貞之助訳，新潮文庫（新潮社，1979)；田辺貞之助訳，『モーパッサン 新潮世界文学 22』（新潮社，1969）所収など〕. この作品のなかでジョルジュ・デュロワはアルジェリアで騎兵として兵役についたあと，パリでジャーナリストとして活躍し，（援助もあって）アルジェリアにおける生活について執筆する．のちに彼は，タンジール征服にまつわる財政スキャンダルにまきこまれる.

73 Johannes Fabian, *Language and Colonial Power: The Appropriation of Swahili in the Former Belgian Congo, 1880-1938* (Cambridge: Cambridge University Press, 1986); Ranajit Guha, *A Rule of Property for Bengal: An Essay on the Idea of Permanent Settlement* (Paris and The Hague: Mouton, 1963); Bernard S. Cohn, "Representing Authority in Victorian India," in Eric Hobsbawm and Terence Ranger, eds., *The Invention of Tradition* (Cambridge: Cambridge University Press, 1983), pp. 183-207〔コーン「ヴィクトリア朝インドにおける権威の表象」多和田裕司訳，ホブズボウム／レンジャー（編）『創られた伝統』前川啓治・梶原景和ほか訳（紀伊國屋書店，

1992) pp. 259-322〕ならびに同著者の *An Anthropologist Among the Historians and Other Essays* (Delhi: Oxford University Press, 1990). 関連した著作としては Richard G. Fox, *Lions of the Punjab: Culture in the Making* (Berkeley: University of California Press, 1985) ならびに Douglas E. Haynes, *Rhetoric and Ritual in Colonial India: The Shaping of Public Culture in Surat City, 1852-1928* (Berkeley: University of California Press, 1991) がある.

74 Fabian, *Language and Colonial Power*, p. 79.

75 Ronald Inden, *Imagining India* (London: Blackwell, 1990).

76 Timothy Michell, *Colonizing Egypt* (Cambridge: Cambridge University Press, 1988)〔ミッチェル『エジプトを植民地化する』大塚和夫・赤堀雅幸訳（法政大学出版局, 2014)〕.

77 Leila Kinney and Zeynep Çelik, "Ethnography and Exhibitionism at the Expositions Universelles," *Assemblages* 13 (December 1990), 35-59.

78 T. J. Clark, *The Painting of Modern Life: Paris in the Art of Manet and His Followers* (New York: Knopf, 1984), pp. 133-46; Malek Alloula, *The Colonial Harem*, trans. Myrna and Wlad Godzich (Minneapolis: University of Minnesota Press, 1986); なおほかに Sarah Graham-Brown, *Images of Women: The Portrayal of Women in Photography of the Middle East, 1860-1950* (New York: Columbia University Press, 1988) 参照.

79 たとえば Zeynep Çelik, *Displaying the Orient: Architecture of Islam at Nineteenth Century World's Fairs* (Berkeley: University of California Press, 1992) と Robert W. Rydell, *All the World's a Fair: Visions of Empire at American International Expositions, 1876-1916* (Chicago: University of Chicago Press, 1984) を参照.

80 Herbert Lindenberger, *Opera: The Extravagant Art* (Ithaca: Cornell University Press, 1984), pp. 270-80.

81 Antoine Goléa, *Gespräche mit Wieland Wagner* (Salzburg: SN Verlag, 1967), p. 58.

82 *Opera* 13, No. 1 (January 1962), 33. なお Geoffrey Skelton, *Wieland Wagner: The Positive Sceptic* (New York: St. Martin's Press, 1971), pp. 159 ff. 参照.

83 Joseph Kerman, *Opera as Drama* (New York: Knopf, 1956), p. 160〔カーマン『ドラマとしてのオペラ――名作オペラを検証する』三浦敦史監修・南條竹則・辻昌宏・鈴木圭子訳（音楽之友社, 1998). 引用は 1956 年版の第 6 章第 6 節からだが, 日本語訳は 1988 年版からの翻訳ということもあって, 第 6 章第 6 節は存在していない〕.

84 Paul Robinson, *Opera and Ideas: From Mozart to Strauss* (New York: Harper & Row, 1985), p. 163.

85 *Ibid.*, p. 164.

86 *Verdi's "Aida": The History of an Opera in Letters and Documents*, trans. and collected by Hans Busch (Minneapolis: University of Minnesota Press, 1978), p. 3.

87 *Ibid.*, pp. 4, 5.

88 *Ibid.*, p. 126.

89 *Ibid.*, p. 150.

90 *Ibid.*, p. 17.

91 *Ibid.*, p. 50. なお Philip Gossett, "Verdi, Ghizlanzoni, and *Aida*: The Uses of Convention," *Critical Inquiry* 1, No. 1 (1974), 291–334.

92 *Verdi's "Aida,"* p. 153.

93 *Ibid.*, p. 212.

94 *Ibid.*, p. 183.

95 Stephen Bann, *The Clothing of Clio* (Cambridge: Cambridge University Press, 1984), pp. 93–111.

96 Raymond Schwab, *The Oriental Renaissance*, trans. Gene Patterson-Black and Victor Reinking (New York: Columbia University Press, 1984), p. 86. なお Said, *Orientalism*, pp. 80–88〔サイード『オリエンタリズム』上 pp.190–206（第 1 章 3)〕も参照.

97 Martin Bernal, *Black Athena: The Afroasiatic Roots of Classical Civilization*, Vol. 1 (New Brunswick: Rutgers University Press, 1987), pp. 161–88〔バナール『ブラック・アテナ 1』pp.192–223（第 3 章全体)〕.

98 Schwab, *Oriental Renaissance*, p. 25.

99 Jean Humbert, "A propos de l'egyptomanie dans l'œuvre de Verdi: Attribution à Auguste Mariette d'un scénario anonyme de l'opéra *Aida,*" *Revue de Musicologie* 62, No. 2 (1976), 229–55.

100 Kinney and Çelik, "Ethnography and Exhibitionism," p. 36.

101 Brian Fagan, *The Rape of the Nile* (New York: Scribner's, 1975), p. 278〔フェイガン『ナイルの略奪――墓盗人とエジプト考古学』兼井連訳（法政大学出版局, 1988）p. 243〕.

102 *Ibid.*, p. 276〔同書 p.241〕.

103 Kinney and Çelik, "Ethnography and Exhibitionism," p. 36.

104 *Verdi's "Aida,"* p. 444.

105 *Ibid.*, p. 186.

106 *Ibid.*, pp. 261–62.

107 *Opera*, 1986.

108 Skelton, *Wieland Wagner*, p. 160. また Goléa, *Gespräche mit Wieland Wagner*, pp. 62–63 参照.

109 *Verdi's "Aida,"* p. 318.

110 Muhammad Sabry, *Episode de la question d'Afrique: L'Empire egyptian sous Ismail et l'ingérence anglo-française*（*1863–1879*）(Paris: Geuthner, 1933), pp. 391 ff.

111 たとえば Roger Owen, *The Middle East and the World Economy, 1800–1914* (London: Metheun, 1981) など.

112 *Ibid.*, p. 122.

113 David Landes, *Bankers and Pashas* (Cambridge, Mass.: Harvard University Press, 1958).

114 Sabry, p. 313.

115 *Ibid.*, p. 322.

116 Georges Douin, *Histoire de régne du Khedive Ismail*, Vol. 2 (Rome: Royal Egyptian

Geographic Society, 1934).

117 Landes, *Bankers and Pashas*, p. 209.

118 Owen, *Middle East*, pp. 149–50.

119 *Ibid*., p. 128.

120 Janet L. Abu-Lughod, *Cairo: 1001 Years of the City Victorious* (Princeton: Princeton University Press, 1971).

121 *Ibid*., p. 107.

122 Jacques Berque, *Egypt: Imperialism and Revolution*, trans. Jean Stewart (New York: Praeger, 1972), pp. 96–98.

123 Bernard Semmel, *Jamaican Blood and Victorian Conscience: The Governor Eyre Controversy* (Boston: Riverside Press, 1963), p. 179. 類似の排除については，Irfan Habib, "Studying a Colonial Economy - Without Perceiving Colonialism," *Modern Asian Studies* 19, No. 3 (1985), 355–81 でも研究されている.

124 Thomas Hodgkin, *Nationalism in Colonial Africa* (London: Muller, 1956), pp. 29–59.

125 Adas, *Machines as the Measure of Men*, pp. 199–270.

126 この種の思考の例として J. B. Kelly, *Arabia, the Gulf and the West* (London: Weidenfeld & Nicolson, 1980) を見よ.

127 Rosenthal, *Character Factory*, pp. 52 and *passim*.

128 J. A. Mangan, *The Games Ethic and Imperialism: Aspects of the Diffusion of an Ideal* (Harmondsworth: Viking, 1986).

129 J. M. S. Thompkins, "Kipling's Later Tales: The Theme of Healing," *Modern Language Review* 45 (1950), 18–32.

130 Victor Turner, *Dramas, Fields, and Metaphors: Symbolic Action in Human Society* (Ithaca: Cornell University Press, 1974), pp. 258–59〔ターナー『象徴と社会』梶原景昭訳（紀伊國屋書店，1981)〕. 肌の色とカーストの問題に関する精密な考察として S. P. Mohanty, "Kipling's Children and the Colour Line," *Race and Class*, 31. No. 1 (1989), 21–40 ならびに同著者の "Us and Them: On the Philosophical Bases of Political Criticism," *Yale Journal of Criticism* 2, No. 2 (1989), 1–31.

131 Rudyard Kipling, *Kim* (1901; rprt. Garden City: Doubleday, Doran, 1941), p. 516〔キプリング『キム』木村政則訳，光文社古典新訳文庫（光文社，2020）p. 560（第15章），『少年キム』斎藤兆史訳，ちくま文庫（筑摩書房，2010）p. 498,『少年キム』斎藤兆史訳（晶文社，1997）など〕.

132 *Ibid*., pp. 516–17〔『キム』p. 560,『少年キム』pp. 498–499〕.

133 *Ibid*., p. 517〔『キム』p. 561,『少年キム』pp. 499–500〕.

134 *Ibid*., p. 523〔『キム』p. 572,『少年キム』p. 508〕.

135 George Eliot, *Middlemarch*, ed. Bert G. Hornback (New York: Norton, 1977), p. 544〔エリオット『ミドルマーチ』（1・2・3・4）廣野由美子訳，光文社古典新訳文庫（光文社，2019–20）4, p. 324（第 80 章），『ミドルマーチ』（1・2・3・4）工藤好美・淀川郁子訳，講談社文芸文庫（講談社，1998）4, p.291. 他に『ミドルマーチ』（上・下）福永信哲訳，ジョージ・エリオット全集 7（彩流社，2024），『ミドルマーチ』（前

編・後編）荻野昌利訳（大阪教育図書，2020）など〕.

136 Mark Kinkead-Weekes, "Vision in Kipling's Novels," in *Kipling's Mind and Art*, ed. Andrew Rutherford (London: Oliver & Boyd, 1964).

137 Edmund Wilson, "The Kipling that Nobody Read," *The Wound and the Bow* (New York: Oxford University Press, 1947), pp. 100–1, 103.

138 Kipling, *Kim*, p. 242〔『キム』p. 119（第 3 章），『少年キム』p. 98〕.

139 *Ibid.*, p. 268〔『キム』p. 160（第 4 章），『少年キム』p. 133〕.

140 *Ibid.*, p. 271〔『キム』p. 165（第 4 章），『少年キム』pp. 137–138〕.

141 Francis Hutchins, *The Illusion of Permanence: British Imperialism in India* (Princeton: Princeton University Press, 1967), p. 157. なお George Bearce, *British Attitudes Towards India, 1784–1858* (Oxford: Oxford University Press, 1961) を見よ．またこのシステムを解明するものとして B. R. Tomlinson, *The Political Economy of the Raj, 1914–1947: The Economics of Decolonization in India* (London: Macmillan, 1979).

142 Angus Wilson, *The Strange Ride of Rudyard Kipling* (London: Penguin, 1977), p. 43.

143 George Orwell, "Rudyard Kipling," in *A Collection of Essays* (New York: Doubleday, Anchor, 1954), pp. 133–35〔オーウェル「ラドヤード・キプリング」川端康雄訳，川端康雄編『鯨の腹のなかで――オーウェル評論集 3』，平凡社ライブラリー（平凡社，1995）pp. 216–219〕.

144 Michael Edwardes, *The Sahibs and the Lotus: The British in India* (London: Constable, 1988), p. 59.

145 Edward W. Said, "Representing the Colonized: Anthropology's Interlocutores," *Critical Inquiry* 15, No. 2 (Winter 1989), 205–25〔サイード「被植民者を表象する――人類学の対話者たち」和田唯訳，サイード『故国喪失についての省察 1』大橋洋一・近藤弘幸・和田唯・三原芳秋訳（みすず書房，2006）所収 pp. 272–303〕. また Lewis D. Wurgaft, *The Imperial Imagination: Magic and Myth in Kipling's India* (Middletown: Wesleyan University Press, 1983), pp. 54–78. ならびに，当然のことながら，Bernard S. Cohn, *Anthropologist among the Historians* の仕事ぶりを参照のこと．

146 Eric Stokes, *The English Utilitarians and India* (Oxford: Clarendon Press, 1959) ならびに Bearce, *British Attitudes Towards India*, pp. 153–74 を参照のこと．ベンティンクの教育改革については Viswanathan, *Masks of Conquest*, pp. 44–47.

147 Noel Annan, "Kipling's Place in the History of Ideas," *Victorian Studies* 3, No. 4 (June 1960), 323.

148 注 11 と注 12 参照.

149 Geoffrey Moorhouse, *India Britannica* (London: Paladin, 1984), p. 103.

150 *Ibid.*, p. 102.

151 Georg Lukacs, *The Theory of the Novel*, trans. Anna Bostock (Cambridge, Mass.: MIT Press, 1971), pp. 35 ff〔ルカーチ『小説の理論』大久保健治訳，ルカーチ著作集 2（白水社，1986）．原田義人・佐々木基一訳，ちくま学芸文庫（筑摩書房，1994）p. 14 以下〕.

152 Kipling, *Kim*, p. 246〔『キム』p. 125（第 3 章），『少年キム』pp. 102–103〕.

153 *Ibid*., p. 248〔『キム』p. 129（第3章），『少年キム』p. 106〕.

154 Lukacs, *Theory of the Novel*, pp. 125–26〔ルカーチ『小説の理論』pp. 171–174（第2章2）〕.

155 Kipling, *Kim*, p. 466〔『キム』p. 476（第13章），『少年キム』p. 422〕.

156 Franz Fanon, *The Wretched of the Earth*, trans. Constance Farrington (1961; rprt. New York: Grove, 1968), p. 77〔『地に呪われたる者』鈴木道彦・浦野衣子訳，みすずライブラリー（みすず書房，1996，新装版2015）p. 78〕．この主張を補強する実例，ならびに帝国主義について正当化をおこなう「客観的」言説の役割については，Fabiola Jara and Edmundo Magana, "Rules of Imperialist Method," *Dialectical Anthropology* 7, No. 2 (September 1982), 115–36を参照のこと.

157 Robert Stafford, *Scientist of Empire: Sir Roderick Murchison, Scientific Exploration and Victorian Imperialism* (Cambridge: Cambridge University Press, 1989). インドにおける初期の例は，Marika Vicziany, "Imperialism, Botany and Statistics in Early Nineteenth-Century India: The Surveys of Francis Buchanan（1762–1829）," *Modern Asian Studies* 20, No. 4 (1986), pp. 625–60を参照.

158 Stafford, *Scientist of Empire*, p. 208.

159 J. Stengers, "King Leopold's Imperialism," in Roger Owen and Bob Sutcliffe, eds., *Studies in the Theory of Imperialism* (London: Longmans, 1972), p. 260. なお Neil Ascherson, *The King Incorporated: Leopold II in the Age of Trusts* (London: Allen & Unwin, 1963) 参照.

160 Achebe, *Hopes and Impediments*, 注24参照.

161 Linda Nochlin, "The Imaginary Orient," *Art in America* (May 1983), 118–31, 187–91〔ノックリン「虚構のオリエント」，『絵画の政治学』坂上桂子訳，ちくま学芸文庫（筑摩書房，2021）所収，pp. 95–144（第3章）〕．またさらに，ノックリンの論文を敷衍するものとして以下のきわめて興味ぶかい博士論文（ブラウン大学提出）を参照. Todd B. Porterfield, *Art in the Service of French Imperialism in the Near East, 1798–1848: Four Case Studies* (Ann Arbor: University Microfilms, 1991).

162 A. P. Thornton, *The Imperial Idea and Its Enemies: A Study in British Power* (1959; rev. ed. London: Macmillan, 1985); Bernard Porter, *Critics of Empire: British Radical Attitudes to Colonialism in Africa, 1895–1914* (London: Macmillan, 1968); Hobson, *Imperialism*. フランスに関しては，Charles Robert Ageron, *L'Anticolonialisme en France de 1871 à 1914* (Paris: Presses universitaires de France, 1973) 参照.

163 Bodelsen, *Studies in Mid-Victorian Imperialism*, pp. 147–214.

164 Stephen Charles Neill, *Colonialism and Christian Missions* (London: Lutterworth, 1966). Neilの著作は，幅広く一般的なレベルでの研究なので，布教活動については多くの詳細な研究によって補足し修正しなければならない．たとえば中国については Murray A. Rubinstein, "The Missionary as Observer and Imagemaker: Samuel Wells Williams and the Chinese," *American Studies* (Taipei) 10, No. 3 (September 1980), 31–44ならびに同著者による"The Northeastern Connection: American Board Missionaries and the Formation of American Opinion Toward China: 1830–1860," *Bulletin of*

the Modern History (Academica Sinica), Taiwan, July 1980.

165 Bearce, *British Attitudes Towards India*, pp. 65–77 ならびに Stokes, *English Utilitarians and India* 参照.

166 Syed Hussein Alatas, *The Myth of the Lazy Native: A Study of the Image of the Malays, Filipinos, and Javanese from the Sixteenth to the Twentieth Century and Its Function in the Ideology of Colonial Capitalism* (London: Frank Cass, 1977), p. 59.

167 *Ibid*., p. 62.

168 *Ibid*., p. 223.

169 Romila Thapar, "Ideology and the Interpretation of Early Indian History," *Review* 5., No. 3 (Winter 1982), 390.

170 Karl Marx and Friedrich Engels, *On Colonialism: Articles from the New York Tribune and Other Writings* (New York: International, 1972), p. 156〔引用は，エンゲルスが1857年9月17日に執筆し，『ニュー・アメリカン・サイクロペディア』（1858）に寄稿した「アルジェリア Algeria」の項目より〕.

171 Katherine George, "The Civilized West Looks at Africa: 1400–1800. A Study in Ethnocentrism," *Isis* 49, No. 155 (March 1958), 66, 69–70.

172 このテクニックをとおして「未開人」primitivesを定義することについては，Torgovnick, *Gone Primitive*, pp. 3–41. なおヨーロッパ哲学と文化思想にもとづく四段階の野蛮人理論を洗練したものに関する議論として Ronald L. Mees, *Social Science and the Ignoble Savage* (Cambridge: Cambridge University Press, 1976) 参照.

173 Brunschwig, *French Colonialism*, p. 14.

174 Robert Delavigne and Charles André Julien, *Les Constructeurs de la France d'outre-mer* (Paris: Corea, 1946), p. 16. 同じ人物たちを扱いながら興味ある相違をみせている文献として，*African Proconsuls: European Governors in Africa*, eds., L. H. Gann and Peter Duignan（New York: Free Press, 1978）がある. なお Mort Rosenblum, *Mission to Civilize: The French Way* (New York: Harcourt Brace Jovanovich, 1986) 参照.

175 Agnes Murphy, *The Ideology of French Imperialism, 1817–1881* (Washington: Catholic University of America Press, 1968), pp. 46 and *passim*.

176 Raoul Girardet, *L'Idée coloniale en France, 1871–1962* (Paris: La Table Ronde, 1972), pp. 44–45. なお Stuart Michael Persell, *The French Colonial Lobby* (Stanford: Hoover Institution Press, 1983) も参照.

177 Murphy, *Ideology of French Imperialism*, p. 25.

178 Raymond F. Betts, *Assimilation and Association in French Colonial Theory, 1840–1914* (New York: Columbia University Press, 1961), p. 88.

179 この題材について，わたしは，以下の論文で，19世紀帝国主義において動員された民族アイデンティティ理論とのからみで論じたことがある. "Nationalism, Human Rights, and Interpretation," in *Freedom and Interpretation*, ed. Barbara Johnson（New York: Basic Books, 1992）〔サイード「民主主義，人権，解釈」大橋洋一訳，『みすず』第393号［1993年12月号］，pp. 2–25〕.

180 Betts, *Association and Assimilation*, p. 108.

181 *Ibid*., p. 174.

182 Girardet, *L'Idée coloniale en France*, p. 48.

183 イギリスとの帝国主義競争におけるある小さなエピソードについては，Albert Hourani, "T. E. Lawrence and Louis Massignon," in *Islam in European Thought* (Cambridge: Cambridge University Press, 1991), pp. 116–28 が興味ぶかい事例を垣間見せてくれる．なお Christopher M. Andrew and A. S. Kanya-Forstner, *The Climax of French Imperial Expansion, 1914–1924* (Stanford: Stanford University Press, 1981) 参照．

184 David Prochaska, *Making Algeria French: Colonialism in Bône, 1870–1920* (Cambridge: Cambridge University Press, 1990), p. 85. フランスの社会学者と都市計画者がアルジェリアを実験と再企画の場として利用したことについて Gwendolyn Wright, *The Politics of Design in French Colonial Urbanism* (Chicago: University of Chicago Press, 1991), pp. 66–84 参照．なおこの本の後半部では，この計画がモロッコとインドシナとマダガスカルにあたえた影響を論じている．ただしもっとも定評のある研究は Janet Abu-Lughod, *Rabat: Urban Apartheid in Morocco* (Princeton: Princeton University Press, 1980) である．

185 *Ibid*., p. 124.

186 *Ibid*., pp. 141–42.

187 *Ibid*., p. 255.

188 *Ibid*., p. 254.

189 *Ibid*., p. 255.

190 *Ibid*., p. 70.

191 Roland Barthes, *Le Degré zéro de l'écriture* (1953; rprt. Paris: Gonthier, 1964), p. 10〔バルト『零度のエクリチュール』石川美子訳（みすず書房，2008）p.11，渡辺淳・沢村昂一訳（みすず書房，1971）ほか〕．

192 Raymond Williams, *George Orwell* (New York: Viking, 1971) とくに pp. 77–78〔ウィリアムズ『オーウェル』秦邦生訳（月曜社，2022）pp. 92–94〕．

193 Christopher Hitchens, *Prepared for the Worst* (New York: Hill & Wang, 1989), pp. 78–90.

194 Michael Walzer がカミュを典型的知識人とする理由は，カミュが苦悩し動揺しつつテロ活動には反対し母親を愛していたからである．Walzer, "Albert Camus's Algerian War", in *The Company of Critics: Social Criticism and Political Commitment in the Twentieth Century* (New York: Basic Books, 1988), pp. 136–52 参照．

195 Conor Cruise O'Brien, *Albert Camus* (New York: Viking, 1970), p. 103〔オブライエン『カミュ』富士川義之訳（新潮社，1971）pp. 146–147〕．

196 Joseph Conrad, *Last Essays*, ed. Richard Curle (London: Dent, 1926), pp. 10–17.

197 のちのオブライエンは，こうした見解に明らかに接近し，彼のカミュに関する本の要旨とは異なる立場をとり，「第三世界」の劣等民族に対する敵意を隠そうともしていない．彼のサイードに対する大がかりな反論は *Salmagundi* 70–71 (Spring-Summer 1986), 65–81 に掲載された．

198 Herbert R. Lottman, *Albert Camus: A Biography* (New York: Doubleday, 1979)〔ロットマン『伝記アルベール・カミュ』大久保敏彦・石崎晴巳訳（清水弘文堂, 1982)〕. 植民地戦争当時のアルジェリアにおけるカミュの実際の行動は，以下の文献にきちんと記録されている. Yves Carrière, *La Guerre d'Algérie II: Le Temps de léopards* (Paris: Fayard, 1969).

199 "Misère de la Kabylie" (1939), in Camus, *Essays* (Paris: Gallimard, 1965) pp. 905–38.

200 O'Brien, *Camus*, pp. 22–28〔オブライエン『カミュ』pp. 27–39〕.

201 Camus, *Exile and the Kingdom*, trans. Justin O'Brien (New York: Knopf, 1958), pp. 32–33〔カミュ「不貞」窪田啓作訳,『追放と王国』大久保敏彦・窪田啓作訳（新潮文庫, 2003）所収 pp. 190–191；他に『カミュ全集 10 追放と王国, 悪霊』(新潮社, 1973）所収；『転落・追放と王国』佐藤朔・窪田啓作訳（新潮文庫, 1968）所収；『カミュ 1 新潮世界文学 48』(新潮社, 1968）所収など〕. 北アフリカのコンテクストにおいてカミュを明快に読解したものとして Barbara Harlow, "The Maghrib and *The Stranger*," *Alif* 3 (Spring 1983), 39–55.

202 Camus, *Essays*, p. 2039〔カミュ「著者のことば」窪田般弥訳,『カミュ全集 10 追放と王国, 悪霊』(新潮社, 1973）所収 p. 120〕.

203 Manuela Semidei, "De L'Empire à la decolonisation à travers les manuels scolaries," *Revue française de science politique* 16, No. 1 (February 1961), 85 に引用されている.

204 Camus, *Essays*, pp. 1012–13〔カミュ「アルジェリア一九五八年」鷲見洋一訳,『カミュ全集 10 追放と王国, 悪霊』(新潮社, 1973）所収 p. 321〕.

205 Semidei, "De L'Empire à la decolonisation," 75.

206 Jean-Paul Sartre, *Literary Essays*, trans. Annette Michelson (New York: Philosophical Library, 1957), p. 32〔サルトル「『異邦人』解説」窪田啓作訳,『シチュアシオン I』サルトル全集 11（人文書院, 1965)〕.

207 Emir Abdel Kader, *Ecrits spirituels*, trans. Michel Chodkiewicz (Paris: Seuil, 1982).

208 Mostafa Lacheraf, *L'Algérie: Nation et société* (Paris: Maspéro, 1965). この時期を虚構と個人的回想を駆使してみごとに再構成したものとして Assia Djebar の小説 *L'Amour, la fantasia* (Paris: Jean-Claude Lattés, 1985)〔ジェバール『愛, ファンタジア』石川清子訳（みすず書房, 2011)〕がある.

209 Abdullah Laroui, *The History of the Magreb: An Interpretive Essay*, trans. Ralph Manheim (Princeton: Princeton University Press, 1977), p. 301.

210 Lacheraf, *L'Algérie*, p. 92.

211 *Ibid.*, p. 93.

212 Theodore Bugeaud, *Par l'Epée et par la charrue* (Paris: PUF, 1948). ビュジョーのその後の経歴もまた特異なものであった. 1848 年 2 月 23 日にパリで蜂起した群衆に向かい発砲を命じた彼は，フローベールの『感情教育』のなかで意趣返しされる. その小説では，1848 年 2 月 24 日パレ・ロワイヤル急襲時，ビュジョー元帥への憎しみゆえに，元帥の肖像画の腹の部分が剣で刺されるのである.

213 Martine Astier Loutfi, *Littérature et colonialisme: L'Expansion coloniale vue dans la littérature romanesque française, 1871–1914* (Paris: Mouton, 1971).

214 Melvin Richter, "Tocqueville on Algeria," *Review of Politics* 25 (1963), 377.

215 *Ibid*., 380. この題材に関するもっと包括的で新しい記述としてはMarwan R. Buheiry, *The Formation and Perception of the Modern Arab World*, ed. Lawrence I. Conrad（Princeton: Darwin Press, 1989）とりわけ Part 1, "European Perceptions of the Orient" は19世紀フランスとアルジェリアに関する4つの論文からなるが，そのうちのひとつの論文はトクヴィルとイスラムに関するものとなっている．

216 Laroui, *History of the Magreb*, p. 305.

217 Alloula, *Colonial Harem* 参照．

218 Fanny Colonna and Claude Haim Brahimi, "Du bon usage de la science coloniale," in *Le Mal de voir* (Paris: Union Générale d'éditions, 1976).

219 Albert Sarraut, *Grandeur et servitude coloniales* (Paris: Editions de Sagittaire, 1931), p. 113.

220 Georges Hardy, *La Politique coloniale et le partage du terre aux XIXe et XXe siécles* (Paris: Albin Michel, 1937), p. 441.

221 Camus, *Théâtre, Récits, Nouvelles* (Paris: Gallimard, 1962), p. 1210〔引用は最後から2番目の段落より．カミュ『異邦人』窪田啓作訳（新潮文庫，1963，改版 2014）；『集英社ギャラリー世界の文学9　フランスIV』（集英社，1990）所収；中村光夫訳，『カミュ1　新潮世界文学48』（新潮社，1968），『カミュ全集2　異邦人・シーシュポスの神話』（新潮社，1972）所収など）〕．

222 *Ibid*., p. 1211〔引用は最後の段落〕．

223 Seeley, *Expansion of England*, p. 16〔シーリー『帝国主義発展史論』〕．

224 Albert O. Hirshman, *The Passions and the Interests: Political Arguments for Capitalism Before Its Triumph* (Princeton: Princeton University Press, 1977), pp. 132–33〔アルバート・O．ハーシュマン『情念の政治経済学』佐々木毅・旦祐介訳（法政大学出版局，1985）p. 133〕．

225 Seeley, *Expansion of England*, p. 193〔シーリー『帝国発展史論』〕．

226 Alec G. Hargreaves, *The Colonial Experience in French Fiction* (London: Macmillan, 1983), p. 31. ロチの小説にみられるこの奇妙な省略は，この文献でも着目され，ロチ独自の心理と英国嫌いの結果であるという説明がなされている．しかしながら，ロチの小説に対する形式上の影響については触れられていない．よりつっこんだ議論としては未公刊のプリンストン大学博士論文 Panivong Norindr, *Colonialism and Figures of the Exotic in the Work of Pierre Loti* (Ann Arbor: University Microfilms, 1990) を参照．

227 Benita Parry, *Delusions and Discoveries: Studies on India in the British Imagination, 1880–1930* (London: Allen Lane, 1972).

第3章　抵抗と対立

1 André Gide, *L'Immoraliste* (Paris: Mercure de France, 1902), pp. 113–14〔ジッド『背徳の人』二宮正之訳，ちくま文庫（筑摩書房，2008）p. 164（第2部第2章）．『背徳

者』石川淳訳，新潮文庫（新潮社，1951，61）p. 106.『背徳の人』,『アンドレ・ジッド集成II』二宮正之訳（筑摩書房，2014）所収ほか〕.

2 Gide, *The Immoralist*, trans. Richard Howard (New York: Knopf, 1970), pp. 158–59〔ジッド『背徳の人』p. 249（第3部），『背徳者』pp. 165–166〕. ジッドとカミュとのつながりについては，Mary Louise Pratt, "Mapping Ideology: Gide, Camus, and Algeria," *College Literature* 8 (1981), 158–74 を参照.

3 この表現を使ったのが，Christopher Miller, *Black Darkness: Africanist Discourse in French* (Chicago: University of Chicago Press, 1985) であった．また「アフリカニスト」哲学に対する根源的に哲学的な批判は，つぎの文献にみいだすことができる．Paulin J. Houtondji, *Sur la "philosophie africaine"* (Paris: Maspéro, 1976). Houtondji はプラシッド・テンペルズの著作に対する批判を最優先させている.

4 V. Y. Mudimbe, *The Invention of Africa: Gnosis, Philosophy, and the Order of Knowledge* (Bloomington: Indiana University Press, 1988).

5 *Raymond Schwab, The Oriental Renaissance*, trans. Gene Patterson-Black and Victor Reinking (New York: Columbia University Press, 1984).

6 Franz Fanon, *The Wretched of the Earth*, trans. Constance Farington (1961; rprt. New York: Grove, 1968), p. 314〔ファノン『地に呪われたる者』鈴木道彦・浦野衣子訳，みすずライブラリー（みすず書房，1996）p. 312〕.

7 Basil Davidson, *Africa in Modern History: The Search for a New Society* (London: Allen Lane, 1978), pp. 178–80.

8 Jean-Paul Sartre, "Le Colonialisme est un système," in *Situations V: Colonialisme et néo-colonialisme* (Paris: Gallimard, 1964)〔サルトル「植民地主義は一つの体制である」多田道太郎訳，サルトル『植民地の問題』海老坂武解説，多田道太郎ほか訳（人文書院，2000）所収，pp. 31–53〕.

9 Sartre, "Preface" to Fanon, *Wretched of the Earth*, p. 7〔『地に呪われたる者』p. 5〕.

10 Davidson, *Africa in Modern History*, p. 200.

11 Fanon, *Wretched of the Earth*, p. 96〔『地に呪われたる者』p. 95〕.

12 *Ibid.*, p. 102〔同書 p. 100〕.

13 Sartre, "Preface", p. 26〔同書 p. 27〕.

14 Henri Grimal, *Decolonization: The British, French, Dutch and Belgium Empires, 1919–1963*, trans. Stephen de Vos (1965; rprt. London: Routledge & Kegan Paul, 1978), p. 9. 脱植民地化に関しては膨大な文献があるが，そのうち注目にあたいするのは以下の文献である．R. F. Holland, *European Decolonization, 1919–1981: An Introductory Survey* (London: Macmillan, 1985); Miles Kahler, *Decolonization in Britain and France: The Domestic Consequences of International Relations* (Princeton: Princeton University Press, 1984); Franz Ansprenger, *The Dissolution of the Colonial Empires* (1981; rprt. London: Routledge, 1989); A. N. Porter and A. J. Stockwell, Vol.1, *British Imperial Policy and Decolonization, 1938–51*, and Vol.2, *1951–64* (London: Macmillan, 1987, 1989); John Strachey, *The End of Empire* (London: Gollanz, 1959)〔ストレイチー『帝国主義の終末』関嘉彦ほか訳（東洋経済新報社，1962）〕.

15 Terence Ranger, "Connexions Between Primary Resistance Movements and Modern Mass Nationalism in East and Central Africa," pts.1 and 2, *Journal of African History* 9, No.3 (1968), 439. また Michael Crowder, ed., *West African Resistance: The Military Response to Colonial Occupation* (London: Hutchinson, 1971) ならびに S. C. Malik, ed., *Dissent, Protest and Reform in Indian Civilization* (Simla: Indian Institute of Advanced Study, 1977).

16 Michael Adas, *Prophets of Rebellion: Millenarian Protest Movements Against the European Colonial Order* (Chapel Hill: University of North Carolina, 1979). べつの例としては Stephen Ellis, *The Rising of the Red Showl: A Revolt in Madagascar, 1895-1899* (Cambridge: Cambridge University Press, 1985) 参照.

17 Ranger, "Connexions," p. 631.

18 Afaf Lutfi a1-Sayyid, *Egypt and Cromer* (New York: Praeger, 1969), p. 68 に引用されている.

19 E. M. Forster, *A Passage to India* (1924; rprt. New York: Harcourt, Brace & World, 1952), p. 322〔フォースター『インドへの道』小野寺健訳, 河出文庫（河出書房新社, 2022）p. 505（小説の末尾）, 小野寺健訳, E. M. フォースター著作集 4（みすず書房, 1995）p. 446.　他に瀬尾裕訳, ちくま文庫（筑摩書房, 1994）など〕.

20 Benita Parry, *Delusions and Discoveries: Studies on India in the British Imagination, 1880-1930* (London: Allen Lane, 1972) の終わり近くのページ（pp. 314-20）参照. これとは対照的に Sara Suleri は *The Rhetoric of English India* (Chicago: University of Chicago Press, 1992)〔スレーリ『修辞の政治学——植民地インドの表象をめぐって』川端康雄・吉村玲子訳（平凡社, 2000)〕のなかで, アジズとフィールディングとの関係を心理的・性的観点から読み解いている.

21 Forster, *Passage to India*, p. 86〔フォースター『インドへの道』p. 133 / p. 112（第 8 章)〕.

22 *Ibid*., p. 136〔『インドへの道』pp. 212-213 / p. 183（第 14 章)〕.

23 *Ibid*., p. 164〔『インドへの道』p. 257 / p. 223（第 17 章)〕.

24 Francis Hutchins, *The Illusion of Permanence: British Imperialism in India* (Princeton: Princeton University Press, 1967), p. 41 に引用されている.

25 Forster, *Passage to India*, p. 76〔『インドへの道』p. 117 / p. 98（第 7 章)〕.

26 Hutchincs, *Illusion of Permanence*, p. 187.

27 Syed Hussein Alatas, *The Myth of the Lazy Native: A Study of the Image of the Malays, Filipinos, and Javanese from the Sixteenth to the Twentieth Century and Its Function in the Ideology of Colonial Capitalism* (London: Frank Cass, 1977) 参照. また James Scott, *Weapons of the Weak: Everyday Forms of Peasant Resistance* (New Haven: Yale University Press, 1985) も参照のこと.

28 Sidney and Beatrice Webb, *Indian Diary* (Dehlhi: Oxford University Press, 1988), p. 98. 植民地での生活に関する奇妙に屈折した侮蔑的記述に関して, Margaret MacMillan, *Women of the Raj* (London: Thames & Hudson, 1988) 参照.

29 Parry, *Delusions and Discoveries*, p. 274.

30 Forster, *Passage to India*, pp. 106–7〔『インドへの道』p. 165 / p. 140（第9章)〕.

31 Anil Seal, *The Emergence of Indian Nationalism: Competition and Collaboration in the Later Nineteenth Century* (Cambridge: Cambridge University Press, 1971), p. 140 に引用されている.

32 *Ibid*., p. 141.

33 *Ibid*., p. 147. 省略箇所は原著のもの.

34 *Ibid*., p. 191.

35 Edward Thompson, *The Other Side of the Medal* (1926; rprt. Westport: Greenwood Press, 1974), p. 26.

36 *Ibid*., p. 126. トムスンに関しては, Parry, *Delusions and Discoveries*, pp. 164–202 における緻密な記述を参照のこと.

37 Fanon, *Wretched of the Earth*, p. 106〔『地に呪われたる者』p. 103〕.

38 Franz Fanon, *Black Skin, White Masks*, trans. Charles Lamb Markmann (1952; rprt. New York: Grove Press, 1967), p. 222〔ファノン『黒い皮膚・白い仮面』海老坂武・加藤晴久訳, みすずライブラリー（みすず書房, 1998）p. 240〕. 初期ファノンの心理学的分析的スタイルを補完するものとして Asis Nandy, *The Intimate Enemy: Loss and Recovery of Self Under Colonialism* (Delhi: Oxford University Press, 1983) を参照のこと.

39 Raoul Girardet, *L'Idée coloniale en France, 1871–1962* (Paris: La Table Ronde, 1972), p. 136.

40 *Ibid*., p. 148.

41 *Ibid*., pp. 159–72. Giraule については, 以下の書物のなかで, その経歴と業績を論じた優れた部分を参照のこと. James Clifford, *The Predicament of Culture: Twentieth Century Ethnography, Literature, and Art* (Cambridge, Mass.: Harvard University Press, 1988), pp. 55–91〔クリフォード『文化の窮状――二十世紀の民族誌, 文学, 芸術』太田好信・奥田勝彦・清水展・浜本満・星埜守之訳（人文書院）pp. 75–120（第2章)〕. またレリスに関するクリフォードの論述（pp. 165–74〔pp. 213–225（第6章)〕）も参照のこと. どちらの論述でも, クリフォードは対象とする著作家たちを脱植民地化運動とむすびつけていないが, ジラルデの本に紛れもなく存在しているように, 脱植民地化運動は, 当時すでにグローバルな政治的コンテクストであった.

42 André Marlraux, *La Voie royale* (Paris: Grasset, 1930), p. 268〔マルロー『王道』滝田文彦訳, 新潮世界文学 45（新潮社, 1970）所収, p. 136〕.

43 Paul Mus, *Viet-Nam: Sociologie d'une guerre* (Paris: Seuil, 1952), pp. 134–35. ちなみにアメリカのヴェトナム戦争を扱いピューリッツァ賞に輝いた Francis FitzGerald の *Fire in the Lake* はムスに捧げられている.

44 Davidson, *Africa in Modern History*, p. 155.

45 *Ibid*., p. 156.

46 Fanon, *Black Skin, White Masks*, p. 220〔ファノン『黒い皮膚・白い仮面』p. 314〕.

47 Philip D. Curtin, *The Image of Africa: British Ideas and Action, 1780–1850*, 2 vols (Madison: University of Wisconsin Press, 1964).

48　Daniel Defert, "The Collection of the World: Accounts of Voyage from the Sixteenth to the Eighteenth Centuries," *Dialectical Anthropology* 7 (1982), 11-20.

49　Pratt, "Mapping Ideology." なお彼女の以下のすぐれた文献も参照のこと．Pratt, *Imperial Eyes: Travel Writing and Transculturation* (New York and London: Routledge, 1992).

50　James Joyce, *Ulysses* (1922; rprt. New York: Vintage Press, 1966), p. 212〔ジョイス『ユリシーズ』（I・II・III・IV）丸谷才一・永川玲二・高松雄一訳，集英社文庫ヘリテージシリーズ（集英社，2003）II, p. 81〕.

51　James Ngugi, *The River Between* (London: Heinemann, 1965), p. 1〔グギ・ワ・ジオンゴ『川をはさみて』北島義信訳（門土社，2002）pp. 8-9〕.

52　Tayeb Salif, *Seasons of Migration to the North*, trans. Denys Johnson-Davies (London: Heinemann, 1970), pp. 49-50〔サーレフ『北へ遷りゆく時／ヤーンの結婚』黒田壽郎・高井清仁訳（河出書房新社，1978，89），p. 54〕.

53　Peter Hulme, *Colonial Encounters: Europe and the Native Caribbean, 1492-1797* (London: Methuen, 1986)〔ヒューム『征服の修辞学――ヨーロッパとカリブ海先住民，1492-1979年』岩尾龍太郎・正木恒夫・本橋哲也訳（法政大学出版局，1995）〕.

54　George Lamming, *The Pleasure of Exile* (London: Allison & Busby, 1984), p. 107.

55　*Ibid*., p. 119.

56　Roberto Fernández Retamar, *Caliban and Other Essays*, trans. Edward Baker (Minneapolis: University of Minnesota Press, 1989), p. 14. なお，これに関連して Thomas Cartelli, "Prospero in Africa: *The Tempest* as Colonialist Text and Pretext," in *Shakespeare Reproduced: The Text in History and Ideology*, eds., Jean E. Howard and Marion F. O'Connor (London: Methuen, 1987), pp. 99-115 参照.

57　Ngugi wa Thiongo, *Decolonizing the Mind: The Politics of Language in African Literature* (London: James Curry, 1986)〔グギ・ワ・ジオンゴ『精神の非植民地化――アフリカのことばと文字のために』宮本正興・楠瀬佳子訳（第三書館，1987）〕.

58　Barbara Harlow, *Resitance Literature* (New York: Methuen, 1987), p.xvi. この点に関して先駆的な著作は，Chinweizu, *The West and the Rest of Us: White Predator, Black Slaves and the African Elite* (New York: Random House, 1975) である.

59　Aimé Césaire, *The Collected Poetry*, eds. and trans. Clayton Eshleman and Annette Smith (Berkeley: University of California Press, 1983), p. 46〔引用は「帰郷ノート」より．セゼール『帰郷ノート／植民地主義論』砂野幸稔訳，平凡社ライブラリー（平凡社，2004）p. 51〕.

60　Rabindranath Tagore, *Nationalism* (New York: Macmillan, 1917), p. 19 and *passim*〔タゴール「ナショナリズム」蠟山芳郎訳，『タゴール著作集第8巻　人生論・社会論集』（第三文明社，1981）所収 p. 321 以下〕.

61　W. E. B. Du Bois, *The Soul of Black Folk* (1903; rert. New York: New American Library, 1969), pp. 44-45〔デュボイス『黒人のたましい』木島始・鮫島重俊・黄寅秀訳，岩波文庫（岩波書店，1992）pp. 13, 15〕.

62　Tagore, *Nationalism*, p. 62〔タゴール「ナショナリズム」p. 330. なおタゴールの原

文で “the white man's burden of civilizing the East” の “civilizing the East” を，著者は “criticizing the East” と読み違えている．本来なら「〈東洋〉を文明化するという白人の責務を引き受けていながら，その実践を慎重に控えている〈国民〉」という意味になるが，civilizing（文明化）を criticizing（批判）と読み違えた著者の無意識の意図も興味深いので，本文では誤読を尊重した訳文とした〕．

63 Benedict Anderson, *Imagined Communities: Reflections on the Origin and Spread of Nationalism* (London: New Left, 1983), p. 47〔アンダーソン『定本 想像の共同体——ナショナリズムの起源と流行』白石隆・白石さや訳（書籍工房早山，2007）p. 84——なお本書は，以下の増補版に新稿を訳出したもの．『増補 想像の共同体——ナショナリズムの起源と流行』白石さや・白石隆訳（NTT 出版，1997）〕．

64 *Ibid.*, p. 52.〔アンダーソン『定本 想像の共同体』p. 95〕

65 *Ibid.*, p. 74〔同書 p. 132〕．

66 Bill Aschcroft, Gareth Griffiths, and Helen Tiflin, *The Empire Writes Back: Theory and Practice in Post-Colonial Literatures* (London and New York: Routledge, 1989)〔アッシュクロフト／グリフィス／ティフィン『ポストコロニアルの文学』木村茂雄訳（青木社，1998）〕．

67 Eric Hobsbawm, *Nations and Nationalism Since 1780: Programme, Myth, Reality* (Cambridge: Cambridge University Press, 1990)〔ホブズボーム『ナショナリズムの歴史と現在』浜村正夫・嶋田耕也・庄司信訳（大月書店，2001）〕; Ernest Gellner, *Nations and Nationalism* (Ithaca: Cornell University Press, 1983)〔ゲルナー『民族とナショナリズム』加藤節監訳（岩波書店，2000）〕．

68 Partha Chatterjee, *Nationalist Thought and the Colonial World: A Derivative Discourse?* (London: Zed, 1986), p. 79. また Rajat K. Ray, “Three Interpretations of Indian Nationalism,” in *Essays in Modern India*, ed. B. Q. Nanda (Delhi: Oxford University Press, 1980), pp. 1–41 参照．

69 Chatterjee, *Nationalist Thought*, p. 100.

70 *Ibid.*, p. 161.

71 Davidson, *Africa in Modern History* とくに p. 204 参照．また *General History of Africa*, ed. A. Adu Boaher, Vol.7, *Africa Under Colonial Domination, 1880–1935* (Berkeley, Paris, and London: University of California Press, UNESCO, James Currey, 1990)〔『ユネスコアフリカの歴史 7——植民地支配下のアフリカ 1880～1935 年』宮本正興（編）（同朋社（角川書店），1988）〕ならびに *The Colonial Moment in Africa: Essays on the Movement of Minds and Materials, 1900–1940*, ed. Andrew Roberts (Cambridge: Cambridge University Press, 1990).

72 Kumari Jayawardena, *Feminism and Nationalism in the Third World* (London: Zed, 1986) とりわけ pp. 43–56, 73–108, 137–54 など諸所を参照．フェミニズムと帝国主義に関する解放的視座として，また Laura Nader, “Orientalism, Occidentalism and the Control of Women,” *Cultural Dynamics* 2, No.3 (1989), 323–55; Maria Mies, *Patriarchy and Accumulation on a World Scale: Women in the International Division of Labour* (London: Zed, 1986)〔ミース『国際分業と女性——進行する主婦化』奥田暁

子訳（日本経済評論社，1997)〕を参照．さらにまた Helen Callaway, *Gender, Culture and Empire: European Women in Colonial Nigeria* (Urbana: University of Illinois Press, 1987) ならびに Nupur Chandur and Margaret Strobel eds. *Western Women and Imperialism: Complicity and Resistance* (Bloomington: Indiana University Press, 1992) 参照.

73 Angus Calder, *Revolutionary Empire: The Rise of the English-Speaking Empires from the Eighteenth Century to the 1780's* (London: Cape, 1981), p. 14. 哲学的・イデオロギー的補足を提供してくれるのは以下の文献である（ただそれにしても恐るべき専門用語の連発だが）―― Samir Amin, *Eurocentrism*, trans. Russell Moore (New York: Monthly Review, 1989). これとは対照的な解放主義的観点からの記述――これもまた世界的規模の視野をもつものだが――は以下の文献に見いだされる．Jan Nederveen Pietersee, *Empire and Emancipation* (London: Pluto Press, 1991).

74 Calder, *Revolutionary Empire*, p. 36.

75 *Ibid*., p. 650.

76 Eqbal Ahmad, "The Neo-Fascist State: Notes on the Pathology of Power in the Third World," *Arab Studies Quarterly* 3, No.2 (Spring 1981), 170–80.

77 James Joyce, *A Portrait of the Artist as a Young Man* (1916; rprt. New York: Viking, 1964), p. 189〔ジョイス『若い藝術家の肖像』丸谷才一訳，　集英社文庫ヘリテージシリーズ（集英社，2014）p. 352（第 5 章)〕.

78 Thomas Hodgkin, *Nationalism in Colonial Africa* (London: Muller, 1956), pp. 93–114.

79 Alfred Crosby, *Ecological Imperialism: The Biological Expansion of Europe, 900–1900* (Cambridge: Cambridge University Press, 1986), pp. 196–216〔クロスビー『ヨーロッパ帝国主義の謎――エコロジーから見た 10 ～ 20 世紀』佐々木昭夫訳（岩波書店，1998）pp. 241–267（第 9 章)〕.

80 Neil Smith, *Uneven Development: Nature, Capital, and the Production of Space* (Oxford: Blackwell, 1984), p. 102.

81 *Ibid*., p. 146. 芸術や余暇にも関係する空間のさらなる区分化は，風景の変化と国立公園計画というかたちで生起する．W. J. T. Mitchell, "Imperial Landscape," in *Landscape and Power*, ed. W. J. T, Mitchell (Chicago: University of Chicago Press, 1993) ならびに Jane Carruthers, "Creating a National Park, 1910 to 1926," *Journal of South African Studies* 15, No.2 (January 1989), 188–216 参照．分野はちがうが，以下の文献も参照のこと．Mark Basin, "Inventing Siberia: Visisons of the Russian East in the Early Nineteenth Century," *American Historical Review* 96, No.3 (June 1991), 763–94.

82 Mahmound Darwish, "A Lover from Palestine," *Splinters of Bone*, trans. B. M. Nannani (Greenfield Center, N. Y.: Greenfield Review Press, 1974), p. 23.

83 Mary Hamer, "Putting Ireland on the Map," *Textual Practice* 3, No.2 (Summer 1989), 184–201.

84 *Ibid*., p. 195.

85 Seamus Deane, *Celtic Revivals: Essays in Modern Irish Literature* (London: Faber & Faber, 1985), p. 38.

86 *Ibid.*, p. 49.
87 *Ibid.*
88 Wole Soyinka, *Myth, Literature and the African World* (Cambridge: Cambridge University Press, 1976), p. 127〔ショインカ『神話・文学・アフリカ世界』松田忠徳訳（彩流社，1992）p. 178〕. また Mudimbe, *Invention of Africa*, pp. 83–97 参照.
89 *Ibid.*, pp. 129, 136〔ショインカ『神話・文学・アフリカ世界』pp. 181, 192〕.
90 Fanon, *Wretched of the Earth*, p. 203〔ファノン『地に呪われたる者』p. 195〕.
91 Césaire, *Collected Poetry*, p. 72〔セゼール『帰郷ノート／植民地論』p. 94〕.
92 *Ibid.*, pp. 76 and 77〔同書 pp. 102–103〕.
93 R. P. Blackmur, *Eleven Essays in the European Novel* (New York: Harcourt, Brace & World, 1964), p. 3〔ブラックマー『ヨーロッパ小説論』篠田一士監訳（白水社，1975）p. 27〕.
94 Mahmoud Darwish, *The Music of Human Flesh*, trans. Denys Johnson-Davies (London: Heinemann, 1980), p. 18.
95 Pablo Neruda, *Memoirs*, trans. Hardie St. Martin (London: Penguin, 1977), p. 130〔ネルーダ『ネルーダ回想録——わが生涯の告白』本川誠二訳（三笠書房，1976）p. 142〕. この一節はコナー・クルーズ・オブライエンの以下の論文にかつて影響を受けた者，誰にとっても驚きかもしれない. Conor Cruise O'Brien, "Passion and Cunning: An Essay on the Politics of W. B. Yeats," in *Passion and Cunning* (London: Weidenfeld & Nicolson, 1988). なおこの論文の主張と，それが伝える情報は，以下の文献と比較すると不適切である. Elizabeth Cullingford, *Yeats, Ireland and Fascism* (London: Macmillan, 1981). カリングフォードも，ネルーダの一節について言及している.
96 W. B. Yeats, *Collected Poems* (New York: Macmillan, 1959), p. 146〔『対訳イェイツ詩集』高松雄一編，岩波文庫（岩波書店，2009），p. 123〕.
97 Pablo Neruda, *Fully Empowered*, trans. Alastair Reid (New York: Farrar, Straus & Giroux, 1985), p. 131.
98 Yeats, *Collected Poetry*, p. 193〔『対訳イェイツ詩集』p. 171〕.
99 Fanon, *Wretched of the Earth*, p. 59〔ファノン『地に呪われたる者』p. 59〕.
100 Gary Sick, *All Fall Down: America's Tragic Encounter with Iran* (New York: Random House, 1985).
101 Chinua Achebe, *Things Fall Apart* (1959; rprt. New York: Fawcett, 1969)〔アチェベ『崩れゆく絆』粟飯原文子訳，光文社古典新訳文庫（光文社，2013），『崩れゆく絆——アフリカの悲劇的叙事詩』古川博巳訳（門土社，1977）〕.
102 Lawrence J. McCaffrey, "Components of Irish Nationalism," in P*erspectives on Irish Nationalism*. eds. Thomas E. Hachey and Lawrence J. McCaffrey (Lexington: University of Kentucky Press, 1989), p. 16.
103 Yeats, *Collected Poetry*, p. 193〔『対訳イェイツ詩集』p. 233〕.
104 *Ibid.*, p. 343〔同書 p. 325〕.
105 Hachey and McCaffrey, *Perspectives on Irish Nationalism*, p. 117 に引用されている.
106 *Ibid.*, p. 106.

107 David Lloyd, *Nationalism and Minor Literature: James Clarence Mangan and the Emergence of Irish Cultural Nationalism* (Berkeley: University of California Press, 1987) 参照.

108 こうした作家たちの著述のいくつかを集めたアンソロジーとして *Ireland's Field Day* (London: Hutchinson, 1985) 参照．このアンソロジーには Paulin, Heaney, Deane, Kearney, Kiberd らの文章が載っている．また W. J. McCormack, *The Battle of the Books* (Gigginstown, Ireland: Lilliput Press, 1986) 参照.

109 R. P. Blackmur, *A Primer of Ignorance*, ed. Joseph Frank (New York: Harcourt, Brace & World, 1967), pp. 21–37.

110 Joseph Leerssen, *Mere Irish and Fior-Ghael: Studies in the Idea of Irish Nationality, Its Development, and Literary Expression Prior to the Nineteenth Century* (Amsterdam and Philadelphia: Benjamin, 1986).

111 Fanon, *Wretched of the Earth*, p. 210〔ファノン『地に呪われたる者』p. 203〕.

112 *Ibid*., p. 214〔同書 p. 203〕.

113 Yeats, *Collected Poetry*, p. 343〔『対訳イェイツ詩集』p. 325〕.

114 R. P. Blackmur, *Language as Gesture: Essays in Poetry* (London: Allen & Unwin, 1954), p. 118〔ブラックマー『身振りとしての言語』大貫三郎（思潮社，1970)〕.

115 *Ibid*., p. 119.

116 Gordon K. Lewis, *Slavery, Imperialism, and Freedom* (New York: Monthly Review, 1978); Robin Blackburn, *The Overthrow of Colonial Slavery, 1776–1848* (London: Verso, 1988).

117 Thomas Hodgkin, "Some African and Third World Theories of Imperialism," in *Studies in the Theory of Imperialism*, eds. Roger Owen and Bob Sutcliff (London: Longman, 1977), p. 95.

118 Marcel Merle, ed., *L'Anticolonialisme Européen de Las Casas à Karl Marx* (Paris: Colin, 1969). なお以下の文献も参照のこと. Charles Robert Ageron, *L'Anticolonialisme en France de 1871 à 1914* (Paris: Presses Universitaires de France, 1973).

119 Harry Bracken, "Essence, Accident and Race," *Hermathena* 116 (Winter 1973), 81–96.

120 Gerard Leclerc, *Anthropologie et colonialisme: Essai sur l'histoire de l'africanisme* (Paris: Seuil, 1972)〔ルクレール『人類学と植民地主義』宮治一雄・宮治美江子訳（平凡社，1976)〕.

121 J. A. Hobson, *Imperialism: A Study* (1902; rprt. Ann Arbor: University of Michigan Press, 1972), pp. 223–84〔ホブスン『帝国主義論』（上・下）矢内原忠雄訳（岩波文庫，1951，1952）下 pp.129–193〕.

122 いまひとつの例として，C. L. R. ジェイムズが辛辣に分析しているウィルバフォースのことをあげておこう．奴隷制廃止をめぐってウィルバフォースはピットに操られていた．C. L. R. James, *The Black Jacobins: Toussaint L'Ouverture and the San Domingo Revolution* (1938; rprt. New York: Vintage, 1963), pp. 53–54〔ジェイムズ『ブラック・ジャコバン――トゥサン＝ルヴェルチュールとハイチ革命』青木芳夫監訳（大村書店，1991）p. 64〕.

123 Noam Chomsky, *American Power and the New Mandarins* (New York: Pantheon, 1969), pp. 221-366〔チョムスキー『アメリカン・パワーと新官僚』木村雅次・水落一郎・吉田武士訳（太陽社，1970)〕.

124 Girardet, *L'Idée coloniale en France*, p. 213.

125 両大戦間のパリにおけるヴェトナムの若き知識人たちに関するすぐれた記述として Hue-Tam Ho Tai, *Radicalism and the Origins of the Vietnamese Revolution* (Cambridge, Mass.: Harvard University Press, 1992) 参照.

126 この点に関しては，以下の文献がよくその事情を説明している．Janet G. Vaillant, *Black, French, and Africna: A Life of Léopold Sédar Senghor* (Cambridge, Mass.: Harvard University Press, 1990), pp. 87-146.

127 Raymond Williams, *Culture* (London: Fontana, 1981), pp. 83-85〔ウィリアムズ『文化とは』小池民男訳（晶文社，1985）pp. 99-101〕.

128 Ali Haroun, *La 7e Wilaya: La Geurre de FLN en France, 1954-1962* (Paris: Seuil, 1986).

129 Alatas, *Myth of the Lazy Native*, p. 56.

130 *Ibid*., p. 96.

131 James, *Black Jacobins*, p. 198〔ジェイムズ『ブラック・ジャコバン』pp. 198-199〕.

132 George Antonius, *The Arab Awakening: The Story of the Arab National Movement* (1938; rprt. Beirut: Libraire du Liban, 1969), pp. 305-6〔アントニウス『アラブの目覚め——アラブ民族運動物語』木村申二訳（第三書館，1989）p. 335〕.

133 Albert Hourani, *The Emergence of the Modern Middle East* (Berkeley: University of California Press, 1981), pp. 193-234. なおジョージタウン大学（Georgetown University）に提出された以下の博士論文からは，アントニウスの生涯に関する目を見はる量の情報が得られる．Susan Silsby, *Antonius: Palestine, Zionism and British Imperialism, 1929-1939* (Ann Arbor: University Microfilms, 1986).

134 Paul Buhle, *C. L. R. James: The Artist as Revolutionary* (London: Verso, 1988), pp. 56-57.

135 "An Audience with C. L. R. James," *Third World Book Review* 1, No.2 (1984), 7.

136 Antonius, *Arab Awakening*, p. 43〔アントニウス『アラブの目覚め』p. 36〕.

137 Alatas, *Myth of the Lazy Native*, p. 152.

138 Ranajit Guha, *A Rule of Property for Bengal: An Essay on the Idea of Permanent Settlement* (Paris and The Hague: Mouton, 1963), p. 8.

139 Guha, "On Some Aspects of the Historiography of Colonial India," in *Subaltern Studies* I (Delhi: Oxford University Press, 1982), pp. 5, 7〔グハ「植民地インドについての歴史記述」，R. グハ，G. パーンデー，P. チャタジー，G. スピヴァック『サバルタンの歴史——インド史の脱構築』竹中千春訳（岩波書店，1998）所収，p. 16，p. 20〕. その後のグハの思想の展開としては Guha, "Dominance Without Hegemony and Its Historiography," *Subaltern Studies* VI (Delhi: Oxford University Press, 1986), pp. 210-309 参照.

140 A. L. Tibawi, *A Modern History of History, Including Lebanon and Palestine* (London:

Macmillan, 1969); Albert Hourani, *Arabic Thought in the Liberal Age, 1798-1939* (Cambridge: Cambridge University Press, 1983); Hisham Sharabi, *Arab Intellectuals and the West: The Formative Years, 1875-1914* (Baltimore: Johns Hopkins University Press, 1972); Bassam Tibi, *Arab Nationalism: A Critical Analysis*, trans. M. F. and Peter Sluglett (New York: St. Martin's Press, 1990); Mohammad Abed al-Jabry, *Naqd al-Aql al-'Arabi*, 2 vols (Beirut: Dar al-Tali'ah, 1984, 1986).

141 A. A. Duri, *The Historical Formation of the Arab Nation: A Study in Identity and Concsiousness*, trans. Lawrence I. Conrad (1984; London: Croom Helm, 1987).

142 Walter Rodney, "The African Revolution," in *C. L. R. James: His Life and Work*, ed. Paul Buhle (London: Allison & Busby, 1986), p. 35.

143 Guha, *Rule of Property for Bengal*, p. 38.

144 *Ibid*., p. 62.

145 *Ibid*., p. 145.

146 *Ibid*., p. 92.

147 Eric Williams, *Capitalism and Slavery* (New York: Russell & Russell, 1961), p. 211〔ウィリアムズ『資本主義と奴隷制』中山毅訳, ちくま学芸文庫（筑摩書房, 2020）p. 345〕.

148 Alatas, *Myth of the Lazy Native*, p. 200.

149 James, *Black Jacobins*, p.x〔ジェイムズ『ブラック・ジャコバン』p. 14〕.

150 *Ibid*., p. 391〔同書 p. 383〕.

151 Silsby, *Antonius*, p. 184 に引用.

152 Tariq Ali, *The Nehrus and Gandhis: An Indian Dynasty* (London: Pan, 1985)〔アリ『インドを支配するファミリー――ネルー・インディラ・ラジブ』出川沙美雄訳（講談社, 1987)〕.

153 Theodor Adorno, *Minima Moralia: Reflections from a Damaged Life*, trans. E. F. N. Jephcott (1951; trans. London: New Left, 1974), p. 102〔アドルノ『ミニマ・モラリア――傷ついた生活裡の省察』三光長治訳（法政大学出版局, 1979）p. 145〕.

154 Conor Cruise O'Brien, "Why the Wailing Ought to Stop," *The Observer*, June 3, 1984.

155 Fanon, *Wretched of the Earth*, p. 77〔ファノン『地に呪われたる者』p. 78〕.

156 S. P. Mohanty, "Us and Them: On the Philosophical Bases of Political Criticism," *Yale Journal of Criticism* 2, No.2 (1989), 1-31 参照. ここで推奨したような読解を実際に試みている例として以下の三つの文献をあげておく. Timothy Brennan, *Salman Rushdie and the Third World: Myths of the Nation* (New York: St. Martin's Press, 1989); Mary Layoun, *Travels of a Genre: The Modern Novel and Ideology* (Princeton: Princeton University Press, 1990); Rob Nixon, *London Calling: V. S. Naipaul, Postcolonial Mandarin* (New York: Oxford University Press, 1992).

157 これは 1919 年にイギリスの外務大臣バルフォア卿が示した以下の見解に盛り込まれている思想であり, この思想は西洋のリベラルな意見に関するかぎりでは, いまもなおおおむね真実として通用している――

　　というのもパレスティナにおいて, その国土で暮らす現在の住民の願望を聴取す

るという形式を踏襲することすら，われわれは提案しないのである．アメリカの委員会では住民の実態調査に踏み切っているとはいえ，現在，四列強がシオニズムを支持し，シオニズムは，正しかろうが間違っていようが，良いものであれ悪しきものであれ，由緒正しき伝統のなかに，現在必要とされているもののなかに，未来の希望のなかに，根ざしているのであって，その古き土地に現在住んでいる70万人のアラブ人の欲望や偏見よりも，はるかに重要な意味をもつのである．

私見では，これは非のうちどころのない観点である．

この一節は Christopher Sykes, *Crossroads to Israel, 1917–1948* (1965; rprt., Bloomington: Indiana University Press, 1973), p. 5 で引用されている．

158 Raphael Patai, *The Arab Mind* (New York: Scribner's, 1983)〔パタイ『これがアラブだ――その民族性と心理の謎』脇山俊・脇山怜訳（PHP 研究所，1977)〕; David Pryce-Jones, *The Closed Circle: An Interpretation of the Arabs* (New York: Harper & Row, 1989); Bernard Lewis, *The Political Language of Islam* (Chicago: University of Chicago Press, 1988); Patricia Crone and Michael Cook, *Hagarism: The Making of the Islamic World* (Cambridge: Cambridge University Press, 1977).

159 Ronald Robinson, "Non-European Foundations of European Imperialism: Sketch for a Theory of Collaboration," in Owen and Sutcliffe, *Studies in the Theory of Imperialism*, pp. 118, 120.

160 Masao Miyoshi, *As We Saw Them: The First Japanese Embassy to the United States (1860)* (Berkeley: University of California Press, 1979)〔マサオ・ミヨシ『我ら見しままに――万延元年遣米使節の旅』佳知晃子監訳，飯野・高村・篠田・今井訳（平凡社，1984)〕; Ibrahim Abu-Lugod, *The Arab Rediscovery of Europe: A Study in Cultural Encounters* (Princeton: Princeton University Press, 1963).

161 Homi K. Bhabha, "Signs Taken for Wonders: Questions of Ambivalence and Authority Under a Tree Outside Delhi May 1817," *Critical Inquiry* 12, No.1 (1985), 144–65〔バーバ「まじないになった記号――アンヴィバレンスと権威について　一八一七年五月デリー郊外の木陰にて」本橋哲也訳，『文化の場所――ポストコロニアリズムの位相』本橋哲也・正木恒夫・外岡尚美・阪元留美訳（法政大学出版局，2005）所収，pp. 175–210（第 6 章)〕.

162 ルナンに対するアフガーニーの反論は以下の文献に集められている．Nikki R. Keddie, *An Islamic Response to Imperialism: Political and Religious Writings of Sayyid Jamal ad-Din "al-Afghani"* (1968; rprt. Berkeley: University of California Press, 1983), pp. 181–87.

163 Albert Hourani, "T. E. Lawrence and Louis Massignon," in *Islam in European Thought* (Cambridge: Cambridge University Press, 1991), pp. 116–28.

164 Yeats, *Collected Poetry*, p. 49.

165 Chatterjee, *Nationalist Thought*, p. 147.

166 *Ibid*., p. 169.

167 V. S. Naipaul, *Among the Believers: An Islamic Journey* (New York: Alfred A. Knopf, 1981)〔ナイポール『イスラム紀行（上・下)』工藤昭雄訳（TBS ブリタニカ，

1983)〕ならびに *Guerrilas* (New York: Alfred A. Knopf, 1975). また彼の *India: A Wounded Civiliazation* (New York: Vintage, 1977)〔ナイポール『インド――傷ついた文明』工藤昭雄訳（岩波現代選書，1978)〕ならびに *An Area of Darkness* (New York: Vintage, 1981)〔ナイポール『インド――闇の領域』安引宏・大工原彌太郎訳（人文書院，1985)〕を参照のこと.

168 Claude Liauzu, *Aux origines des tiers-mondismes: Colonisés et anti-colinialistes en France (1919–1939)* (Paris: L'Harmattan, 1982), p. 7.

169 V. S. Naipaul, *A Bend in the River* (New York: Knopf, 1979), p. 244〔ナイポール『暗い河』小野寺健訳（TBS ブリタニカ，1981)〕.

170 Davidson, *Africa in Modern History*, p. 374.

171 Fanon, *Wretched of the Earth*, p. 88〔ファノン『地に呪われたる者』pp. 89–90〕.

172 *Ibid*., p. 51〔同書 p. 52〕.

173 *Ibid*., p. 47〔同書 p. 47〕.

174 *Ibid*., p. 204〔同書 p. 197〕.

175 *Ibid*., p. 106〔同書 p. 103〕.

176 Gerog Lukacs, *History and Class Consciousness: Studies in Marxist Dialectics*, trans. Rodony Livingstone (London: Merlin Press, 1971), p. 199〔ルカーチ『歴史と階級意識』城塚登・古田光訳，ルカーチ著作集 9《新装版》（白水社，1987）p. 352（第 4 章第 6 節)〕.

177 Fanon, *Wretched of the Earth*, p. 52〔ファノン『地に呪われたる者』p. 52〕.

178 *Ibid*., p. 51〔同書 p. 52〕.

179 *Ibid*., pp. 88, 93〔同書 pp. 89–90，91〕.

180 *Ibid*., p. 93〔同書 p. 92〕.

181 *Ibid*., p. 94〔同書 p. 92〕.

182 Albert Memmi, *The Colonizer and the Colonized* (1957; trans. New York: Orion Press, 1965)〔メンミ『植民地――その心理的風土』渡辺淳訳（三一書房，1959)〕.

183 Fanon, *Wreatched of the Earth*, p. 107〔ファノン『地に呪われたる者』p. 104〕.

184 *Ibid*., p. 124〔同書 p. 119〕.

185 *Ibid*., p. 125〔同書 p. 121〕.

186 *Ibid*., p. 131〔同書 p. 132〕.

187 *Ibid*., p. 148〔同書 p. 143〕.

188 *Ibid*., p. 159〔同書 p. 154〕.

189 *Ibid*., p. 203〔同書 p. 196–197〕.

190 *Ibid*., p. 247〔同書 p. 241〕.

191 Amílcar Cabral, *Unity and Struggle: Speeches and Writings*, trans. Michael Wolfers (New York: Monthly Review, 1979), p. 143.

192 Michel Chodkiewicz, "Introduction," to Emir Abdel Kader, *Ecrits spirituels*, trans. Chodkiewicz (Paris: Seuil, 1982), pp. 20–22.

193 Jalal Ali Ahmad, *Occidentosis: A Plague from the West*, trans. R. Champbell (1978; Berkeley: Mizan Press, 1984).

194 Wole Soyinka, "Triple Tropes of Trickery," *Transition*, No.54 (1991), 178–83.

195 Anwar Abdel-Malek, "Le Project de civilisation: Positions," in *Les Conditions de l'independence nationale dans le monde moderne* (Paris: Edition Cujas, 1977), pp. 499–509.

196 Abdullah Laroui, *The Crisis of the Arab Intellectuals* (Berkeley: University of California Press, 1976), p. 100.

197 Chinua Achebe, *Hopes and Impediments: Selected Essays* (New York: Doubleday, Anchor, 1989), p. 76.

198 このフレーズの初出は Michel Foucault, *Discipline and Punish: The Birth of the Prison*, trans. Alan Sheridan (New York: Pantheon, 1977) p. 26〔フーコー『監獄の誕生――監視と処罰』田村俶訳（新潮社，1977）p. 31〕. この概念に関連し発展したアイデアはフーコーの *The History of Sexuality*, Vol.1, trans. Robert Hurley (New York: Pantheon, 1978) ならびに諸種のインタヴューのなかに一貫してあらわれる．またこの考え方に影響を受けたものとして Chantal Mouffe and Ernest Laclau, *Hegemony and Socialist Strategy: Towards a Radical Democratic Politics* (London: Verso, 1985)〔ラクラウ／ムフ『ポスト・マルクス主義と政治――根源的民主主義のために』山崎カオル・石澤武訳（大村書店，1992，復刻新版 2000）〕参照．なおわたしのフーコー批判は以下の論文を参照．"Foucault and the Imagination of Power," in *Foucault: A Critical Reader*, ed. David Hoy (London: Blackwell, 1986), pp. 149–55〔サイード「フーコーと権力の想像力」，ホイ編『フーコー――批判的読解』椎名正博・椎名美智訳（国文社，1990）所収，pp. 135–147〕.

199 この可能性について，わたしは以下の論文で触れた．"Michel Foucault, 1926–1984," in *After Foucault: Humanistic Knowledge, Postmodern Challenges*, ed. Jonathan Arac (New Brunswick: Rutgers University Press, 1988), pp. 8–9〔サイード「ミシェル・フーコー 1927–1984」和田唯訳，サイード『故国喪失についての省察 1』大橋洋一・近藤弘幸・和田唯・三原芳秋訳（みすず書房，2006）所収 pp. 194–207，指示されているのは pp. 204–205〕.

200 Jürgen Habermas, *Autonomy and Solidarity: Interviews*, ed. Peter Dews (London: Verso, 1986), p. 187.

201 James, *Black Jacobins*, p. 401〔ジェイムズ『ブラック・ジャコバン』p. 394〕.

202 *Ibid*.〔同書 p. 395〕.

203 *Ibid*., p. 402〔同書 p. 395〕.

第 4 章　支配から自由な未来

1 Michel Barratt-Brown, *After Imperialism* (rev. ed. New York: Humanities, 1970), p.viii.

2 Arno J. Mayer, *The Resistance of the Old Regime: Europe to the Great War* (New York: Pantheon, 1981). メイヤーの本は，19 世紀から 20 世紀初頭にかけて復活・再生産さ

れた旧秩序について扱ったものだが，これを補うべきものとして，大英帝国から第二次世界大戦中の合衆国におよぶ，旧植民地体制，信託統治体制の持続に関する，以下の詳細な研究がある．William Roger Louis, *Imperialism at Bay: The United States and the Decolonization of the British Empire, 1941–1945* (London: Oxford University Press, 1977).

3 *North-South: A Programm for Survival* (Cambridge, Mass.: MIT Press, 1980)〔ブラント委員会報告『南と北——生存のための戦略』森治樹監訳（日本経済新聞社，1980)〕．同じ現実のありようについて，これよりももっと暗澹とした，また，おそらくもっと真相に肉迫した観点として，以下の論文を参照．A. Sivananden, "New Circuits of Imperialism," *Race and Class* 30, No.4 (April-June 1989), 1–19.

4 Cheryl Payer, *The Debt Trap: The IMF and the Third World* (New York: Monthly Review, 1974).

5 *North-South*, p. 275〔『南と北』p.351（第 17 章)〕．

6 世界を第一，第二，第三世界に三分割することの歴史について有益な示唆をあたえてくれるものとして Carl E. Pletsch, "The Three Worlds, or the Division of Social Scientific Labor, circa 1950–1975," *Comparative Studies in Society and History* 23 (October 1981), 565–90 を参照．また，いまや古典となった以下の文献を参照．Peter Worlsley, *The Third World* (Chicago: University of Chicago Press, 1964) を参照のこと．

7 Noam Chomsky, *Towards a New Cold War: Essays on the Current Crisis and How We Got There* (New York: Pantheon, 1982), pp. 84–85.

8 Ronald Steel, *Walter Lippman and the American Century* (Boston: Little, Brown, 1980), p. 496〔スティール『現代史の目撃者——リップマンとアメリカの世紀』（上・下）浅野輔訳（TBS ブリタニカ，1982）下 p. 264（第 38 章)〕．

9 Anders Stephanson, *Kennan and the Art of Foreign Policy* (Cambridge, Mass.: Harvard University Press, 1989), pp. 167, 173 参照．

10 Richard J. Barnet, *The Roots of War* (New York: Atheneum, 1972), p. 21. また Eqbal Ahmad, "Political Culture and Foreign Policy: Notes on American Interventions in the Third World," in *For Better or Worse: The American Influence in the World*, ed. Allen F. Davis (Westport: Greenwood Press, 1981), pp. 119–31 を参照．

11 V. G. Kiernan, *America: The New Imperialism: From White Settlement to World Hegemony* (London: Zed, 1978), p. 127.

12 Albert K. Weinberg, *Manifest Destiny: A Study of Nationalist Expansionism in American History* (Glousester, Mass.: Smith, 1958). また Reginald Horsman, *Race and Manifest Destiny: The Origin of American Racial Anglo-Saxonism* (Cambridge, Mass.: Harvard University Press, 1981) を参照のこと．

13 Richard Slotkin, *Regeneration Through Violence: The Mythology of the American Frontier, 1600–1860* (Middletown: Wesleyan University Press, 1973), p. 557. なおその続編 *The Fatal Environment: The Myth of the Frontier in the Age of Industrialization, 1800–1890* (Middletown: Wesleyan University Press, 1985) も参照．

14 C. L. R. James, *Mariners, Renegades and Castaways: The Story of Herman Melville and*

the World We Live In (1953; new ed. London: Allison & Busby, 1985), p. 51 and *passim*. また Kiernan, *America*, pp. 49–50 参照.

15 J. Michael Dash, *Haiti and the United States: National Stereotypes and the Literary Imagination* (London: Macmillan, 1988), pp. 9, 22–25 and *passim* 参照.

16 Kiernan, *America*, p. 206.

17 *Ibid*., p. 114.

18 Irene Gendzier, *Managing Political Change: Social Scientists and the Third World* (Boulder and London: Westview Press, 1985) とりわけ pp. 40–41, 127–47 参照.

19 *Many Voices, One World* (Paris: UNESCO, 1980)〔ユネスコ『多くの声，一つの世界――コミュニケーションと社会，その現状と未来』(ユネスコ「マクブライド委員会」報告）永井道雄監訳・日本新聞協会「国際的な情報交流の自由に関する研究会」訳（日本放送協会，1980)〕.

20 Anthony Smith, *The Geopolitics of Information: How Western Culture Dominates the World* (New York: Oxford University Press, 1980), p. 176〔スミス『情報の地政学』小糸忠吾訳（TBS ブリタニカ，1982)〕.

21 Herbert I. Schiller, *The Mind Managers* (Boston: Beacon Press, 1973) ならびに *Mass Communications and American Empire* (Boston: Beacon Press, 1969)〔シラー『世論操作』斎藤文男訳（青木書店，1979)〕; Armand Mattelart, *Transnationals and the Third World: The Struggle for Culture* (South Hadley, Mass.: Bergin & Carvey, 1983). なおこれらは，この問題に関するふたりの著者たちの数ある著作のなかの三例にすぎない.

22 ムニフの連作シリーズ 5 冊は 1984 年から 1988 年にかけてアラビア語で出版された．そのうち 2 冊はピーター・セルーによる優れた英語訳がある．*Cities of Salt* (New York: Vintage, 1989) ならびに *The Trench* (New York: Pantheon, 1991).

23 James A. Field, Jr., *America and the Mediterranean World, 1776–1882* (Princeton: Princeton University Press, 1969) とりわけ第 3 章，第 6 章，第 8 章，第 11 章参照.

24 Richard W. Van Alstyne, *The Rising American Empire* (New York: Norton, 1974), p. 6〔アルスタイン『アメリカ帝国の興隆』高橋章・長田豊臣・山本幹雄訳（ミネルヴァ書房，1970）p. 8〕.

25 Fouad Ajami, "The Summer of Arab Discontent," *Foreign Affairs* 69, No.5 (Winter 1990–91), 1.

26 イスラム芸術の指導的立場にある歴史家のひとり Oleg Grabar はバグダッドを，芸術遺産の三つの基本的記念碑のひとつとして論じている．*The Foundation of Islamic Art* (1973; rev. ed. New Haven: Yale University Press, 1987), pp. 64–71.

27 Kiernan, *America*, pp. 262–63.

28 Arnold Krupat, *For Those Who Came After: A Study of Native American Autobiography* (Berkeley: University of California Press, 1985).

29 Basil Davidson, "On Revolutionary Nationalism: The Legacy of Cabral," *Race and Class* 27, No.3 (Winter 1986), 43.

30 *Ibid*., 44. デイヴィッドソンはこのテーマを，彼の以下の透徹した考察の書のなかで拡大しまた発展させている．Basil Davidson, *The Black Man's Burden: Africa and the*

Curse of the Nation-State (New York: Times, 1992).

31 Timothy Brennan, "Cosmopolitans and Celebrities," *Race and Class* 31, No.1 (July-September 1989), 1-19.

32 Herbert I. Schiller, *Culture, Inc.: The Corporate Takeover of Public Expression* (New York: Oxford University Press, 1989).

33 Immanuel Wallerstein, *Historical Capitalism* (London: Verso, 1983), p. 65 and *passim*.〔ウォーラーステイン『史的システムとしての資本主義』川北稔訳，岩波文庫（岩波書店，2022）p. 102 その他〕，また Giovanni Arrighi, Terence K. Hopkins, and Immanuel Wallerstein, *Antisystemic Movements* (London and New York: Verso, 1989)〔アリギ／ホプキンズ／ウォーラーステイン『反システム運動 新装版』太田仁樹訳（大村書店，1998）〕参照.

34 この問題をきわめて魅力的に語ったものとして，Jonathan Rée, "Internationality," *Radical Philosphy*, 60 (Spring 1992), 3-11 参照.

35 Bernard S. Cohn, "Representing Authority in Victorian India," in *The Invention of Tradition*, eds. Eric Hobsbawm and Terence Ranger (Cambridge: Cambridge University Press, 1983), pp. 192-207〔コーン「ヴィクトリア朝インドにおける権威の表象」多和田祐司訳，ホブズボウム＆レンジャー（編）『創られた伝統』前川啓治・梶原景照他訳（紀伊國屋書店，1992）所収〕.

36 Adonis, *An Introduction to Arab Poetics*, trans. Catherine Cobban (London: Saqi, 1990), p. 76〔アドニス「アラブ社会における詩とモデルニテ」片岡幸彦訳，『[grio] グリオ』（現代世界と文化の会（編））第 5 巻／ 1993 春（平凡社）所収，p. 10〕.

37 Seamus Deane, "Heroic Styles: The Tradition of an Idea," *Ireland's Field Day* (London: Hutchinson, 1985), p. 58.

38 Ken Ringle, *The Washington Post*, March 31, 1991. 展覧会に対する戯画的攻撃には，大部かつ知的に威圧的な展示カタログ *The West as America: Reinterpreting Images of the Frontier, 1820-1970*, ed. William H. Truettner (Washington and London: Smithonian Institution Press, 1991) に対するすぐれた解毒剤という面もある．なお展覧会の入場者の反応の一部は *American Art* 5, No.2 (Summer 1991), 3-11 に収録されている.

39 Homi K. Bhabha, "The Postcolonial Critic," *Arena* 96 (1991), 61-63 ならびに "DissemiNation: Time, Narrative, and the Margins of the Mondern Naton," *Nation and Narration*, ed. Homi K. Bhabha (London and New York: Routledge, 1990), pp. 291-322〔バーバ「国民の散種――時間，語り，近代国民国家の周縁」，『文化の場所――ポストコロニアリズムの位相』本橋哲也・正木恒夫・外岡尚美・阪元留美訳（法政大学出版局，2005）所収，pp. 175-210（第 6 章）〕.

40 Paul Kennedy, *The Rise and Fall of the Great Power: Economic Change and Military Conflict from 1500-2000* (New York: Random House, 1987)〔ケネディ『大国の興亡――1500 年から 2000 年までの経済の変遷と軍事闘争』（上・下）鈴木主税訳（草思社，1988；決定版 1993）〕.

41 Joseph S. Nye, Jr., *Bound to Lead: The Changing Nature of American Power* (1990;

rev. ed. New York: Basic, 1991), p. 260〔ナイ『不滅の大国アメリカ』久保伸太郎訳（読売新聞社，1990）pp. 279–280〕.

42 *Ibid*., p. 261〔同書 p. 280（末尾の一文）〕.

43 William Bennett, *The Humanities in American Life: Report of the Commission on the Humanities* (Berkeley: University of California Press, 1980).

44 Edward W. Said, *The World, the Text, and the Critic* (Cambridge, Mass.: Harvard University Press, 1983), pp. 226–47〔サイード『世界・テキスト・批評家』山形和美訳（法政大学出版局，1995）pp. 369–402〕.

45 Robert A. McCaughey, *International Studies and Academic Enterprise: A Chapter in the Enclosure of American Learning* (New York: Columbia University Press, 1984).

46 Theodor Adorno, *Minima Moralia: Reflections from a Damaged Life*, trans. E. F. N. Jephcott (1951; trans. London: New Left, 1974), p. 55〔アドルノ『ミニマ・モラリア――傷ついた生活裡の省察』三光長治訳（法政大学出版局，1979）p. 68〕.

47 Edward W. Said, *Covering Islam* (New York: Pantheon, 1981)〔サイード『イスラム報道 増補版・新装版』浅井信雄・佐藤成文・岡真理訳（みすず書房，2018）〕.

48 Fredric Jameson, “Postmodernism and Consumer Society,” in *The Anti-Aesthetic: Essays on Postmodern Culture*, ed. Hal Foster (Port Townsend, Wash.: Bay Press, 1983), pp. 123–25〔ジェームソン「ポストモダニズムと消費社会」，ハル・フォスター編『反美学――ポストモダンの諸相』室井尚・吉岡洋訳（勁草書房，1987）所収 pp. 227–230〕.

49 Eqbal Ahmad, “The Neo-Fascist State: Notes on the Pathology of Power in the Third World,” *Arab Studies Quarterly* 3, No.2 (Spring 1981), 170–80.

50 Eqbal Ahmad, “From Potato Sack to Potato Mash: The Contemporary Crisis of the Third World,” *Arab Studies Quarterly* 2, No.3 (Summer 1980), 230–32.

51 *Ibid*., p. 231.

52 Paul Virilio, *L'Insecurité du territoire* (Paris: Stock, 1976), p. 88 ff.

53 Jean-François Lyotard, *The Postmodern Condition: A Report on Knowledge*, trans. Geoff Bennington and Brian Massumi (Minneapolis: University of Minnesota Press, 1984), pp. 37, 46〔リオタール『ポスト・モダンの条件』小林康夫訳（水声社，1986）pp. 97–119（第 10 章～ 11 章）〕.

54 Masao Miyoshi, *Off Center: Power and Culture Relations Between Japan and the United States* (Cambridge, Mass.: Harvard University Press, 1991), pp. 623–24〔ミヨシ『オフ・センター――日米摩擦の権力・文化構造』佐復秀樹訳（平凡社，1996）pp. 192–193〕.

55 T. S. Eliot, “Little Gidding,” in *Collected Poems, 1909–1962* (New York: Harcourt, Brace & World, 1963), pp.207–8〔エリオット「リトル・ギィディング」，『四つの四重奏』岩崎宗治訳，岩波文庫（岩波書店，2011）所収 p. 108――なお引用の最終行 “The complete consort dancing together” は，本文では consort を調和・ハーモニーととり，dancing を比喩的にとったが，上記日本語訳では，consort を同輩・仲間ととり，「みんなで手を携えて舞踏する全き朋輩」と訳している．両方の解釈が可能であ

る〕.

56 Gilles Deleuze and Félix Guattari, *Mille Plateaux* (Paris: Minuit, 1980), p. 511〔ドゥルーズ／ガタリ『千のプラトー——資本主義と分裂病』（上・中・下）宇野邦一・小沢秋宏・田中敏彦・豊崎光一・宮林寛・守中高明訳，河出文庫（河出書房新社，2010）中 p. 128（第 12 章）〕.

57 Virilio, *L'Insecurité du territoire*, p. 84.

58 Adorno, *Minima Moralia*, pp. 46–47〔アドルノ『ミニマ・モラリア』p. 55〕.

59 *Ibid.*, pp. 67–68〔同書 pp. 88–89〕.

60 *Ibid.*, p. 68〔同書 p. 89〕.

61 *Ibid.*, p. 81〔同書 p. 110〕.

62 Ali Shariati, *On the Sociology of Islam: Lectures by Ali Shariati*, trans. Hamid Algar (Berkeley: Mizan Press, 1979), pp. 92–93〔シャリーアティー「イスラーム社会学」,『イスラーム再構築の思想——新しい社会へのまなざし』櫻井秀子訳（大村書店，1979）所収 pp. 230–231〕.

63 この点は，わたくしの著書 *Beginnings: Intentions and Method* (1957; rprt. New York: Columbia University Press, 1985)〔『始まりの現象』山形和美・小林昌夫訳（法政大学出版局，1992)〕で詳しく述べている.

64 John Berger and Jean Mohr, *Another Way of Telling* (New York: Pantheon, 1982), p. 108.

65 Immanuel Wallerstein, "Crisis as Transition," in Samir Amin, Giovanni Arrighi, André Gunder Frank, and Immanuel Wallerstein, *Dynamics of Global Crisis* (New York: Monthly Review, 1982), p. 30.

66 Hugo of St. Victor, *Didascalicon*, trans. Jerome Taylor (New York: Columbia University Press, 1961), p. 101〔サン＝ヴィクトルのフーゴー「ディダスカリコン」,『中世思想原典集成9』，五百旗頭博治・荒井洋一訳（平凡社，1996）所収p. 104,『中世思想原典集成　精選 4』平凡社ライブラリー（平凡社，2019）所収 pp. 358–359〕〕.

著者略歴

(Edward W. Said, 1935-2003)

1935年11月1日，イギリス委任統治下のエルサレムに生まれる．カイロのヴィクトリア・カレッジ等で教育を受けたあと合衆国に渡り，プリンストン大学卒業，ハーヴァード大学で学位を取得．コロンビア大学英文学・比較文学教授を長年つとめた．2003年9月歿．邦訳されている著書に『オリエンタリズム』(平凡社，1986，ライブラリー版1993)『イスラム報道』(みすず書房，1986，増補版2003)『始まりの現象』(法政大学出版局，1992)『音楽のエラボレーション』(みすず書房，1995，新装版2004)『知識人とは何か』(平凡社，1995，ライブラリー版1998)『世界・テキスト・批評家』(法政大学出版局，1995)『パレスチナとは何か』(岩波書店，1995，現代文庫版2005)『ペンと剣』(クレイン，1998，ちくま学芸文庫版2005)『文化と帝国主義』(旧版，全2巻，みすず書房，1998，2001)『遠い場所の記憶　自伝』(みすず書房，2001)『フロイトと非ヨーロッパ人』(平凡社，2003)『パレスチナ問題』(みすず書房，2004)『バレンボイム／サイード　音楽と社会』(みすず書房，2004)『オスロからイラクへ』(みすず書房，2005)『人文学と批評の使命』(岩波書店，2006)『サイード自身が語るサイード』(紀伊國屋書店，2006)『故国喪失についての省察』(全2巻，みすず書房，2006，2009)『権力，政治，文化』(太田出版，2007)『晩年のスタイル』(岩波書店，2007)『収奪のポリティックス』(NTT出版，2008)『文化と抵抗』(共著，ちくま学芸文庫，2008)『サイード音楽評論』(全2巻，みすず書房，2012) などがある．

訳者略歴

大橋洋一〈おおはし・よういち〉 1953年名古屋市に生まれる．東京大学大学院人文科学研究科修士課程修了．専攻，英文学．東京大学名誉教授．著書『新文学入門』(岩波書店)．編共著『現代批評理論のすべて』(新書館)．訳書　サイード『知識人とは何か』(平凡社)『音楽のエラボレーション』(みすず書房)『故国喪失についての省察1，2』(共訳，みすず書房)『権力，政治，文化』(共訳，太田出版)『晩年のスタイル』(岩波書店)『文化と抵抗』(共訳，筑摩書房)『サイード自身が語るサイード』(紀伊國屋書店)，イーグルトン『文学とは何か』(岩波書店)『批評の政治学』(共訳，平凡社)『ブロンテ三姉妹』(晶文社)『批評の機能』(紀伊國屋書店)『クラリッサの凌辱』(岩波書店)『イデオロギーとは何か』(平凡社)『シェイクスピア』(平凡社)『反逆の群像』(共訳，青土社)『批評とは何か』(青土社)「学者と反逆者」(共訳，松柏社)『テロリズム』(岩波書店)『宗教とは何か』(共訳，青土社)『文化と神の死』(共訳，青土社)『文学という出来事』(平凡社)『アメリカ人はどうしてあああなのか』(共訳，河出書房新社)『希望とは何か』，アフマド『帝国との対決』(共訳，太田出版)，ジェイムソン『政治的無意識』(共訳，平凡社)，バトラー『分かれ道』(共訳，青土社)，グルーエン編『アニマル・スタディーズ』(監訳，平凡社) ほか．

エドワード・W・サイード
文化と帝国主義
改訳新版
大橋洋一 訳

2025年 2月17日 第1刷発行

発行所 株式会社 みすず書房
〒113-0033 東京都文京区本郷2丁目20-7
電話 03-3814-0131(営業) 03-3815-9181(編集)
www.msz.co.jp

本文組版 キャップス
本文印刷所 精興社
扉・表紙・カバー印刷所 リヒトプランニング
製本所 松岳社
装丁 安藤剛史

Printed in Japan
ISBN 978-4-622-09758-7
[ぶんかとていこくしゅぎ]